LEONARDO

PIETRO C. MARANI

Leonardo

Das Werk des Malers

Anhang zusammengestellt
von Pietro C. Marani
und Edoardo Villata

Aus dem Italienischen von
Erdmuthe Brand, Uta Grabowski
und Bettina Gronenberg

SCHIRMER/MOSEL

Redaktion der italienischen Originalausgabe:
Mariacristina Nasoni (Senior Editor)
Roberta Pellati (Lektorat)
Katia Zucchetti, Elisa Mazza (Bildlektorat)

Übersetzungen aus dem Italienischen:
Erdmuthe Brand (Fließtext)
Uta Grabowski (Anmerkungen)
Bettina Gronenberg (Bildlegenden und Anhang)
Marianne Schneider (Lektorat)

Redaktion der deutschen Ausgabe:
Dr. Jürgen Schönwälder, Dr. Norbert Wolf
(für Schönwälder & Waller) und
Claudia Rudeck

Ich möchte allen danken, die mir die Arbeit erleichtert haben, aber vor allem all jenen, die es mir ermöglichten, die Werke Leonardos und seiner Schüler aus nächster Nähe zu untersuchen. Darüber hinaus gilt mein Dank insbesondere dem Havard University Center for Italian Renaissance Studies, Villa I Tatti, und dem Kunsthistorischen Institut, beide in Florenz, der Bibliotheca Hertziana in Rom sowie allen Freunden und Kollegen, die in diesen Institutionen arbeiten. Außerdem möchte ich mich bedanken bei David Bull und David Alan Brown, Washington; Alessandro Cecchi und Antonio Natali, Florenz; Nicholas Penny und Carol Plazzotta, London; Pierre Rosenberg und Jean Habert, Paris; Eric Schleier, Berlin; Janusz Walek, Krakau; Monsignore Gianfranco Ravasi und Marco Rossi, Mailand; Jane Roberts und Martin Clayton, Royal Library, Windsor. Dieses Buch wäre nie vollendet worden ohne die ungemein motivierende Unterstützung, die ich von Roberto P. Ciardi, Stefano de Martino, Gianni Carlo Sciolla und Edoardo Villata erfuhr. Besonders verpflichtet fühle ich mich den wichtigen Anregungen, die von Kathy Weil Garris Brandt sowie ihren eigenen Studien ausgingen, so daß ich mich ermutigt fühlte, im fünften Kapitel meine Hypothesen über Leonardos Verhältnis zur antiken Skulptur erneut vorzulegen.

P.C.M.

Autorisierte, deutschsprachige Ausgabe des 2003 bei Federico Motta Editore SpA, Mailand, erschienenen Werkes *Leonardo – Una carriera di pittore*

Satz: EDV-Fotosatz Huber, Germering
Printed in Italy

ISBN 3-8296-0209-X
www.schirmer-mosel.com

INHALT

Mit diesem Buch möchten wir dem wachsenden Bedürfnis nach einer Neubewertung der künstlerischen Entwicklung Leonardo da Vincis Rechnung tragen. Sein Werk soll im Licht der jüngsten Untersuchungen betrachtet werden, die neue Thesen und Ergebnisse zur Chronologie der Werke, zu Zuschreibungsfragen und auch zur Deutung erbracht haben: ausgehend von seiner Lehrzeit in der Werkstatt Verrocchios bis zu den Anfängen einer eigenständigen Produktion und über die reifen Werke aus seiner Zeit in der Lombardei bis hin zur Einkehr in sich selbst, die in den Spätwerken zu beobachten ist. Der vorliegende Band ist also weder eine Biographie noch ein Katalog seiner Werke, sondern vor allem ein Interpretationsversuch zur Entstehungsgeschichte seiner Kunst. Die Leonardostudien der letzten zwanzig Jahre sind in allen Bereichen des vielseitigen und komplexen Œuvres dieses genialen Künstlers und in der Erforschung seiner Gedankenwelt so sehr vorangeschritten, daß Bilanz gezogen werden muß und Gesamtstudien folgen müssen, die häufiger als bisher die einzelnen Forschungsergebnisse zusammenfassen und auf den neuesten Stand bringen sollten, wobei auch diejenigen Aspekte neu zu bewerten sind, die von den Einzeluntersuchungen nicht berührt wurden. Es soll deswegen hier eine Gesamtübersicht geliefert werden, die folgende Ergebnisse berücksichtigt: die Veröffentlichung bisher unbekannter Urkunden, die oft die Geschichte der Werke Leonardos ganz und gar verändern oder auch frühere Annahmen wieder bestätigen, die in der Zwischenzeit anderen Auslegungen gewichen waren; die neueste kritische Ausgabe der Handschriften Leonardos; zahllose Vorschläge zur Zuschreibung einiger Zeichnungen, Skulpturen und sogar teilweise unveröffentlichter Gemälde, auch wenn es sich hierbei um Skulpturen, Zeichnungen und Gemälde handelt, die keineswegs alle eines Leonardo würdig sind; und schließlich die immer genaueren Laboruntersuchungen, die an einigen eindeutig Leonardo zugeschriebenen Gemälden vorgenommen wurden. Auch meine eigene jahrzehntelange Forschung zum Werk Leonardos in seinem Gesamtzusammenhang von Kunst, Wissenschaft und Technik ist als Teil der weitverzweigten Studien mit in diesen Band eingeflossen. Seit meiner ersten Abhandlung über Leonardo, die die Zeichnungen von Festungsanlagen behandelte, sind mehr als fünfzehn Jahre vergangen, und zehn seit meinem ersten Versuch einer zusammenfassenden Darstellung seines gemalten Œuvres. Vorher, währenddessen und danach habe ich die verschiedenen Aspekte seines Werks immer gründlicher zu erfassen getrachtet mit dem Ziel, die Beziehung zwischen Kunst, Wissenschaft und Technik als Schlüssel zu Leonardos Gedankenwelt zu verstehen. Der vorliegende Band konzentriert sich vor allem auf die Zeichnungen und Gemälde, natürlich unter Beachtung seiner Handschriften und der dort entwickelten Ideen. Aufgrund der nach wie vor bestehenden Schwierigkeit, eine umfassende Darstellung des Gesamtwerks zu erhalten, beziehe ich mich dabei zwangsläufig auf meine früheren Einzelstudien, die es mir ermöglichten, die künstlerische Entwicklung im Werk Leonardos besser zu verstehen. Außerdem habe ich Erkenntnisse in dieses

Buch aufgenommen, die während oder nach meinen praktischen Untersuchungen an Gemälden Leonardos beziehungsweise im Zusammenhang mit den Problemen ihrer Konservierung gereift sind. Dies gilt vor allem für das Abendmahl, *dessen Restaurierungsarbeiten ich ab 1985 aus nächster Nähe verfolgt habe, um sie ab 1993 als stellvertretender Leiter zu beaufsichtigen und sie vor kurzem zu Ende zu führen. Insofern schließt das Buch auch den Blickpunkt des Museumskonservators ein, denn ich hatte die seltene Gelegenheit, einige Gemälde Leonardos während ihrer Restaurierung zu untersuchen, zum Beispiel das* Bildnis der Ginevra de' Benci *während seiner Reinigung durch David Bull in den Laboren der National Gallery in Washington. Dazu kommen die Resultate meiner wiederholten direkten Untersuchungen an Werken Leonardos, die in den Uffizien von Florenz, im Louvre in Paris, in der Pinacoteca Ambrosiana in Mailand oder im Czartoryski Museum von Krakau aufbewahrt sind, wo ich übrigens das große Privileg hatte, die kostbare und hochempfindliche Tafel der* Dame mit dem Hermelin *in Händen zu halten und kleinste Details der Ausführung zu überprüfen. Auch die Untersuchung der* Madonna in der Felsengrotte *in der National Gallery in London war mir vergönnt, die von ihrem angestammten Platz an der Wand der Galerie abgenommen und unter der verdienstvollen Mithilfe von Nicholas Penny und Carol Plazzotta ins Museumslabor gebracht wurde, so daß ich sie aus der Nähe betrachten konnte. Das Ergebnis dieser Beobachtungen in Verbindung mit einer teilweise neuen Interpretation der Quellen und der vorhandenen Archivalien schlägt sich vor allem in den ersten drei Kapiteln des Buches nieder, die völlig neue Informationen bieten, und zwar auch was die zeitliche Einordnung einiger Zeichnungen und Gemälde Leonardos angeht. Dies gilt besonders für das dritte Kapitel, das dem Problem der beiden Versionen der* Madonna in der Felsengrotte *gewidmet ist und in dem ich die Beobachtungen an der Londoner Version vorstelle, die vielleicht die aufschlußreichsten des ganzen Buches sind. Das Buch schließt jedoch auch die Ergebnisse zahlreicher Studienaufenthalte in Gemäldegalerien und Museumsarchiven ein, in denen Werke Leonardos und ihm nahestehender Künstler aufbewahrt werden. Von grundlegender Bedeutung für die Rekonstruktion des frühen Schaffens Leonardos in Verrocchios Werkstatt, dem das erste und ein Teil des zweiten Kapitels gewidmet sind, waren meine Besuche in den Museen von Sankt Petersburg, München, Berlin und wiederum der National Gallery in London, wo ich im August 1997 die Annahme der Mitarbeit Leonardos an* Tobias mit dem Engel *bestätigt fand, das der Werkstatt Verrocchios zugeschrieben wird. Diese Vermutung hatte Suida 1954 zum ersten Mal geäußert, und auch mein Freund und Kollege David Alan Brown schloß sich dieser Auffassung in seinem Band* Leonardo. The Origins of Genius *an. Seine Arbeit wurde erst im September 1998 bei der Yale University Press veröffentlicht, zu einem Zeitpunkt also, als das vorliegende Buch schon auf dem Wege der Veröffentlichung war.*

Ziel dieser Arbeit, die auf meiner gründlichen und materialnahen Untersuchung der Gemälde und Zeichnungen Leonardos sowie der Kenntnis ihrer Konservierungsgeschichte basiert, ist es, eine Entsprechung zu Jaynie Andersons Buch über Giorgiones Brièveté poétique *zu schaffen, das einen zuverlässigen Werkkatalog des venezianischen Künstlers darstellt, der auf konkreten Tatsachen sowie objektiven Untersuchungsmethoden beruht und gleichzeitig anhand der Konservierungs- und Reproduktionsgeschichte der Gemälde des Künstlers den vorhandenen Divergenzen bezüglich der Zuschreibung Rechnung trägt. Darauf läßt die Autorin meist die Geschichte des Erfolgs – oder Mißerfolgs – der einzelnen Gemälde in kunstgeschichtlicher Beurteilung folgen. Diese Vorgehensweise findet man vor allem in meinem vierten Kapitel wieder, das den Portraits Leonardos gewidmet ist, die er seit seiner lombardischen Zeit geschaffen hat und denen mein besonderes Augenmerk galt. Hier trifft der Leser zudem auf Überlegungen zu weltberühmten Arbeiten wie der* Mona Lisa, *für die allerdings eine eigenständige Untersuchung erforderlich gewesen wäre (wie es in der wissenschaftlichen Literatur ja auch gefordert wurde).*

Das vierte Kapitel enthält außerdem die Ergebnisse meiner jüngsten Studien zur Dame mit dem Hermelin. *Wie bereits erwähnt, konnte ich, in Vorbereitung der Ausstellung des Gemäldes in Italien im Jahr 1998, dieses Werk sehr gründlich untersuchen. Aber wie so oft hat die Neubewertung erst vor kurzem behandelter Themen und Probleme, die bereits als gelöst – oder doch als annähernd gelöst – angesehen werden konnten, dazu geführt, die Ergebnisse erneut zu überprüfen und zu vertiefen und neue Thesen über eventuelle literarische, auch antike, Quellen aufzustellen, die Leonardo bekannt waren, als er mit seiner Arbeit an der* Dame mit dem Hermelin *begann. Diese hier zum ersten Mal veröffentlichten Thesen bringen nur wenige Monate nach seinem Erscheinen den Katalog zu besagter Ausstellung auf den neuesten Stand, der im Juli 1998 geschrieben und im darauffolgenden Oktober veröffentlicht wurde. An dieser Stelle setzt das fünfte Kapitel mit der Untersuchung von Leonardos künstlerischer Entwicklung als Folge seiner humanistischen Studien und Kenntnisse ein und führt meinen Essay von 1995 weiter, den ich dem Verhältnis Leonardos zur Antike gewidmet hatte und der in der von Carlo Pedretti herausgegebenen* Achademia Leonardi Vinci *(Bd. VII) erschienen ist. Das sechste Kapitel enthält Arbeitsergebnisse, die ich bereits in einem Seminar am Kulturwissenschaftlichen Institut in Essen vorgestellt und 1997 in noch provisorischer Form in Heft XXVII der* Raccolta Vinciana *veröffentlicht habe. In allen sechs Kapiteln wird die Laufbahn Leonardos als Maler unter dem meines Erachtens interessanten und zum guten Teil neuen Gesichtspunkt seiner starken Affinität zur Bildhauerei gesehen, und zwar sowohl der antiken als auch der seiner Vorgänger und Zeitgenossen wie Donatello, Verrocchio oder Tullio Lombardo. Diesen sechs Kapiteln folgt der chronologisch geordnete Katalog der Gemälde Leonardos, in dem die technischen Daten aller Werke aufgeführt sind sowie kurzgefaßte historische Angaben, die das* Opus vincianum *möglichst nahtlos rekonstruieren sollen.*

Der Anhang ist ein Buch im Buch, in dem alle bekannten Urkunden zur Gemäldeproduktion Leonardos und zu den wichtigsten biographischen Ereignissen versammelt sind. Urkunden, die andere Bereiche von Leonardos Wirkungsfeld betreffen, mußten leider weggelassen werden, vor allem diejenigen zur Architektur und zum Ingenieurswesen sowie jene, die militärische Probleme betreffen. Fast alle Urkunden sind neu gelesen und mit den Originalen verglichen worden, die vollständig und inklusive der in früheren Abschriften fehlenden Teile transkribiert wurden: Dies verdanken wir der mühevollen Arbeit meines Freundes (und Schülers) Edoardo Villata, die in die lang erwartete Neuausgabe des von Luca Beltrami 1919 herausgegebenen Buches eingeflossen ist. Es mußte dringend überarbeitet werden, um die zahlreichen Entdeckungen in den Archiven der letzten Jahrzehnte aufzunehmen, die zu einem großen Teil der unermüdlichen Arbeit von Christoph Luitpold Frommel, Giambattista Sannazzaro, Gino Corti und Laurie Fusco sowie vor allem Grazioso Sironi und Janice Shell zu verdanken sind. In den Raccolta Vinciana *wurde 1999 Edoardo Villatas vollständige Zusammenstellung der Quellen veröffentlicht, in der sich mindestens vier neue Dokumente finden, die mit Leonardos Tätigkeit als Maler und Architekt zusammenhängen. Die Zusammenstellung im vorliegenden Band enthält zumindest ein vom letzten Leonardo-Biographen Vecce in seinem Buch von 1998 bisher übersehene Urkunde: einen Brief an Macchiavelli aus dem Jahr 1503, in dem vom großen Können Leonardos als Portraitkünstler die Rede ist.*

Schließlich noch eine Bemerkung zu den Reproduktionen: Entgegen den allgemein üblichen wissenschaftlichen Gepflogenheiten haben wir uns dazu entschieden, einige Details aus Gemälden und Zeichnungen Leonardos sehr stark zu vergrößern, um Technik und Ausführung genauer dokumentieren zu können. Dies dient zugleich dazu, das Verhältnis des Künstlers zur Bildhauerei und die daraus resultierende geradezu skulpturale Kraft, wie sie sich vor allem in den Skizzen zeigt, zu verdeutlichen. Diese Vorgehensweise soll dem Leser eine genaue Vorstellung vom Duktus und von der außerordentlichen graphischen Virtuosität Leonardos vermitteln, die häufig konzentriert auf engstem Raum zum Ausdruck kommt. Außerdem ist es möglich, unterschiedliche Lösungsansätze auf ein und demselben Blatt zu erkennen und auf diese Weise die Gedankengänge Leonardos besser nachzuvollziehen.

All dies soll deutlich machen, wie viele Informationen über Leonardo noch in den Archiven ruhen und wieviel es über ihn noch zu erforschen gilt. Sollte es diesem Buch gelingen, im Rahmen seiner Möglichkeiten zu informieren und dazu anzuregen, sich auch nur mit einem kleinen Aspekt des großen Künstlers gründlich zu befassen, so ist unser Ziel erreicht.

Mailand, 9. November 1998 P. C. M.

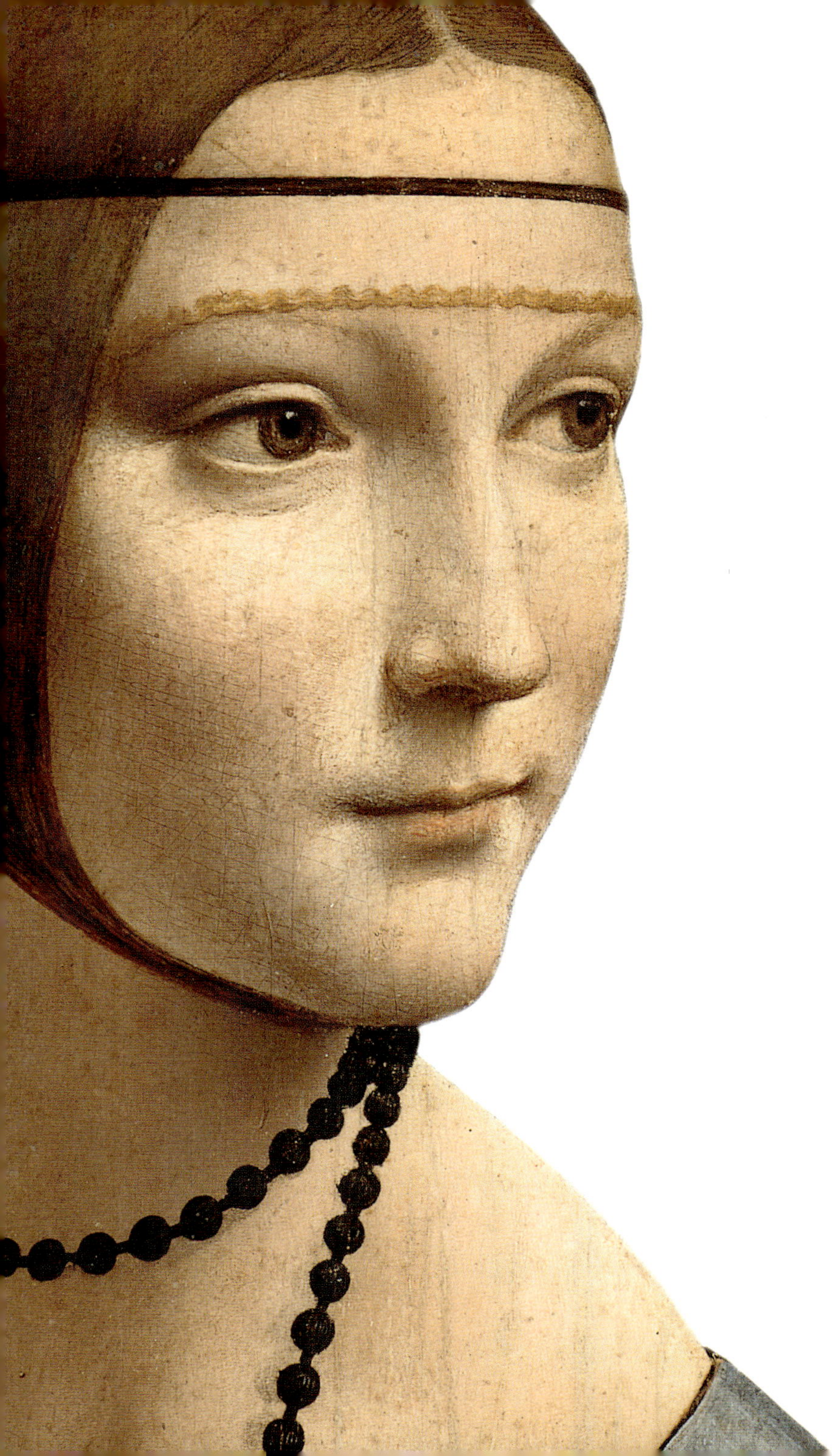

In der Werkstatt Verrocchios

Eine am 9. April 1476 bei der Florentiner Gerichtsbehörde eingegangene anonyme Anzeige meldet, daß der etwa siebzehnjährige Jacopo Saltarelli »allerhand Schwächen nachgibt und denjenigen zu Willen ist, die derlei Schändlichkeiten von ihm verlangen«. Unter den »mehreren Dutzend Personen«, die seine Dienste in Anspruch genommen hatten, sind vier Männer in einer bunten Mischung aus den niedrigen Ständen und dem Adel eindeutig mit Namen genannt: der Wamsmacher Baccino, der Goldschmied Bartolomeo di Pasquino und kein Geringerer als Lionardo Tornabuoni. Die vierte Person (in der Liste an zweiter Stelle aufgeführt) ist ein Vierundzwanzigjähriger, der einmal der berühmteste Maler der italienischen Renaissance werden soll: »Lionardo di Ser Piero da Vinci«. Um jeden Zweifel zu zerstreuen, wird am Schluß der Anzeige erneut ausdrücklich darauf hingewiesen, daß alle Beschuldigten »den besagten Jacopo sodomisiert haben«. Abgesehen vom Einblick in die Sitten der Florentiner Jugend jener Zeit und davon, daß alle vier Männer freigesprochen wurden, ist diese Urkunde[1] von außerordentlicher Bedeutung. Sie enthält den ersten historischen Beleg darüber, daß Leonardo »sich bei Andrea del Verrocchio aufhält« (was am 7. Juni 1476 in einer weiteren, identischen Anzeige bestätigt wird: »Leonardo ser Pieri de Vincio, manet cum Andrea del Verrocchio«) und in einer Umgebung lebt, in der die Künstler, ihrerseits herausragende Handwerker, gleichermaßen mit normalen Handwerkern – Goldschmieden, Wamsmachern – und Adeligen verkehren. Der Anwesenheit der Letztgenannten war es sicherlich zu verdanken, daß die Anklage gegen die gesamte Gruppe nicht weiter verfolgt wurde. Der spätere Bericht Vasaris über Ser Pieros Entschluß, seinen unehelichen Sohn Leonardo in die Werkstatt des damals besten Bildhauers von Florenz zu geben, macht zur märchenhaften Legende, was vermutlich weiter nichts als eine bequeme Gelegenheit war, sich einen Sohn vom Hals zu schaffen, der einerseits zwar ungeheuer wißbegierig war, doch andererseits so wenig Ausdauer im Schreiben und Rechnen hatte, daß er weder Latein noch die Grundrechenarten beherrschte – selbst mit vierzig noch nicht –, und mit siebzehn Jahren seinem Vater bei den Notarsgeschäften gewiß keine Hilfe gewesen wäre (von 1464, als der Großvater Antonio starb, bis 1469, als Leonardo wahrscheinlich bei Verrocchio zu arbeiten begann, hatte Ser Piero mindestens sechs Mäuler zu stopfen)[2]. Vasari schreibt:

»Wiewohl er so vielerlei Dinge trieb, unterließ er es dennoch nicht, zu zeichnen und erhobene Arbeiten zu verfertigen, eine Beschäftigung, die mehr als jede andere nach seinem Sinne war. Piero, sein Vater, der dies sah und die Herrlichkeit dieses Geistes erkannte, nahm eines Tages mehrere seiner Zeichnungen und brachte sie seinem Freunde Andrea del Verrocchio mit der dringenden Bitte, ihm zu sagen, ob Leonardo, wenn er sich der Zeichenkunst widme, es darin zu etwas bringen könne. Andrea erstaunte über die außerordentlichen Anfänge des Knaben und ermunterte Piero, ihn diesen Beruf wählen zu lassen, worauf jener den Leonardo nach der Werkstatt des Andrea sandte. Der Knabe trat hier mit großer Freude ein ...«[3]

Ser Piero war lange vor 1469 von Vinci nach Florenz übergesiedelt, vielleicht sogar schon in den frühen sechziger Jahren,

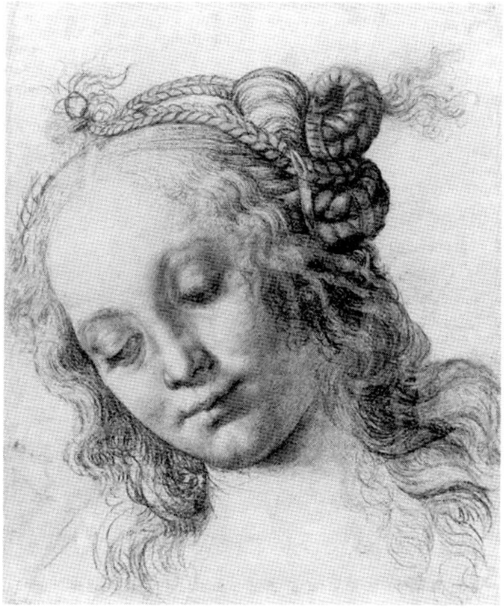

Andrea del Verrocchio,
Frauenkopf mit kunstvoller Haartracht, Studie.
London, British Museum
(Inv. Nr. 1895-9-15-785).

denn seine erste Frau Albiera di Giovanni Amadori starb 1464 in Florenz und wurde dort begraben. Man nimmt neuerdings an, daß auch Leonardo ab der ersten Hälfte der sechziger Jahre mit seinem Vater und der Stiefmutter dort lebte (er war der uneheliche Sohn Ser Pieros und einer gewissen Caterina, die dann den Bauern Antonio del Vacca, genannt L'Attaccabriga – der Raufbold –, heiratete); dadurch ließe sich der Beginn seiner Lehre bei Verrocchio um mindestens fünf Jahre vorverlegen, während sie bis jetzt auf das Jahr 1469 festgesetzt war (dieses Datum stimmt mit dem Grundbucheintrag von Ser Piero überein). Er hatte außerdem 1464 schon das richtige Alter, um in eine Werkstatt aufgenommen zu werden (das Aufnahmealter variierte zwischen vierzehn und fünfundzwanzig Jahren).[4] Verrocchio, der in den siebziger und achtziger Jahren des 15. Jahrhunderts einer überaus regen Werkstatt vorstand und bedeutende Aufträge aus dem Einflußbereich der Medici erhielt, zog mit seiner Persönlichkeit die jungen Künstlertalente seiner Zeit an: Botticelli, Ghirlandaio, Perugino und Lorenzo di Credi gehörten für längere oder kürzere Zeit seiner Werkstatt an, und ihr persönlicher Stil verschmolz mit dem des Meisters. So entstand ein Stil »à la Verrocchio«, der die Unterscheidung der Gemälde aus der Hand des Meisters von denen seiner Schüler sehr erschwert.[5] Kein historisches Dokument gibt eindeutig Aufschluß über die von Verrocchio gemalten Werke, und auch für die Datierung der vier oder fünf Gemälde, die man ihm gemeinhin zuschreibt, fehlen gesicherte zeitliche Anhaltspunkte; zudem sind einige dieser Gemälde möglicherweise in Gemeinschaftsarbeit mit jeweils einem seiner Schüler entstanden. Der bekannteste Fall ist die *Taufe Christi*, die sich heute in den Uffizien befindet und auf die wir noch eingehen werden.

Zunächst wenden wir uns aber einigen Gemälden zu, denen eine bewußte Entscheidung zur Gemeinschaftsarbeit zugrunde zu liegen scheint. Das Altarbild im Dom von Pistoia bestätigt die Annahme, daß sich Verrocchio in den letzten Jahren seiner Karriere hauptsächlich auf die Bildhauerei konzentrierte und seinen zahlreichen Schülern die Ausführung von Aufträgen für Gemälde überließ, was jenen »Verrocchio-Stil« erklärt, der allen aus seiner Werkstatt hervorgegangenen Bildern eigen ist. In den neuesten Forschungsbeiträgen wird wieder die zentrale, wegweisende Bedeutung hervorgehoben, die Verrocchio für die Entwicklung der florentinischen Bildhauerkunst hatte, deren ausgeprägt »klassische« Formen sich eigentlich erst Anfang des 16. Jahrhunderts durchsetzten. Außerdem wird dadurch endlich das selbständige Genie des Lehrers anerkannt und von den angeblichen frühen Einflüssen Leonardos befreit, die unwahrscheinlich sind. Ein solcher Einfluß läßt sich erst für das Ende der siebziger Jahre belegen.[6] Andererseits klären die erwähnten Untersuchungen noch nicht ausreichend die Zusammenhänge zwischen der Gemeinschaftsarbeit in der Werkstatt Verrocchios und der Gemäldeproduktion des Meisters, auch wenn es Gesamtstudien zur künstlerischen Kooperation als offenbar typisches Phänomen der Arbeitsweise in den florentinischen Werkstätten im letzten Viertel des 15. Jahrhunderts gibt.[7]

1472, im selben Jahr wie Botticelli, war Leonardo bereits im Register der Lukasgilde eingeschrieben. Zu diesem Zeitpunkt

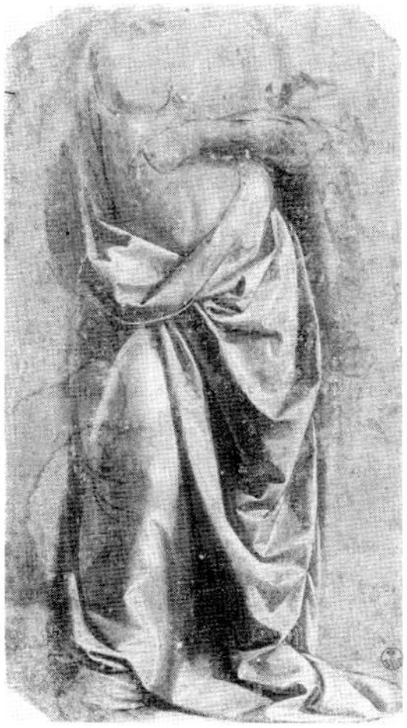

Andrea del Verrocchio (?),
Gewandstudie.
Florenz, Galleria degli Uffizi,
Gabinetto dei Disegni e delle Stampe
(Inv. Nr. 433 E).

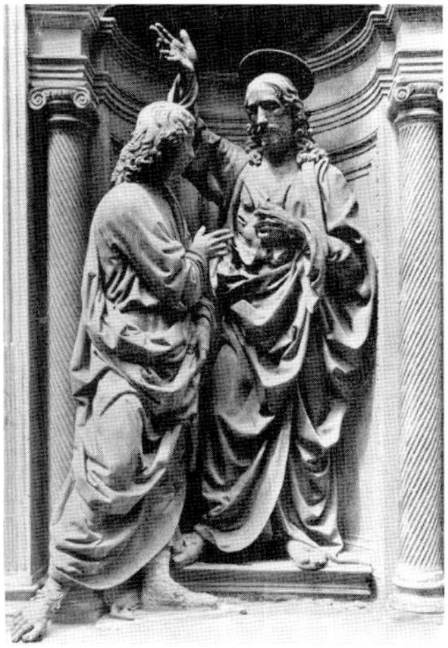

Andrea del Verrocchio,
Christus und der ungläubige Thomas.
Florenz, Orsanmichele.

war er zwanzig Jahre alt und durfte sich als eigenständiger Künstler betrachten. Selbstverständlich war sein Verhältnis zu Verrocchio, so wie es sich vor allem zwischen 1465 und 1472 entwickelt hatte, als er vermutlich nicht mehr als ein Lehrling war, im Moment der Aufnahme in die Lukasgilde nicht einfach beendet, da ja die beiden oben erwähnten Dokumente aus dem Jahr 1476 bezeugen, daß er sich weiterhin bei Verrocchio »aufhielt«. Sicher gehörte er auch 1472 der Werkstatt an, als der Meister damit beauftragt wurde, die kupferne Kugel für die Laterne des Doms Santa Maria del Fiore in Florenz auszuführen, die dann am 27. Mai 1472 befestigt wurde. Leonardo wird sich sehr viel später (Ms. G, fol. 84 *verso*, um 1510, Paris, Institut de France) notieren: »Denk an die Lötungen, mit denen die Kugel von Santa Maria del Fiore zusammengefügt wurde ... aus in den Stein gedrücktem Kupfer, wie die Füße dieser Kugel ...«, als wäre er dabeigewesen und hätte alle Phasen der Montage verfolgt. Wahrscheinlich sah er bei dieser Gelegenheit auch die Arbeitsmethoden Brunelleschis und dessen »Maschinen« aus der Nähe – die berühmte »große Seilwinde« zum Befördern von Lasten bis hinauf zur Kuppel, oder den drehbaren Kran, der am höchsten Punkt der Laterne stand. Leonardo fertigte verschiedene Zeichnungen von diesen Maschinen an (zum Beispiel im *Codex Atlanticus*, fol. 1083 *verso*, früher 391 v-b, und fol. 808 *verso*, früher 295 v-b), die alle auf den genannten Zeitraum zurückgehen.[8] Die Vielseitigkeit Verrocchios lenkte Leonardos Aufmerksamkeit zweifellos bald auf die Probleme des Metallschmelzens, der Zimmerei und der Mechanik im allgemeinen, der er sich zunächst recht naiv näherte, um Maschinen und Vorrichtungen zu zeichnen, die »etwas zu riesenhafte Details« hatten, wie schon Gerolamo Calvi 1925 bemerkte[9]. Vor allem verglichen mit den Zeichnungen von Bonaccorso Ghiberti oder Giuliano da Sangallo (aufschlußreich insbesondere, wenn sie dieselben Maschinen Brunelleschis abzeichneten wie Leonardo), sind diese frühen technischen Zeichnungen noch unsicher, auch wenn in ihnen schon klar Leonardos Wunsch zum Ausdruck kommt, mechanische Abläufe und Funktionen zeichnend zu begreifen. Sie sind beseelt von demselben forschenden Geist, der ihn auch bei der Beobachtung der Natur und den Studien der Pflanzen- und Tierwelt leitete.

In seiner Eigenschaft als Meister der Werkstatt spielte Verrocchio eine entscheidende Rolle in der Orientierung und Ausbildung des jungen Leonardo zu einem Künstler in allen Disziplinen. Und da dieser sowohl seine außergewöhnliche Beobachtungsgabe wie seine hervorragenden Fähigkeiten im Zeichnen, Malen und vielleicht auch als Bildhauer unter Beweis gestellt hatte, ist es nicht verwunderlich, wenn das in den jungen Schüler gesetzte Vertrauen dazu führte, daß Leonardo im Unterschied zu anderen Malern, die nur für kurze Zeit in der Werkstatt weilten, länger an Verrocchios Seite blieb und dabei fast zum Alter ego des Meisters wurde. Ein deutliches Indiz dafür ist sein anzunehmender Anteil an der Vollendung der *Taufe Christi*. Wahrscheinlich waren die Vielfalt der in der Werkstatt ausgeführten Tätigkeiten und das hohe Niveau, das von den dort versammelten Künstlern verlangt wurde, ebenfalls Gründe dafür, daß Leo-

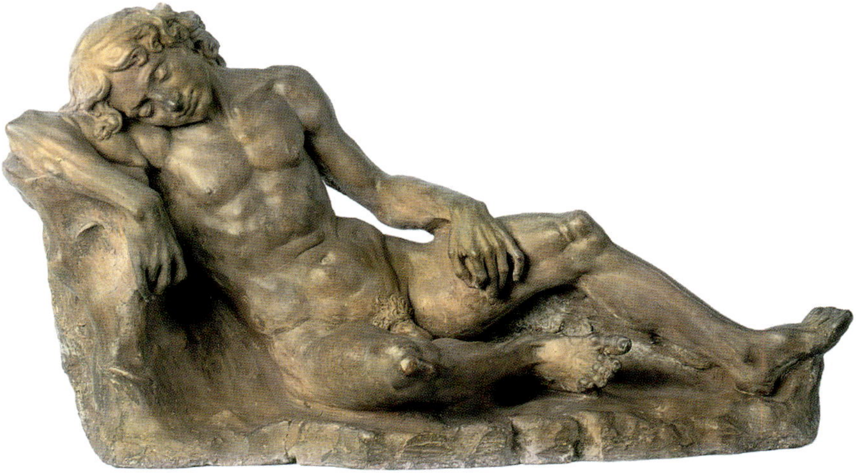

Andrea del Verrocchio,
Schlafender nackter Jüngling.
Berlin, Staatliche Museen
Preußischer Kulturbesitz,
Skulpturensammlung
(Inv. Nr. 112).

nardo später für sich und für alle anderen Maler das Epitheton »universal« beanspruchte.

Wenn man der »Werkstattpraxis« des 15. Jahrhunderts gerecht werden will, darf man nicht vergessen, daß einige Themen und »Motive«, die normalerweise Leonardo zugeschrieben werden, in Wahrheit auf Verrocchio zurückgehen, wie die »lachenden weiblichen Köpfe« oder die »Kinderköpfe aus Tonerde«, welche Vasari als eine eigene Erfindung des jungen Leonardo bezeichnet[10], die aber in Wirklichkeit im Zusammenhang mit einigen Zeichnungen Verrocchios stehen, die Vasari gleichfalls erwähnt und als »Schöne Frauenköpfe mit frisiertem Haar« beschreibt, wie die Zeichnung eines *Frauenkopfes mit kunstvoller Haartracht* im British Museum. Leonardo verwendet dieses Motiv sehr viel später in seinen Haarstudien für *Leda*.[11] Wenn Vasari von Leonardo erzählt, daß dieser Figurenmodelle in Tonerde formte, weiche lehmgetränkte Lappen darüber legte und sich »mit äußerster Geduld bemühte, sie auf ganz feine oder schon gebrauchte Leinwand nachzuzeichnen, indem er sie schwarz und weiß mit der Spitze des Pinsels bewunderungswürdig schön ausführte«[12], so ist dies sicher eher eine Eigenheit Verrocchios, die Leonardo übernahm: Das berühmte Blatt mit einer Gewandstudie in den Uffizien (Inv. Nr. 433 E), das in dieser ungewöhnlichen Technik ausgeführt wurde, gilt eindeutig als Studie zum bronzenen Christus in der Figurengruppe *Christus und der ungläubige Thomas*, die Verrocchio für Orsanmichele in Florenz schuf.[13] Eigentümlicherweise wird diese Zeichnung von der Leonardoforschung Leonardo, und von der Verrocchioforschung Verrocchio zugeschrieben.[14]

Nach den neuesten Erkenntnissen war der bronzene Christus die erste Figur, die Verrocchio zwischen 1470 und 1476 ausführte, nachdem er den Auftrag für die Skulpturengruppe zwischen Ende des Jahres 1466 und Januar 1467 bekommen hatte.[15] Die Christusfigur unterscheidet sich merklich von der gleich darauf geschaffenen Figur des Thomas, bei der die Falten nicht so weit auseinanderliegen und weicher fallen. Die Zeichnung in den Uffizien, eindeutig ein früher Entwurf für den Christus und sicher keine Zeichnung nach der fertigen Skulptur, muß vor 1470 entstanden sein, als die für die Schmelzung nötige Bronze nachgewogen wurde; man bereitete also den Guß vor, was gleichzeitig bedeutet, daß der Künstler ein definitives Modell vorgelegt hatte. Sinnvoll scheint dementsprechend eine Datierung der Zeichnung auf den Zeitraum zwischen 1467 und spätestens 1470. Aus diesen Jahren besitzen wir keine einzige Zeichnung Leonardos. Seine erste datierte Zeichnung – auf die noch eingegangen wird – stammt aus dem Jahr 1473; zu diesem Zeitpunkt war er kaum mehr als fünfzehn Jahre alt. Wir haben daher keine Vergleichsmöglichkeit, die seine Urheberschaft für jene wunderbare Arbeit in »schwarz und weiß mit dem Pinsel auf feine oder schon gebrauchte Leinwand« bestätigen könnte. Überzeugend ist eigentlich nur der Vergleich mit Verrocchios Skulptur, und kennzeichnend dabei die Verwendung von Tonmodellen, um die feuchte Tücher geschlungen wurden, wie Vasari richtig vermerkt. Verrocchios besondere Geschicklichkeit im Modellieren von Tonfiguren wie *Schlafender nackter Jüngling* im Besitz der Staatlichen Museen in Berlin (Seite 14), *Madonna mit Kind* im Museo Nazionale del Bargello in

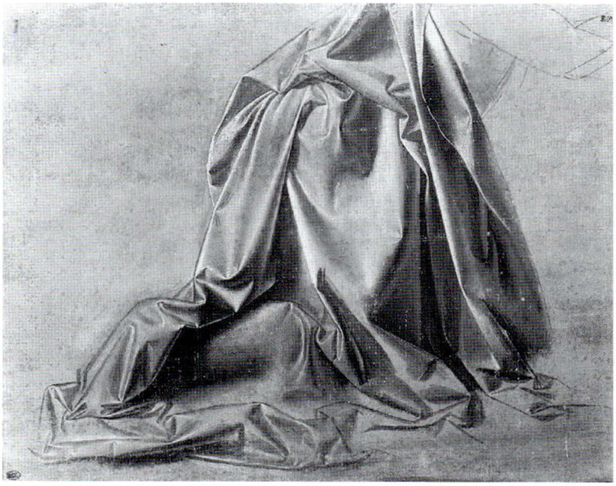

Leonardo da Vinci,
Gewandstudie für eine kniende Figur.
Paris, Musée du Louvre, Cabinet des Dessins (Inv. Nr. 2256).

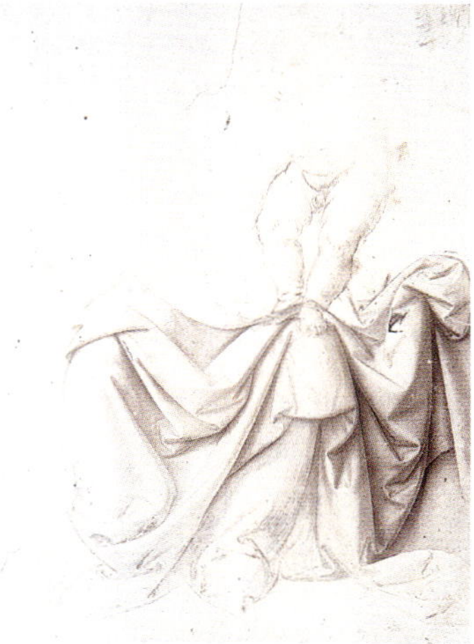

Lorenzo di Credi,
Gewandstudie für eine »Madonna mit Kind«.
New York, Kunsthandel.

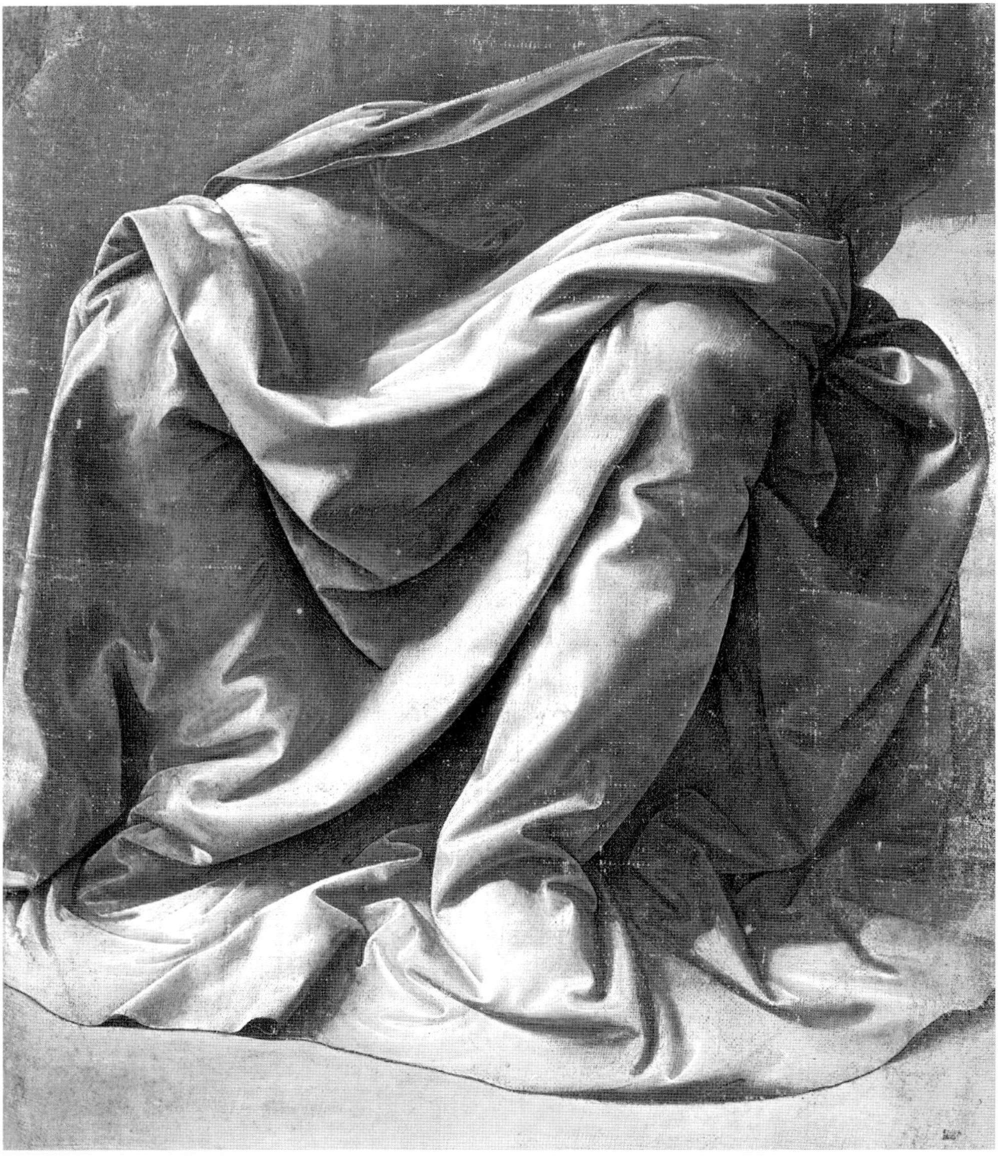

Leonardo da Vinci,
Gewandstudie.
Paris, Musée du Louvre,
Cabinet des Dessins
(Inv. Nr. 2255).

Florenz oder der *Christusbüste* im Metropolitan Museum of Art in New York[16] ist bekannt.

Wenn Leonardos Urheberschaft für die Zeichnung in den Uffizien auszuschließen ist, so bringt dies eine grundlegende Neubewertung einer Gruppe von Helldunkelzeichnungen im Louvre mit sich, die dem jungen Leonardo zugeschrieben werden. Diese Zeichnungen wurden 1989 zusammen mit Exponaten aus anderen Sammlungen, die Ähnlichkeiten in Technik und Untergrund aufweisen, unter seinem Namen ausgestellt.[17] Bei eingehender Prüfung weisen die Zeichnungen jedoch unverkennbare Unterschiede auf, die im übrigen schon früher von Experten bemerkt und kürzlich neu bestätigt wurden.[18] Daher sollte man vorsichtigerweise Leonardo lediglich die Blätter 2256 und 2255 des Louvre (Seiten 15, 16) zuschreiben, und zwar auch aufgrund des Vergleichs mit einer allerdings späteren Zeichnung (um 1478) im Gabinetto Nazionale delle Stampe in Rom (Inv. Nr. F. C. 125770). Die beiden Louvre-Zeichnungen stehen wahrscheinlich im Zusammenhang mit dem Gemälde der *Verkündigung* in den Uffizien (auch wenn die letztere Gewandstudie dem Faltenwurf von Marias Gewand auf dem Altarbild des Domenico Ghirlandaio in den Uffizien ähnelt). Leonardo sind außerdem eventuell zwei weitere Zeichnungen des Louvre, RF 41905 und RF 1081, zuzuschreiben, sowie eine Zeichnung im Besitz der Fondation Custodia in Paris (Inv. Nr. 6632), auch wenn diese zu den weniger bedeutenden Zeichnungen der Gruppe gehört. Die restlichen Zeichnungen stammen entweder von der Hand Verrocchios selbst (Rennes, Musée des Beaux-Arts, Inv. Nr. 794-1-2507) oder der Domenico Ghirlandaios (Berlin, Staatliche Museen, Gemäldegalerie, Inv. Nr. 5039).

Die Helldunkeltechnik mit Pinsel auf Leinwand war demzufolge wohl eine beliebte Übung für die jungen Künstler, die in der Werkstatt Verrocchios arbeiteten und diese Technik während ihrer Lehrzeit bei ihren eigenen Gemälden direkt verwendeten. Dafür spricht eine einhellig Lorenzo di Credi zugeschriebene Zeichnung in der Fondation Custodia (Paris, Inv. Nr. 2491), die möglicherweise mit dem Faltenwurf des Gewandes von Maria auf dem Altarbild von Pistoia im Zusammenhang steht und sehr überzeugend mit der berühmten Zeichnung Leonardos im Louvre (Inv. Nr. 2255) verglichen werden kann, die häufig als ihr Vorbild angesehen wird.

Die Übungen im Zeichnen waren in Verrocchios Werkstatt vermutlich die erste Phase der künstlerischen Ausbildung, wie es der Florentiner Maler Cennino Cennini empfahl und wie es Leonardo selbst in seinem *Traktat von der Malerei* fordert. Liest man Leonardos Vorschriften und Ratschläge aufmerksam, so kommt man zu dem Schluß, daß seine Methode der Beobachtung und des Lernens, deren Grundlage das Kopieren der Zeichnungen der »guten Meister« ist und die das Zeichnen »nach der Natur« erst später vorsieht, auf Verrocchio und die in den Jahren der Lehre gereiften Überzeugungen zurückgeht.[19] Hieraus erklärt sich auch die Schwierigkeit, die frühen Zeichnungen Leonardos aus der Werkstatt Verrocchios ausfindig zu machen sowie seine Blätter von den anderen der Gruppe zu unterscheiden, bei denen die besagten Faltenwürfe mit dem Pinsel »schwarz und weiß« auf die

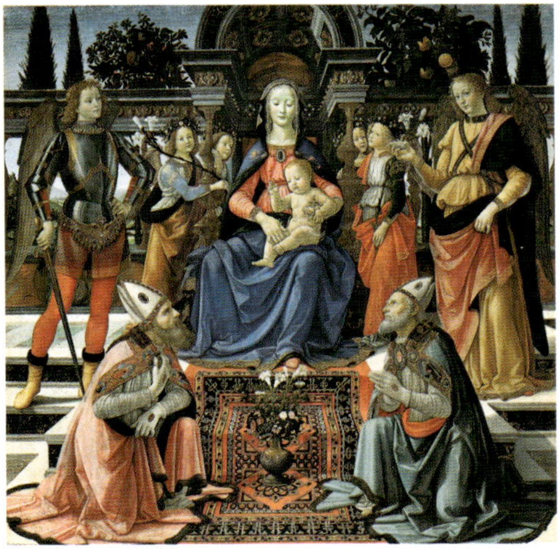

Domenico Ghirlandaio,
Thronende Madonna mit Heiligen.
Florenz, Galleria degli Uffizi.

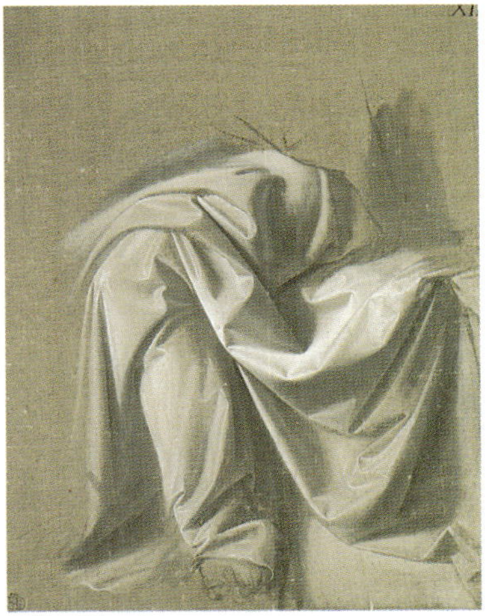

Domenico Ghirlandaio,
Gewandstudie.
Paris, Fondation Custodia
(Inv. Nr. 6632).

Leinwand aufgetragen sind. Diese spezielle Technik, mit dem Pinsel zu zeichnen, war bezeichnenderweise in der Werkstatt eines Bildhauers üblich, der auch für seine Skulpturen Tonmodelle verwendete, die mit feuchten Tüchern umwickelt waren. Sie scheint sich in den Werken fortgesetzt zu haben, die als die frühesten Gemälde Leonardos gelten müssen, der kleinformatigen *Madonna Dreyfus* in der National Gallery in Washington, und der *Madonna mit der Nelke* in der Alten Pinakothek in München.

Die Madonna Dreyfus

Die Leonardo schon früher von verschiedenen Kunsthistorikern[20] zugeschriebene *Madonna Dreyfus* (oder *Madonna mit dem Granatapfel*) in Washington wurde kürzlich erneut als sein Werk vorgestellt und von einem großen Teil der Forschung als solches akzeptiert.[21] Die Bestätigung seiner Urheberschaft stützt sich in erster Linie auch auf die besondere Behandlung des Faltenwurfs, der vor allem im Bildvordergrund an Leonardos oben erwähnte Zeichnungen auf Leinwand erinnert. Die *Madonna Dreyfus* ist vermutlich um 1469 entstanden, denn ihre Nähe zum Œuvre des Venezianers Giovanni Bellini ist unverkennbar. Verrocchio reiste in diesem Jahr nach Treviso bei Venedig, vielleicht sogar in Begleitung Leonardos.[22] Als Werk eines jungen Verrocchio-Schülers, der zwar überdurchschnittlich begabt, aber noch keine zwanzig Jahre alt war, zeigt das Gemälde die typischen Merkmale der Werkstatt und wurde deshalb sowohl Verrocchio selbst als auch seiner Werkstatt beziehungsweise Lorenzo di Credi zugeschrieben. Die Madonna ist jedoch von solcher Feinheit und Anmut, von so seidiger Weichheit des Inkarnats und überhaupt des gesamten Bildes, daß sie in keinem Verhältnis zum Schaffen Verrocchios und seiner anderen Schüler steht, am wenigsten zu dem des Lorenzo di Credi. Credi wird häufig eine Silberstiftzeichnung zugeschrieben, die sich heute in der Gemäldegalerie Dresden befindet und eine Vorstudie zur *Madonna Dreyfus* zu sein scheint; allerdings betrachten manche, beispielweise Suida, Leonardo selbst als Autor.[23] Die Zeichnung könnte aber tatsächlich von Credi oder Verrocchio (auch ihm wurde sie zugeschrieben) stammen, um später von einem Schüler um Verrocchio in das Andachtsbild eines privaten Auftraggebers oder, wahrscheinlicher noch, in ein Übungsstück ohne konkreten Auftraggeber umgesetzt zu werden. Durch solche Übungen sollten die Fähigkeiten eines jungen Malers, eines Neulings im Atelier, auf die Probe gestellt werden – und in diesem Fall handelte es sich vermutlich um Leonardo. Nur von ihm kann man eigentlich diese extrem feinen und präzisen Striche erwarten, die das Gemälde kennzeichnen. Dieses scheint im übrigen in zahlreichen charakteristischen Details (die linke Hand der Muttergottes, die Ausführung der Haut-

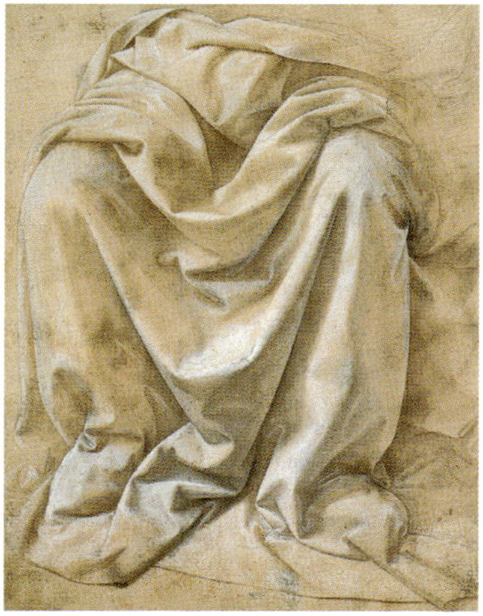

Lorenzo di Credi,
Gewandstudie.
Paris, Fondation Custodia
(Inv. Nr. 2491).

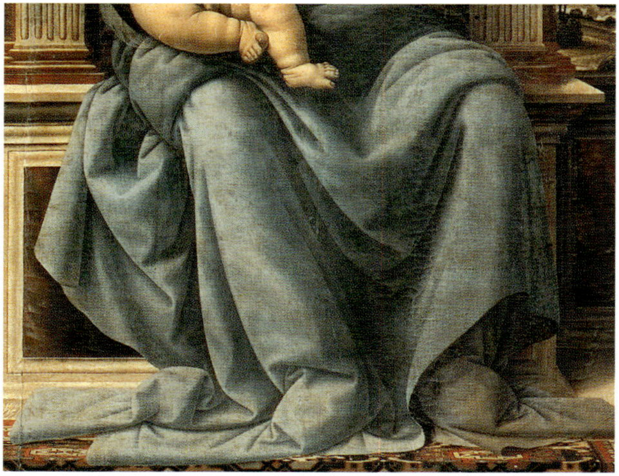

Lorenzo di Credi,
Thronende Madonna mit Johannes dem Täufer und dem heiligen Donatus, genannt *Madonna di Piazza* (Ausschnitt, siehe Seite 67).
Pistoia, Dom.

Rechte Seite:
Leonardo da Vinci,
Madonna Dreyfus.
Washington,
National Gallery of Art.

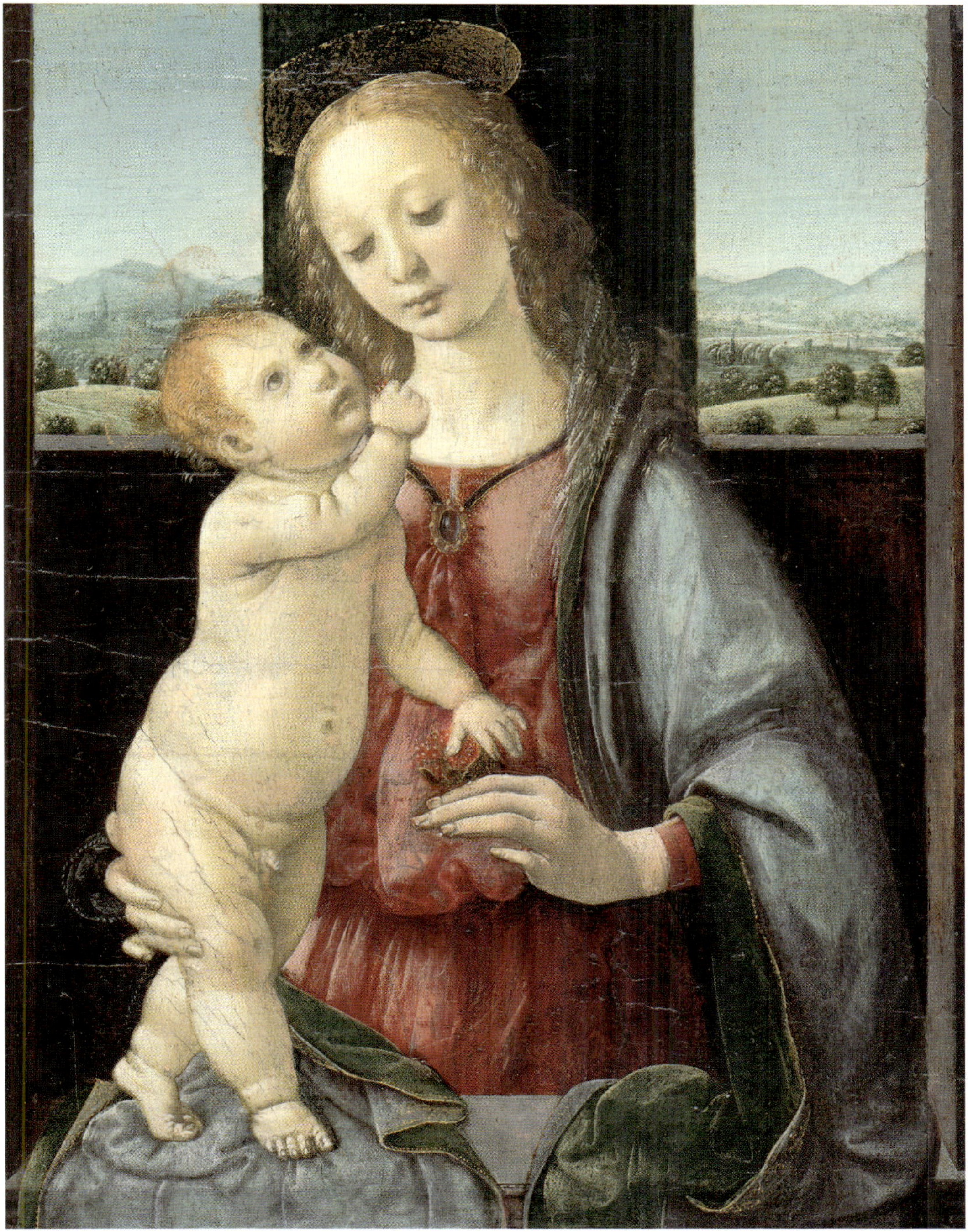

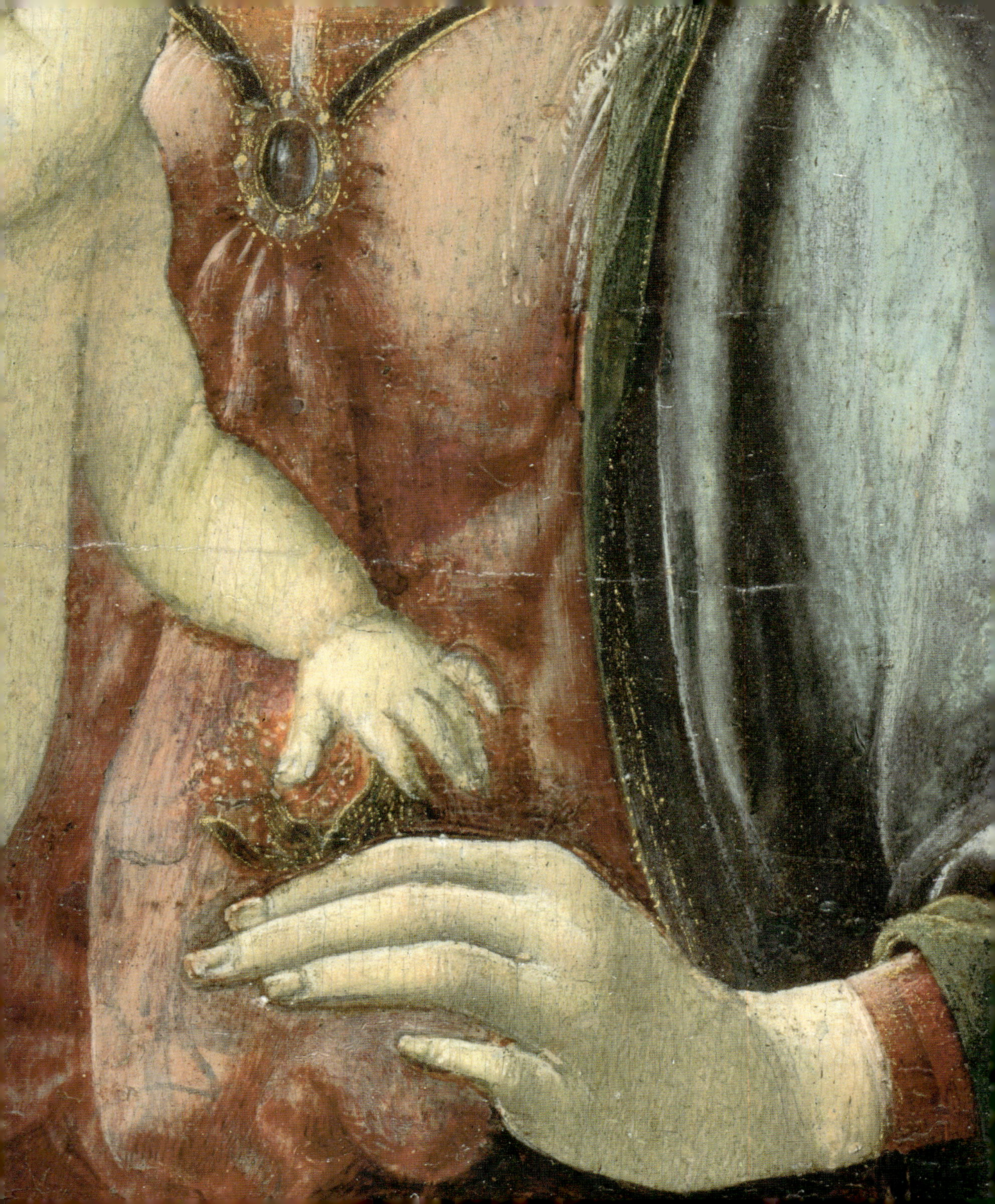

falten am rechten Arm des Jesuskindes, der Nimbus und so fort) die nur wenig später entstandene *Madonna mit der Nelke* aus der Alten Pinakothek in München vorwegzunehmen. Sie würde sehr viel mehr der Madonna Dreyfus in Washington ähneln, wenn nicht ein Übermaß an ölhaltigem Bindemittel einen Großteil der Farbwirkungen und der Helldunkeleffekte verändert und eine Oberfläche hinterlassen hätte, die leuchtender und tiefer ist als bei der *Madonna Dreyfus*. Sogar die bei der *Madonna Dreyfus* verwendeten Farben und Farbkombinationen erscheinen typisch für Leonardo. Man hat festgestellt,[24] wie sich die Kombination von Rot, Dunkelgrün, Gelb, Blau und gelegentlich Violett von den bevorzugten Farbzusammenstellungen Verrocchios unterscheidet und eher als »frühleonardesk« zu bezeichnen ist. Eine Röntgenaufnahme des Gemäldes in Washington zeigt außerdem, daß die weiße Farbe einheitlich und sparsam aufgetragen ist, ähnlich wie es Röntgenbilder der *Verkündigung* in den Uffizien (Seite 58 und 59) offenlegen. (Bleiweiß läßt sich auf Röntgenaufnahmen bekanntlich besonders genau erkennen.) Es handelt sich dabei noch nicht um den flüchtigen, beinahe unsubstanziellen Auftrag, der in den Röntgenaufnahmen der späteren Werke Leonardos wie *Mona Lisa* oder *Johannes der Täufer*, beide heute im Louvre, zu Tage tritt. So wurden Modellierung und Inkarnat des Gesichts der Maria durch nacheinander aufgetragene Lasuren geschaffen, ohne die entschlossenen weißen Pinselstriche, die Leonardo bei der Ausführung des Faltenwurfs einsetzte und die den Eindruck erwecken, der junge Maler sei nun geübt genug, um die betreffenden Stellen mit größerer Sicherheit auszuführen. Trotzdem zeigen sich Unsicherheiten in der nicht ganz gelungenen perspektivischen Verkürzung des linken Unterarms von Maria, der zu kurz wirkt; diesen Fehler berichtigte Leonardo in der wenig später gemalten *Madonna mit der Nelke*, die sich in der Alten Pinakothek in München befindet. Man muß davon ausgehen, daß die Madonna Dreyfus aggressiv gereinigt worden ist und zwar vor 1951, als das Bild in den Besitz der Sammlung Kress überging. Danach sind keine weiteren Restaurierungen dokumentiert. Die Reinigung könnte der Grund für eine Beschädigung der Oberfläche sein, vor allem bei dem blauen Gewand von Maria und den Hautpartien, unter denen eine grünliche Grundierung hervorschimmert. Dies würde auch die geradezu kalligraphische Feinlinigkeit erklären, die sicher nicht ursprünglich intendiert war. Der Erhaltungszustand des Gemäldes ist im allgemeinen gut, auf der Infrarotaufnahme sind lediglich kleinere Schäden und übermalte Partien zu erkennen. Aufgrund der drastischen Reinigung und der späteren Übermalung des Inkarnats sind auf dem Gemälde keine Fingerabdrücke Leonardos zu sehen, ein Charakteristikum seiner frühen Werke wie etwa der *Ginevra de' Benci* in der National Gallery in Washington, der *Taufe Christi* und der *Verkündigung* in den Uffizien. Die Infrarotuntersuchung erbrachte außerdem den Nachweis, daß die in den beiden Landschaftsdurchblicken hinter Maria und dem Jesuskind erscheinenden Berge sehr wahrscheinlich nachträglich hinzugefügt wurden, da sie unter Infrarotbeleuchtung nicht zu sehen sind (die Gipfel der Berge dagegen, bei denen sehr viel Bleiweiß verwendet wurde, sind auf dem entsprechenden Röntgenbild gut sichtbar). Dies ist ein wichtiger Hin-

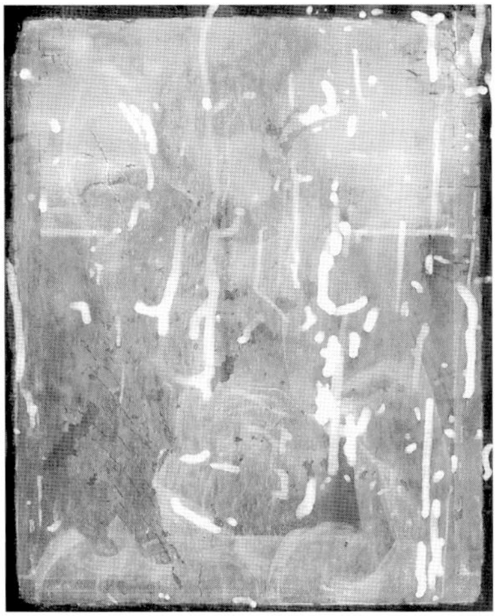

Röntgenaufnahme
der *Madonna Dreyfus*.
Washington,
National Gallery of Art.

Linke Seite:
Leonardo da Vinci,
Madonna Dreyfus (Ausschnitt).
Washington,
National Gallery of Art.

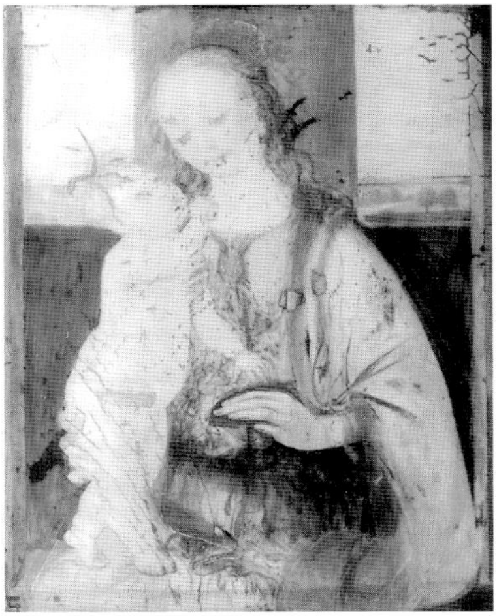

Infrarotreflektogramm
der *Madonna Dreyfus*.
Washington,
National Gallery of Art.

weis auf eine in Verrocchios Werkstatt vermutlich gängige Praxis (drei weitere Beispiele werden dies bestätigen): Landschaftselemente und andere Details werden modifiziert oder hinzugefügt, sei es bei Bildern, die vom Meister selbst begonnen worden waren, oder von anderen Künstlern.

Die *Madonna Dreyfus* war als Vorbild offensichtlich erfolgreich: im Kamaldulenser-Kloster in der Nähe von Florenz[25] befindet sich ein Gemälde, bei dem die Figur der Maria der *Madonna Dreyfus* ziemlich genau kopiert wurde, während das Jesuskind und die beiden Landschaftsansichten größere Abweichungen aufweisen. Durch die Isolierung der Gruppe Maria mit Kind im Bild erscheint die »leonardeske« Komposition im Vergleich zu den zeitgenössischen Madonnen Botticellis innovativ: Die Szene wirkt nicht gedrängt, sondern häuslich und familiär, da auf weitere Figuren wie Engel verzichtet wurde. Ein Vergleich mit Botticellis *Madonna mit Kind und Engeln* in der Galleria dell'Accademia in Florenz[26] verdeutlicht dies. Die Anwesenheit der Engel schafft eine »offizielle«, geradezu liturgische Atmosphäre und macht aus der Darstellung eine Stilübung der Symmetrie ohne jede Intimität – trotz der Geste des Kindes. Auch das Fehlen einer Landschaft im Hintergrund läßt Botticellis Gemälde sehr viel abstrakter und kühler wirken als die *Madonna Dreyfus*. Und selbst wenn Botticelli Hintergrundslandschaften einfügt, bleibt die Natur aufgrund seiner Tendenz zur Stilisierung eher unbewegt. Leonardo wird Botticelli später wegen seiner mangelnden Natürlichkeit kritisieren und ihm vorwerfen, er habe »unendlich eintönige Landschaften« gemalt und sich nicht darauf verstanden, die Wirkung der Perspektive wiederzugeben.[27] Betrachtet man die Szenen von Botticellis *Geschichte des Nastagio degli Onesti*, die sich zum Teil im Prado in Madrid und zum Teil in einer florentinischen Privatsammlung befinden, oder auch einige seiner berühmteren Gemälde, muß man Leonardo Recht geben.

Die wissenschaftliche Darstellung der Natur

Leonardos Neigung zur analytischen Natur- und Landschaftsbeobachtung zeigt sich in seiner naturalistischen, jede kleinste Eigenart der Natur berücksichtigenden Maltechnik (wie in seiner noch zu behandelnden Landschaft in der *Taufe Christi* des Verrocchio). Das mag Verrocchio dazu bewogen haben, dem jungen Maler die Gestaltung des Hintergrunds einiger Gemälde zu überlassen, die gerade in der Werkstatt entstanden. Die *Madonna mit Kind und Engeln* in der National Gallery in Lon-

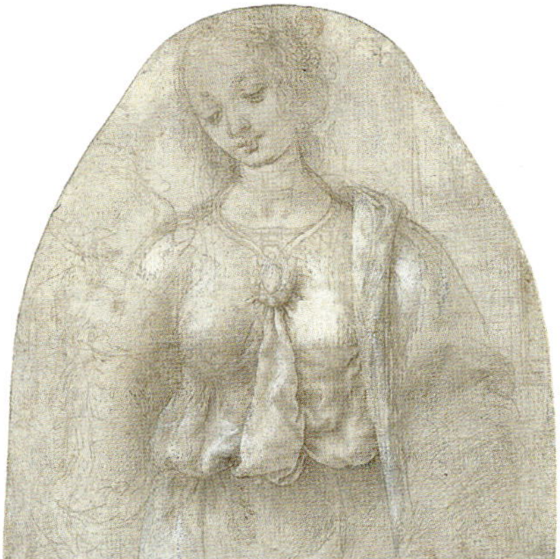

Lorenzo di Credi (oder Verrocchio?), Studie zu einer *Madonna mit Kind*. Dresden, Gemäldegalerie.

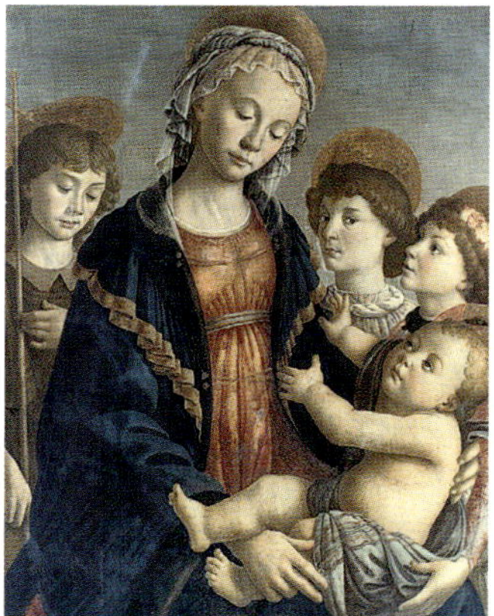

Sandro Botticelli, *Madonna mit Kind und Engeln*. Florenz, Gallerie dell'Accademia.

con wurde verschiedentlich Verrocchio, seiner Werkstatt oder auch dem jungen Perugino – während einer Phase großer stilistischer Nähe zu Verrocchio – und Botticelli zugeschrieben. Seit kurzem aber gilt sie als Werk Verrocchios.[28] In der Landschaft der rechten Bildhälfte fällt der Felsvorsprung auf, der dem Hügelpanorama hinzugefügt wurde, wohl um mit diesem rauhen Fels die sanfte, stereotype und unrealistische Hügellandschaft zu beleben. Eine vergrößerte Detailaufnahme dieses Felsens läßt eine flüssigere, präzisere Ausführung erkennen, während die ursprünglichen Hügel dazwischen noch leicht hindurchscheinen. Leonardo stellte häufig solche Felsen dar, und dieser erinnert besonders an den Felsvorsprung, der in der Zeichnung 8 P in den Uffizien zu sehen ist. Das ist die erste uns bekannte Zeichnung, traditionsgemäß für eine Darstellung des Arnotals gehalten, die Leonardo mit einem Datum, nämlich dem 15. August 1473, versah und deren Ausführung somit genau in die Zeit seiner Mitarbeit in Verrocchios Werkstatt fällt. Die Ähnlichkeit zwischen dem äußersten Felsabsatz in dieser Zeichnung, in der man das fallende Wasser am bemoosten Felsrand und sogar einzelne Pflanzenfasern wahrnimmt, und dem Felsen im Hintergrund des Londoner Gemäldes scheint ebenfalls entscheidend für die Datierung des Gemäldes zwischen den späten sechziger Jahren und dem Jahr 1473 zu sein. Das Londoner Bild wurde im übrigen schon früher als Beweis für die Zusammenarbeit Verrocchios und Leonardos angesehen,[29] und zwar aufgrund der Lilie in der Hand des linken Engels, die sich fast identisch in einer heute in Windsor Castle aufbewahrten Zeichnung Leonardos (Inv. Nr. 12418, S. 57) wiederfindet. Um das Motiv auf die Leinwand zu übertragen, wurde sie durchstochen; einige Varianten in der Anordnung der Blüten erwecken den Eindruck, als habe der Zeichner versucht, den Lilienzweig so perfekt wie möglich in eine bereits vorhandene Komposition einzufügen. Die Datierung der Zeichnung von Windsor auf Anfang der siebziger Jahre und die eindeutige Verwandtschaft des Felsvorsprungs in der Zeichnung der Uffizien mit dem Fels im Londoner Gemälde lassen vermuten, daß Leonardo an dem Gemälde mitgearbeitet hat, eben um den Felsen einzufügen und vielleicht auch um die Lilie zu vollenden, die so, wie sie gemalt ist, nur von dem jungen, botanikbegeisterten Leonardo stammen kann. Damit wird auch die Vermutung hinfällig, die *Madonna* Nr. 296 in London sei ein Werk des Perugino, der bekanntlich um 1470 in der Werkstatt Verrocchios arbeitete. Andererseits kann eine bislang unbekannte Gemeinschaftsarbeit zwischen Perugino und Leonardo an dem betreffenden Gemälde nicht ausgeschlossen werden, da die beiden Künstler später gemeinsam in der *Cronica* von Raffaels Vater Giovanni Santi als »zwei junge Männer gleichen Alters und gleicher Neigungen« erwähnt werden. Diese Bemerkung scheint sich auf die Werkstatt Verrocchios zu beziehen, denn gleich darauf werden abgesehen von Piero della Francesca auch Ghirlandaio, Filippino Lippi und Sandro Botticelli genannt.[30] Die Anerkennung, die Santi Leonardo und Perugino gleichermaßen zuteil werden läßt, wirkt aus heutiger Sicht etwas unangemessen, im letzten Jahrzehnt des 15. Jahrhunderts

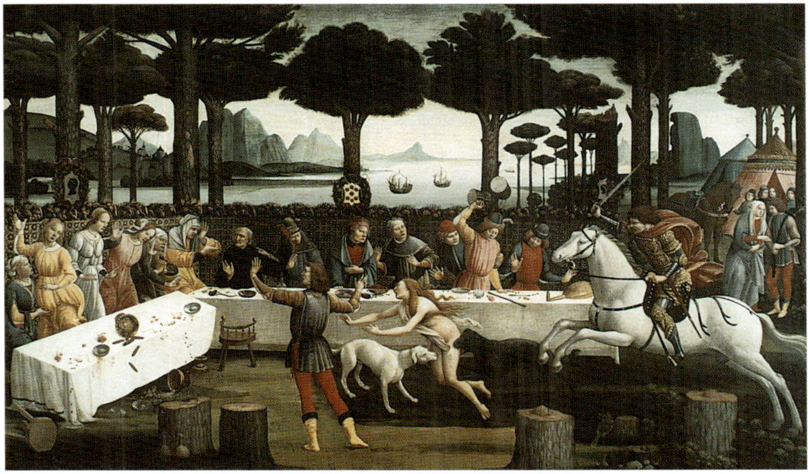

Sandro Botticelli,
Geschichte des Nastagio degli Onesti.
Florenz, Privatsammlung.

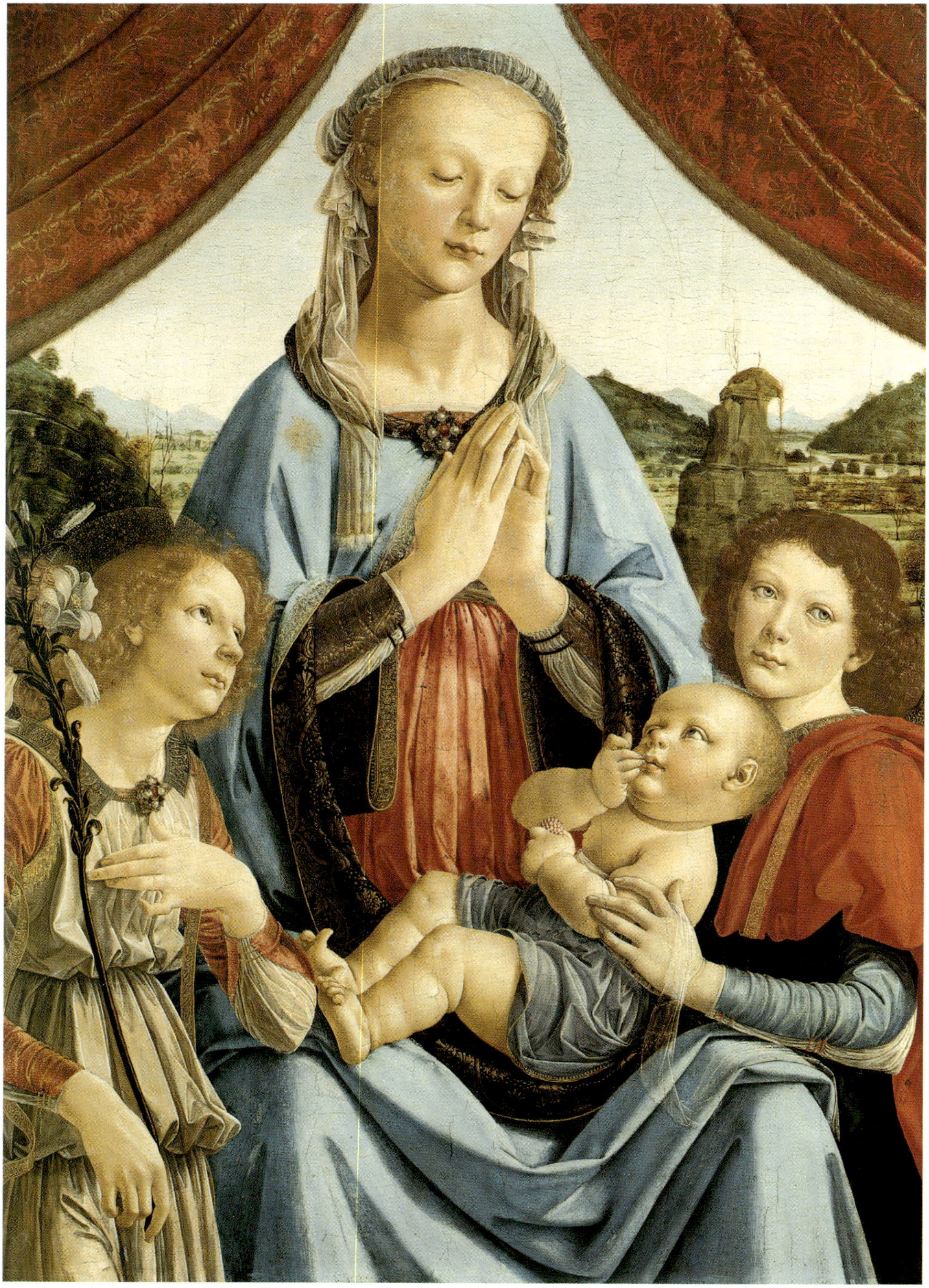

mag man dies jedoch anders gesehen haben. Die *Cronica rimata* stammt aus dem Jahr 1490, als beide Künstler, lange bevor der junge Raffael in Erscheinung trat, auf dem Höhepunkt ihres Erfolgs waren. Ludovico il Moro, an dessen Hof sich Leonardo in den neunziger Jahren bereits aufhält, holt zur selben Zeit auch Perugino nach Mailand und erteilt ihm den Auftrag für ein Polyptychon für die Kartause von Pavia.[31]

Ein ähnlicher Felsvorsprung wie in Leonardos Zeichnung in den Uffizien und der Londoner *Madonna* ist außerdem im Landschaftshintergrund einer weiteren Madonna zu sehen, die Verrocchio oder seiner Werkstatt zugeschrieben wird: die *Madonna mit Kind* der Staatlichen Museen in Berlin (Katalog Nr. 108)[32], bei der meiner Ansicht nach ebenfalls ein Eingriff des jungen Leonardo zu vermuten ist. Somit gehört zu den Gemälden, die heute ausschließlich Verrocchio zugeschrieben werden, nur die zweite *Madonna mit Kind* in den Staatlichen Museen in Berlin (Katalog Nr. 104 A)[33], deren Hintergrund rechts auffällig einheitlich ist und offensichtlich nachträglich nicht verändert wurde: Auf der linken Seite hinter dem Jesusknaben sieht man einen hohen, etwas seltsamen Berg mit einem konventionellen abgerundeten Gipfel. Die Anordnung erscheint wie eine Anspielung auf den Berg Golgatha und damit vorausweisend auf die Passion Christi. Während der rechte, eher stereotype Landschaftshintergrund an die *Madonna Dreyfus* denken läßt, ist das Gebirge links – insbesondere die Felsspalten – mit größerer Aufmerksamkeit für das geologische Detail ausgeführt; es erinnert sowohl an den rechten Bildhintergrund der *Madonna mit Engeln* in London, als auch an die auf 1473 datierte Zeichnung Leonardos in den Uffizien. Auch bei dieser *Madonna* kann man demnach vermuten, daß Leonardo Hand anlegte und möglicherweise für das Schiefergestein verantwortlich war. Angenommen, dies ist der Fall, dann überließ Verrocchio die Vollendung dieses Bildteils Leonardo wohl, weil sich dieser besonders gut auf die »realistische« Darstellung geologischer Details und der Natur im allgemeinen verstand. Leonardos Neigung zur wissenschaftlichen Darstellung von Naturphänomenen sollte sich noch verstärken. Schon kurze Zeit später ging er dazu über, die Natur in ihrem Wandel und in ihrer ständigen, unaufhaltsamen Vergänglichkeit festzuhalten. Sollte sich unsere Beweisführung bestätigen, könnte Verrocchios *Madonna* in Berlin ebenfalls unmittelbar nach 1473 datiert werden, auch unter Berücksichtigung der stilistischen Entwicklung Verrocchios selbst, der in diesem Gemälde zur Figurengestaltung eine stärkere Helldunkelwirkung und mehr Lichteffekte einsetzt, als bei den früheren *Madonnen*, von denen schon die Rede war.

Der Grund dafür, daß von Leonardo in einige Gemälde der Verrocchio-Werkstatt nachträglich Landschaftselemente eingefügt wurden, könnte also ganz einfach in seinem Hang zur genauen Beobachtung und zum systematischen Studium der Natur liegen, was er in der Landschaftszeichnung 8 P in den Uffizien von 1473 und in der Studie für den Lilienzweig in Windsor Castle unter Beweis stellt. Tiere, Pflanzen und Blumen waren anscheinend auch das Hauptmotiv eines für den portugiesi-

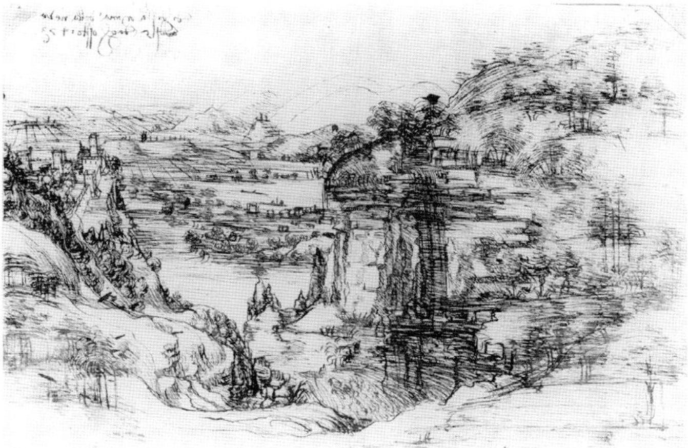

Linke Seite:
Andrea del Verrocchio
und Leonardo da Vinci,
Madonna mit Kind und Engeln.
London, National Gallery.

Leonardo da Vinci,
Arnotal.
Florenz, Galleria degli Uffizi,
Gabinetto dei Disegni e delle
Stampe (Inv. Nr. 8 P).

Folgende Doppelseite:
Andrea del Verrocchio
und Leonardo da Vinci,
Madonna mit Kind und Engeln
(Ausschnitt).
London, National Gallery.

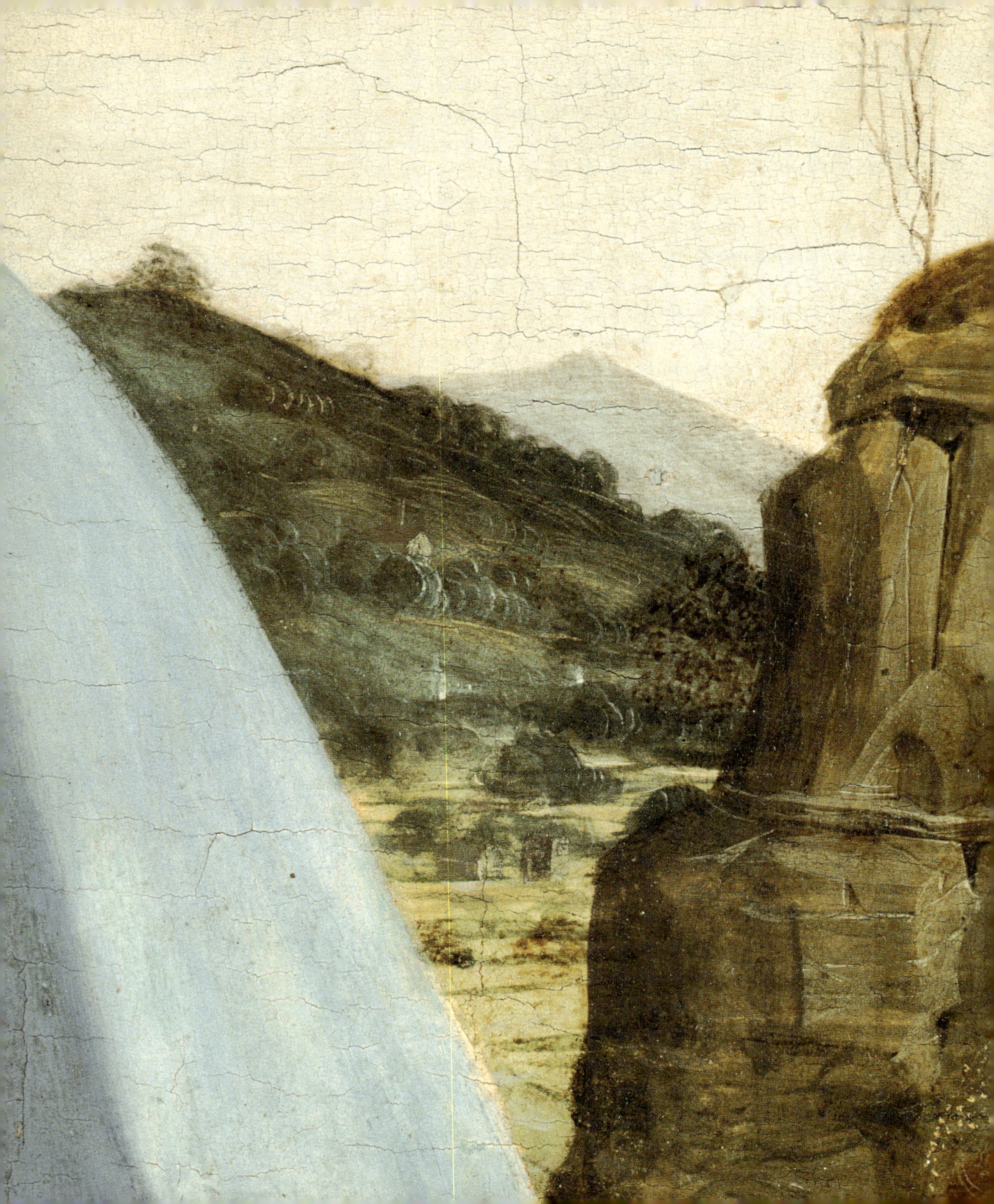

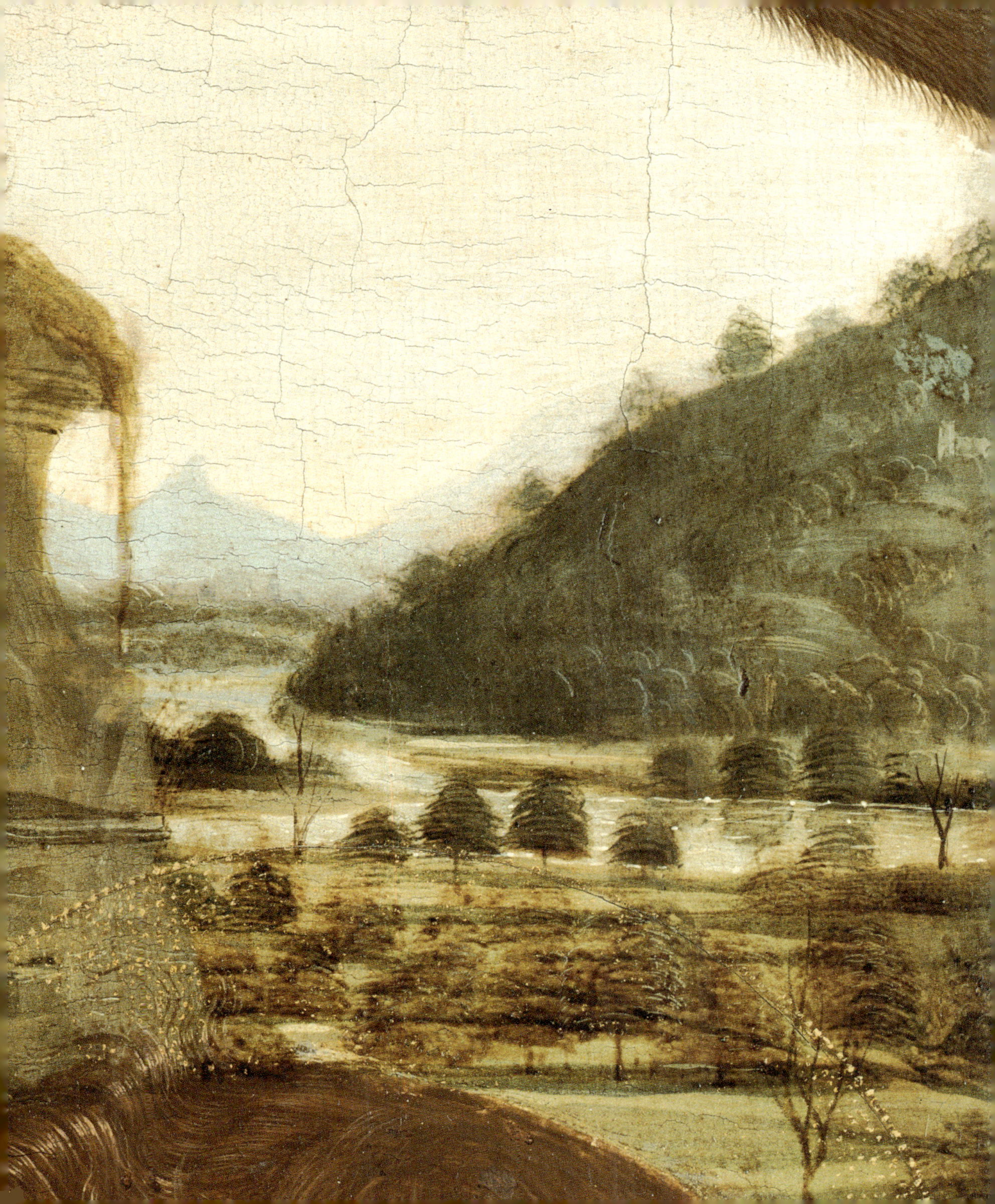

schen König vorgesehenen seidenen Türvorhangs. Leonardo erhielt vermutlich um 1475 den Auftrag, einen Karton für diesen Vorhang anzufertigen. Er nutzte das Thema, »Adam und Eva«, für eine Darstellung des Paradiesgartens, die uns aufgrund motivischer Parallelen an die Blumenwiese der *Verkündigung* in den Uffizien erinnert. Dazu berichtet Vasari: »Er stellte darin, der Bestimmung gemäß, den Sündenfall Adams und Evas dar, und arbeitete mit dem Pinsel in Hell und Dunkel mit Bleiweiß gehöht eine Wiese mit unzähligen Kräutern und einigen Tieren, so fleißig und natürlich, daß man in Wahrheit sagen konnte, kein göttlicher Geist hätte es treuer und natürlicher zu bilden vermocht. Den Feigenbaum, die Verkürzungen der Blätter und die Aufsichten der Zweige sieht man mit so großer Liebe ausgeführt, daß man sich kaum vorstellen kann, wie ein Mensch so viel Geduld haben könne; auch eine Palme ist darin, an welcher die Rundungen der Fächer bewundernswert und mit einer Kunst vollendet sind, wie es nur der Geduld und dem Geiste Lenardos erreichbar war.« Vasari schließt mit den Worten: »Das Werk kam jedoch nicht zur Ausführung, und der Karton dazu wird heutigen Tages in dem beglückten Hause des glorreichen Ottaviano von Medici aufbewahrt.«

Eine Vorstellung dieses Entwurfs könnte uns die Zeichnung *Adam und Eva im Paradies* von Francesco di Giorgio Martini vermitteln, die im Christ Church College in Oxford aufbewahrt wird. Die Figurenbildung erinnert an Botticelli, während die als Hintergrund verwendete üppige Vegetation mit dem Feigenbaum, um den sich die Schlange windet, eine Nachahmung des Kartons von Leonardo sein könnte.[34] Betrachtet man die Hintergrundslandschaften in Verrocchios Gemälden, wie etwa bei der *Madonna mit Kind* in Berlin, oder die trostlos karge Landschaft der *Kreuzigung* (ehemals in der Kirche Santa Maria e Angelo in Argiano), in der florale Elemente gänzlich fehlen und wo selbst die Bäume zu rein symbolischen Zeichen reduziert sind, versteht man gut, warum Leonardos »Liebe« zur Naturdarstellung in der Werkstatt des Meisters umgehend als wertvolles, innovatives und belebendes Element gewertet wurde.

Die Zusammenarbeit mit Verrocchio

Die Zusammenarbeit Leonardos mit Verrocchio oder seinen Gehilfen wurde seit langem bereits für ein anderes berühmtes Gemälde angenommen: *Tobias mit dem Engel*, Nr. 781 der National Gallery in London. Allgemein wird das – auch schon Verrocchio zugeschriebene – Gemälde der Werkstatt Verrocchios zugeordnet.[35] Der genaue Blick Suidas[36] hat an dem kleinen Hund, der

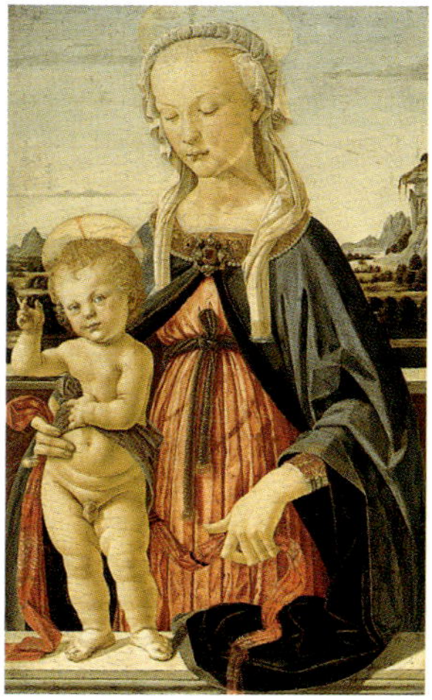

Andrea del Verrocchio (und Leonardo da Vinci?), *Madonna mit Kind*. Berlin, Staatliche Museen, Preußischer Kulturbesitz, Gemäldegalerie (Nr. 108).

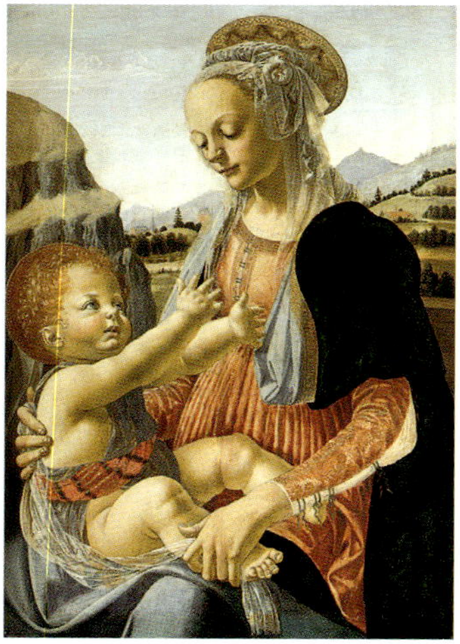

Andrea del Verrocchio (und Leonardo da Vinci?), *Madonna mit Kind*. Berlin, Staatliche Museen Preußischer Kulturbesitz, Gemäldegalerie (Nr. 104 A).

aufmerksam neben dem Engel geht und den Kopf temperamentvoll nach den beiden schreitenden Figuren wendet, die Hand Leonardos identifiziert. Bei eingehender Betrachtung und auch in der photographischen Vergrößerung ist deutlich erkennbar, daß das Hündchen nachträglich auf die Malschichten aufgetragen ist, die im Bild den Boden für die Figuren und den Vordergrund für das Wasser in der Ferne bilden. Außerdem scheint das Hündchen mit seinem gewellten Fell Leonardos *Drachen*-Studie in Windsor Castle (Nr. 12369) vorwegzunehmen, die allerdings normalerweise sehr viel später datiert wird.[37] Weitere frühe Zeichnungen Leonardos wie beispielsweise der *Kampf mit dem Drachen* (Windsor Castle Nr. 12370 *recto*) sowie die Studie in Oxford, Ashmolean Museum, die möglicherweise die große *Anbetung der Könige* in den Uffizien vorbereiten, zeigen dieselbe dynamische Interpretation und vermitteln dieselbe Sensibilität für die Tierwelt wie der kleine Hund auf dem Londoner Gemälde. Suida vertritt zudem die Auffassung, Leonardo könnte auch den Fisch in Tobias' Hand gemalt haben; es sieht tatsächlich so aus, als sei auch dieses Tier erst später hinzugekommen, obgleich es sich nicht ohne weiteres mit anderen, gleichzeitigen Zeichnungen oder Skizzen in Verbindung bringen läßt, so daß ein endgültiges Urteil hinsichtlich dieses Details vorerst noch nicht möglich ist.

Wahrscheinlich liegt dieses Talent Leonardos zur Tierdarstellung auch der berühmten Erzählung Vasaris zugrunde, in der Leonardos Vater Ser Piero von einem Bauern bedrängt wird, er möge ihm doch einen runden Schild aus Feigenholz in Florenz bemalen lassen. Piero beauftragt schließlich Leonardo damit, der den Schild am Feuer zurechtbiegt und drechseln läßt, und, nachdem er ihn »grundiert und nach seiner Weise zubereitet« hat, ein »gräßliches und erschreckliches Untier« darauf malt, »um den, der sich ihm entgegenstellte, zu erschrecken«. Der Anonimo Gaddiano und Vasari erwähnen im übrigen ein Medusenhaupt Leonardos, »das von einem Knäuel erstaunlicher und seltsamer Schlangen umwunden ist« und sich zur Zeit Vasaris in der »Guardaroba« von Cosimo de' Medici befand.[38] Die furchtbare Bestie setzte sich aus den Körperteilen verschiedener Tiere zusammen: »Echsen, Grillen, Schlangen, Schmetterlinge, Heuschrecken, Fledermäuse und andere seltsame Tiere dieser Art.« Dem Monstrum gab er »einen vergifteten Atem und einen feurigen Dunstkreis, und ließ es aus einem dunklen, zerschmetterten Felsen hervorkommen, Gift aus dem offenen Rachen, Feuer aus den Augen und Rauch aus den Nüstern sprühen, so wunderbar, daß es fürwahr ungeheuerlich und schrecklich erschien.« Als der Vater den Schild in Händen hielt, erschien er ihm als »so wunderbar«, daß er, anstatt ihn dem Bauern wiederzugeben, ihn Händlern in Florenz überließ, die ihn wiederum für dreihundert Dukaten an den Herzog von Mailand verkauften.[39] Der Bericht Vasaris scheint zumindest teilweise auf Tatsachen zu beruhen, denn auch der Fisch in den Händen des Londoner *Tobias* zeigt, daß dem Bild ein eingehendes Studium schuppiger Fischkörper und sogar des Gesichtsausdrucks der Fische vorausgegangen sein muß: Das Ergebnis liegt zwischen extremem Realismus und Monstrosität. Auf eini-

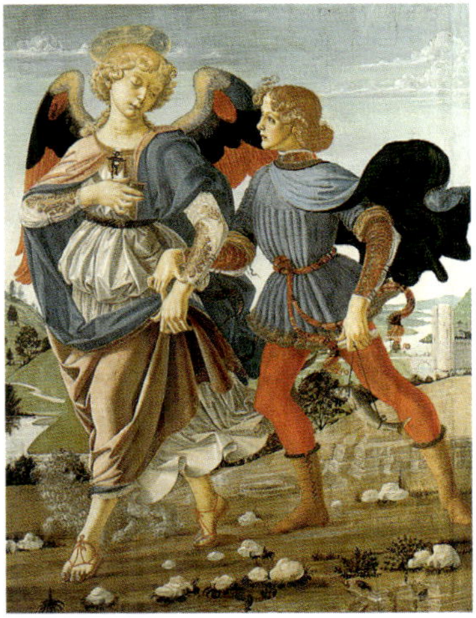

Andrea del Verrocchio
und Leonardo da Vinci,
Tobias und der Engel.
London, National Gallery.

gen anderen Gemälden florentinischer Herkunft, wie zum Beispiel *Tobias und die drei Erzengel* von Filippino Lippi, heute in der Galleria Sabauda in Turin (um 1480) oder dem *Erzengel Raffael und Tobias mit einem Frommen* von Francesco Botticini (Leihgabe des Doms Santa Maria del Fiore an die Gallerie Fiorentine, um 1472),[40] sind zwar auch jeweils ein Hund und ein Fisch zu sehen, aber dem Hund fehlt die Lebendigkeit der Bewegung, wie sie Leonardo im Londoner Gemälde zu vermitteln verstand, und dem Fisch die Mischung aus Realem und Monströsem, die Leonardo so überzeugend auf demselben Gemälde gelungen ist. Im übrigen schrieb schon Martin Davies dieses Bild der Werkstatt Verrocchios zu, und die Zusammenarbeit des Meisters mit einem weiteren Künstler erscheint aufgrund der gegebenen widersprüchlichen Effekte wahrscheinlich: Die typische Anmut Botticellis in den Figuren mischt sich mit Momenten eines malerischen Realismus; die natürliche Vegetation im Vordergrund steht im Gegensatz zur Stereotypie des Landschaftshintergrunds.

Leonardos Eingriff als Gehilfe oder Ausführender der Ideen Verrocchios wurde auch für Skulpturen wie die *Dame mit dem Blumenstrauß* im Bargello erwogen, die Emil Möller sogar in toto Leonardo zuschreibt[41]; ebenso das Forteguerri-Kenotaph im Dom von Pistoia, das man gemeinhin mit zwei Terrakottaengeln im Louvre in Verbindung bringt, von denen einer (Inv. Nr. Th 34) wiederholt als eigenhändige Schöpfung Leonardos angesehen wurde.[42] Außerdem ist der Einfluß des jungen Leonardo bei der Thomasfigur aus der Christus-Thomas-Gruppe für Orsanmichele nachzuweisen, deren Formen anders als die der Christusfigur angelegt sind und der seinen verfeinerten, vergeistigten Stil wohl dem Einfluß Leonardos auf das Schaffen in Verrocchios Werkstatt verdankt. Allerdings sollten diese leonardesken Anklänge in den bildhauerischen Werken, die zwischen 1469 und 1476/1478 Verrocchios Werkstatt verließen, nicht überbewertet werden, da wir keine einzige Skulptur kennen, von der mit Sicherheit gesagt werden kann, sie stamme von Leonardo. Einerseits sprechen die historischen Quellen von Vasari bis Giovanni Paolo Lomazzo zwar von einer bildhauerischen Tätigkeit des Künstlers[43], doch andererseits erkennt man viel deutlicher, daß eine große Anzahl charakteristischer Merkmale der Skulpturen Verrocchios in die Zeichnungen und Gemälde Leonardos eingegangen ist. Kürzlich wurde dies in bezug auf die Verwendung weiblicher oder knabenhafter Modelle beziehungsweise auf die direkte Übernahme von Motiven aus den Skulpturen Verrocchios in Gemälde Leonardos bestätigt. Zu nennen wäre beispielsweise das Motiv des Kindes, das einen Delphin an sich drückt, welches Leonardo in der *Madonna mit der Katze* wieder aufnimmt, die wir im nächsten Kapitel behandeln werden.[44] Das erste berühmte Beispiel für diese Weiterentwicklung von Ideen und Stilelementen ist sicherlich die heute in Windsor befindliche Zeichnung Nr. 12558, auf der eine Arm- und Handstudie zu sehen ist, die an Verrocchios *Dame mit dem Blumenstrauß* erinnert und daher meistens auf die Zeit um 1475 datiert wird. Diese Zeichnung wird häufig mit dem *Bildnis der Ginevra de' Benci* in der National Gallery in Washington in Verbindung gebracht, auf

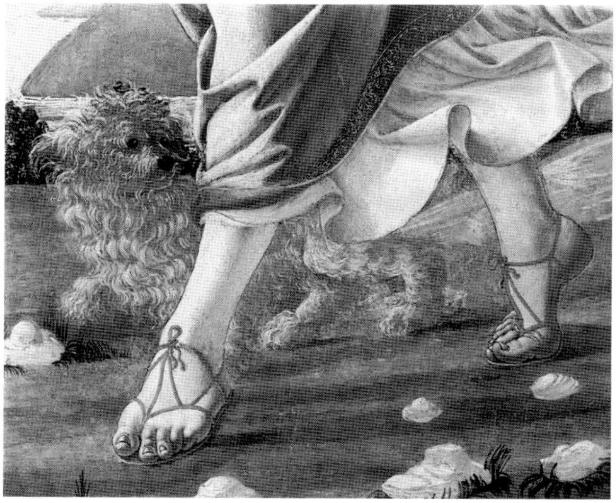

Andrea del Verrocchio
und Leonardo da Vinci,
Tobias und der Engel (Ausschnitt).
London, National Gallery.

die wir später zurückkommen werden. Leonardos Vorliebe für die Geste des erhobenen Arms mit der Hand, die vor der Brust einen Zweig oder eine Blüte hält (während die erste Version des Studienblattes Hände zeigt, die im Schoß ineinandergelegt sind) verweist jedoch auf eine andere Bestimmung dieser außergewöhnlichen Zeichnung, die eines der wichtigsten Zeugnisse für die zeichnerischen Qualitäten Leonardos darstellt, das man auf sehr viel später als auf die Mitte der siebziger Jahre zu datieren versucht hat. Die Geste der Hand verweist eher auf die *Madonna Dreyfus* und noch mehr auf die Münchner *Madonna*, die ja tatsächlich eine Nelke in der Hand hält, auch wenn die Zeichnung eher an eine Studie zu den verschiedenen Handpositionen in einem Portrait denken läßt als an den Entwurf zu einem religiösen Gemälde. In der Zeichnung Windsor Nr. 12276 *recto* taucht später dieselbe Technik wieder auf, mehrere Entwürfe zu ein und derselben Figur auf einem einzigen Blatt festzuhalten. Die Zeichnung zeigt den Kopf einer knienden Madonna, die ihr Kind stillt, in zwei unterschiedlichen Positionen. Auch auf diese Zeichnung gehen wir im nächsten Kapitel ein. Sicher handelt es sich hierbei um eine von Verrocchio übernommene Eigenart, denn auch die Zeichnung Nr. 444 E in den Uffizien, vielleicht eine erste Idee Verrocchios zur Madonna für das Altarbild im Dom von Pistoia,[45] zeigt zwei nebeneinander gezeichnete Köpfe. Vielleicht sollte Leonardos Hauptstudie auf dem Blatt in Windsor auch in einen Zusammenhang mit den »Zwei Jungfrauen Maria« gestellt werden, an denen er 1478 arbeitete. Die Dynamik der Gruppe, die Drehung der beiden Figuren und die Verfeinerung in der Linienführung läßt erkennen, dass diese Skizze eine Vorstufe zu den nur wenig später entstandenen Studien für die *Madonna mit der Katze* darstellt (vergleiche auch hierzu das folgende Kapitel S. 87 ff). Bei den anderen, weniger bedeutenden Zeichnungen auf Vorder- und Rückseite des Blattes Windsor Nr. 12276 handelt es sich um Motive des für Verrocchio typischen Repertoires, die sich von der *Dame mit dem Blumenstrauß*, dem *David* und der Figur des Thomas herleiten lassen.

Leonardos Hand ist neben der Verrocchios jedoch direkt in der berühmten Zeichnung *Venus und Amor* in den Uffizien (Inv. Nr. 212 E) zu spüren, einer möglichen Skizze für eine Standarte, wie die dreieckige Form vermuten läßt. Die Zeichnung steht zwar im Zusammenhang mit einem Auftrag, den die Medici Verrocchio am 28. Januar 1475 aus Anlaß des Turniers erteilten, das Giuliano de' Medici ausrichten ließ[46], die heutige Forschung hat aber schon vor einiger Zeit Leonardos Hand in der Ausführung der Vegetation links und in den Felsen rechts und links der Figur ausgemacht und darin den linkshändigen Duktus des Künstlers erkannt. Kürzlich wurde neben diesen Partien auch der Amor Leonardo zugeschrieben, der mit einer für diesen charakteristischen Dynamik hinter der schlafenden Figur hervorspringt.[47] Man sollte darüber hinaus auch beachten, wie sehr sich der Amorknabe in stilistischer und technischer Hinsicht von der Venus unterscheidet. 1989 hatte ich dennoch die »Kohärenz der Zeichnung und die Einheitlichkeit in der Ausführung« der Gesamtkomposition unterstrichen[48] und die Beteiligung Verrocchios an der mit Feder und Tusche ausgeführten Zeichnung ent-

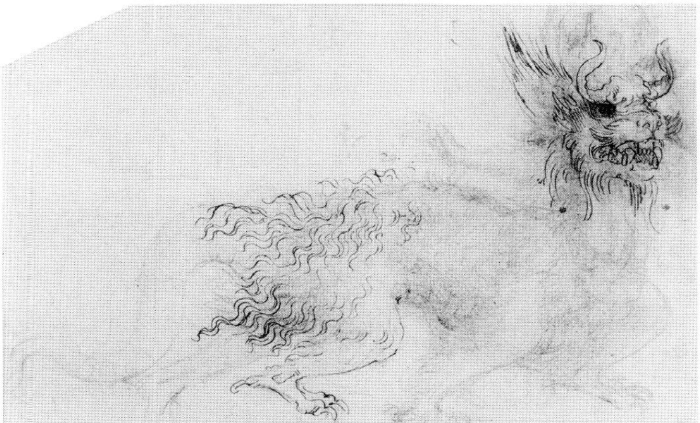

Leonardo da Vinci,
Drachen-Studie.
Windsor Castle, Royal Library
(Inv. Nr. 12369).

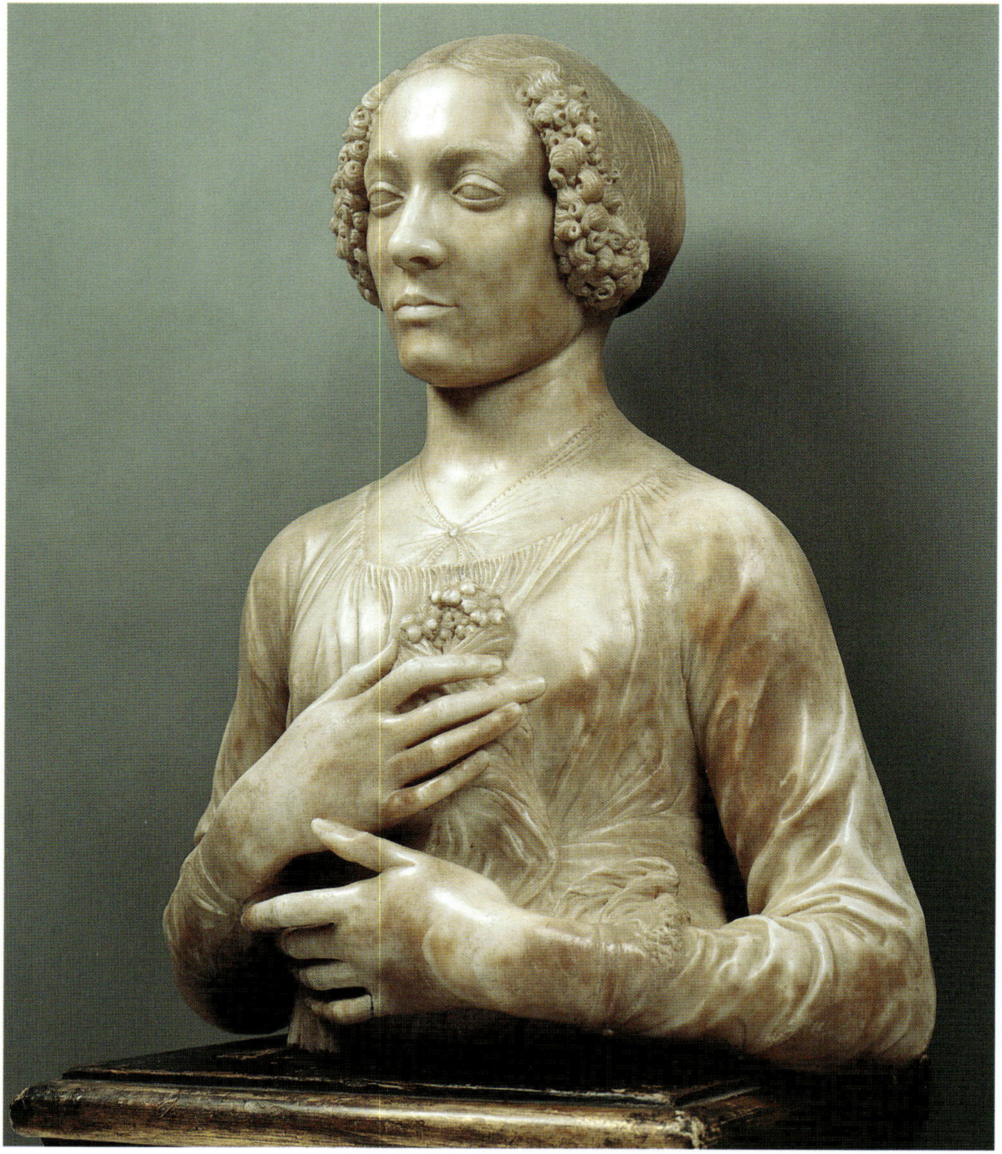

Andrea del Verrocchio,
Dame mit Blumenstrauß.
Florenz, Museo Nazionale
del Bargello.

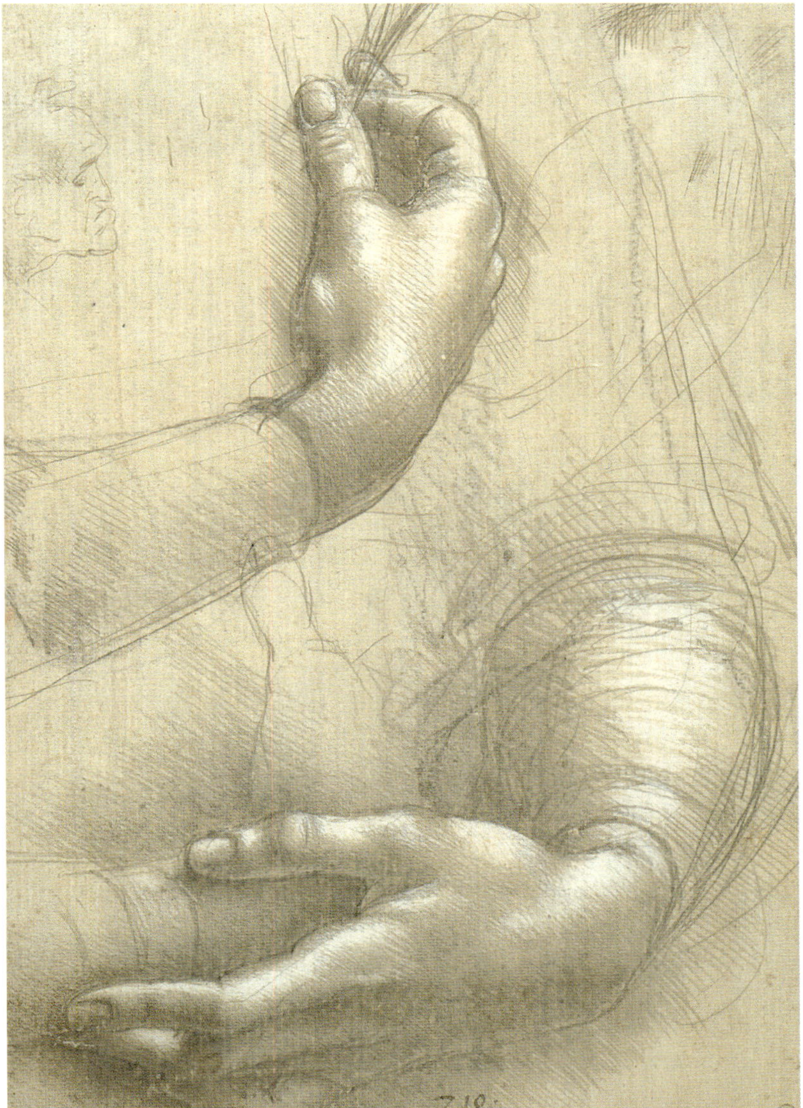

Leonardo da Vinci,
Arm- und Handstudien.
Windsor Castle, Royal Library
(Inv. Nr. 12558).

schieden ausgeschlossen. Dieser Hinweis wurde von David A. Brown aufgegriffen, dem es mit Hilfe einer im Gabinetto dei Disegni der Uffizien vorgenommenen Infrarot- und Röntgenuntersuchung[49] gelang, Spuren einer mit schwarzer Kreide ausgeführten Vorzeichnung unter der Figur des *Amor* zu erkennen und diese Verrocchio zuzuschreiben, der demnach für den Entwurf der Gesamtkomposition verantwortlich war. Die Zeichnung wurde jedoch von Leonardo mit Feder und Tusche weiterentwickelt und vollendet, und so werden von ihm auch die Figur der Venus und die Landschaft mit Pflanzen stammen, deren faszinierende Ausführung die botanischen Studien für die *Leda* und vor allem für den *Stern von Bethlehem* auf Blatt 12424 der Royal Library in Windsor vorwegnimmt. Aufgrund der eleganten Zeichnung und bestimmter stilistischer Merkmale wurde die Venus früher auch Botticelli zugeschrieben, und sie erinnert tatsächlich in Gesichtszügen und Ausführung des Faltenwurfs an einige Gemälde Botticellis, zum Beispiel an die *Allegorie der Tapferkeit* in den Uffizien. Die Florentiner Zunft der Mercanzia hatte 1464 einen Wettbewerb für einen Zyklus der Tugenden ausgeschrieben, daraus ging Botticellis *Allegorie der Tapferkeit* hervor; sie entstand zuletzt und zwar erst um 1470. An diesem Wettbewerb hatte auch Verrocchio teilgenommen.[50]

Diese Zusammenhänge könnten ein Indiz dafür sein, wie schnell Leonardo in sein Schaffen Erfindungen aufnahm, die er unmittelbar zuvor bei Verrocchios fähigsten Schülern gesehen hatte – nicht von ungefähr werden Leonardo und Botticelli später Seite an Seite an der *Taufe Christi* arbeiten. Vor allem ist aber zu berücksichtigen, daß Verrocchio wohl nicht nur selbst von der Gemeinschaftsarbeit profitierte, sondern die Ausführung mancher Werke vollständig seinen Schülern überließ. Somit wäre auch zu erklären, wie mit den Gemälden in der Werkstatt des Meisters zumindest von einem gewissen Zeitpunkt an verfahren wurde – wenn nicht sogar auch schon bei den oben genannten Werken, die zwischen den späten sechziger Jahren und etwa 1475 entstanden, jenem Jahr also, in dem die Zeichnung in den Uffizien entstand. Verrocchio skizzierte die Komposition des Gemäldes, das dann von seinen Schülern ausgeführt wurde. So erklärt sich auch die schwankende Zuschreibung einer Reihe von Werken, die aus seiner Werkstatt hervorgingen. Seine Regie ist zu spüren, die Ausführung läßt aber an immer wieder andere Künstler denken. Die Zeichnung *Venus und Amor* für die Standarte mit der entspannten Haltung der liegenden Figur, die sich mit der rechten Hand abstützt, zeigt das für Verrocchio charakteristische Interesse an entspannten Gliedmaßen ohne Muskelanspannung, wie es auch an der Skulptur *Schlafender nackter Jüngling* der Staatlichen Museen in Berlin zu beobachten ist. Dieser steht offensichtlich in engem Zusammenhang mit der *Venus* – sowohl was die wie hingegossen wirkende Haltung der Figur anbetrifft, als auch im Hinblick darauf, daß sich die Figur in ein Dreieck einschreiben läßt.

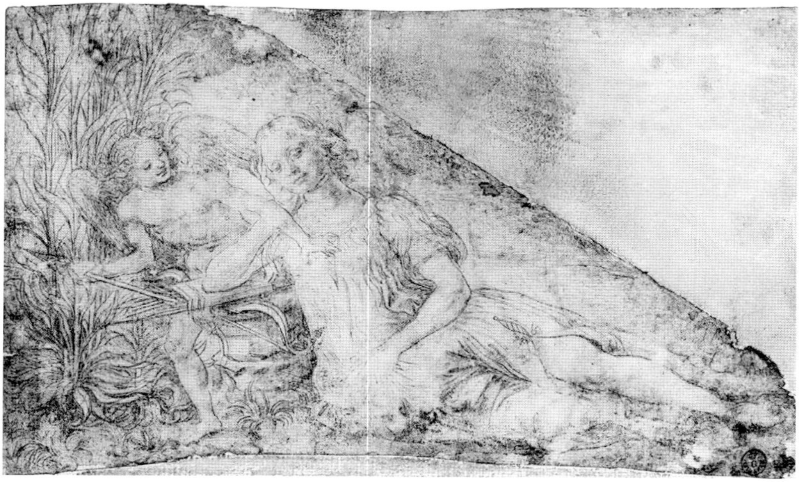

Andrea del Verrocchio
und Leonardo da Vinci,
Venus und Amor.
Florenz, Galleria degli Uffizi,
Gabinetto dei Disegni e delle
Stampe (Inv. Nr. 212 E).

Die Madonna mit der Nelke

So wurde die *Madonna mit der Nelke* in der Alten Pinakothek in München lange Zeit Verrocchio zugeschrieben, der sie möglicherweise anfänglich entwarf, die aber seit Adolfo Venturis eindeutiger Bestimmung und der Bestätigung durch Ludwig Heinrich Heydenreich als »erstes eigenständiges Werk Leonardos« angesehen wird.[51] Eine möglicherweise von Lorenzo di Credi stammende Zeichnung in den Uffizien, die den Christusknaben zeigt,[52] kann als Indiz gelten, daß das Gemälde in der Werkstatt Verrocchios war, während eine gewisse Anzahl von Kopien – darunter eine aus der Werkstatt Ridolfo Ghirlandaios, die sich in der Walters Art Gallery von Baltimore[53] befindet – die Bedeutung dieses Prototyps und dessen Verbreitung in der toskanischen und flämischen Malerei bezeugen. Das Werk ist trotzdem von Leonardo, was auch die eindeutige Verwandtschaft mit der *Madonna Dreyfus* belegt. In der *Madonna* in München ist bereits Leonardos gesamtes Repertoire an darstellerischen Mitteln zu erkennen und gleichsam verdichtet: die geflochtene Haartracht der Maria (Vorstufe zu den Studien zu der um mehr als dreißig Jahre späteren *Leda*) oder auch die Berge, die durch die dunstige Atmosphäre hindurch zu sehen sind. Leonardo bezeichnete dieses Phänomen als »aria grossa« und behandelte es in seinem *Traktat von der Malerei*. In diesem Sinne gestaltete er auch den Hintergrund der *Mona Lisa* und der *Hl. Anna Selbdritt*. Schließlich ist noch der wundervolle Wirbel des gelben Stoffes im Vordergrund zu nennen. Die später in der ersten Fassung der *Madonna in der Felsengrotte* (etwas weniger gekonnt) wieder aufgenommene Draperie scheint auf sensationelle Weise bereits jene organische Ausprägung der Form zu enthalten, die wir mehr als dreißig Jahre später in den Studien zur Botanik und Hydraulik wiederfinden. Die Experimentierfreude des Künstlers zeigt sich auch in dem Bemühen, sich die Technik der Ölmalerei anzueignen – in diesem Fall trocknete die Ölfarbe zu rasch, so daß sich eine leicht runzlige Oberfläche ausbildete, wie es besonders auf dem Gesicht der Maria zu beobachten ist. Es gelang ihm, der Farbe Transparenz zu verleihen das Licht lebendig und bewegt wirken zu lassen. Dies zeigt sich besonders deutlich in der durchsichtigen Blumenvase, die gleichzeitig Beweis dafür ist, daß Leonardo sich auf ein Terrain begab, das die flämischen Maler meisterlich beherrschten.[54] Das Gemälde ist vielleicht identisch mit der von Vasari erwähnten *Nostra Donna*, die sich im Besitz Papst Clemens' VII. befand: der Künstler malte »eine Wasserkaraffe mit einigen Blumen, bewundernswert natürlich nachgebildet, sogar die Tautropfen auf den Blättern so treu, als ob man sie in der Wirklichkeit schaute.«[55] Vasaris Beharren auf diese illusionistischen Details in der Malerei Leonardos ist bezeichnend – ebenso wie die Tatsache, daß flämische Künstler das Gemälde kopierten – vielleicht weil Vasari an Werken dieser Art die Vorrangstellung der florentinischen gegenüber der flämischen Malerei ausmachte, vor allem nachdem Gemälde wie der Portinari-

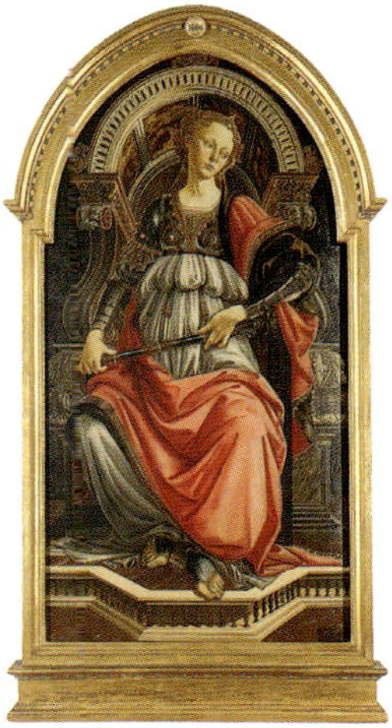

Sandro Botticelli, *Fortitudo*.
Florenz, Galleria degli Uffizi.

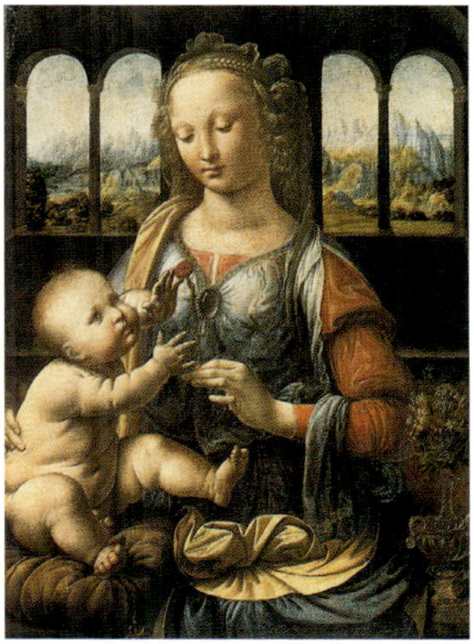

Leonardo da Vinci,
Madonna mit der Nelke.
München, Alte Pinakothek.

Folgende Doppelseite:
Leonardo da Vinci,
Madonna mit der Nelke
(Ausschnitt).
München, Alte Pinakothek.

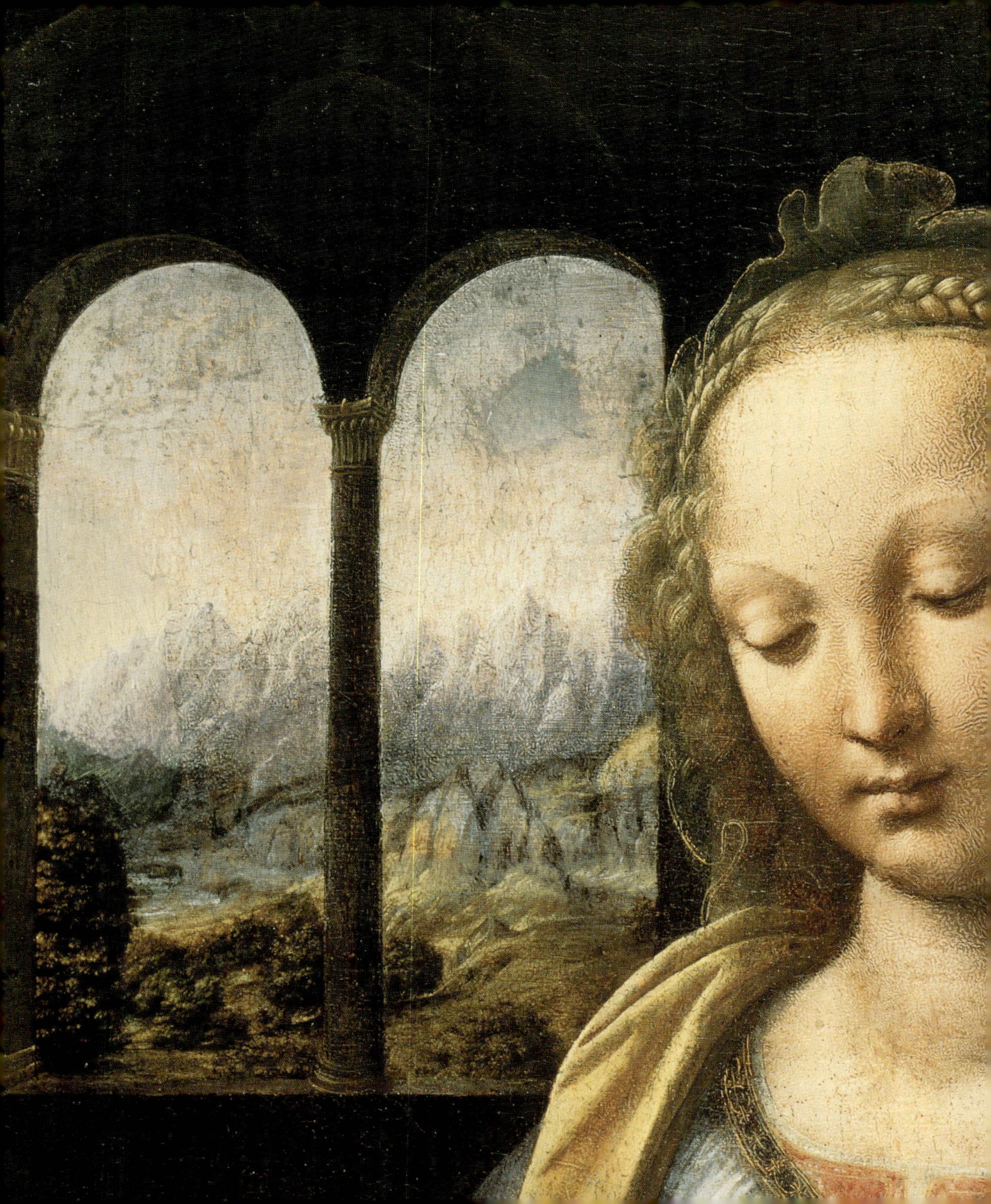

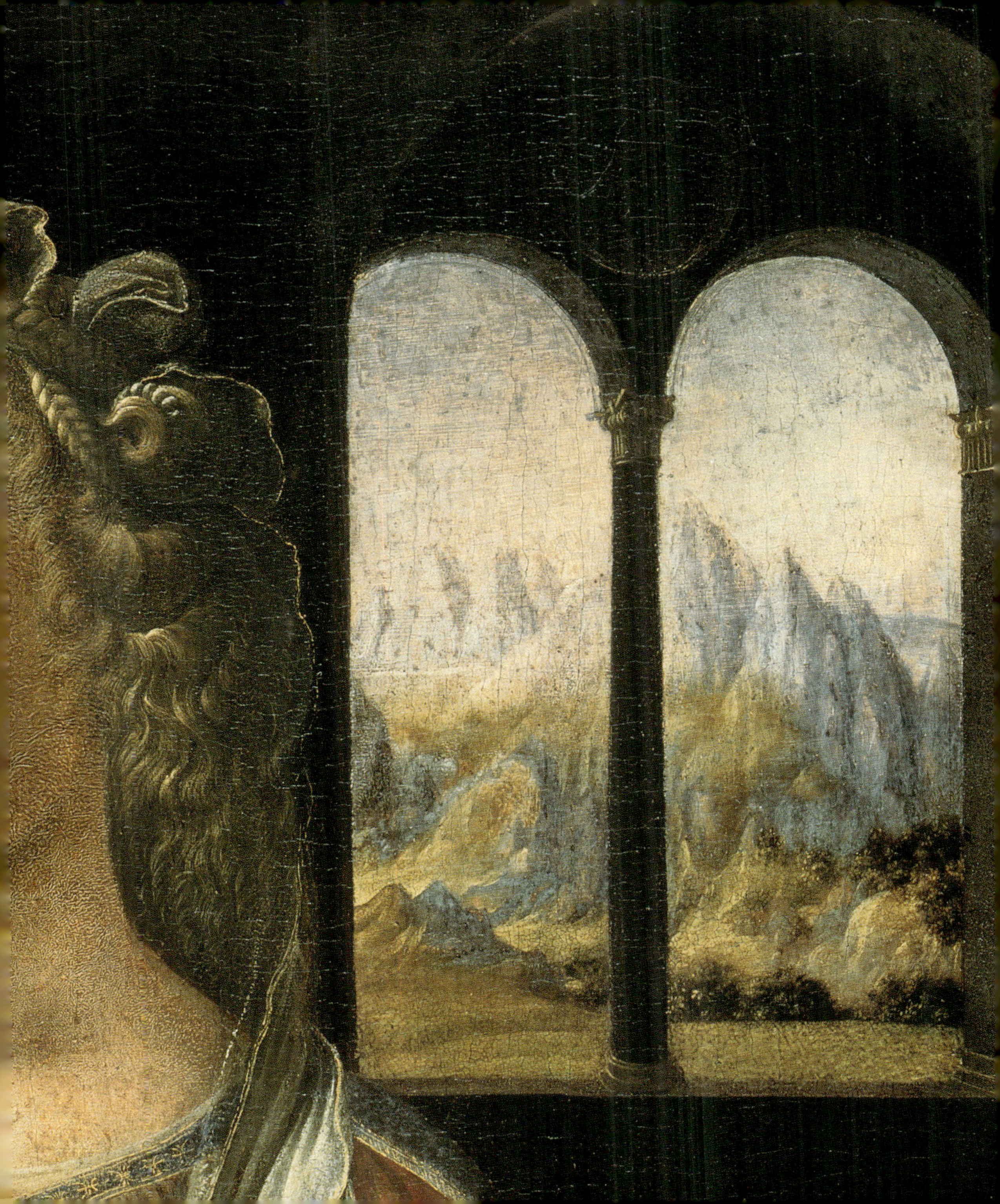

Altar von Hugo van der Goes in Florenz eingetroffen waren, dessen außergewöhnliche Stilleben-Motive im Bildvordergrund dazu beitrugen, daß eine Gattung, in der die Flamen sich später spezialisieren sollten, auch bei toskanischen Künstlern, bespielsweise Ghirlandaio, beliebt wurden.

Von dem hier zur Schau gestellten Virtuosentum auf dem Gebiet des Illusionismus einmal abgesehen – die Münchner Madonna führt im Verein mit den Vorleistungen Verrocchios eine neue Natur- und Landschaftsauffassung ein: die Berge hinter den Zwillingsfenstern befinden sich auf drei unterschiedlichen Tiefengründen und erscheinen in die Ferne hin abgestuft, da hier nun die farblichen Mittel im Sinne der Luftperspektive bewußt eingesetzt werden. Dies ist sicherlich die größte Neuerung, die uns Leonardo in diesem Gemälde bietet, das als Übergangswerk und Experiment in kleinem Format anzusehen ist. Es wächst dank der Landschaft und der Innenansicht eines schattigen, nach außen geöffneten Orts über die frühere *Madonna Dreyfus* hinaus, ist aber zweifellos vor der *Verkündigung* in den Uffizien entstanden, mit der es die gekonnte Landschaftsdarstellung mit den Bergen in der Ferne verbindet.

Das Bildnis der Ginevra de' Benci

Leonardo hatte die Lehren Verrocchios und die Technik der flämischen Malerei durchaus verinnerlicht, und man muß davon ausgehen, daß er sich zunächst der Gattung des Portraits zuwandte, bevor er sich an das große Format wagte, das die *Verkündigung* verlangte. Gerade der Landschaftstyp rechts im Hintergrund des *Bildnis der Ginevra de' Benci* scheint näher an der *Madonna Dreyfus* als an der Münchner *Madonna* und der *Verkündigung* der Uffizien zu sein. Leonardo wollte weder mit der Portraitkunst eines Hugo van der Goes konkurrieren – dessen *Portinari-Altar*, heute in den Uffizien, im übrigen erst 1483 nach Florenz kam, als Leonardo bereits in Mailand arbeitete –, noch mit Hans Memling, sondern in erster Linie mit Jan van Eyck, von dem Leonardo anscheinend die Glanzlichter auf den Locken und die geradezu als analytisch zu bezeichnende Farbauffassung übernahm, auch wenn er diese in eine weitergefaßte, atmosphärische Vision des Raums verwandelte.[56] Das Bildnis der Dame ist von einer beinahe schon langweiligen Steifheit. Jede Linie des Gesichts, der Lider, der Augen, Nase, Mund wurde mittels eines speziellen Verfahrens des Durchpausens (*Spolvero*) auf die Tafel übertragen. Der Rumpf ist unbeweglich und wirkt weniger belebt als die zuvor besprochene Zeichnung 12558 in Windsor. Die Vegetation hingegen ist – die Ginsterzweige und mehr noch die Bäume rechts im Hintergrund – organisch dargestellt, fast als würde ein Lufthauch die Bäume bewe-

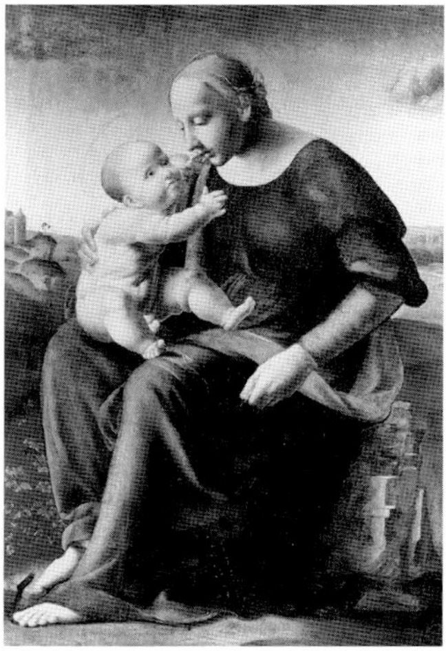

Werkstatt des Ridolfo Ghirlandaio,
Madonna mit Kind.
Baltimore, Walters Art Gallery.

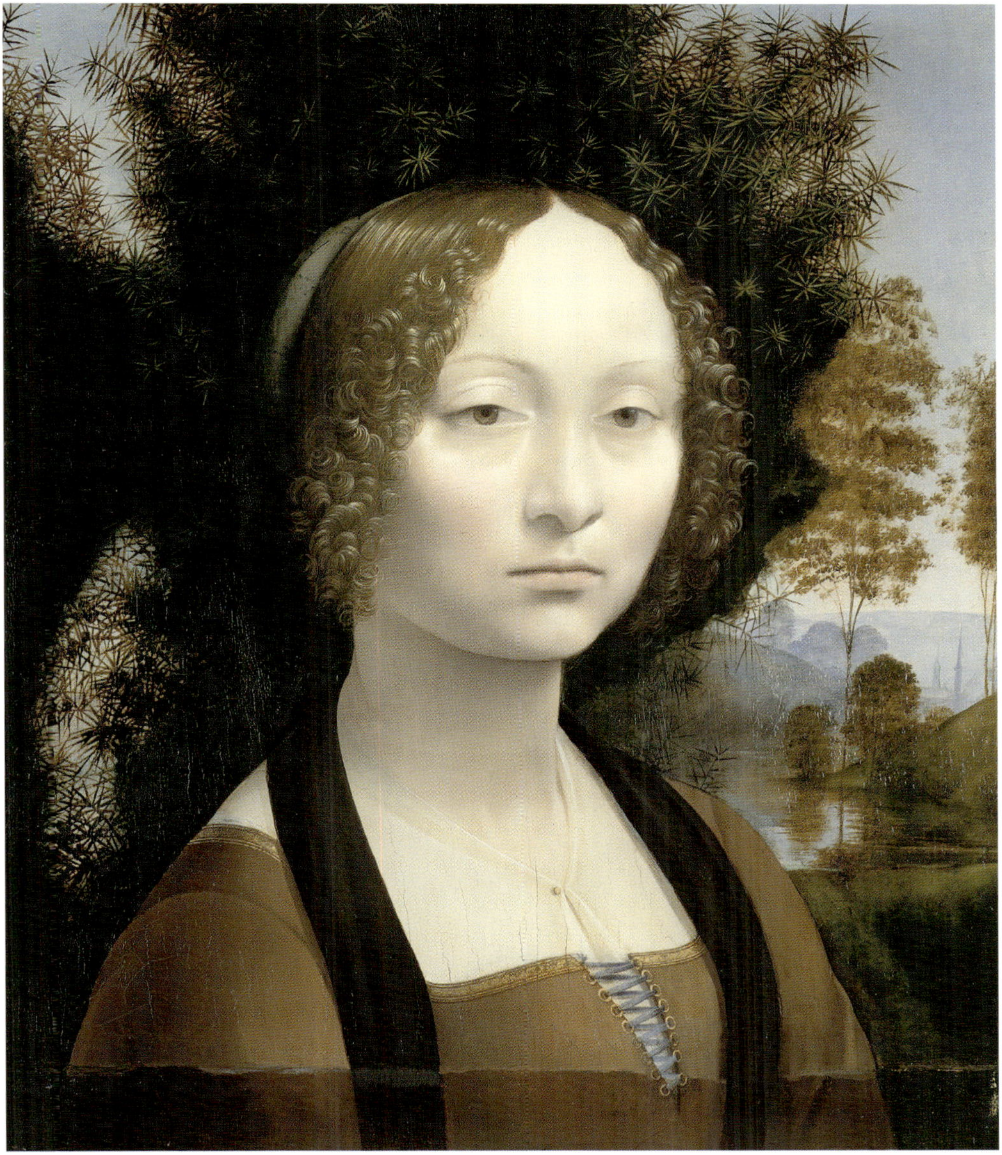

Leonardo da Vinci,
Ginevra de' Benci.
Washington,
National Gallery of Art.

Seiten 40–45:
Leonardo da Vinci,
Ginevra de' Benci (Details).
Washington,
National Gallery of Art.

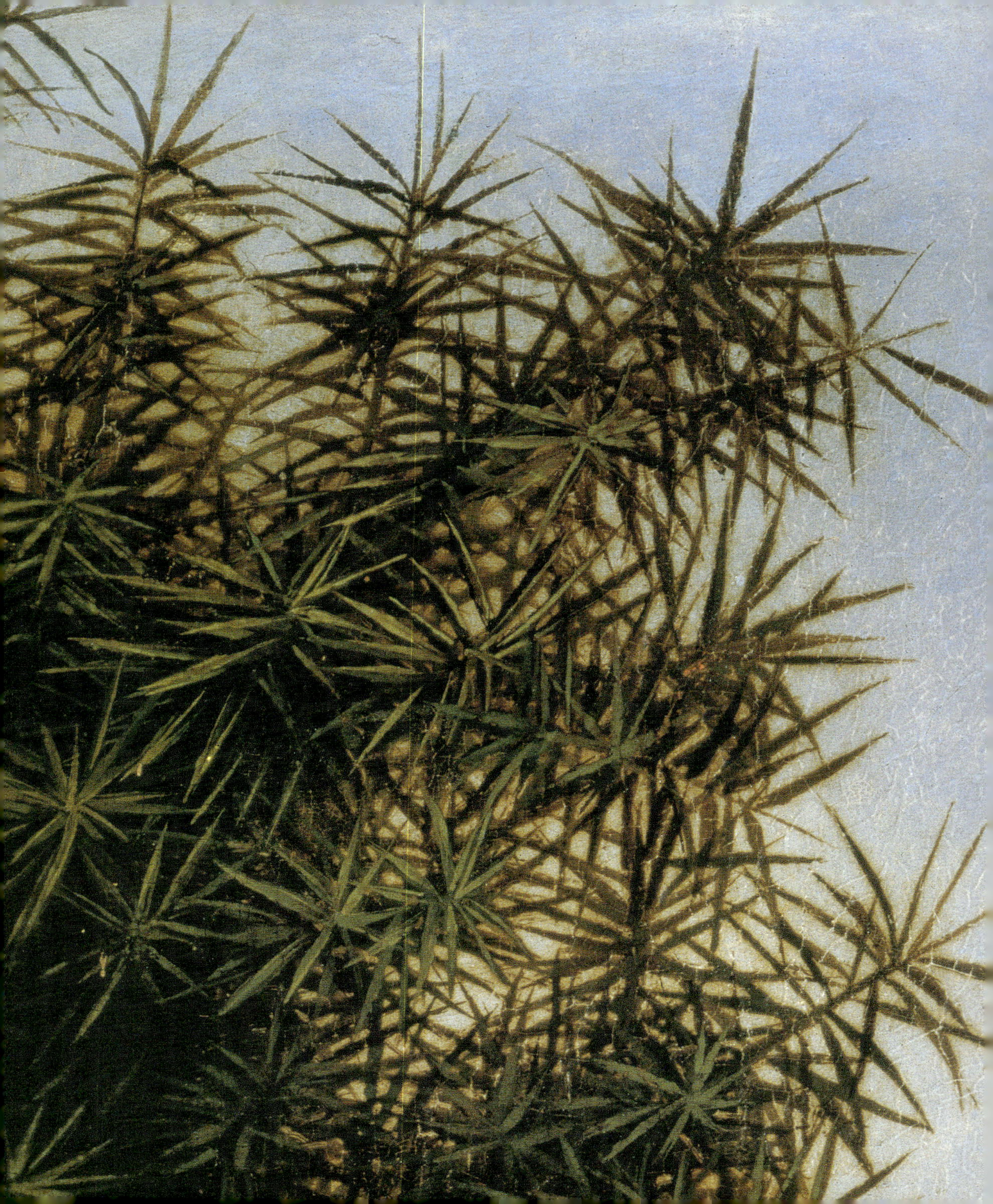

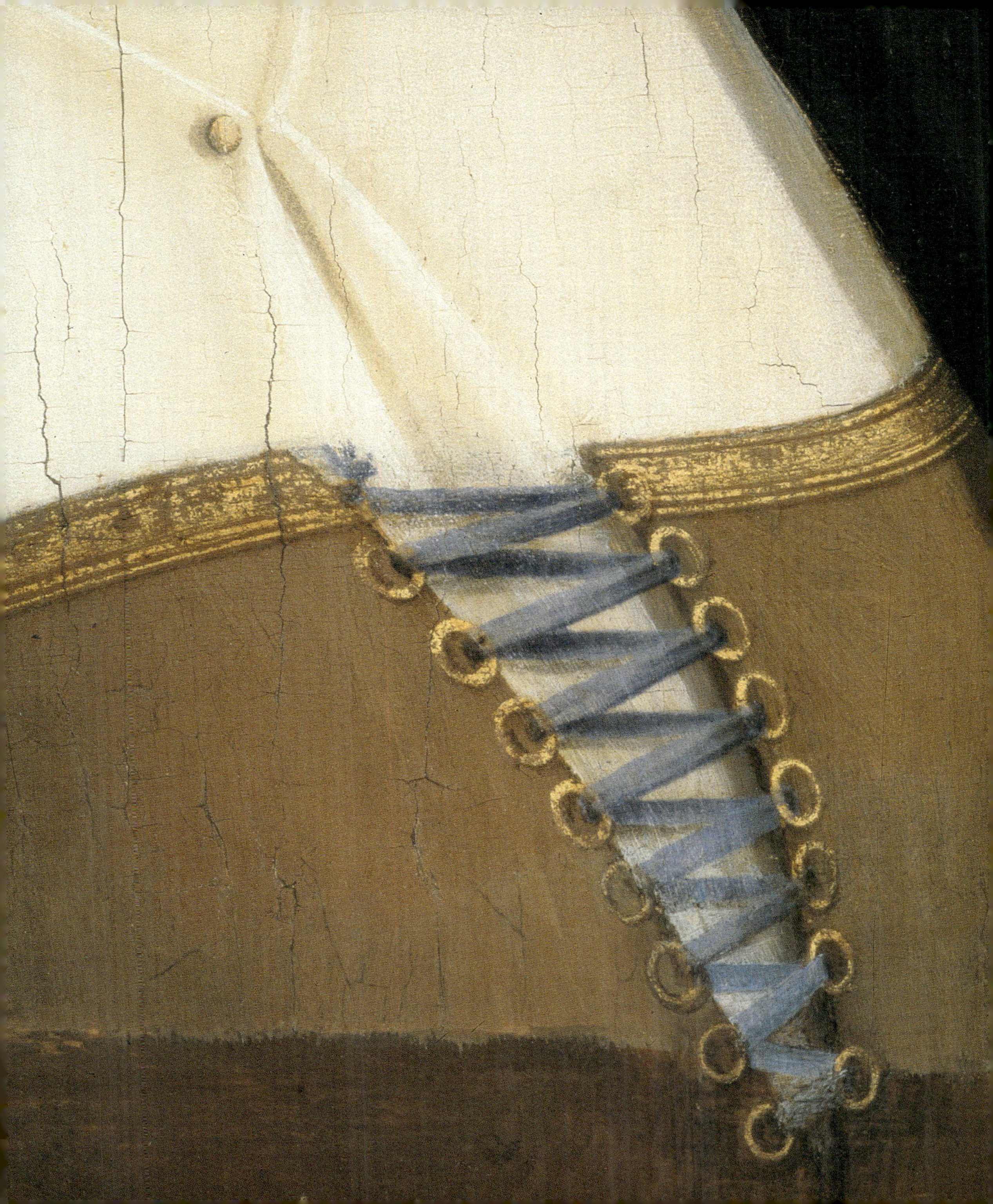

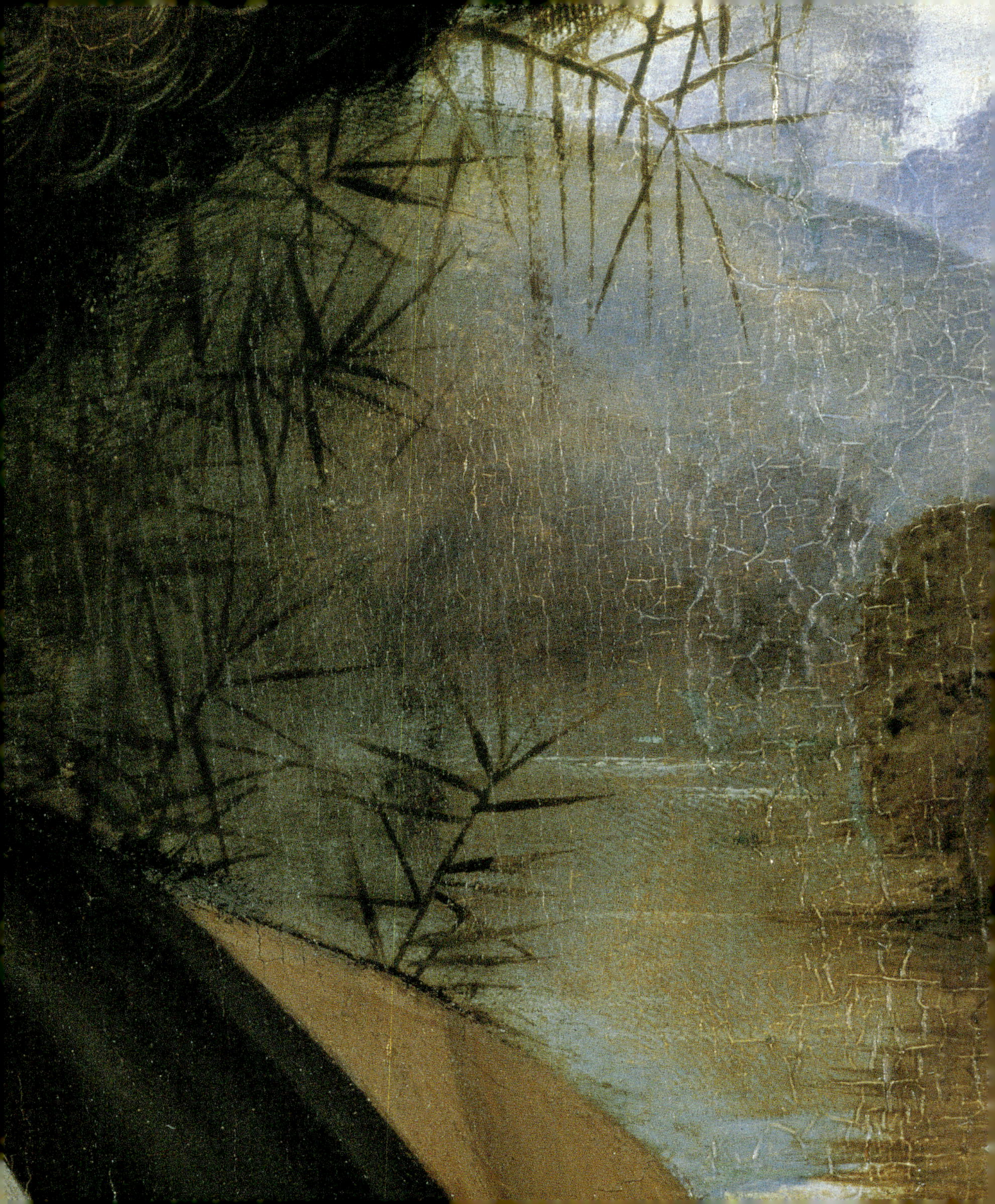

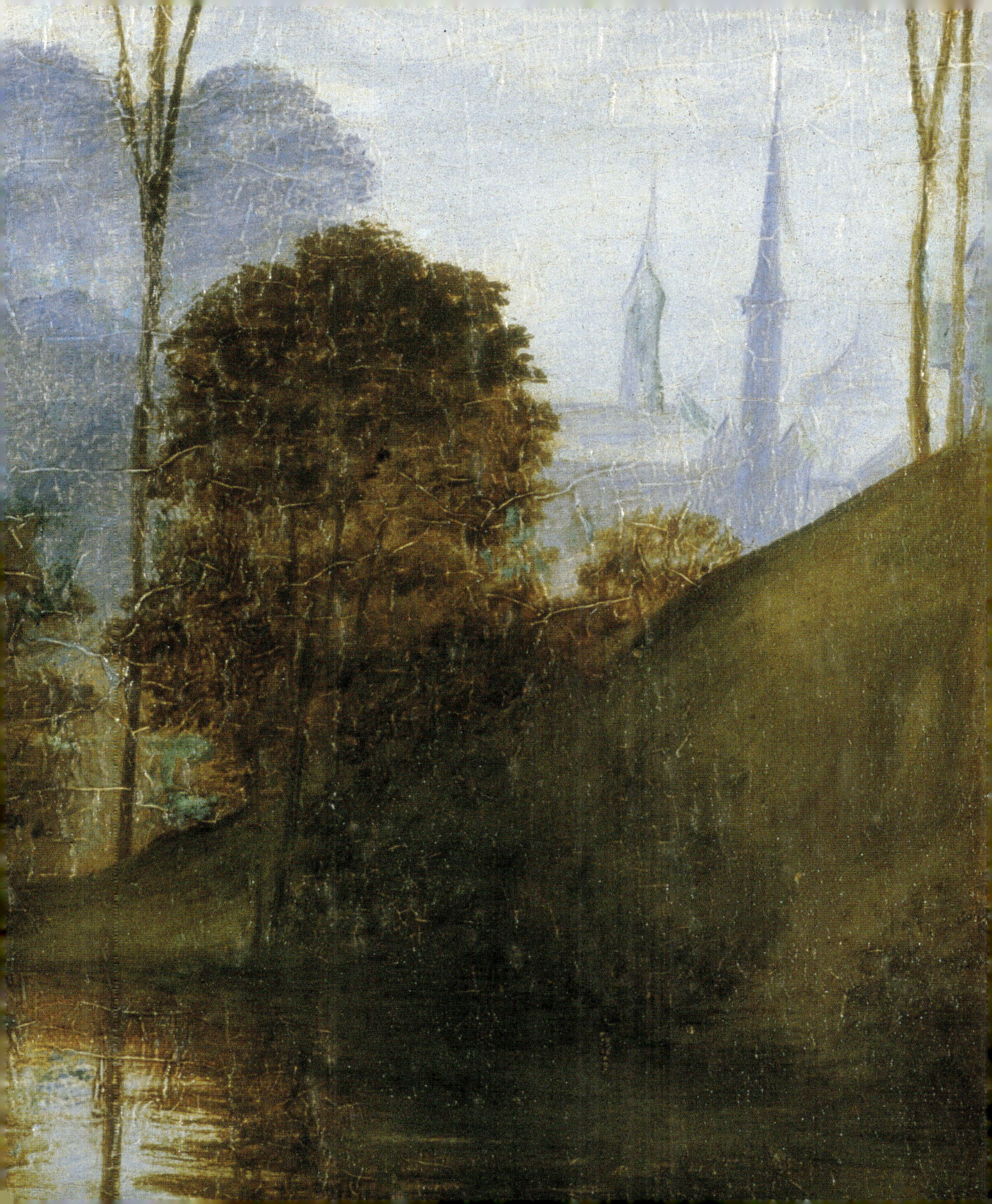

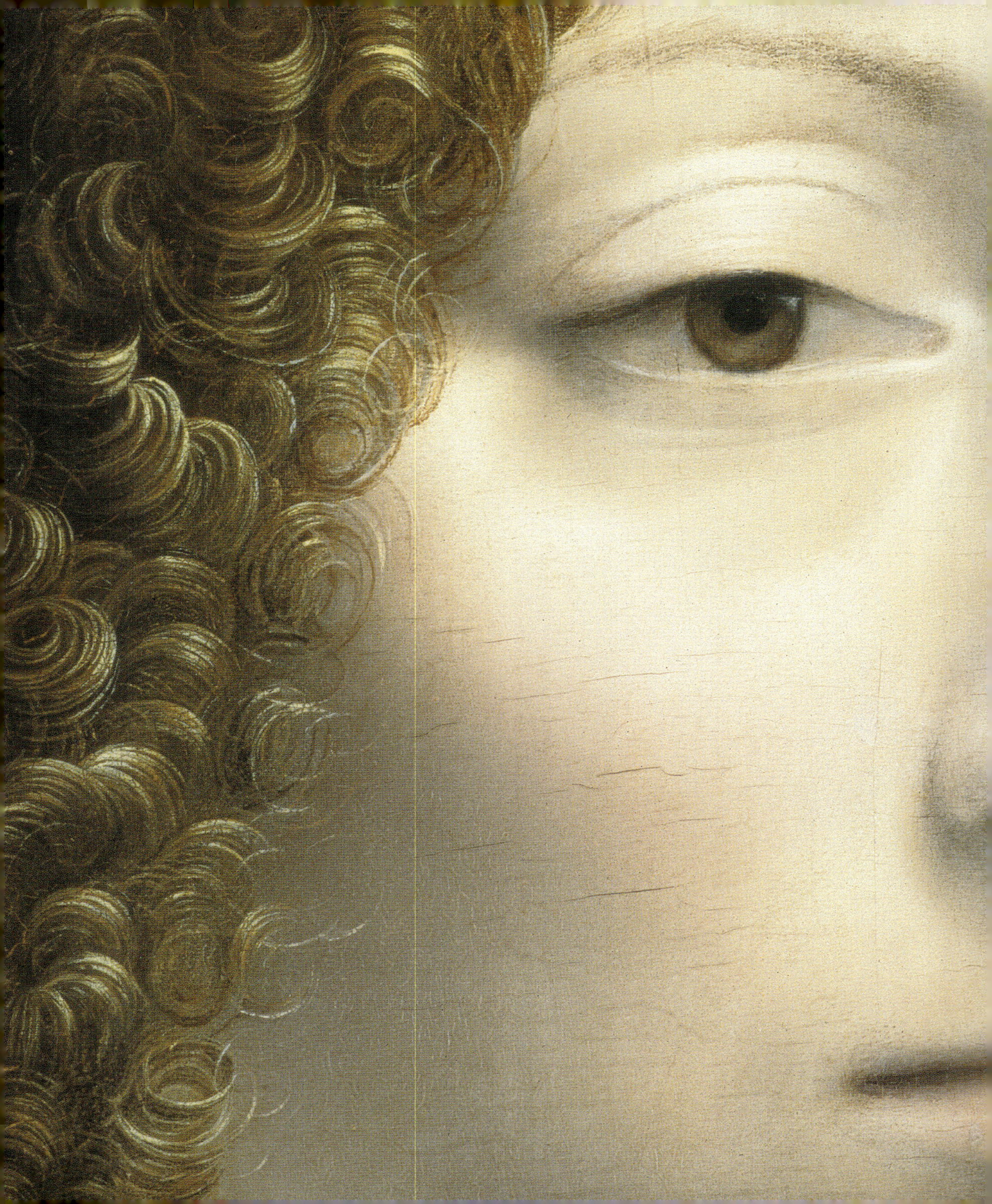

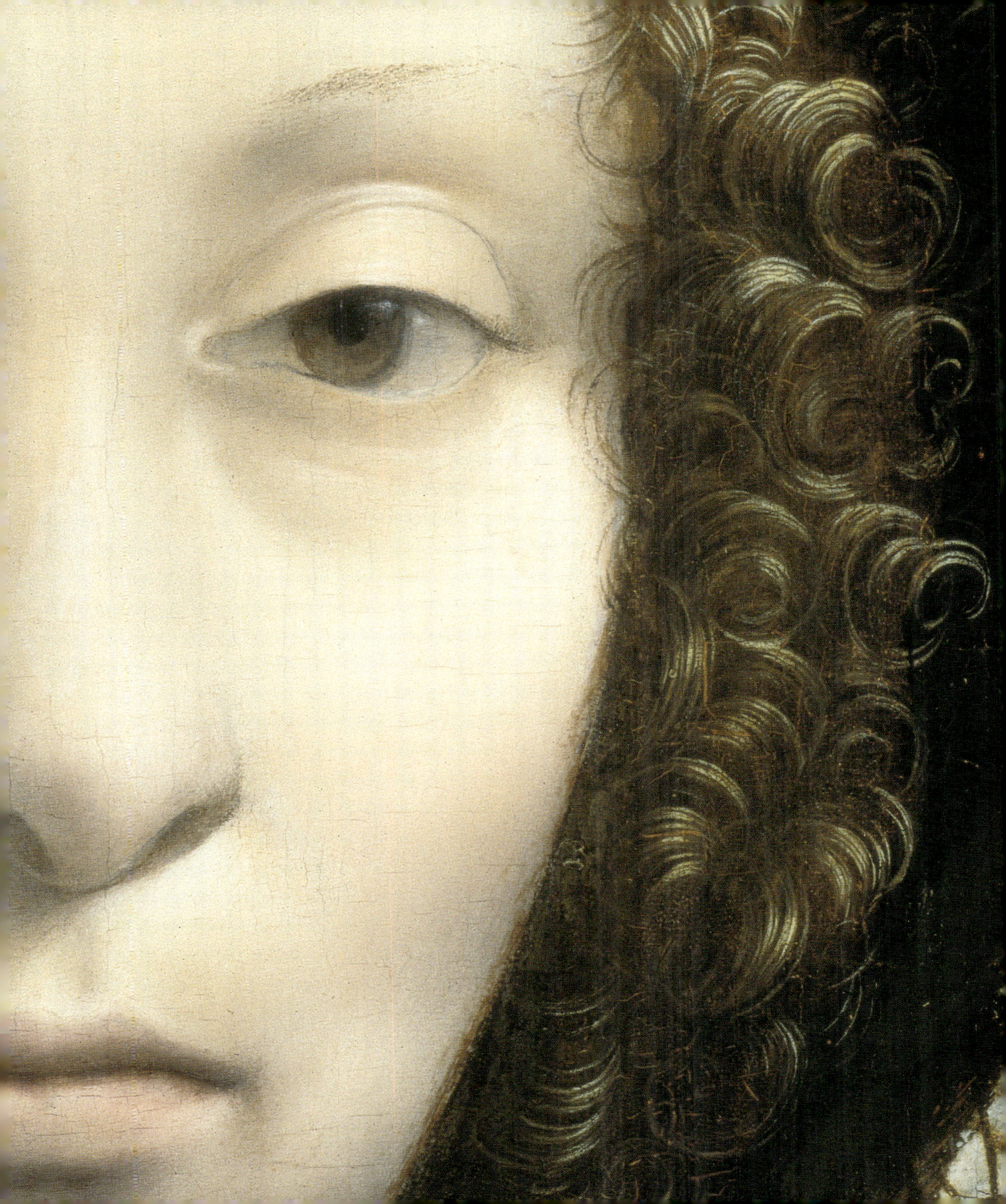

gen. Es fehlen die dunstigen Fernen der Münchner *Madonna* und der *Verkündigung* der Uffizien, meines Erachtens ein wichtiger Hinweis für eine sehr frühe Datierung des Portraits. Ginevra war die Tochter Amerigo Bencis und wurde am 15. Januar 1474 siebzehnjährig mit Luigi di Bernardo di Lapo Niccolini verheiratet.[57] Sehr wahrscheinlich ist das Portrait ein für diese Gelegenheit geschaffenes Hochzeitsbild, auch wenn die Dame auf den ersten Blick älter als siebzehn zu sein scheint. Dieser Anschein wird durch den melancholischen Ausdruck und den wie durchsichtig wirkenden, fast blutleeren Teint hervorgerufen, den Leonardo erzeugt, indem er die Oberfläche, besonders um die Augen, mit den Fingern bearbeitet (wie schon die Ginsterzweige), um so feinste Farbabstufungen zu erzielen und die Haut täuschend echt nachahmen zu können. Aufgrund der Fingerabdrücke Leonardos wirkt sie beinahe wie echte, lebendige Haut, »lebendiger als lebendig« würde Vasari sagen. Wir wissen nicht, wie Leonardo die Familie Benci kennenlernte. Mit deren Mitgliedern blieb er anscheinend bis ins erste Jahrzehnt des 16. Jahrhunderts in Verbindung, denn auch den *Johannes der Täufer* im Louvre führte er im Auftrag eines Benci aus, und zwar jenes Giovanni Benci, der eine Weltkarte und ein Buch Leonardos über den Jaspis besaß, und der seinerseits dem Künstler um 1503/1504 ein Buch aus seinem Besitz schenkte, das möglicherweise von der »Pferdeheilkunst« handelte.[58] Den Kontakt mit dieser einflußreichen Florentiner Familie hatte vermutlich sein Vater Ser Piero hergestellt, der mit der Mercanzia Beziehungen pflegte, später auch mit den Medici sowie mit den Mönchen von San Donato in Scopeto, für die der Sohn später die *Anbetung der Heiligen Drei Könige*[59] malen sollte. Vasari erwähnt zudem, daß gerade dieses Werk bei Leonardos Abreise nach Mailand unvollendet im Haus von Amerigo Benci zurückblieb.[60] Das Verhältnis zu den Benci kann nicht präziser gefaßt werden, und es erklärt ohnehin nur teilweise die Entstehung des Portraits der Ginevra. Kürzlich wurde vermutet, das Bildnis sei ein Auftrag Bernardo Bembos gewesen, von 1475 bis 1476 und von 1478 bis 1480 venezianischer Botschafter in Florenz, der sich mit Ginevra de' Benci durch eine Beziehung im Sinne des gerade hochaktuellen Neuplatonismus verbunden fühlte und bei Cristoforo Landino und Alessandro Braccesi Gedichte in Auftrag gab, die seine Gefühle für Ginevra feierten.

Dieses Liebesverhältnis nahm auf Petrarca und Laura oder auf Zeitgenossen wie Lorenzo de' Medici und Lucrezia Donati[61] Bezug und spiegelte in seinen Auswirkungen auf Dichtung und Malerei das humanistische, aristokratische Umfeld der Medici wider. Leonardo war offensichtlich bereits Mitte der siebziger Jahre, möglicherweise dank der Freundschaft, die Verrocchio mit der mächtigen florentinischen Familie verband, mit den Medici in Verbindung getreten. Für Bembo als Auftraggeber spricht auch die Ausführung des ineinander verflochtenen Laubwerks auf einer Fläche aus fingiertem Porphyr, das auf die Rückseite des Washingtoner Gemäldes gemalt ist, wobei sich der Sinnspruch »Virtutem Forma decorat« (Schönheit schmückt die Tugend) in eine enge Beziehung zu Bernardo Bembos persönlicher Imprese bringen ließe, hätte er Leonardo tatsächlich um ein

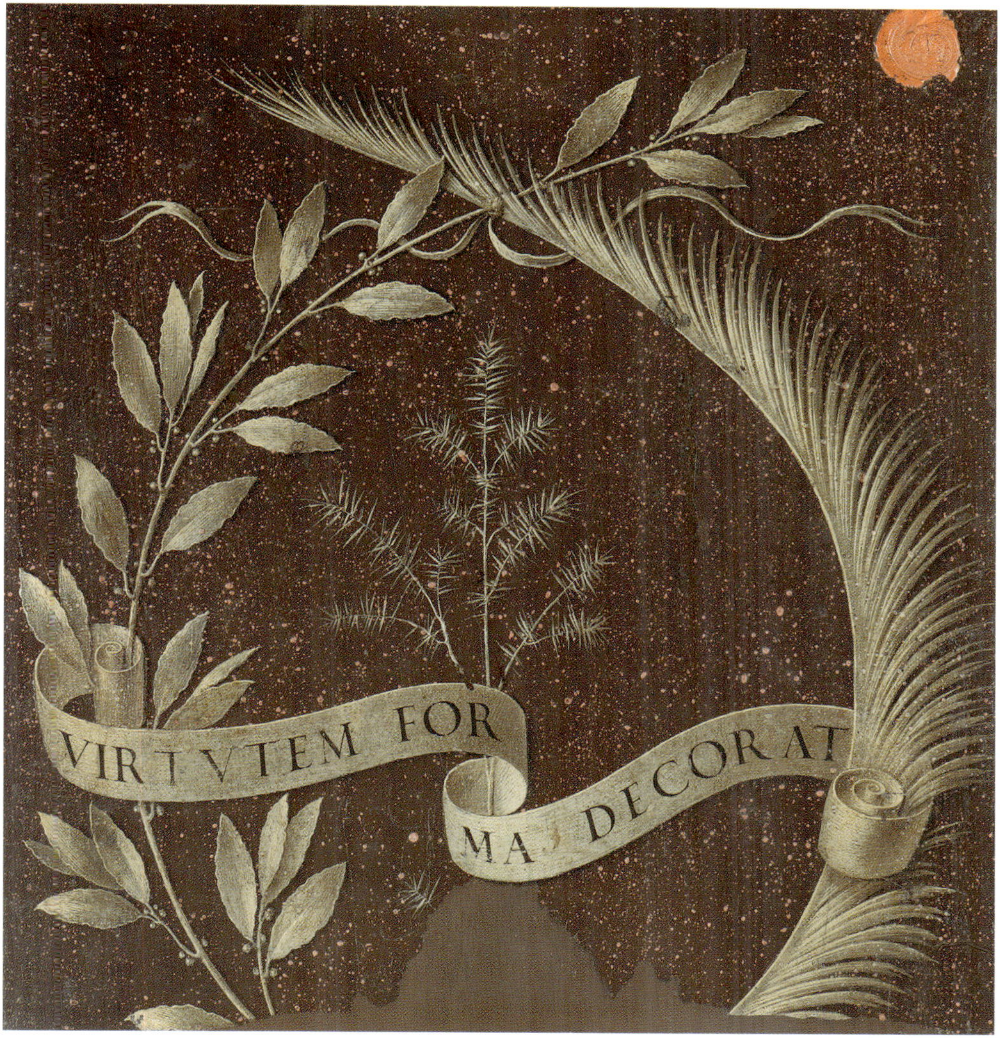

Leonardo da Vinci,
Ginevra de' Benci
(Rückseite des Tafelbildes).
Washington,
National Gallery of Art.

Portrait der Geliebten gebeten, in dem sich das Leben der beiden Liebenden symbolisch miteinander verschlingt. Auf die Keuschheit und Beständigkeit der Liebe wird mit Ginster- und Palmenzweig sowie der Porphyrfläche angespielt, im Lorbeerzweig wäre eine Anspielung auf Lorenzo de' Medici zu sehen, der als Beschützer der Liaison zwischen Ginevra und Bernardo Bembo galt und Ginevra, nachdem Bembo endgültig die Stadt verlassen hatte,[62] zum Trost sogar zwei Sonette sandte. So ließe sich auch die Strenge der Gesichtszüge und die melancholische Stimmung des Portraits erklären, das im übrigen aufgrund der Identifizierung des Auftraggebers genauer datiert werden könnte: zwischen 1475 und 1476, also zwei Jahre später als gewöhnlich angenommen. Der Zusammenhang mit Bembo würde ebenfalls erklären, warum das Portrait später im Veneto Nachahmer fand, wo das Thema des Frauenportraits, häufig neben dem des Ehegatten, zwischen dem Ende des 15. und Anfang des 16. Jahrhunderts wiederaufgenommen wurde – gefördert etwa durch Bernardos Sohn, Pietro Bembo, in der Skulptur von Tullio Lombardo, und später auch in der Malerei Giorgiones und Tizians.[63] Betrachtet man die *Laura* von Giorgione[64], kommt man nicht umhin, zu bemerken, wie stark dieser sich am Bildkonzept Leonardos orientiert, sowohl beim Verhältnis zwischen der Person und jener Pflanze, die ihren Namen versinnbildlicht, als auch in der Form und in den literarischen Bezügen. Das Portrait der Ginevra de' Benci gehört wohl in die letzte Phase von Leonardos Mitarbeit in Verrocchios Werkstatt, nicht nur weil es von der für Verrocchio typischen, bildhauerischen Formauffassung zeugt, sondern auch, weil es dessen Experimentierfreude verrät, die wohl eine seiner ausgeprägtesten Eigenschaften war. Das Augenmerk auf die Technik der Weißhöhungen und ganz allgemein auf die flämische Malerei muß für die jungen Künstler in der Werkstatt Verrocchios eine mehr oder weniger obligatorische Übung gewesen sein, ähnlich wie die Zeichenübungen, das Studium von Gewanddraperien sowie die Perspektive.

Die Verkündigung in den Uffizien

Die *Verkündigung an Maria* ist Leonardos erstes Gemälde in großem Format, bei dem er alles einsetzen muß, was er gerade erst in Verrocchios Werkstatt gelernt hat. Daher weist das Bild im Sinne der Perspektive wie auch im Hinblick auf die Anatomie gewisse Mängel auf. Es lassen sich zahlreiche *pentimenti* in der Vorzeichnung erkennen, vor allem dort, wo die Charakteri-

Rechte Seite:
Leonardo da Vinci, Studie zu den Lilien der *Verkündigung*.
Windsor Castle, Royal Library (Inv. Nr. 12418).

S. 50–57:
Leonardo da Vinci, *Verkündigung*.
Florenz, Galleria degli Uffizi.

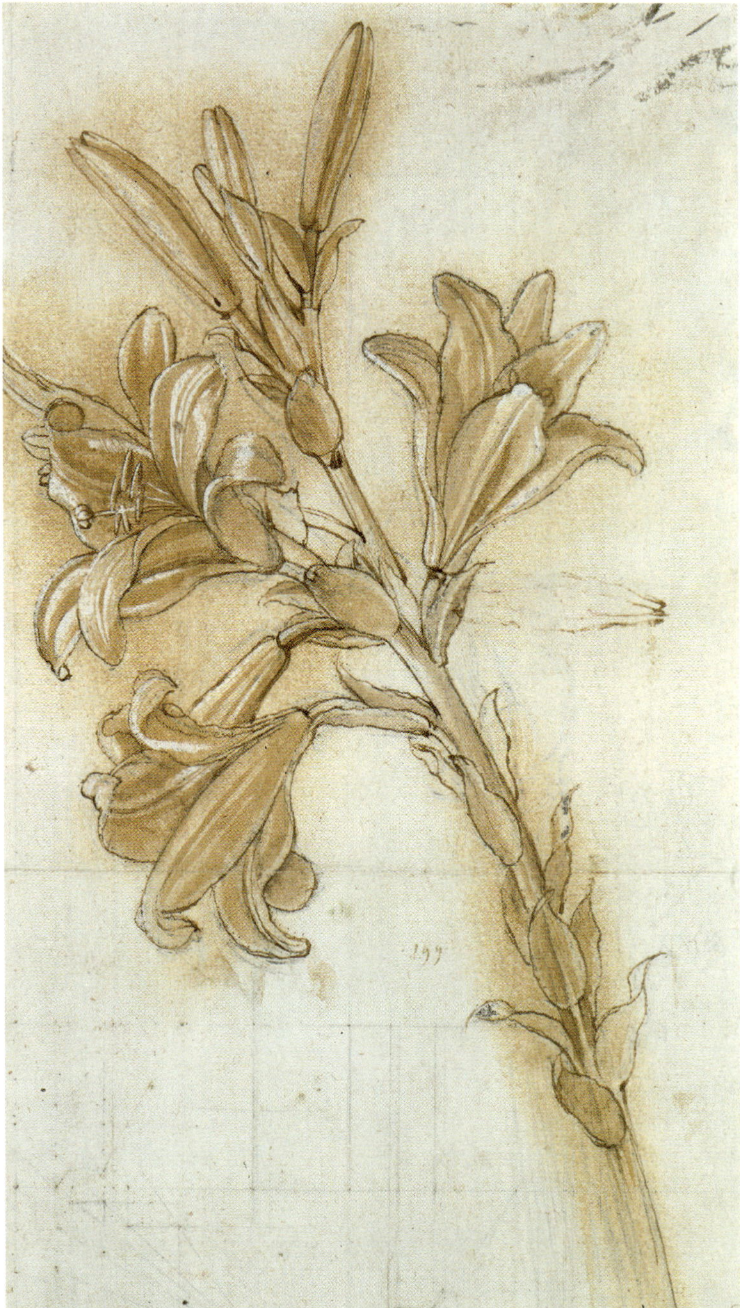

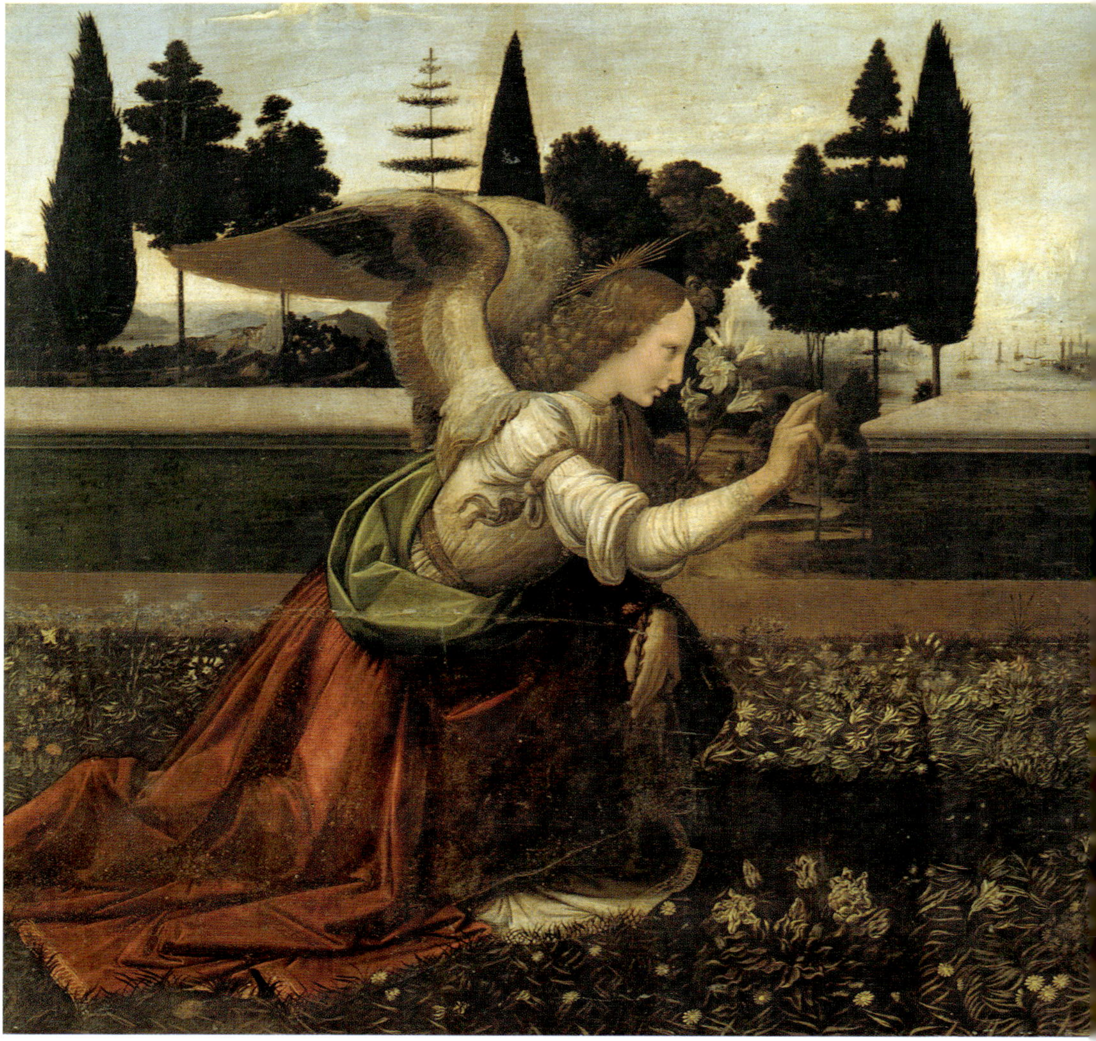

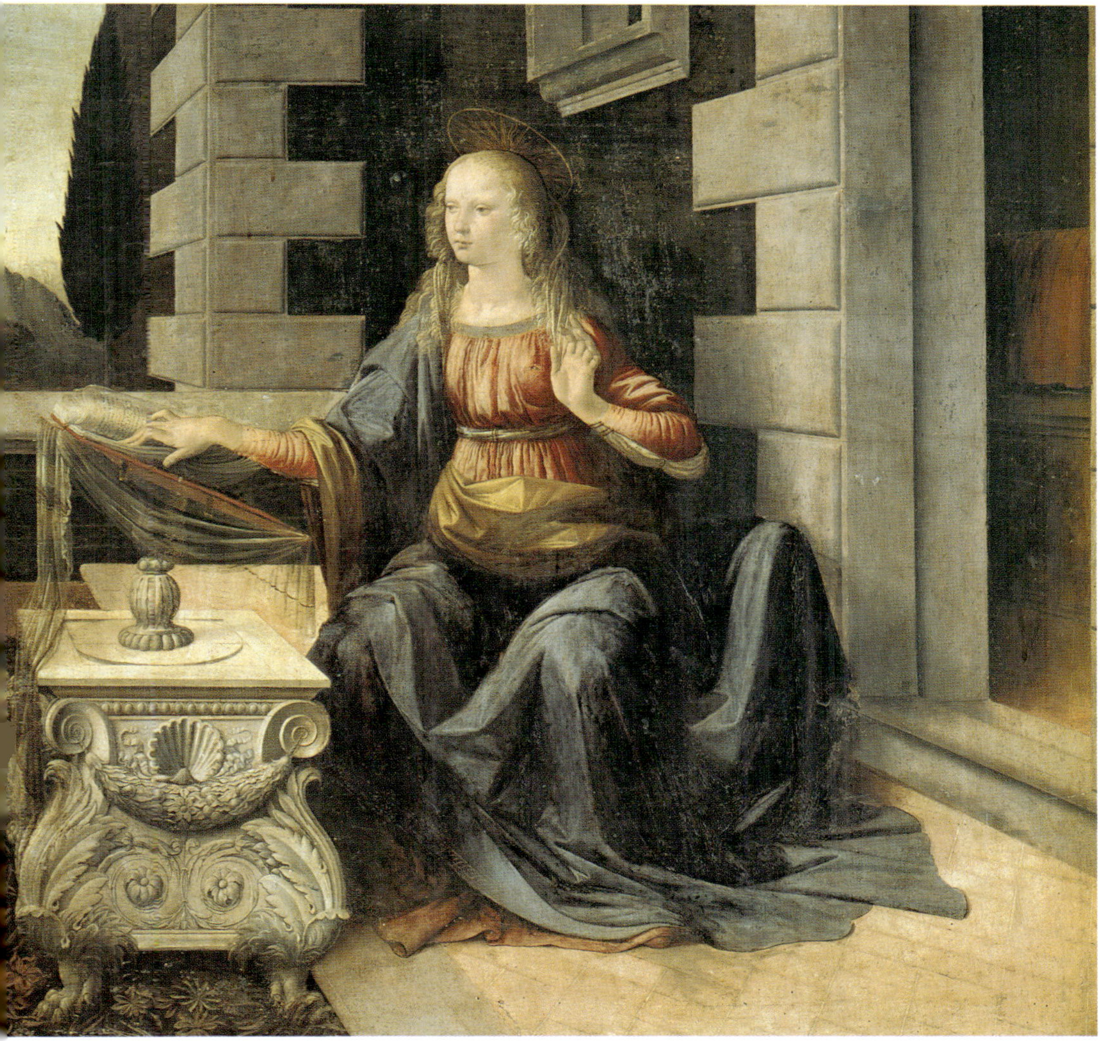

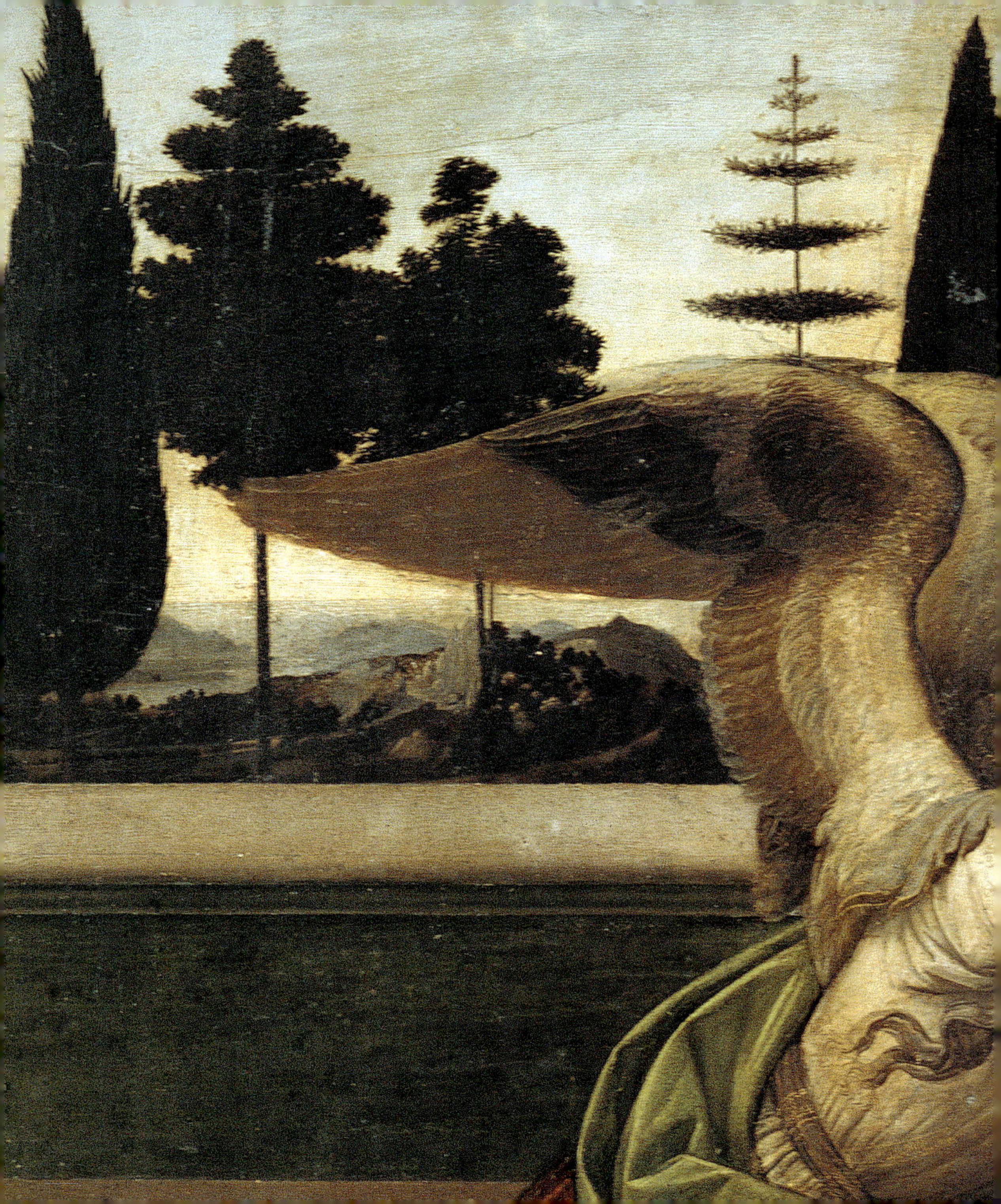

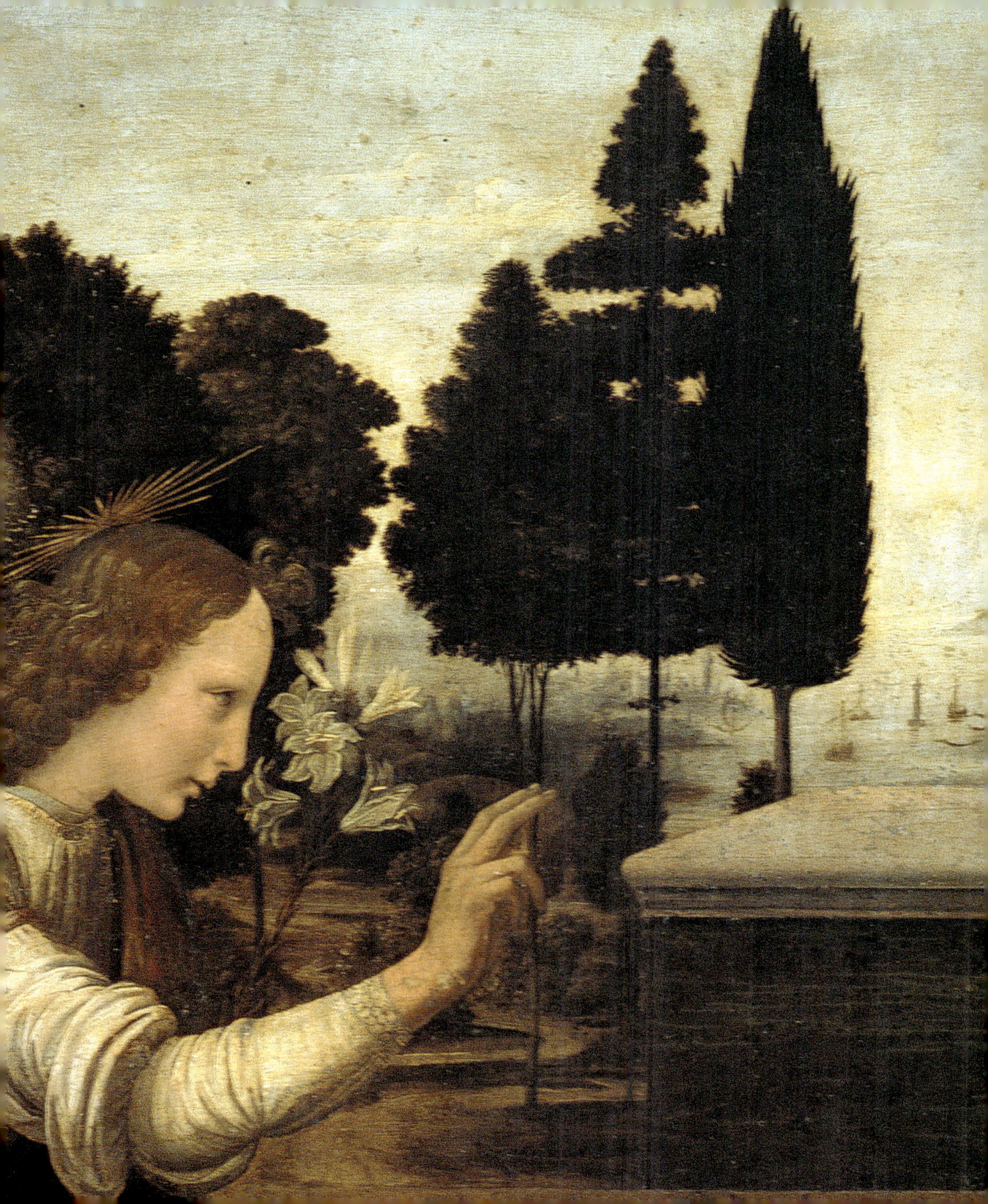

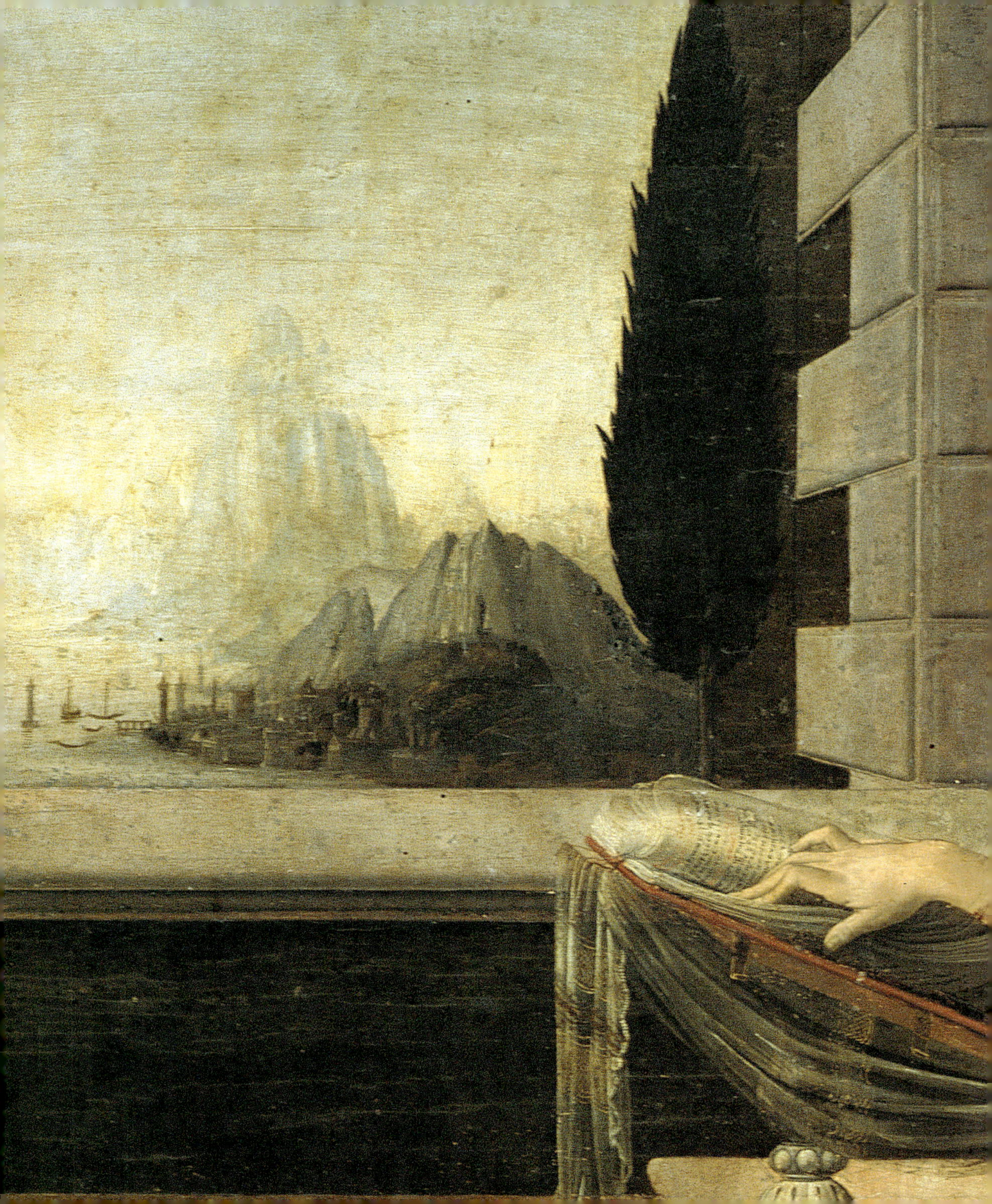

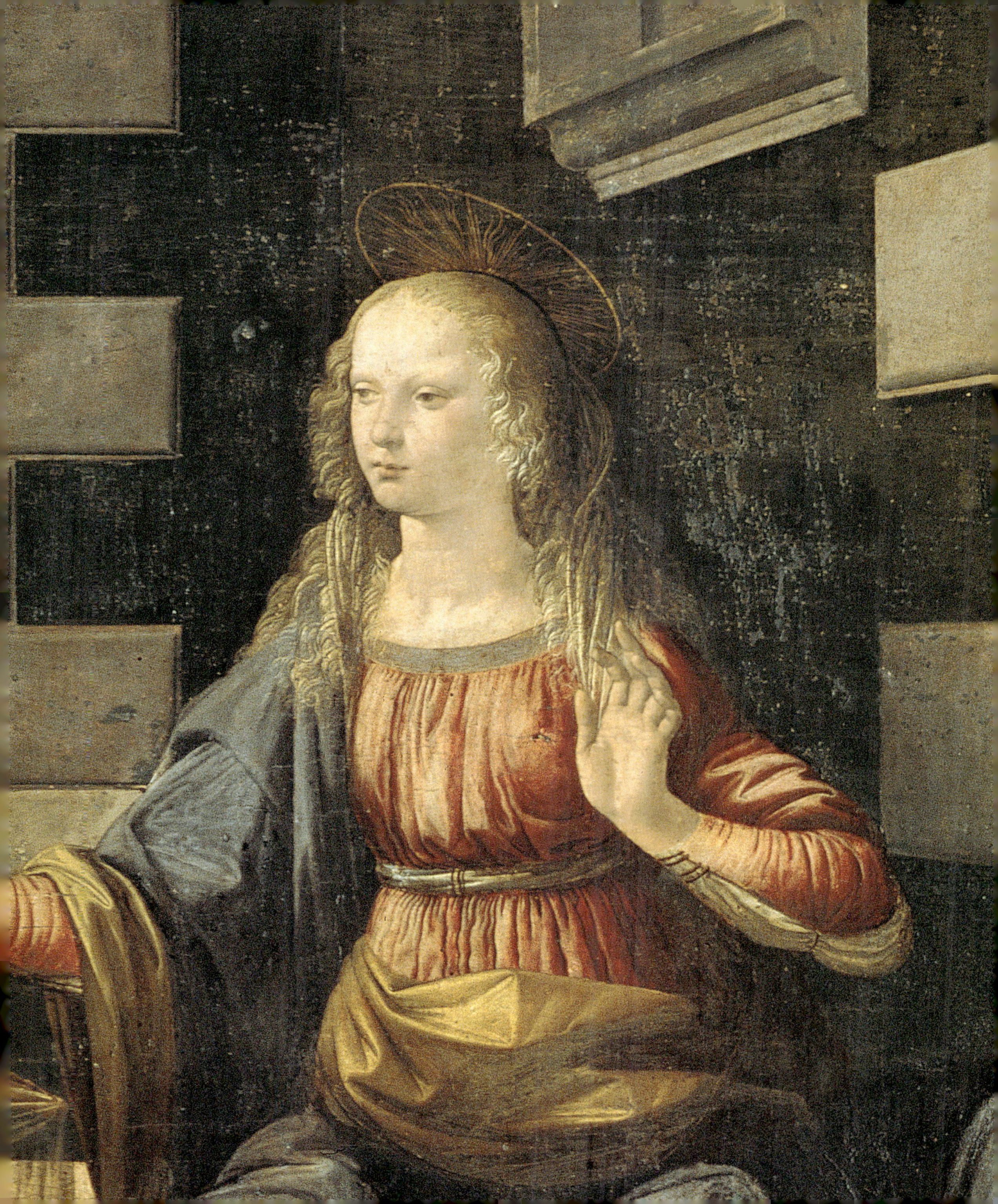

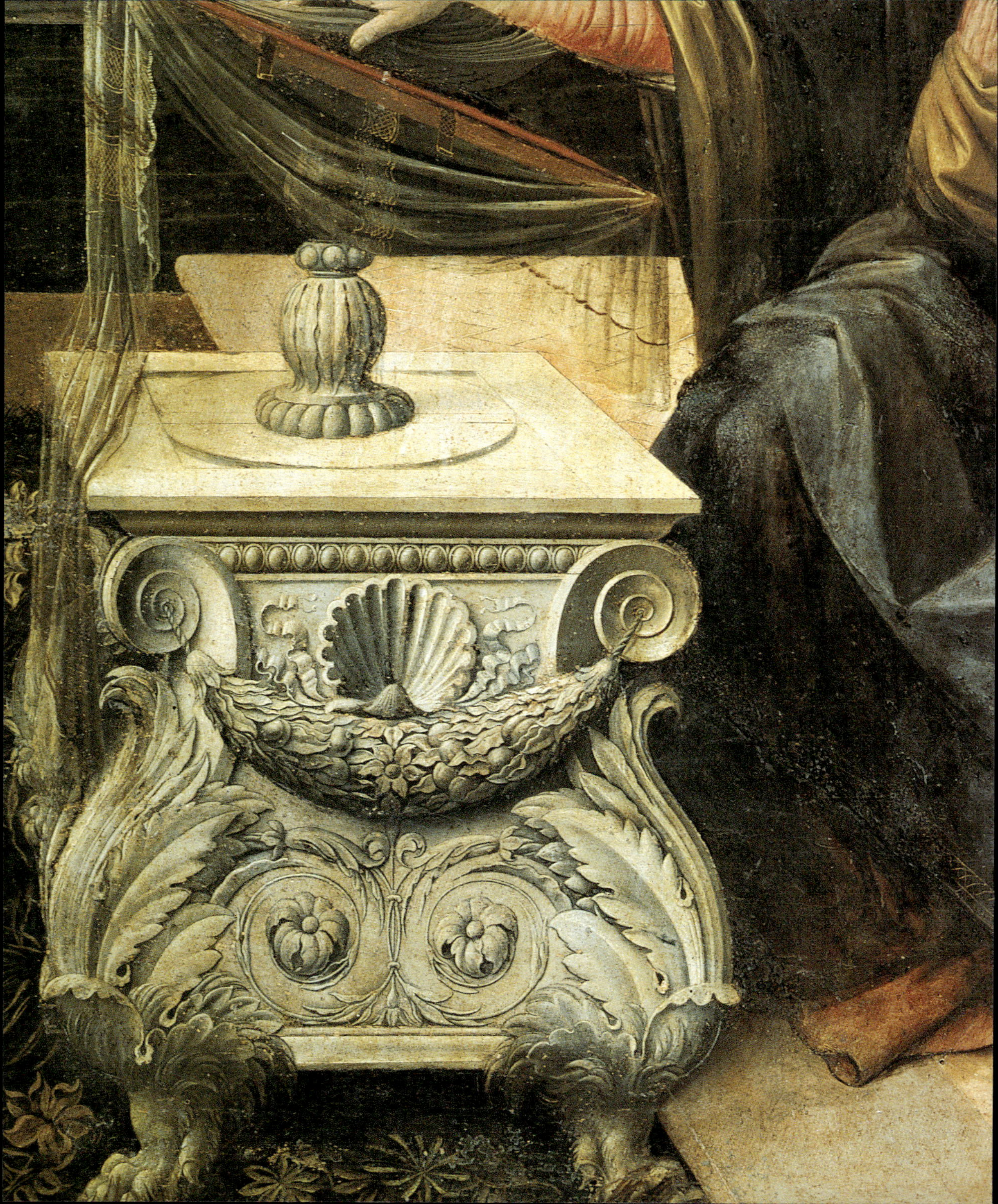

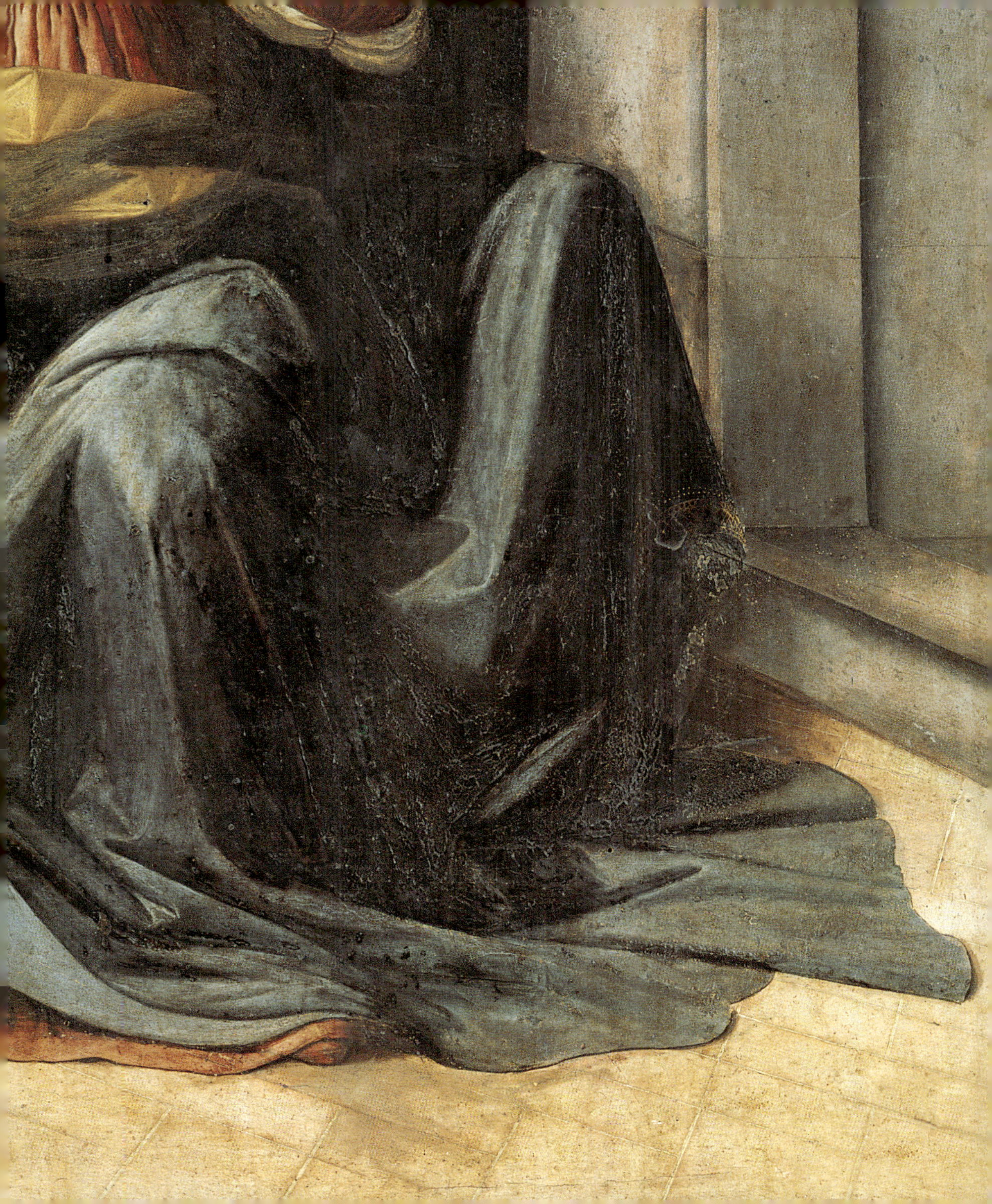

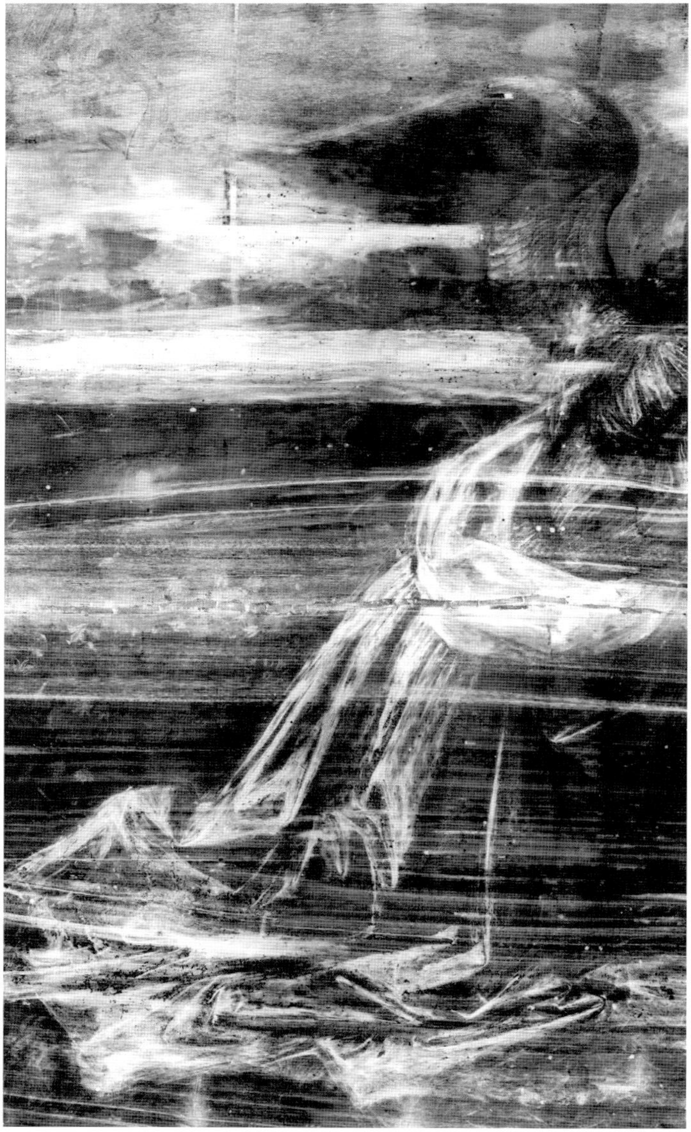

Röntgenaufnahme der
Verkündigung (Ausschnitt).
Florenz, Galleria degli Uffizi.

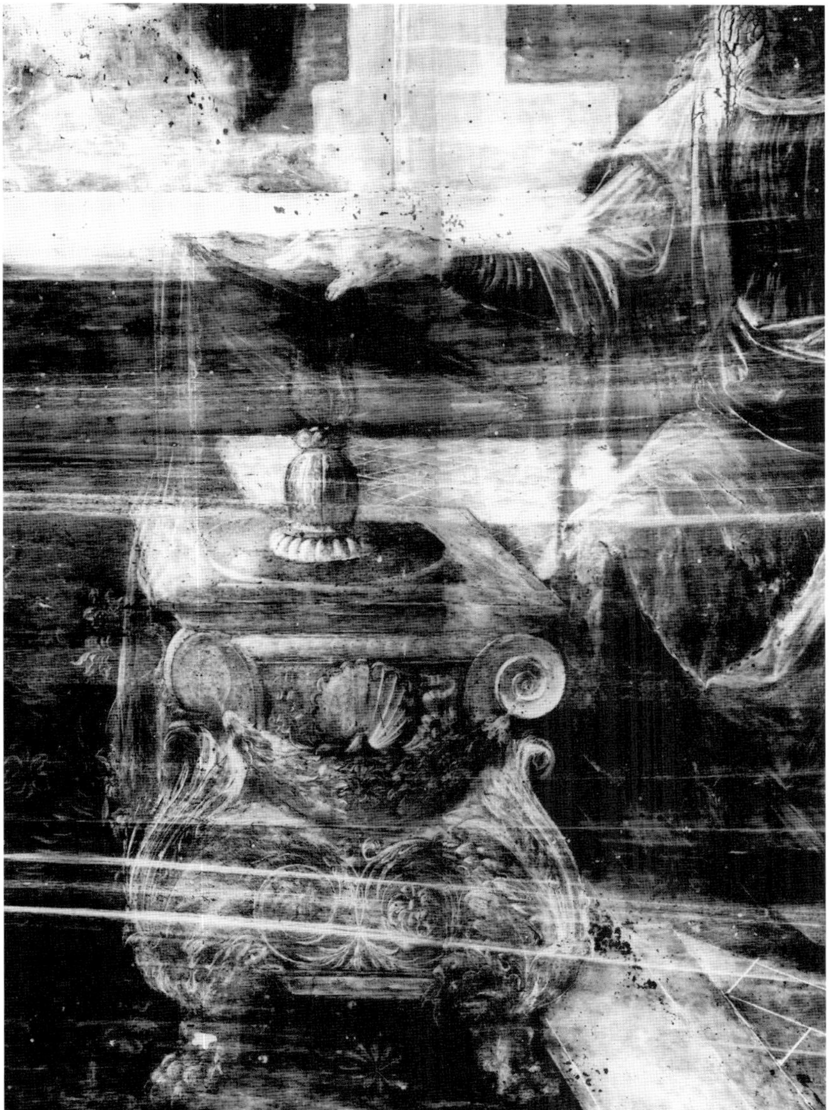

Röntgenaufnahme der
Verkündigung (Ausschnitt).
Florenz, Galleria degli Uffizi.

sierung der architektonischen Formen bestimmt wird – beispielsweise rechts vom ersten Baum im Hintergrund. Die Unsicherheit des jungen Leonardo zeigt sich auch darin, daß er noch Änderungen vornimmt, als die Ausführung des Werks schon weit fortgeschritten ist. Die Röntgenaufnahmen bringen eine ungeheure Anzahl von Korrekturen[65] zum Vorschein, was bezeugt, daß er noch Probleme damit hatte, eine Szene mit zwei Figuren aufzubauen, die in einem genau umschriebenen Raum zu positionieren waren. Der Engel sollte zunächst nicht nur eine ganz andere Neigung des Kopfes erhalten, nämlich stärker nach unten gerichtet, sondern auch höhere Flügel, die im Raum eine Diagonale bildeten, als hätte die Gestalt ursprünglich aus dem Hintergrund nach vorne treten sollen. Ich habe schon an anderer Stelle betont[66], daß sich auch die Maria nicht in der richtigen Position im Raum befindet: zu weit nach hinten versetzt, als daß ihr Arm – wie Leonardo glauben machen möchte – den linken Rand des Buches auf dem Lesepult erreichen könnte, das wiederum zu nah an der vorderen Bildebene steht und damit zu weit von ihr entfernt. Außerdem scheint Maria, weil ihr Umhang über die Rückenlehne drapiert ist, auf den ersten Blick drei Beine zu haben. Die bereits genannte Zeichnung Nr. 2255 im Louvre könnte im Hinblick auf diese Figur entstanden sein, auch wenn bei der gemalten Fassung nicht derselbe Grad an Vollendung wahrzunehmen ist.

Die Ausbildung bei Verrocchio und Leonardos Neigung zur minutiösen Analyse der Natur zeigen sich jedoch in anderen Partien des Gemäldes. Die Forschung ist sich darin einig, daß das Lesepult der Maria auf den Sarkophag zurückgeht, den Verrocchio für das Grab von Giovanni und Piero de' Medici in der Alten Sakristei von San Lorenzo in Florenz schuf[67]: an den fein ausgearbeiteten Dekorationselementen erkennt man die für einen Goldschmied typische Formensprache in der Virtuosität, wie sie Verrocchio zu eigen war. Das Grab trägt zwar das Datum 1472, aus Urkunden geht aber klar hervor, daß im März 1473 noch daran gearbeitet wurde, und daher ist anzunehmen, dass es gegen Ende 1473 vollendet wurde. Die Datierung der Medici-Gräber läßt eine zeitliche Einordnung der *Verkündigung* zwischen 1473 und 1474 zu. Die verschiedenen von Verrocchio verwendeten Materialien wie Bronze, Porphyr und Serpentin dienten Leonardo vermutlich gleich im Anschluß daran als Anregung für die schon angesprochene Rückseite des Bildnisses der *Ginevra de' Benci* mit der fingierten Porphyrfläche als Fond der Devise (wenngleich Verrocchio Porphyr schon für die Grabplatte von Cosimo de' Medici in San Lorenzo benutzt hatte)[68]. Verrocchios Entscheidung, Porphyr zur Verherrlichung der Medici als Fürsten und Herrscher zu verwenden, obwohl dieses Material bis dahin Heiligen, Päpsten, Bischöfen und Kaisern vorbehalten war[69], muß großen Eindruck auf Leonardo gemacht haben. Er paßte die symbolische Bedeutung des Porphyrs – Ewigkeit und Unsterblichkeit – an einen neuen Kontext an und verwandelte ihn in ein Sinnbild der edlen und immerwährenden Liebe Bernardo Bembos zu Ginevra.[70] Leonardos Vorliebe für ziselierte Formen und scharf geschnittene Konturen, wie man sie von den Bronze-

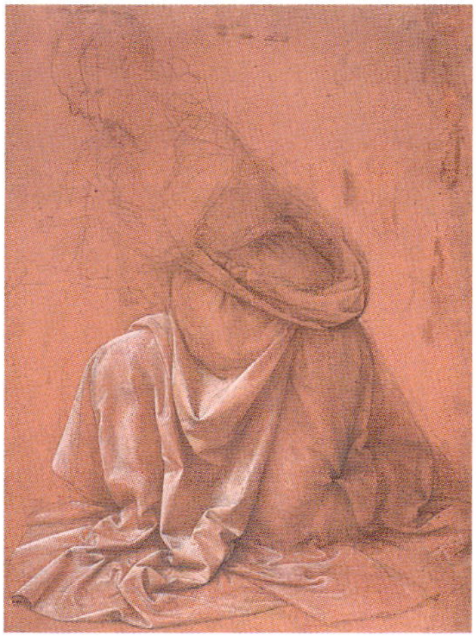

Leonardo da Vinci,
Gewandstudie.
Rom, Gabinetto Nazionale delle Stampe, Fondo Corsini
(F. C. Inv. Nr. 125770).

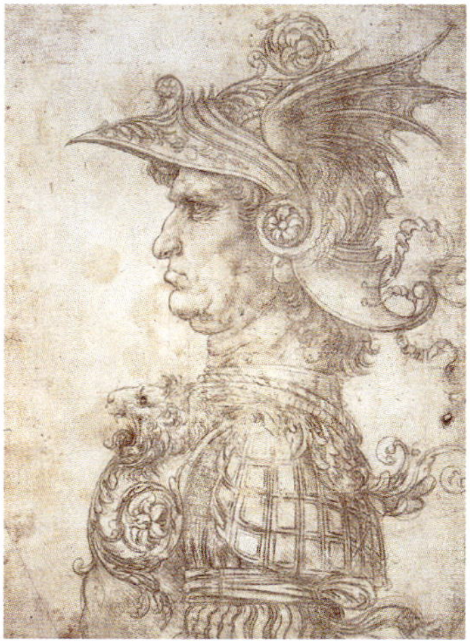

Leonardo da Vinci,
Profil eines Mannes in Rüstung.
London, British Museum.

appliken in vegetabilen Formen an den Kanten des Medici-Grabmals kennt, taucht später in völlig anderem Zusammenhang[71] in seinem Werk wieder auf, als hätte die Arbeitsweise in Verrocchios Werkstatt in seinem Kopf eine Art Markenzeichen hinterlassen, dem er seine ganze Malerlaufbahn über verpflichtet blieb.

Leonardo übertrifft aber schon in diesem ersten bedeutenden Gemälde das Vorbild seines Meisters: Die Anmut und Schönheit, die die Gesichter des Verkündigungsengels und Marias ausstrahlen, erinnern zwar noch an Botticelli, sie sind jedoch ein Beweis für Leonardos außerordentliche Fähigkeiten bereits während der ersten Hälfte der siebziger Jahre, in denen man seine Technik schon als ausgereift und verfeinert bezeichnen muß: Bei einer Betrachtung aus nächster Nähe erkennt man auch in der *Verkündigung* Leonardos Fingerabdrücke an den Fingern der rechten Hand Marias und auf den kleinen Blättern der Festons am marmornen Sockel des Lesepults, das heißt Spuren einer nachträglichen »Modellierung« der gemalten Oberfläche. Dieses Vorgehen ging über die Norm der florentinischen Malerei hinaus, die sich am Begriff des *disegno* orientierte.[72] Zu den Zeichnungen, die im Zusammenhang mit diesem Werk stehen – die bereits erwähnte Zeichnung Nr. 125770 im Fondo Corsini in Rom, die den Engel seitenverkehrt zeigt, ist in dieser Hinsicht nicht eindeutig – gehört die Studie zum Faltenwurf der Jungfrau Maria im Louvre (Inv. Nr. 2255) und die Skizze zum rechten Arm des Engels (Oxford, Christ Church College)[73]. Es handelt sich um drei sehr unterschiedliche Zeichnungen, sowohl technisch gesehen, als auch in stilistischer Hinsicht. Die erste: Metallstift und schwarze Kreide, weiß gehöht, auf rot grundiertem Papier; die zweite: Pinsel auf Leinwand; die dritte: Tusche auf Papier. Während die ersten beiden eine mimetische, fast »akademische« Wiedergabe der Natur anstreben, zeigt die Armstudie aus Oxford einen eher summarischen und skizzenhaften Zeichenstil und zugleich eine dynamischere, treffendere Auffassung der Form, was sie in die Nähe der auf das Jahr 1473 datierten Landschaftsstudie der Uffizien rückt (8 P), von der schon die Rede war. Dieser Art der Gestaltung wird Leonardo treu bleiben, bis hin zu den Vogeldarstellungen im *Codice sul Volo degli Uccelli* in Turin. Er praktiziert außerdem in diesen Jahren noch einen vierten Zeichenstil: schärfer umrissen und ornamental, mit Feder und Tusche oder Silberstift auf grundiertem Papier. Dabei kommt Leonardos Neigung zur Bildhauerei beziehungsweise zur Goldschmiedekunst voll zum Ausdruck: eine der spektakulärsten Zeichnungen ist in dieser Hinsicht das *Profil eines Mannes in Rüstung* im British Museum, die zwischen dem Ende seiner Lehrzeit bei Verrocchio und seiner ersten Reifephase in den Jahren von 1476 bis 1478 steht. Aufgrund der Verwandtschaft mit Reliefs im Louvre oder in der National Gallery in New York aus dem Umkreis Verrocchios, die vergleichbare Motive zeigen – wobei sie vermutlich etwas später, nämlich um 1480 entstanden sind –, hat diese Studie[74] gelegentlich zu der Annahme geführt, Leonardo sei zu dieser Zeit auch als Bildhauer tätig gewesen[75]. Allerdings ist das zeitliche Verhältnis zwischen den

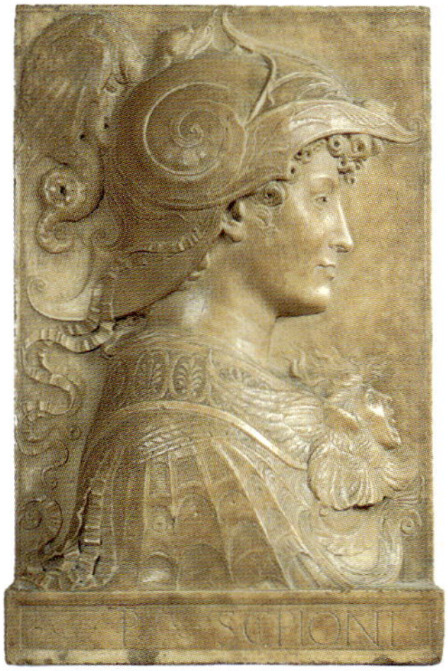

Andrea del Verrocchio,
Scipio.
Paris, Musée du Louvre.

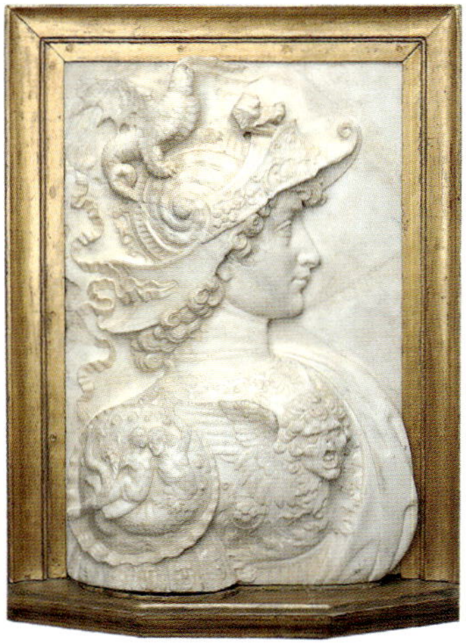

Andrea del Verrocchio,
Alexander der Große.
Washington,
National Gallery of Art.

Skulpturen Verrocchios und den Zeichnungen Leonardos nicht immer klar und eindeutig, trotzdem erscheint es plausibel, daß noch in den siebziger Jahren Leonardos Zeichnungen von den Skulpturen seines Meisters angeregt wurden.

Die Taufe Christi

Leonardo versuchte zu übertreffen, was er bei Verrocchio gelernt hatte, respektive was in den florentinischen Werkstätten üblich war. Dies geht deutlich aus den »Ergänzungen« an der von Verrocchio begonnenen *Taufe Christi* hervor, die vermutlich für das Kloster San Salvi bestimmt war, wo Francesco Albertini für das Jahr 1510 einen »Engel von Leonardo da Vinci« erwähnt, während demgegenüber der Anonimo Gaddiano und Antonio Billi von einer »Taufe Christi« von Verrocchio sprechen. Der von Leonardo gemalte Engel rief – Vasari zufolge – so viel Staunen und Bewunderung hervor, daß Verrocchio »ungeduldig, daß ein Kind mehr wisse wie er« beschloß, das Malen aufzugeben, er »mochte von der Zeit an nicht mehr mit Farben umgehen«[76]. Doch der Engel ist nicht der einzige Eingriff Leonardos, nachdem Verrocchio nicht mehr an dem Gemälde arbeitete. Verrocchio hatte zwar die Komposition selbst entworfen und dessen Hauptfiguren – Christus und den Täufer – zum Teil selbst gemalt. Es haben dann aber noch mindestens zwei weitere Maler aus seiner Werkstatt daran gearbeitet: Der eine, nur mäßig talentiert, ist verantwortlich für die Hände Gottvaters, für die Palme links und die Landschaft ganz rechts, einschließlich der Felsen zwischen Christus und Johannes, die auf ein Gemälde Jan van Eycks oder auf eine Kopie nach einem verschollenen Original des Niederländers zurückgehen, die sich 1470 in Florenz befand. Auch in einem Gemälde von Botticelli und Filippino Lippi in der National Gallery in London zeigen sich vergleichbare Felsenmotive im Hintergrund.[77] Der zweite Maler, möglicherweise sogar Botticelli, malte das Gesicht des Engels im Dreiviertelprofil neben jenem Engel, den dann Leonardo hinzufügte[78]. Leonardo wurde gebeten, das Gemälde zu vollenden, um ihm jene Einheitlichkeit zu verleihen, die die Künstler vor ihm – es waren wohl mindestens drei – fast unwiderruflich zerstört hatten. Er malte zunächst den Engel in Rückenansicht am linken Bildrand, um zwischen dieser Figur und der Gestalt Christi eine Diagonale aufzuspannen. So schuf er mehr Raum für die Protagonisten im Vordergrund, der durch ihre Frontalstellung in Frage gestellt war. Zu diesem Engel hat sich ein fragmentiertes und überarbeitetes Skizzenblatt in Turin erhalten (Biblioteca Reale, Inv. Nr. 15635), das Kopf und Schultern darstellt und oft fälschlicher-

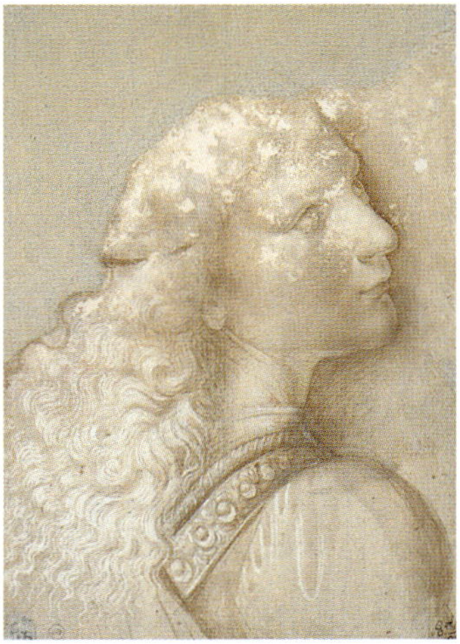

Leonardo da Vinci,
Profilstudie für den Engel der
Taufe Christi.
Turin, Biblioteca Reale
(Inv. Nr. 15635).

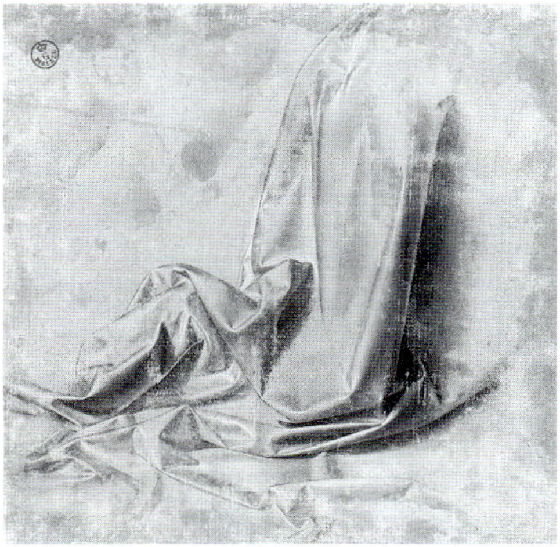

Leonardo da Vinci, Gewandstudie.
Florenz, Galleria degli Uffizi,
Gabinetto dei Disegni e delle
Stampe (Inv. Nr. 420 E).

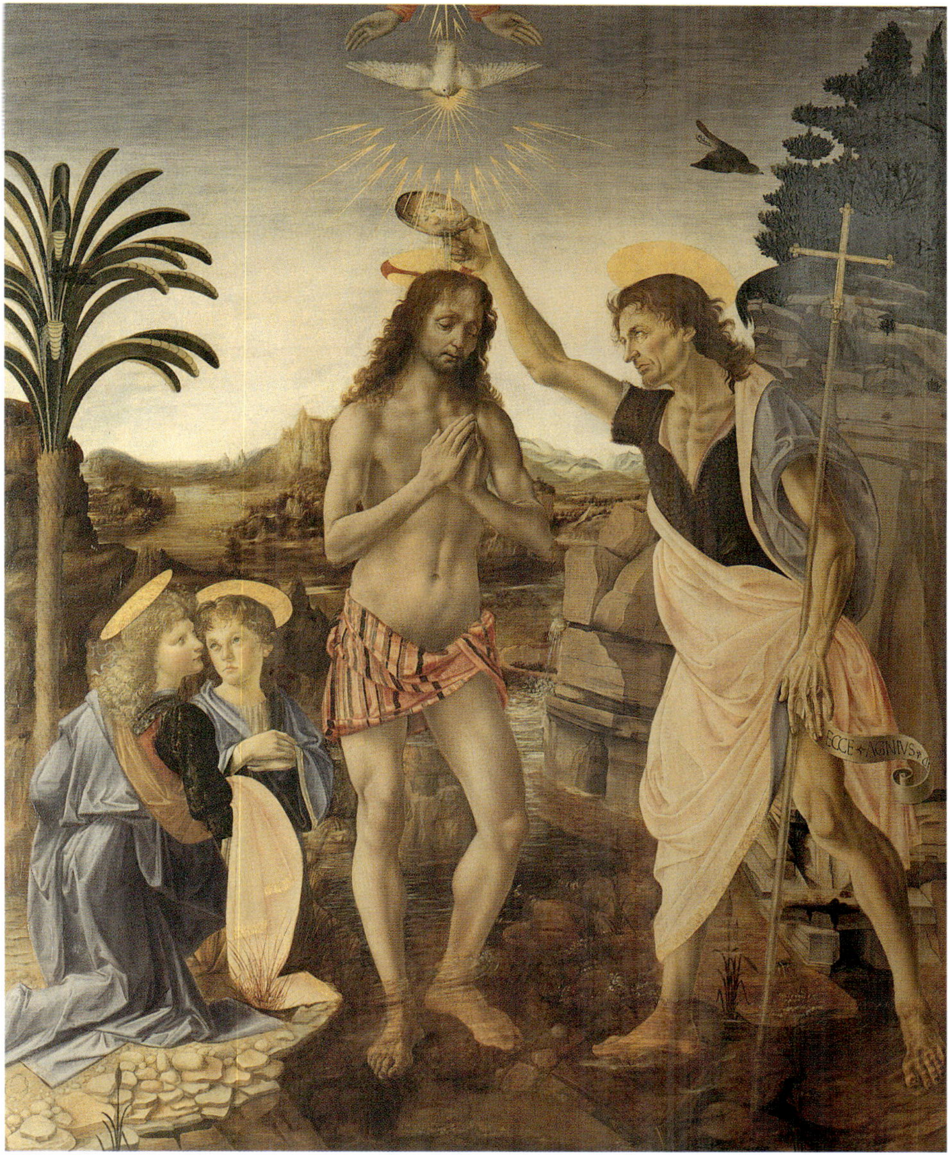

Andrea del Verrocchio und
Leonardo da Vinci
(und Sandro Botticelli?),
Taufe Christi.
Florenz, Galleria degli Uffizi.

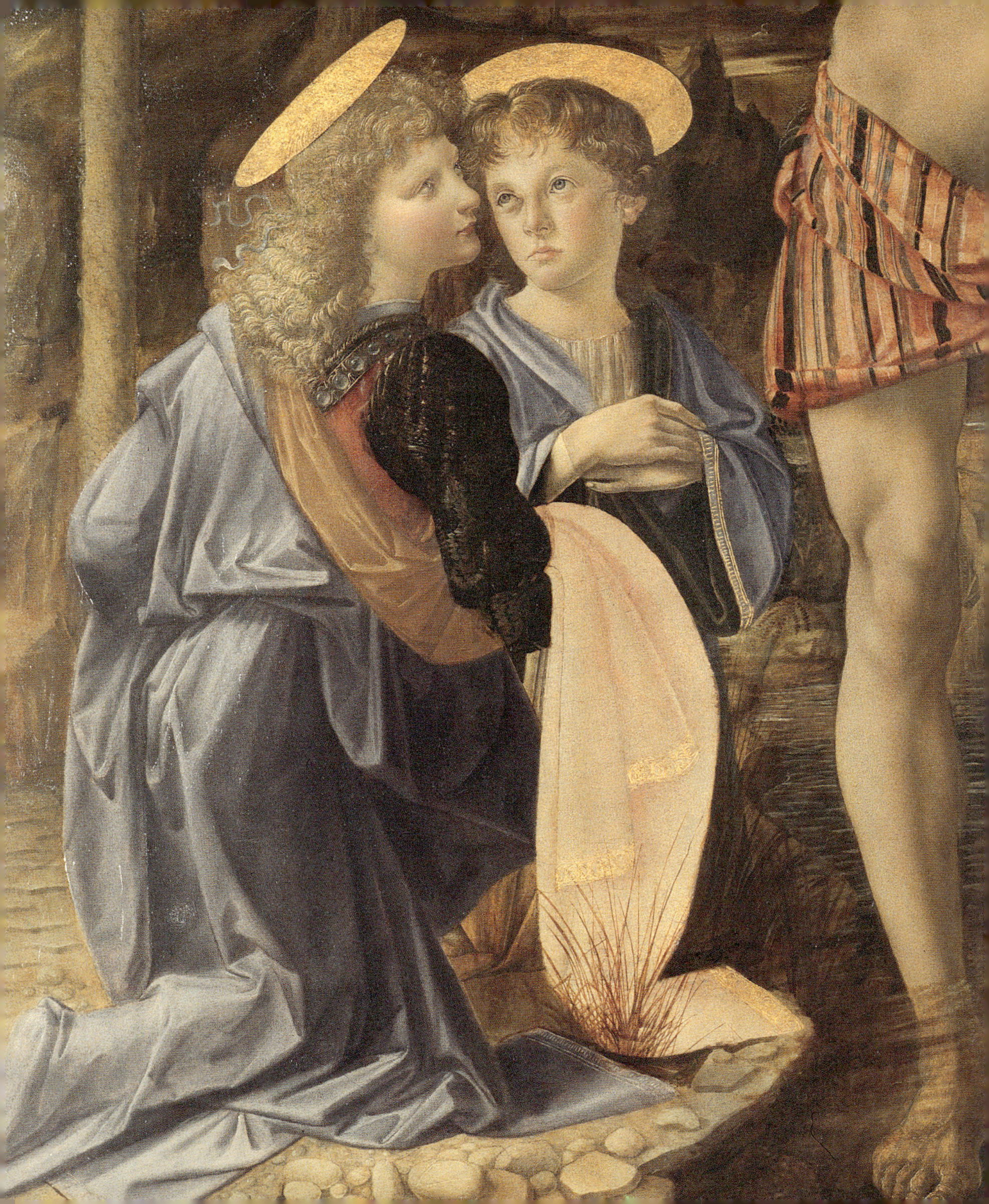

weise der Schule Leonardos[79] zugeschrieben wird, sowie zwei Pinselzeichnungen auf Leinwand – eine im Louvre (Inv. Nr. 2256) und die zweite in den Uffizien (Inv. Nr. 420 E)[80]. Der Engel, der dem Betrachter den Rücken zukehrt, seinen Kopf zur Seite neigt und von unten zu Christus emporblickt, zeigt eine für die florentinische Malerei dieser Zeit bisher unbekannte Fähigkeit zur Darstellung der Struktur der menschlichen Anatomie im dreidimensionalen Raum. Doch Leonardo ließ es nicht dabei bewenden. Nachdem die drei genannten Künstler die Arbeit eingestellt hatten, nahm er eine regelrechte Überarbeitung von Verrocchios Komposition vor. Sie bestand darin, die verschiedenen Bildgründe mit malerischen Mitteln zu vereinheitlichen, von der vordersten Bildebene bis hin zu der sich weit in die Tiefe erstreckenden Landschaft links von der Szene. Außerdem verschleiert er gewissermaßen den Körper der Christusfigur, wodurch die Darstellung an Wirklichkeitsnähe gewinnt, aber auch weichere Konturen annimmt. Vergleicht man die Ausführung der Beine des Christus mit den schärfer konturierten, eher linear gezeichneten Beinen des Johannes und überhaupt die gesamte Anatomie der beiden Figuren, so bestätigt sich die Annahme, daß Leonardo sowohl Körper und Gesicht der Christusfigur mit einer weiteren Malschicht überarbeitet hat – wie dies auch aus den schon von Sanpaolesi[81] untersuchten Röntgenaufnahmen des Gemäldes hervorgeht. Dafür spricht auch die minutiöse, fast schon indezente Darstellung der Haare am Unterleib. Eine Untersuchung des Gemäldes im Anschluß an die kürzlich durchgeführte Restaurierung (1997–1998) bestätigte diese Eingriffe Leonardos. In den von ihm überarbeiteten Partien kamen andere Materialien und Pigmente zum Einsatz als sie Verrocchio (oder auch Botticelli?) benutzt hatten. Man erkennt dies an dem rosafarbenen Umhang des Täufers – der sich allerdings leider in sehr schlechtem Zustand befindet – oder auch an der schlechten Qualität der Farben, die für die Felsen verwendet wurden.

Doch selbst Leonardos Überarbeitung konnte das Werk nicht vollständig vereinheitlichen. Die Landschaft zur Linken, die den Effekt der »aria grossa« und die dunstige Atmosphäre der Gemälde aus Leonardos lombardischer Zeit vorwegzunehmen scheint, läßt sich nur schwer mit den schematisch dargestellten Pflanzen, links die Palme und rechts die Zypressen, und den Felsen im Hintergrund in Einklang bringen. Die Pflanze mit den langen, lanzettförmigen Blättern vor dem Gewand Christi, das der Engel in Händen hält, geht allerdings sicher auf Leonardo zurück.

Die *Taufe Christi*, an der vier Künstler nebeneinander und häufig auch übereinander ihre Spuren hinterließen, bestätigt endgültig die in Verrocchios Werkstatt übliche Praxis, die zu Beginn angesprochen wurde. Aus nächster Nähe betrachtet, erweist sich das Gemälde der *Taufe Christi* als äußerst aufschlußreich im Hinblick darauf, wie Leonardo seine »Ergänzungen« technisch umsetzte.[82] Um das Gesicht des Engels zu malen, entfernte er zunächst die alte Grundierung, was an der Vertiefung in der Farbschicht am Profil des Kopfes zu erkennen ist. Auch einige Locken auf dem Kopf des zweiten Engels hat er wohl hinzugefügt, und möglicherweise überarbeitete er auch die kleinen Pflanzen und Blumen links von der Palme, die unter einer

Linke Seite:
Andrea del Verrocchio und Leonardo da Vinci (und Sandro Botticelli?), *Taufe Christi* (Ausschnitt). Florenz, Galleria degli Uffizi.

Folgende Seite:
Andrea del Verrocchio und Leonardo da Vinci (und Sandro Botticelli?), *Taufe Christi* (Ausschnitt). Florenz, Galleria degli Uffizi.

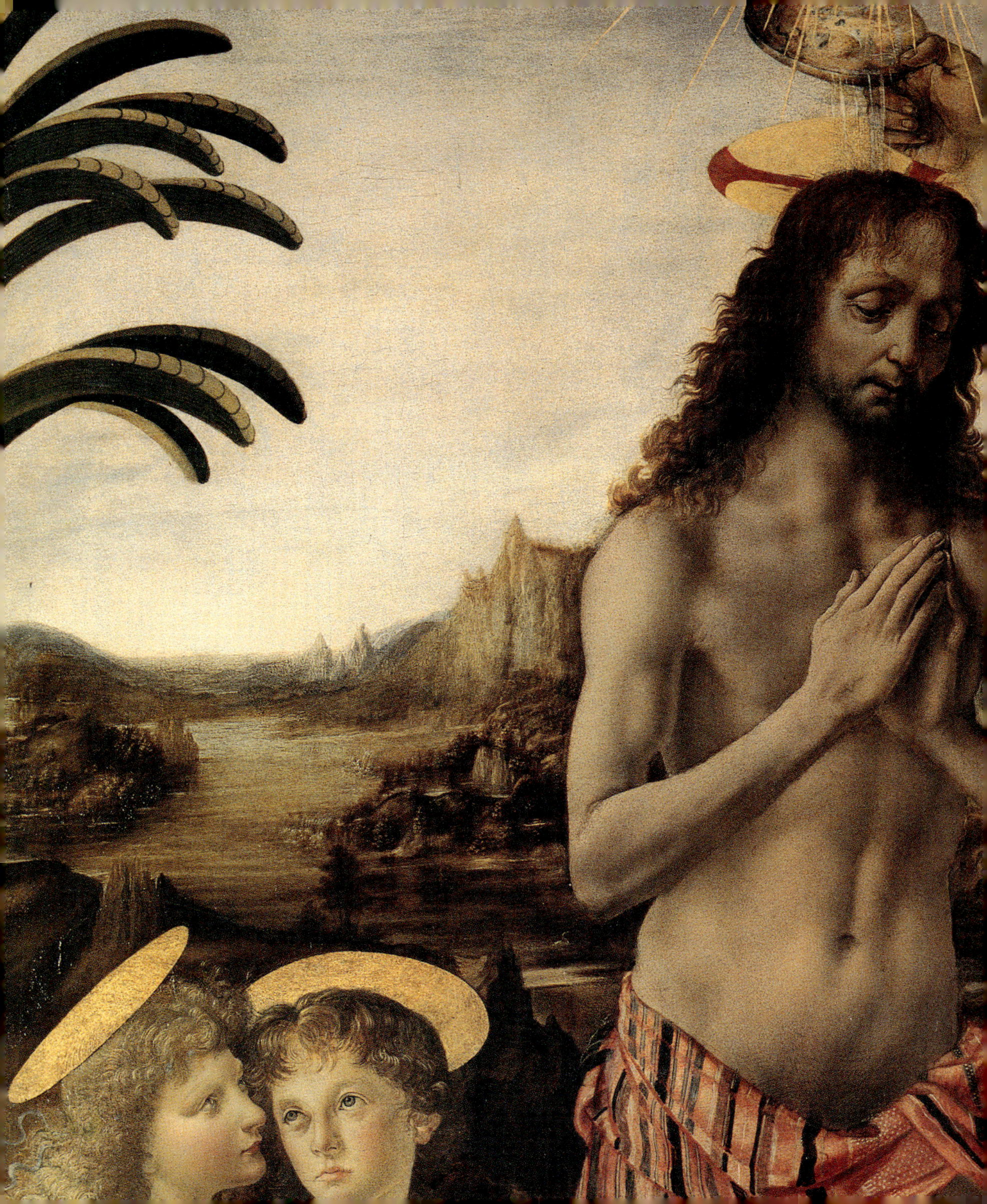

bräunlichen Firnisschicht immer noch sichtbar sind. Dieser Firnis verdeckt heute den Fond gleich hinter den fliegenden Haarbändern von Leonardos Engel. Es könnte sich um eine spätere Überarbeitung handeln, oder aber der Firnis war ursprünglich wesentlich transparenter und ist mit der Zeit stark oxydiert. Ebenso unschön wirkt der braune Farbton, den der Firnis zwischen den Beinen der Christusfigur und den Füßen des Täufers angenommen hat, an den Stellen also, wo dieser eingefärbte Firnis die Malweise Verrocchios verfeinern und die Transparenz des Wassers vermitteln sollte. Die grobe Anlage der ersten Malschicht zeigt sich nach wie vor im rechten Bildteil. Hier stimmt die Schattenführung nicht und schwarze Pinselstriche – etwa zwischen den Beinen des Täufers – sollen Brüche und Risse im Felsen nachahmen. Die Wasserfläche, die hinter der linken Hüfte der Christusfigur zu sehen ist, wurde mit horizontalen Pinselstrichen in einer kräftigen weißen Farbe angelegt. David Bull sieht sie als eine spätere Ergänzung an, die möglicherweise auf das 19. Jahrhundert zurückgeht.

Leonardo wagte sich mit seinem Versuch einer Umgestaltung weit vor, so weit, daß er sogar bereits bestehende Farbschichten entfernte. Dies spricht für eine Datierung, die wesentlich später anzusetzen ist, als bisher angenommen. Seine Überarbeitungen zeugen von großer Reife und Selbständigkeit, wie sie sich insbesondere in der Haltung des Engels manifestiert[83]. Hier handelt es sich nicht um einen zaghaften Eingriff eines Schülers in ein vom Meister begonnenes Werk, sondern eher um eine Vollendung, die er wohl erst gegen Ende seiner Zeit bei Verrocchio vornahm. Dafür spricht auch die Figur des Engels in Rückenansicht, der bereits den 1483 begonnenen Engel in der *Madonna in der Felsengrotte* vorwegnimmt. Ein gewisser Hang zur monochromen Farbgebung verbindet die *Taufe Christi* mit den Gemälden, die nach Leonardos endgültigem Ausscheiden aus Verrocchios Werkstatt entstanden: mit dem *Hl. Hieronymus* in der Pinacoteca Vaticana und der *Anbetung der Heiligen Drei Könige*, die er 1482 bei seiner Abreise nach Mailand unvollendet im Hause der Familie Benci zurückließ.

Das Altarbild für den Dom von Pistoia

Eine völlig andere Art der Zusammenarbeit bildete sich in Verrocchios Werkstatt während der Anfertigung eines Tafelbildes für den Dom von Pistoia heraus. Leonardos Meister war mit diesem Werk beauftragt worden, nachdem der Bischof von Pistoia,

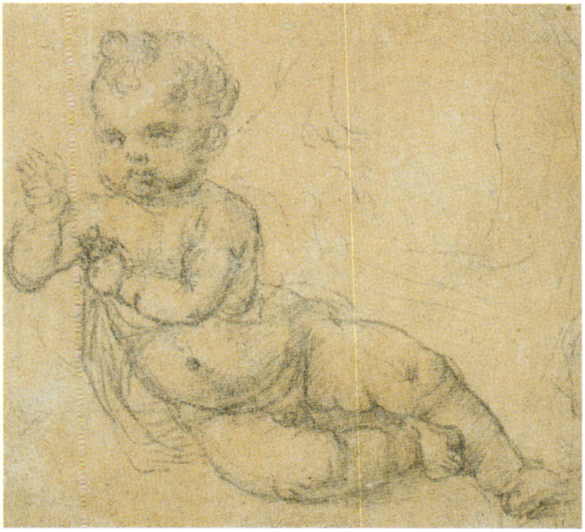

Andrea del Verrocchio (oder Leonardo da Vinci?), Studie für das Jesuskind des Altarbildes *Thronende Madonna mit Johannes dem Täufer und dem heiligen Donatus* in Pistoia. Genf, Privatsammlung.

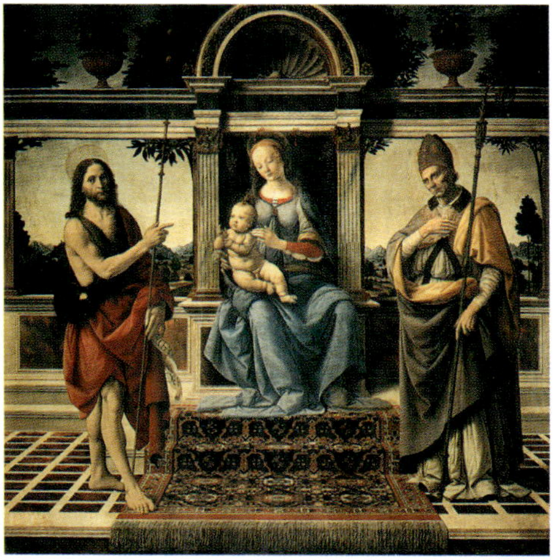

Lorenzo di Credi, *Thronende Madonna mit Johannes dem Täufer und dem heiligen Donatus*, genannt *Madonna di Piazza*. Pistoia, Dom.

Donato de' Medici, am 16. Dezember 1474 verstorben war. Auftraggeber waren die Operai (Bauverwalter) von San Jacopo, die das 1440 von ihrem Bischof erbaute Oratorium aus gegebenem Anlaß zu dessen Totenkapelle umbauen wollten. Aus einer Urkunde von 1485 geht hervor, daß Verrocchios Altarbild einer *Thronenden Madonna mit Johannes dem Täufer und dem Hl. Donatus* um 1478/1479 schon weit gediehen war, da es 1485 als »fertig oder fast vollendet« beschrieben wird. Zwischen November 1485 und Oktober 1486 muß es abgeliefert worden sein, denn die letzte Zahlung an Verrocchio war für das zuletzt genannte Jahr vorgesehen.

Obwohl dieses Werk von Michelangelo Salvi schon 1656 Leonardo zugeschrieben wurde, darf heute als gesichert gelten, daß das Gemälde von Lorenzo di Credi vollendet wurde, der in dieser Zeit die Werkstatt Verrocchios leitete. Dieser hielt sich zwischen 1479 und 1488 in Venedig auf, um den Auftrag für die Reiterstatue des Colleoni auszuführen, und Leonardo ging Ende 1482 nach Mailand.[84] Trotzdem wirkte Leonardo wahrscheinlich ab der zweiten Hälfte der siebziger Jahre an dem Projekt mit, da sich seine Handschrift in der kleinen *Verkündigung* im Louvre deutlich zu erkennen gibt. Zusammen mit einer anderen kleinen Tafel Lorenzo di Credis, *Der Hl. Donatus und der Steuereintreiber* im Worcester Art Museum in Massachusetts, gehörte sie zur ursprünglich dreiteiligen Predella der Altartafel. Die Zuschreibung der *Verkündigung* im Louvre an Leonardo wurde immer wieder angezweifelt – manche schreiben sie gänzlich Lorenzo di Credi zu. Wenn man aber den Typus der Maria betrachtet und den wunderschönen Faltenwurf an beiden Figuren in Rechnung stellt, dann kommt als Autor niemand anderes in Frage als Leonardo. Wie Marchini[85] bemerkte, konnte Leonardo mit der Mariendarstellung trotz der Vorgaben anderer Künstler seine Neigung zu einem bestimmten weiblichen Schönheitsideal aufs beste zum Ausdruck bringen. Dies wird durch eine Vorstudie in den Uffizien (Inv. Nr. 428 E *recto*) unterstrichen, die offensichtlich in Zusammenhang mit der kleinen Bildtafel steht. Obwohl dieser Frauentyp die übersteigerte Eleganz der Goldschmiedekunst und typische stilistische Merkmale Verrocchios in sich vereint, ist gleichzeitig auch das Thema des zur Seite geneigten, gedankenvollen Kopfes angesprochen, und zwar mit Hilfe von Lichteffekten und einer fein abgestuften Helldunkeltechnik, die schon zu diesem Zeitpunkt Ausdruck einer für Leonardo typischen Sichtweise sind, nach der die Volumina vom Licht geformt werden.

Der komplizierte Ablauf der Ausführung des Altarbildes von Pistoia deutet indes nicht nur auf eine inzwischen besser strukturierte Arbeitsteilung innerhalb von Verrocchios Werkstatt hin, sondern auch auf das Hervortreten Lorenzo di Credis als Nachfolger des Meisters und auf die Entwicklung Leonardos zum unabhängigen Künstler – Verrocchio selbst hatte wahrscheinlich die Malerei schon seit geraumer Zeit endgültig aufgegeben. Die Arbeit wurde jetzt völlig anders organisiert als noch in den siebziger und achtziger Jahren, als die jungen Gehilfen gleichzeitig mit Verrocchio und zu mehreren Hand an die Entwürfe des Meisters anlegen konnten.

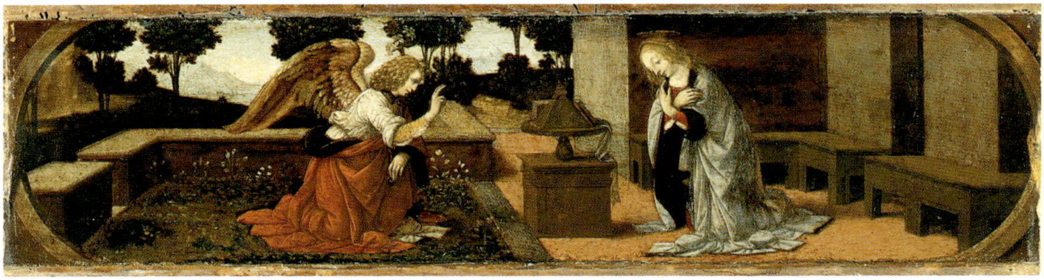

Lorenzo di Credi
und Leonardo da Vinci,
Verkündigung.
Paris, Musée du Louvre.

Anmerkungen

[1] Zu dieser Archivalie und zur folgenden vom 7. Juni 1476 vgl. L. Beltrami, *Documenti e memorie riguardanti la vita e le opere di Leonardo da Vinci,* Mailand 1919, Dok. 8, S. 4–5; C. Vecce, *Leonardo,* Rom 1998, S. 55–56. Vgl. auch Dok. 5–6 im dokumentarischen Anhang des vorliegenden Bandes. Zum Thema der sexuellen Neigungen Leonardos bleibt von grundlegender Bedeutung G. Fumagalli, *Eros di Leonardo,* Florenz 1952.

[2] Vgl. die Steuererklärung Ser Pieros von 1469 in L. Beltrami, a. a. O., 1919, Dok. 3, S. 2–3; C. Vecce, a. a. O., 1998, S. 35. Vgl. Dok. 3 im Anhang des vorliegenden Buches.

[3] Siehe L. Beltrami, a. a. O., 1919, Dok. 260, S. 181. Die Vita Leonardos von Giorgio Vasari wird hier zitiert nach der Ausgabe, *Leben der ausgezeichnetsten Maler, Bildhauer und Baumeister,* Stuttgart und Tübingen 1832–1849; neu hrsg. von J. Kliemann, Worms 1983, Bd. 3.1, S. 3–48. Die deutsche Übersetzung beruht auf Vasaris Ausgabe der *Vite* von 1568. Die zitierten Textpassagen wurden behutsam an den modernen Sprachgebrauch angepaßt. Vgl. auch P. Rubin, »What Man saw. Vasari's Life of Leonardo«, in: *Nine Lectures on Leonardo da Vinci,* hrsg. von F. Ames Lewis und A. Bednarek, University of London, London 1991. Als Einstieg in die Problematik der Ausbildung Leonardos bei Verrocchio vgl. J. Thiis, *Leonardo da Vinci. The Florentine Years of Leonardo and Verrocchio,* London 1913; W. F. Valentiner, »Leonardo as Verrocchio's co-worker«, in: *The Art Bulletin* XII, 1930, S. 43–89 (siehe auch W. R. Valentiner, *Studies of Italian Renaissance Sculpture,* London 1960, S. 113–177) und die ersten Kapitel der Monographien von W. Suida, *Leonardo und sein Kreis,* München 1929; K. Clark, *Leonardo da Vinci. An Account of His Development as an Artist.* Cambridge 1939 (weitere Ausgaben: Cambridge 1952; London 1959, 1967, 1988 und 1989, die beiden letzten mit einer Einführung von M. Kemp); L. H. Heydenreich, *Leonardo,* Berlin 1943 (vgl. auch Basel 1953); J. Wasserman, *Leonardo,* New York und Mailand 1975; M. Rosci, *The Hidden Leonardo,* Oxford 1978. Vgl. außerdem C. L. Ragghianti, »Inizio di Leonardo«, in: *Critica d'arte* I. 1954, S. 302; C. Pedretti, *Leonardo. A Study in Chronology and Style,* London 1973, S. 9–24; M. Kemp, *Leonardo da Vinci. The Marvellous Works of Nature and Man,* London und Toronto 1981, S. 13–76. Die ersten drei Kapitel des vorliegenden Bandes waren schon geschrieben (Juli 1998), als 1998 in London das Werk von D. A. Brown, *Leonardo da Vinci. Origins of a Genius* erschien, das sich ausschließlich mit der Ausbildungszeit Leonardos befaßt. Seine Erkenntnisse konnten nicht mehr berücksichtigt werden.

[4] Zur Ausbildung in den Florentiner Werkstätten vgl. D. Degrassi, *L'economia artigiana nell'Italia medievale,* Rom 1996, S. 52–53; C. Vecce, a. a. O., 1998, S. 34–38. Einen Überblick über die Situation in Mailand gibt J. Shell, *Pittori in bottega. Rinascimento a Milano,* Turin 1996, vgl. insb. S. 64. Zu den toskanischen Sitten und Gebräuchen, die später in die Organisation von Leonardos »Werkstatt« eingingen, vgl. P. C. Marani, »Il problema della ›bottega‹ di Leonardo: la ›pratica‹ e la trasmissione delle idee di Leonardo sull'arte e la pittura«, in: *I leonardeschi. L'eredità di Leonardo in Lombardia,* Mailand 1998, S. 9–37.

[5] Das erste von G. Passavant (in: *Verrocchio. Sculture, pitture e disegni,* Venedig 1969, S. 202–204) aufgestellte Verzeichnis der Gemälde Verrocchios wurde durch neuere, im folgenden angeführte Untersuchungen korrigiert: L. Bellosi, »Andrea del Verrocchio«, in: *Pittura di luce. Giovanni di Francesco e l'arte fiorentina di metà Quattrocento,* Ausstellungskatalog, Florenz 1990, S. 177–183; P. Adorno, *Il Verrocchio.* Florenz 1991; A. Butterfield, »Verrocchio as Draughtsman, Painter, and Teacher«, in: ders., *The Sculptures of Andrea del Verrocchio,* New Haven und London 1997, S. 185–198. Vgl. auch die im weiteren zitierten Untersuchungen.

[6] Der Gemeinplatz, Leonardos Einfluß auf Verrocchio sei schon in dessen zwischen 1472 und 1478 geschaffenen Skulpturen zu spüren, wurde von Butterfield zwar ein wenig flüchtig, aber doch überzeugend aus der Welt geschafft (a. a. O., 1997, S. 197–198); Butterfield schließt außerdem die Möglichkeit aus, Leonardo könne an Arbeiten Verrocchios wie der *Dama col mazzolino,* der *Auferstehung* von Careggi, des Modells der Christus-Thomas-Gruppe für Orsanmichele und des Modells für das Forteguerri-Kenotaph beteiligt gewesen sein. Abgesehen von einem Verhältnis gegenseitiger Bewunderung und vielleicht des Austauschs von Modellen ist vielmehr zu bemerken, wie Butterfield darlegt (a. a. O., S. 198), daß der Einfluß Leonardos auf Verrocchio in dessen späten Werken, als Leonardo selbst schon in Mailand lebte, viel deutlicher in Erscheinung tritt. Einen Überblick über den Forschungsstand zu Verrocchio geben S. Bule, A. Phipps Darr und F. Superbi Gioffredi (Hrsg.), *Verrocchio and Late Quattrocento Italian Sculpture,* The Harvard University Center for Italian Renaissance Studies Villa I Tatti, Florenz 1992. Der hier vertretene Gedanke, daß die Künstlerpersönlichkeit Verrocchios für sich zu untersuchen sei, unabhängig von einer eventuellen Wirkung Leonardos auf sein Werk – eine Vorstellung, die auf die Zeit des Klassizismus und der Romantik zurückgeht – wurde aufgegriffen von L. Dolcini, *Il Maestro di Leonardo. Il restauro dell'Incredulità di san Tommaso di Andrea del Verrocchio,* Florenz 1992, passim und insb. S. 30, und auch von Butterfield, a. a. O., 1997.

[7] Vgl. aber *Maestri e botteghe. Pittura a Firenze alla fine del Quattrocento,* Ausstellungskatalog hrsg. von M. Gregori, A. Paolucci und C. Acidini Luchinat, Florenz 1992, passim.

[8] Zu Verrocchios »Palla« in Kupfer vgl. C. Vecce, a. a. O., 1998, S. 40, und zu Leonardos

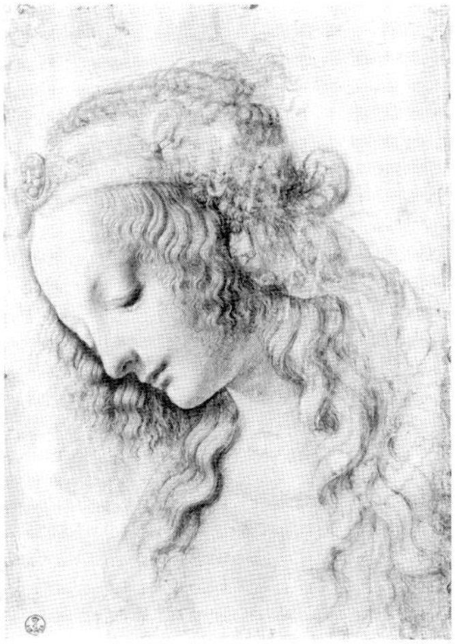

Leonardo da Vinci,
Frauenkopf, Studie.
Florenz, Galleria degli Uffizi,
Gabinetto dei Disegni e delle
Stampe (Inv. Nr. 428 E *recto*).

Studien nach Brunelleschis Maschinen, L. Reti, »Tracce dei progetti perduti di Filippo Brunelleschi nel Codice Atlantico di Leonardo«, *IV Lettura Vinciana* (1964); außerdem, *Leonardo da Vinci letto e commentato da ...*, hrsg. von P. Galuzzi, Florenz 1974, S. 89–130.

[9] Vgl. G. Calvi, *I manoscritti di Leonardo dal punto di vista cronologico, storico e biografico,* Bologna 1925, S. 25. Über Leonardos Studien zur Technik und seine Quellen vgl. den Ausstellungskatalog *Gli ingegneri del Rinascimento da Brunelleschi a Leonardo da Vinci,* hrsg. von P. Galluzzi, Florenz 1996. Zu den Folgen dieser Ausbildung und zur Entwicklung von Leonardos Forschungen in der Lombardei auf dem Gebiet der Technik, vgl. »›Circulo dentato ortogonialmente‹ (Ms. Madrid 8937, fol. 117 recto). Leonardo. Gli ingegneri e alcune macchine lombarde«, *XXV Lettura Vinciana* (13. April 1985), Florenz 1985.

[10] Vgl. Giorgio Vasari, *Leben* ..., a. a. O., Bd. 3.1, S. 6.

[11] Vgl. z. B. die Zeichnung Verrocchios im British Museum (Inv. Nr. 1895-9-15-785), die einen *Frauenkopf mit kunstvoller Haartracht* darstellt (vgl. B. Berenson, *The Drawings of Florentine Painters,* 2. erw. Aufl., Chicago 1938, II, S. 359, Nr. 2782, Abb. 125; J. Rowlands, *Master Drawings and Watercolours in the British Museum,* London 1984, Katalog Nr. 7, S. 24; G. Passavant, a. a. O., 1969, Katalog Nr. D 5, S. 205; A. Butterfield, a. a. O., 1997, Abb. 246, S. 186–187).

[12] Vgl. Giorgio Vasari, *Leben* ..., a. a. O., S. 6. Zu den Beziehungen zwischen Verrocchio und Leonardo hinsichtlich der »lachenden weiblichen Köpfe« vgl. F. Viatte, »Verrocchio et Leonardo da Vinci: à propos des ›Têtes idéales‹«, in: *Florentine Drawings at the Time of Lorenzo the Magnificent,* mit einer Einführung von E. Cropper, Bologna 1994, S. 45–54. Vgl. auch die weitere Argumentation in diesem Band.

[13] Zu dieser Gruppe vgl. jüngst A. Butterfield, a. a. O., 1997, S. 57–80, 209–212.

[14] Zur Zeichnung in den Uffizien Nr. 433 E vgl. als neueste Beiträge: G. Dalli Regoli, *I disegni di Leonardo da Vinci e della sua cerchia nel Gabinetto Disegni e Stampe della Galleria degli Uffizi a Firenze,* Florenz 1985; *I disegni di Leonardo da Vinci e della sua cerchia nella Biblioteca Reale di Torino,* ordinati e presentati da Carlo Pedretti, Florenz 1993, Katalog Nr. 4, S. 51–53 (hier Leonardo zugeschrieben, mit einer Zusammenfassung der älteren Forschung). F. Viatte, *Leonardo da Vinci. Die Gewandstudien,* München 1990, Katalog Nr. 15, S. 72–73 (schreibt die Zeichnung Leonardo zu); G. Passavant, a. a. O., 1969, Katalog Nr. D 9, Abb. 92, S. 206 und A. Butterfield, a. a. O., 1997, S. 185, Abb. 93 schreiben sie Verrocchio zu. Das Blatt ist bezeichnenderweise in dem wichtigen Katalog der Zeichnungen Leonardos von A. E. Popham nicht enthalten, *The Drawings of Leonardo da Vinci,* London 1946 (überarbeitete Ausgabe mit einem einführenden Essay von M. Kemp, London 1994).

[15] A. Butterfield, a. a. O., 1997, S. 209–210.

[16] Zu diesen Skulpturen vgl. G. Passavant, a. a. O., 1969, S. 173, 200, und A. Butterfield, a. a. O., 1997, S. 212, 215–216; dazu gehören natürlich die Skizzen für die zwei Engel des Kenotaphs der Forteguerri im Louvre, der gesamte Entwurf für das Kenotaph im Victoria and Albert Museum in London und die Büste von Giuliano de' Medici im Metropolitan Museum of Art in New York.

[17] Vgl. F. Viatte, *Leonardo da Vinci* ..., a. a. O., 1990. Vgl. auch *La raccolta leonardesca della Contessa de Béhague,* Ausstellungskatalog, hrsg von A. Vezzosi, Florenz 1980 sowie P. C. Marani, »Leonardo, Rubens e Poussin a confronto«, in: *Almanacco italiano* Bd. LXXI, 1980, S. 136–141).

[18] Vgl. J. K. Cadogan, »Linen Draperies Studies by Verrocchio, Leonardo and Ghirlandaio«, in: *Zeitschrift für Kunstgeschichte,* 46, I, 1983, S. 27–62; J. K. Cadogan, »Reconsidering Some Aspects of Ghirlandaio's Drawings«, in: *The Art Bulletin*, Juni 1983, S. 274–290; D. Scrase, »Paris and Lille. Leonardo: Italian Drawings«, in: *The Burlington Magazine*, CXXXII, 1990, S. 151–152; K. Christiansen, »Leonardo's Drapery Studies«, ebda, S. 572–573. Siehe auch G. Dalle Regoli, *I disegni di Leonardo da Vinci,* a. a. O., 1985, Katalog Nr. 2, S. 49–50, und A. Petrioli Tofani, »Il disegno fiorentino del tempo di Lorenzo il magnifico«, in: Ausstellungskatalog, hrsg. von A. Petrioli Tofani, Florenz 1992, Katalog Nr. 3.3, S. 85–86, wo die Zeichnung aus den Uffizien Nr. 437 E veröffentlicht und Leonardo zugeschrieben wurde. Vgl. auch ebda, S. 86–87, der Vermerk von A. Petrioli Tofani zur Zeichnung des Istituto Nazionale per la Grafica, Fondo Corsini 125570, wird später noch zitiert. Vgl. auch A. E. Popham, a. a. O., 1946, Katalog Nr. 2–7.

[19] Zu Leonardos *Buch von der Malerei* vgl. die neue kritische Ausgabe *Leonardo da Vinci. Libro di pittura. Codice Urbinate lat. 1270 nella Biblioteca Apostolica Vaticana,* hrsg. von C. Pedretti, Transkription von C. Vecce, Florenz 1995. Deutsche Übersetzung: *Das Buch von der Malerei.* Übersetzt von Heinrich Ludwig, 3 Bde, Wien 1882, in: *Quellenschriften für Kunstgeschichte und Kunsttechnik des Mittelalters und der Renaissance,* hrsg. von R. Eitelberger von Edelberg, Bd. 16 –18 (Neudruck Osnabrück 1970). Vgl. insb. die Abschnitte über das Zeichnen: 63, 69, 82 usw. Über diese Lehre vgl. P. C. Marani 1998, »Il problema della ›bottega‹« ..., a. a. O.

[20] Zur *Madonna Dreyfus* vgl. P. C. Marani, *Leonardo. Catalogo completo,* Florenz 1989, S. 28–29. Suida, Degenhart, Langton Douglas, Ragghianti, Heydenreich, Fredericksen und Zeri schrieben sie Leonardo zu. In der National Gallery in Washington ist sie noch heute unter »Werkstatt des Andrea del Verrocchio, möglicherweise Leonardo« ausgestellt. Vgl. F. Rusk Shapley, *Catalogue of Italian paintings. National Gallery of Art,* Washington 1979, S. 531–534.

[21] Nachdem ich in meiner Monographie von 1989 auf das Gemälde aufmerksam gemacht hatte, wurde es von Shell (*Leonardo,* London und Paris 1992, S. 14–16), Padoa Rizzo (in: *Maestri e botteghe* ..., a. a. O., 1992, S. 71), Arasse (*Léonard de Vinci. Le rythme du monde,* Paris 1997, S. 334–335), mit gewissen Zweifeln auch von Butterfield, a. a. O., 1997, S. 196, Abb. 269 und S. 253, Anm. 35: »not by Verrocchio, but by a pupil, either Leonardo or Lorenzo di Credi« und schließlich von Vecce,

a. a. O., 1998, S. 49 als erstes eigenständiges Bild Leonardos bezeichnet. Auch David Bull von der National Gallery in Washington sprach sich kürzlich aufgrund der zu beobachtenden Maltechnik dafür aus, daß es sich um eine Arbeit Leonardos handeln müsse (mündliche Mitteilung 1997).

[22] Vgl. C. H. Smyth, »Venice and the Emergence of the High Renaissance in Florence: Observations and Questions«, in: *Florence and Venice: Comparisons and Relations,* hrsg. von G. Ramakus und S. Bertelli, Bd. I, Florenz 1979 S. 209–249.

[23] Vgl. W. Suida, »Leonardo's Activity as a Painter: a sketch«, in: *Leonardo. Saggi e ricerche,* hrsg. von G. Castelfranco, Rom 1954, S. 315, Tafel CXXVIII, Abb. 8. B. Berenson, a. a. O., 1938, S. 70, Nr. 672, Abb. 139 schreibt das Dresdner Blatt jedoch Lorenzo di Credi zu; diese Zuschreibung wird von Dalli Regoli, *Lorenzo di Credi,* Pisa 1966, S. 197, abgelehnt, der die *Madonna Dreyfus* für ein Werk Leonardos hält: vgl. auch G. Dalli Regoli, in: A. Vezzosi, *Leonardo dopo Milano. La Madonna dei fusi* (1501), Florenz 1982, S. 25 und [illegible]0–69. Trotzdem scheint das Dresdner Blatt wohl nicht von der Hand Leonardos zu stammen, denn die Schraffierung auf dem linken Ärmel der Jungfrau ist mit der rechten Hand angelegt worden. Dieser Teil des Blattes stellt jedoch einen undefinierten Bereich dar, der unter anderem das Detail der linken Hand der Jungfrau nicht wiedergibt und deshalb zu einem späteren Zeitpunkt von anderen vervollständigt und schraffiert worden sein könnte. Ebenso zu einem späteren Zeitpunkt (von Leonardo?) scheinen die beiden gewandt und dynamisch gezeichneten Umrißskizzen für die Gestalt des stehenden Kindes hinzugefügt worden zu sein. Das Antlitz Marias erinnert dagegen in Stil und Ausführung an die Zeichnungen Verrocchios. Auch die Dresdner Zeichnung also (die nicht als Nachzeichnung zu betrachten ist) zeigt möglicherweise Spuren verschiedener Künstler wie Verrocchio, Credi und Leonardo.

[24] Vgl. J. Shell, a. a. O., 1992, S. 17.

[25] Vgl. A. Padoa Rizzo, in: *Maestri e botteghe* ..., a. a. O., 1992, S. 71.

[26] Zu diesem Bild von Botticelli vgl. N. Pons, ebda, 1992, S. 71.

[27] Vgl. Heinrich Ludwig, *Leonardo da Vinci. Das Buch von der Malerei,* a. a. O., § 60: »Vorschriften für den Maler. Der ist nicht universal, welcher nicht alle Dinge, die zur Malerei gehören, auf gleiche Weise liebt; es gefallen einem beispielsweise die Landschaften nicht, er glaubt, sie seien ein Gegenstand, der in kurzer Zeit und mit Leichtigkeit zu erforschen ist; wie unser Botticelli sagte, strengt man sich dafür vergeblich an, man brauche nämlich nur einen Schwamm, der mit verschiedenen Farben getränkt ist, an die Wand zu werfen, und der lasse dann dort einen Flecken zurück, in dem man eine schöne Landschaft erblicke. Es stimmt wohl, daß man in einem solchen Flecken verschiedene phantastische Gebilde dessen sehen kann, was man in ihm suchen will, das heißt Menschenköpfe, verschiedene Tiere, Schlachten, Felsklippen, Meere, Wolken, Wälder und andere ähnliche Dinge mehr; und es geschieht wie beim Klang der Glocken, aus dem du heraushören kannst, was dir gefällt. Aber mögen diese Flecken auch deine Phantasie anregen, so lehren sie dich doch in keiner Weise, wie man eine Einzelheit ausarbeitet. Und der erwähnte Maler machte sehr dürftige Landschaften.« Zu weiterer Kritik an Botticelli vgl. auch C. Vecce, a. a. O., 1998, S. 41.

[28] Vgl. L. Bellosi, a. a. O., 1990, S. 179, und A. Butterfield, a. a. O., 1997, S. 193 und S. 253, Anm. 35.

[29] Vgl. C. Holmes, *The National Gallery,* Bd. I, *Italian Schools,* London 1923, S. 61 (»studio of Verrocchio, perhaps helped by Leonardo da Vinci«). Vgl. auch M. Davies, *National Gallery Catalogues. The Earlier Italian Schools,* (1961) London 1986, S. 554–555. E. Camesasca, *Tutta la pittura del Perugino,* Mailand 1959, S. 41–42, und F. Zeri, »Il Maestro dell'annunciazione Gardner«, in: *Bollettino d'arte* I, XXXVIII, 1953, S. 136, schrieben dieses Bild Perugino zu, als er – um 1470 – in der Werkstatt Verrocchios arbeitete; vgl. jedoch P. Scarpellini, *Perugino,* Mailand 1984, Katalog Nr. 5, S. 70, der es erneut Verrocchio zuschreibt.

[30] Vgl. P. Scarpellini, a. a. O., 1984, S. 13 ff; A. Padoa Rizzo, in: *Maestri e botteghe* ..., a. a. O., 1992, S. 57; C. Vecce, a. a. O., 1998, S. 41.

[31] P. Scarpellini, a. a. O., 1984, S. 37 ff; P. C. Marani, »I documenti del 1496 e 1499 per le commissioni al Lippi e al Perugino«, in: *Perugino, Lippi e la bottega di San Marco alla Certosa di Pavia, 1495–1511,* Ausstellungskatalog, hrsg. von B. Fabjan, Florenz 1986, S. 33–35; E. Villata, »Presenze non lombarde alla Certosa tra la fine del Quattrocento e gli inizi del Cinquecento«, in: *Ambrogio Bergognone: un pittore per la Certosa,* Ausstellungskatalog, hrsg. von G. C. Sciolla, Mailand 1998, S. 233–238.

[32] Katalog Nr. 108: vgl. *Gemäldegalerie Berlin. Gesamtverzeichnis,* Berlin 1996, S. 126, Abb. 2430, als Leonardo zugeschriebenes Werk. Als Arbeit aus der Werkstatt Verrocchios betrachten es G. Passavant, a. a. O., 1969, Katalog Nr. 18, Tafel 69, und Butterfield, a. a. O., 1997, S. 193, Abb. 262; als eigenhändiges Werk des Meisters sehen es Scarpellini, a. a. O., 1984, Katalog Nr. 4, Abb. 4, S. 69–70 und Bellosi, a. a. O., 1990, S. 177, Abb. 106, der es auf der Grundlage von K. Oberhuber, »Le problème des premières œuvres de Verrocchio«, in: *Revue de l'art* 42, 1978 S. 63–76, um etwa 1460–1465 datiert – meiner Ansicht nach eine zu frühe Datierung.

[33] Katalog Nr. 104 A: vgl. *Gemäldegalerie Berlin* ..., a. a. O., 1996, S. 126, Abb. 2429. Nach dem Protest von Morelli, Crutwell, Reymon und Adolfo Venturi sind sich die Experten heute darüber einig, daß diese *Madonna,* wie Bode als erster vorgeschlagen hatte, ein Werk Leonardos ist. G. Passavant, a. a. O., 1969, Katalog Nr. 18, Tafeln 67–71, S. 202, übernimmt einen alten Datierungsvorschlag Degenharts auf etwa 1475; L. Bellosi, a. a. O., 1990, S. 179, hält sie für ein späteres, nach 1470 entstandenes Werk; A. Butterfield, a. a. O., 1997, Abb. 264, S. 194 und S. 253, Anm. 35, versieht jedoch die Zuschreibung mit einem Fragezeichen. Trotzdem überzeugt mich die späte Datierung dieser *Madonna* nicht vollständig, die sich nur auf deren ausgeprägtes »samtenes Chiaroscuro« berufen

kann, »das den prächtigen Kopf der Hauptfigur in einen luciden Halbschatten taucht, der Leonardos Auffassung schon ziemlich nahekommt« (Bellosi), was sie in die Zeit der *Taufe Christi* in den Uffizien rücken würde. Gegen diese späte Datierung spricht die Zeichnung eines *Frauenkopfes,* Oxford, Christ Church College, Nr. 0005, die ihr am nächsten kommt und um 1470–1472 zu datieren ist: vgl. dazu B. Berenson, a. a. O., 1938, S. 359, Katalog Nr. 2782A, Abb. 127, der sie zwischen die »early Berlin Madonna« und die Madonna im Metropolitan Museum in New York datiert; G. Passavant, a. a. O., 1969, Kat Nr. D 8, S. 205–206; C. Caneva, in: *Il disegno fiorentino* ..., a. a. O., 1992, S. 110–111, Katalog Nr. 4.13, datiert die Zeichnung in Oxford nach 1470; A. Butterfield, a. a. O., 1997, S. 184–185, Abb. 244. Die *Madonna mit den beiden Engeln* in London und die andere *Madonna mit Kind* in Berlin müßten zwischen die Mitte der sechziger Jahre und 1473 datiert werden, Leonardos Zeichnung aus diesem Jahr, in der der gleiche felsige Berggipfel erscheint, ist der einzige unbestreitbare chronologische Anhaltspunkt. Bei dieser Verrocchio zugeschriebenen *Madonna* aus den Staatlichen Museen zu Berlin hatte T. Brachert, »A Distinctive Aspect in the Painting Technique of the Ginevra de' Benci and of Leonardos' Early Works«, in: *Report and Studies in the History of Art*, 1969, S. 85–104, unter anderem Fingerabdrücke auf der Malfläche festgestellt, nach Meinung dieses Autors ein Indiz für Leonardos Beteiligung.

[34] Vgl. Giorgio Vasari, a. a. O., S. 11. Vasaris Bericht wurde in Zusammenhang mit den Arbeiten gebracht, die der portugiesische Kardinal um die Mitte der siebziger Jahre in San Miniato al Monte in Florenz ausführen ließ. Zur Zeichnung von Francesco di Giorgio Martini in Oxford (Christ Church College, Inv. Nr. 1976), die *Adam und Eva im irdischen Paradies* darstellt, siehe A. S. Weller, *Francesco di Giorgio 1439–1500*, Chicago 1943, S. 255–256, der sie um 1470 datiert. Mein Vorschlag, sie als ein mögliches Echo des »Türvorhangs« von Leonardo zu interpretieren, P. C. Marani, *Leonardo. Catalogo* ..., a. a. O., 1989, S.124, Abb. 23, wurde von F. Viatte, *Leonardo da Vinci* ..., a. a. O., 1990, S. 26 und 33, Anm. 35, akzeptiert. Vgl. auch C. Vecce, a. a. O., 1998, S. 54.

[35] Vgl. dazu M. Davies, a. a. O., (1961) 1986, S. 555–557 und zuletzt A. Butterfield, a. a. O., 1997, Abb. 263, S. 193 und S. 253, Anm. 35. Davies katalogisiert das Gemälde als »follower of Andrea del Verrocchio«, außerdem brachte man es auch mit Antonio Pollaiuolo (A. Venturi), mit Botticini (Berenson) oder dem jungen Perugino (Ragghianti, Zeri und Camesasca) in Verbindung. Vgl. auch Anm. 36.

[36] W. Suida, »Leonardo's activity ...«, a. a. O., 1954, S. 317–318, und Tafeln CXXIV–CXXV, Abb. 1–3.

[37] Vgl. A. E. Popham, a. a. O., 1946, Katalog Nr. 88; K. Clark, *The Drawings of Leonardo da Vinci in the Collection of Her Majesty the Queen at Windsor Castle,* (1935), zweite revidierte Ausgabe unter Mitarbeit von C. Pedretti, London 1968–1969, I, 1968, S. 50–51; Pedretti datiert sie um 1512–1515. Vgl. auch M. Kemp und J. Roberts, *Leonardo da Vinci,* London 1989, Nr. 86, S. 160. Zu dieser Zeichnung und den Regeln Leonardos für die Darstellung monströser Tiere siehe auch Kapitel II, Anm. 38.

[38] Das *Haupt der Medusa* wird vom Anonimo Gaddiano und von Vasari erwähnt, vgl. Giorgio Vasari, *Leben* ..., a. a. O., S. 14; P. C. Marani, *Leonardo. Catalogo* ..., a. a. O., 1989, S. 125, Katalog Nr. 3 A.

[39] Giorgio Vasari, *Leben* ..., a. a. O., S. 13; P. C. Marani, *Leonardo. Catalogo* ..., a. a. O., 1989, S. 123, Katalog Nr. 1 A.

[40] Zu diesen Gemälden vgl. A. Bernacchioni und L. Venturini, in: *Maestri e botteghe* ..., a. a. O., 1992, S. 76 und 123–124.

[41] Vgl. E. Möller, *La Gentildonna dalle belle mani di Leonardo da Vinci,* Bologna 1954. Zu dieser Skulptur siehe auch G. Passavant, a. a. O., 1969, S. 177–178; A. Butterfield, a. a. O., 1997, S. 217–218.

[42] Vgl. G. Passavant, a. a. O., 1969, Abb. 59, Katalog Nr. 14, S. 200; F. Viatte, *Leonardo da Vinci* ..., a. a. O., 1989, S. 104–105, Katalog Nr. 29. Valentiner hatte bereits 1944 beide Engel des Louvre Leonardo zugeschrieben. Heute herrscht weitgehende Übereinkunft darüber, daß diese beiden Terrakotten nicht als Vorarbeiten zu den Reliefs anzusehen sind (wie es noch Pope-Hennessy annahm): vgl. A. Butterfield, a. a. O., 1997, S. 228–229, Katalog Nr. 23, mit Bibliographie der älteren Literatur. Butterfield weist auch die Annahme zurück, daß der nach links gerichtete Engel Leonardo zugeschrieben werden könnte, wie von Passavant vorgeschlagen und dann von Seymour (1971) und Poeschke (1990) bestätigt.

[43] Unter den Quellen zu Leonardo als Bildhauer vgl. den Anonimo Gaddiano (C. Vecce, a. a. O., 1998, S. 358–363); Giorgio Vasari, *Leben* ..., a. a. O., S. 6: er arbeitete in der Skulptur, »indem er in seiner Jugend einige lachende weibliche Köpfe aus Erde formte, die in Gips vervielfältigt wurden«; S. 26: die Reiterstatue für den Herzog von Mailand und Leonardos Wachsmodell; S. 43–44: »was er in der Bildhauerei vermochte, zeigte er an den drei Bronzefiguren über der nördlichen Türe von San Giovanni; sie wurden von Giovan Francesco Rustici gegossen, aber nach Angabe Leonardos entworfen«; G. P. Lomazzo, *Trattato dell'arte della pittura,* Mailand 1584 (siehe dazu *G. P. Lomazzo, Scritti sulle arti,* hrsg. von R. P. Ciardi, Pisa 1973–1974). Siehe auch, *Le tavole del Lomazzo (per i settant'anni di Paola Barocchi),* hrsg. von G. Agosti und B. Agosti, Brescia 1997, S. 40, hinsichtlich einer Definition Leonardos als »vortrefflicher und einzigartiger Maler und Bildhauer«. Vgl. auch Anm. 75.

[44] Zu diesen Beziehungen vgl. M. Kemp, »Leonardo e lo spazio dello scultore«, *XXVII Lettura Vinciana* (20. April 1987), Florenz 1988; P. C. Marani, »Tracce ed elementi verrocchieschi nella tarda produzione grafica e pittorica di Leonardo«, in: *Verrocchio and Late Quattrocento* ..., a. a. O., 1992, S. 141–152; K. Weil Garris Brandt, »Leonardo e la scultura«, *XXXVII Lettura Vinciana* (1998), Florenz 1999.

[45] Zu dieser Zeichnung vgl. A. De Marchi, in: *Il disegno fiorentino* ..., a. a. O., 1992, S. 148–149, der gegenüber einer Zuschrei-

bung des Blattes an Verrocchio Vorbehalte äußert. G. Sinibaldi (1964) hielt sie für ein Werk Peruginos. Von Butterfield, a. a. O., 1997, S. 190, Abb. 253) wird die Zeichnung Verrocchio zugeschrieben. Zu der weltberühmten Händestudie in Windsor, 12558, vgl. K. Clark (1939), *Leonardo da Vinci. An Account* ..., a. a. O., 1988, S. 58, Abb. 12; A. E. Popham, a. a. O., 1946, Nr. 18; K. Clark, *The Drawings of Leonardo* ..., a. a. O., 1968, S. 104–105, M. Kemp und J. Roberts, a. a. O., 1989, Nr. 4, S. [illegible]. Zum Altarbild für den Dom von Pistoia siehe unten.

[46] Im Verzeichnis der Werke Verrocchios, das sein Bruder Giuliano nach Andreas Tod erstellte, wird aufgeführt »Für die Bemalung einer Standarte mit einem Kobold für das Turnier von Giuliano« (C. Vecce, a. a. O., 1998, S. 53–54). Die Beziehung zu der Zeichnung 212 E in den Uffizien ist zwar zweifelhaft, schon weil Giuliano die doch weitaus wichtigere Figur der »Venus« nicht erwähnt. Es wird noch zu erörtern sein, warum Verrocchio zunächst den »Kobold«, »Amor« oder auch »Cupido« zeichnete, so daß dann die gesamte Komposition mit diesem Titel aufgenommen wurde. Die von Adolfo Venturi hergestellte Beziehung (*Storia dell'arte italiana,* Bd. IX, Teil I, Mailand 1925, S. 51, Katalog Nr. 1) wurde in der Forschung weitgehend akzeptiert. Für eine Zusammenarbeit zwischen Verrocchio und Leonardo bei der Zeichnung in den Uffizien hatten sich Passavant, a. a. O., 1969, 205, Katalog Nr. D 6), Pedretti 1973, S. 176, D. A. Brown und C. Seymour, »Further Observations on a Project for a Standard by Verrocchio and Leonardo«, in: *Master Drawings*, 12, Nr. 2, 1974, S. 129 ff, und Cadogan 1983, S. 373, ausgesprochen. Vgl. dazu auch die folgenden Anmerkungen. Die letzte Äußerung zu dieser Zeichnung stammt von G. Dillon, in: *Il disegno fiorentino* ..., a. a. O., 1992, S. 150–151, der sie dennoch unerklärlicherweise als Werk von Verrocchio in den Katalog aufnahm. Vgl. auch B. Berenson, a. a. O., 1938, S. 71, Nr. 674 A, der sie zunächst Verrocchio, dann aber Credi zuschreibt.

[47] G. Dalli Regoli, *I disegni di Leonardo* ..., a. a. O., 1985, S. 61–63, Katalog Nr. 12, der auch auf die Diskussion über die Identifizierung der Dargestellten eingeht – Venus oder vielleicht doch eher eine Nymphe beziehungsweise eine von einem der Turnierteilnehmer geliebte Dame und in diesem Fall möglicherweise Simonetta Vespucci?

[48] P. C. Marani, *Leonardo. Catalogo* ..., a. a. O., 1989, S. 13–14, Abb. 9.

[49] D. A. Brown, »Verrocchio and Leonardo: Studies for the Giostra«, in: *Florentine Drawings* ..., a. a. O., 1994, S. 99–109.

[50] Vgl. C. Caneva, *Botticelli. Catalogo completo,* Florenz 1990, S. 34; P. C. Marani, *Leonardo. Catalogo* ..., a. a. O., 1989, S. 14; C. Vecce, a. a. O., 1998, S. 38.

[51] P. C. Marani, *Leonardo. Catalogo* ..., a. a. O., 1989, S. 34, darin eine knappe Übersicht der Zuschreibungsgeschichte.

[52] Uffizien, Gabinetto dei Disegni e delle Stampe, Nr. 1197 E: Vgl. G. Dalli Regoli, *Lorenzo di Credi,* a. a. O., 1966, Katalog Nr. 5, Abb. 6, S. 102), der es als Kopie der *Madonna mit der Nelke* von Leonardo ansieht; vgl. auch *Leonardo. La pittura,* neue erw. Aufl., hrsg. von P. C. Marani, Florenz 1985, S 33, Abb. 14 .

[53] Eine Kopie der *Madonna mit der Nelke* in einem größeren Format ist im Besitz des Louvre, möglicherweise das Werk eines Künstlers aus dem Norden (Florenz, Kunsthistorisches Institut, Photo Nr. 18579 – Alinari 23274); eine weitere Kopie befindet sich in einer Privatsammlung in Florenz (Florenz, Kunsthistorisches Institut, Photo Nr 83811).

[54] Eine Photographie im Kunsthistorischen Institut in Florenz, (Nr. 39723 a) zeigt eine Röntgenaufnahme des Gemäldes, angefertigt anläßlich der Ausstellung *Raphael in der Alten Pinakothek,* München 1983, Nr. 32 a, 5.75. Auf dem Antlitz der Maria erkennt man ein weißes Pigment oder zumindest ein Material, das auf Röntgenstrahlen ganz anders reagiert als das übrige, als wäre es auf einer anderen Grundierung oder überhaupt anders als das übrige gemalt worden.

[55] Giorgio Vasari, *Leben* ..., a. a. O., S. 13 – 14.

[56] Vgl. E. H. Gombrich, *Light, Form and Texture in Fifteenth Century North and South of the Alps,* London 1964 (wiederabgedruckt in: *The Heritage of Apelles,* Edinburgh 1976, S. 33 ff); R. Salvini, *Banchieri fiorentini e pittori di Fiandra,* Modena 1984, S. 48–51; P. C. Marani, *Leonardo. Catalogo* ..., a. a. O., 1989, S. 16; C. Vecce, a. a. O., 1998, S. 50.

[57] C. Vecce, a. a. O., 1998, S. 50.

[58] Über Leonardos Beziehungen zur Familie Benci siehe die ausführliche Arbeit von Edoardo Villata, *Il San Giovanni Battista di Leonardo: Storia, fortuna, iconografia, con un'appendice sul »San Giovanni-Bacco«,* Dissertation zur Kunstgeschichte der Renaissance, Università Cattolica del Sacro Cuore in Mailand, Akademisches Jahr 1996–1997 (Referent P. C. Marani), S. 104–107; ders, »Il San Giovanni Battista di Leonardo: un'ipotesi per la cronologia e la committenza«, in: *Raccolta Vinciana*, Bd. XXVII, 1997, S. 187–236. Vgl. auch C. Vecce, a. a. O., 1998, S. 51.

[59] C. Vecce, a. a. O., 1998, S. 45 –65.

[60] Vgl. auch Kapitel II.

[61] Vgl. J. Fletcher, »Bernardo Bembo and Leonardo's Portrait of Ginevra de' Benci, in: *The Burlington Magazine*, CXXXI, 1989, S. 811–816.

[62] Vgl. W. Stedman Sheard, »Bernardo e Pietro Bembo, Pietro, Tullio e Antonio Lombardo: metamorfosi delle tematiche cortigiane nelle tendenze classicistiche della scultura veneziana«, in: *Tiziano. Amor sacro e Amor profano,* Ausstellungskatalog, hrsg. von M. G. Bernardini, Mailand 1995, S. 118–132. Mit Recht äußert Sheard (S. 128) Vorbehalte gegenüber Bernardo Bembo als potentiellem Auftraggeber für das *Portrait der Ginevra de' Benci* und bemerkt, daß Bernardo auch »einfach der Liebhaber gewesen sein könnte, der bezaubert die Entstehung des Bildes verfolgte«. Die Rolle von Ginevras Ehemann, Luigi Niccolini, wird normalerweise nicht in Erwägung gezogen, wenn man Bembo als Auftraggeber annimmt, während doch erklärt werden müßte, wie er ohne jegliche Verlegenheit Zeuge dieser feurigen Beziehung sein konnte. Zur Symbolik der *Ginevra* und der Rückseite des Gemäldes siehe unten und auch Anm. 67.

[63] Vgl. W. Stedman Sheard, a. a. O., 1995, S.

126–128.

[64] Zu Giorgiones *Laura* und zu den Beziehungen zwischen Leonardo und Giorgione vgl. J. Anderson, *Giorgione. Peintre de la »brièveté poétique«*, Paris 1996, S. 32–41, 299–300. In der Sammlung des Kardinals Marino Grimani – ein Neffe von Domenico Grimani, der mit Leonardo in Verbindung stand – befinden sich zwei Gemälde mit Köpfen von Leonardo da Vinci, woraus man schließen kann, daß Leonardos Werke zu Beginn des 16. Jahrhunderts in Venedig bekannt waren. Daß auch Giorgione sie kannte, bestätigt im übrigen Vasari. So erklärt sich der Zusammenhang zwischen dem Bildnis der *Laura* und der *Ginevra de' Benci*: Vgl. auch J. Anderson, »Leonardo and Giorgione in the Grimani Collection«, in: *Achademia Leonardi Vinci. Journal of Leonardo Studies and Bibliography of Vinciana* Bd. VIII, 1995, S. 226–227. Siehe auch Kapitel V.

[65] Vgl. P. Sanpaolesi, »I dipinti di Leonardo agli Uffizi«, in: *Leonardo. Saggi e ricerche*, a. a. O., 1954, S. 27–46; U. Baldini, *Un Leonardo inedito*, Florenz 1992, S. 168–173. Hier ist ein Teil der 1972 angefertigten Röntgenaufnahmen veröffentlicht, Abzüge besitzt auch das Kunsthistorische Institut in Florenz.

[66] P. C. Marani, *Leonardo*, Mailand 1994, S. 14.

[67] Vgl. A. Butterfield, a. a. O., 1997, S. 44 ff. Vgl. auch P. C. Marani, *Leonardo. Catalogo ...*, a. a. O., 1989, S. 12–13.

[68] W. Stedman Sheard, »Verrocchio's Medici Tomb and the Language of Materials«, in: *Verrocchio and Late Quattrocento ...*, a. a. O., 1992, S. 63–90; A. Butterfield, a. a. O., 1997, S. 34 ff.

[69] A. Butterfield, a. a. O., 1997, S. 43.

[70] Über die symbolische Bedeutung des Porphyrs im Bildnis der *Ginevra de' Benci* vgl. S. B. Butters, *The Triumph of Vulcan. Sculptors' Tools, Porphiry and the Prince in Ducal Florence*, Florenz 1996, I, S. 109, Taf. XXXI.

[71] P. C. Marani, »Tracce ed elementi verrocchieschi nella produzione grafica e pittorica di Leonardo«, in: *Verrocchio and Late Quattrocento ...*, a. a. O., 1992, S. 150.

[72] P. C. Marani, *Leonardo*, a. a. O., 1994, S. 13 ff.

[73] Vgl. C. Pedretti, *Leonardo. Studi per il Cenacolo dalla Biblioteca nel Castello di Windsor*, Ausstellungskatalog, Mailand 1983, S. 114–115, Abb. 80.

[74] Vgl. B. Berenson, a. a. O., 1938, Nr. 1035, Abb. 537; A. E. Popham, a. a. O., 1946, Nr. 129; J. Rowlands, a. a. O., 1984, S. 24–25, Katalog Nr. 10, in Verbindung mit dem Portrait des *Darius* in den Staatlichen Museen in Berlin (G. Passavant, a. a. O., 1969, Abb. 51, und S. 48, Katalog Nr. A 5); M. Kemp und J. Roberts, a. a. O., 1989, Nr. 2, S. 48–49.

[75] Vgl. G. Passavant, a. a. O., 1969, Abb. 48 und 50, S. 47, Katalog Nr. A 5, S. 209–210 (zu dem Relief in Washington mit dem Titel »Alexander«, das Passavant als das Werk eines Nachahmers von Verrocchio ansieht), Abb. 54 und 55, S. 209–210 (zu dem Relief im Louvre und dessen Ausführung in Stuck im Victoria and Albert Museum in London, eine Figur im Profil mit dem Titel »Scipio«, die beide als Arbeiten eines Nachahmers von Verrocchio angesehen werden). Zu dem Relief in Washington vgl. auch A. Butterfield, a. a. O., 1997, Katalog Nr. 25, S. 230–232, der es jedoch für »Alexander den Großen« hält; vgl. Vasaris Bericht, demzufolge Verrocchio zwei Köpfe »aus Metall« ausgeführt haben soll, einen von Alexander dem Großen »im Profil«, den anderen »von Darius, so wie er ihn sich vorstellte, auch als Halbrelief«. Lorenzo il Magnifico sandte sie dem König Matthias I. Corvinus von Ungarn, »zusammen mit vielen anderen Dingen«. Diese Schenkung könnte zwar eine genaue Datierung der beiden Reliefs und der Zeichnung Leonardos im British Museum einschließen, das heißt in die späten achtziger Jahre, wie zuerst Valentiner und heute noch Butterfield, a. a. O., 1997, datieren; und da zur selben Zeit auch die diplomatischen Beziehungen zwischen Lorenzo und dem König von Ungarn enger und freundschaftlicher werden, wir aber von Vasari nicht erfahren, ob Lorenzo die zwei Reliefs für Matthias Corvinus bei Verrocchio in Auftrag gab, neige ich, in Anlehnung an die alte Theorie von Passavant, a. a. O., 1969, S. 210, eher zu der Annahme, daß Lorenzo schon seit längerer Zeit im Besitz der beiden Reliefs gewesen sein muß, bevor er sie dem König von Ungarn schenkte, und daß er sie vermutlich schon gegen Ende der siebziger Jahre bei Verrocchio in Auftrag gegeben hatte. Die Zeichnung Leonardos wirkt metallisch hart konturiert und hängt aus diesem Grund eng mit einer anderen Zeichnung, dem Profil eines alten Mannes, zusammen, Blatt 446 E *recto* (vgl. Kapitel II) in den Uffizien, die mit der Jahreszahl 1478 versehen ist. Von Leonardos bildhauerischer Tätigkeit, auf die er selbst in einer Notiz des *Codex Atlanticus*, fol. 888 *recto* (mit einigen Köpfen und einer *storia di passione fatta in forma*, vgl. Kapitel II) sowie auf anderen Blättern anspielt, lesen wir schon in den Quellen von Vasari bis Lomazzo. Aber auch in der kunsthistorischen Forschung wurde versucht, eine solche Tätigkeit nachzuweisen. Verschiedene Skulpturen wurden dazu ins Feld geführt: die *Flora* in Wachsbildnerei in den Staatlichen Museen in Berlin, früher als moderne Fälschung abgetan, aber neuerdings teilweise rehabilitiert, ein *Pferd* in einer Florentiner Privatsammlung; ein *Sich aufbäumendes Pferd* (Bronze) in den Staatlichen Museen von Budapest und ein *Pferd* im Metropolitan Museum, New York – vor allem aber Skulpturen aus Terrakotta. Vgl. zum letzten Stand der Forschung M. Kemp, »Leonardo e lo spazio« ..., a. a. O., 1988, hier auch Angaben zur älteren Literatur. Vgl. auch C. Pedretti, »A Proem to Sculpture«, in: *Achademia Leonardi Vinci. Journal of Leonardo Studies and Bibliography of Vinciana*, Bd. II, 1989, S. 11–39, der die erwähnte Zeichnung Leonardos im British Museum auf »um1475« datiert, und die Terrakotta-Büste *Jugendlicher Christus* aus der römischen Sammlung Aglietti-Gallandt Leonardo zuschreibt, eine Meinung, die er bereits 1957 publiziert hatte (C. Pedretti, *Studi Vinciani*, Genf 1957, S. 62–67). Die Zuschreibung wurde in der Folge auch von M. Kemp (1988) akzeptiert, *Leonardo e lo spazio ...*, a. a. O, S. 22–23, Abb. 29. Pedretti schreibt Leonardo auch den Terrakotta-Engel im Louvre zu. A. Parronchi, »Nuove proposte per Leonardo scultore«, in: *Achademia Leonardi Vinci. Jour-*

nal of Leonardo Studies and Bibliography of Vinciana Bd. II, 1989, S. 40–67, schreibt Leonardo nicht nur das bereits erwähnte Relief *Scipio* im Louvre zu, (Abb. 1), sondern auch den *Lächelnden Putto* im Kunsthistorischen Museum in Wien (Abb. 92), den *Nachdenklichen Putto* in Privatbesitz (Abb. 98–100) und die *Büste eines Kindes* in der National Gallery in Washington (Abb. 102, 105, 106). Bei diesen Zuschreibungen muß man allerdings größte Vorsicht walten lassen. Den Vorschlag Pedrettis und Parronchis, auch das Relief der *Heiligen Cäcilie* aus grauem Sandstein im Toledo Museum of Art, Ohio, (C. Pedretti, »A Proem ...«, a. a. O., 1989, Abb. 35; Parronchi, a. a. O., 1989, Abb. 4) Leonardo zuzuschreiben, halte ich für inakzeptabel, da die stilistischen Merkmale (Desiderio da Settignano, Rossellino) mit Leonardos eigener Entwicklung nichts zu tun haben. Eine umfassende Bibliographie über den Bildhauer Leonardo findet man bei C. Pedretti, in »A Proem ...«, a. a. O., 1989, S. 131–146. Weiteres über die Beziehung Leonardos zur Bildhauerei Verrocchios im Kapitel II dieses Bandes. Zuletzt wies Pedretti auf einen Engel aus Terrakotta hin, »Un angelo di Leonardo giovane«, in: *Il Sole 24 ore*, Sonntag, 19. April 1998, S. 28), der sich in der Pieve San Gennaro di Lucca in der Nähe von Collodi befindet. Er schreibt diesen anhand einer Gegenüberstellung zwischen dem Faltenwurf am Ärmel und einer Zeichnung Leonardos mit vergleichbarem Motiv in Oxford, Christ Church College, A 31, Leonardo zu. Die Zeichnung in Oxford, vgl. B. Berenson, a. a. O., 1938, S. 117, Nr. 1054; A. E. Popham, a. a. O., 1946, Nr. 8 A; C. Pedretti, *Leonardo. Studi per il Cenacolo* ..., a. a. O., 1983, Abb. 80, S. 115, wurde bisher mit der *Verkündigung* in den Uffizien in Zusammenhang gebracht. Die Gegenüberstellung Pedrettis ist zwar interessant, aber der Terrakotta-Engel in Lucca wirkt doch wenig lebendig, und auch die Ausführung läßt zu wünschen übrig. Selbst von einem weniger begabten Schüler Verrocchios würde man sich mehr erwarten.

[76] Giorgio Vasari, *Leben* ..., a. a. O., S. 11.

[77] Es handelt sich um die berühmten Gemälde im Philadelphia Museum of Art und in der Galleria Sabauda in Turin, die jeweils *Die Stigmatisierung des Hl. Franziskus* darstellen. In letzter Zeit wurde die Frage nach der Urheberschaft dieser Gemälde wieder aufgeworfen, und sie wurden erneut Jan van Eyck zugeschrieben. Vgl. *Jan van Eyck (1390 c.–1441). Opere a confronto,* Turin 1997. Das Detail der Felsen aus dem Bild des *Hl. Franziskus* taucht nicht nur bei der *Taufe* in San Salvi auf, es findet sich auch bei Filippino Lippi und Sandro Botticelli in der *Anbetung der Heiligen Drei Könige* der National Gallery in London (um 1470). Vgl. M. Davies, a. a. O., (1961) 1986, S. 287–288 und P. C. Marani, *Leonardo. Catalogo* ..., a. a. O., 1989, S. 16–17.

[78] Vgl. L. Berti, »Il Battesimo di Cristo«, in: *Leonardo. La pittura* (1977), Florenz 1985, S. 16–22.

[79] C. Pedretti, *I disegni di Leonardo nella Biblioteca Reale di Torino,* Ausstellungskatalog, Florenz 1975, Katalog Nr. 15, S. 32; ders, *I disegni di Leonardo da Vinci e della sua cerchia nella Biblioteca Reale di Torino,* Florenz 1993, Katalog Nr. 15, S. 101–102 (als »Werkstatt des Verrocchio«). Die Zeichnung wurde zwar an den Wangen und am Kinn überarbeitet, aber dennoch kann man annehmen, daß Leonardo beteiligt war. Es kann sich hier auch nicht um eine Nachzeichnung handeln. Die Unterschiede im Vergleich mit dem Engel des Gemäldes der Uffizien sind zwar gering, aber unübersehbar. Die Locken und die gefaßten Edelsteine auf dem Umhang erscheinen anders, ebenso die Lichter auf den Falten des Ärmels, die auf dem Gemälde fein mit Gold schraffiert sind. Auch die traditionelle Datierung des Bildes auf 1475 oder wenig später scheint das zu bestätigen.

[80] Vgl. F. Viatte, *Léonard de Vinci* ..., a. a. O., 1990, Katalog Nr. 1 und 2, S. 44–47; G. Dalli Regoli, *I disegni di Leonardo* ..., a. a. O., 1985, Katalog Nr. 3, S. 50–51 (mit Bibliographie der älteren Literatur).

[81] P. Sanpaolesi, a. a. O., 1954, Tafel XL, Abb. 10; U. Baldini, a. a. O., 1992, S. 198–199. Siehe auch P. C. Marani, *Leonardo. Catalogo* ..., a. a. O. 1989, S. 42. Besonders nach der Reinigung des Bildes durch A. Natali stellte sich heraus, daß Leonardo die Gestalt des Christus überarbeitet hat.

[82] Die folgenden technischen Beobachtungen wurden bereits publiziert in: P. C. Marani, *Leonardo,* a. a. O., 1994, S. 15–16 ff.

[83] Vgl. C. L. Ragghianti, »Inizio ...«, a. a. O., 1954; P. Sanpaolesi, a. a. O., 1954; P. C. Marani, *Leonardo. Catalogo* ..., a. a. O., 1989, S. 41–44; P. C. Marani, *Leonardo,* a. a. O., 1994, S. 16.

[84] Zu dem Altarbild in Pistoia siehe G. Dalli Regoli, *Lorenzo di Credi,* a. a. O., 1996, S. 111–114; G. Passavant, a. a. O., 1969, S. 203–204; G. Dalli Regoli, in: *Maestri e botteghe* ..., a. a. O., 1992, S. 52; A. Padoa Rizzo, »Dipinti a più mani«, ebda, S. 38–39; A. Padoa Rizzo, »Ancora sulla Madonna di Piazza«, in: F. Falletti, *I Medici, il Verrocchio e Pistoia. Storia e restauro di due capolavori nella Cattedrale di S. Zeno: Il Monumento al Cardinale Niccolò Forteguerri. La Madonna di Piazza,* Livorno 1996, S. 66–73.

[85] Zur *Verkündigung* im Louvre siehe G. Marchini, in: *Leonardo. La pittura* (1977), 1985, S. 28–29; P. C. Marani, *Leonardo. Catalogo* ..., a. a. O., 1989, S. 39–40; F. Viatte, *Leonardo da Vinci* ..., a. a. O., 1990, S. 100–103, der es »der Werkstatt des Andrea Verrocchio« zuschreibt. Zur Zeichnung 428 E *recto* der Uffizien siehe Dalli Regoli und Pedretti, *I disegni di Leonardo* ..., a. a. O., 1985, Katalog Nr. 5 *recto*, S. 53–54, die das Blatt auf ca. 1475 datieren. C. Caneva, in: *Il disegno fiorentino* ..., a. a. O., 1992, S. 114–115 stellt den Zusammenhang mit der *Verkündigung* im Louvre und dem Altarbild in Pistoia in Frage, bleibt aber bei der Datierung um das Jahr 1475. Zu einer anderen Zeichnung eines Putto, die vielleicht (von Verrocchio oder Leonardo?) im Hinblick auf das Altarbild in Pistoia ausgeführt wurde, siehe P. C. Marani, »Un disegno inedito d'ambito verrocchiesco«, in: F. Frosini (Hrsg.), *Tutte le opere non son per istancarmi. Raccolta di scritti per i settant'anni di Carlo Pedretti,* Rom 1998, S. 237–241 (die Legende zur Tafel XVII, S. 513, ist nicht korrekt).

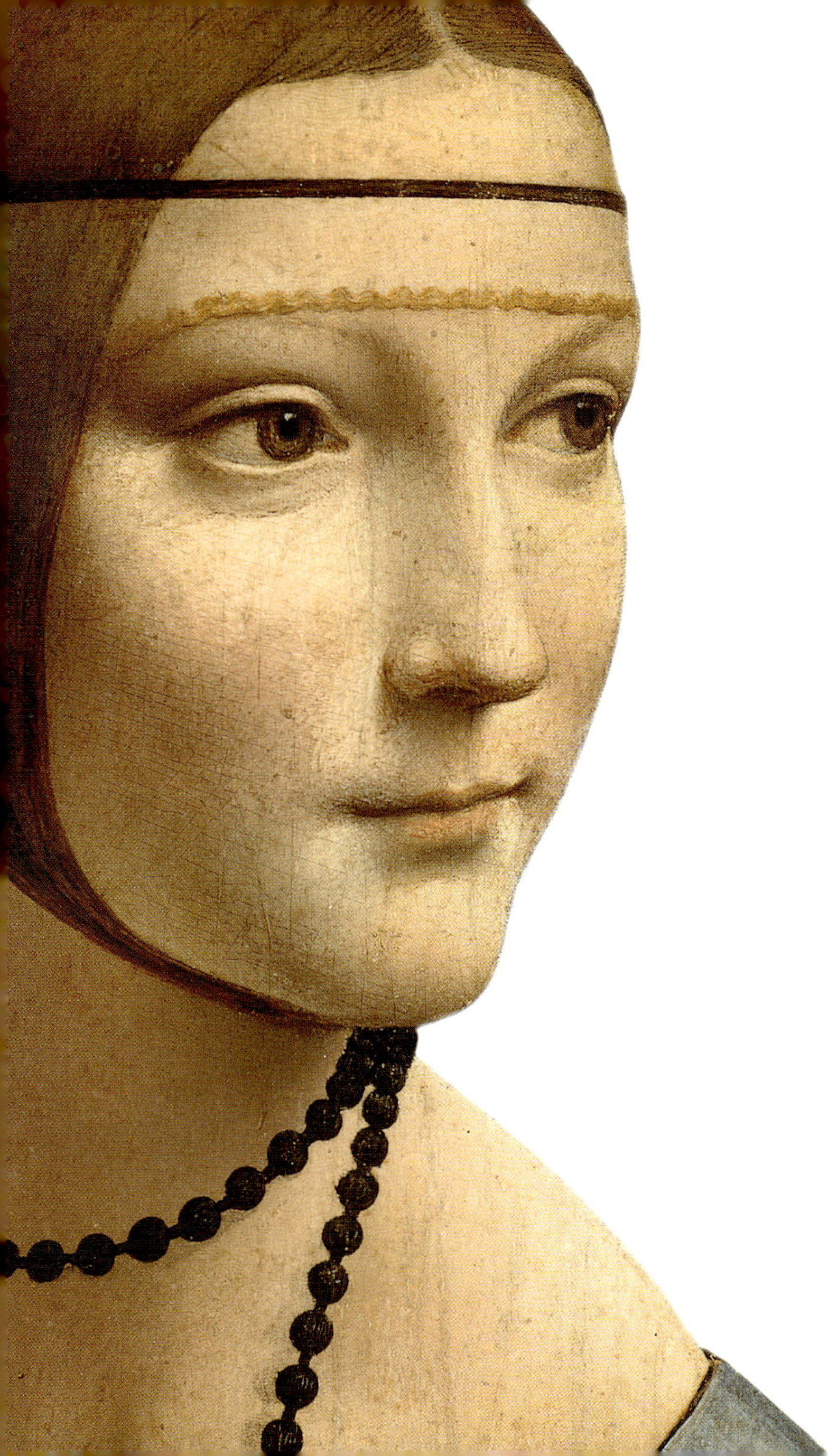

»Maestro Lionardo dipintore«

Das Altarbild für die Bernhardskapelle im Palazzo Vecchio

Der erste Auftrag, der Leonardo selbst erteilt wurde – für die im vorhergehenden Kapitel besprochenen Werke sind bisher keine Urkunden gefunden worden, die den Namen des Künstlers nennen – ist das Altarbild für die Bernhardskapelle im Palazzo Vecchio, das auf Wunsch der Prioren der Signoria von Florenz am 24. Dezember 1477 zunächst Piero del Pollaiuolo in Auftrag gegeben wurde, der dann aber zurücktrat.

Am 1. Januar 1478 wurde ein neuer Vertrag für Leonardo aufgesetzt. Dieser erhielt schon am 16. März desselben Jahres ein Honorar von fünfundzwanzig Florin ausbezahlt (siehe Anhang, Dok. 8), was bedeutet, daß er sich sofort an die Arbeit gemacht hatte. Das Thema des Altarbildes ist in den Urkunden über die Vergütung Leonardos nicht erwähnt. Es ist nicht bekannt, warum auch Leonardo die Arbeit abbrach, so daß im Jahr darauf Domenico Ghirlandaio den Auftrag übernahm. Unstimmigkeiten zwischen den Prioren und den nacheinander beauftragten Malern – die meisten waren Schüler Verrocchios –, die eventuell mit der Komposition des Werks zusammenhingen (wahrscheinlich eine »Vision des Hl. Bernhard«) veranlaßten schließlich auch Ghirlandaio, das Unternehmen aufzugeben. Man kann annehmen, daß das Werk eine ähnliche Komposition aufwies wie das Gemälde gleichen Themas, das Filippino Lippi später für die Kapelle von Francesco del Pugliese im Kloster Campora in Marignolle malte. Es ist im Besitz der Badia in Florenz und zeigt zahlreiche Anklänge an Leonardo, von der Darstellung der Felsen in der Mitte und rechts bis hin zu den beiden Engeln links. Der Auftrag wurde schließlich an Filippino Lippi weitergegeben, der das Bild 1486 ablieferte.[1] Das Ergebnis scheint sich jedoch von den ursprünglichen vertraglichen Vorgaben entfernt zu haben, denn das Altarbild von Filippino Lippi, heute in den Uffizien, zeigt eine *Thronende Madonna mit Engeln, Johannes dem Täufer und den Heiligen Viktor, Bernhard und Zanobius*, wobei sich trotzdem der Eindruck einstellt, als liege ihm ein anfänglicher Entwurf Leonardos zugrunde. Dies gilt vor allem für die Gruppe der Maria mit Kind, besonders aber für die Position des Kindes – in Übereinstimmung übrigens mit noch zu behandelnden zeitgleichen Studien zur »Madonna mit der Katze«. Außerdem ähnelt das Kind dem Jesusknaben des Altarbilds von Pistoia. Die beiden Engel, die die Krone halten, erinnern wiederum an die Engel aus Terrakotta im Louvre, die vermutlich in den Kontext des Forteguerri-Kenotaphs gehören.[2]

William R. Valentiner hatte das Werk in den Uffizien im übrigen bereits als Gemeinschaftsarbeit Filippino Lippis und Leonardos interpretiert und dabei gerade auf die Ähnlichkeit zwischen den Engeln und zwei Zeichnungen Leonardos in den Gallerie dell'Accademia in Venedig hingewiesen, die Pedretti um 1478 datiert.[3] Die beiden Blätter in Venedig zeigen jedoch

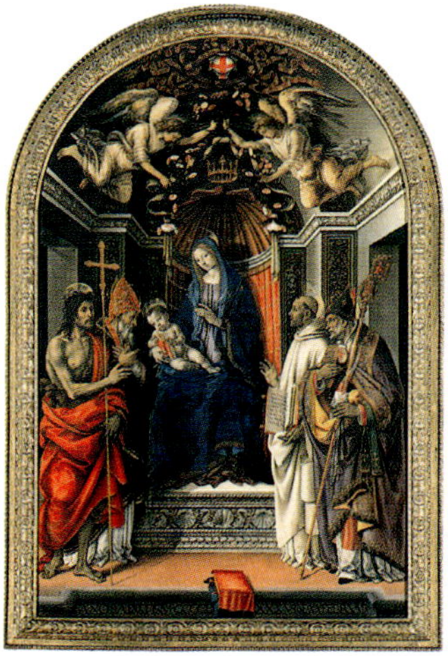

Filippino Lippi,
Thronende Madonna mit Engeln, Johannes dem Täufer und den Heiligen Viktor, Bernhard und Zanobius.
Florenz, Galleria degli Uffizi.

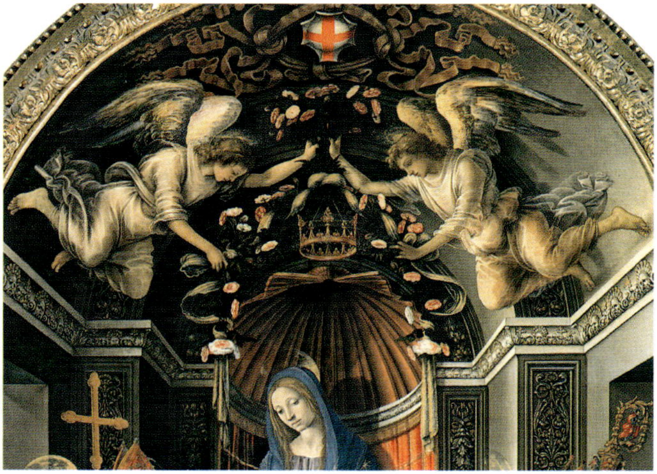

Filippino Lippi,
Thronende Madonna mit Engeln, Johannes dem Täufer und den Heiligen Viktor, Bernhard und Zanobius (Ausschnitt).
Florenz, Galleria degli Uffizi.

außer den Studien fliegender Engel auch solche zu anderen Figuren, eine kniende Muttergottes, einen knienden Hirten und mehrere Studien für einen liegenden Christusknaben, die eher auf eine »Geburt Christi« als auf ein Altarbild hindeuten, das die »Vision des Hl. Bernhard« darstellen soll. Pedretti vermutet daher, daß das Leonardo zunächst gestellte Thema eine »Anbetung der Hirten« war.[4]

Ob es sich bei den beiden Blättern in Venedig nun um Studien zum Altarbild des Hl. Bernhard oder um Skizzen zu einer »Anbetung der Hirten« handelt, es kann nicht übersehen werden, wie sehr die Haltung des Kindes und der Muttergottes hier zwei anderen berühmten Zeichnungen Leonardos gleicht: Zum einen dem Blatt mit Studien zu einer »Anbetung« in der Hamburger Kunsthalle (Inv. Nr. 21488), dessen Metallstiftzeichnung auf dunkelrosa grundiertem Papier mit Feder und Tusche nachgezogen ist und das sicher auf das Ende der siebziger Jahre datiert werden kann. Zum anderen ist eine Zeichnung im Musée Bonnat in Bayonne vergleichbar, die ebenfalls eine »Anbetung« zeigt: zwei Gruppen nackter Figuren zu beiden Seiten der Muttergottes und des Kindes, wobei die Figuren der Hirten offensichtlich nach lebenden Modellen gezeichnet wurden. Dieselbe Haltung des liegenden Kindes, das sich auf den linken Ellenbogen stützt, kennt man von einem weiteren berühmten Blatt mit Studien zur *Geburt Christi*, heute im Metropolitan Museum in New York. Man hat angenommen, daß Leonardo hier die ersten Ideen zur ursprünglichen Fassung der *Madonna in der Felsengrotte* festgehalten hat und datiert es deswegen auf die Zeit um 1483 oder zumindest in die frühe Florentiner Zeit.[5] Die Hamburger Studien sind scharf konturiert und durch jenes nervöse Gespür für die Form gekennzeichnet, das eigentlich für Pollaiuolo und Botticelli charakteristisch ist. Andererseits nehmen die stehenden Figuren Haltungen und Positionen ein, die sich auch in der darauffolgenden *Anbetung der Heiligen Drei Könige* (S. 114) wiederfinden. Das New Yorker Blatt hingegen ist kürzlich von Carlo Pedretti aufgrund stilistischer Erwägungen auf etwa 1479 datiert worden. Er bringt die Zeichnung mit einer »Geburt Christi« in Zusammenhang, von der Vasari sagt, sie sei von Ludovico il Moro an den Kaiser gesandt worden, allerdings ist nicht bekannt, wann genau dies geschah.[6]

Die Zeichnung in New York kann jedoch wegen ihrer ungewöhnlichen Technik – Metallstift auf rosa grundiertem Papier, mit Feder und Tusche nachgezogen – nicht zu Leonardos lombardischer Zeit gerechnet werden, selbst wenn man einmal von der absoluten Übereinstimmung in der Ausführung der Jesusknaben absieht, die sich in den beiden venezianischen Zeichnungen und in dieser zeigt. Die New Yorker Zeichnung erlaubt keine solche Spätdatierung, da sie zunächst mit dem Silberstift angelegt wurde, einer Technik, die Leonardo in der Mailänder Zeit der neunziger Jahre aufgab. Denkbar wäre es hingegen, daß später die unterschiedlichen Studien zur »Anbetenden Muttergottes« sowohl in der New Yorker als auch in der Hamburger Zeichnung, vielleicht aus Anlaß des Auftrags zur *Madonna in der Felsengrotte* um 1483, mit Feder und Tusche nachgezogen und

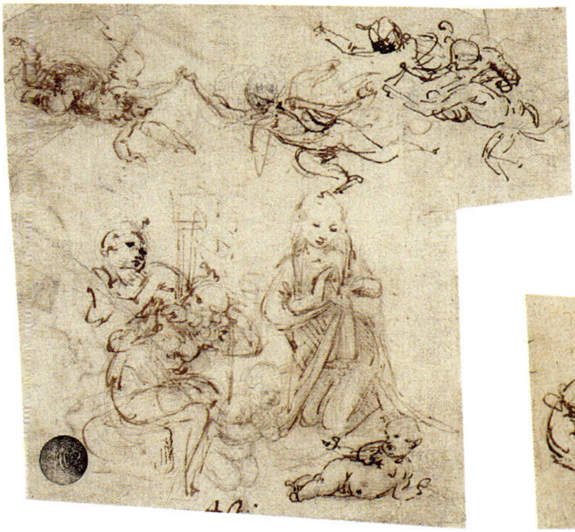

Leonardo da Vinci,
Figurenstudien.
Venedig, Gallerie dell'Accademia
(Inv. Nr. 256).

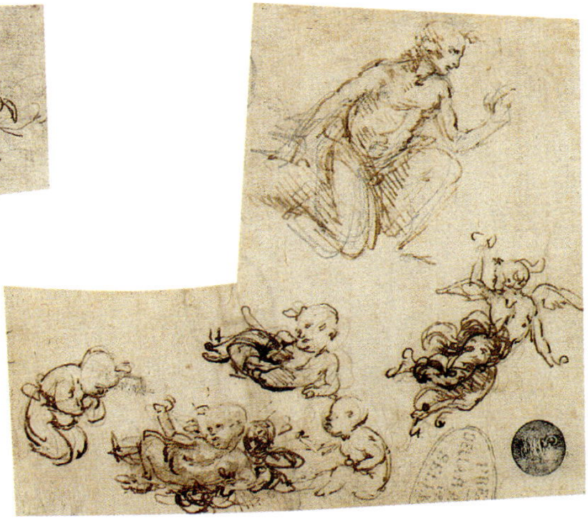

Leonardo da Vinci,
Figurenstudien.
Venedig, Gallerie dell'Accademia
(Inv. Nr. 259).

Folgende Seite:
Leonardo da Vinci,
Studie zu einer »Anbetung«.
Bayonne, Musée Bonnat
(Inv. Nr. 658).

S. 81:
Leonardo da Vinci,
Studie zu einer »Anbetung«.
Hamburg, Kunsthalle (Inv. Nr. 21488).

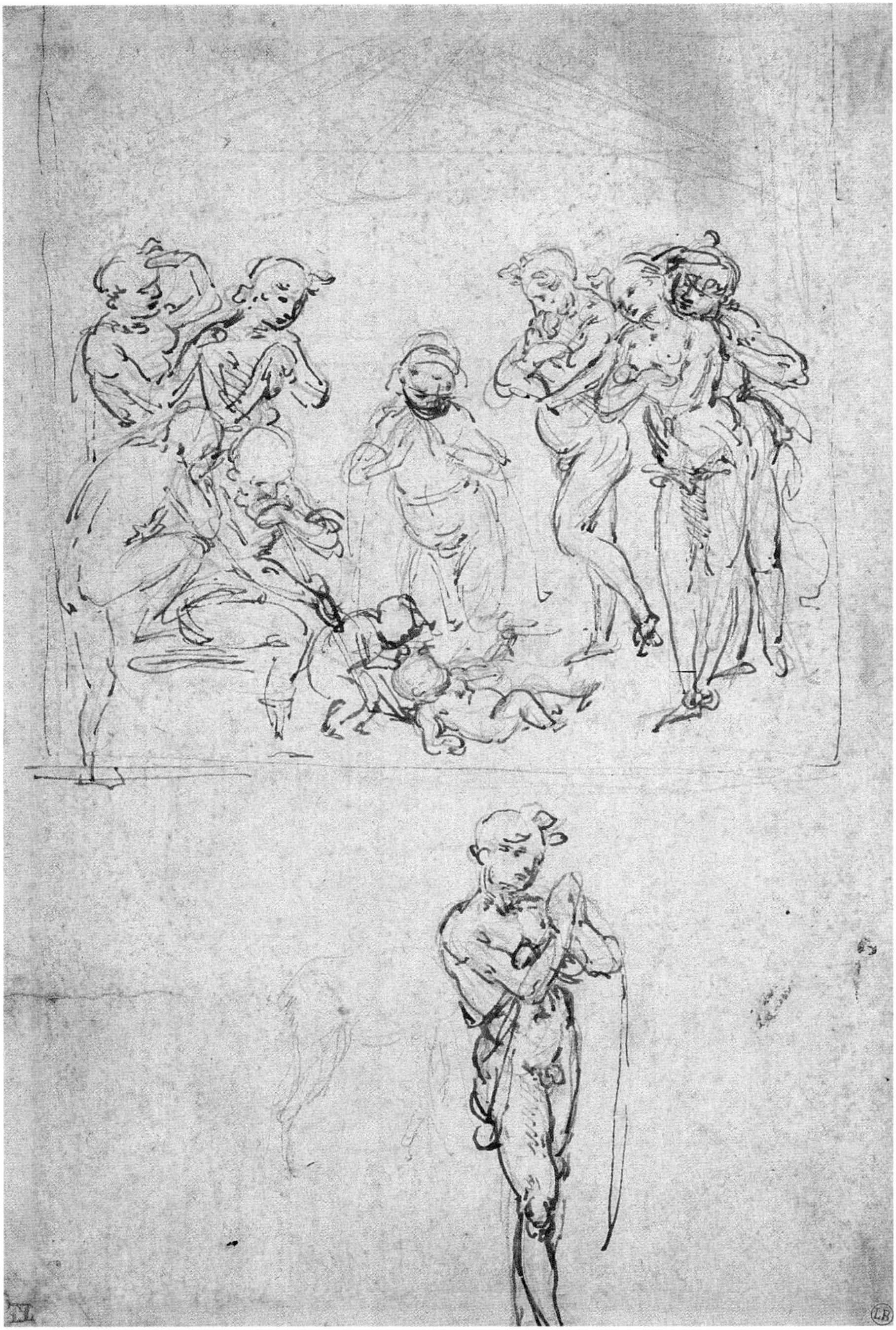

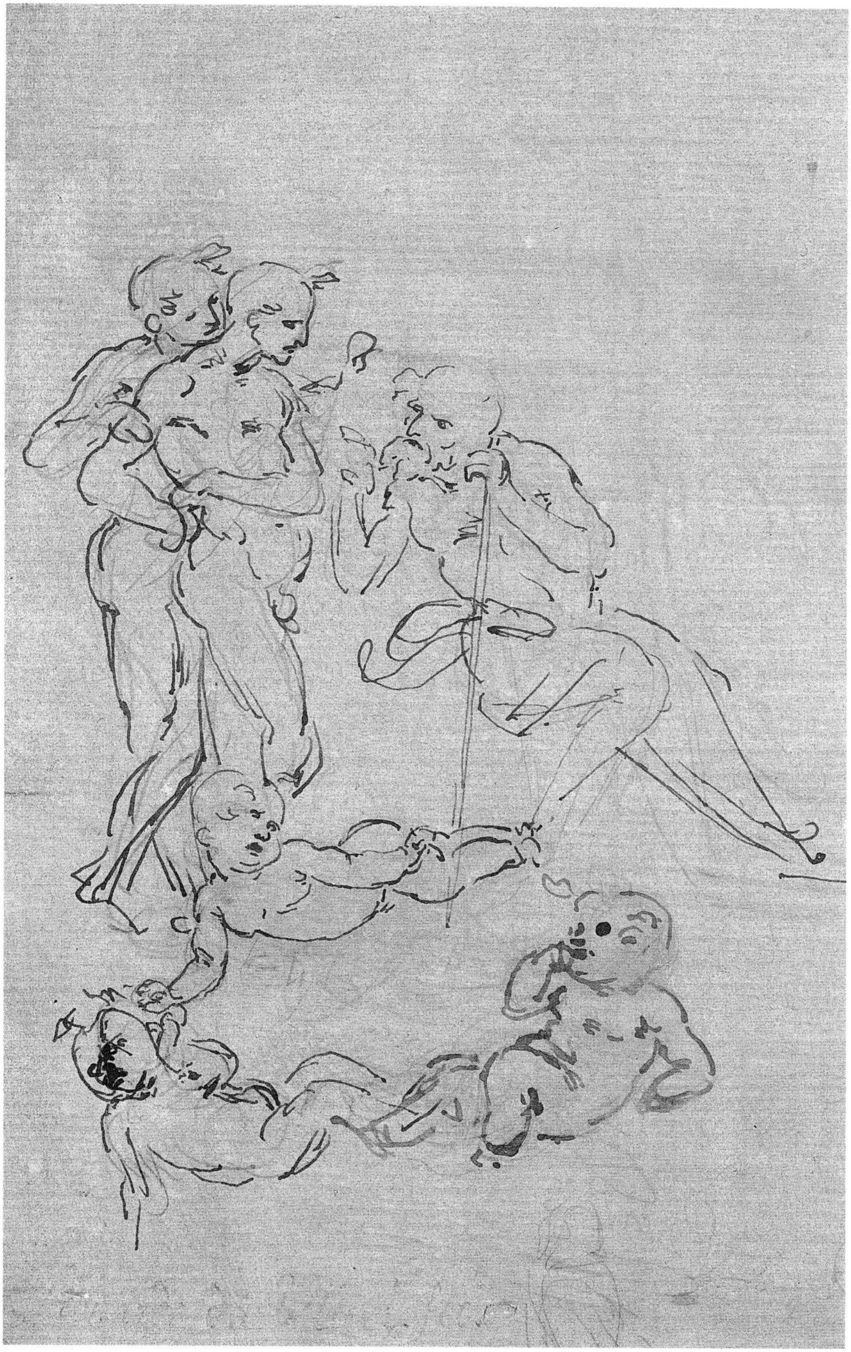

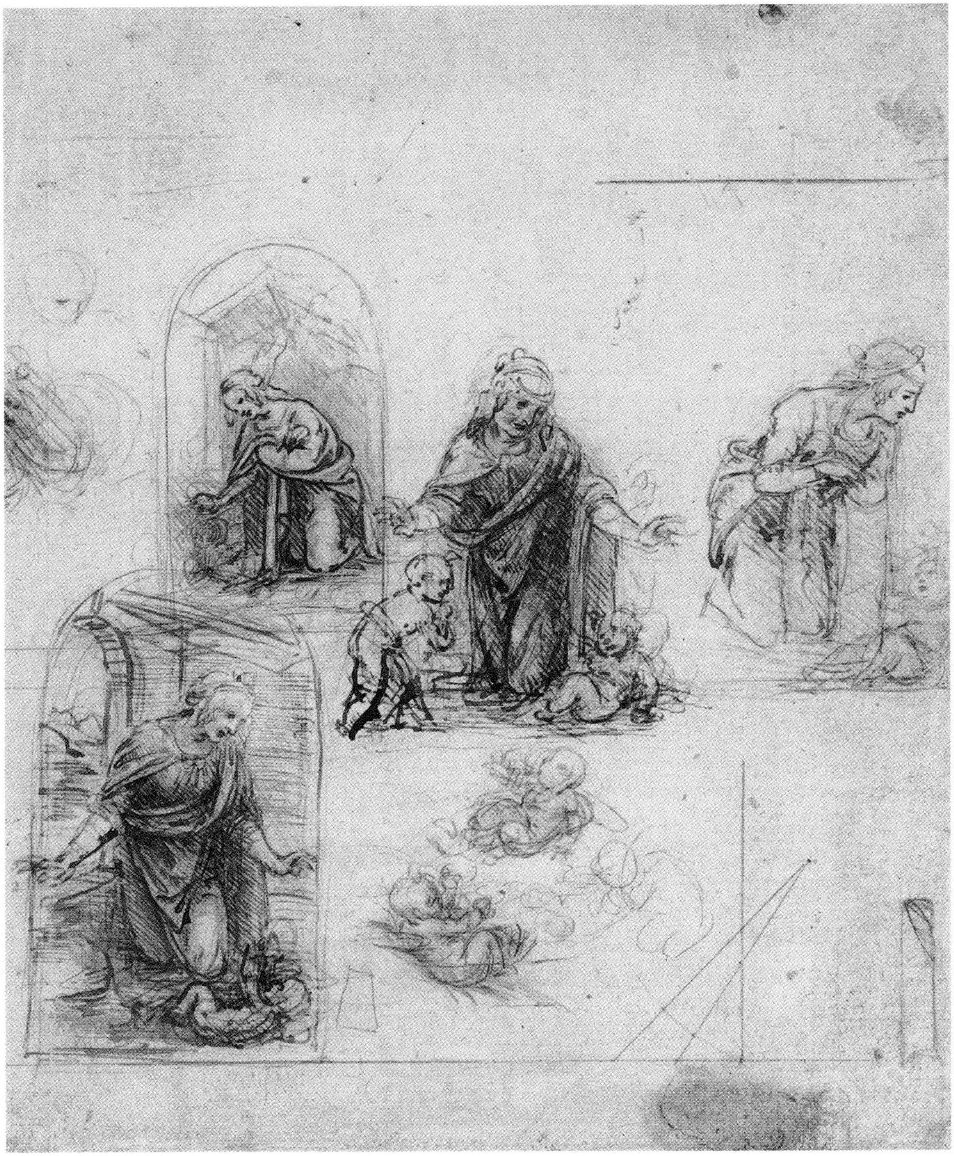

Leonardo da Vinci,
Studie zu einer »Geburt Christi«.
New York, Metropolitan Museum
of Art (Inv. Nr. 17.142.1).

variiert wurden. Die größere Studie im Zentrum zeigt beispielsweise gegenüber der Vorzeichnung in Silberstift eine abgewandelte Positionierung von Kopf und Armen der Maria sowie des liegenden Körpers des Jesusknaben.

Die mit dem Silberstift gezogenen Linien sind auf dem New Yorker Blatt noch gut sichtbar, sie stehen in engem Zusammenhang mit den Zeichnungen Leonardos vom Ende der siebziger beziehungsweise dem Beginn der achtziger Jahre, zum Beispiel mit der Studie in Windsor, die einige sitzende und stehende Figuren mit Speisen zeigt (Royal Library Inv. Nr. 12702). Dieses Blatt ist wie die New Yorker Skizze rosa grundiert und wird häufig mit der *Anbetung der Heiligen Drei Könige* der Uffizien in Verbindung gebracht – eine aus meiner Sicht nicht völlig überzeugende Zuordnung.

Die gleiche anbetende Muttergottes wie im Zentrum der New Yorker Zeichnung findet sich zusammen mit einer Landschaftsdarstellung auf einem Blatt in Windsor (Nr. 12560), das aus der frühesten lombardischen Zeit stammt.[7] Außerdem wurde eine fast exakte Kopie auf einer Seite des *Codex Atlanticus* angelegt (Nr. 995 *recto*, früher 358 r-b), die spätestens zwischen 1480 und 1482 entstand,[8] denn direkt neben der Figur der Maria erscheint die Skizze einer Druckerpresse – die stilistisch jenen Studien zur Mechanik zuzuordnen ist, die Leonardo vor seiner Zeit in Mailand anfertigte. Die »Anbetende Muttergottes« des *Codex Atlanticus* geht indes nicht auf Leonardo zurück, da sie Federstriche aufweist, die mit der rechten Hand gezogen wurden. Pedretti erwog kürzlich die Zuschreibung an Francesco di Simone Ferrucci, einem der Schüler Verrocchios, der sich auf die Bildhauerei spezialisiert hatte und dessen Zeichnungen im »Verrocchio Sketchbook« gelegentlich mit Anmerkungen von der Hand Leonardos versehen sind – plausibler erscheint seine Zuschreibung an Domenico Ghirlandaio oder auch Filippino Lippi, da die Zeichnung von höherer Qualität ist als die allgemein Ferrucci zugeschriebenen Arbeiten, doch weniger gut als die Werke der anderen beiden.[9] Die nicht zu bestreitende Datierung der Seite des *Codex Atlanticus* auf das Jahr 1480 oder kurz davor macht gleichzeitig die Bestimmung der New Yorker Zeichnung auf ein späteres Datum unmöglich, denn diese gilt als Vorbild für die Maria auf Blatt 995 im *Codex Atlanticus* und stellt auch den Zusammenhang her zwischen beiden venezianischen, der Hamburger und der New Yorker Zeichnung. Sie gehören aber nicht in den Kontext der Bernhardskapelle im Palazzo Vecchio, sondern zu einer der »Zwei Jungfrauen Maria«, die auf dem Blatt 446 E *recto* in den Uffizien genannt sind, auf dem Leonardo sich notierte: »A dì ... bre 1478 incomincai le due Vergini Marie« (Am ... Tag ... ber 1478 begann ich mit den zwei Jungfrauen Maria).[10]

Man hat lange darüber spekuliert, auf welches Projekt der Malerei oder auch der Skulptur vom Ende des Jahres 1478 sich Leonardo wohl bezogen haben könnte. Eines der beiden Vorhaben scheint durch die Studien zu einer »Anbetenden Muttergottes« belegt zu sein, die Leonardo dann nach und nach bis hin zur Entstehungszeit der *Madonna in der Felsengrotte* vervollkommnete. Das zweite könnte mit der *Madonna Benois* in der Eremita-

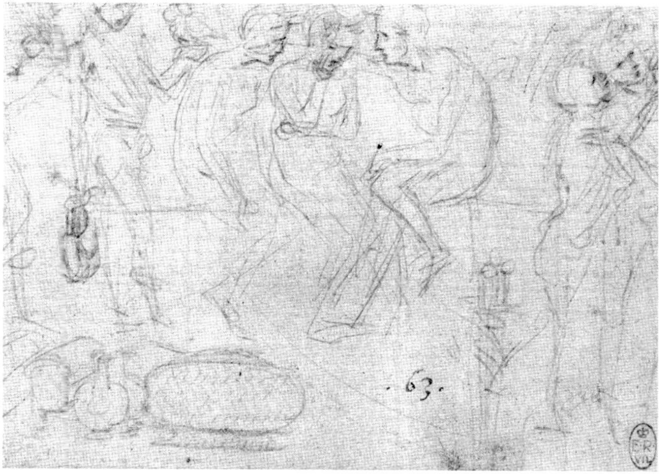

Leonardo da Vinci,
Sitzende und stehende Figuren
mit Speisen, Studien.
Windsor Castle, Royal Library
(Inv. Nr. 12702).

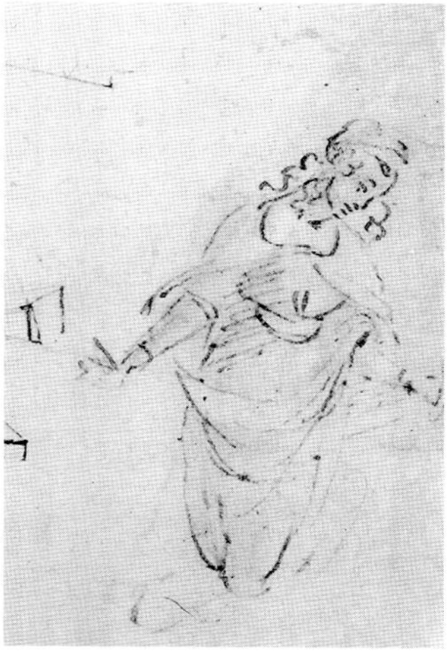

Florentinische Schule,
Studie zu einer »Anbetenden
Muttergottes« (Ausschnitt).
Mailand, Biblioteca Ambrosiana,
Codex Atlanticus
(fol. 995 *recto*, früher 358 r-b).

ge von St. Petersburg zusammenhängen oder mit den Vorstudien Leonardos zur »Madonna mit der Katze«, die ebenfalls auf diese Zeit zurückgehen.

Der ursprüngliche Plan einer »Anbetenden Muttergottes«, der sich in den Studienblättern in Venedig und den ersten Studien in Metallstift der New Yorker Zeichnung zeigt, könnte schnell eine Weiterentwicklung in der großen Studie im Zentrum des Blattes Windsor Nr. 12276 *recto* gefunden haben, die bereits im vorherigen Kapitel (S. 31) angesprochen wurde: eine *Maria mit Kind und dem Johannesknaben*. Dafür sprechen die zahlreichen Parallelen der Kopf- und Profilstudien mit den Arbeiten Verrocchios (dem *David*, dem Hl. Thomas usw.). Auf diesem Blatt[11] wirkt die Haltung der knienden Maria monumental und zeigt zugleich einen Fortschritt hinsichtlich der formalen Möglichkeiten und der Erfassung der räumlichen Verhältnisse. Viele technische und stilistische Details verbinden die Zeichnung 12276 in Windsor noch mit den früheren in Venedig und New York, man beachte etwa die Ausführung der Kinderköpfe und vor allem die Haltung des Johannesknaben, der seitenverkehrt im Zentrum des New Yorker Blattes zu sehen ist. Auch die beiden Versionen des Kopfes der Maria spiegeln Gewohnheiten wider, die Leonardo in Verrocchios Werkstatt angenommen hatte. Dennoch zeigt sich Leonardo hier als Erfinder einer innovativen ikonographischen Komposition, die rasch in die Rezeption einging, möglicherweise über einen detaillierter ausgearbeiteten Karton. Sowohl Raffael als auch Cesare di Sesto übernahmen die Pose, Giovanni Antonio Sogliano kopierte die Komposition – die entsprechenden Zeichnungen sind im Besitz der Uffizien – und Andrea da Salerno übernahm sie in ein Gemälde, heute im Museo di Capodimonte in Neapel.[12]

Das Sujet der Maria, die das Kind an sich drückt – in diesem Fall kniet sie und gibt ihm die Brust –, während der Johannesknabe zugegen ist, hat Leonardo in weiteren Studien erprobt, wie beispielsweise der gleichzeitigen Arbeit im Louvre (Cabinet des Dessins Nr. 486; S. 86 oben rechts)[13], die als *Madonna mit der Obstschale* bekannt ist. Das Thema der Mutterschaft wird hier unter einem mehr familiären, häuslichen Aspekt dargestellt, während der immer wieder neu ansetzende und in sich verschlungene Federstrich Leonardos von einer extremen künstlerischen Freiheit zeugt.

Studien dieser Art, etwa Blatt 12276 in Windsor und Nr. 486 im Louvre, nehmen zudem spätere Kompositionen vorweg: die *Madonna Litta* in der Eremitage in St. Petersburg beispielsweise, oder den Karton der *Hl. Anna Selbdritt* in London (S. 263), auf dem der Johannesknabe erneut in derselben Haltung erscheint wie auf der Zeichnung Windsor Nr. 12276 *recto*. Es handelt sich also um ein äußerst aufschlußreiches Eigenzitat, das bestätigt, wie lebendig und anregend die Jugendjahre Leonardos gewesen sein müssen, wenn sie einen so immensen Erinnerungsfundus darstellten, daß er auch nach mehr als zwanzig Jahren noch immer darauf zurückgreifen konnte.

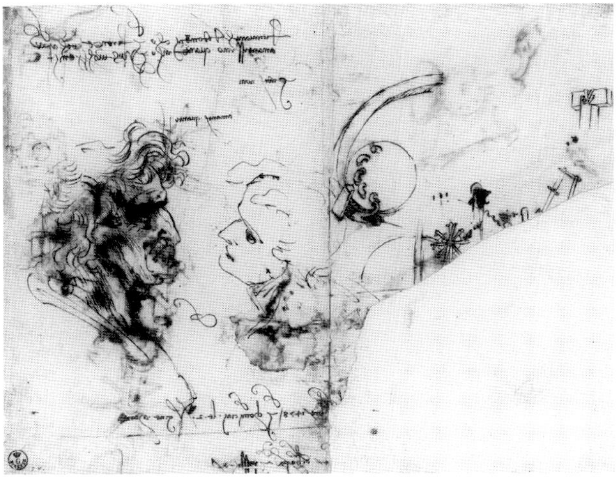

Leonardo da Vinci,
Kopfstudien sowie Notizen für »Zwei Jungfrauen Maria«, datiert 1478. Florenz, Galleria degli Uffizi, Gabinetto dei Disegni e delle Stampe (Inv. Nr. 446 E *recto*).

Rechte Seite:
Leonardo da Vinci,
Kopfstudien im Profil.
Windsor Castle, Royal Library (Inv. Nr. 12276 *verso*).

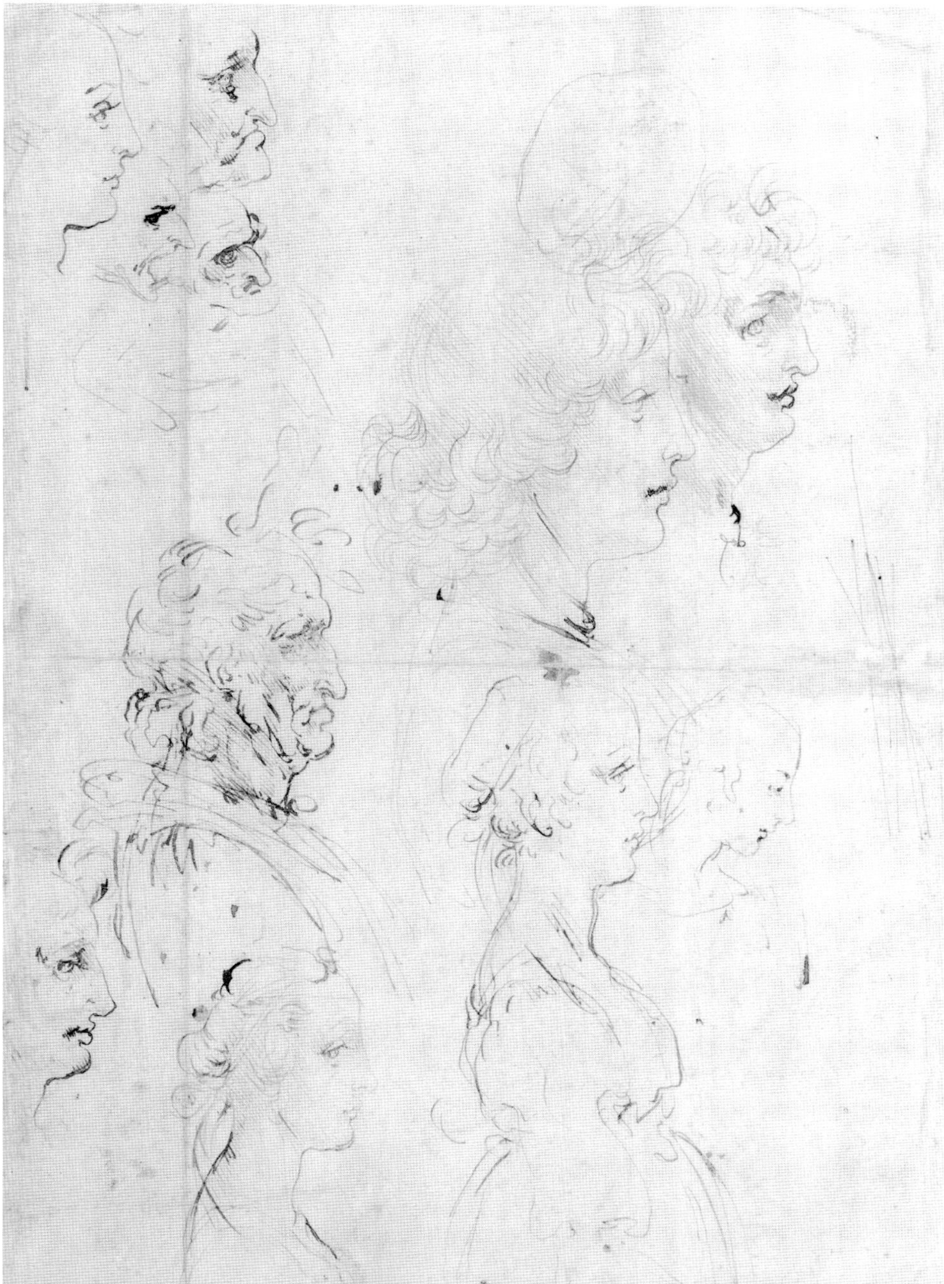

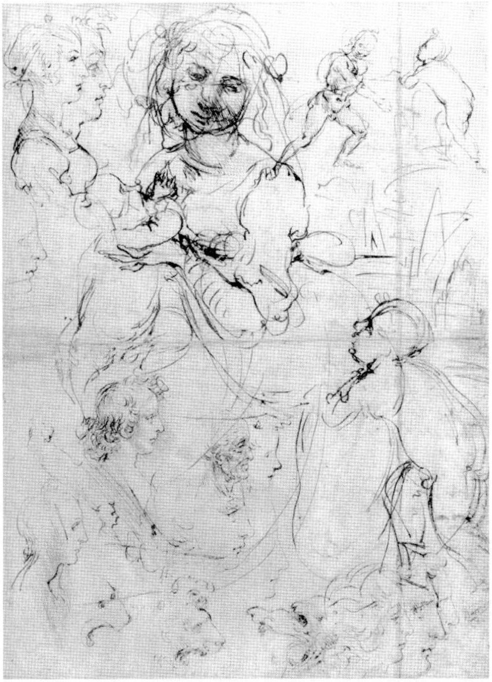

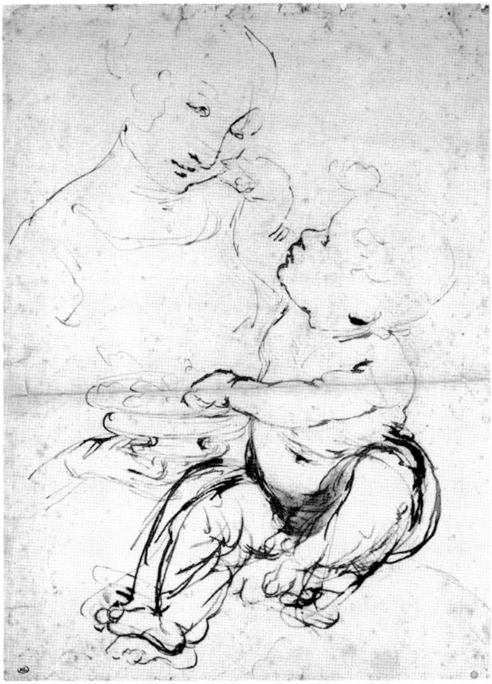

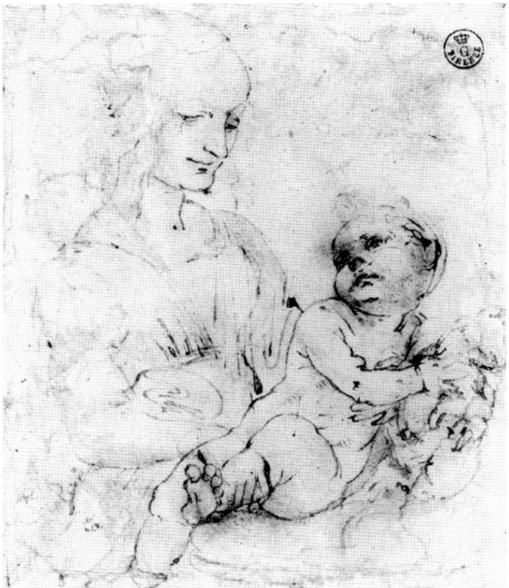

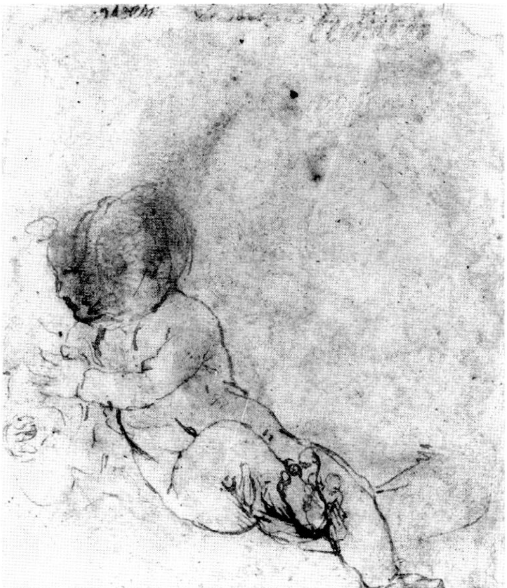

Die Madonna mit der Katze

Während also eine der beiden 1478 begonnenen »Jungfrauen Maria« vermutlich auf eine der soeben genannten Studien hindeutet, könnte die andere wie gesagt entweder in der *Madonna Benois* oder in den Studien zur »Madonna mit der Katze« ausgemacht werden, von der sich eine Gruppe von Zeichnungen erhalten hat. Diese Versuche könnten allerdings auch nur eine Vorstufe darstellen, die Leonardo später zur Vollendung der *Madonna Benois* dienten.[14] Bei Betrachtung der wohl ersten Studie zur »Madonna mit der Katze«, das heißt der Zeichnung Nr. 421 E *recto*[15] in den Uffizien, fällt auf, daß Leonardo die Madonna in einer Dreivierteldrehung dargestellt hat, wobei das Gesicht nach unten geneigt, dem Kind zugewandt ist, in einer für die florentinische Malerei der siebziger Jahre typischen Pose – vor allem bei Verrocchio in der Berliner *Madonna*, bei Sandro Botticelli in der *Madonna* im Museo dello Spedale degli Innocenti in Florenz, oder bei Filippino Lippi in der *Madonna* in den Uffizien. Vor die Madonna positionierte er ein verhältnismäßig großes Kind, das sich beim Versuch, eine Katze zurückzuhalten, so sehr dreht und wendet, daß das Gleichgewicht der Gruppe beinahe schon gefährdet wirkt. Die Maria scheint zunächst nicht richtig zu dieser Bewegung zu passen: unbeweglich beobachtet sie, wie ihr das Kind buchstäblich vom Schoß fällt. Die schüchterne Geste, mit der sie das Kind zurückhalten möchte, ist keine adäquate Reaktion auf die Bewegung, noch ist sie angemessener Ausdruck für das Geschehen. Die Zeichnung auf der Rückseite des Florentiner Blattes (S. 86, unten rechts) konzentriert sich ausschließlich auf das Kind; hier wirkt der nur angedeutete Arm Marias unter dem rechten Bein – anstatt über dem Bein wie auf der Vorderseite – noch weniger gelungen. Wenn man diese Zeichnung und die sogenannte *Madonna mit der Obstschale* im Louvre miteinander vergleicht, erscheint die erste als unfertig und die zweite als detaillierter ausgearbeitet, auch wenn beiden eindeutig derselbe Frauentypus zugrunde liegt. Das Motiv der Katze, die sich dem Kind entwindet, das wiederum von der Mutter zurückgehalten wird, zeigt größere kompositorische Kohärenz in den Zeichnungen auf Vorder- und Rückseite eines Blattes im British Museum.[16] *Recto* sehen wir zwar das Modell wieder, das für die Gesichtszüge der Maria sowohl in der Zeichnung der Uffizien als auch der des Louvre diente, aber die ganze Komposition wird in einer Art Nische zusammengehalten, in der Form vergleichbar mit dem bogenförmigen Abschluß der *Madonna Benois*. Die drei Figuren sind ausgeglichen in der Gewichtung und stützen sich gegenseitig. Die Richtung der daraus resultierenden Bewegungen und der Blicke läuft schräg vom Antlitz Marias aus zunächst zum Antlitz des Kindes und schließlich zur Katze. Auf dieser Seite des Blattes zeigt sich ein kalligraphischer, anmutiger Federstrich – trotz der massiven Überarbeitung und den tief eingegrabenen Schatten, die in der unteren Zone die Komposition festigen. Auf der Rückseite wird durch die Lavierung mit Aquarell über Kohlestift der ganzen

Linke Seite, oben links:
Leonardo da Vinci, Studie für eine »Kniende Madonna mit Kind«, Kopfstudien im Profil und weitere Studien. Windsor Castle, Royal Library (Inv. Nr. 12276 *recto*).

Linke Seite, oben rechts:
Leonardo da Vinci, *Madonna mit der Obstschale*. Paris, Musée du Louvre, Cabinet des Dessins (Inv. Nr. 486).

Linke Seite, unten:
Leonardo da Vinci, Studien zur »Madonna mit der Katze«. Florenz, Galleria degli Uffizi, Gabinetto dei Disegni e delle Stampe (Inv. Nr. 421 E *recto* und *verso*).

Folgende Doppelseite:
Leonardo da Vinci, Studien zur »Madonna mit der Katze«. London, British Museum (Inv. Nr. 1856-6-21-1 *recto* und *verso*).

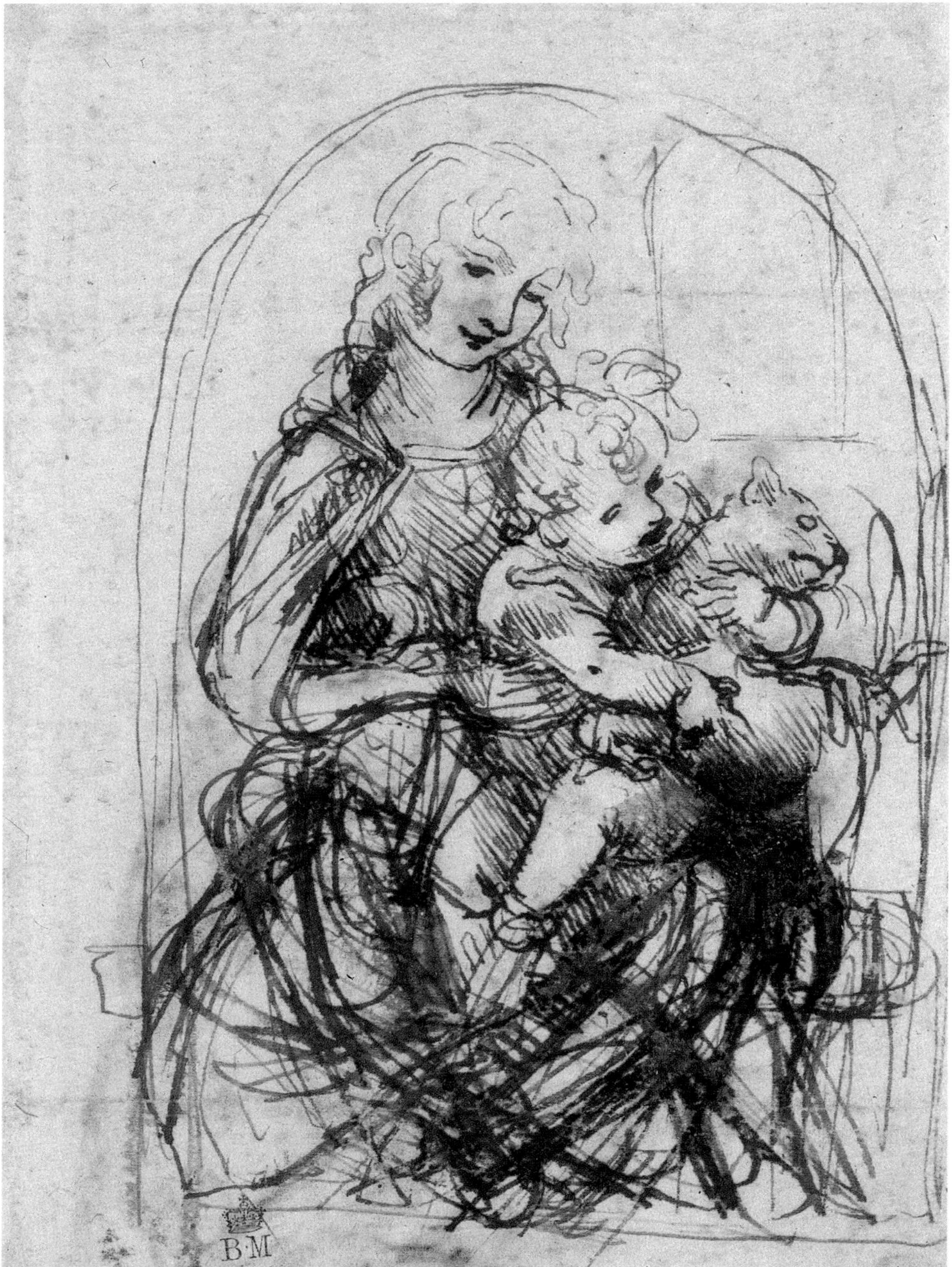
B·M

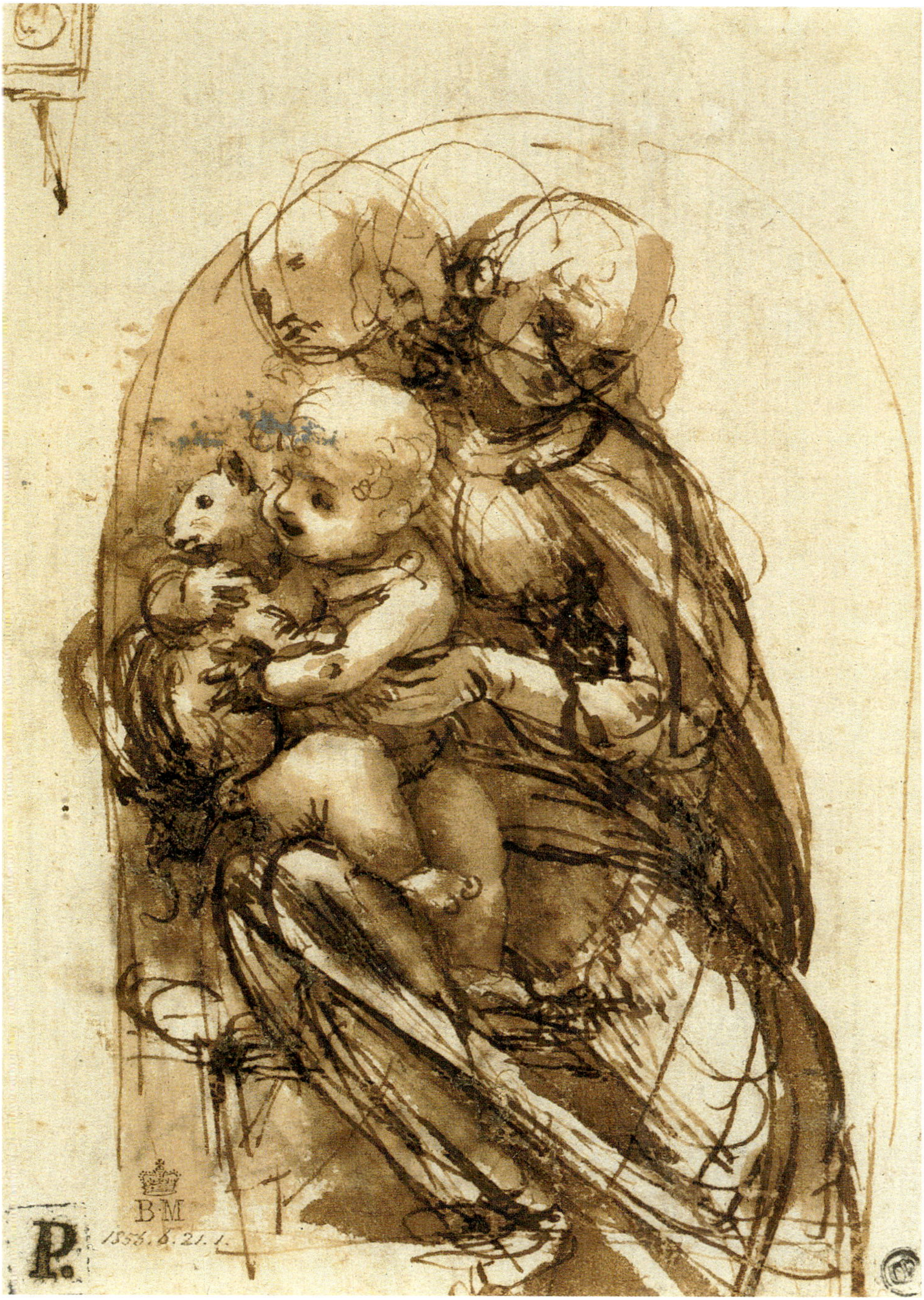
B·M
1856.6.21.1.
P.

Gruppe starke Plastizität verliehen, die eine so ausgeprägt skulpturale Wirkung hat, daß sie bereits Michelangelos Architekturstudien zu San Giovanni dei Fiorentini in Rom vorwegnimmt. Die Maria wurde in unterschiedlichen Posen dargestellt, wodurch sie auch zwei Köpfe aufweist.

Es ist darauf hingewiesen worden[17], daß Leonardos Komposition nicht nur dem Wunsch entsprang, die Figuren im Raum plastisch zu modellieren, sondern auch Bewegung, die Handlung einer Person in komprimierter Form darzustellen. Hier wird Christus von seiner Mutter kräftig umfangen und zurückgehalten, während der Knabe den Körper der Katze an sich preßt. Dabei handelt es sich um eine Variation über Verrocchios Brunnenskulptur mit Putto und Delphin: der Putto, der einen Delphin so fest an sich drückt, daß dieser einen Wasserstrahl ausstößt, wird bei Leonardo zum Spiel zwischen Kind und Katze abgewandelt.

Die Madonna Benois

Diese wunderschöne Sequenz von Zeichnungen, die innerhalb der Tradition der Florentiner Graphik jener Zeit einzig dastehen, dient gleichzeitig als Hinführung zu dem Gemälde in der Eremitage, das heute unter dem Namen *Madonna Benois* bekannt ist – nach der Familie, in deren Besitz sich das Kunstwerk bis zum Anfang des 20. Jahrhunderts befand und die es 1914 dem Russischen Museum überließ.[18] Das Gemälde wurde im Jahr 1908 in Moskau erstmals öffentlich gezeigt und zwar als Werk Leonardos. Die offensichtliche Verwandschaft mit Verrocchios Stil führte dazu, daß einige Forscher diese Zuschreibung ablehnten. Georg Gronau[19] stufte das Werk als Kopie ein, die Lorenzo di Credi nach einem Original Leonardos angefertigt habe, während Jens Thiis[20] es Sogliani zuschrieb. Später hat man den Zusammenhang mit Leonardos Erwähnung der beiden »Jungfrauen Maria« aus dem Jahr 1478 hergestellt und das Werk allgemein als Schöpfung Leonardos anerkannt, auch wenn Berenson darin lediglich das Portrait eines kahlköpfigen, zahnlosen Mädchens sah.[21]

Ein Blatt im British Museum zeigt zwei Skizzen Leonardos, von denen die größere zur Mitte des Blattes hin in der Regel als Madonna mit Kind und einer Blume angesehen wird.[22] Diese Studie scheint eine allererste Idee für das Gemälde darzustellen, bei dem allerdings die Beine der Maria vom unteren Bildrand überschnitten sind, und auch die Position der Beine des Jesuskindes wurde geringfügig verändert. Untersuchungen haben ergeben, daß auch eine durch das Fenster hindurch zu sehende Landschaft übermalt worden ist, nach Ludwig Heinrich Heydenreich ein Hinweis darauf, daß das Gemälde nie zur Gänze vollendet worden ist. Die diversen Kopien aus dem Florentiner Umfeld – darunter eine von Filippino Lippi in der Galleria Colonna in Rom – belegen zudem, in welchem Maße die Komposition in die Rezeption eingegangen ist.[23]

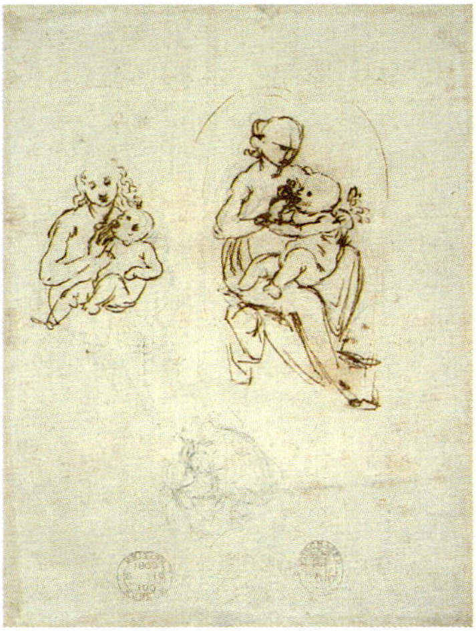

Leonardo da Vinci,
Studie zur *Madonna Benois*.
London, British Museum
(Inv. Nr. 1860-6-16-100 *recto*).

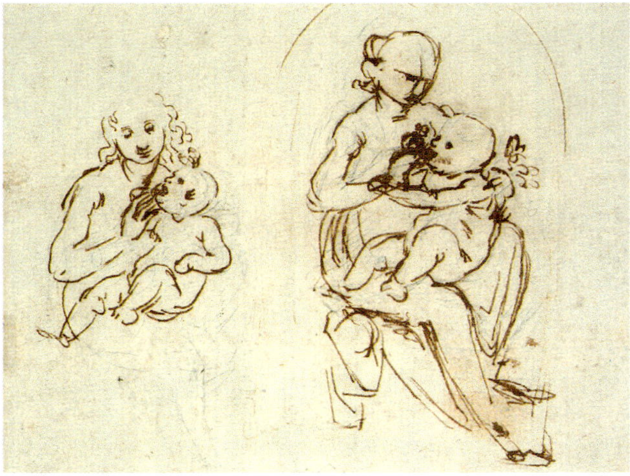

Leonardo da Vinci,
Studie zur *Madonna Benois*
(Ausschnitt).
London, British Museum
(Inv. Nr. 1860-6-16-100 *recto*).

Rechte Seite:
Leonardo da Vinci,
Madonna Benois.
Sankt Petersburg, Eremitage.

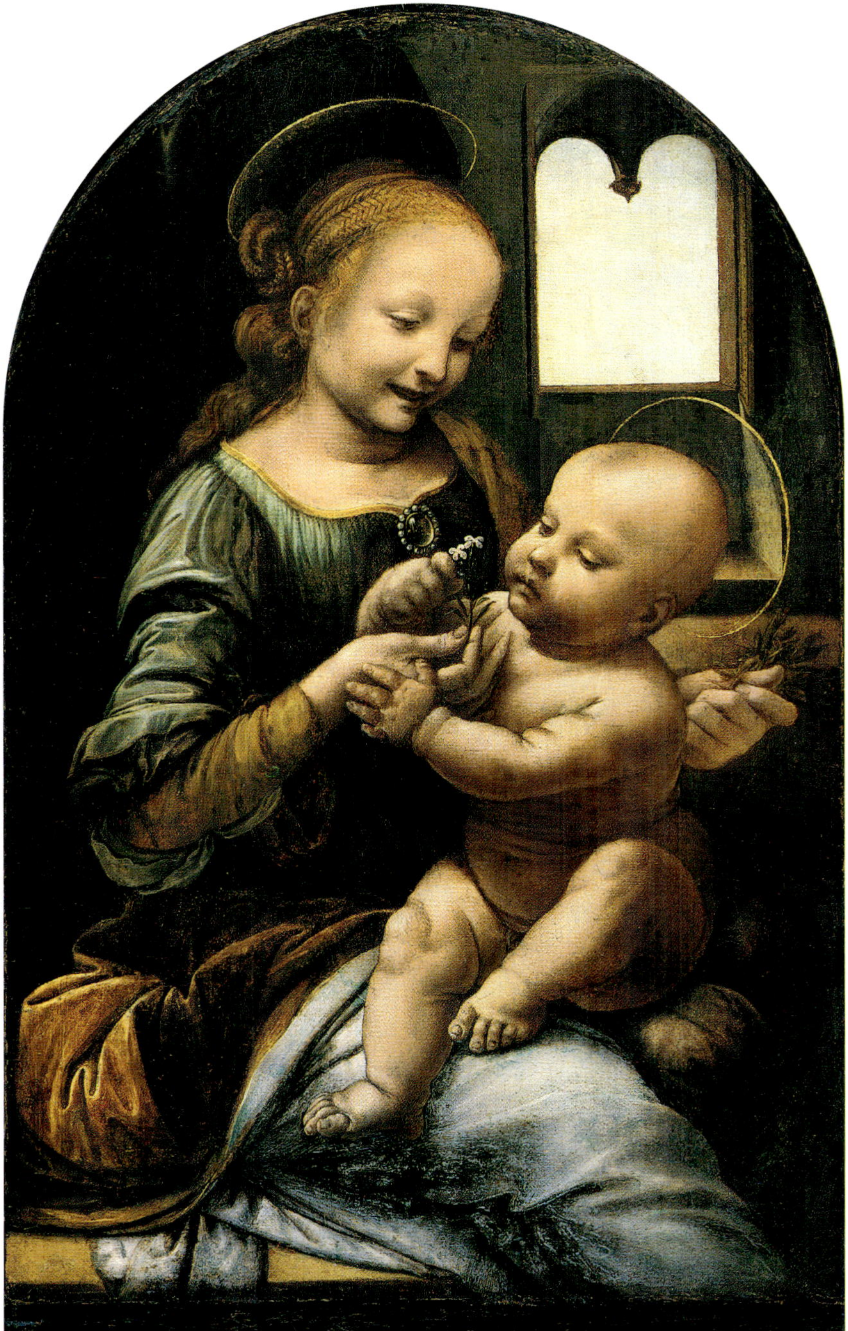

Das Werk wurde von einem Holzuntergrund auf Leinwand übertragen und befindet sich deshalb nicht in bestem Zustand. Die Bedeutung des kleinen Bildes liegt darin, daß Leonardo versuchte, die Figuren in einem Innenraum durch den ausgewogenen Kontrast zweier unterschiedlicher Lichtquellen hervorzuheben: einerseits das Licht vom Fenster an der Rückwand und andererseits ein Licht, das von oben links kommt. Daraus ergibt sich bei den Figuren zwischen Licht und Schatten ein sehr markanter Chiaroscuro-Effekt, wie ihn Leonardo später in seinem *Traktat von der Malerei* beschreiben wird:

»Sehr große Anmut von Schatten und Lichtern legt sich auf die Gesichter derer, die unter den Türen dunkler Behausungen sitzen. Dann sieht das Auge des Betrachters die Schattenseite des Gesichts durch die Schattendunkelheit des erwähnten Hausraums verstärkt, und der Lichtseite des Gesichts sieht es die Helligkeit hinzugefügt, die ihr der Glanz der Luft verleiht. Vermöge dieser Steigerung von Schatten und Lichtern bekommt das Gesicht großes Relief, dazu auf der Lichtseite fast unmerkliche Schatten, auf der Schattenseite ebenso unmerkliche Lichter. Durch solche Darstellung und Steigerung von Schatten und Lichtern gewinnt das Gesicht sehr an Schönheit.«[24]

Auch wenn sich diese Passage eher auf die Portraits »nach der Natur« zu beziehen scheint, könnte sie auch für das Verständnis der *Madonna Benois* aufschlußreich sein, wenn man sich nämlich die Figurengruppe als vor einer offenen Tür plaziert vorstellt, die den Blick auf ein sehr kleines, ziemlich dunkles Interieur freigibt, das von dem Fenster an der Rückwand nur spärlich beleuchtet wird. Die *Madonna Benois* nimmt auf diese Weise die Maria der *Anbetung der Heiligen Drei Könige* (S. 114) in den Uffizien vorweg, und zwar nicht nur hinsichtlich des Typus und der Haltung, sondern vor allem wegen der Helldunkelwirkung und des Verhältnisses der Figur zum umgebenden Raum. Diese Prinzipien hat Leonardo zudem in der *Hl. Anna Selbdritt* im Louvre später wieder aufgegriffen.[25] Aufgrund der vielen stilistischen und kompositorischen Neuerungen des Gemäldes ist auch vorgeschlagen worden, es zeitlich in die Nähe der *Anbetung der Heiligen Drei Könige* in den Uffizien zu rücken.[26]

Der ausgeprägte Licht-Schatten-Kontrast der *Madonna Benois* ist das gemalte Äquivalent zu der in Bister lavierten Studie für die »Madonna mit der Katze«, die im British Museum in London aufbewahrt wird (S. 89). Diese Technik hat Leonardo auch in weniger exponierten, eher dokumentierenden Zeichnungen verwendet, die dann jedoch geradezu den Charakter von wissenschaftlichen Illustrationen annehmen können.

Leonardo dokumentierte beispielsweise in einer Zeichnung die Hinrichtung von Bernardo Baroncelli, was wiederum eine exakte Datierung jenes Blattes ermöglicht. Die Verschwörung der mit den Medici konkurrierenden Familie Pazzi führte 1478 zur Ermordung von Giuliano de' Medici durch Baroncelli. Der Attentäter wurde festgenommen und am 29. Dezember 1479 hingerichtet.[27] Leonardo zeichnete den leblosen Körper des Gehenkten sowie ein Detail des Kopfes; das Blatt befindet sich heute in Bayonne im Musée Bonnat (S. 94).[28] Baroncelli ist nach türkischer Manier gekleidet, weil er sich nach Konstantinopel geflüchtet hatte. Leonar-

Rechte Seite:
Leonardo da Vinci,
Madonna Benois (Ausschnitt).
Sankt Petersburg, Eremitage.

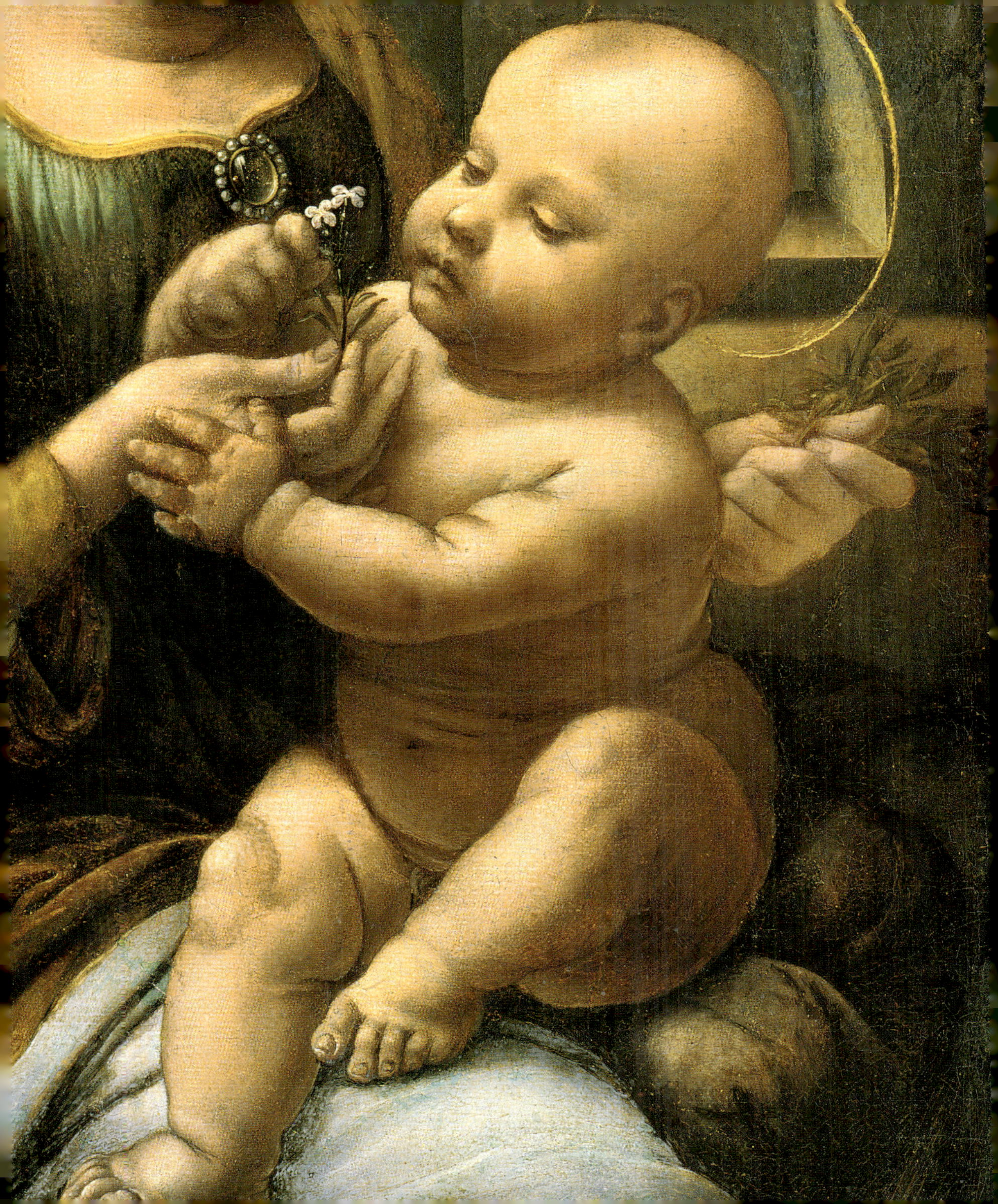

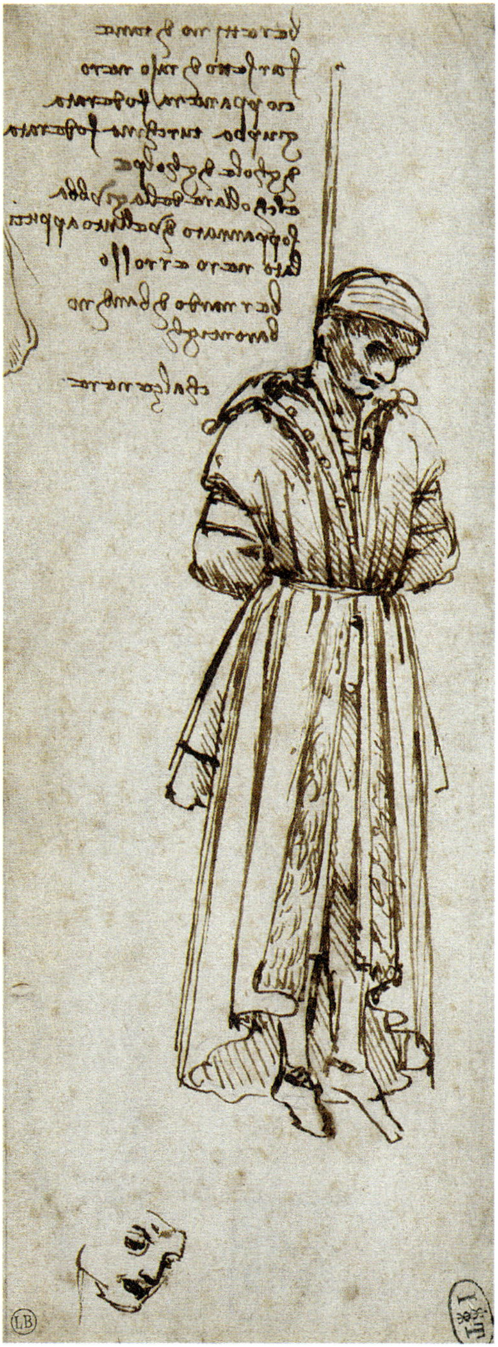

Leonardo da Vinci,
Studie zu *Der erhängte Baroncelli*.
Bayonne, Musée Bonnat
(Inv. Nr. 659).

do widmet sich der Wiedergabe der Kleider mit fast schon exzessiver Detailgenauigkeit und beschreibt sie eingehend in den Anmerkungen zu dieser Zeichnung. Daneben ist auch die Darstellung der Augenhöhlen ungewöhnlich, die er durch Tuscheflecken wiedergibt, wodurch die leblos und starr herabhängende Gestalt wie eine Gliederpuppe wirkt.

In den Jahren nach der Pazzi-Verschwörung herrschte in Florenz ein repressives Klima und so kann man nachvollziehen, warum einer der Gehilfen Leonardos, ein gewisser, der Sodomie beschuldigter »Paulo de Leonardo da Fiorenze«, nach Bologna floh, von wo aus er aber mit einer Mitteilung der Signoria von Bologna vom 4. Februar 1479 in das von Lorenzo il Magnifico regierte Florenz zurückgeschickt wurde. Der Brief besagte, daß er dort sechs Monate inhaftiert gewesen sei, »weil er in Florenz ein übles Leben führte«.[29] Die wenig erbauliche Geschichte verrät uns, daß Leonardo zwischen Ende 1478 und Anfang 1479 bereits eigene Schüler hatte, und dies sicherlich auch, um eine von Jahr zu Jahr steigende Zahl von Aufträgen ausführen zu können. Die zu Sittenstrenge und Düsterkeit neigende Stimmung in Florenz in den Jahren, die dem Auftreten des Predigers Savonarola vorausgingen, könnte im Zusammenhang mit einem weiteren wichtigen Auftrag stehen, den Leonardo Ende der siebziger Jahre erhielt, nämlich einen *Hl. Hieronymus*. Über die Umstände der Auftragsvergabe und die Bestimmung des Werks ist jedoch nichts bekannt.[30]

Der Hl. Hieronymus im Vatikan

Leonardos *Hl. Hieronymus* (S. 97) demonstriert seine profunde Kenntnis der menschlichen Anatomie, die er allerdings zu rein künstlerischen Zwecken studierte, vor allem aber die vollkommene Beherrschung des Raums, der den knienden Heiligen umgibt, während sich im Hinblick auf die Gesetze der Perspektive noch gewisse Unsicherheiten zeigen. Die Pose des Heiligen läßt an eine antike Skulptur denken, die den sie umgebenden Raum mit dem ausgestreckten rechten Arm und den dazu im rechten Winkel stehenden Beinen ausmißt, zugleich wie eine Vorwegnahme der vitruvianischen Proportionsfigur auf dem berühmten Blatt der Accademia in Venedig (S. 212).[31] Von dem Gemälde geht eine ausgeprägt asketische, spirituelle Ausstrahlung aus. Der hagere Körper des Heiligen, dessen Darstellung sich auf das Wesentliche beschränkt, läßt vermuten, daß Leonardo an Leichensektionen teilgenommen hat, die zu einem vertieften Verständnis des menschlichen Knochenbaus und der Muskulatur beitrugen. Möglicherweise plante er auch, diese Studien auf eine Skulptur zu übertragen, denn die plastische und dreidimensionale Wirkung des Gemäldes ist eklatant.

Einerseits verweist der felsige Landschaftshintergrund bereits auf die *Madonna in der Felsengrotte*, wobei Leonardos Hieronymus eine ikonographische Tradition der klassischen

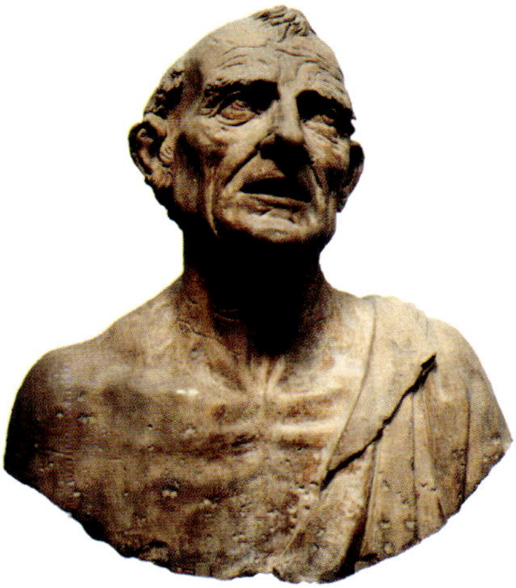

Werkstatt des Verrocchio,
Hl. Hieronymus.
London, Victoria and Albert Museum.

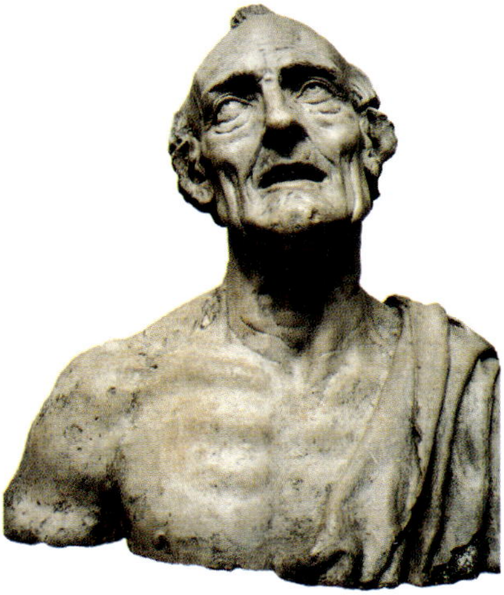

Werkstatt des Verrocchio,
Hl. Hieronymus.
London, Victoria and Albert Museum.

Antike aufnimmt. Andererseits ist der Einfluß zeitgenössischer Skulpturen aus der Werkstatt Verrocchios nicht zu übersehen, wie beispielsweise die beiden Büsten im Victoria and Albert Museum in London (S. 95), die von einer anatomisch vergleichbar dargestellten, asketischen Vision geprägt sind. Sie verweisen ihrerseits wiederum auf Verrocchios *Kopf des Hl. Hieronymus* im Palazzo Pitti in Florenz, den *Hl. Hieronymus* des Freskos in San Domenico in Pistoia und jenen der *Kreuzigung* (ehemals in Argiano).[32]

Diese Vorbilder müssen ziemlich berühmt gewesen sein, denn Vasari schreibt: »Verrocchio verfertigte ... auch einiges in Erde. In dieser letzteren Kunst war er sehr vorzüglich, dies beweisen ... einige sehr schöne Kinder und ein Kopf des heiligen Hieronymus, der für bewundernswert gilt.«[33]

Der beschriebene Kopf ist nicht erhalten, während die beiden oben erwähnten Versionen im Londoner Museum – die eine aus Terrakotta (Inv. Nr.: 8383-1863), die zweite aus Stuck (Inv. Nr. 65-1882) – als mutmaßliche Werke Leonardos oder des Rustici ausgestellt sind. Der Terrakottakopf hat eine verblüffende Ähnlichkeit mit dem *Hl. Hieronymus* im Vatikan, vor allem in der Brust- und Halspartie und in seinem leidenden Gesichtsausdruck. Wie sehr diese Skulpturen Leonardos Vorstellung der bildhauerischen Form beeinflußt haben – Köpfe in Dreivierteldrehung, die leicht nach oben gewandt sind – kann man besonders gut an einem der Köpfe in der rechten Bildhälfte der *Anbetung der Könige* ablesen (S. 111), oder an dem um fünfzehn Jahre späteren Kopf des *Hl. Philippus* (S. 239) im Mailänder *Abendmahl*. Dieser *Philippus* wirkt wie ein Spiegelbild des *Hieronymus* im Vatikan, fast als hätte Leonardo den Karton mit nach Mailand genommen und wiederverwendet, wobei er ihn natürlich entsprechend der »moto dell'animo« (Gemütsbewegung) des Apostels im Mailänder Bild abwandeln mußte. Leonardos *Hl. Hieronymus* war vermutlich in der Lombardei bekannt – wir wissen, daß er »cierti San Gerolami«, seien es Zeichnungen, Gemälde oder Skulpturen, mit nach Mailand nahm –, denn Zeichnungen aus dem Wirkungskreis Bramantes und Bramantinos in der Biblioteca Ambrosiana und in Windsor[34] sowie der Holzschnitt auf der Titelseite des Leonardo gewidmeten Kurzepos *Antiquarie prospettiche romane composte per prospectivo melanese dipinctore* übernehmen die Struktur dieser Figur, allerdings aus unterschiedlichen Blickwinkeln, so als gingen sie auf eine Skulptur als gemeinsamem Vorbild zurück.[35] Der unvollendete *Hl. Hieronymus* stellt eine Entwicklung zum Dramatischen, ja Tragischen in Leonardos Schaffen dar, in der sich auch philosophische Reflexionen widerspiegeln. Im Florenz dieser Zeit wurden Büsten geschaffen, die man mit guten Gründen als Seneca-Portraits gedeutet hat. Sie dienten vermutlich als Vorbilder sowohl der Köpfe aus Terrakotta und Stuck der Werkstatt Verrocchios als auch des *Hl. Hieronymus*.[36]

Leonardo vollendete das Gemälde wohl deshalb nicht, weil er mit dem langen, nach links ausgestreckten Arm unzufrieden war, der davon zeugt, daß er Perspektive und Anatomie noch nicht vollkommen beherrschte. Die abgebrochene Arbeit erlaubt uns andererseits, Leonardo beim Anlegen der Unterzeich-

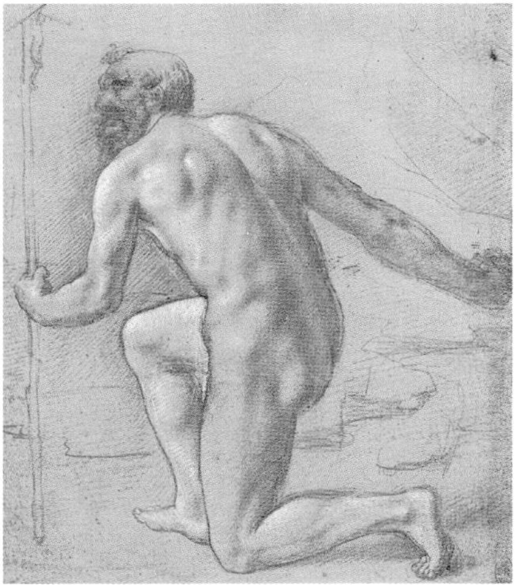

Schüler des Leonardo da Vinci,
Hl. Hieronymus.
Windsor Castle, Royal Library
(Inv. Nr. 12571).

Rechte Seite:
Leonardo da Vinci,
Hl. Hieronymus.
Rom, Pinacoteca Vaticana.

Folgende Doppelseite:
Leonardo da Vinci,
Hl. Hieronymus (Ausschnitt).
Rom, Pinacoteca Vaticana.

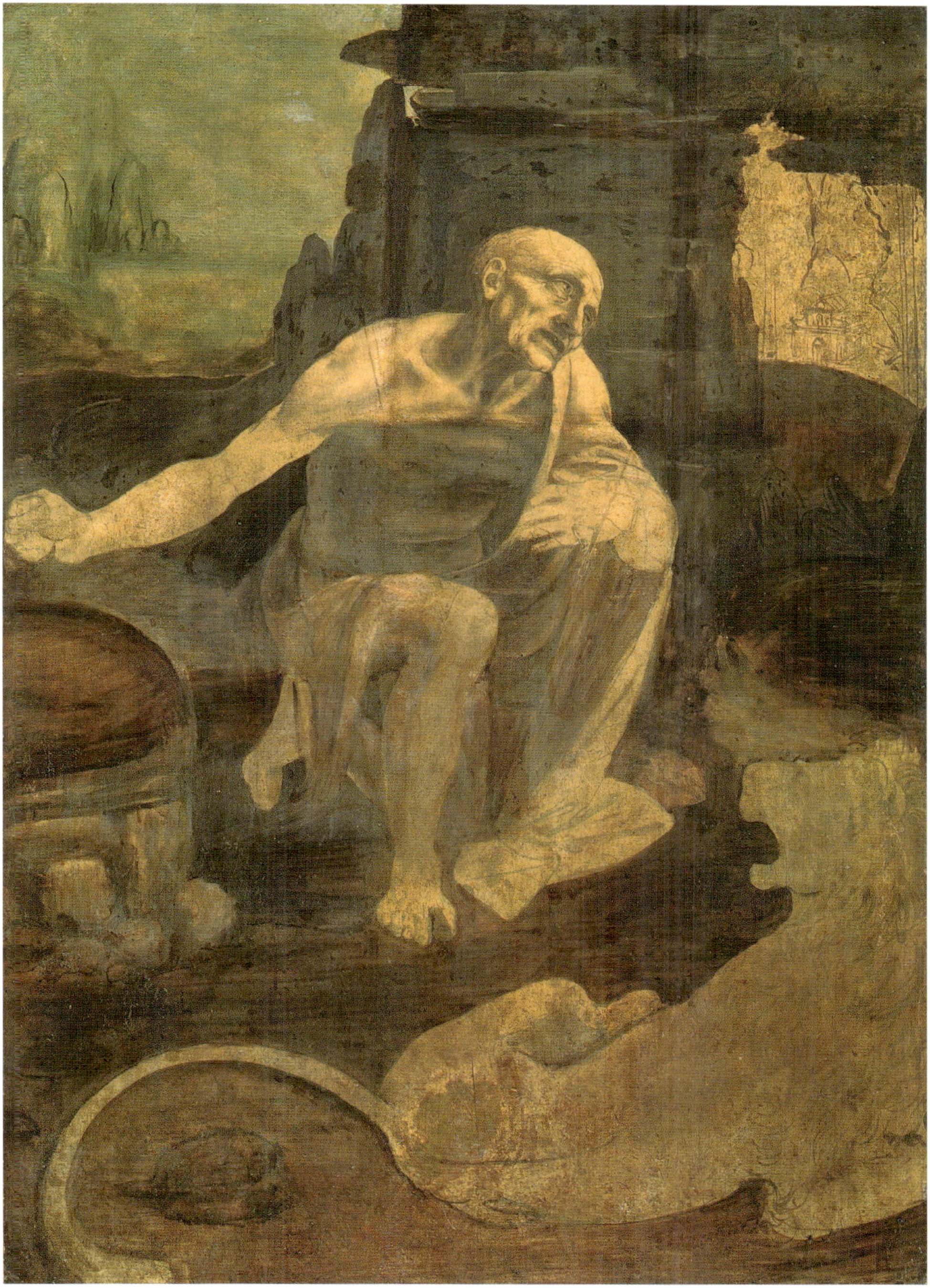

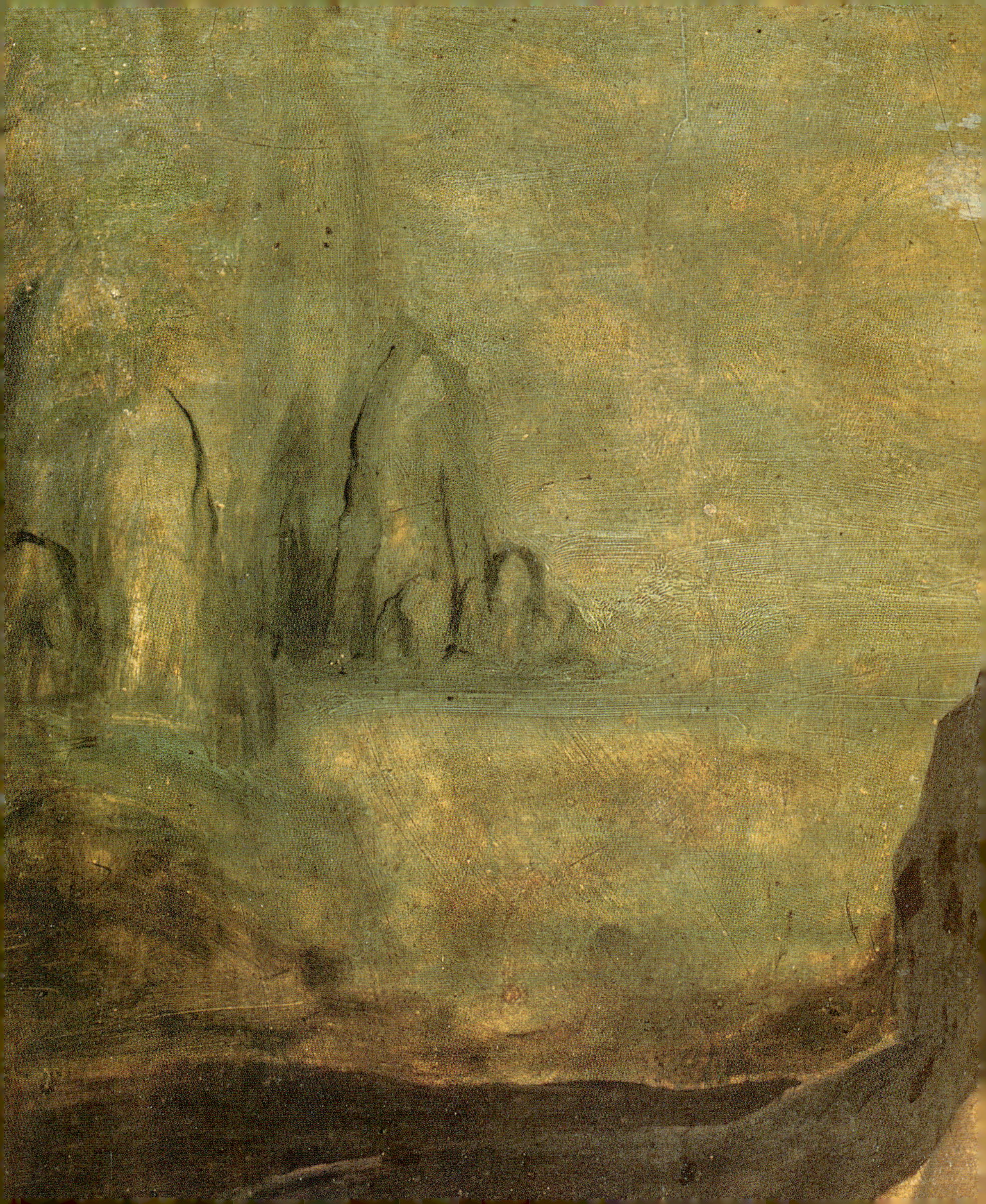

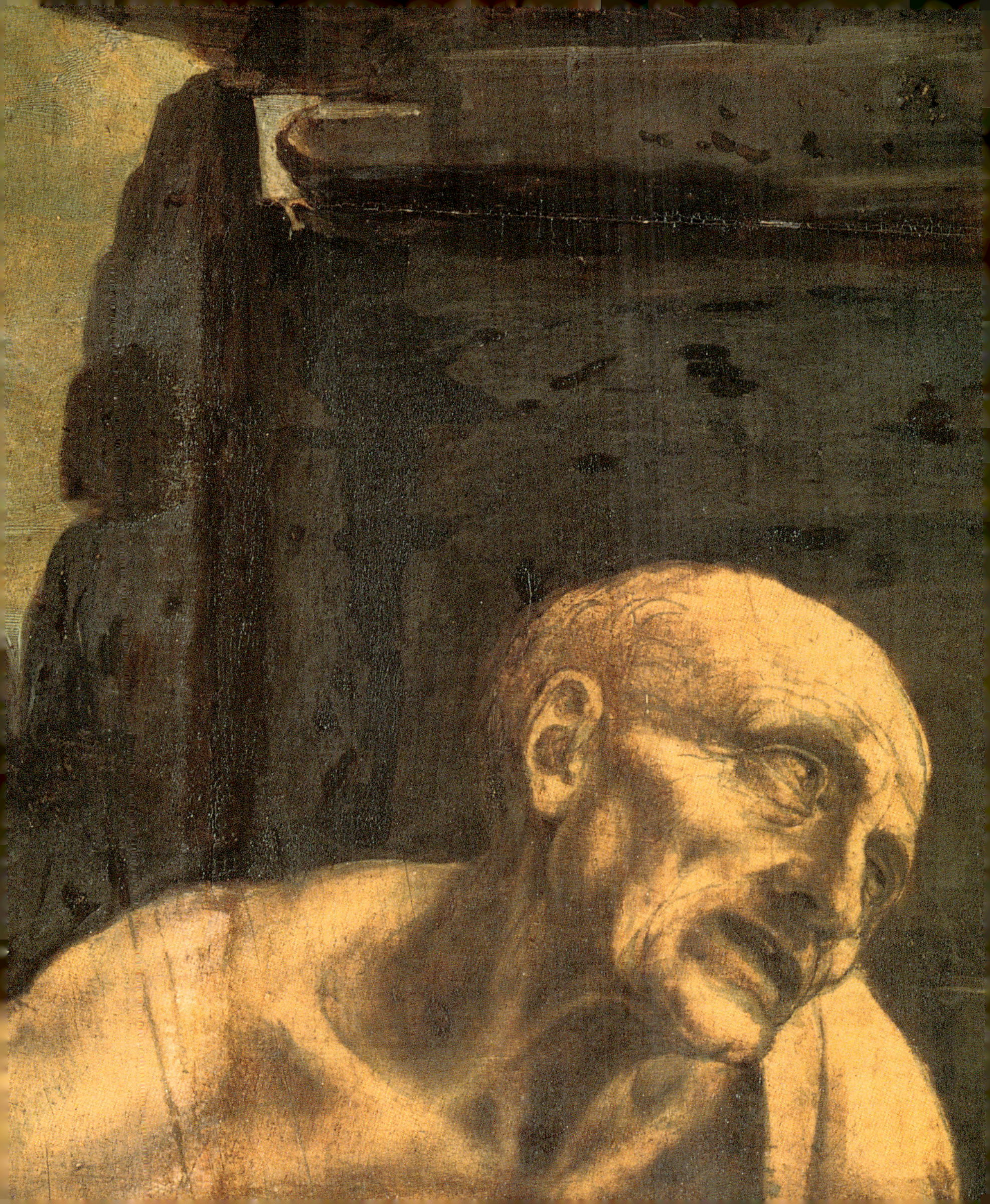

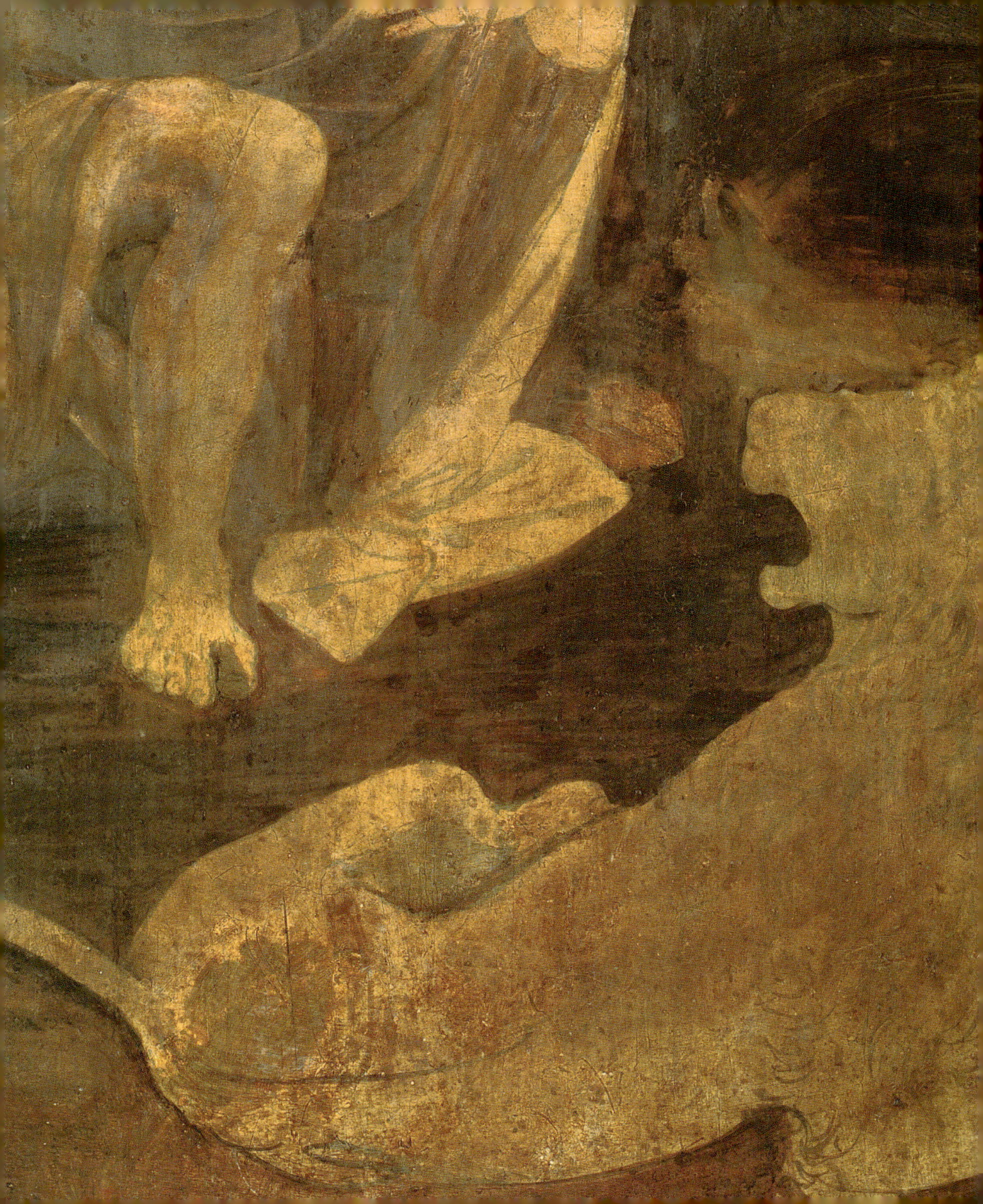

nung über die Schulter zu blicken. Die langen, dick aufgetragenen Pinselstriche, mit denen die Landschaft im Hintergrund links gestaltet ist, lassen schon die Felsengipfel der *Madonna in der Felsengrotte* erahnen. Auf Detailaufnahmen[37] sind sogar Leonardos Fingerabdrücke zu erkennen, der schon in diesem frühen Stadium offensichtlich die Wirkung des *sfumato* im Auge hat. Die Kirche, die durch die Öffnung im Felsen zu sehen ist sowie der Heilige und der Löwe zu seinen Füßen sind mit dem Pinsel gezeichnet, außerdem fällt die Verwendung von weißer Farbe auf der noch flüssigen Malschicht auf, etwa zu beiden Seiten des Halses und auf dem rechten Bein. Dadurch werden ähnliche Glanzlichter erzeugt, wie jene, die wir im vorherigen Kapitel schon bei den Pinselzeichnungen auf Leinwand beschrieben haben. Alle diese Beispiele geben Aufschluß über Leonardos Technik gegen Ende seiner frühen Zeit, die in die *Anbetung der Heiligen Drei Könige* mündet, wo er noch raffiniertere Wirkungen in den tonalen Abstufungen erzielt.

Die Schönheit des Löwen, dem einerseits die Feierlichkeit des Wappentiers zu eigen ist, und der andererseits die mächtige, kaum gebändigte Bestie darstellt, zeigt uns, wieviel Aufmerksamkeit Leonardo der Tierwelt widmete: Der weit geöffnete Rachen und die heftige Bewegung zu dem Heiligen hin scheinen auszudrücken, daß sich das Tier durch den Asketen in seiner Ruhe gestört fühlt, der sich mit dem Stein an die Brust schlägt.

Der Kampf mit dem Drachen

In derselben Zeit, also um das Jahr 1480, beschäftigte sich Leonardo damit, wie er die miteinander im Widerstreit liegenden Wesenszüge des Menschen und der wilden Tiere messen und darstellen könne, indem er versuchte, den Konflikt zwischen angespannten Kräften in ein Gleichgewicht und in die Gegenüberstellung wunderbar ausgewogener Formen aufzulösen. Dies ist das Thema des »Kampfes mit dem Drachen«: Ein Reiter nimmt den Kampf mit einem Ungeheuer auf, nach mittelalterlichen Vorstellungen halb Löwe, halb Schlange, mit zwei riesigen Flügeln und einem furchterregenden Haupt.[38] Eine erste Idee zu dieser Bildkomposition ist wohl auf einem Blatt im Ashmolean Museum in Oxford auszumachen,[39] auf dem sich der Reiter gegen einen aufgebäumten, angriffsbereiten Drachen zur Wehr setzt. Der Entwurf wirkt noch unsicher, und die Darstellung der Tiere erscheint ungenau. Dies gilt vor allem für die Anatomie des Pferdes, dessen Hals unnatürlich nach hinten gebogen ist und zu lang wirkt. Dieselbe Konstellation ist in einer größeren, mit Bister lavierten Studie im British Museum wiederzufinden, in der sowohl die Zeichnung als auch die Merkmale der Figuren ausgeprägter und besser gelungen sind,[40] wobei die Wildheit des Drachen, der sich mit Riesenschritten dem Pferd nähert, das

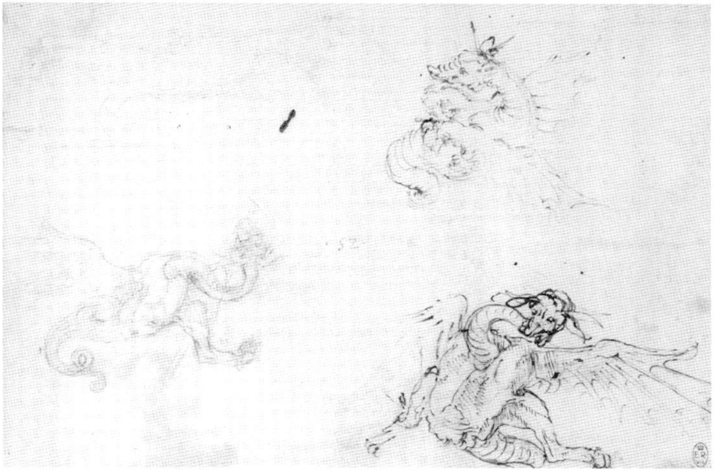

Linke Seite:
Leonardo da Vinci,
Hl. Hieronymus (Ausschnitt).
Rom, Pinacoteca Vaticana.

Leonardo da Vinci,
Drachenstudien.
Windsor Castle, Royal Library
(Inv. Nr. 12370 *recto*).

Folgende Doppelseite:
Leonardo da Vinci, Studie zu »Kampf mit dem Drachen«. London, British Museum (Inv. Nr. 1952-10-11-2).

Seite 104:
Leonardo da Vinci, Studien zu »Kampf mit dem Drachen«.
Paris, Musée du Louvre, Cabinet des Dessins (Inv. Nr. 781 *verso*).

Seite 105:
Leonardo da Vinci, Studien zu »Kampf mit dem Drachen«.
Paris, Musée du Louvre, Cabinet des Dessins (Inv. Nr. 781 *recto*).

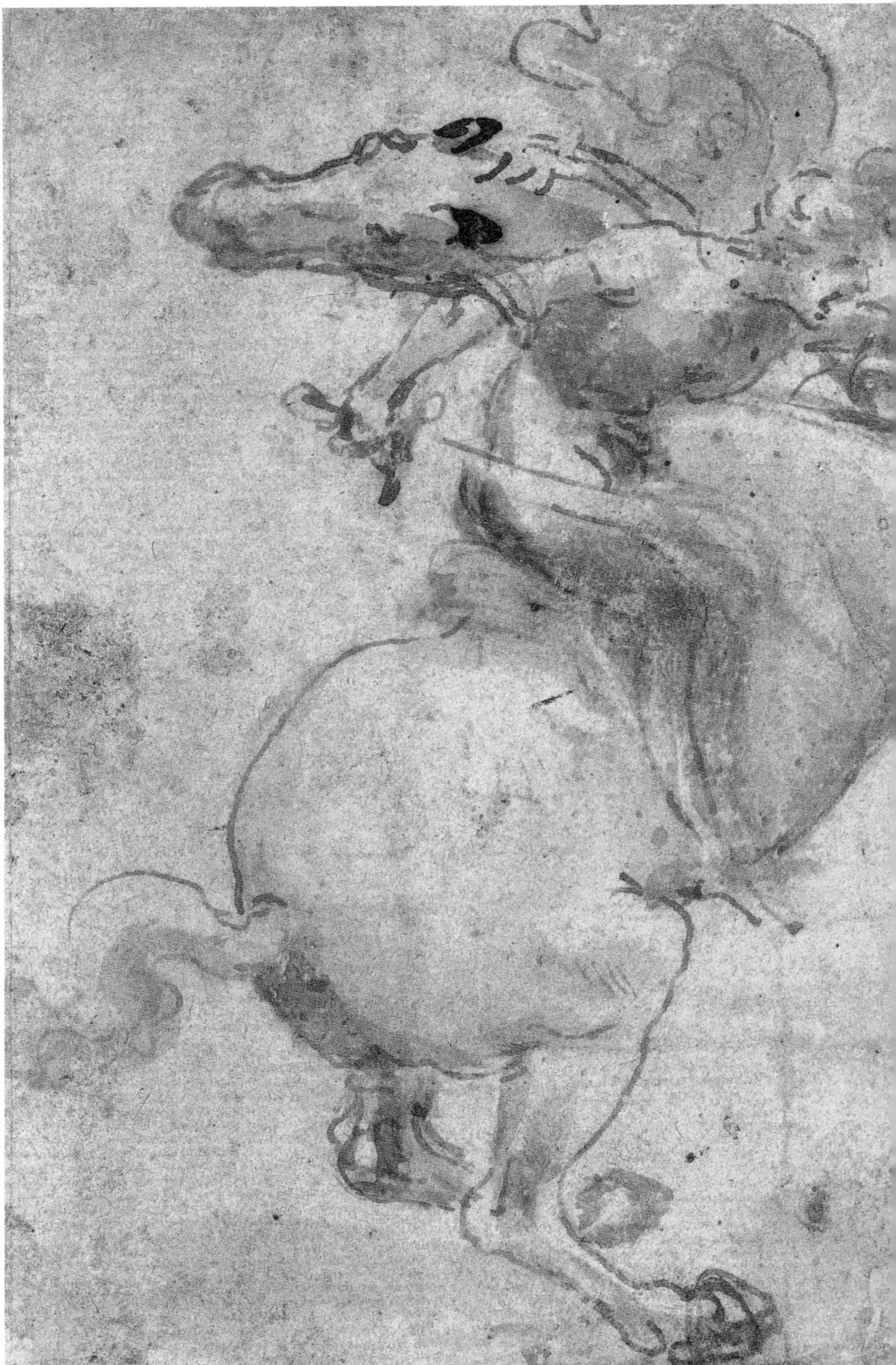

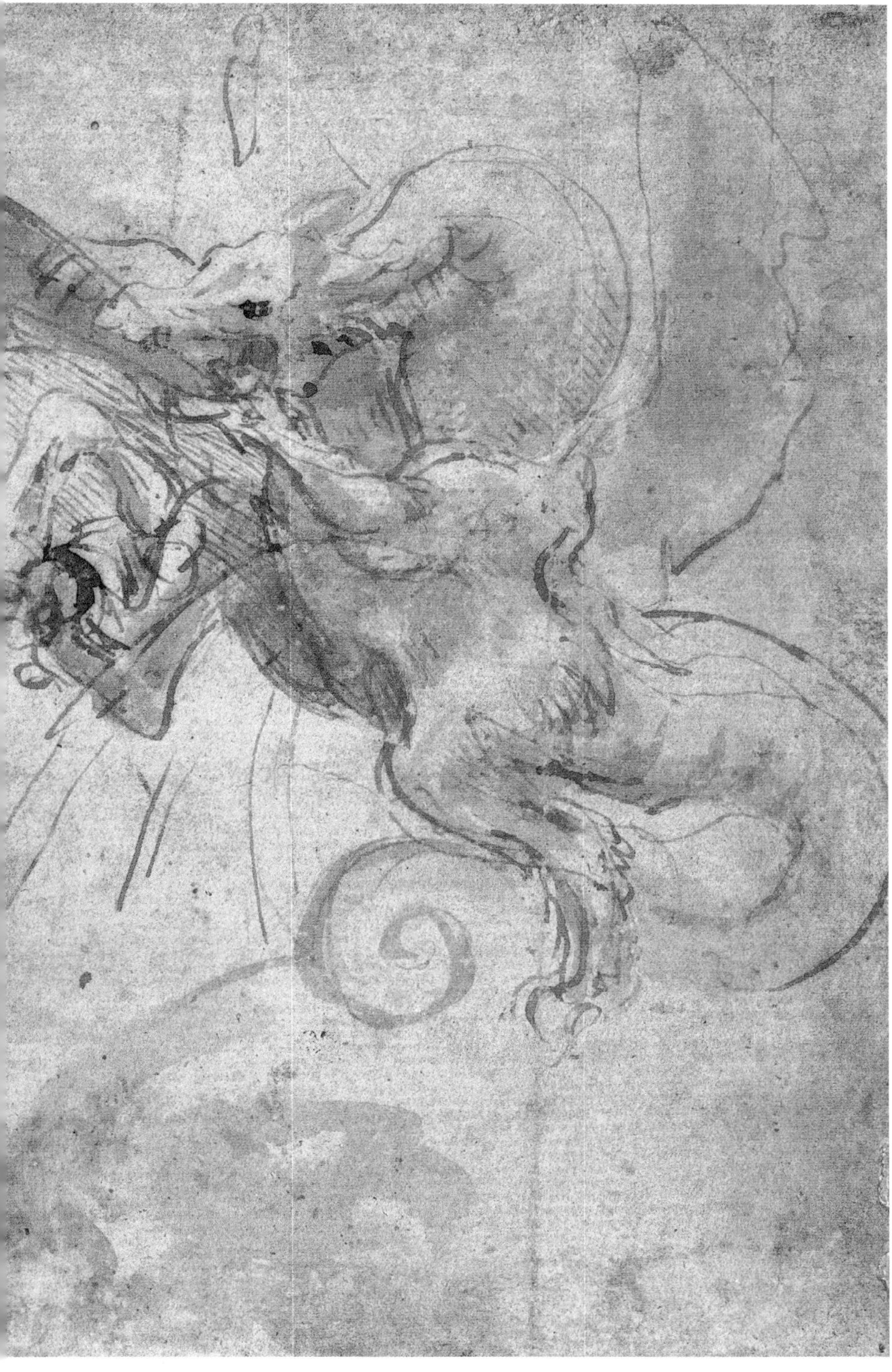

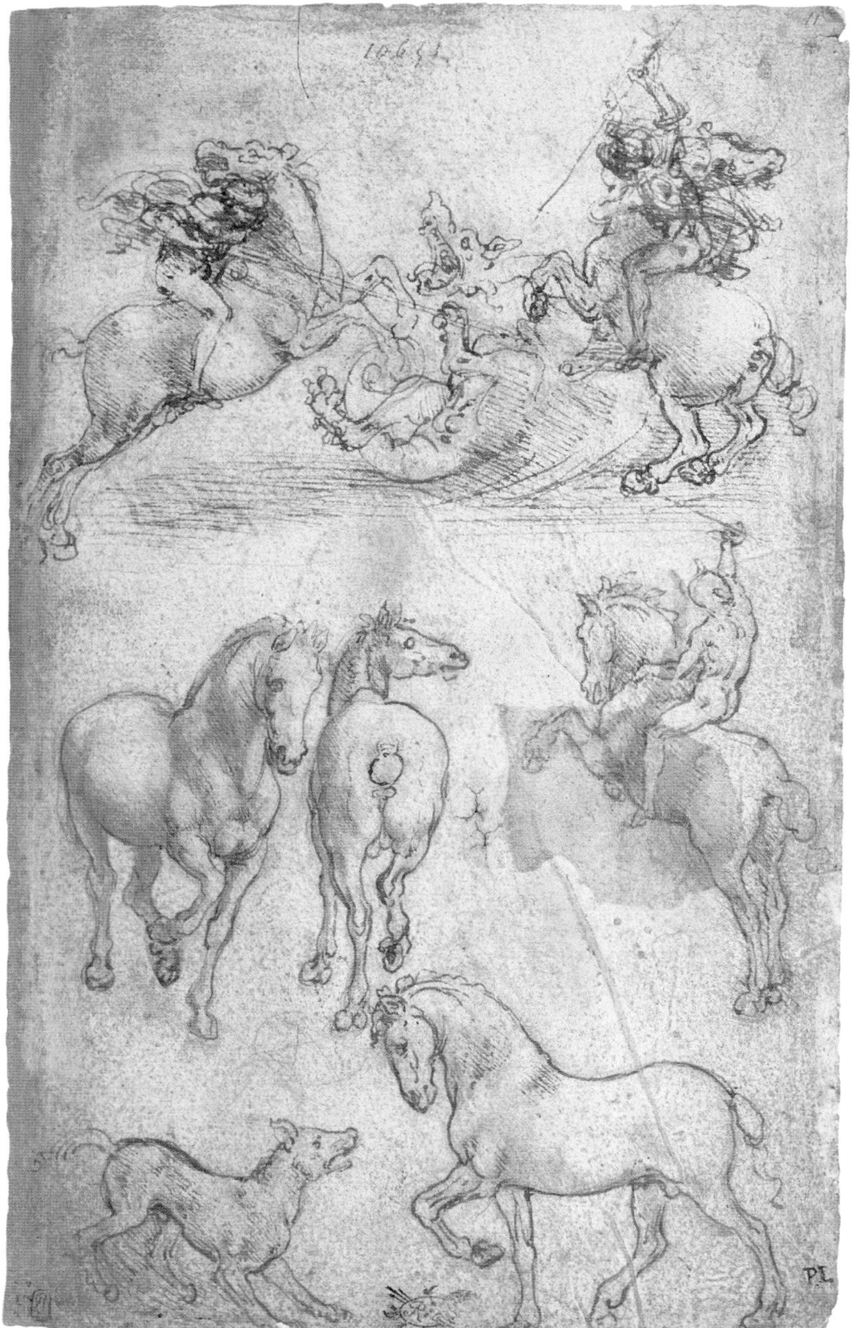

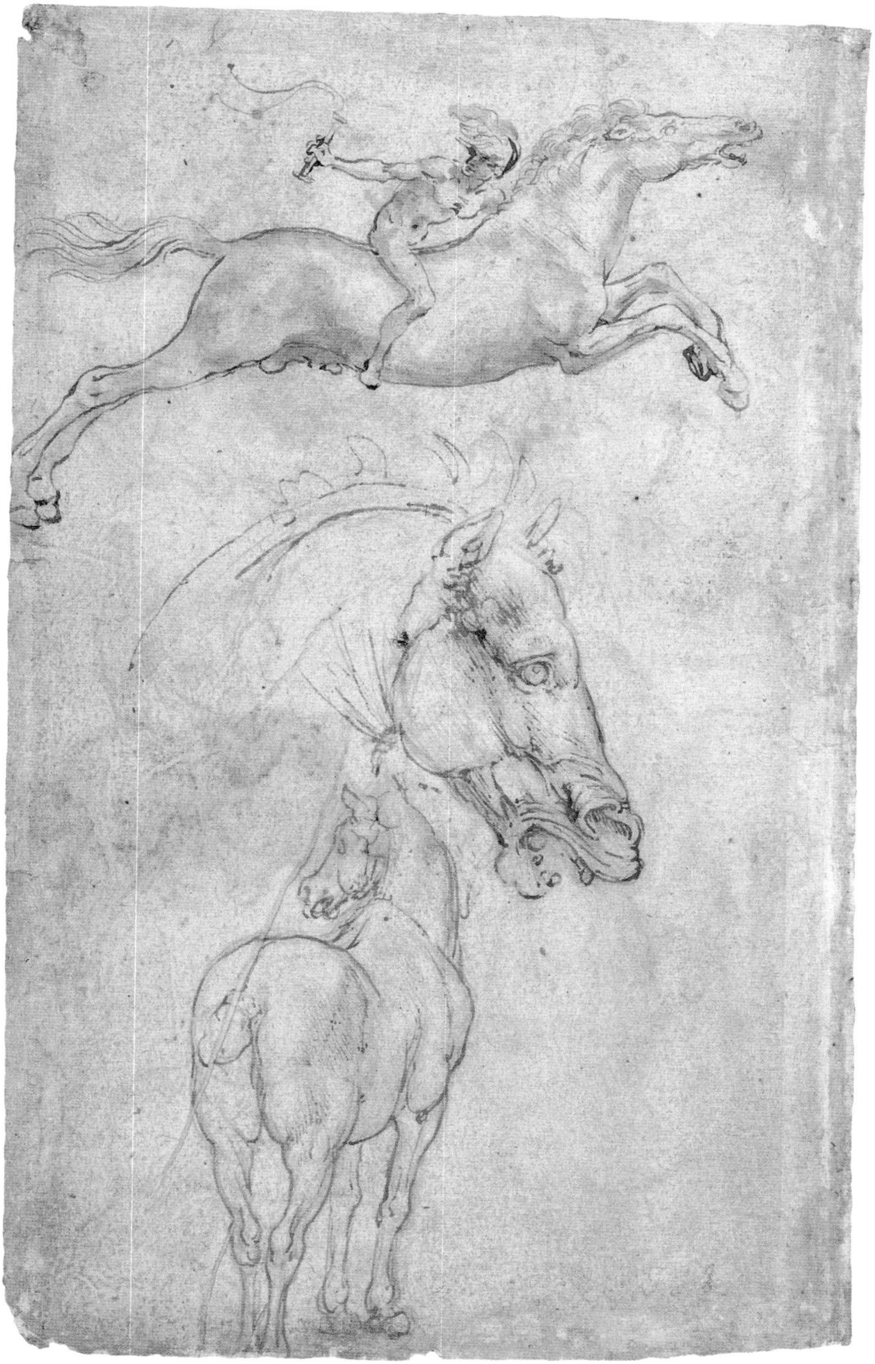

zurückschreckt und den Kopf nach hinten geworfen hat, immer noch etwas Gutartiges, Ungefährliches hat. Parallel dazu entwarf Leonardo auf einem Blatt in Windsor (Nr. 12370 *recto*)[41] drei weitere Drachen, nicht in Angriffsstellung, sondern in einer Haltung, als ob sie erschrocken den Rückzug anträten. Wahrscheinlich dienten diese drei Figuren als Studie für eine eher traditionelle Darstellung eines »Hl. Georg mit dem Drachen« oder auch für einen Kampf eines Drachen mit einem Löwen. Man kennt für letzteres Sujet wie auch für das Motiv des »Kampfes mit dem Drachen« nichts Vergleichbares aus der Zeit, abgesehen von zwei Druckgraphiken (heute im British Museum) und einer Zeichnung aus dem späten 16. Jahrhundert in den Uffizien (Inv. Nr. 435 E). In diesen Beispielen ist der Drache in derselben Stellung wiedergegeben wie auf einem anderen Blatt Leonardos in den Uffizien (Inv. Nr. 447 E *recto*), nämlich während er den Löwen angreift.[42] Das Motiv sowie die Zeichnungen Leonardos könnten Raffael bekannt gewesen sein, da er sich in einer Zeichnung des Louvre[43] auf den Löwen zu beziehen scheint, den Leonardo in einer Ecke des Windsor-Blattes skizziert hatte. Leonardos Komposition entwickelt sich jedoch noch weiter bis hin zu jener Zeichnung, ebenfalls im Louvre,[44] auf der der Drache bereits von zwei mit Lanzen bewaffneten Reitern niedergestreckt worden ist. Die Pferde sind in dieser Komposition fast spiegelbildlich zueinander angeordnet. Leonardo muß sich eingehend mit der Beobachtung und dem Studium von Pferden befaßt haben, um dieses tiefe Verständnis für die Bewegung des Tieres entwickeln zu können. Das Blatt Nr. 12315 in Windsor[45] zeigt ein sich aufbäumendes Pferd; es könnte sich durchaus um eine Vorstudie zur Zeichnung des »Kampfes« im Louvre handeln. Von Kenneth Clark wurde sie aufgrund ihrer klassischen Schönheit mit den Reliefs des Phidias verglichen.[46]

Die Anbetung der Heiligen Drei Könige in San Donato in Scopeto

Es ist nicht bekannt, wozu die genannten Studien dienten und welche symbolische oder moralische Aussage sie vermitteln sollten. Jedenfalls hat Leonardo das Motiv des Ritters der Studie im British Museum und die Idee, Pferd und Reiter spiegelbildlich zu wiederholen wie in der Zeichnung im Louvre, für die kämpfenden Ritter im Hintergrund der *Anbetung der Könige* sofort wiederverwendet. Den Platz des verwundeten Drachen zwischen den beiden Reitern nimmt dabei ein auf dem Boden liegender Soldat ein, zu dem der Hund zu gehören scheint. Mit diesem wichtigen Werk wurde Leonardo, knapp neunundzwanzigjährig, im März des Jahres 1481 von den Mönchen des Klosters San Donato in Scopeto bei Florenz beauftragt.[47] Es war nicht unbedingt ein prestigeträchtiger Auftrag, dennoch handelt es sich zweifellos um den ersten Höhepunkt auf Leonardos Weg zur künstlerischen

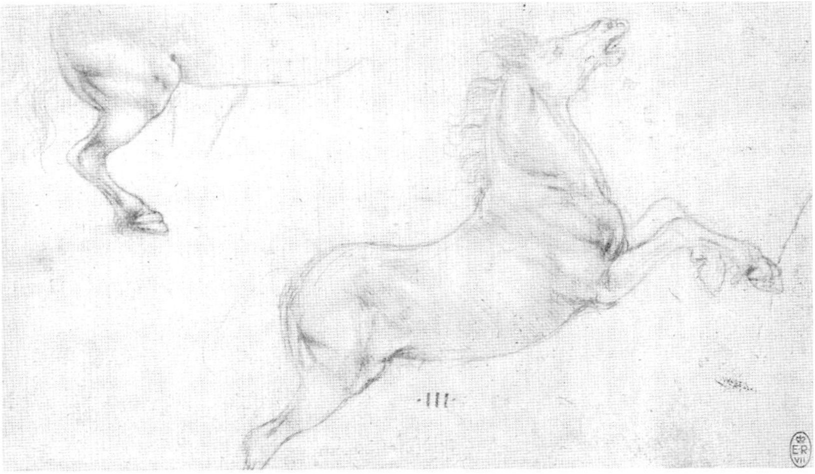

Leonardo da Vinci,
Pferdestudien.
Windsor Castle, Royal Library
(Inv. Nr. 12315).

Rechte Seite:
Leonardo da Vinci,
Studie zur *Anbetung der Heiligen Drei Könige*.
Paris, Musée du Louvre, Cabinet des Dessins (Inv. Nr. RF 1978).

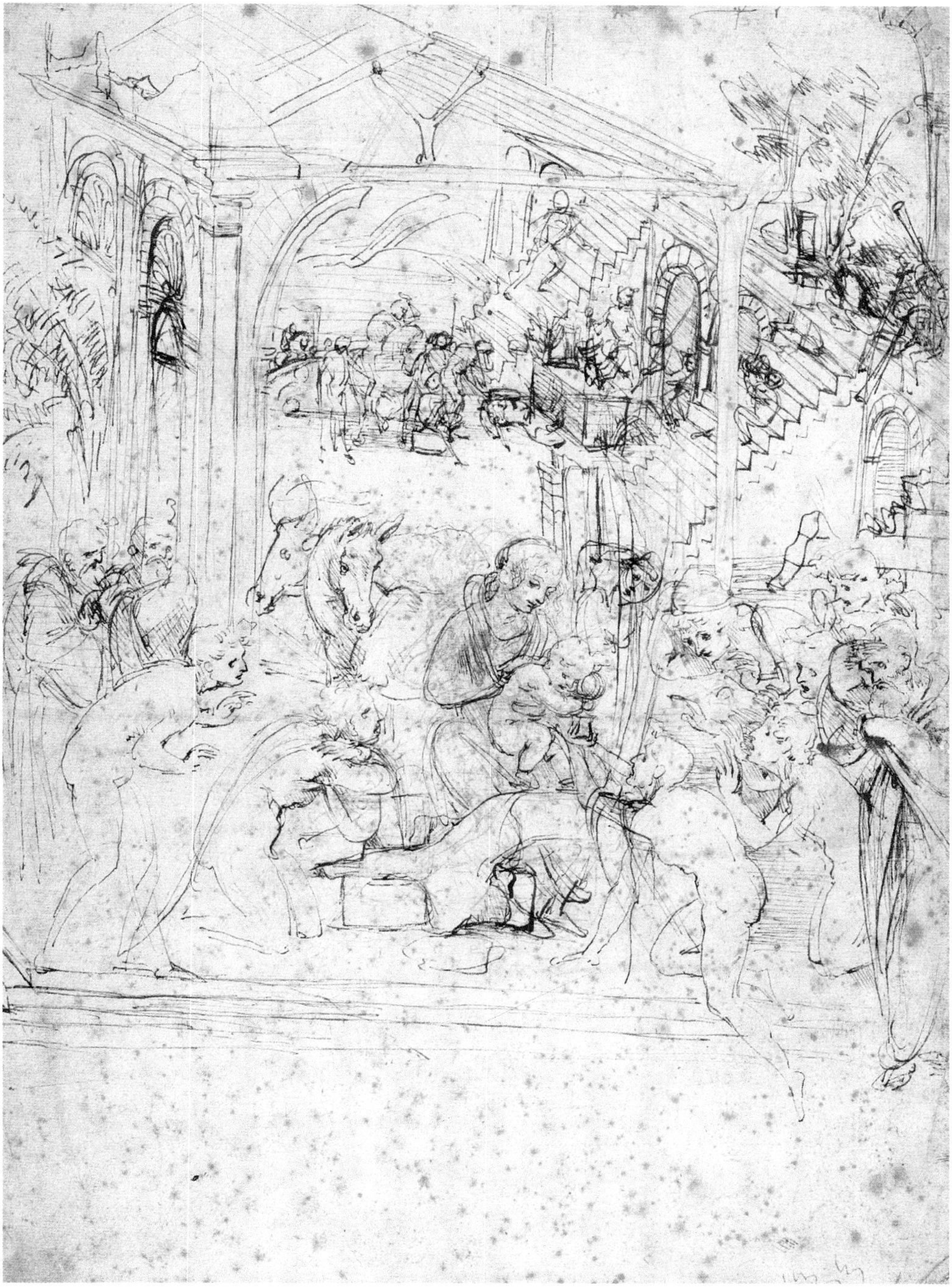

Reife. Allein die bisher knapp vorgestellten Werke, die von der *Anbetung der Könige* gekrönt werden, würden ausreichen, um Leonardo zu einem der größten Meister des toskanischen Quattrocento zu machen. Mit dieser *Anbetung* verändert er die geltenden Maßstäbe für die Darstellung des sakralen Motivs in radikaler Weise. In vollkommener künstlerischer Freiheit schwingt er sich zum absoluten Protagonisten im damaligen Florenz auf. Er ist moderner als Botticelli, Lorenzo di Credi, Piero di Cosimo und Filippino Lippi, der eine *Anbetung* nach Leonardos Werk fünfzehn Jahre später an die Mönche von San Donato liefert, da Leonardo sein Gemälde nie abgegeben hat.[48] Die Modernität der *Anbetung* kommt in der vielschichtigen und dynamischen Gliederung der Szenerie zum Ausdruck. Wie in einem Wirbel drehen sich Handlungen und Bewegungen um Maria und ihren Sohn, wodurch eine große Spannung entsteht. Keine einzige Figur wirkt statisch, mit Ausnahme Marias und der beiden Figuren am äußersten Rand und ganz im Vordergrund, wobei die rechte Figur sich abwendet und aus dem Bild herausblickt. Vasari würde sagen: »non v'è punto fermo« (nirgends steht etwas still). Das dynamische Konzept wurde teilweise in den Studien zur »Anbetung der Hirten« und zum »Kampf mit dem Drachen« vorbereitet, auch wenn diese noch in der zeitgenössischen Skulptur und in der antiken Plastik ihre wesentlichen Bezugspunkte fanden. Natürlich gingen diesem bedeutenden Resultat, das die Grenzen der herkömmlichen Ikonographie weit überschreitet, zahlreiche Studien voraus, in denen sich Leonardo ausführlich mit jedem winzigen Detail des Bildaufbaus, der einzelnen Figuren und deren Haltung und Gestik befaßte. Man denke zum Vergleich an die *Anbetung der Könige* von Gentile da Fabriano für die Palla-Strozzi-Kapelle in der Kirche Santa Trinita, heute in den Uffizien. Das Werk mit seinen monotonen, durchweg im Vordergrund versammelten Figuren und dem schimmernden Goldglanz wird nicht nur wegen seines reichen Auftraggebers, sondern auch aufgrund des prominenten Ortes gewiß als ein wichtiges Vorbild gegolten haben. Leonardo übernimmt nun tatsächlich den knienden König, der dem Kind die Füße küßt, während er alles andere ignoriert.

Eine erste Vorstellung von der Komposition insgesamt bietet die Zeichnung im Cabinet des Dessins im Louvre (R. F. 1978; S. 107),[49] die zunächst mit dem Metallstift ausgeführt wurde (deutlich zu erkennen bei Maria und dem Kind), um dann mit Feder und Tusche nachgezogen und ausgearbeitet zu werden. Leonardo plaziert die Hauptpersonen der *Anbetung* auf einer erhöhten Plattform vor einem Bauwerk mit Satteldach, das auf der einen Seite auf einer mit Bögen und Pilastern gegliederten Wand aufruht und auf der anderen von Baumstämmen gestützt wird. Dahinter sieht man zwei Treppenläufe. Vorder- und Hintergrund sind perspektivisch nicht aufeinander abgestimmt und werden von zwei unterschiedlichen Blickpunkten aus betrachtet, so daß zahlreiche Ungereimtheiten entstehen und man den Eindruck gewinnt, daß es sich um einen sehr frühen Entwurf handeln muß. Dieser Eindruck wird durch die vorgenommenen Korrekturen um und vor der Figurengruppe der Maria mit dem Kind noch verstärkt: ein Fels – oder eine große Wurzel – wurde in einen kleinen Baum umgewandelt, später wurde der kniende König darüberge-

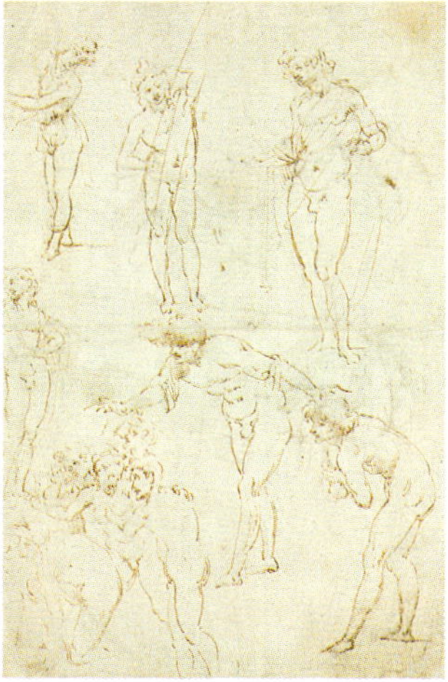

Leonardo da Vinci,
Figurenstudien.
Köln, Wallraf-Richartz Museum
(Inv. Nr. 460).

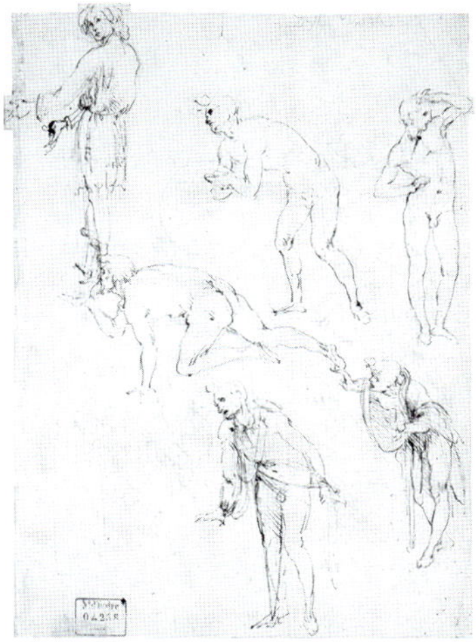

Leonardo da Vinci,
Figurenstudien.
Paris, Musée du Louvre, Cabinet
des Dessins (Inv. Nr. 2258 *verso*).

zeichnet. Trotzdem beginnt Leonardo schon hier und dann in weiteren Studien, die Stellung der einzelnen Figuren präziser herauszuarbeiten: eine kniet vor dem Kind, andere verfolgen, sich vorbeugend oder aufrecht stehend, das Geschehen der Epiphanie. So entstehen – möglicherweise handelt es sich um Aktstudien nach dem Modell – die Zeichnungen auf dem Blatt des Wallraf-Richartz Museums in Köln[50], auf dem man rechts unten zwei anbetende Figuren und vier Studien von stehenden Akten erkennt. Der Stil zeigt Einflüsse Botticellis und Pollaiuolos und ist gekennzeichnet durch eine angespannte, geschwungene Linienführung, die besonders geeignet ist, die abrupten Wendungen sich bewegender Körper darzustellen. Einer dieser Akte (in der Mitte oben) erscheint am Rand des Blattes Nr. 2258 *verso* im Louvre wieder,[51] auf dem außer den üblichen Anbetenden eine kniende Figur zu sehen ist, die – nunmehr bekleidet und leicht überarbeitet – in die Endversion aufgenommen werden wird. Die Vorderseite des Pariser Blattes zeigt vor allem sitzende nackte Figuren, die als Studien zu einem »Abendmahl« gedeutet wurden.[52] Die Figur in der linken unteren Ecke deutet mit der linken Hand auf einen Teller, während sie die rechte an die Brust hält. Dies könnte tatsächlich die Darstellung eines Christus unter seinen Jüngern sein. Trotzdem erscheinen die anderen Akte, besonders die beiden ganz oben (einer nimmt die Haltung eines Bogenschützen ein und ist als Rückenakt gegeben), aber auch die hingekauerten Figuren in der Mitte des Blattes und am äußerstem rechten Rand wohl nicht in der typischen Haltung der um den Tisch versammelten Apostel. Einer von ihnen umfaßt das Handgelenk seines Nachbarn und deutet gleichzeitig auf die Person, die am Kopfende des Tisches sitzt – diese würde dann allerdings auf der Tischplatte knien. Auf der anderen Seite scheint eine Figur auf dem Tisch zu sitzen, so daß es insgesamt ziemlich unwahrscheinlich ist und schon gar nicht belegt werden kann, daß es sich um eine Vorstudie für Leonardos *Abendmahl* in Mailand handelt. Vermutlich haben wir es eher mit Studien nach der Natur zu tun, für jene Figuren, die er auf die Treppenstufen im Hintergrund der *Anbetung* zu plazieren gedachte. Dies geht auch aus der bereits besprochenen ersten Skizze im Louvre (R. F. 1978) hervor, in der man einen Tisch respektive eine Art Quader erkennt, hinter dem sich sitzende und stehende Figuren befinden.

Schließlich ist noch die Zeichnung in der École des Beaux-Arts in Paris (Nr. 34555 A; S. 112) zu betrachten,[53] es handelt sich um Studien zu stehenden und einer sitzenden Figur, eine andere steht mit einem Bein auf einer hohen Stufe. Die Gestalt in der linken Ecke (bekannt als der »Philosoph«) wird, nunmehr mit einem Umhang bekleidet, als Assistenzfigur in das Gemälde aufgenommen werden. Auch die Studien in der Mitte des Blattes einschließlich des Mannes, der mit der Hand seine Augen schützt, als wollte er den Stern von Bethlehem besser sehen, beziehen sich alle auf die Figuren im Hintergrund der *Anbetung der Könige*. Das zeichnerisch sehr frei angelegte Blatt – es wurde kein Metallstift eingesetzt, um den Entwurf vorzustrukturieren – weist mit seinen Tuscheflecken und dem in sich verschlungenen Federstrich bereits dieselben ausgeprägten Helldunkelkontraste auf, die für das Gemälde kennzeichnend sind. In seinem nächsten Entwurf, der

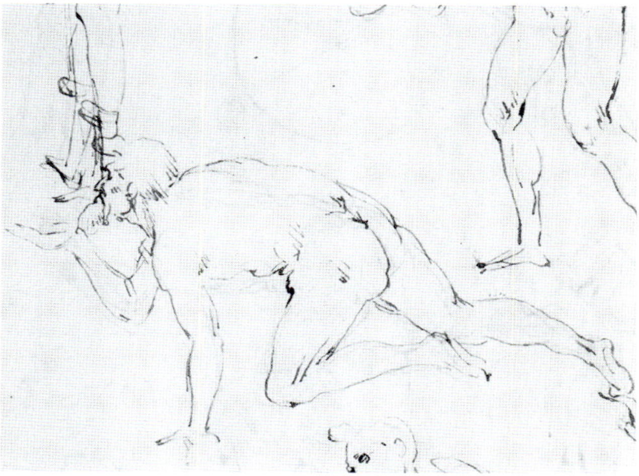

Leonardo da Vinci,
Figurenstudien (Ausschnitt).
Paris, Musée du Louvre, Cabinet des Dessins (Inv. Nr. 2258 *verso*).

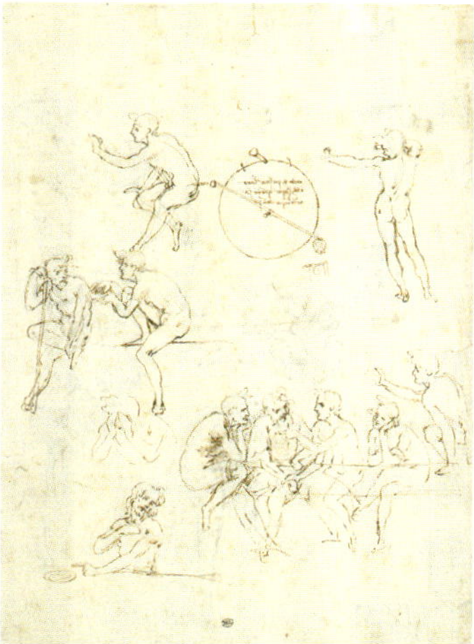

Leonardo da Vinci,
Figurenstudien.
Paris, Musée du Louvre,
Cabinet des Dessins
(Inv. Nr. 2258 *recto*).

Folgende Doppelseite:
Leonardo da Vinci, *Anbetung der Heiligen Drei Könige* (Ausschnitt).
Florenz, Galleria degli Uffizi.

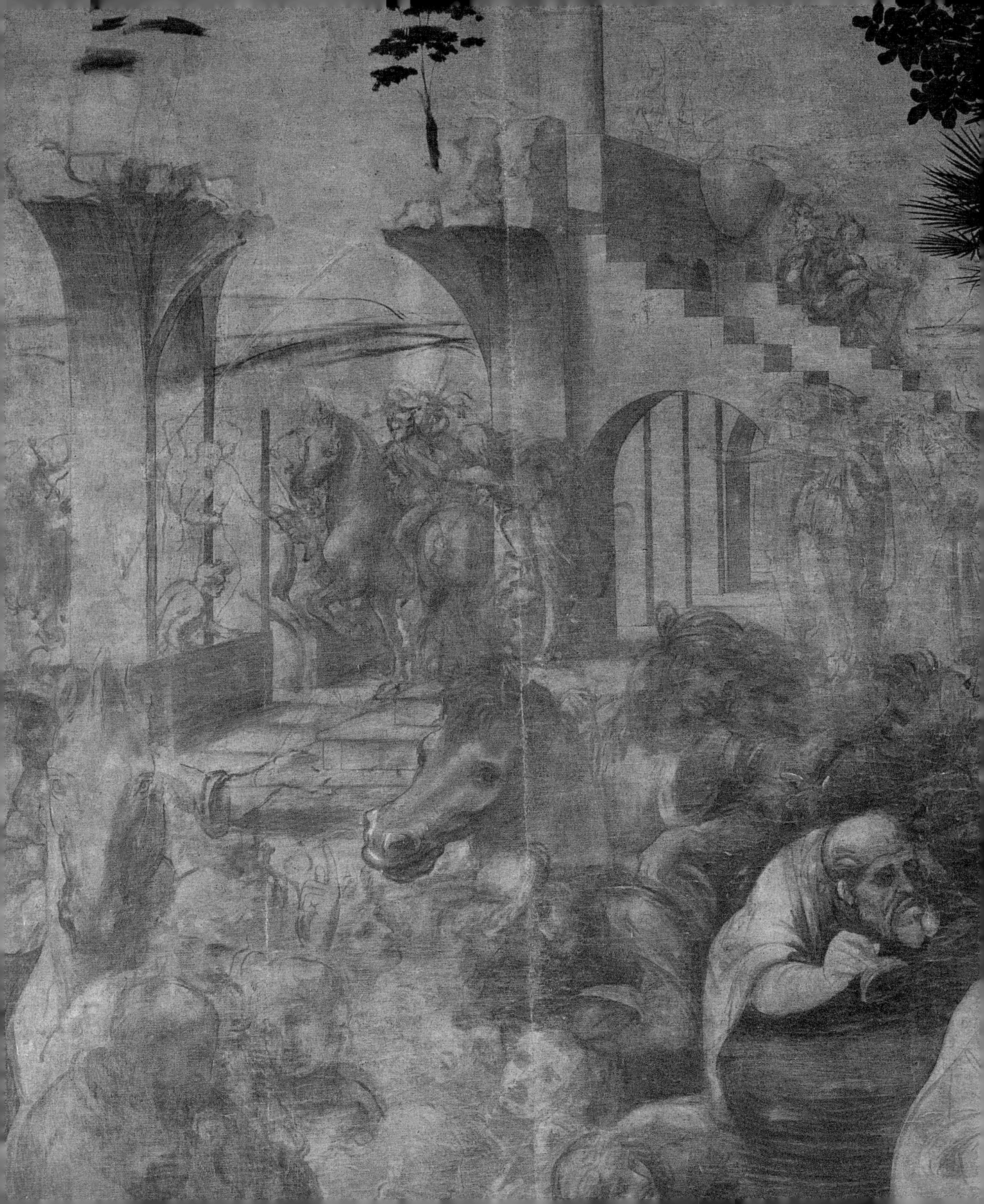

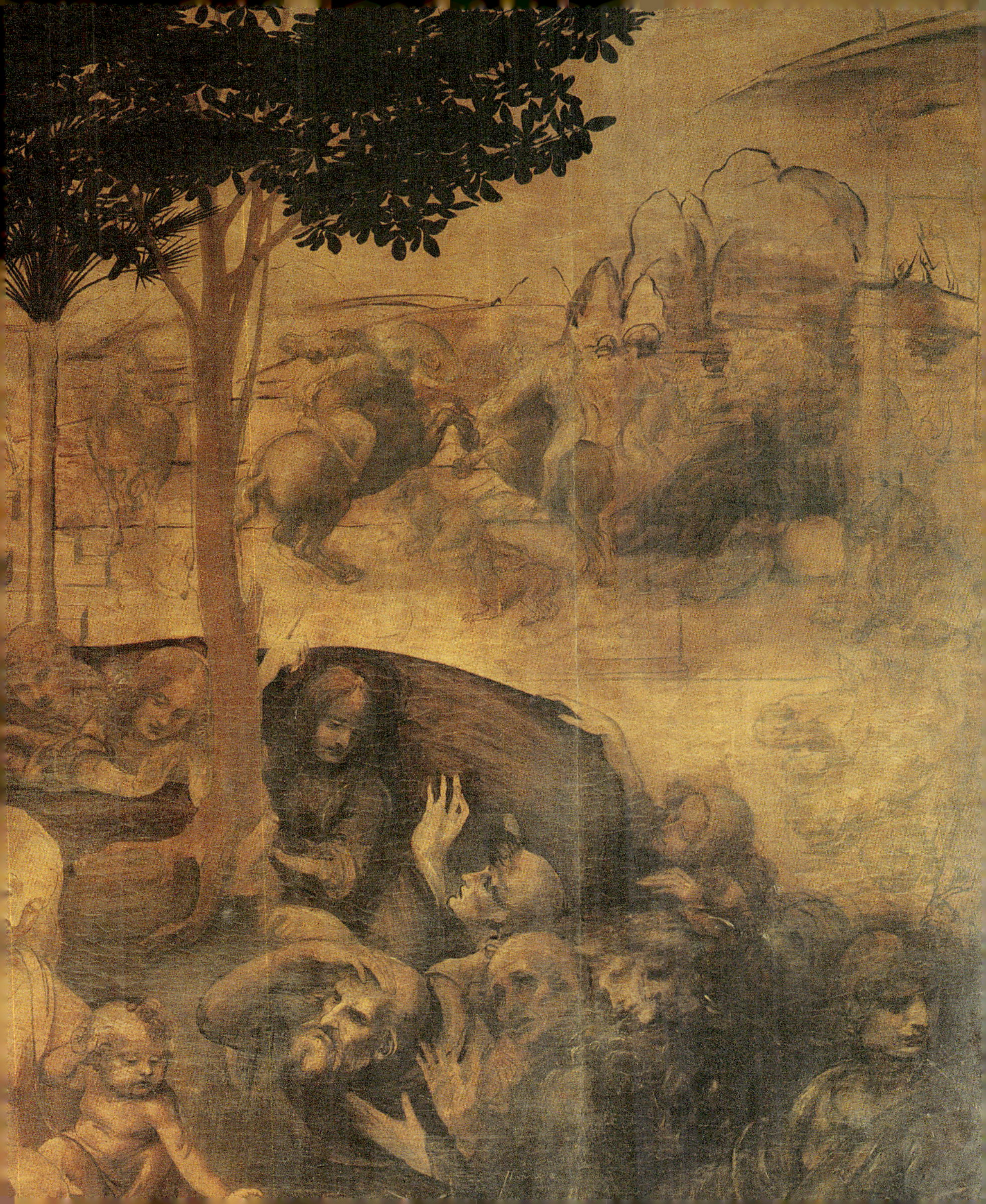

berühmten Zeichnung Nr. 436 E *recto* in den Uffizien mit der präzise angelegten Zentralperspektive, ordnet Leonardo den Raum hinter Maria mit dem Kind und den Heiligen Drei Königen neu. Er konstruiert Arkaden als Untergeschoß eines Gebäudes, dessen Fluchtlinie sich in die Tiefe des Raumes erstreckt. Die steilen Treppenläufe über Bögen, die sich daran anschließen, dienen als Bühne für bewegte Figurengruppen. Diese Architektur gibt mit geringfügigen Abwandlungen den linken Hintergrund des Gemäldes ab.[54] Genau in den Fluchtpunkt zeichnet Leonardo einen Reiterkampf, für den er die Studien zum »Kampf mit dem Drachen« verwendet. Um jedoch die gewünschte Wirkung von Konfusion zu erreichen, führt er im Gemälde weitere Pferde und Figuren ein, zu denen es eine Studie im Fitzwilliam Museum in Cambridge[55] gibt, aus der das nur vorskizzierte Pferd zwischen den beiden Bäumen im Hintergrund stammt. Schließlich werden auch die Blätter Nr. 12615 und Nr. 12616 in Windsor mit Studien für Hände (S. 115) im allgemeinen der *Anbetung* zugeordnet[56], obwohl sie teilweise noch an den Stil Pollaiuolos erinnern, wie beispielsweise die Studie zu einer linken Hand auf Blatt Nr. 12616, die wiederum an Marias Hand auf dem Buch denken läßt, wie sie in der *Verkündigung* der Uffizien dargestellt ist.

Vor allem ist in der *Anbetung der Könige* zu spüren, daß Leonardo sich mit der modernen florentinischen Malerei seiner Zeit auseinandersetzt und sie gemäß dem Begriff der »Historia« neu interpretiert, den Leon Battista Alberti 1436 in seinem Traktat *De pictura* theoretisch ausformuliert hatte. In der Gestaltung der Volumina im Raum sind die Einflüsse des Reliefstils Lorenzo Ghibertis zu spüren, die monumentale Körperbildung ist wiederum ohne das Vorbild Masaccios kaum zu denken – und all dies gepaart mit dem Sinn für Dynamik eines Donatello. Außerdem kommt eine profunde Kenntnis der antiken Skulptur, der römischen Sarkophage und Reliefs zum Tragen, bei denen die Helldunkelwirkung eine große Rolle spielt, um die Formen im Raum hervorzuheben oder zurücktreten zu lassen.[57] Revolutionär ist auch, wie Leonardo seine Pinselzeichnungen ausführt: Er läßt die Strichvarianten der Zeichnung stehen, eine völlig neue, unkonventionelle Auffassung des graphischen Mediums, die dazu dient, Lebendigkeit und Bewegung zu erzeugen. Ebenso revolutionär ist, wie er durch minimale tonale Varianten farbliche Wirkungen erzeugt. Im großen Halbkreis der Figuren im Vordergrund, die alle dem neugeborenen Christusknaben zugewandt sind, ist bereits der großartige Effekt des übergreifenden Zusammmenhangs der Gesten vorweggenommen, der fünfzehn Jahre später das Mailänder *Abendmahl* kennzeichnen wird. Dunkle Pinselstriche hinterfangen die im Halbrund um Maria angeordneten Personen, die geradezu eine Apsis auszubilden scheinen, die wie aus Helldunkeleffekten aufgebaut wirkt. Der Hintergrund – hier ist die Grundierung noch sichtbar – ist räumlich und auch in der Abfolge der Erzählung kaum definiert, als ob er für einen Augenblick stünde, der zeitlich vor der dargestellten Szene der Epiphanie liegt. Die Männer aus dem Gefolge der Könige sind dabei, immer höhere architektonische Strukturen zu errichten, um den Stern, der sie zum Messias führen soll, zu beobachten. Es ist kein Zufall, daß viele von ihnen zum Himmel emporblicken oder dorthin weisen,

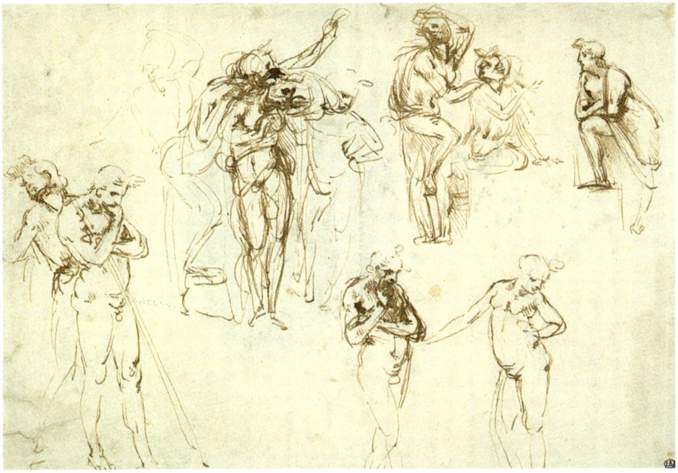

Leonardo da Vinci,
Studie zu einer »Anbetung«.
Paris, École Nationale des
Beaux-Arts (Inv. Nr. 34555 A).

wobei im Hintergrund bereits die ersten Kämpfe und Aufstände ausbrechen.[58] Gerade weil das Gemälde eine »Historia« im Sinne Albertis ist, das heißt die Darstellung eines Ereignisses, das direkt vor unseren Augen abläuft – was dann auch später für das *Abendmahl* gilt –, ist es unstatthaft, zwei der Anwesenden rechts als Dante und Vergil zu deuten.[59] Es dürfte auch zu weit hergeholt sein, aus der *Anbetung* Leonardos Anspielungen auf alttestamentarische, bei Jesaja zu findende Motive herauszulesen und in der Errichtung der Gebäude eine Anspielung auf den »Tempel«, die dank der Geburt Christi neu zu gründende Kirche, zu sehen, selbst wenn diese Interpretation zunächst halbwegs plausibel klingt.[60]

Obwohl das Gemälde nicht vollendet wurde, zeugt es doch von außergewöhnlicher Meisterschaft im Duktus des bistergeschwärzten, rötlichbraunen und schwarzen Pinselstrichs. Das Spiel mit den Volumina, die hell beleuchtet aus den tiefen Schattenzonen gleichsam hervordrängen, kommt durch die dunkelbraune Grundierung zustande, die sichtbar blieb. Teilweise schon stark oxydierte Lasuren und Firnisschichten – wie an der stehenden Figur ganz links – sollten Vorzeichnungen, Halbfertiges und *pentimenti* miteinander verschmelzen, respektive überdecken. Daher ergäben sich erhebliche Probleme, sollte man sich dazu entschließen, das Gemälde zu reinigen, wobei es ohnehin nicht darum gehen kann, die Vorzeichnung freizulegen, die Leonardo »verschleierte« und vielleicht teilweise versteckte, indem er entschlossen Lasuren über Lasuren legte, um die erstrebte plastische Wirkung zu erzielen.

Unvollendet und den Auftraggebern niemals ausgehändigt, wurde das Gemälde von Leonardo im Palast der befreundeten Familie Benci zurückgelassen, so daß die Mönche von San Donato in Scopeto sich mit einem Tafelbild Filippino Lippis zufriedengeben mußten, das dieser 1496 ablieferte, wobei er sich an dem Bild Leonardos orientiert hatte.[61]

Malerei als Bildhauerei

Die nicht zu übersehenden skulpturalen Anklänge in der *Anbetung* könnten ihren Grund in der erneuten Beschäftigung Leonardos mit antiken Skulpturen haben, die er im Palast des Lorenzo de' Medici in der Via Larga und im Garten von San Marco studieren konnte. Lorenzo benutzte den direkt gegenüber dem Dominikanerkloster von San Marco liegenden Garten als nicht überdachtes Depot für antike Skulpturen, Sarkophage und Reliefs, Becken und Brunnen und übertrug die Oberaufsicht Bertoldo di Giovanni, dem späteren Lehrer Michelangelos. Dieser »hortus Laurentii de Medicis« wird schon 1475 erwähnt und 1478 als »der Garten des Lorenzo de' Medici« beschrieben, der an das Grundstück der Dominikaner angrenzt, wo heute die Via degli Arazzieri in die

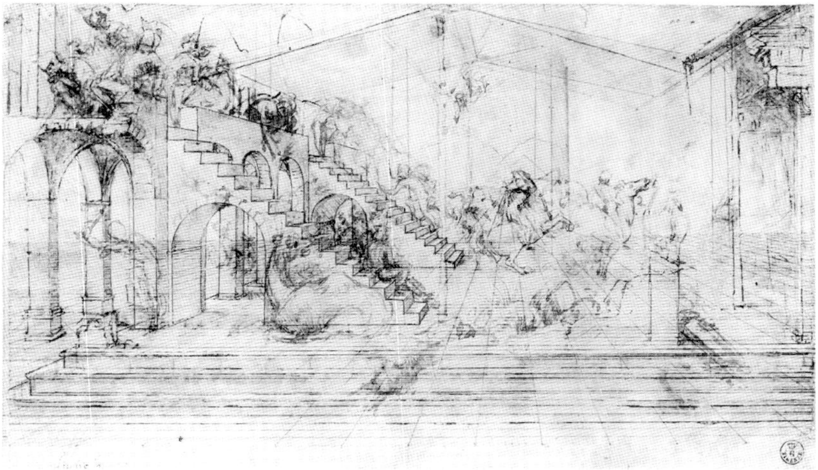

Leonardo da Vinci, Perspektivstudie zur *Anbetung der Heiligen Drei Könige*. Florenz, Galleria degli Uffizi, Gabinetto dei Disegni e delle Stampe (Inv. Nr. 436 E *recto*).

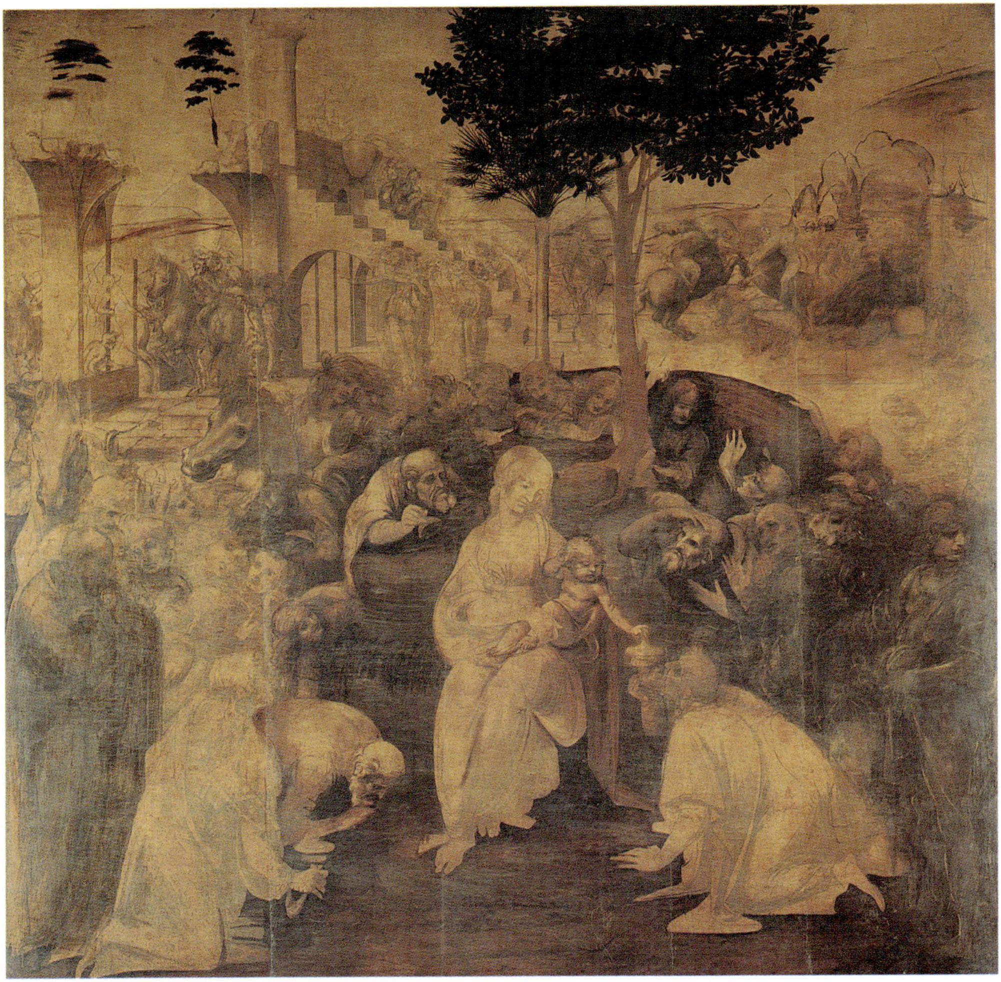

Leonardo da Vinci,
Anbetung der Heiligen
Drei Könige.
Florenz, Galleria degli Uffizi.

Piazza San Marco mündet.[62] Der Garten war schon 1480 das Ziel berühmter Persönlichkeiten während ihres Aufenthaltes in Florenz, und in der dortigen, von Vasari so bezeichneten »Schule« konnten junge Künstler die antiken Werke studieren, während ältere Meister Restaurierungsarbeiten vornahmen. Verrocchio restaurierte für Lorenzo beispielsweise die *Schindung des Marsyas* aus rotem Marmor (»Marsia rosso«).[63] Eine andere Auslegung der Urkunden hatte zu der Annahme geführt, Lorenzo sei über seine Frau Clarice Orsini erst 1480 in den Besitz des Gartens gelangt und habe erst nach deren Tod im Jahr 1488 frei darüber verfügen können. Doch so bliebe unverständlich, wie jene von Vasari genannten Künstler den Garten nach 1488 regelmäßig hätten besuchen sollen, da sie zu dieser Zeit entweder schon zu alt waren oder sich gar nicht mehr in Florenz aufhielten. Der Anonimo Gaddiano teilt uns mit, daß sich Leonardo »als junger Mann bei Lorenzo de' Medici aufhielt, der ihn gegen ein Entgelt im Garten an der Piazza San Marco für sich arbeiten ließ«.[64] Dieses Zeugnis muß sich auf die Zeit von 1475 bis zum Herbst 1482 beziehen, als Leonardo nach Mailand ging. Man kann den zeitlichen Rahmen aber noch weiter eingrenzen, denn 1476 arbeitete Leonardo noch bei Verrocchio, und 1478 wurde er bereits mit dem Altarbild für den Palazzo Vecchio beauftragt – und es ist sehr unwahrscheinlich, daß Leonardo auch nach dem offiziellen Auftrag der Stadtoberen weiterhin ein Gehalt von Lorenzo annahm. Wenn aber Leonardo tatsächlich von Lorenzo ein Gehalt bezogen hat, dann wäre damit nicht nur der Auftrag für den Altar des *Hl. Bernhard* im Palazzo Vecchio zu klären, der ihm möglicherweise auf die direkte Intervention des Medici hin übertragen wurde, wie etwa Elam annimmt[65], sondern auch der Kontext der ersten selbständigen Arbeiten des »Maestro Lionardo Dipintore«. Die beiden gegen Ende des Jahres 1478 begonnenen »Jungfrauen Maria« (*Madonna Benois* oder die »Madonna mit der Katze«), die Skizzen für eine »Anbetung der Hirten« (ein Vorspiel zur *Anbetung der Könige* für San Donato in Scopeto) und die Studien zum »Kampf mit dem Drachen« (die ebenfalls in die *Anbetung* von 1482 eingingen) könnten ein Hinweis auf einen oder mehrere Aufträge der Medici sein, wie ja auch schon die Zeichnung für eine Standarte, die Verrocchio aus Anlaß des Turniers von 1475 übertragen wurde, und die dann von Leonardo ausgeführt wurde.

Es ist nicht bekannt, woraus sich die Antikensammlung von San Marco zusammensetzte; vermutlich war sie weniger wertvoll als diejenige im Palast in der Via Larga, auch wenn später eine »hohe Marmorstatue mit reliefiertem Faltenwurf und ohne Kopf« erwähnt wird, die nach ihrer Entdeckung 1490 in den Garten Lorenzos gebracht wurde[66]. Durch Leonardos Anwesenheit im Garten von San Marco und seine damit verbundenen Studien der antiken Skulpturen erklärt sich jedoch die außergewöhnliche Wende zum Skulpturalen, die in der *Anbetung* der Uffizien spürbar ist. Leonardo hatte übrigens jene Sarkophage und Reliefs vor Augen, die auch Bertoldo für seine wohl zwischen 1480 und 1485 entstandene *Schlacht*[67] im Bargello studierte.

Leonardo interpretiert jedoch das Relief völlig anders als Bertoldo, und zwar weniger deswegen, weil es sich bei der *Anbetung* um ein Gemälde und nicht um ein Relief handelt, sondern weil

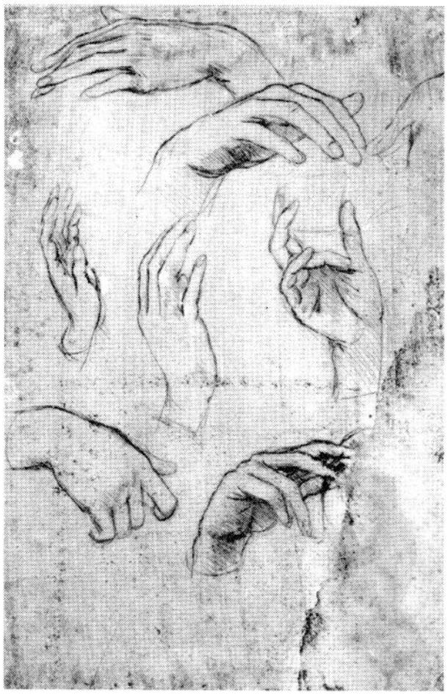

Leonardo da Vinci,
Händestudien.
Windsor Castle, Royal Library
(Inv. Nr. 12615).

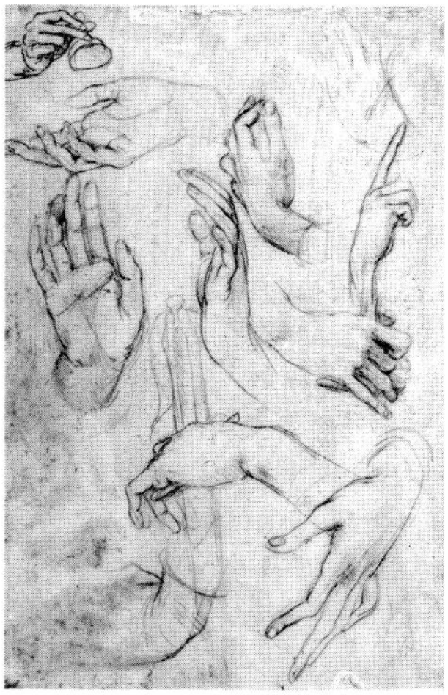

Leonardo da Vinci,
Händestudien.
Windsor Castle, Royal Library
(Inv. Nr. 12616).

Leonardo eine malerische Auffassung der Skulptur vertritt, die schon auf die Arbeitsweise Michelangelos beim *Kentaurenkampf* (Florenz, Casa Buonarroti) vorausweist.[68] Andererseits vertritt er eine skulpturale Auffassung von Malerei, die im Gegensatz zum hohen Grad von Ausarbeitung in Bertoldos *Schlacht* steht. Das Studium der Antike im Garten von San Marco war anscheinend eine obligatorische Übung, denn um 1508, als Leonardo sich für Pier Francesco Ginori an dem mythologischen Thema der Arbeiten des Herkules auseinandersetzen muß (aus dieser Zeit stammt die Zeichnung Nr. 15630 in der Biblioteca Reale in Turin *Herkules mit dem Nemeischen Löwen;* vgl. Kapitel V), notiert er sich, wie in einer unmittelbaren Assoziation: »Fatiche d'Ercole a Pier F. Ginori. L'orto de' Medici« (die Arbeiten des Herkules für Pier F. Ginori. Medici-Garten)[69], da er sich anscheinend an eine Skulptur mit diesem Sujet erinnert, die er dort gesehen hat.[70] Die für Leonardos Laufbahn bedeutungsvolle Auseinandersetzung mit der antiken Kunst ist daher schon abgeschlossen, als er nach Mailand übersiedelt. Dennoch kommen sein antikes Repertoire und die entsprechenden Vorbilder erst nach 1500 zum Tragen, also nach der Mailänder Zeit. In Mailand strebte er nach einer neuen Klassizität und einer neuen Kunstauffassung, wobei die Antiken eine eher untergeordnete Rolle spielten, allenfalls als Requisit. Es ging ihm nicht darum, die antike Kunst zu adaptieren oder gar ihre Nachahmung zum eigentlichen Ziel zu erklären.[71]

Anmerkungen

[1] Vgl. L. Beltrami, *Documenti e memorie riguardanti la vita e le opere di Leonardo da Vinci,* Mailand 1919, Dok. 10–11, S. 5–6. Dok. 8 im Anhang des vorliegenden Bandes; P. C. Marani, *Leonardo. Catalogo completo,* Florenz 1989, S. 125–127, Abb. 24. Das Altarbild Filippino Lippis zeigt am Sockel des Throns das Datum »20. Februar 1485«. Gemäß der Florentiner Tradition, nach der das Jahr im März begann, bedeutet dies »1486«. Umberto Baldini, in: L. Berti und U. Baldini, *Filippino Lippi*, Florenz 1991, S. 186–188, bestreitet zwar – wobei er sich auf Poggis Interpretation der Dokumente beruft –, daß es sich um das 1478 von Leonardo begonnene Altarbild handelt, scheint aber trotzdem Ragghiantis Deutung des Gemäldes und der Röntgenbilder zu akzeptieren (»Inizio di Leonardo«, in: *Critica d'arte* [3. Ser.] I, 1954, S. 4 ff), nach der Spuren eines ursprünglichen Entwurfs von Leonardo zu erkennen seien. Diese identifiziert auch J. Nelson, in: G. R. Goldner und C. C. Bambach, *The Drawings of Filippino Lippi and His Circle,* New York 1997, S. 11. Zu dem Bild, das Filippino anschließend gemalt hat, die *Vision des Hl. Bernhard* (Florenz, Badia), vgl. L. Berti und U. Baldini, a. a. O., 1991, S. 60–63 und 182–183, die das Bild auf etwa 1484 datieren.

[2] Einer der beiden Engel wird beharrlich Leonardo zugeschrieben. Vgl. Kapitel I, S. 30. Am Kenotaph der Forteguerri arbeitete Verrocchio von 1477 bis 1483. Vgl. G. Passavant, *Verrocchio. Sculture, pitture e disegni,* Venedig 1969, S. 175–177.

[3] Vgl. W. R. Valentiner, »Leonardo as Verrocchio's co-worker«, in: *The Art Bulletin* XII, 1930, S. 43–89, Abb. 14, 15 und 16. Es handelt sich um die Zeichnungen in den Gallerie dell'Accademia in Venedig, Inv. Nr. 259 und 256; vgl. B. Berenson, *The Drawings of Florentine Painters,* 2. erweiterte Ausgabe, Chicago 1938, Nr. 1109 und 1110, Abb. 479 und 481; C. Pedretti, *Leonardo. A Study in Chronology and Style,* London 1973, S. 26–27; L. Cogliati Arano, *Disegni di Leonardo e della sua cerchia alle Gallerie dell'Accademia,* Mailand 1980, S. 20–23, Abb. 28–29.

[4] Vgl. C. Pedretti, *Leonardo. A Study ...,* a. a. O., 1973, S. 26.

[5] Zur Zeichnung von Bayonne, Musée Bonnat, Nr. 658, vgl. B. Berenson, a. a. O., 1938, Nr. 1010 B (früher 1073), S. 109, Abb. 482; K. Clark, *Leonardo da Vinci. An Account of his Development as an Artist,* Cambridge 1939 (weitere Ausgaben: Cambridge 1952; London 1959, 1967, 1988 und 1989, die letzteren beiden mit einer Einführung von M. Kemp), in der Ausgabe von 1988, S. 70, Abb. 19; A. E. Popham, *The Drawings of Leonardo da Vinci,* London 1946 (revidierte Ausgabe mit einem einführenden Essay von M. Kemp, London 1994), Nr. 39. Zur Zeichnung der Hamburger Kunsthalle, Nr. 21488, vgl. B.

Berenson, a. a. O., 1938, S. 112, Katalog Nr. Nr. 1021, Abb. 483; A. E. Popham, *The Drawings ...,* a. a. O., 1946, Katalog Nr. 41; M. Clayton, in: *Leonardo & Venezia*, Ausstellungskatalog, hrsg. von G. Nepi Sciré und P. C. Marani, Mailand 1992, S. 200–201, der sie fälschlicherweise auf etwa 1483–1485 datiert. Zur Zeichnung im Metropolitan Museum of Art in New York, Rogers Fund, 1917, Nr. 17.142.1, vgl. Berenson, a. a. O., 1938, Nr. 1049 C, S. 116, Abb. 484, der sie in die Zeit unmittelbar vor der Entstehung der *Anbetung der Heiligen Drei Könige* in den Uffizien einordnet; K. Clark, *Leonardo da Vinci. An Account ...,* a. a. O., (1939) 1988, S. 92, Abb. 34, datiert 1492–1493; A. E. Popham, *The Drawings ...,* a. a. O., 1946, Nr. 159 rückt sie zeitlich näher zur *Madonna in der Felsengrotte*, um 1483–1485; C. Pedretti, *Leonardo. A Study ...,* a. a. O., 1973, S. 59–60, Abb. 51, datiert 1495–1497; J. Bean, *15th and 16th Century Italian Drawings in the Metropolitan Museum of Art,* New York 1982, Nr. 107, S. 114–115, rückt die Zeichnung mit einigen Vorbehalten zeitlich in die Nähe der *Madonna in der Felsengrotte*, vielleicht zur zweiten (der Londoner) Fassung; M. Clayton, in: *Leonardo & Venezia,* a. a. O., 1992, S. 202–203 datiert auf »um 1485«. Von dem New Yorker Blatt, insbesondere der Skizze links unten oder einer vorhergehenden Fassung der Madonna mit ausgebreiteten Armen, die das Christuskind anbetet, wie die des *Codex Atlanticus*, siehe unten und Anm. 8) sind einige Gemälde des toskanischen 16. Jahrhunderts herzuleiten, wie beispielsweise das bei H. Bodmer abgebildete und jüngst Fernando Yañez de la Almedina zugeschriebene Gemälde (H. Bodmer, *Leonardo. Des Meisters Gemälde und Zeichnungen,* Stuttgart 1931, Nr. 78), im Depot der Florentiner Museen (F. Moro, »Spunti sulla diffusione di un tema leonardesco tra Italia e Fiandra sino a Lanino«, in: *I Leonardeschi a Milano. Fortuna e collezionismo*, Atti del convegno, hrsg. von M. T. Fiorio und P. C. Marani, Mailand 1991, S. 131–133, Abb. 15).

[6] C. Pedretti, *Leonardo. A Study ...,* a. a. O., 1973, S. 59–60.

[7] Zur Zeichnung Nr. 12702, Windsor, Royal Library, siehe A. E. Popham, *The Drawings ...,* a. a. O., 1946, Nr. 52 B; K. Clark, *The drawings of Leonardo da Vinci in the Collection of Her Majesty the Queen at Windsor Castle,* (1935), zweite, unter Mitarbeit von C. Pedretti revidierte Ausgabe, London 1968–1969, I, 1968, S. 179–180; C. Pedretti, *Leonardo, Studi per il Cenacolo ...,* a. a. O., 1983, S. 56–59. Ich sehe keinen deutlichen Zusammenhang zwischen der *Anbetung* in den Uffizien und dieser Zeichnung, außer einer Vorwegnahme der auf dem Blatt im Louvre dargestellten Figuren (Cabinet des Dessins, Nr. 2258 *recto:* siehe dazu die weitere Argumentation in diesem Kapitel). Sie wurde fälschlicherweise als Studie für ein Abendmahl interpretiert. Die Zeichnung Nr. 12702 in Windsor ist meiner Ansicht nach vor 1481 entstanden, also gegen Ende der siebziger Jahre zu datieren. Zur Zeichnung Nr. 12560 in Windsor siehe A. E. Popham, *The Drawings of Leonardo ...,* a. a. O., 1946, Nr. 160; K. Clark, *The Drawings of Leonardo ...,* a. a. O., 1968, S. 105 (datiert um 1485); M. Clayton, in: *Leonardo & Venezia* a. a. O., 1992, Nr. 8, S. 204, (datiert um 1485). Die bisherigen Datierungsvorschläge für diese Gruppe von Zeichnungen, einschließlich des New Yorker Blattes, sind meiner Ansicht nach alle zu spät angesetzt. Es erscheint nicht plausibel, daß die Zeichnungen in New York und in Windsor (Blatt 12560), die kürzlich von Clark und Clayton auf die Zeit um 1485 und von Pedretti sogar in die neunziger Jahre datiert wurden, Studien zur *Madonna in der Felsengrotte* im Louvre sein könnten, die am 25. April 1483 in Auftrag gegeben wurde und gegen 1486 bereits vollendet gewesen sein muß (P. C. Marani, *Leonardo. Catalogo ...,* a. a. O., 1989, S. 55–58); noch weniger können sie mit der zweiten Version des Bildes (dem der National Gallery in London, vgl. Kapitel III) in Verbindung gebracht werden, denn die radikale Änderung der Ikonographie hätte so keinerlei Sinn gehabt. Genauso unwahrscheinlich ist eine Identifizierung des Blattes in New York mit einer Studie, die mit der verschollenen *Geburt Christi* in Zusammenhang steht, von der Vasari spricht und die von Ludovico il Moro dem Kaiser übersandt wurde (vgl. die weitere Argumentation im Text).

[8] Zur Zeichnung einer *Anbetenden Madonna* auf Blatt 995 *recto* (früher 358 r-b) des *Codex Atlanticus* siehe K. Clark, *The Drawings of Leonardo ...,* a. a. O., 1968, S. 105 (Clark berichtigt seine Zuschreibung von 1935: »it is done with the right hand, in a style somewhat like Ghirlandaio's and is certainly not by Leonardo«; C. Pedretti, *The Codex Atlanticus of Leonardo da Vinci. A Catalogue of Its Newly Restored Sheets, Part Two,* New York 1979, S. 227, datiert das Blatt auf 1480–1482; C. Pedretti, »A Proem to Sculpture«, in: *Achademia Leonardi Vinci. Journal of Leonardo Studies and Bibliography of Vinciana,* Bd. II, 1989, Abb. 38, schreibt die Zeichnung Francesco de Simone zu. Siehe auch die folgende Anm.

[9] C. Pedretti, »A Proem ...«, a. a. O., 1989, S. 33, Anm. 54, hier auch die Literatur zum »Verrocchio Sketchbook«; Zu Francesco di Simone Ferruccis *Madonna mit Kind*, dessen Vorbild ein Gemälde Ghirlandaios war (London, National Gallery), vgl. L. Venturini in *Maestri e botteghe. Pitture a Firenze alla fine del Quattrocento,* Ausstellungskatalog hrsg. von M. Gregori, A. Paolucci und C. Acidini Luchinat, Florenz 1992, Abb. 3 auf S. 149.

[10] Zur Zeichnung 446 E in den Uffizien siehe G. Dalli Regoli und C. Pedretti, *I disegni di Leonardo da Vinci e della sua cerchia nel Gabinetto Disegni e Stampe della Galleria degli Uffizi a Firenze,* Florenz 1985, Nr. 7, S. 55–56.

[11] Zu der Zeichnung Nr. 12276 in Windsor vgl. A. E. Popham, *The Drawings of Leonardo ...,* a. a. O., 1968, I, S. 3–4 (datiert 1478–1480); C. Pedretti, *Leonardo. A Study ...,* a. a. O., 1973, S. 27; M. Kemp und J. Roberts, *Leonardo da Vinci,* London 1989, Nr. 5, S. 52.

[12] Zu dem Gemälde von Andrea da Salerno in Neapel, Museo di Capodimonte, siehe A. Vezzosi, *Leonardo e il leonardismo a Napo-*

li e a Roma, Florenz 1983, S. 123, Abb. 242 (hier dem Brescianino zugeschrieben). Zu den Zeichnungen von Sogliani in den Uffizien vgl. G. Dalli Regoli, *I disegni di Leonardo ...,* a. a. O., 1985, Nr. 39, S. 88–89 und Abb. 18. Mit diesen Blättern (Uffizi, Nr. 17051 F, 17050 F, 17052 F) hängt eine Zeichnung in Porto, Escola de Belas Artes, zusammen: eine »Madonna, die dem Christkind die Füße wäscht« (G. Dalli Regoli, *I disegni di Leonardo ...,* a. a. O., 1985, Abb. 17 und 37), die C. Pedretti jüngst wieder als Werk Leonardos bestätigte, indem er sie durch seine Datierung um 1483 in die Nähe der Studien zur »Madonna mit der Katze« (hierzu weiter unten) rückte (C. Pedretti, »Il disegno di Oporto«, in: *Raccolta Vinciana* Fasz. 27, 1997, S. 3–11).

[13] Zur Zeichnung im Louvre, Cabinet des Dessins, Nr. 486, vgl. B. Berenson, a. a. O., 1938, Nr. 1069, S. 120, Abb. 475; K. Clark, *Leonardo da Vinci. An Account ...,* a. a. O., (1939) 1988, Abb. 16, S. 64; A. E. Popham, *The Drawings ...,* a. a. O., 1946, Nr. 25; *Leonardo. La pittura,* neue erweiterte Ausgabe, hrsg. von P. C. Marani, Florenz 1985, S. 47, Abb. 17.

[14] C. Pedretti, *Leonardo. A Study ...,* a. a. O., 1973, S. 28.

[15] Zur Zeichnung 421 E in den Uffizien vgl. G. Dalli Regoli, *I disegni di Leonardo ...,* a. a. O., 1985, Nr. 10, S. 59–60 (datiert um 1480). Zur Datierung der Studien zur »Madonna mit der Katze« siehe C. Pedretti (»La data della ›Madonna del gatto‹«, in: G. Dalli Regoli, *I disegni di Leonardo ...,* a. a. O., 1985, S. 99), der diese in eine spätere Phase – bis 1482/1483 – rücken will. Ohne Zweifel hat Leonardo an dem Motiv weiterhin gearbeitet, die bereits angesprochenen Aufträge standen dem aber entgegen. Deswegen erscheint eine Datierung des Blattes 421 E in den Uffizien in die Spätphase des Projektes wenig plausibel, es kann kaum nach 1478/1480 entstanden sein.

[16] Zu den Zeichnungen in London, British Museum, Inv. Nr. 1856-6-21-1 *recto* und *verso* vgl. B. Berenson, a. a. O., 1938, Nr. 1026, S. 113; A. E. Popham, *The Drawings ...,* a. a. O., 1946, Nr. 9 A und B; C. Pedretti, »La data della ›Madonna del Gatto‹«, a. a. O., 1985, Abb. 43 und 44; P. C. Marani, *Leonardo. Catalogo ...,* a. a. O., 1989, Abb. 28–29, S. 128–129. Siehe auch die Zeichnungen in London, Sammlung Otto Pollen (A. E. Popham, *The Drawings ...,* a. a. O., 1946, Nr. 8 B), die anderen drei im British Museum (A. E. Popham, *The Drawings ...,* a. a. O., 1946, Nr. 11, 12 und 13) und die im Musée Bonnat in Bayonne (ebda, 1946, Nr. 14), die meiner Meinung nach alle zwischen dem Blatt in den Uffizien und dem eben zitierten 1856-6-21-1 im British Museum liegen. Ein einziges Original leitet sich von diesen Studien her – genauer gesagt von der Fassung auf *verso* des Blattes im British Museum (ebda, 1946, Nr. 9 B) und von dem Blatt der Sammlung Pollen: Es ist ein Gemälde in der Pinacoteca di Brera, Reg. cron. 1168 – durch eine nachträgliche Korrektur nicht mehr ohne weiteres erkennbar, weil die Katze in ein Lämmchen verwandelt wurde; eine Abwandlung der Ikonographie, die auf Leonardo selbst zurückgeht, wie die Zeichnung im Getty Museum in Los Angeles zeigt. Das Gemälde war zunächst Leonardo, dann Sodoma zugeschrieben worden, und es könnte ein Werk jenes »Ferrando spagnuolo« sein, der 1504 mit Leonardo an *der Schlacht von Anghiari* arbeitete; siehe hierzu P. C. Marani, *La Madonna del gatto di Leonardo in un dipinto della pinacoteca di Brera. Nuove indagini e restauri,* Mailand 1996.

[17] Vgl. M. Kemp, »Leonardo e lo spazio dello scultore«, *XXVII Lettura Vinciana* (20. April 1987), Florenz 1988; P. C. Marani, *La Madonna del gatto ...,* a. a. O., 1996, S. 19.

[18] Zur *Madonna Benois* siehe M. Alpatov, in: *Leonardo. La pittura,* a. a. O., 1985, S. 45–54; P. C. Marani, *Leonardo. Catalogo ...,* a. a. O., 1989, S. 53–54.

[19] Vgl. G. Gronau, »Ein Jugendwerk des Leonardo da Vinci«, in: *Zeitschrift für bildende Kunst,* 1912; M. Alpatov, in: *Leonardo. La pittura,* a. a. O., 1985, S. 51.

[20] Vgl. J. Thiis, *Leonardo da Vinci. The Florentine Years of Leonardo and Verrocchio,* London 1914.

[21] Vgl. B. Berenson, *The Study and Criticism of Italian Art,* London 1916.

[22] Zur Zeichnung im British Museum, Inv. Nr. 1860-6-16-100, vgl. H. Bodmer, a. a. O., 1931, Abb. 117 und 118; B. Berenson, a. a. O., 1938, Nr. 1027, S. 113; A. E. Popham, *The Drawings ...,* a. a. O., 1946, Nr. 16; C. Pedretti, *Leonardo. A Study ...,* a. a. O., 1973, Abb. 33, S. 28.

[23] Außer auf die sich davon herleitenden Werke mit ihren Varianten, auf die sich Gronau und Alpatov beziehen (vgl. Anm. 19), darunter auch die Version in Dresden von Lorenzo di Credi (G. Dalli Regoli, *Lorenzo di Credi,* Pisa 1966, Kat. 9, S. 104, Abb. 14), ist auf die Photographien im Kunsthistorischen Institut in Florenz Nr. 70325 (Kopie nach dem Gemälde in München), Nr. 40159 (Kopie eines anonymen Florentiners des 16. Jahrhunderts in einer Privatsammlung in Florenz) und auf Alinari Nr. 7342 (Reproduktion der Lippi zugeschriebenen Version in der Galerie Colonna in Rom) hinzuweisen.

[24] *Leonardo da Vinci, Das Buch von der Malerei,* in: Quellenschriften, a. a. O., II, Nr. 93; nach übereinstimmender Ansicht der Experten 1508–1510 niedergeschrieben.

[25] C. Pedretti, *Leonardo. A Study ...,* a. a. O., 1973, S. 28.

[26] P. C. Marani, *Leonardo. Catalogo ...,* a. a. O., 1989, S. 53.

[27] C. Vecce, *Leonardo,* Rom 1998, S. 62–63.

[28] Zur Zeichnung des erhängten Baroncelli, Nr. 659 im Musée Bonnat von Bayonne, siehe B. Berenson, a. a. O., 1938, Nr. 1010 A, S. 109; A. E. Popham, *The Drawings ...,* a. a. O., 1946, Nr. 26.

[29] Vgl. C. Pedretti, »Paolo di Leonardo«, in: *Achademia Leonardi Vinci. Journal of Leonardo Studies and Bibliography of Vinciana* Bd. V, 1992, S. 120–122; C. Vecce, a. a. O., 1998, S. 61 und Anm. 100 auf S. 388 zu den Archivhinweisen.

[30] Zum *Hl. Hieronymus* im Vatikan vgl. D. Redig de Campos, in: *Leonardo. La pittura,* a. a. O., 1985, S. 37–38; P. C. Marani, *Leonardo. Catalogo ...,* a. a. O., 1989, S. 50–52.

[31] Zur Auffassung des *Hl. Hieronymus* im Sinn der vitruvianischen Proportionsfigur siehe H. Ost, *Leonardo-Studien,* Berlin und New York 1975, insb. S. 10–32.

[32] Zum *Hl. Hieronymus* in Stuck im Victoria and Albert Museum in London (Inv. Nr. 65–1882) siehe J. Pope-Hennessy, *Catalogue of Italian Sculpture in the Victoria and Albert Museum,* London 1964, III, Nr. 420, Abb. 417; H. Ost, a. a. O., 1975, S. 54–58, 63–65, Abb. 65. Die Terrakotta-Figur, Inv. Nr. 883–1863, vom Museum als Entwurf Verrocchios bezeichnet, der von Leonardo oder Rustici ausgeführt worden sei; eine Datierung nach 1480 erscheint jedoch kaum möglich. Zum *Hl. Hieronymus* im Palazzo Pitti in Florenz und den anderen erwähnten »Köpfen« siehe H. Ost, a. a. O., 1975, Abb. 66; L. Bellosi, »Andrea del Verrocchio«, in: *Pittura di luce. Giovanni di Francesco e l'arte fiorentina di metà Quattrocento,* Ausstellungskatalog, Florenz 1990, S. 180–183.

[33] H. Ost, a. a. O., 1975, S. 63, Anm. 233.

[34] Zu der Notiz Leonardos im *Codex Atlanticus*, fol. 888 *recto* (früher 324 *recto*) siehe P. C. Marani, *Leonardo. Catalogo ...*, a. a. O., 1989, S. 50; C. Vecce, a. a. O., 1998, S. 42. Zur Zeichnung eines Hl. Hieronymus in Windsor, Nr. 12571, siehe K. Clark, *The Drawings of Leonardo ...*, a. a. O., 1968, I, S. 110 (der ihn de' Predis zuschreibt); W. Suida (*Bramante pittore e il Bramantino,* Mailand 1953, S. 33), der ihn Bramante zuschreibt; H. Ost, a. a. O., 1975, S. 7, Nr. 18, Abb. 4 (»Ambrogio de' Predis?«). Zur Kopie in der Ambrosiana (Cod. F 263 inf. 96) vgl. H. Ost, a. a. O., 1975, Abb. 6 (»Leonardo-Schule«), und P. C. Marani, in: *Disegni e dipinti leonardeschi dalle collezioni milanesi,* Mailand 1987, Nr. 15, S. 66–67 (»Anonimo Milanese«).

[35] Zum Titelblatt der *Antiquarie prospettiche romane* siehe H. Ost, a. a. O., 1975, Abb. 28. Zu diesem Bild vgl. D. D. Fienga, der es Bramante zuschreibt: D. D. Fienga, *The »Antiquarie prospettiche romane« composte per Prospettivo Melanese Depinctore: A Document for the Study of the Relationship between Bramante and Leonardo da Vinci,* Ann Arbor (Michigan) 1980; G. Agosti, *Bambaja e il classicismo lombardo,* Turin 1990, S. 71–73, der es Bernardo Zenale zuschreibt; C. Robertson (»Bramantino: Prospectivo Melanese Depinctore«, in: *Giovanni Antonio Amadeo. Scultura e archtitettura del suo tempo,* Atti del convegno, hrsg. von J. Shell und L. Castelfranchi, Mailand 1993, S. 378–391) schreibt das Bild Bramantino zu.

[36] Zu den Köpfen des »Seneca« siehe H. Ost, a. a. O., 1975, S. 58–61, Abb. 55–61.

[37] Siehe P. C. Marani, *Leonardo,* Mailand 1994, Taf. auf S. 56.

[38] Vgl. A. E. Popham, »The Dragon-Fight«, in: *Leonardo. Saggi e ricerche,* 1954, S. 221–227. Popham zitiert einen späteren Text Leonardos (im Institut de France, B. N. 2038, fol. 29 *recto*): Vgl. J. P. Richter, *The Literary Works of Leonardo da Vinci,* (Oxford 1883), London 1939 I, S. 342. Hier beschreibt Leonardo, wie man ein monströses Tier darstellen soll: »Du weißt, man kann kein Tier malen, ohne daß es seine Gliedmaßen hat, und jedes Tier hat Ähnlichkeit mit irgendeinem anderen: Wenn du also willst, daß ein Tier, das du erfunden hast, natürlich aussieht, sagen wir eine Schlange, so gib ihr den Kopf eines Bluthundes oder Bracken, die Augen einer Katze und die Ohren eines Stachelschweins, die Nase eines Windhunds und mach ihm die Brauen eines Löwen und Schläfen eines alten Hahns und den Hals einer Wasserschildkröte.« In vielem knüpft diese Beschreibung an die Zeichnungen zum »Drachen« an. Es sei auch an die Zeichnung eines bereits im vorhergehenden Kapitel erwähnten Drachen erinnert (Windsor, Royal Library, Nr. 12369), der jedoch der späteren Schaffenszeit Leonardos angehört und gegen Ende seines Aufenthalts in der Lombardei oder bereits in Frankreich entstanden ist. Hierzu die jüngsten Forschungen von M. Clayton, *Leonardo da Vinci, A Curious Vision,* London 1996, Nr. 92, S. 151–154, der sie auf »um 1517–1518« datiert und als Entwurf zu einer Kostümierung interpretiert.

[39] Vgl. B. Berenson, a. a. O., 1938, Nr. 1056, S. 117; A. E. Popham, *The Dragon-Fight,* a. a. O., 1954, Taf. CXV, Abb.4. Davon existiert eine Kopie in der Biblioteca Ambrosiana in Mailand (ebda, Abb. 5).

[40] Abbildung der Zeichnung im British Museum (Inv. Nr. 1952-10-11-2) ebda, 1954, Taf. CXIII, Abb. 1.

[41] Zur Zeichnung Windsor 12370 *recto* vgl. A. E. Popham, *The Drawings ...*, a. a. O., 1946, Nr. 62; K. Clark, *The Drawings of Leonardo ...*, a. a. O., 1968, S. 51; M. Kemp und J. Roberts, a. a. O., 1989, Nr. 84, S. 158.

[42] Zur Zeichnung in den Uffizien 447 E, den beiden Stichen im British Museum und der Kopie in den Uffizien 435 E mit der nicht erhaltenen Komposition des »Drachen, der mit dem Löwen kämpft«, vgl. C. Pedretti, in: G. Dalli Regoli, *I disegni di Leonardo ...*, a. a. O., 1985, Nr. 9 r, S. 58–59, 81–83 und Abb. 3, 4, 5 und 6.

[43] Es gibt verschiedene Studien Raffaels für das auf 1505 zu datierende Gemälde *Hl. Georg mit dem Drachen* im Louvre: Nr. 530 E in den Uffizien, P II 44 im Ashmolean Museum in Oxford, Inv. Nr. B 33.667 in der National Gallery in Washington und eine in einer englischen Privatsammlung, die aber auch zu dem Gemälde aus dem Jahr 1506 in der National Gallery in Washington oder zu dem in den Uffizien (529 E) gehören können. Vgl. dazu E. Knabb, E. Mitsch und K. Oberhuber, *Raffaello. I disegni,* hrsg. von P. Dal Poggetto, Florenz 1983, Katalog Nr. 126–130, S. 593–594.

[44] Zur Zeichnung im Louvre, Collection Rothschild, Inv. Nr. 781, vgl. A. E. Popham, »The Dragon-Fight«, a. a. O. 1954, Taf. CXV, Abb. 3.

[45] Zur Zeichnung Windsor 12315 siehe K. Clark, (*The Drawings of Leonardo ...*, a. a. O., 1968, S. 21), der auf eine Plakette mit einem ähnlichen Gegenstand, Inv. Nr. 1234, im Kaiser Friedrich Museum in Berlin hinweist.

[46] Vgl. K. Clark, »Leonardo and the Antique«, in: *Leonardo's Legacy, An International Symposium,* hrsg. von C. D. O'Malley, Los Angeles 1969, S. 1–34. Zu dieser und anderen Zeichnungen von Pferden und anderen

Tieren, die mit dem Hintergrund der *Anbetung* zusammenhängen, siehe M. Clayton, *Leonardo da Vinci ...,* a. a. O., 1996, Nr. 6–9, S. 23–27.

[47] Vgl. L. Beltrami, a. a. O., 1919, Dok. 16, S. 7–8. Siehe auch im Anhang des vorliegenden Bandes das Dok. 9. Dem Auftrag vom März 1481 entsprechend sollte Leonardo das Bild innerhalb von zwei Jahren fertigstellen, für »die Farben, das Gold und jede andere nötige Ausgabe« mußte er selbst aufkommen. Im Gegenzug sollte er ein Drittel einer Besitzung im Val d'Elsa erhalten, die den Mönchen von San Donato zu diesem Zweck als Stiftung überlassen worden war; zusätzlich war jedoch der Tochter eines gewissen Salvestro di Giovanni eine Mitgift zu zahlen. Die Bedeutung des Dokuments liegt darin, daß es eine Datierung aller vorbereitenden Zeichnungen auf die Zeit nach dem März 1481 ermöglicht, die wohl innerhalb eines ziemlich begrenzten Zeitraums unmittelbar danach entstanden sind. Fragen, die die Datierung oder die Zahlung betreffen, können beantwortet werden, da es in einer Eintragung vom Juli 1481 in einem Rechnungsbuch des Klosters (das von 1479 bis 1482 geführt worden ist) heißt, daß die Mönche gezwungen waren, 28 Florin für die Mitgift vorzustrecken, da Leonardo dazu nicht »in der Lage war, und die Zeit verstrich, und uns dies zum Schaden gereichte«. Außerdem kam er auch nicht für die Farben auf (interessant in diesem Zusammenhang ist, daß, wie beim Portrait der *Ginevra de' Benci*, die Verwendung von Gold vorgesehen war), die von den Ingesuati besorgt und von den Mönchen im voraus bezahlt wurden. Die Übereinkunft sah vor, daß Leonardo »quello n'avesse facto« (was er davon fertig hätte) abgeben müßte, falls er die *Anbetung der Heiligen Drei Könige* nicht innerhalb von zwei Jahre vollenden würde, wie es vertraglich festgelegt war. Es kam jedoch ganz anders: Leonardo behielt das Altarbild für sich und deponierte es im Palast der Benci. Man kann sich fragen, ob nicht die Klausel, die Leonardo die Kosten für die Farben und das Gold aufbürdete, nicht einen gewissen Einfluß auf die Ausführung des Gemäldes ausübte, das ohne Gold und ohne Farben blieb, obwohl die Mönche das Geld dazu vorgestreckt hatten. Zur *Anbetung* verweise ich hier schon im voraus auf den grundlegenden Aufsatz von L. Becherucci, in: *Leonardo. La pittura,* a. a. O., 1985, S. 39–44. Vgl. auch Marani, *Leonardo. Catalogo ...,* a. a. O., 1989, S. 46–49.

[48] Zur *Anbetung* von Filippino Lippi im Zusammenhang mit Leonardo vgl. A. Natali, »Re, cavalieri e barbari. Le ›Adorazioni dei Magi‹ di Leonardo e Filippino Lippi«, in: *Gli Uffizi. Studi e ricerche* 5, 1988, S. 73–84; L. Berti und U. Baldini, a. a. O., 1991, S. 199–206; J. Nelson, a. a. O., 1997, S. 11.

[49] Zur Zeichnung im Louvre, R. F. 1978 siehe B. Berenson, a. a. O., 1938, Nr. 1068, S. 119, Abb. 477; A. E. Popham, *The Drawings ...,* a. a. O., 1946, Nr. 42; M. Clayton, in: *Leonardo & Venezia,* a. a. O., 1992, Nr. 1, S. 190.

[50] Zur Zeichnung in Köln, Wallraf-Richartz Museum, Graphische Sammlung (460), vgl. B. Berenson, a. a. O., 1938, Nr. 1014, S. 110; A. E. Popham, *The Drawings ...,* a. a. O., 1946, Nr. 47; M. Kemp und J. Roberts, a. a. O., 1989, Nr. 7, S. 55.

[51] Zur Zeichnung im Louvre 2258 *verso,* vgl. B. Berenson, a. a. O., 1938, Nr. 1065, S. 119, Abb. 499; A. E. Popham, *The Drawings ...,* a. a. O., 1946, Nr. 43; M. Clayton, in: *Leonardo & Venezia,* a. a. O., 1992, Nr. 2, S. 192.

[52] Zur Zeichnung im Louvre 2258 *recto,* vgl. wieder B. Berenson a. a. O., 1938, Nr. 1065, S. 119 (er sieht sie in Zusammenhang mit einem geplanten »Abendmahl«); A. E. Popham, *The Drawings ...,* a. a. O., 1946, Nr. 44, der das Motiv richtig deutet: »A group of Figures conversing at the table, Two Figures in conversion and others« und nicht von einem »Abendmahl« spricht).

[53] Zur Zeichnung der École des Beaux-Arts in Paris, 34555 A, vgl. B. Berenson, a. a. O., 1938, Nr. 1081, S. 121, Abb. 486; M. Clayton, in: *Leonardo & Venezia,* a. a. O., 1992, S. 194–195.

[54] Zur Zeichnung in den Uffizien 436 E *recto* vgl. zuletzt bei G. Dalli Regoli, *I disegni di Leonardo ...,* a. a. O., 1985, Nr. 8, S. 56–58.

[55] Zur Zeichnung im Fitzwilliam Museum in Cambridge, Pd 121-1961, ehemals Sammlung Lord Clarke, vgl. A. E. Popham, *The Drawings ...,* a. a. O., 1946, Nr. 65. Siehe auch C. Harrisons Katalogeintrag in *Art treasures of England. The Regional Collections,* London 1998, Nr. 69, S. 146. Eine weitere stilistisch analoge Studie zu einem auf den Hinterbeinen stehenden Pferd mit Reiter befindet sich in der Sammlung Colville in London (A. E. Popham, *The Drawings ...,* a. a. O., 1946, Nr. 64).

[56] Zu den Zeichnungen Windsor 12615 und 12616 verweise ich auf K. Clark, *The Drawings of Leonardo ...,* a. a. O., 1968, S. 127. Vgl. auch C. Pedretti und J. Roberts, »Drawings by Leonardo da Vinci at Windsor newly revealed by UltraViolet-Light«, in: *The Burlington Magazine* CXIX, 1977, S. 396–408.

[57] Vgl. L. Becherucci in: *Leonardo. La pittura,* a. a. O., 1985, S. 39–44.

[58] Zu einigen Interpretationen der *Anbetung* siehe G. Calvi, »L'Adorazione dei Magi di Leonardo da Vinci«, in: *Raccolta Vinciana* Fasz. 10, 1919, S. 1–44; A. Venturi, *Storia dell'arte italiana,* Bd. IX, Teil I, Mailand 1925, S. 114–38; A. Chastel, *Art et Humanisme à Florence au temps de Laurent le Magnifique,* Paris 1957.

[59] Vgl. U. Baldini, *Un Leonardo inedito.* Florenz 1992, S. XVIII. Wenig überzeugend erscheint mir auch der Vorschlag, in der vor der Treppe im Hintergrund stehenden Gestalt, die ein Buch in der Hand hält, ein Selbstbildnis Leonardos »als Architekt« zu sehen, der die Arbeiten an dem Gebäude überwacht. Sie stellt wohl eher einen der Könige dar, der eine Schrift zu Rate zieht, um das göttliche Kind zu finden. Vgl. auch die folgende Anm.

[60] Vgl. A. Natali, »Il Tempio e la radice«, in: *L'artista,* 1993, S. 8–19; ders., »Il Tempio e la Radice«, in: *Florentine Drawings at the Time of Lorenzo the Magnificent,* mit einer Einführung von E. Cropper, Bologna 1994, S. 147–156. Der Autor bestreitet mit Recht, das im Hintergrund dargestellte Gebäude sei eine Ruine. Es handle sich vielmehr um

ein im Bau befindliches Gebäude, das nach Ansicht einiger Forscher auf die Villa Medici in Poggio a Caiano anspielen soll, die im Auftrag von Lorenzo de' Medici von Giuliano da Sangallo erbaut wurde. Man dachte auch an das Presbyterium von San Miniato al Monte in Florenz – wo sich die Treppe jedoch innerhalb des Gebäudes befindet – oder an Albertis Entwurf der Fassade von San Sebastiano in Mantua. Lorenzo il Magnifico hat später (1485) um das Modell dieser Kirche gebeten, um den Entwurf zu prüfen. In jedem Fall handelt es sich um ein sakrales Gebäude, eine Anspielung auf die Gründung der Kirche nach der Ankunft Christi.

[61] Vgl. Anm. 48.

[62] Vgl. C. Elam, »Il Giardino delle sculture di Lorenzo de' Medici«, in: *Il Giardino di San Marco. Maestri e compagni del giovane Michelangelo,* Ausstellungskatalog hrsg. von P. Barocchi, Florenz 1992, S. 159–164.

[63] Zur »Restaurierung« (das heißt zur Ergänzung des Fehlenden) der antiken Statuen und insbesondere über die Arbeit Verrocchios am »Marsia rosso« der Uffizien, vgl. F. Caglioti, »Due restauratori« per le antichità dei primi Medici: Mino da Fiesole, Andrea del Verrocchio e il ›Marsia rosso‹ degli Uffizi«, Kapitel I, in: *Prospettiva* 72, 1993, S. 17–42.

[64] Vgl. den Bericht des Anonimo Gaddiano bei C. Vecce, a. a. O., 1998, S. 360. Die Stelle wurde für diese Ausgabe neu ins Deutsche übersetzt.

[65] C. Elam, »Il Giardino ...«, a. a. O., 1992, S. 167.

[66] Ebda, 1992, S. 166.

[67] Über den Zusammenhang zwischen Leonardos *Anbetung*, Michelangelos *Kentaurenschlacht* und Bertoldo di Giovannis Werk im Bargello vgl. K. Weil Garris Brandt, »›The Nurse of Settignano‹. Michelangelo's Beginnings as a Sculptor«, in: *Michelangelo. The Genius of the Sculptor in Michelangelo's Work,* hrsg. von P. C. Marani, Montreal 1992, insb. S. 21–35. Die Autorin unterstreicht hier auch (S. 32), welch große Bedeutung Leonardos *Anbetung* für Michelangelos Schaffen hatte, denn dieser »had already understood the import for sculpture of Leonardo's revolutionary instrumentalization of drawing as the basis form of visual thought about composition and *rilievo*«. Leonardo könnte durchaus von dem einen oder anderen bildhauerischen Werk Bertoldos fasziniert gewesen sein, obwohl ihnen eine entgegengesetzte Sichtweise zugrundeliegt: vgl. die Bronzegruppe *Bellerophon zähmt den Pegasus* von 1480 im Kunsthistorischen Museum in Wien (vgl. M. Ceriana, in: *Il Giardino di San Marco ...,* a. a. O., 1992, S. 33–36). Bezugnahmen auf dieses Werk finden sich wohl in den Studien von Pferden und Reitern, die er kurz darauf für die *Anbetung* schuf, wie etwa die Studie eines sich aufbäumenden Pferdes (Windsor, Inv. Nr. 12315) und eine Studie für den »Kampf mit dem Drachen« in Oxford sowie das erwähnte Blatt der Sammlung Colville in London.

[68] Zu Michelangelos *Kentaurenkampf* vgl. G. C. Argan, »Michelangelo 1492«, in: *Circa 1492: Art in the Age of Exploration,* Ausstellungskatalog hrsg. von J. A. Levenson, Washington 1992, S. 113–114.

[69] Zu Leonardos Notizen zum »Garten der Medici« und zu den »Arbeiten des Herkules« für Pier Francesco Ginori (*Codex Atlanticus*, Blatt 783 *verso*, früher 288 *verso*) vgl. C. Pedretti, *The Codex Atlanticus ...,* a. a. O. 1979, S. 112; C. Vecce, a. a. O., 1993, S. 64. Zur Zeichnung in Turin, *Hercules mit dem Nemeischen Löwen,* vgl. C. Pedretti, *I disegni di Leonardo nella Biblioteca Reale di Torino,* Ausstellungskatalog, Florenz 1975, S. 21–23; ders., *I disegni di Leonardo da Vinci e della sua cerchia nella Biblioteca Reale di Torino,* Florenz 1990, Nr. 8, S. 93–94.

[70] Das Motiv des Herkules ist eng mit Florenz verbunden. Er war seit dem 14. Jahrhundert Sinnbild der bürgerlichen Tugenden der Florentiner, in der republikanischen Phase des frühen 16. Jahrhunderts berief man sich erneut auf Herkules, daneben wurde das Thema des *David* virulent. Auch Michelangelo versuchte sich an den *Arbeiten des Herkules* (vgl. zum Beispiel die Zeichnung Nr. 12770 in Windsor, *Die drei Arbeiten des Herkules*, vgl. P. Joannides, *Michelangelo and his Influence. Drawings from Windsor Castle,* Washington und London 1996, Nr. 18, S. 80–81, der sie um 1530 datiert). Möglicherweise stammte die Idee, eine Statue des »Herkules« anzufertigen, um sie vor der Fassade des Palazzo Vecchio aufzustellen, von Michelangelo selbst. Die Statue wurde später von Baccio Bandinelli ausgeführt, während Michelangelo seinen *David* schuf. Vgl. L. Ettlinger, »Hercules Florentinus«, in: *Mitteilungen des Kunsthistorischen Instituts in Florenz* XVI, 1972, S. 119–142; C. Pedretti, *Leonardo. A Study ...,* a. a. O. 1973, S. 78–96; K. Weil-Garris Posner, *Leonardo and Central Italian Art: 1500–1515,* New York 1974, S. 41, 80.

[71] K. Clark, *Leonardo and the Antique*, a. a. O., 1969, S. 1 ff.

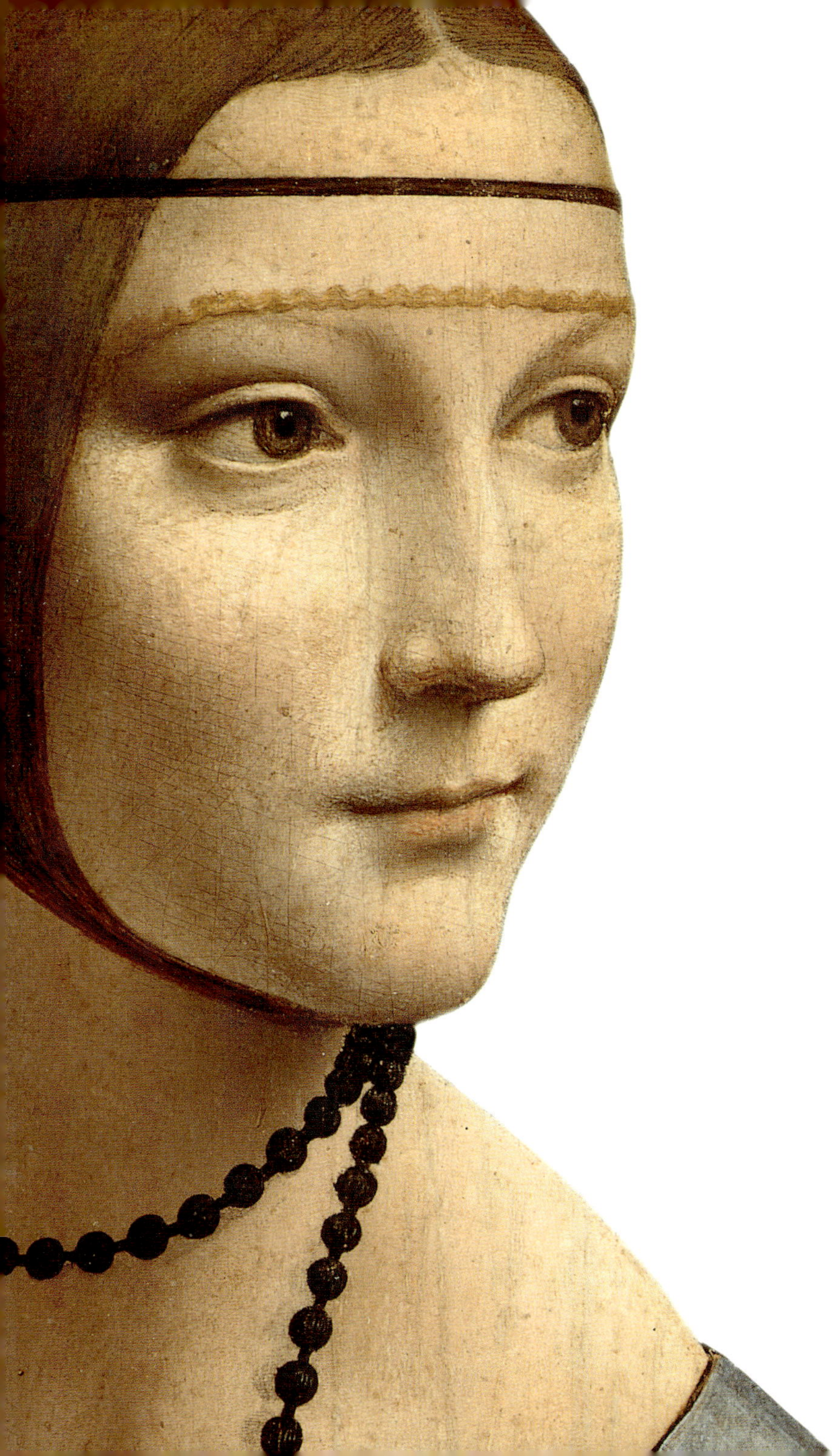

Die Madonna in der Felsengrotte: der Erfolg eines gescheiterten Bildkonzepts

Leonardo in Mailand

Leonardo muß Ende 1482, Anfang 1483 schon in Mailand gewohnt haben; die Überlieferung will, daß er von Lorenzo il Magnifico als Lyraspieler, der gut im »Improvisieren« sei, an den Hof von Ludovico il Moro empfohlen wurde. Der Anonimo Gaddiano weist darauf hin, daß Leonardo Florenz mit dreißig verließ, was seine Ankunft in Mailand auf das Jahr 1482 festlegen würde. Trotz zahlreicher Vermutungen wissen wir den wahren Grund seiner Übersiedlung nicht: So dachte man, daß er möglicherweise das intellektuelle Klima in Florenz, das vom Neuplatonismus durchsetzt war, ablehnte oder daß er verstimmt war, da er nicht wie andere ehemalige Schüler Verrocchios in diesem Jahr nach Rom zur Ausmalung der Sixtinischen Kapelle gerufen worden war. Außerdem ist nicht bekannt, an wen sich Leonardo in diesen ersten Monaten in Mailand wenden konnte. Seit Februar 1482 hielt sich Bernardo Rucellai als Gesandter der Medici in der Stadt auf, und spätere Kontakte mit Leonardo sind belegt. Leonardo kann ihm allerdings als Künstler schon früher über Lorenzo de' Medici bekannt gewesen sein.[1]

Leonardo hatte in einem berühmten Brief, von dem eine Abschrift im *Codex Atlanticus*[2] existiert, Ludovico il Moro seine Dienste angeboten, wobei er aber die Malerei kaum erwähnte. Zunächst wurde er anscheinend auch nicht als Maler engagiert, denn den Herzog von Mailand interessierten sicherlich mehr seine Qualitäten als Architekt, Konstrukteur von Kriegsmaschinen und seine bildhauerischen Fähigkeiten, wobei er bestimmt Verrocchios Verdienste und Ruhm als Bildhauer auf Leonardo ausdehnte. Dieser wollte, wie er in seinem Brief sagt, »ein Pferd aus Bronze schaffen, das zum unsterblichen Ruhm und zur ewigen Ehre und zum Gedenken Eures Herrn Vaters und des ruhmreichen Hauses Sforza beitragen soll«: das Reiterstandbild Francesco Sforzas, das sich Ludovico il Moro schon damals wünschte.

Der erste Auftrag, den Leonardo in Mailand erhielt, stammt vom 25. April 1483 und wurde ihm von der 1477 gegründeten Bruderschaft der Unbefleckten Empfängnis erteilt. Es handelte sich um ein Polyptychon für die Kapelle der Bruderschaft in der Kirche San Francesco Grande in Mailand; Leonardo und die Brüder Ambrogio und Evangelista de' Predis sollten das Werk bis zum 8. Dezember desselben Jahres fertigstellen,[3] für das zwischen 1480 und 1482 von Giacomo del Maino schon ein Rahmen gearbeitet worden war. Den Künstlern wurden 800 kaiserliche Lire (200 Scudi) für die Arbeit zugesagt, die neben den Gemälden auch die Vergoldung und Bemalung des Rahmens und dessen Schnitzwerke vorsah. Da in der Urkunde Leonardos Aufenthaltsort nicht präzise angegeben ist, nahm man an, daß er möglicherweise zunächst bei einem der Brüder de' Predis wohnte.[4]

Die Zahlungen erfolgten zwei Jahre lang in monatlichen Raten von 40 Lire. Ein im Jahr 1999 aufgefundenes Dokument, datiert auf den 28. Dezember 1484, besagt, daß die Gemälde spätestens bis zu diesem Datum vollendet waren und Leonardo sowie die Brüder de' Predis ihr Geld vollständig erhalten hatten.[5]

Leonardo da Vinci,
Studie für eine *Anbetende Muttergottes* und Kopfstudie.
Windsor Castle, Royal Library
(Inv. Nr. 12560).

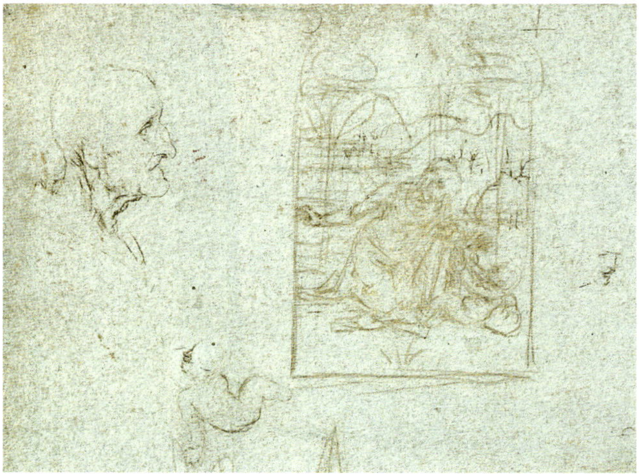

Leonardo da Vinci,
Studie für eine *Anbetende Muttergottes* und Kopfstudie
(Ausschnitt).
Windsor Castle, Royal Library
(Inv. Nr. 12560).

Damit ist der überzeugendste Beweis dafür gegeben, daß der Altar im Jahr 1485 bereits fertiggestellt war. Nur ein einziges Element des ursprünglichen Polyptychons vom Beginn der achtziger Jahre ist auf uns gekommen; es handelt sich um das Gemälde, das für die Mitte bestimmt war: Leonardos erste Version der *Madonna in der Felsengrotte*, die sich heute im Musée du Louvre in Paris befindet (S. 126). Über ihre Datierung zwischen 1483 und 1486 sind sich heute alle Experten einig aufgrund der Zahlungsaufzeichnung und bestätigt durch stilistische Analysen.[6] Man wird jedoch noch anhand späterer Dokumente, besonders an einer zwischen 1491 und 1494 an Ludovico il Moro gerichteten Bittschrift von Leonardo und Giovanni Ambrogio de' Predis sehen, daß diese Gegebenheiten nicht völlig eindeutig sind, auch wenn die beiden in ihrer Forderung nach zusätzlichem Geld für ihre geleistete Arbeit bestätigen, den Holzrahmen bemalt und vergoldet und die »besagte Madonna« ausgeführt zu haben (das heißt das Mittelbild der *Madonna in der Felsengrotte*).

Die Entstehungsgeschichte des Werkes und die damit zusammenhängende Zahlungsproblematik sind komplex. Dazu kommen die Fragen um eine zweite Fassung des Mittelbildes mit dem gleichen Titel, *Madonna in der Felsengrotte*, heute im Besitz der National Gallery in London (S. 127). Es war diese letztere Fassung, die 1508 schließlich bei der Bruderschaft abgeliefert wurde und bis Ende des 18. Jahrhunderts in der Kirche San Francesco verblieb.

Erst durch eine Lektüre aller altbekannten und neu aufgefundenen Dokumente in ihrer Abfolge, das vollständige Erfassen der Bedeutung, die die erste Fassung in sich birgt, eine neue Lesart der Technik, Ausführung und selbst physischer Details des Londoner Gemäldes und sogar – und dies ist wirklich überraschend – durch neue stilistische Erkenntnisse, die hier eingebracht werden können, wird eine Rekonstruktion der historischen Sachlage möglich und erklären, warum die erste durch die zweite Fassung ersetzt wurde. Auch die Wirkungsgeschichte kann bis zur Mitte des 17. Jahrhunderts nachgezeichnet werden.

Das Polyptychon für die Bruderschaft der Unbefleckten Empfängnis

Am 8. April 1480 erhält Giacomo del Maino den Auftrag, die Rahmenstruktur für ein Altarbild in der Kapelle der Unbefleckten Empfängnis zu schaffen.[7] Der Rahmen mit seinem Schnitzwerk nach dem Entwurf des Priors Giacomo und anderer drei »Mitbrüder« soll bis zum 29. September desselben Jahres fertig sein. Giacomo del Maino selbst bestimmt Giovanni Antonio Amadeo als unabhängigen Gutachter zur Beurteilung seiner Arbeit. Die letzte Zahlung erfolgt allerdings erst am 7. August 1482, was darauf hinweist, daß sich die Arbeit länger als vorgesehen hinzog.

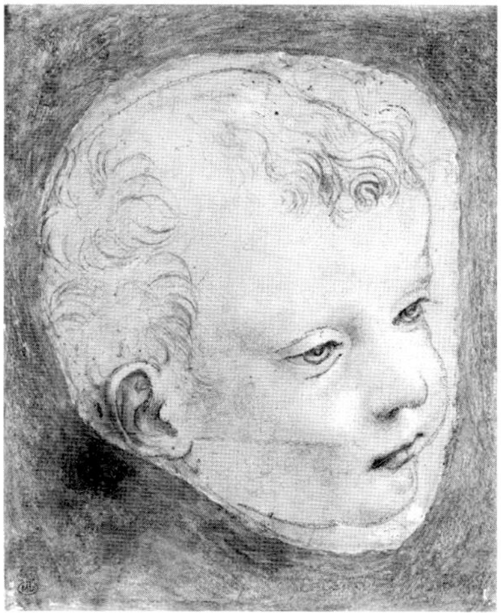

Leonardo da Vinci,
Kinderkopf, Studie.
Paris, Musée du Louvre, Cabinet des Dessins (Inv. Nr. 2347).

Folgende Seite:
Leonardo da Vinci,
Madonna in der Felsengrotte.
Paris, Musée du Louvre.

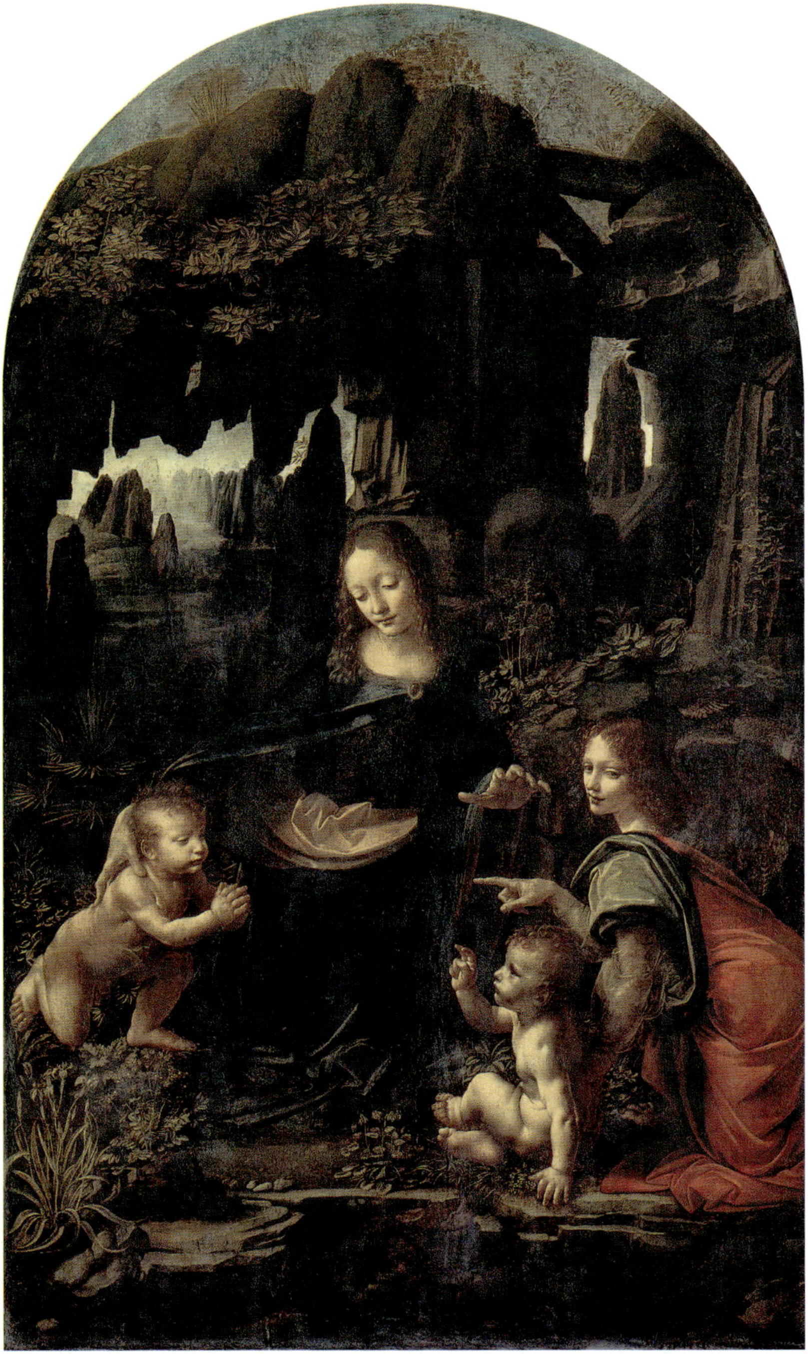

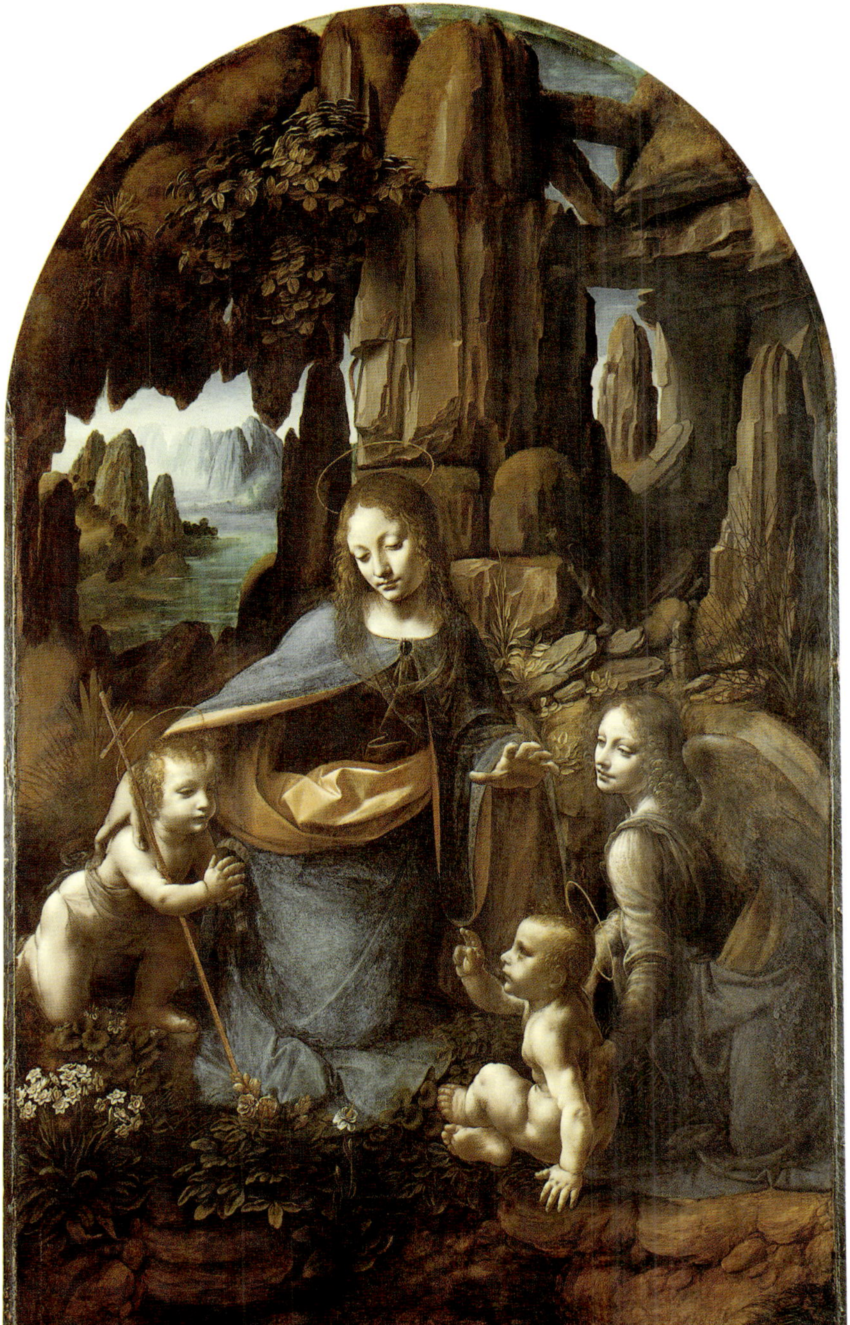

Das Rahmenwerk sollte mehrere Reliefs und Skulpturen umfassen und Raum für ein großes Gemälde in der Mitte und zwei kleinere, hochrechteckige Bildtafeln an beiden Seiten lassen. Dies geht auch aus einer späteren Aufstellung (»Lista de li ornamenti se anno a fare a lancona«) vom 25. April 1483 – als der Auftrag an Leonardo und die Brüder de' Predis erfolgte – hervor, in der sowohl die Schnitzarbeiten als auch die leeren, noch zu bemalenden Tafeln (»quadri vodi«) aufgeführt sind.[8] Nach der Abnahme des Rahmens am 7. August 1482 liefert Giacomo del Maino außerdem, ohne eine Erhöhung seines Honorars zu verlangen, »jene Holztafel« ab, die »vor das Bild der Seligen Jungfrau Maria zu gehen habe, wie um es zu verschließen« (assidem illam qui vadit ante imaginem Beatissime Virginis Marie ad modum incasti)[9].

Zehn Tage zuvor hatte ein gewisser Innocenzo della Croce der Bruderschaft urkundlich »eine goldene Kette mit schwarzlackierten Buchstaben und vierzehn Perlen« geschenkt, damit sie der »Figur um den Hals gelegt werde, die gerade zum Lobe der Heiligen Jungfrau Maria, Unserer Lieben Frau, geschaffen wird«,[10] und zwar für die Kapelle der Unbefleckten Empfängnis in der Kirche San Francesco. In der Literatur wird angenommen, daß mit der Figur, die zu der Zeit »gerade geschaffen« wurde (illius figure fiende), die Marienskulptur gemeint sei, die – mit anderen Figuren – von Giacomo del Maino zu fertigen war und die in der »Lista« als »unsere liebe Frau in der Mitte« (la nostra dona nel mezo) beschrieben wird; ihr »Gewand, oben« sollte so bemalt werden, daß es wie »ultramarinfarbener Goldbrokat« aussähe. Nach einer traditionellen Rekonstruktion war sie für den oberen Abschluß des Altars bestimmt.[11] Eine andere Rekonstruktion plaziert sie aber in die Mitte des Altars, verborgen hinter der »leeren« oder flachen Tafel, die del Maino am 7. August 1482 kostenlos geliefert hatte und auf die die *Madonna in der Felsengrotte* gemalt worden sei. Demnach hätte diese Bildtafel also die Funktion eines Flügels oder einer Tür gehabt.[12] Diese Vermutung kann jedoch nicht durch eine Untersuchung des Originals im Louvre (unter dem Aspekt, diese Fassung wäre wirklich über kürzere oder längere Zeit in die Rahmenkonstruktion del Mainos eingefügt gewesen) gestützt werden, denn das auf Holz gemalte Bild wurde 1841 auf Leinwand übertragen, und sein heutiger Bildträger kann selbstverständlich keine Hinweise mehr auf Klammern oder Scharniere geben. Ebenso schwierig ist die Überprüfung der These anhand der Londoner Tafel, da eine Holzleiste an deren Rändern angebracht wurde, und auch auf der Rückseite des Bildes befinden sich keinerlei Spuren von Scharnieren oder entsprechenden Vorrichtungen.[13]

Zehn Tage, bevor das Rahmenwerk von del Maino am 7. August 1482 begutachtet wurde, hatte jener Innocenzo della Croce die oben erwähnte Kette für die Figur der Madonna, an der gerade gearbeitet wurde, bestimmt. Man hat diese »Figur« mit der Skulptur von del Maino gleichgesetzt, doch hatte dieser sicherlich seine Arbeiten für den Altar zu dieser Zeit bereits vollendet, da die Begutachtung und Bezahlung mit dem 7. August erfolgte. Es ist sehr unwahrscheinlich, daß einem derart komplexen Kunstwerk, bestehend aus Skulpturen, Reliefs, Rahmen und Aufsätzen, zwei Jahre nach dem Auftrag und zehn Tage vor der Begutachtung ausgerechnet die wichtigste Figur, also Maria, noch gefehlt haben sollte.

Vorhergehende Seite:
Leonardo da Vinci und Mitarbeiter,
Madonna in der Felsengrotte.
London, National Gallery.

Rechte Seite:
Leonardo da Vinci,
Madonna in der Felsengrotte
(Ausschnitt).
Paris, Musée du Louvre.

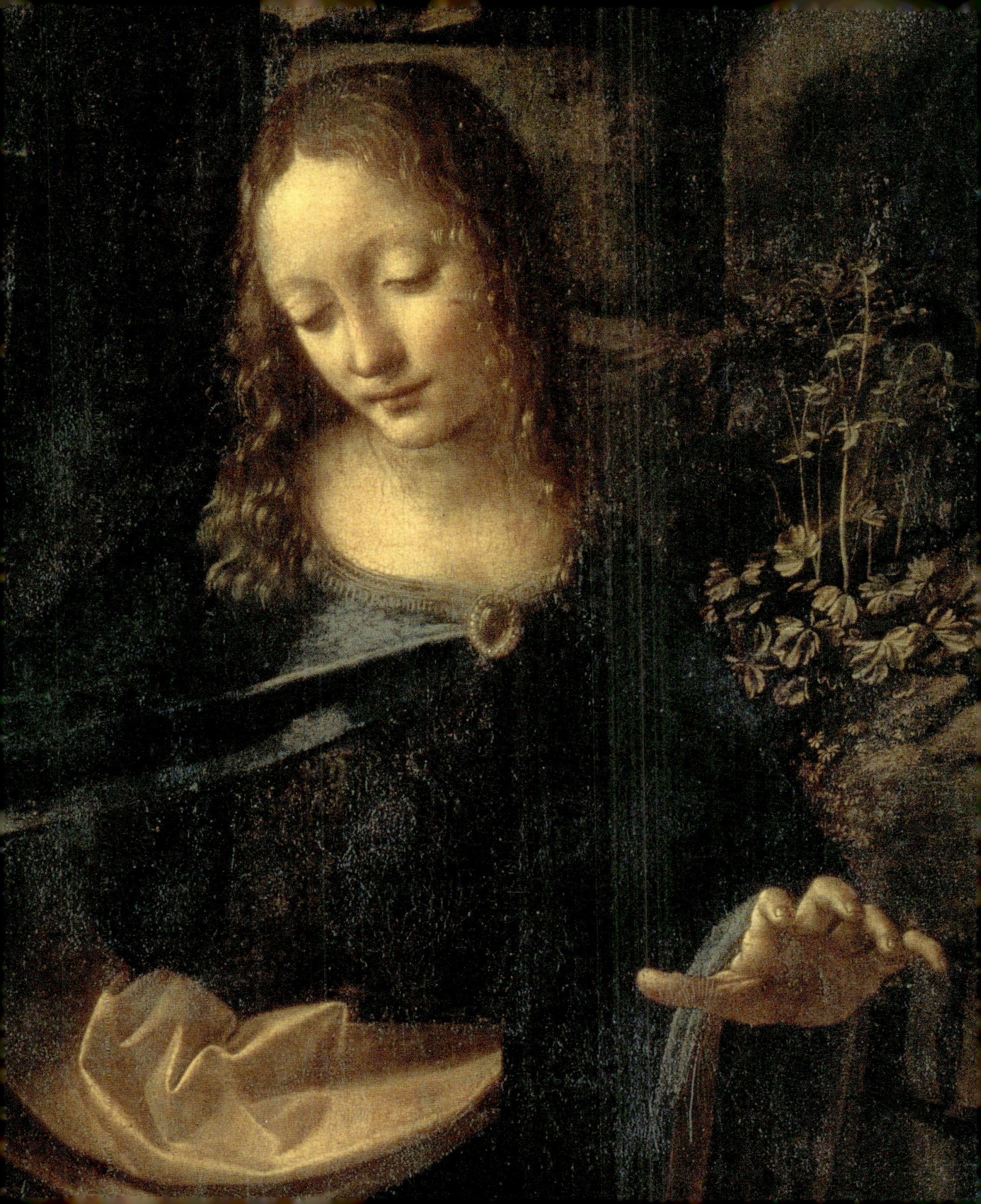

Es sei bereits hier kurz Grazioso Sironi zitiert, der zu bedenken gab, daß »es nicht unmöglich ist, sich eine goldene Kette am Hals einer gemalten Maria vorzustellen«[14] und daß die von della Croce genannte »Figur« sehr wahrscheinlich mit dem Gemälde »Unserer Lieben Frau« gleichgesetzt werden müsse, das fast neun Monate später bei Leonardo in Auftrag gegeben wurde.

Die Halskette wurde der Bruderschaft am 22. November 1482 überreicht. Vierzehn Blüten aus feinstem Gold umschlossen vierzehn Perlen (»tenent seu cingunt unum florem cum alio et sic alium cum alio«), und zwischen ihnen befanden sich schwarze Buchstaben,[15] die sehr wahrscheinlich zusammen den Namen «Maria Immacolata« ergaben.[16]

Kommen wir noch einmal auf die Malereien zurück, die bei Leonardo und den Brüdern de' Predis gemäß dem Vertrag vom 25. April 1483 in Auftrag gegeben wurden. Die »Lista« nannte neben der Bemalung und Vergoldung der gesamten Rahmenstruktur (einschließlich Engelsköpfen mit Vergoldung auf rötlichem Bolus, weiteren Engeln, Bergen und Felsen, Sybillen etc.) auch »una nostra dona«; eine Muttergottes, die »wie die in der Mitte geschmückt« sein sollte (ornata come quella de mezo); außerdem »andere griechische Figuren, mit verschiedenen Farben geschmückt, im griechischen oder modernen Stil« (altre figure greg<h>e hornati di diversi colori a la fog<gi>a grega o moderna) sowie »Gebäude, Berge, Soffitten (?), die Flächen der genannten Tafelabschnitte, und alles in Öl ausgeführt« (caxamenti, montagne, sufiste [?] piani de dicti capitolli et ogni cossa facta ad olio). Die zwei seitlichen »leeren Tafeln« (quadri vodi) sollten mit je vier Engeln bemalt werden, die eine Tafel mit singenden, die andere mit musizierenden Engeln: »angeli iiii per parte differentiati de l'uno quadro a l'altro, videlicet: uno quadro che canteno et l'altro che soneno«; insgesamt also acht Engel auf beiden Tafeln.

Aus der dem Vertrag beigefügten »Liste der Verzierungen, die für den Altar der Unbefleckten Empfängnis zu machen sind«, geht so die grandiose Anlage der geschnitzten Rahmenstruktur del Mainos hervor. Sie umfaßte neben der geschnitzten *Madonna* auch *Gottvater mit Engeln*, vermutlich besimmt für den oberen Altarteil, und einige *Szenen aus dem Marienleben*. Die Brüder de' Predis und Leonardo sollten dieses Rahmenwerk mit ihren Gemälden an den freigehaltenen Stellen (»quadri vodi«) ergänzen, das heißt mit einer Darstellung »Unserer Lieben Frau« nebst Propheten und mit singenden und musizierenden Engeln füllen.

Von dem ursprünglichen Altarkomplex sind heute außer dem Gemälde im Louvre nur noch zwei seitliche Tafelteile mit jeweils einem *Musizierenden Engel* erhalten (S. 150), die Ende des 19. Jahrhunderts aus der Sammlung Melzi in die National Gallery in London gelangten und auf die wir noch zu sprechen kommen. Von der Existenz weiterer kleiner Tafeln berichtet 1635 der Mailänder Ambrogio Mazenta. Er spricht von einem Altarbild in der Kapelle der Unbefleckten Empfängnis, das von Leonardo stamme, und erwähnt dabei weitere kleine Tafelbilder (»tauolette«) an demselben Altar und ebenfalls von Leonardo. Und er fügt hinzu, der Mailänder Maler Il Vespino habe eine sehr getreue Kopie gemacht, die man sicher gerne nach Rom holen würde, wenn sie nicht so schwer wäre.[17] Vespinos Kopie (heute im Depot der Pinacoteca Ambrosia-

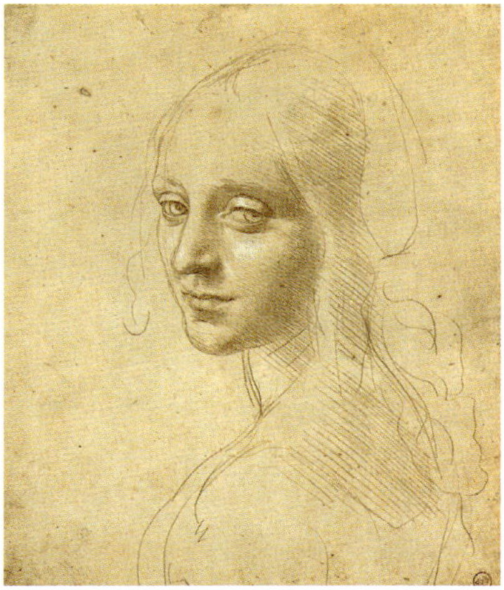

Leonardo da Vinci,
Studie für den Engel der
Madonna in der Felsengrotte.
Turin, Biblioteca Reale
(Inv. Nr. 15572).

Rechte Seite:
Leonardo da Vinci,
Madonna in der Felsengrotte
(Ausschnitt).
Paris, Musée du Louvre.

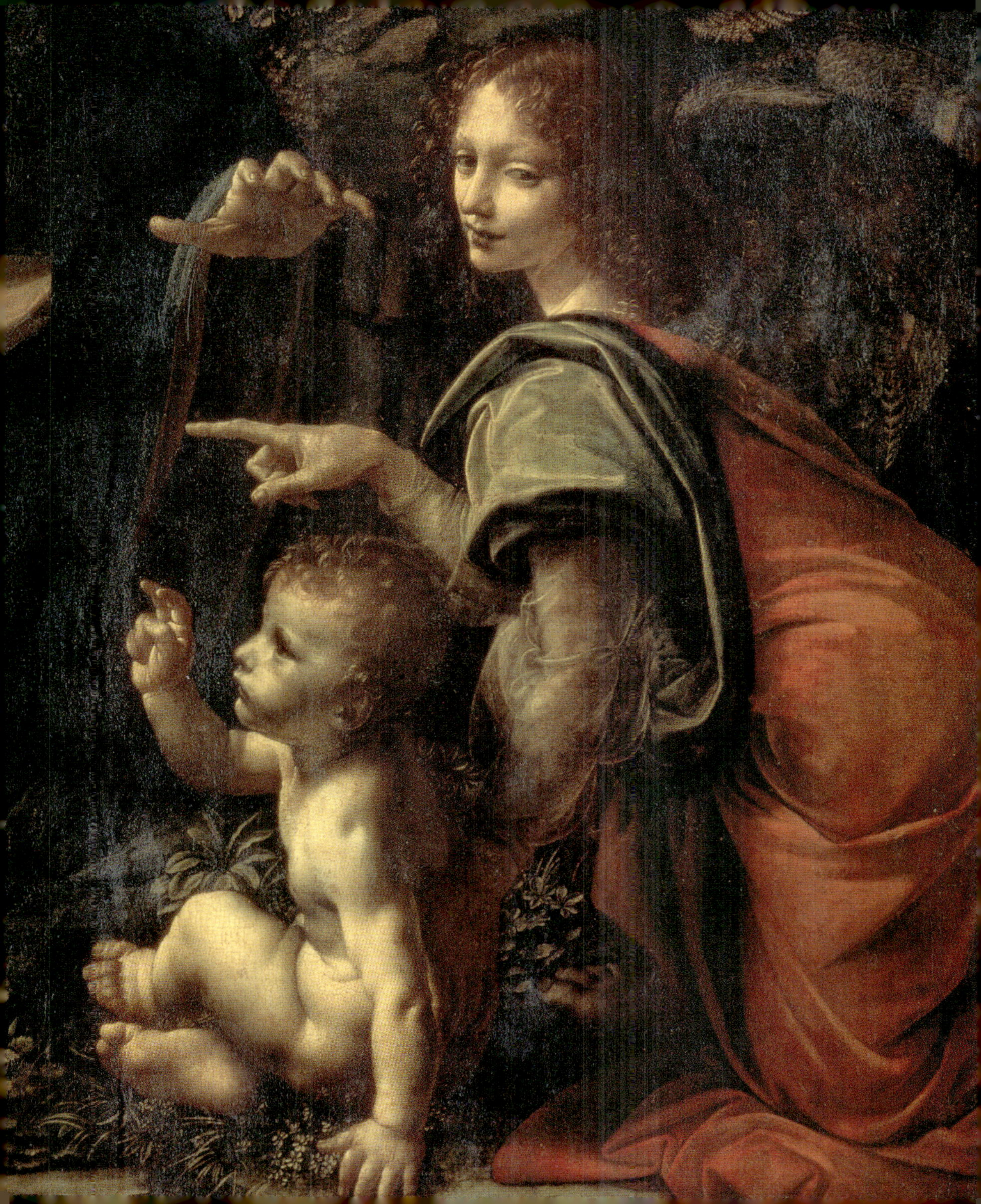

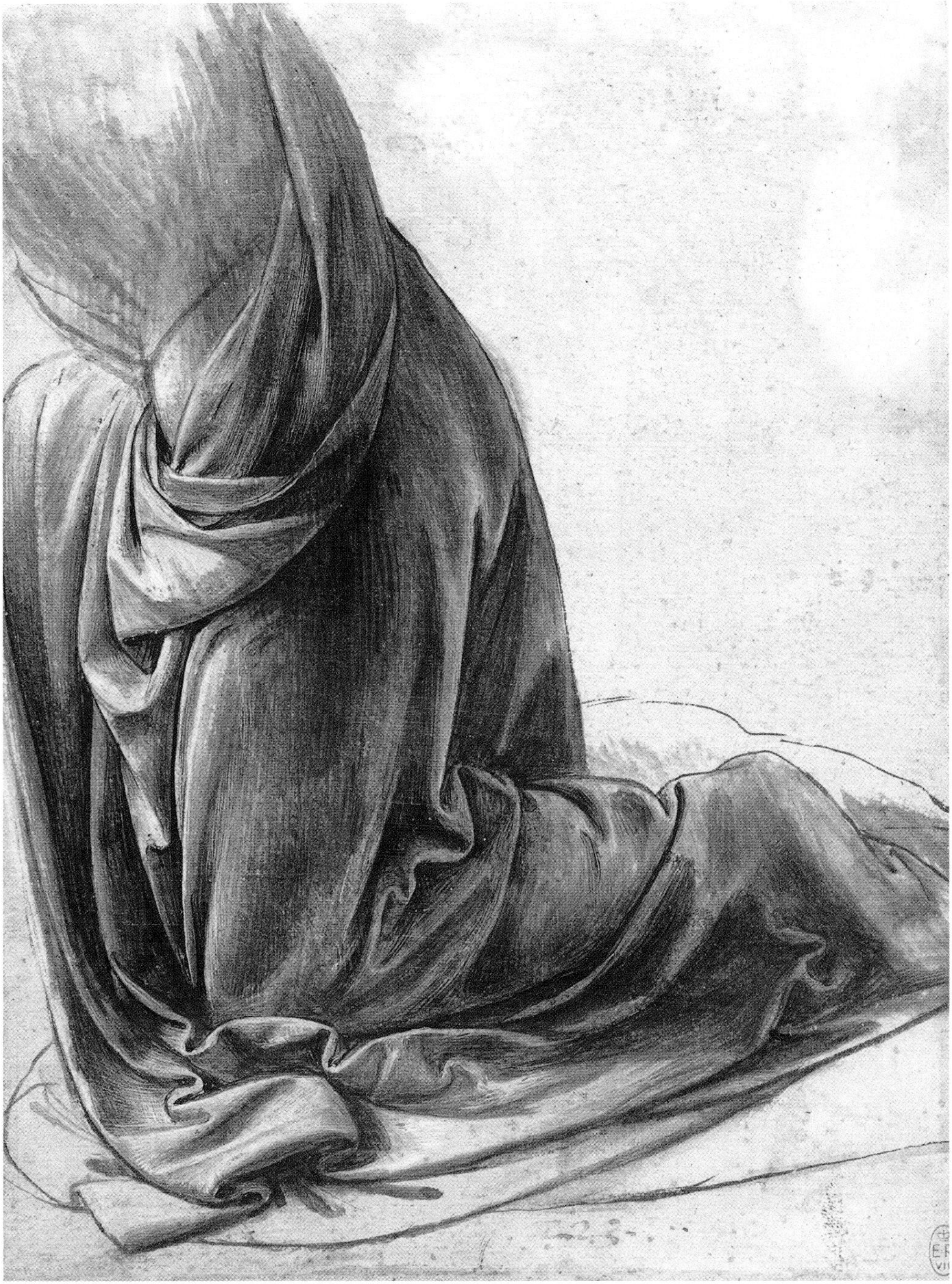

na in Mailand) wurde erst kürzlich entdeckt und restauriert[18] (S. 138, rechts); sie gibt allerdings nicht das heute im Louvre aufbewahrte Bild Leonardos wieder, sondern dessen zweite und spätere Fassung in der National Gallery in London (der sie auch in den Maßen – 191 cm x 118,2 cm – fast genau entspricht). Die Kopie weist an der Rückseite entlang der Ränder einige Ziffern auf (32, 33 und 35), die dazu gedient haben könnten, drei weitere, auf diese Weise numerierte Tafeln an den ihnen zugedachten Stellen anzubringen. (Auf der Kreuzleiste ist zudem die Zahl 147 zu sehen, die dagegen auf eine frühere Inventarisierung hinweisen könnte.) Dies führt zu der Annahme, daß Il Vespino zwar alle Tafeln kopiert haben mag, seine Kopien aber wie die Originale verlorengegangen sind.

Zwischen 1486, als Leonardos Mittelbild wahrscheinlich fertig war (aber noch nicht bei der Bruderschaft abgeliefert, wie wir noch sehen werden), und 1635 waren viele Dinge geschehen. Gesichert ist, daß die Kapelle der Bruderschaft im Jahr 1576 zerstört und der Altar in einer Kapelle rechts vom Chor der Kirche neu errichtet wurde. Dabei wurde er möglicherweise verändert. Als die Bruderschaft 1781 aufgelöst wurde, erbte die Bruderschaft der Santa Caterina alla Ruota alle Güter. Sie verkaufte 1785 die mittlere Bildtafel an Gavin Hamilton; von diesem gelangte das Werk in die Sammlung Suffolk, ging danach an Lord Lansdowne, von wo es 1880 in die National Gallery kam.[19]

Das Kloster und die Kirche von San Francesco wurden 1798 geschlossen. Zwei Bilder der seitlichen Tafeln, beides *Musizierende Engel*, wurden dem Fondo di Religione della Repubblica Cisalpina (der von Napoleon eingesetzten Regierung) einverleibt, 1809 von Giacomo Melzi erworben und von dessen Erbe Giovanni 1898 an die National Gallery in London gegeben.[20] Man muß sich allerdings fragen, ob es sich dabei um Tafeln des ursprünglichen Auftrags aus dem Jahr 1483 handelt oder ob sie, wie die zweite Fassung des Mittelbildes, die ursprünglich vorgesehenen Tafeln ersetzen sollten; damit wären sie in zeitlicher Übereinstimmung mit jener zweiten Fassung zu datieren.[21]

Nachdem als gesichert anzusehen war, daß sich noch 1781 diejenige Fassung *in situ* befand, die heute im Besitz der National Gallery ist, erhob sich sowohl die Frage nach dem Schicksal der Fassung im Louvre, als auch der seitlichen Tafeln, die Mazenta 1635 noch erwähnt. Das Pariser Gemälde wurde offensichtlich nie abgeliefert. Es findet erstmals Erwähnung bei Cassiano Dal Pozzo, nachdem es sich 1625 in Fontainebleau und im Besitz des französischen Königs befand.[22]

Aber warum gibt es überhaupt zwei Fassungen der *Madonna in der Felsengrotte*? Wurde das erste Gemälde abgelehnt oder hat Leonardo es etwa zurückgehalten? Vielleicht sah man darin auch eine Abweichung von den vertraglichen Vereinbarungen. Oder Leonardo änderte im Verlauf der Arbeit die Komposition aus eigenem Antrieb oder auf Wunsch. Warum wird die Pariser Fassung als die frühere angesehen?

Um diesen Fragen nachzugehen, muß eine Reihe von Dokumenten geprüft werden, die bis ins Jahr 1491 reichen und, zumindest teilweise, eine logische Erklärung der Geschehnisse bieten. Beide Gemälde müssen in stilistischer Hinsicht analysiert werden, vor allem die Londoner Fassung, deren ausführliche

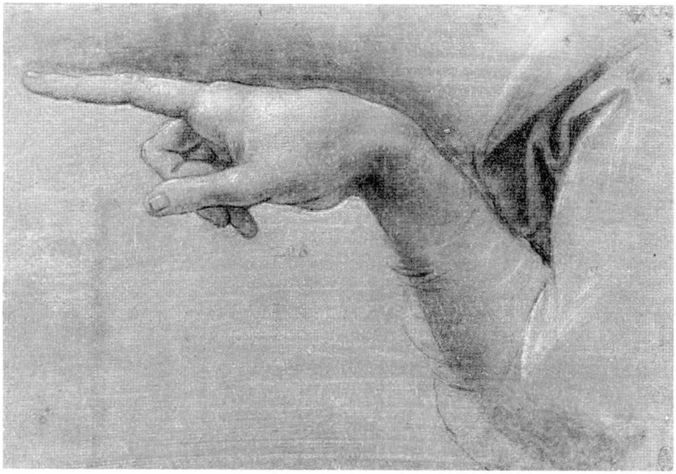

Linke Seite:
Leonardo da Vinci,
Gewandstudie.
Windsor Castle, Royal Library
(Inv. Nr. 12521).

Leonardo da Vinci,
Handstudie.
Windsor Castle, Royal Library
(Inv. Nr. 12520).

Folgende Doppelseite:
Leonardo da Vinci und Mitarbeiter,
Madonna in der Felsengrotte
(Details).
London, National Gallery.

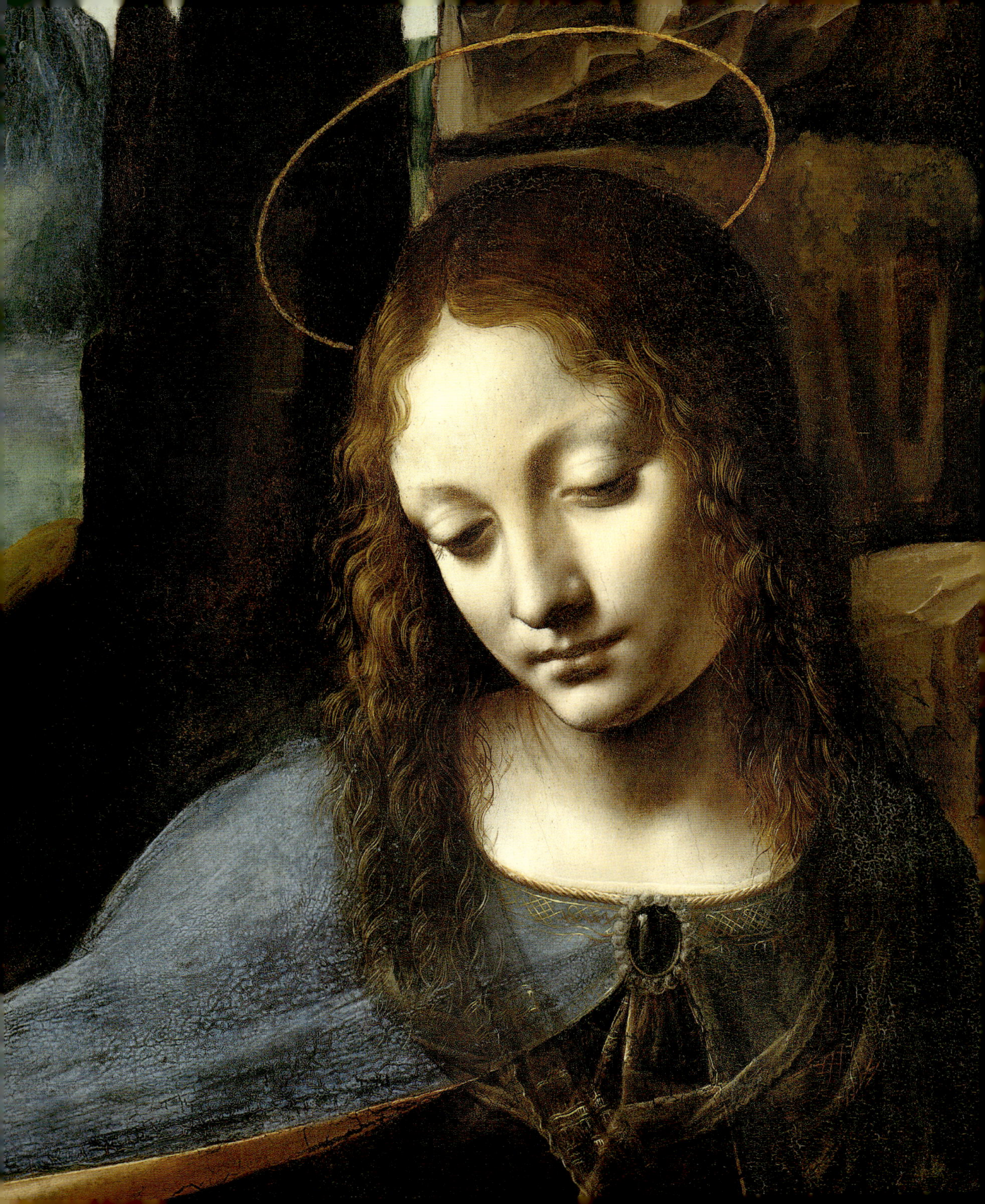

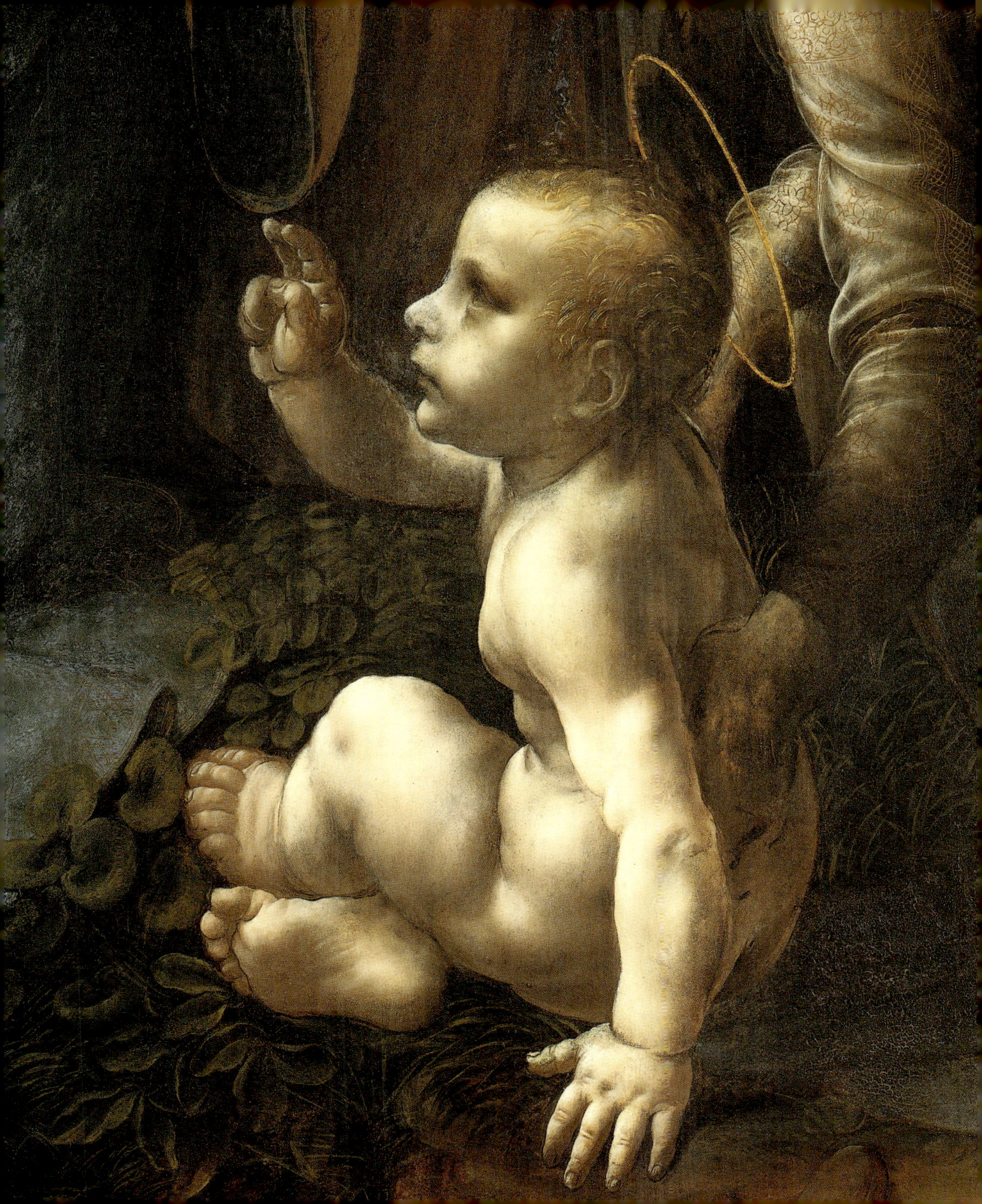

Untersuchung überraschende Erkenntnisse ergeben hat.[23] Die äußeren Ereignisse der Auftragsgeschichte müssen zusammen mit der inhaltlichen Bedeutung der ersten Fassung gesehen werden. Es wird sich zeigen, daß der hauptsächliche Grund, warum sie nicht in die Kirche von San Francesco Grande gelangte, in ihrer Ikonographie liegt.

In der erwähnten Bittschrift, die Leonardo und Ambrogio de' Predis an Ludovico il Moro richteten, fassen sie die Bedingungen des Auftrags noch einmal zusammen, und zwar mit dem Ziel, eine höhere Entlohnung zu erwirken für »besagte Madonna, in Öl gemalt von besagtem Florentiner« (dicta nostra dona facta a olio per lo dicto fiorentino). Die Datierung des Schreibens kann angesetzt werden nach 1491, dem Todesjahr von Evangelista (er hatte es mitunterzeichnet), und vor 1494, als Ludocico den Titel »Herzog von Mailand« übertragen bekommt, während sich die Verfasser an ihn noch als »Herzog von Bari« wenden. Mit diesem Schreiben beginnt ein jahrelanger Rechtsstreit zwischen den Malern und der Bruderschaft. Sie behaupten, der Wert des Gemäldes müsse »mit hundert Dukaten bemessen werden, wie aus einer Liste der Bittsteller hervorgeht und was dem Preis entspricht, der von Personen angeboten wurde, welche die besagte Jungfrau erwerben wollten«. Und sie beklagen sich, die Bruderschaft habe »nur 25 Dukaten« zusätzlich geboten.[24] Tatsächlich reichte die vereinbarte Summe von 800 kaiserlichen Lire kaum für die Bemalung der Rahmenstruktur aus, und so bitten die beiden Maler um die Ernennung je eines Gutachters pro Partei, die ihre Forderung entweder unterstützen oder dafür sorgen sollten, daß die Brüder »den besagten Ausführenden das besagte Ölbild der Madonna lassen« (lasano ali dicti exponenti dicta nostra dona facta a olio).

Diese Petition beweist erstens, daß zu Beginn der neunziger Jahre das mittlere Bild und die beiden seitlichen »Tafeln mit großen Engeln, ebenfalls in Öl gemalt« fertig sind; zweitens, daß hundert Dukaten für das Gemälde geboten worden waren; und drittens, daß es sich zu diesem Zeitpunkt noch bei den Künstlern befindet, da diese ja darum bitten, daß man es ihnen »läßt« (lasano), falls die Brüder ihre Forderung nicht akzeptieren. Und da die Begutachtung niemals vorgenommen wurde, mußte weder etwas akzeptiert noch zurückgewiesen werden. Daraus folgt, daß die erste Fassung der *Madonna in der Felsengrotte* (im Louvre) der Bruderschaft nie übergeben wurde.

Diese naheliegende Schlußfolgerung gibt auch eine sehr schlüssige Erklärung dafür, warum es sich bis zum 4. April 1506 hinzog, bis das Werk beurteilt wurde[25]: an diesem Tag erfolgte schließlich – ungefähr fünfzehn Jahre nach dem Gesuch bei Ludovico il Moro – das berühmte, erst am 27. April 1506 bekanntgegebene Gutachten, in dem es heißt, das Bild sei noch nicht vollendet.[26] Hier ist ganz offensichtlich die zweite Fassung des Gemäldes gemeint, die erst 1508 fertiggestellt wurde, nachdem sowohl Leonardo als auch Ambrogio am 26. August 1507 und am 23. Oktober 1508 ordnungsgemäß bezahlt worden waren.[27] Von einer Rückgabe oder einem Ersatz »Unserer Lieben Frau« war aber nicht die Rede. Da das Anfang der neunziger Jahre geforderte Gutachten so lange nicht erfolgt war, hatten die beiden Künstler das Bild offenbar an denjenigen verkauft (vielleicht den französischen König oder Ludovico il Moro selbst), der dafür hundert Dukaten geboten hatte, um sich sofort danach an die Anfertigung einer zweiten Fassung zu machen, die der Bruderschaft anstatt der ersten abgeliefert werden sollte. Am 3. und 9. März 1503 gingen erneute Bittschreiben der Maler an den französischen König (Frankreich hatte Mailand besetzt, und Ludovico war geflohen),[28] in denen von der Bruderschaft die gewünschte Ausgleichssumme verlangt wird. Dies weist darauf hin, daß in der Zwischenzeit den Brüdern ein anderes Gemälde übergeben worden war, das sich nun in der Kapelle der Unbefleckten Empfängnis von San Francesco befand. Das Dokument vom 9. März fordert, daß die Bruderschaft entweder den Preis zu bezahlen oder das Bild dem Maler zurückzugeben hätte.[29] Daraus kann wiederum geschlossen werden, daß die zweite Fassung der *Madonna in der Felsengrotte*, die in der National Gallery aufbewahrt wird, zum großen Teil zwischen 1491–1494 und 1503 gemalt und zwischen 1506 und 1508 fertiggestellt worden sein muß. Im diesem Jahr 1508 wird Ambrogio de' Predis die Erlaubnis erteilt, das Gemälde abzunehmen, um davon eine Kopie zu machen und den Erlös aus dem Verkauf mit Leonardo zu teilen.[30]

Die zwei Fassungen der Madonna in der Felsengrotte

Eine stilistische Untersuchung der beiden Fassungen bestätigt den eben geschilderten zeitlichen Ablauf: Die erste Fassung entstand demnach bis zum Jahr 1490, wobei diese Datierung bei einem Vergleich mit den anderen Gemälden Leonardos aus der neunten Dekade des Jahrhunderts noch genauer auf die Zeit von 1483 bis 1486 eingegrenzt werden kann, was noch dargelegt wird; die zweite Fassung muß auf den Beginn der letzten Dekade – etwa 1491 bis 1495 – datiert werden, und zwar aufgrund von Dokumenten sowie ikonographischer und visueller Analyse[31], auch dies wird noch näher ausgeführt.

Man sah in der ersten, vor 1486 beendeten *Madonna in der Felsengrotte* jene »Maestà«, die Ludovico il Moro Kaiser Maximilian I. als Geschenk zur Hochzeit mit Bianca Maria – der Tochter Galeazzo Marias und Ludovicos Nichte – mitschickte, als die Braut Ende 1493 in Begleitung von Giovanni Ambrogio de' Predis nach Tirol aufbrach (Vasari erwähnt in diesem Zusammenhang allerdings, daß dem Kaiser eine »Geburt Christi« Leonardos gesandt wurde, bei der man eher an das rätselhafte Gemälde im Louvre denken kann).[32] Aus den kaiserlichen Sammlungen kam das Bild nach Frankreich, als die Nichte Maximilians I., Eleonora, mit Franz I. verheiratet wurde (die *Madonna in der Felsengrotte* ist erstmals 1625 in Fontainebleau erwähnt, wo Cassiano Dal Pozzo sie sah). Man kann davon ausgehen, daß die Künstler unmittelbar, nachdem das Gemälde an Ludovico oder den französischen König verkauft worden war, mit einem Ersatzgemälde begannen, das der Bruderschaft spätestens 1499 unvollendet übergeben wurde.[33]

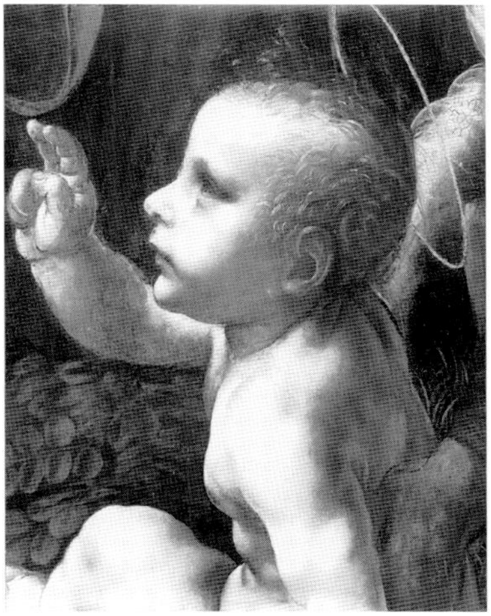

Leonardo da Vinci und Mitarbeiter, *Madonna in der Felsengrotte* (Ausschnitt). London, National Gallery.

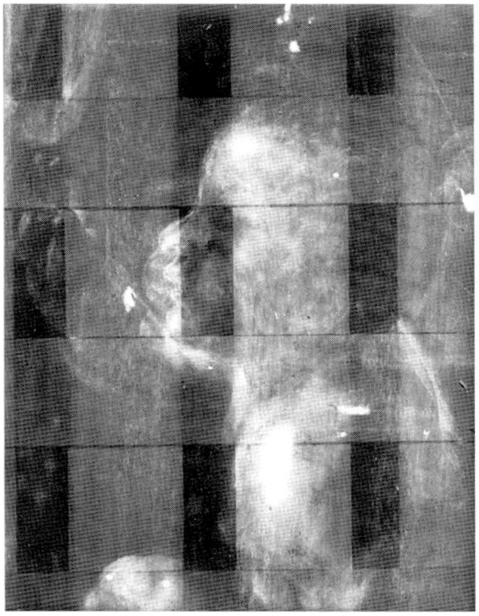

Röntgenaufnahme des Jesuskindes der *Madonna in der Felsengrotte*. London, National Gallery.

Die spätere Fassung in London ist gegenüber dem Gemälde im Louvre in vieler Hinsicht vereinfacht. Auch hier mag ein Motiv für die Existenz des zweiten Bildes verborgen liegen. Ganz abgesehen von der Auseinandersetzung um den finanziellen Wert des Werkes, ergeben sich eine Vielzahl von Problemen, wenn man seine Bedeutung entschlüsseln oder die Figuren identifizieren möchte: das Jesuskind hat keinen Heiligenschein und scheint hinter dem Johannesknaben zurückzutreten; der Engel ist unter anderem als Harpyie gedeutet worden[34]; auch die Landschaft mit Felsen, Wasser und Pflanzen, wo sich alles in der Ferne verliert, ist ungewöhnlich für die Begegnung der Kinder Jesus und Johannes, die normalerweise in einer Wüste dargestellt wird. Überdies sollte das Bild eigentlich die Unbefleckte Empfängnis Mariä darstellen.

Über die Interpretation dieses Dogmas hatte 1475 in Mailand ein bedeutender theologischer Disput stattgefunden. Papst Sixtus IV. stimmte schließlich der These zu, die von den Franziskanern verfochten wurde und besagte, Maria sei »unbefleckt« in dem Sinne, daß sie frei von der Erbsünde gewesen sei.[35]

Leonardo scheint bei der Ausführung des Pariser Bildes (dessen Sinn noch dunkler ist, weil die Jungfrau, das Jesuskind, der Johannesknabe und der Erzengel Gabriel vor einer Grotte dargestellt sind, in deren unergründlichen Tiefen wie in einer Gebärmutter das Leben entsteht) von einer halbhäretischen Schrift des Amadio Mendes da Silva, der Handschrift *Apocalypsis Nova*, heute in der Biblioteca Ambrosiana, inspiriert worden zu sein. Der Verfasser war zwischen 1454 und 1457 Gast des Mailänder Franziskanerklosters gewesen und wurde von Francesco und Bianca Maria Sforza sehr verehrt. Der im August 1482 gestorbene da Silva hatte eine unorthodoxe Auslegung des Dogmas vorgenommen: In seiner gnostischen Interpretation ist nicht mehr Christus der Protagonist des Neuen Testaments, sondern Maria und Johannes dem Täufer kommt diese Rolle zu. Maria verkörpert die Vollkommenheit und besitzt die Gabe des »umfassenden Wissens« (scienza totale), damit wird sie der Sapientia gleichgesetzt, der Tugend des universalen Wissens.

Leonardo mag von diesem Text beeinflußt worden sein (den er sogar besessen zu haben scheint: im *Codex Madrid* 8936, fol. 3 *recto*, führt er ein »Buch des Amadio« auf)[36], wozu ihn auch einer der Laien in der Bruderschaft der Unbefleckten Empfängnis angeregt haben könnte. Das würde erklären, warum er in der *Madonna in der Felsengrotte* Maria und den Johannesknaben besonders stark hervorhob, während das Jesuskind im Gegensatz dazu beinahe nebensächlich wirkt, da es sich nicht im Zentrum des Bild befindet, sondern nach rechts versetzt erscheint. Das wäre also eine genaue Übertragung der Ideen, die in der *Apocalypsis Nova* dargestellt werden.

Dies würde einerseits die zurückweisende Haltung der Franziskaner gegenüber Leonardos Bild und auch ihren Widerstand gegen eine Lohnerhöhung für die Künstler erklären und gleichzeitig plausibel machen, warum sie auf einer Abänderung bestanden haben könnten, denn die Lehre war unorthodox und umstritten.[37] Die Ablehnung der ersten Fassung aufgrund ihres ketzerischen Inhalts, den ein Teil der franziskanischen Observanten nicht akzeptierte, würde außerdem die stillschweigende Zustimmung der Brüder erklären, mit der sie den Verkauf des Bildes an Dritte billigten,

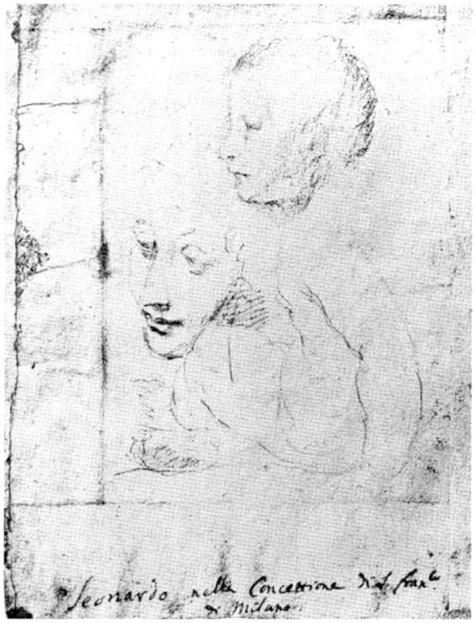

Anonym, 16. oder 17. Jahrhundert,
Madonna und Kind,
Studien nach der *Madonna in der Felsengrotte*.
Mailand, Biblioteca Ambrosiana.

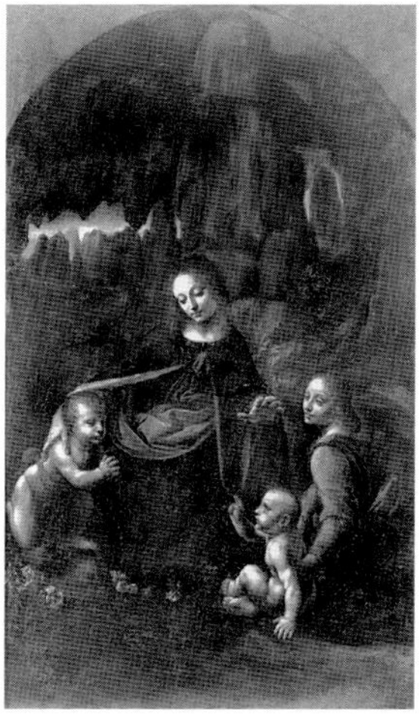

Andrea Bianchi, gen. Il Vespino,
Madonna in der Felsengrotte,
Kopie nach Leonardo.
Mailand, Pinacoteca Ambrosiana.

wobei sie natürlich forderten, daß ein von Zweideutigkeiten und Unsicherheiten »gereinigter« Ersatz geschaffen würde: Das war die zweite, heute in London aufbewahrte Fassung.

Diese Fassung scheint auch wirklich das traditionelle Verhältnis der Figuren zueinander wiederherzustellen: Christus im Mittelpunkt der anderen drei Figuren in dieser »Sacra Conversazione«. Leonardo vergrößert in dieser Fassung die Figuren in der Landschaft und läßt den Engel nicht mehr auf den Knaben Johannes zeigen (was die erste Fassung für das orthodoxe Denken zweideutig machte), so daß die Verbindung zwischen Maria und Jesus wieder zum wichtigsten Thema wird.

Röntgenaufnahmen des Londoner Bildes weisen darauf hin, daß Leonardo das Haupt des Jesuskindes größer als im heutigen Zustand gestalten wollte, denn unter der sichtbaren Schicht ist ein breiterer Kopf zu erkennen als im aktuellen Gemälde (S. 137). Auch der Heiligenschein von Maria, Jesus und dem Johannesknaben in dieser Fassung hatte wahrscheinlich die Funktion, größere Klarheit zu schaffen und den Figuren einen eindeutig sakralen Inhalt zuzuordnen; dasselbe gilt auch für den kreuzförmigen Stab, den Johannes in den Händen hält und der im Pariser Bild fehlt – vorausgesetzt, es handelt sich hierbei um originale Details (diese Frage ist auch von Martin Davies erörtert worden)[38].

Eine sorgfältige Laboruntersuchung des Londoner Bildes hat mich jedoch davon überzeugt, daß diese Elemente nicht zum anfänglichen Bildaufbau gehören: das aufgetragene Blattgold ist eine moderne Zugabe, und es ist nicht schlüssig, warum der Johannesknabe die Hände zum Gebet faltet und gleichzeitig ein Kreuz hält, das in den freien Raum zwischen Arm und Schulter eingefügt ist. Die Kopie Vespinos in der Pinacoteca Ambrosiana, die sehr genau den Zustand des Londoner Gemäldes wiedergibt, in dem es sich zwischen 1611 und 1614 befand, zeigt die Figuren ohne Heiligenschein und Kreuz. Dieser bisher nicht beachtete Aspekt erscheint sehr aufschlußreich, da andererseits bekannt ist, daß Federico Borromeo (Erzbischof von Mailand und Gründer der Biblioteca Ambrosiana 1609) die Genauigkeit, mit der Leonardo sich in seinen Gemälden auf religiöse und historische Quellen bezog, schätzte. Er ließ Kopien von Werken Leonardos anfertigen, wie etwa Vespinos Kopie des *Abendmahls*.[39]

Das ursprüngliche Fehlen der Heiligenscheine im Londoner Gemälde wird zudem durch eine anonyme Zeichnung aus dem 16. oder frühen 17. Jahrhundert bestätigt, die in der Biblioteca Ambrosiana aufbewahrt ist (S. 138, links).[40] Hier ist das Jesuskind und ein Detail des Hauptes der Jungfrau ohne Heiligenschein dargestellt, und man erkennt den Schriftzug »Leonardo nella Concettione di S. Fra.co / di Milano« (Leonardo in der Kapelle der Unbefleckten Empfängnis zu Mailand).

Mit ihrer intensiveren, monumentalen Formengestaltung und ihrem naturalistischeren Einsatz von Farbe und Licht zeigt die zweite Fassung die Entwicklung von Leonardos theoretischen Ansätzen, die in die letzte Dekade des 15. Jahrhunderts fallen, als auch sein *Traktat von der Malerei* Gestalt anzunehmen begann.[41] Aber offensichtlich verlor Leonardo während seiner Arbeit an der dogmatisch eindeutigeren und vereinfachten Fassung das Interesse, vielleicht auch als Folge der Auseinandersetzung mit den Auftraggebern.

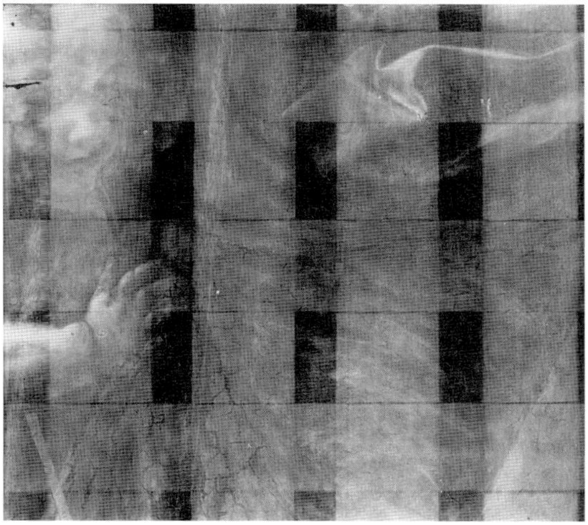

Röntgenaufnahme der *Madonna in der Felsengrotte* (Ausschnitt). London, National Gallery.

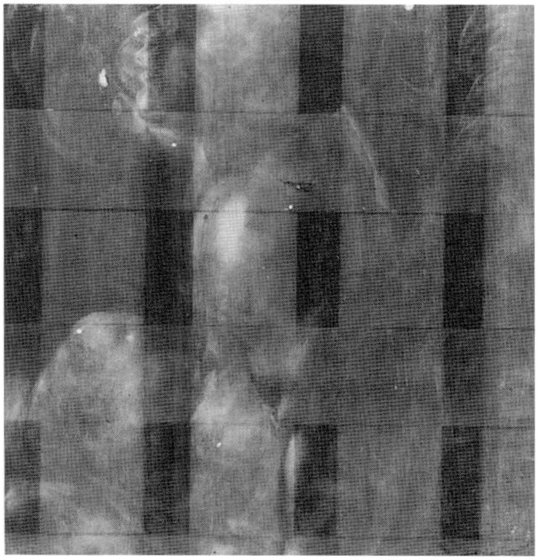

Röntgenaufnahme der *Madonna in der Felsengrotte* (Ausschnitt). London, National Gallery.

Die Londoner Madonna in der Felsengrotte: Die Beteiligung von Marco d'Oggiono und Giovan Antonio Boltraffio

Die Realisierung der zweiten Fassung der *Madonna in der Felsengrotte* war im Gegensatz zur ersten kompliziert und geht nicht allein auf Leonardo zurück. Röntgenbilder machen die ursprünglichen Umrisse der Figuren sichtbar (S. 139, 143), und man erkennt die höheren Schultern der Maria sowie – wie schon erwähnt – den sehr viel größeren Kopf des Jesuskindes, der auch perspektivisch noch stärker verkürzt dargestellt war. Der Kopf des Johannesknaben wurde mindestens zweimal überarbeitet.[42] Aus der eingehenden Untersuchung des Originals in London geht hervor, daß Felsen und Landschaft in flächigen Farbschichten ausgeführt wurden, während man an dem kleinen Ausschnitt des Himmels hinter dem rechten Felsvorsprung eine rasche Pinselführung wahrnimmt und sogar der letzte rasche Strich mit dem Pinsel, der mit blauer Farbe getränkt ist, erkennbar ist (S. 140, links). Die Malerei erscheint in diesen Bildteilen beinahe grob, da auch an vielen Stellen eine abschließende Lasur fehlt, die aber möglicherweise bei der aggressiven Reinigung von 1948 bis 1949 beschädigt oder entfernt worden sein kann.[43]

Dieser »Stil« in der Malweise erinnert an die Landschaftsdarstellung in der *Auferstehung Christi mit den Heiligen Leonhard und Lucia*, heute in den Staatlichen Museen von Berlin. Vergleichbar ist insbesondere die schematische, »kubistische« Art, Felsen wiederzugeben. Die Berliner *Auferstehung*, von Wilhelm von Bode Leonardo zugeschrieben, wurde in Wirklichkeit zwischen 1491 und 1494 von Leonardos Schülern und Gehilfen Marco d'Oggiono und Giovan Antonio Boltraffio angefertigt, was Forschungsergebnisse in den Archiven in letzter Zeit bestätigt haben.[44] Von Marco d'Oggiono stammen die Figur des Christus (nicht allerdings dessen Gewand) – vergleichbar mit dem etwas späteren, 1506 in Auftrag gegebenen *Auferstandenen Christus* aus der Sammlung Cagnola alla Gazzada[45] – sowie die Felsen und die Landschaft, an denen in vereinfachter Form die für Leonardo typische geologische Darstellungsweise erkennbar ist.[46] Die Ausführung der Felsen in der Londoner *Madonna in der Felsengrotte* ist daher ganz klar Marco d'Oggiono zuzuschreiben, der möglicherweise auch für andere Teile des Gemäldes verantwortlich ist. So sind die Körper der Kinder und die Pflanzen ebenfalls in dem ihm eigenen Stil dargestellt; ein Vergleich der Staude von Osterglocken zu Füßen des Johannesknaben mit den Osterglocken am rechten Bildrand des Gemäldes *Die drei Erzengel bezwingen den Teufel* (S. 141, rechts und Mitte), das aus der Hand d'Oggionos stammt, läßt eine deutliche Ähnlichkeit erkennen. Das letztgenannte Bild, heute in der Pinacoteca di Brera in Mailand, befand sich ehemals in der Kirche von Santa Marta – in der zweiten Dekade des

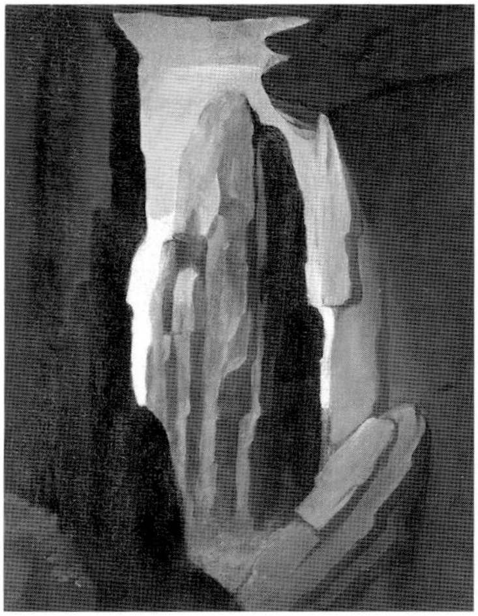

Leonardo da Vinci
und Marco d'Oggiono,
Madonna in der Felsengrotte
(Ausschnitt).
London, National Gallery.

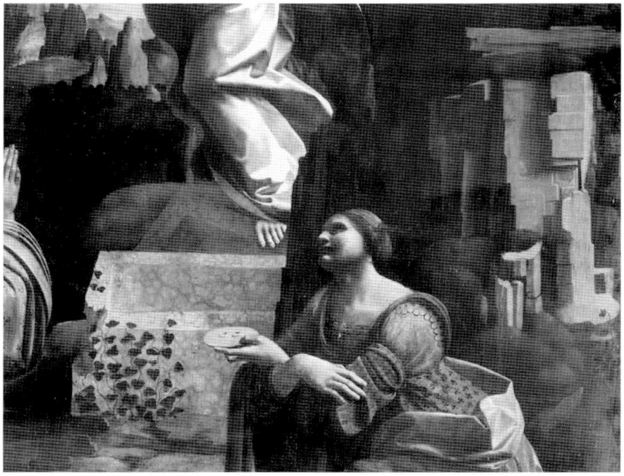

Marco d'Oggiono
und Giovan Antonio Boltraffio,
Auferstehung Christi mit den Heiligen Leonhard und Lucia
(Ausschnitt).
Berlin, Staatliche Museen.

16. Jahrhunderts Zentrum der Ideen des Amadio Mendes da Silva, von dem bereits die Rede war.[47]

Damit erhebt sich schließlich die Frage, ob nicht auch die beiden *Musizierenden Engel* (S. 150), die von den Bildtafeln zu Seiten der *Madonna in der Felsengrotte* erhalten sind, ganz oder teilweise eher Marco d'Oggiono als Ambrogio de' Predis zugeordnet werden müssen.[48] Sie weisen keinerlei stilistische Berührungspunkte mit dem gesicherten Werk de' Predis' auf, der sich zudem von 1493 bis 1494 nicht in Mailand, sondern in Innsbruck aufhielt, genau zu der Zeit also, als vermutlich das Londoner Bild entworfen und gemalt wurde (und eventuell auch die zwei seitlichen Engelstafeln entstanden). Schon früher waren Alternativen zu de' Predis vorgeschlagen worden, beispielsweise der Maler Francesco Napoletano.[49]

Aber auch Giovan Antonio Boltraffio könnte an der zweiten Fassung der *Madonna in der Felsengrotte* beteiligt gewesen sein. Er ist bekannt für seinen kalligraphischen Stil und eine geradezu preziöse Formgebung, was sich in den gelungensten Partien des Londoner Gemäldes wiederfindet, wie dem Antlitz von Maria und ihrem gelockten Haar. Marias Haar unterscheidet sich in der Farbgebung (auf beiden Seiten des Gesichts) zwischen der unteren und oberen Partie, anscheinend ausgeführt von zwei unterschiedlichen Händen. Das läßt darauf schließen, daß hier ein Gehilfe führend mit am Werk war – und hierbei könnte es sich gut um Boltraffio gehandelt haben.

Boltraffio ist wohl auch eine vieldiskutierte, stark beschädigte Zeichnung zuzuschreiben, die Kopfstudie für die *Madonna in der Felsengrotte* (S. 142, links), die sich ehemals in der Sammlung Albasini Scrosati in Mailand befand, bevor sie in den Besitz der Pinacoteca di Brera überging.[50] Ihre Datierung auf die neunziger Jahre des 15. Jahrhunderts erscheint überzeugend, zeitgleich mit den Studien zur zweiten Fassung der *Madonna in der Felsengrotte*. Außerdem steht das Londoner Bild in Stil und Technik einem Gemälde nahe – früher in der Sammlung Chéramy in Paris, heute in einer Schweizer Privatsammlung –, das die erste Fassung der *Madonna in der Felsengrotte* kopiert (S. 142, rechts). Diese Kopie habe ich 1990 als Arbeit aus Leonardos Werkstatt veröffentlicht, die angefertigt worden sei, bevor das Original Mailand verließ, also vor 1493; und Carlo Pedretti rückt sie sogar in die Nähe der Produktion Boltraffios.[51]

Marco d'Oggiono und Boltraffio erhielten 1491 den – auf uns gekommenen – Auftrag für die oben genannte Berliner *Auferstehung*; ein zweiter Vertrag von 1494 existiert, der die beiden Künstler verpflichtet, das Bild innerhalb von zwei Monaten fertigzustellen. Dies beweist die Unabhängigkeit, die sich zwei der bedeutendsten Schüler Leonardos zu dieser Zeit erworben hatten, und macht es wahrscheinlich, daß sie auch eine wichtige Rolle bei der Arbeit an der zweiten Fassung der *Madonna in der Felsengrotte* gespielt haben, die ihr Lehrer später zusammen mit de' Predis zwischen 1506 bis 1508 vollendete.

Zwischen Leonardo und Ambrogio de' Predis kam es zu einer Auseinandersetzung, die überliefert ist, aber deren Gründe wir nicht kennen. Es könnte sein, daß die Bedeutung der beiden wichtigsten Schüler Leonardos hier eine Rolle spielte. Sie wurden einbezogen bei der *Madonna in der Felsengrotte*, die sie zwischen

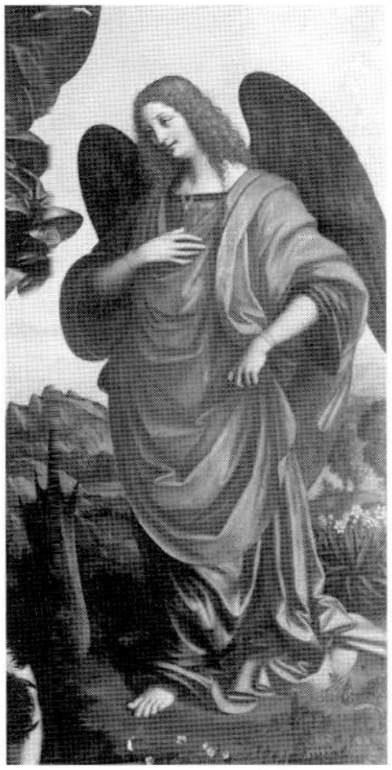

Marco d'Oggiono,
Die drei Erzengel bezwingen den Teufel (Ausschnitt).
Mailand, Pinacoteca di Brera.

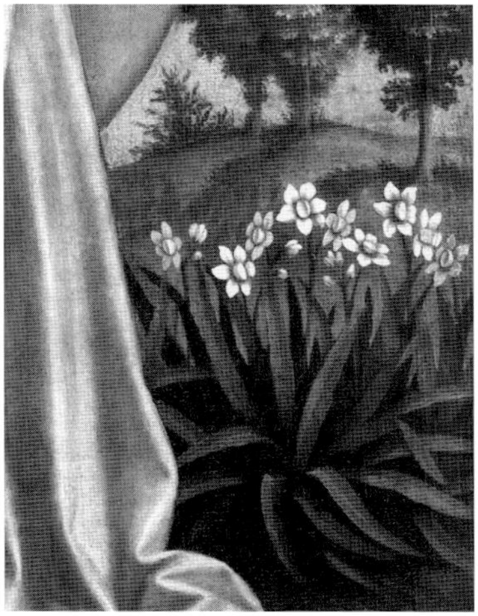

Marco d'Oggiono,
Die drei Erzengel bezwingen den Teufel (Ausschnitt).
Mailand, Pinacoteca di Brera.

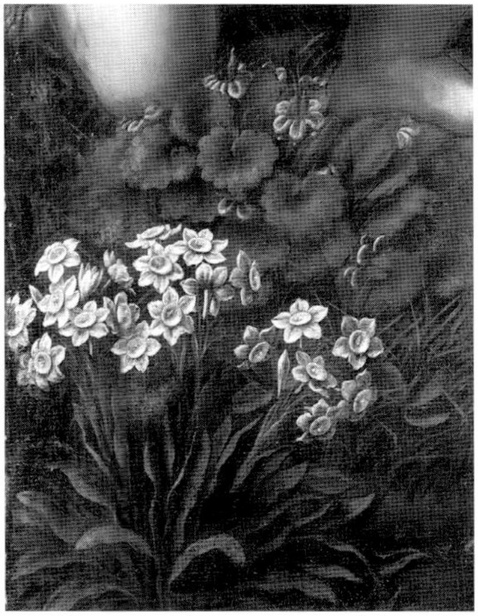

Leonardo da Vinci
und Marco d'Oggiono,
Madonna in der Felsengrotte
(Ausschnitt).
London, National Gallery.

1493 und 1494 vorbereiteten, während de' Predis sich nicht in Mailand aufhielt und ein vielbeschäftigter Leonardo das Reiterstandbild für Francesco Sforza entwarf und kurz davor stand, das *Abendmahl* zu malen. Die Auseinandersetzung zwischen Leonardo und de' Predis wird in einer notariellen Urkunde vom 3. August 1507 erwähnt, in der die beiden Maler den Dominikanermönch Giovanni de Pagnanis dazu bestimmen, ihren Streit zu schlichten.[52] Dies geschieht in der bereits genannten Urkunde vom 18. August 1508, in der de' Predis erlaubt wird, eine weitere Kopie der *Madonna in der Felsengrotte* herzustellen, deren Erlös er aber mit Leonardo zu teilen aufgefordert wird.

Es könnte sein – auch wenn es sich hierbei um eine nirgends belegte Annahme handelt –, daß sich de' Predis von Boltraffio und Marco d'Oggiono beiseite gedrängt sah, oder aber, daß er für sich in Anspruch nehmen wollte, was den jungen Künstlern jeweils zugestanden worden war, nämlich eine Kopie der *Madonna in der Felsengrotte* für eigene Zwecke anzufertigen. Die von Boltraffio geschaffene Kopie ist das oben genannte Chéramy-Bild, während d'Oggiono – möglicherweise für Papst Julius II. della Rovere[53] – eine kleine Kopie malte, die im Castello Sforzesco in Mailand zu sehen ist. Beide Kopien beziehen sich jedoch auf die erste Fassung des Bildes.

Die goldene Halskette

Es steht außer Zweifel, daß sich nur die Londoner Fassung der *Madonna in der Felsengrotte* jemals in der Kirche San Francesco Grande befand. Durch eine gründliche Analyse der Röntgenaufnahmen im Labor der National Gallery in London konnte ich zu beiden Seiten des Halses der Madonna zwei Löcher ausmachen, die später mit Stuck gefüllt und mit moderner Farbe zugedeckt worden waren. Dabei handelt es sich ganz offensichtlich um die beiden Löcher der Nägel, an denen man die Kette befestigte, die Innocenzo della Croce 1483 der Bruderschaft geschenkt hatte, damit sie der Figur, die »gerade geschaffen« wurde, um den Hals gehängt würde, um »ständig an diesem Hals« (perpetuo ad ipsum collum) zu bleiben. Da die geschäftstüchtigen Künstler das ursprüngliche Bild für einen höheren Erlös, als sie von den Brüdern zu erwarten hatten, verkauften (und noch einmal bezahlt wurden, als sie den Brüdern die zweite Fassung übergaben, die diese jedoch zugegebenermaßen aufgrund ihres religiösen Inhalts bevorzugten), und da sich die hölzerne Marienfigur von del Maino zu weit oben am Altar befand (im oberen Register), konnte erst mit Abgabe der zweiten Fassung die Schenkung von Innocenzo della Croce genutzt werden: Die goldene Kette wurde am Hals der Maria befestigt, als diese zweite Fassung der *Madonna in der Felsengrotte* geliefert wurde, die unter Leonardos Leitung entstanden war.

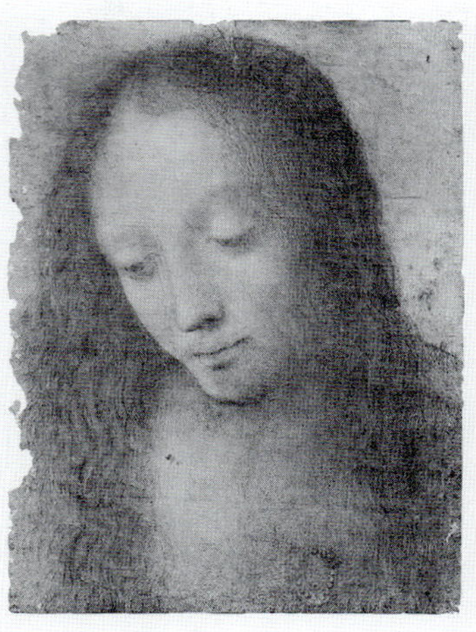

Giovan Antonio Boltraffio (?), Kopfstudie für die *Madonna in der Felsengrotte*. Mailand, Pinacoteca di Brera.

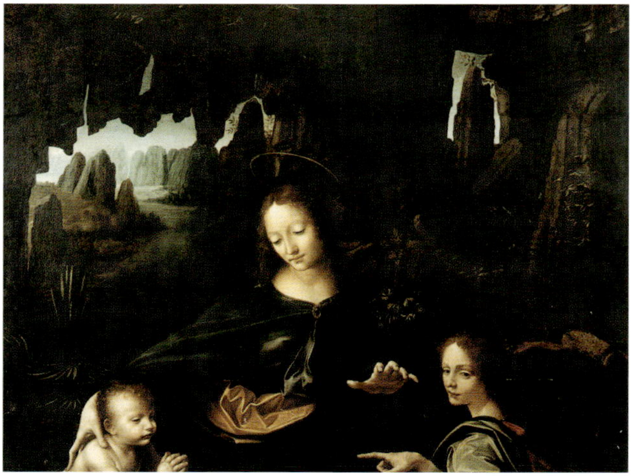

Werkstatt Leonardos (Giovan Antonio Boltraffio?), *Madonna in der Felsengrotte*, Kopie nach Leonardo. Schweiz, Privatsammlung (ehemals Paris, Sammlung Chéramy).

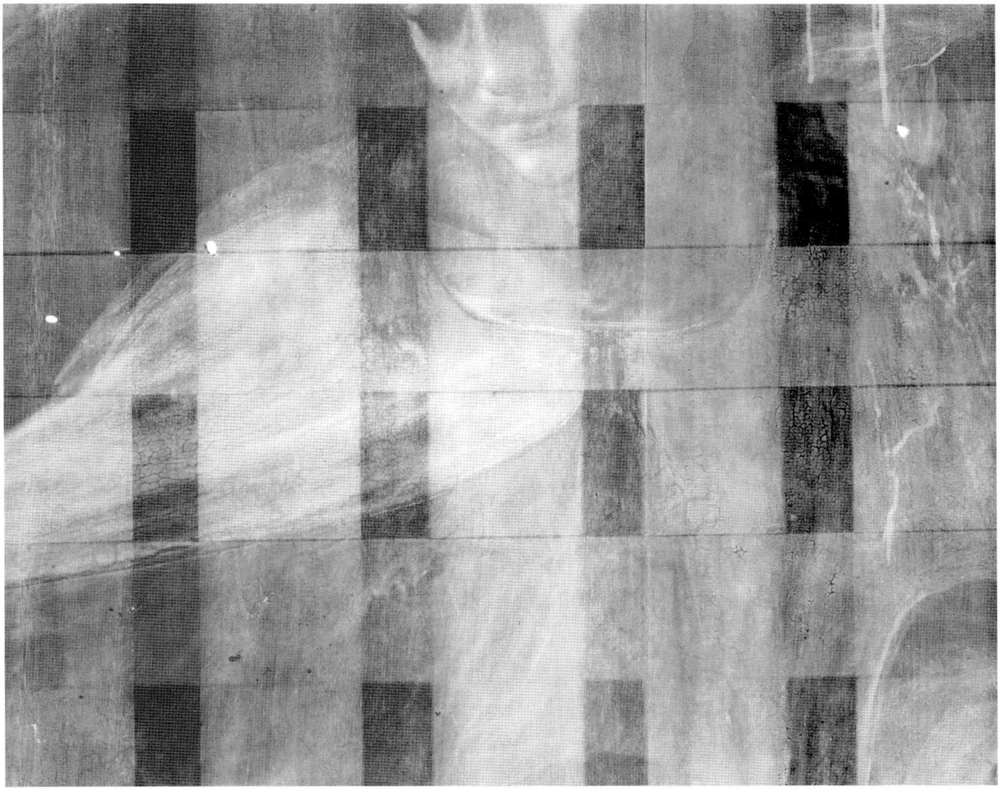

Röntgenaufnahme
der *Madonna in der Felsengrotte*
(Ausschnitt).
London, National Gallery.

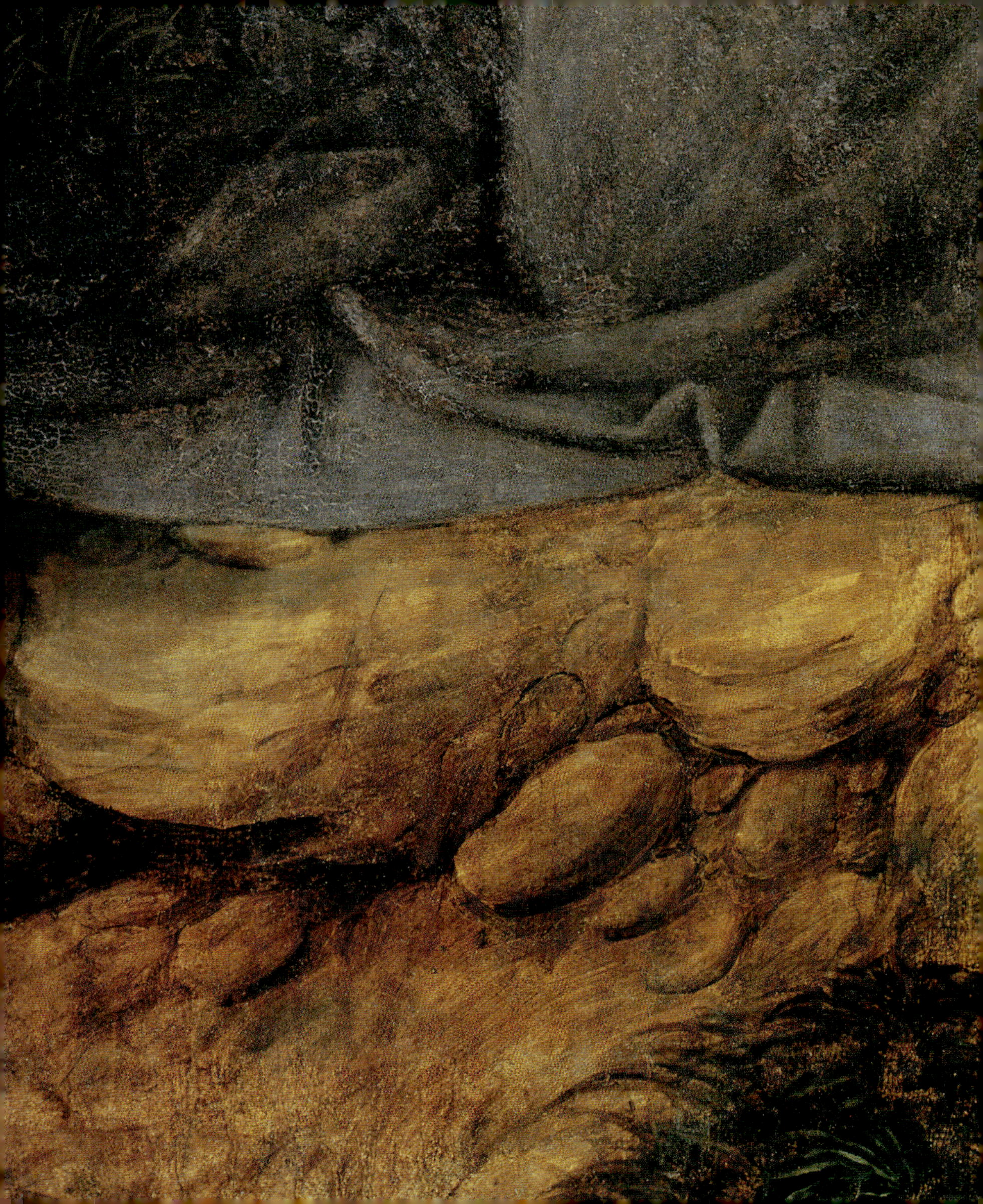

Die Londoner Madonna in der Felsengrotte: Leonardos Beitrag

Auch wenn Marco d'Oggiono und Boltraffio mit der Arbeit an der zweiten Fassung begonnen hatten und vieles ausführten, muß Leonardo doch den Fortgang beaufsichtigt haben. Vermutlich malte er selbst das Antlitz Marias und einen Teil ihrer Haare. Doch darauf beschränkte sich sein Beitrag zur zweiten Fassung nicht. Ironischerweise kann man das Besondere, das seine Kunst ausmacht, am besten dort würdigen, wo das Bild unvollendet geblieben ist, das heißt, wo das Auftragen der letzten Farbschichten nicht zu Ende geführt wurde.

Sicherlich hatte Leonardo die ganze Bildkomposition mit dem Pinsel vorgezeichnet. In der unteren rechten Ecke sind die Felsen und Pflanzen gut zu erkennen, die er auf der bräunlich-rötlichen Grundierung skizzierte; die Steine und Blätter erinnern an den Stil der monochromen Malereien der *Wurzeln und Felsen* (um 1498) in der Sala delle Asse im Mailänder Castello Sforzesco (S. 243–250).[54] Eines der zahlreichen Details, die oft herangezogen wurden, um den unfertigen Zustand des Gemäldes – angemerkt im Jahr 1506 – zu bestätigen, ist die linke Hand des Engels, der dem Jesuskind den Rücken stützt: Sie läßt Pinselstriche erkennen, die eindeutig von Leonardos Hand stammen und die denen der *Mädchenkopf*-Studie auf Holz (genannt »La Scapiliata«, um 1506–1508)[55] in der Galleria Nazionale von Parma sehr ähnlich sind, auch wenn sie im Londoner Bild nicht direkt auf die Grundierung, sondern auf eine Farbschicht aufgetragen wurden. Weitere unvollendete Stellen, verborgen unter Farbschichten, wie die rechte Hand und der Rücken des Jesuskindes sowie der rechte Flügel des Engels, stammen aber nicht von Leonardo, sondern von einem seiner Gehilfen. Und andere Partien, beispielsweise die rechte Hand Marias, wurden später neu gemalt.[56]

Das Inkarnat, insbesondere die Gesichter der Maria und der Kinder, läßt Fingerspuren erkennen,[57] die wahrscheinlich von Leonardo stammen und auf eine letzte Bearbeitung der Oberfläche hinweisen, wie es uns von mehreren seiner Jugendwerke bekannt ist (siehe auch Kapitel 1 und 2). Die Entdeckung dieser Art des Eingriffs hilft uns, die Vorgehensweise von Leonardo und seinen Schülern bei der Vorbereitung und Ausführung der Bildkomposition nachzuvollziehen. Nachdem Leonardo die Bildtafel hatte vorbereiten lassen, zeichnete er mit dem Pinsel den Bildaufbau vor und überließ es einem oder mehreren seiner Schüler, vielleicht auch de' Predis, die ersten Farbschichten aufzutragen. Leonardo behielt es sich vor, an einigen Stellen einzugreifen, um die Position der Knabenköpfe oder die Schultern von Maria zu verbessern, oder um direkt die letzten Farbschichten auszuführen. Seine Hand ist wohl auch an dem Gebüsch über der rechten Schulter des Engels zu erkennen und in der Art, wie die linke Hand Marias rasch umrissen ist (am Handgelenk Marias tritt in der Röntgenaufnahme übrigens eine Ausbesserung zu Tage); ebenso wie an den Höhungen auf den Locken Marias und, wie schon erwähnt, an ihrem Antlitz. Er griff in die abschließenden Lasuren des Inkarnats ein und setzte sofort mit den Fingern nach, um raffinierte Helldunkeleffekte zu erhalten.

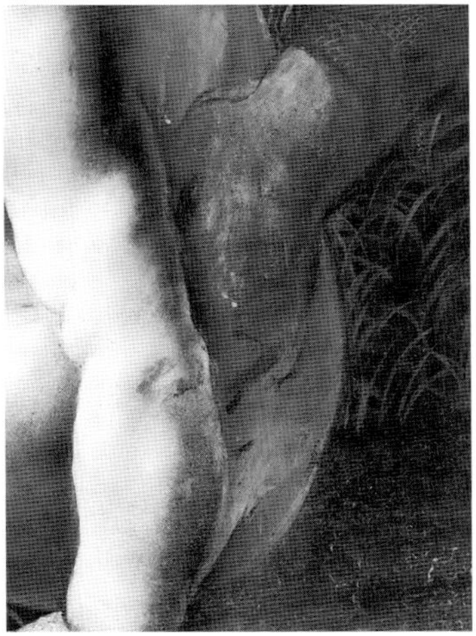

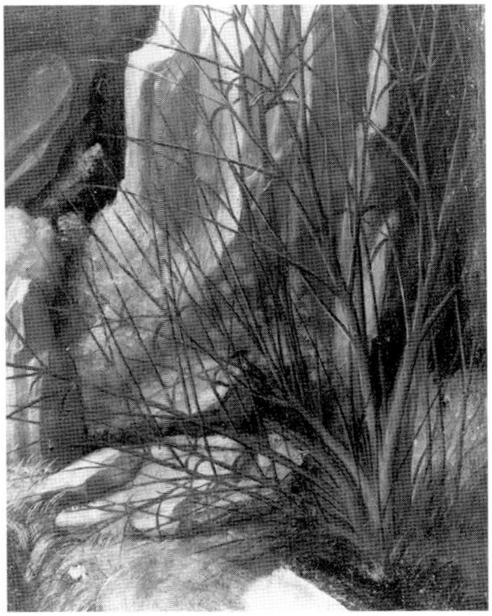

Linke Seite:
Leonardo da Vinci,
Madonna in der Felsengrotte
(Ausschnitt).
London, National Gallery.

Leonardo da Vinci,
Madonna in der Felsengrotte
(Ausschnitt).
London, National Gallery.

Leonardo da Vinci,
Madonna in der Felsengrotte
(Ausschnitt).
London, National Gallery.

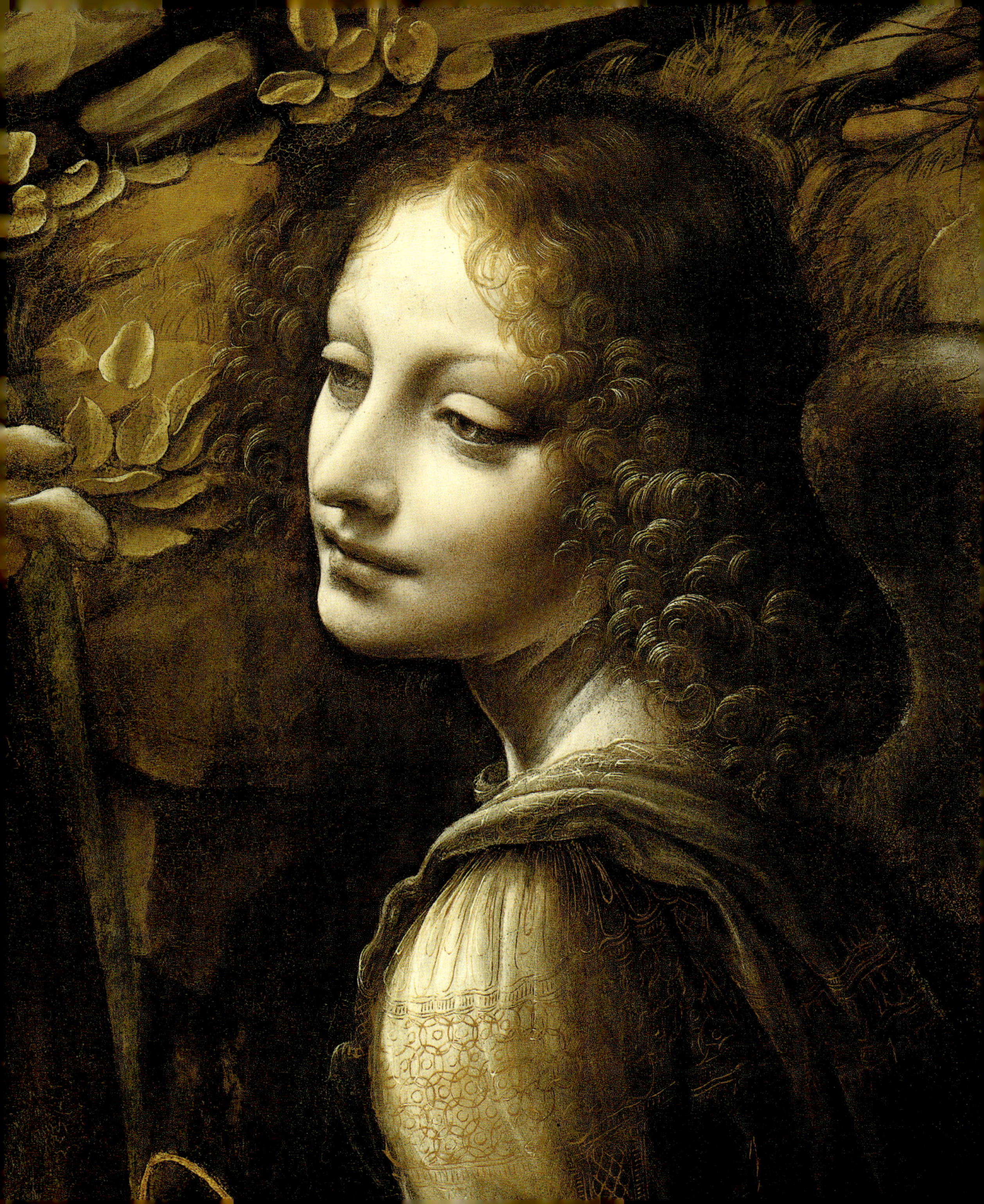

Die erfolgreiche Wirkungsgeschichte der Madonna in der Felsengrotte

Der Mißerfolg der ursprünglichen Fassung der *Madonna in der Felsengrotte* ist in erster Linie auf die Prominenz zurückzuführen, die Maria und Johannes innerhalb des Bildes erfuhren, in Übereinstimmung mit der gnostischen Auslegung des Amadio Mendes da Silva. Das Resultat war eine zweite Fassung, die stilistisch nicht ganz einheitlich ist. Paradoxerweise zog der insgesamte ikonographische Bildentwurf Leonardos aber eine äußerst erfolgreiche Wirkungsgeschichte nach sich.

Der Gedanke, die biblischen Figuren vor einer Grotte darzustellen, war zwar in der Kunst des Quattrocento in Norditalien nicht neu und findet sich beispielsweise schon bei Andrea Mantegna und Vincenzo Foppa.[58] Doch revolutionär waren die totale Verschmelzung der Figuren mit der Natur und ein atmosphärischer Raum, der sich in unergründlichen Tiefen verliert und der ohne die für die Toskana typischen perspektivischen Verfahren geschaffen wurde (Fluchtlinien am Fußboden oder Gebäude in perspektivischer Verkürzung zum Beispiel). Leonardo hatte einen schier unglaublichen künstlerischen Entwicklungsprozeß hinter sich, der markiert wird durch wesentliche Arbeiten wie die *Anbetung der Heiligen Drei Könige* und *Der Heilige Hieronymus*. Der pyramidale Aufbau der Figurengruppe, bestehend aus Maria mit dem Jesuskind, dem Johannesknaben und dem Erzengel Gabriel, geht auf seine Studien für eine »Geburt Christi« zurück (siehe das letzte Kapitel und die erwähnten Blätter aus Venedig, Windsor und New York). Dies waren notwendige Voraussetzungen für einen so komplexen, differenzierten Bildaufbau wie hier in der *Madonna in der Felsengrotte*.

Traditionell mit dem Gemälde im Louvre in Verbindung gebrachte Studien offenbaren, mit welcher Aufmerksamkeit sich Leonardo den Details der Komposition widmete: ein Engelskopf in der Biblioteca Reale, Turin (15572 *recto*; S. 130), die Hand des Engels, die auf den Johannesknaben zeigt und uns in einer Kopie in Windsor überliefert ist (12520; S. 133) und eine Gewandstudie für den Engel in Windsor (12521; S. 132), die normalerweise mit der zweiten Fassung in Zusammenhang gebracht wird, aber wohl trotzdem um 1495 entstand.[59] Diese Blätter zeigen, wie sehr sich Leonardo sowohl mit dem Licht beschäftigte, mit dem er vor allem das Antlitz und die Gewandstruktur hervorhebt, als auch insbesondere mit der Poesie und Bedeutung der Gebärden. Die Linien, die in der Pariser Fassung zwischen den Gebärden und Händen gezogen werden können, suggerieren ein Kreuz, und, neben dem Thema der Unbefleckten Empfängnis, spielen sie auch auf die Passion und den Tod Christi an.[60]

Der erstaunliche Erfolg, den die erste Fassung der *Madonna in der Felsengrotte* zu verzeichnen hatte, auch wenn das Gemälde nie in die Kirche San Francesco Grande gelangt war, beruht auf den zahlreichen Bedeutungs- und Interpretationsebenen, die es enthält. Mindestens zwölf Kopien entstanden bereits zwischen Ende des 15. und Anfang des 16. Jahrhunderts. Auch von der zweiten Fassung sind zwölf Kopien bekannt, die aus dem 16. Jahrhundert

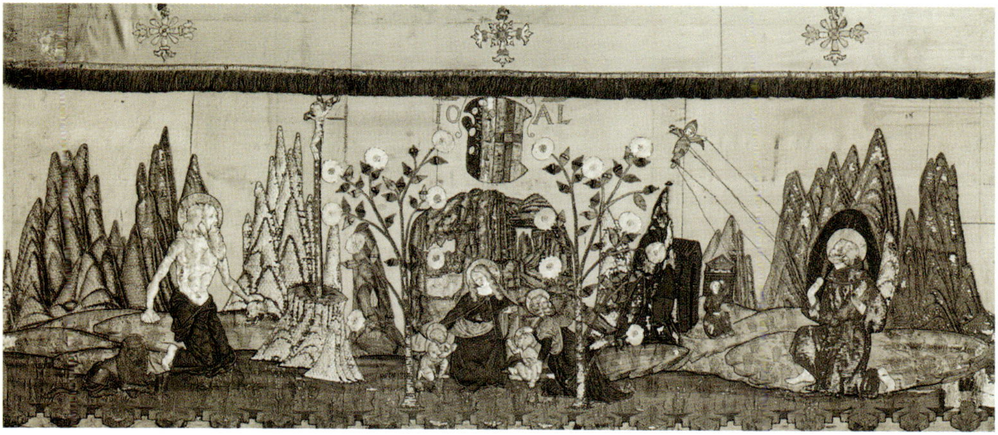

Mailänder Manufaktur,
besticktes und wattiertes Antependium
mit *Madonna in der Felsengrotte*
nach Leonardo.
Varese, Sacro Monte, Museo Baroffio.

Linke Seite:
Leonardo da Vinci,
Madonna in der Felsengrotte (Ausschnitt).
London, National Gallery.

stammen.[61] Dazu kommen Kopien in anderen Materialien, zum Beispiel das ausgepolsterte und bestickte Antependium im Museo Baroffio auf dem Sacro Monte in Varese (S. 147).[62] Auch gab es freiere Kopien, wie das Gemälde von Bernardino de' Conti aus dem Jahr 1522, in Auftrag gegeben von Arcangelo Pagani, Doktor der Theologie im Kloster San Francesco Grande, und heute im Besitz der Pinacoteca di Brera; oder die von Cesare Magni 1524 auf Papyrus angefertigte Zeichnung, die er den Mönchen von Santa Maria delle Grazie als Entlohnung für das Lesen der jährlichen Messen überließ. Die Zeichnung Cesare Magnis diente möglicherweise der kleinformatigeren Kopie der *Madonna in der Felsengrotte* von Magni als Vorbild, die sich heute in der Sammlung Rob Smeets in Mailand befindet. Dazu kommen noch weitaus spätere Kopien, wie die bereits erwähnte von Vespino, oder Nachbildungen einzelner Figuren oder Gesten, wie beispielsweise der Engel in Giulio Cesare Procaccinis Bild *Glorie des Hl. Karl Borromäus,* ehemals in der Sammlung Cattaneo Adorno in Genua und heute in der Pinacoteca di Brera in Mailand (S. 149, links).[63] Aus den letzten Beispielen geht hervor, wie groß das Interesse an Leonardos Bildkomposition noch bis weit ins 17. Jahrhundert war, und das sogar bei Künstlern, von denen man es nicht erwarten würde. Nicht nur Leonardos Malerei, sondern auch seine kunsttheoretischen Schriften wurden von ihnen studiert, und einige besaßen auch sein *Buch von der Malerei*. Giulio Cesare Procaccini nannte eine Abschrift des Traktats sein eigen, die vorher Bernardino Lanino gehört hatte.[64] Wie ein Echo von Leonardos Engel erscheint auch noch die Figur in dem Gemälde *David mit dem Haupt Goliaths* von Tanzio da Varallo (S. 149, rechts).[65]

Zudem erklärt sich das Interesse »aufgeklärter« Sammler an Leonardo zum Teil auch daher, daß dessen »Erfindungen« vom 16. zum 17. Jahrhundert von immer mehr italienischen Künstlern und Gelehrten aufgegriffen wurden. Federico Borromeo ließ Leonardos Werke von Vespino kopieren oder kaufte die von Luini angefertigten Kopien.[66] Kardinal Cesare Monti besaß in seiner Sammlung angeblich eigenhändige Leonardo-Gemälde (in Wahrheit Kopien oder eigene Arbeiten nachfolgender Künstler), und er erwarb Gemälde von Giulio Cesare Procaccini und anderer »Manieristen« – wie Il Sordo (Giovanni di Andrea di Giovanni Griffoni?), Carlo Francesco Nuvolone und den beiden Lampugnani (Giovanni Battista und Giovanni Francesco) –, die versuchten, Leonardos Vorgaben mit den jüngeren Errungenschaften des zentral- und norditalienischen Manierismus zu verbinden.[67]

Leonardos Passion für die »Wissenschaft«, die sich in der Darstellung seltener botanischer Arten, wie in den beiden Fassungen der *Madonna in der Felsengrotte*, oder von Gegenständen im Licht und im Spiel der Lichtreflexe, wie im »Stilleben« auf dem Tisch des *Abendmahls*, niederschlägt, hatte ebenfalls einen großen künstlerischen Einfluß und sollte sogar die Entstehung des Stillebens als eigene Gattung beeinflussen. Wie fasziniert mag der junge Caravaggio von Leonardos Werk gewesen sein und die objektive, »naturalistische« Darstellung der Pflanzen in der *Madonna in der Felsengrotte* und des »Stillebens« im *Abendmahl* bewundert haben![68]

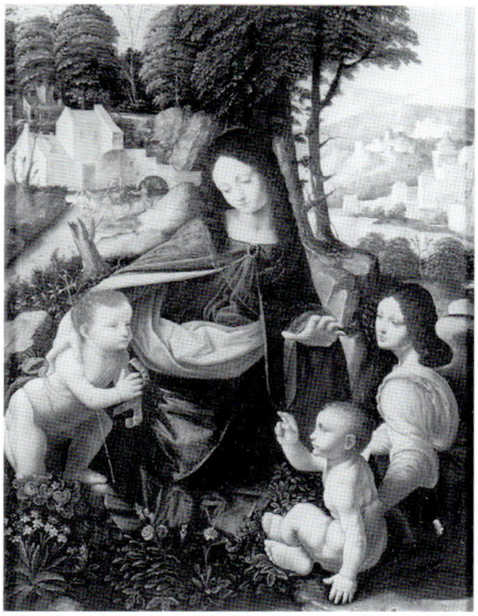

Cesare Magni,
Madonna in der Felsengrotte,
nach Leonardo.
Mailand, Sammlung Rob Smeets.

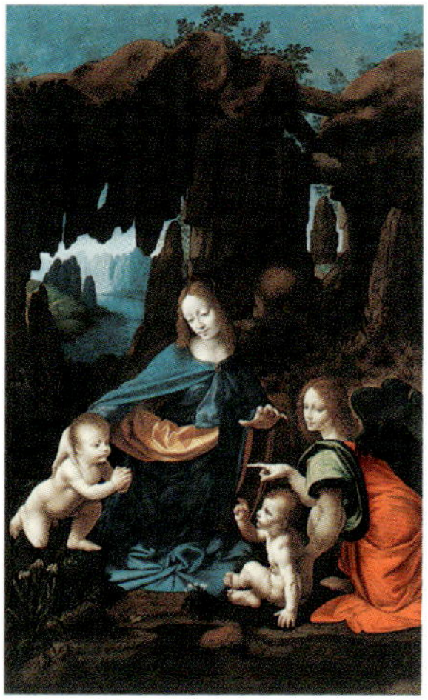

Anonym, 16. Jahrhundert,
Madonna in der Felsengrotte,
nach Leonardo.
Mailand, Ursulinenkloster San Carlo.

Die Musizierenden Engel in der National Gallery, London

Der große Erfolg des mittleren Altarbildes, der sich noch im 18. und 19. Jahrhundert in der Druckgraphik fortsetzt[69], findet keine Entsprechung im Schicksal der seitlichen Tafeln, auf denen die *Musizierenden Engel* dargestellt sind. Vespino fertigte Kopien von ihnen an, die bei Mazenta erwähnt sind, aber bis heute nicht gefunden wurden. Eine weitere Kopie befand sich in der Mailänder Passionskirche und ist ebenfalls verlorengegangen. Natürlich beeinflußte die Tatsache, daß die Engel wohl nicht von Leonardo selbst gemalt wurden, ihren spärlichen Erfolg. Doch abgesehen von der bereits erwähnten Frage der Autorenschaft, brachten sie im Gegensatz zur *Madonna in der Felsengrotte* auch keine ikonographischen Neuerungen.

Die Engel scheinen in ihrer ganzfigurigen Darstellung, eingestellt in Nischen und mit perspektivisch vorgegebenem Betrachterstandpunkt, inspiriert von den *Uomini d'arme*, den kriegerischen Figuren, die Bramante von 1486 und 1487 für das Haus der Visconti Panigarola in Mailand malte, heute im Besitz der Pinacoteca di Brera.[70] Sie könnten sogar eine erste, sehr frühe Umsetzung von Bramantes Figuren in den Stil Leonardos sein und gleichzeitig noch die Monumentalität der Figuren anklingen lassen, die typisch für die lombardische Kunst war und die sich zum Beispiel im Fresko *Die Heiligen des Dominikanerordens* findet, das Bernadino Zenale und Bernadino Butinone an die Pilaster der Mailänder Kirche Santa Maria delle Grazie gemalt hatten.[71] Dies wäre ein Hinweis, daß die beiden Tafeln nach Bramantes Figuren entstanden sind, was auch durch jene Petition an Ludovico il Moro Anfang der neunziger Jahre bestätigt wird, in der sie als fertiggestellt erwähnt werden. Außerdem wären diese Bezüge ein Hinweis darauf, daß die *Engel* weder als besonders einfallsreich noch als besonders repräsentativ für Leonardos Schaffen und Genie galten. Allerdings gäbe es noch eine weitere Vermutung: Die beiden *Musizierenden Engel* in London könnten aufgrund ihrer engen Verbindung zu Bramantes *Uomini d'arme* auch spätere Fassungen von ursprünglichen Tafelbildern sein, die doch jeweils »vier Engel« darstellen sollten, die »auf dem einen Bild singen und auf dem anderen musizieren« sollten. In diesem Fall wären auch die beiden Engel in London wenig später entstandene Ersatzbilder für zwei Gemälde, die nicht erhalten sind und die womöglich an dieselbe Person verkauft wurden, die für die erste Fassung der *Madonna in der Felsengrotte* hundert Dukaten geboten hatte.

Technik und Stil der *Musizierenden Engel* scheinen tatsächlich eher auf die neunziger als auf die achtziger Jahre des 15. Jahrhunderts hinzuweisen. Stilistisch stehen sie der zweiten Fassung des mittleren Altarbildes näher, weniger dem noch sehr florentinischen Stil und den Proportionen der Figuren der Pariser Fassung. Vielleicht könnte der Originalrahmen des Polyptychons Aufschluß geben, der sich bis 1954 noch im Hause Sormani in Mailand befand – ein »prächtiger mit Putten verzierter Rahmen« – und dessen Verbleib heute unbekannt ist. Eine Überprüfung der Maße und Befestigungen der beiden Seitentafeln könnte beant-

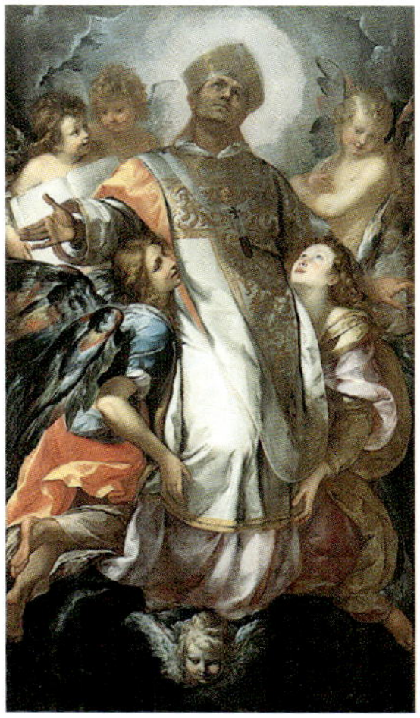

Giulio Cesare Procaccini,
Glorie des Heiligen Karl Borromäus.
Mailand, Pinacoteca di Brera.

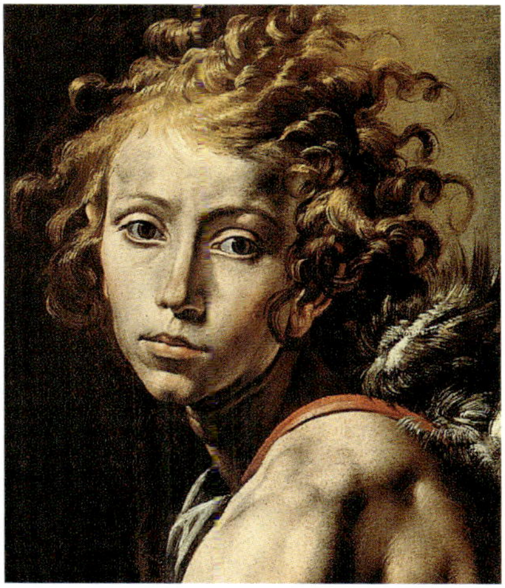

Tanzio da Varallo,
David mit dem Haupt Goliaths
(Ausschnitt).
Varallo, Pinacoteca.

worten, ob die beiden Londoner Bildtafeln zur ersten oder zweiten Fassung des Polyptychons gehören.[72]

Obwohl von beiden Fassungen nur die Pariser *Madonna in der Felsengrotte* als wirklich eigenhändiges Werk von Leonardo bezeichnet werden kann, ist es erstaunlicherweise die Londoner Fassung, die eine tatsächliche künstlerische Weiterentwicklung Leonardos offenbart. In der Pariser Fassung ist noch der Stil der florentinischen Malerei erkennbar, der in den sechziger und siebziger Jahren herrschte: Der Erzengel Gabriel erinnert an den Engel, den Leonardo der *Taufe Christi* Verrocchios hinzufügte; die Figuren lassen generell an die Figuren Botticellis denken, auch wenn sie durch ein weicheres und atmosphärischeres Licht malerischer geworden sind; und die gesamte Komposition kann, wie erwähnt, mit Leonardos Studien für eine »Geburt Christi« aus den letzten Florentiner Jahren in Verbindung gebracht werden. Dagegen kann die Londoner Fassung auf keinen Fall mehr als quattrocentesk bezeichnet werden, da sie die bisherigen Errungenschaften integriert in eine dynamische Entwicklung zur vollen, monumentalen Form, die das *Abendmahl* kennzeichnen. Diese *Madonna in der Felsengrotte* entstand zur gleichen Zeit wie das *Abendmahl* und muß als erster Schritt Leonardos auf dem Weg zu einem Stil der Hochrenaissance angesehen werden – ein Stil, den er, wie im fünften Kapitel dargelegt werden wird, aus seinem Studium der antiken Kunst und ihren Regeln heraus entwickelte.

Anmerkungen

[1] Zur Bedeutung der Anwesenheit von Bernardo Rucellai in Mailand für Leonardo siehe C. Vecce, *Leonardo,* Rom 1998, S. 72–76. Ein Hinweis meinerseits auf eine Zeichnung für die Festung von Casalmaggiore, die Ludovico il Moro von Lorenzo il Magnifico unterbreitet wurde und die er am 6. März 1482 billigte, wie Rucellai seinem Herzog Lorenzo de' Medici berichtete (P. C. Marani, *L'architettura fortificata negli studi di Leonardo da Vinci. Con il catalogo completo dei disegni,* Florenz 1984, S. 17–18), bringt Vecce zu dem Schluß, die Zeichnung müsse von Leonardo sein. Zu anderen Kontakten zwischen Leonardo und Rucellai siehe C. Pedretti, »La macchina idraulica costruita da Leonardo per conto di Bernardo Rucellai e i primi contatori d'acqua«, in: *Raccolta Vinciana* Fasz. XVII, 1954, S. 177–216. Ein fragmentarisches Blatt Leonardos, das früher zur Sammlung Lamberto Vitali, Mailand, gehörte und heute in der Pinacoteca di Brera aufbewahrt wird, zeigt ein weiteres Detail der für Bernardo Rucellai konstruierten hydraulischen Maschine (vgl. C. Pedretti, *Leonardo da Vinci. Corpus of the Anatomical Studies in the Collection of Her Majesty the Queen at Windsor Castle,* 3 Bde., hrsg. von K. D. Keele und C. Pedretti, New York 1978–1980, Bd. II, 1980, S. 860, Abb. 115 und 116). Die deutsche Übersetzung des Anonimo Gaddiano siehe bei André Chastel, *Leonardo da Vinci, Gemälde und Schriften,* München 1990, S. 76–79.

[2] P. C. Marani, *L'architettura fortificata ...,* a. a. O., 1984, S. 12–13 und 280.

[3] L. Beltrami, *Documenti e memorie riguardanti la vita e le opere di Leonardo da Vinci,* Mailand 1919, Dok. 23, S. 12–19; außerdem Dok. Nr. 14 im Anhang des vorliegenden Buchs. Zu diesem und allen in der Folge zitierten Dokumenten siehe auch H. Glasser, *Artist's Contracts of Early Rennaissance,* Columbia University Dissertation (1965), New York und London 1977, S. 318–392. Ebenso: C. Gould, »La Vergine delle Rocce«, in: *Leonardo. La Pittura,* (1977) neue erweiterte Ausgabe, hrsg. von P. C. Marani, Florenz 1985, S. 81–92; P. C. Marani, *Leonardo, Catalogo completo,* Florenz 1989, S. 55–58; C. Vecce, a. a. O., 1998, S. 80–83; P. C. Marani in: *Pittura a Milano. Rinascimento e Manierismo,* hrsg. von M. Gregori, Mailand 1998, S. 198–200. Zur Rolle der Franziskaner bei der Vergabe der Aufträge an die Künstler siehe die Beiträge von G. Soldi Rondinini, S. Fasoli, A. Antoniazzi Villa, A. Nova und A. Scotti in: *Il Francescanesimo*

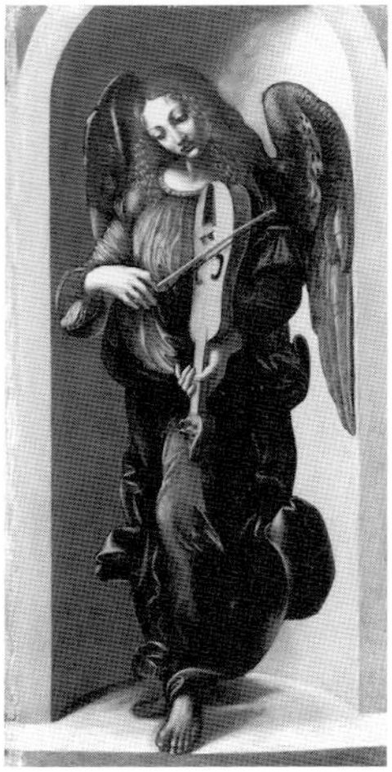

Mitarbeiter Leonardos (Francesco Napoletano?), *Musizierender Engel.* London, National Gallery.

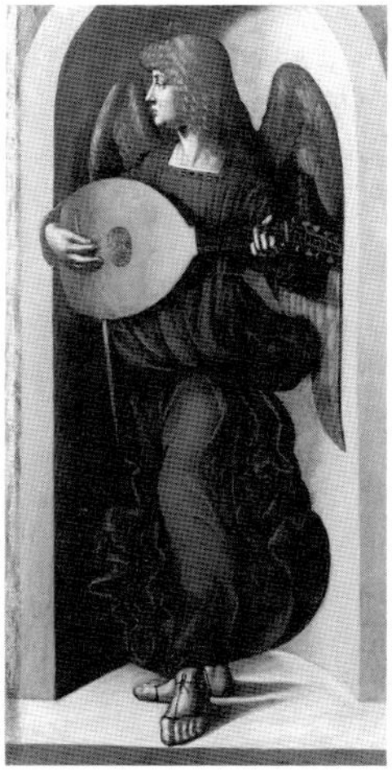

Mitarbeiter Leonardos (Giovan Antonio Boltraffio?), *Musizierender Engel.* London, National Gallery.

in Lombardia. Storia e arte, Cinisello Balsamo 1983. Zum Dogma der Unbefleckten Empfängnis siehe P. L. De Vecchi, »Iconografia e devozione dell'Immacolata in Lombardia«, in: *Zenale e Leonardo. Tradizione e rinnovamento della pittura lombarda,* Ausstellungskatalog, Mailand 1982, S. 254–258. Über die unmittelbar vorhergehenden Aufträge siehe auch im vorliegenden Buch weiter unten.

[4] Die These stammt von Sironi und wurde von P. C. Marani publiziert, »La ›Vergine delle Rocce‹ di Leonardo. Nuovi documenti e ipotesi«, in: *Società Esposizione permanente Belle Arti* Nr. 7, Mailand 1981, S. 1–2. Sironi bemerkte außerdem, daß bei Sedriano (Mailand) heute noch ein Bauernhof mit Hofnamen »dei Vinci« existiert, was auf einen alten, aus Vinci stammenden Familienverband hinweisen könnte, der für den eben in die Lombardei übersiedelten Leonardo einen Bezugspunkt dargestellt haben könnte.

[5] Dieses Dokument, das Grazioso Sironi vor kurzem im Mailänder Staatsarchiv entdeckte, wird veröffentlicht in einem von Sironi und J. Shell geplanten Aufsatzband zu Ehren von Augusto Marinoni. Vgl. auch E. Villata, »Leonardo da Vinci. I Documenti e le testimonianze contemporanee«, in: *Raccolta Vinciana,* addenda, S. 303 ff.

[6] Vgl. die in Anmerkung 3 angegebene Literatur. Hinzuzufügen sind G. Castelfranco, »Le due versioni della Vergine delle Rocce«, in: *Raccolta Vinciana* Fasz. XVIII, 1960, S. 185–187; C. Pedretti, *Leonardo. A Study in Chronology and Style,* London 1973, S. 55–56; J. Wasserman, *Leonardo,* New York und Mailand 1975; letzterer datiert auf 1483–1485; M. Rosci, *The Hidden Leonardo,* Mailand 1978, S. 81 ff; P. L. De Vecchi, »La Vergine delle Rocce«, in: *Leonardo a Milano,* hrsg. von G. A. Dell'Acqua, Mailand 1982, S. 41–60.

[7] Vgl. G. Biscaro, »La commissione delle ›Vergine delle Roccie‹ a Leonardo da Vinci secondo i documenti originali (25. April 1483)«, in: *Archivio Storico Lombardo,* s. IV, XIII, a. XXXVII, 1910, S. 125–161, hier besonders S. 159–160, Dok. C. Ebenso: P. Venturoli, »L'Ancona dell'Immacolata Concezione in San Francesco Grande a Milano«, in: *Giovanni Antonio Amadeo. Scultura e architettura del suo tempo,* hrsg. von J. Shell und L. Castelfranchi, Mailand 1993, S. 421 ff.

[8] L. Beltrami, a. a. O., 1919, Dok. 24, S. 19 ff, M. Rosci, *The Hidden Leonardo,* a. a. O., 1979, S. 81; G. Sironi, *Nuovi documenti riguardanti la »Vergine delle Rocce« di Leonardo da Vinci,* Florenz 1981, S. 14; zu der »Liste« siehe auch P. Venturoli, a. a. O., 1993, S. 426–428.

[9] G. Biscaro, a. a. O., 1910, S. 159–160; P. Venturoli, a. a. O., 1993, S. 425.

[10] »... colanam unam auream factam ad literas smaltatas de nigro et cum perlis XIIIJ«, »ponatur ad cholum illius figure fiende ad laudem Virginis domine Sancte Marie«; vgl. G. Sironi, *Nuovi documenti* ..., a. a. O., 1981, S. 14 und S. 19, Dok. 1.

[11] Die traditionelle These einer Rekonstruktion des Altars, der aus einem unteren Register (mit bemalten Tafeln) bestand, über dem sich ein Aufsatz mit der Marienfigur erhob und darüber Gottvater, wie Biscaro meinte (1910), führte zur Erstellung eines graphischen Schemas: vgl. u. a. F. Malaguzzi Valeri: *La corte di Ludovico il Moro,* Bd. II: »Bramante e Leonardo«, Mailand 1915, S. 306 (wieder abgebildet bei C. Pedretti, *Leonardo. A Study* ..., a. a. O., 1973, Abb. auf S. 57). Vgl. auch die anderen von Venturoli zitierten Studien (a. a. O., 1993, S. 431, Anm. 32). In der älteren Literatur wird immer wieder die Frage erhoben, ob der Originalrahmen für den Altar noch erhalten sei, dessen Auffindung das Problem der Gesamtstruktur definitiv klären würde. Dieser Rahmen ist jedoch unauffindbar. Vgl. auch im Text weiter unten und Anmerkung 72.

[12] Diese zum erstenmal von Venturoli (a. a. O., 1993, S. 432) formulierte These sieht (S. 437, Abb.1) ein anderes Rekonstruktionsschema vor, nach dem es sich bei der mittleren Tafel (der *Madonna in der Felsengrotte*) um einen beweglichen Flügel handelte, der die Nische mit der Madonnenstatue schloß.

[13] Ich möchte Nicholas Penny und den Mitarbeitern der National Gallery in London danken, die mir im März 1998 eine Untersuchung der Tafel aus nächster Nähe im Labor ermöglicht haben. Ich konnte die genannte Überprüfung vornehmen und einige wichtige neue Betrachtungen anstellen, die ich in weiteren darlegen werde. Zum Zustand der Pariser Fassung und ihrer Übertragung von Holz auf Leinwand vgl. M. Hours, »Étude analytique des tableaux de Léonard de Vinci au Laboratoire du Musée du Louvre«, in: *Leonardo. Saggi e ricerche,* Rom 1954, S. 18–19; G. E. Mâle, »La transposition de la Vierge aux Rochers de Léonard de Vinci. Sa date exacte«, in: *Raccolta Vinciana* Fasz. XIX, 1962, S. 117–123. Die Übertragung wurde von François Toussaint Hacquin vorgenommen. Eine weitere Reinigung wurde 1906 durchgeführt. Vgl. S. Béguin, *Léonard de Vinci au Louvre,* Paris 1983, S. 72–74.

[14] G. Sironi, *Nuovi documenti* ..., a. a. O., 1981, S. 14, Anm. 2.

[15] Ebenda, 1981, S. 19–20, Dok. II.

[16] Zum Mailänder Schmuck der damaligen Zeit siehe P. Venturelli, *Gioielli e gioiellerie milanesi. Storia, arte, moda (1450–1630),* Mailand 1996; insbes. S. 146–183 zu Schmuckstücken mit Buchstaben, die auf den Namen des Auftraggebers oder auf einen bestimmten Wahlspruch anspielen; auf S. 52 wird ein Juwelier namens Jacopo della Croce genannt, der zwischen 1472 und 1482 auf der Suche nach Rubinen in die Gegend von Bellinzona aufbrach. Innocenzo della Croce, Sohn des Donato, könnte demnach ebenfalls Juwelier oder Edelsteinhändler gewesen sein (sein Sohn, der die Kette überreichte, hieß Marsilio). Von einem weiteren Juwelier, Giovanni Battista della Croce, ist überliefert, daß er gegen Ende des 16. Jahrhunderts dem Turiner Hof Schmuck lieferte (ebenda, 1996, S. 14 und S. 32). Der berühmte Kamm von Bianca Maria Sforza auf dem Portrait von de' Predis (Washington, National Gallery of Art) besitzt Perlen und ein geflochtenen Goldband mit dem Motto MERITO ET TEMPORE (ebenda, 1996, S. 81, Abb. auf S. 83; zu diesem Bild und zum Schmuckstück vgl. auch P. C. Marani in *Pittura a Milano* ..., a. a. O., 1998, S. 206–207); dies kann eine Vorstellung der im Dokument vom

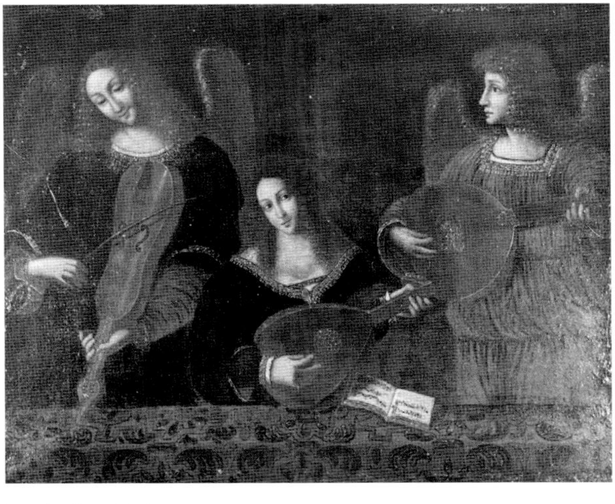

Lombardische Schule,
Musizierende Engel (nach den Seitentafeln der *Madonna in der Felsengrotte*, London, National Gallery, und nach Bartolomeo Veneto, *Lautenspielerin*).
Mailand, Santa Maria della Passione.

22. November 1482 beschriebenen Kette geben: »mit bestimmten Buchstaben zwischen der einen und der anderen Blume«.

[17] Ambrogio Mazenta (1635); vgl. *Le memorie di Don Ambrogio Mazenta ripubblicate da D. L. Gramatica,* Mailand 1919, S. 47. Mazenta schreibt im Zusammenhang der »tauola nella Capella della Concettione« und der weiteren »tauolette« von Leonardo: »il Vespino pittor milanese ne fece coppia molto fedele« und »se il peso delle tavole, non lo rendesse difficile potrebbesi facilm.hauere in Roma«. In einem Brief vom 8. August 1997 weist mich Ingo Bubenik auf die Arbeit von Arlene Quint hin (*Cardinal Federico Borromeo as a Patron and a Critic of the Arts and his Museum of 1625,* New York 1986), in der diese die Frage aufwirft (S. 45), ob Vespino das ganze Polyptychon kopiert habe, also auch die kleineren Tafeln, die in den Rahmen eingefügt waren, oder nur die mittlere Tafel. Ingo Bubenik stellt in dem Brief die These auf, daß die zwei jetzt in der National Gallery in London befindlichen Tafeln der *Musizierenden Engel* vielleicht übereinander und nicht zu Seiten der *Madonna in der Felsengrotte* angebracht waren. Diese Vermutung ist zu verwerfen, denn die Perspektive ist bei beiden Tafeln identisch, sie müssen also beide in derselben Höhe angebracht gewesen sein, um vom gleichen Standpunkt aus betrachtet zu werden.

[18] Vgl. P. M. Jones, *Federico Borromeo e l'Ambrosiana. Arte e Riforma cattolica nel XVII secolo a Milano,* Mailand 1997 (Originalausgabe Cambridge 1993), S. 250 und 346. Das im Depot der Pinacoteca Ambrosiana aufbewahrte Tafelbild wurde 1998 unter meiner Leitung von Nuccia Comolli Chirici, der ich an dieser Stelle für ihre Hilfe und technischen Hinweise danken möchte, restauriert und zum ersten Mal anläßlich der Ausstellung von Leonardos Zeichnungen in der Ambrosiana im Jahre 1998 gezeigt: siehe dazu M. Rossi in *L'Ambrosiana e Leonardo,* hrsg. von P. C. Marani, M. Rossi und A. Rovetta, Ausstellungskatalog, Novara 1998, S. 158–159; sowie M. Rossi, »La Vergine delle Rocce, Leonardo e il Cardinal Federico Borromeo«, in: *Studi di storia dell'arte in onore di Maria Luisa Gatti Perez,* hrsg. von M. Rossi und A. Rovetta, Mailand 1999, S. 301–306.

[19] M. Davies, *National Gallery Catalogues. The Earlier Italian Schools,* (1961) London 1986, S. 269–270.

[20] G. Melzi d'Eril, *La Galleria Melzi e il collezionismo milanese nel tardo Settecento,* Mailand 1973, S. 121–123.

[21] Zu diesem Punkt siehe Ende dieses Kapitels.

[22] Vgl. P. C. Marani, *Leonardo. Catalogo…,* a. a. O. 1989, S. 55.

[23] Siehe weiter unten.

[24] L. Beltrami, a. a. O., 1919, Dok. 24, S. 21.

[25] G. Sironi, *Nuovi documenti ...,* a. a. O., 1981, Dok. III, S. 20–21.

[26] L. Beltrami, a. a. O., 1919, Dok. 170, S. 112–116.

[27] Ebenda, 1919, Dok. 192, S. 130–132, und Dok. 199, S. 134–136.

[28] Ebenda, 1919, Dok. 120 und 121, S. 81–84.

[29] Ebenda, 1919, S. 83; vgl. auch G. Sironi, *Nuovi documenti ...,* a. a. O., 1981, S. 15.

[30] G. Sironi, *Nuovi documenti...,* a. a. O., 1981, Dok. VII, S. 23–25; vgl. auch C. Gould, »The Newly Discovered Documents Concerning Leonardo's Virgin of the Rocks and their Bearing on the Problem of the Two Versions«, in: *Artibus et Historiae* 3, 1981, S. 73–76; ders, »Post scriptum«, in: Marani (Hrsg.), *Leonardo. La pittura,* a. a. O., (1977) 1985, S. 62.

[31] Siehe D. A. Brown, »The London ›Madonna of the Rocks‹ in Light of two Milanese Adaptations«, in: *Collaboration in Italian Renaissance Art,* hrsg. von W. Stedman Sheard, J. T. Paoletti, New Haven, London 1978, S. 167–177, der Anklänge der zweiten Fassung in einer Miniatur von Antonio da Monza (eine Pfingstdarstellung, jetzt in der Graphischen Sammlung Albertina in Wien) wiederfindet, datierbar zwischen 1492 und 1503. Für eine weiterführende Literatur siehe auch P. C. Marani, *Leonardo. Catalogo ...,* a. a. O., 1989, S. 66–68; außerdem Anm. 33 zur Datierungsfrage bzw. dem chronologischen Ablauf zwischen 1491–1494 und 1499. Zur Datierung der ersten Fassung siehe Anm. 3 und 6.

[32] Zu den verschiedenen Interpretationen siehe P. C. Marani, »Una Vergine delle Rocce dimenticata«, in: *I Leonardeschi a Milano. Fortuna e collezionismo,* Atti del convegno, hrsg. von M. T. Fiorio und P. C. Marani, Mailand 1991, S. 70, Anm. 30. Siehe auch C. Vecce, a. a. O., 1998, S. 390 zu einer »Thronenden Madonna« (einer *Maestà*), ausgeführt von einem »ausgezeichneten Maler«, die Ludovico il Moro im Jahr 1485 versprach nach Budapest zu schicken.

[33] Keinen Sinn macht die von Wasserman (a. a. O., 1982, S. 110), Béguin (a. a. O., 1983, S. 73) und Vecce (a. a. O., 1998, S. 390, Anm. 20) aufgestellte These, Ludwig XII. habe im Jahr 1499 die Pariser Fassung (als Beutegut) an sich genommen. Wasserman meint, daß Leonardo die Tafel Ludovico il Moro übergeben habe und Ludwig XII. sie im Jahr 1499 beschlagnahmt habe. Béguin stellt Anklänge an die *Madonna in der Felsengrotte* bei einer auf spätestens 1517 datierbaren französischen Miniatur und bei einer von Andrea Solario zwischen 1504 und 1507 gemalten *Pietà* fest, die das Wappen des Kardinals von Amboise trägt; das Gemälde wäre also spätestens in dieser Zeit in Frankreich gewesen. Vecce meint, Leonardo und de' Predis hätten die Arbeit der zweiten Fassung erst nach 1499 begonnen. Doch Leonardo verließ Mailand 1499 und war bis 1504 in Italien auf Reisen. Aus dem Dokument von 1503 ist aber zu entnehmen, daß die Tafel (wenn auch noch nicht vollendet) bereits bei der Bruderschaft war; außerdem hätte auch die Bittschrift des Jahres 1503 an den König von Frankreich keinen Sinn, wenn dieser bereits im Besitz der ersten Fassung gewesen wäre, da er ja den Malern leicht das Gegenteil ihrer Behauptungen hätte beweisen können.

[34] C. Pedretti, *Leonardo. A Study ...,* a. a. O., 1973, S. 59.

[35] G. Ferri Piccaluga, »Le ›dispute‹ teologiche nell'iconografia devozionale di Raffaello«, in: *Raffaello e l'Europa,* Atti del Corso internazionale di Alta Cultura, hrsg. von M. Fagiolo und M. L. Madonna, (Rom 1984) Rom 1990, S. 105–128.

[36] A. Marinoni (*Leonardo da Vinci. Scritti e letterari,* Mailand 1974, S. 255) identifiziert das *Libro dell'Amadio* nicht mit der *Apocalypsis Nova,* dem in der Biblioteca Ambrosiana liegenden Manuskript der Visionen, sondern mit einem frühen gedruckten Buch der *Vita del beato Amadio Ispano,* Mailand 1486 (ebenfalls in der Biblioteca Ambrosiana: siehe F. Valsecchi, *Incunaboli dell'Ambrosiana,* Venedig 1972, Nr. 69). Es gibt allerdings auch andere Thesen. Nach L. Reti (»The Two Unpublished Manuscripts by Leonardo da Vinci in the Biblioteca Nacional of Madrid – II«, in: *The Burlington Magazine* 110, Februar 1968, S. 86, Anm. 101) handelt es sich (was aber ziemlich unwahrscheinlich ist) um das Werk Fr. Amadeus Derthonensis, *Opus de ratione dierum, calendarum, nonarum, iduum mensiumque,* um 1475, oder um das Manuskript des berühmten Amadis de Gaule. Andere Autoren, wie Nando De Toni, sind der Ansicht, daß Leonardo auf ein »Buch« von Giovanni Antonio Amadeo anspielt (siehe N. De Toni, »Il libro dell'Amadio e la Bella Camilla«, in: *Notiziario Vinciano* 1, Brescia 1977, S. 5–10).

[37] G. Ferri Piccaluga, »Sophia«, in: *Achademia Leonardi Vinci. Journal of Leonardo Studies and Bibliography of Vinciana* Bd. VII, 1994, S.13–21. Besonders faszinierend ist folgende These der Autorin: »Die vier Protagonisten der gnostischen Erzählung, Maria und der Erzengel Gabriel, der Johannesknabe und das Jesuskind, sind in einer natürlichen Umgebung vor dem Felsenhintergrund so abgebildet, daß zwei verschiedene Interpretationen der Figuren möglich sind: als Protagonisten eines in seiner Formulierung klaren doktrinären Streits, aber auch als Darsteller in einer Szene, die nur der Eingeweihte, der Erleuchtete mithilfe der Einzelheiten entziffern kann, die jede Figur wissend kennzeichnen, und die so eine tiefliegende Bedeutung zum Ausdruck bringen. Das Ergebnis entsprach genau den Erwartungen; aber nicht den Erwartungen aller Mitglieder der Bruderschaft der Unbefleckten Empfängnis von San Francesco Grande« (S. 18). Piccaluga weist dann auf die in die Auseinandersetzung verwickelten Personen hin: zunächst der *guardiano* des Klosters, Agostino Ferrari, der von dem mächtigen Generalmeister des Observantenordens, Francesco Sanson, abhängig war (mit dem Leonardo später in Kontakt kommt, als er nach Brescia übersiedelt), und dann noch Bernardino de Busti, der direkt in die Debatte um die Unbefleckte Empfängnis mit veröffentlichten Schriften eingegriffen hatte: 1480 ein *Officio* der Unbefleckten Empfängnis und 1484 das bekannte *Mariale* mit Predigten über die Heilige Jungfrau Maria. Piccaluga stellt dann einen Zusammenhang her zwischen der Bittschrift, welche die Maler 1503 an den König von Frankreich richten, dessen Ergebnis von1506 und der neu aufflammenden Auseinandersetzung über die Unbefleckte Empfängnis 1506, an der auch Agostino Ferrari und Giovanni Mapelli, Professor für Theologie und Minister des Minoritenordens der Provinz Mailand beteiligt sind. Siehe G. Ferri Piccaluga, a. a. O., 1994, S. 19–20.

[38] M. Davies, a. a. O., (1961) 1986, S. 261: »Es ist nicht sicher, ob die Heiligenscheine und das Kreuz des Hl. Johannes zeitgenössisch sind.«

[39] P. M. Jones, a. a. O., 1997, S. 89–90 und 137.

[40] L. Beltrami, *Disegni di Leonardo e della sua scuola alla Biblioteca Ambrosiana,* Mailand 1904, Taf. XIV, S. 13. Die Zeichnung wurde von Carlo Giuseppe Gerli in Druckgrafik übertragen und von E. Müntz (1899) und P. Müller-Walde (1898) zitiert, erschien danach aber nie mehr im Katalog der Zeichnungen Leonardos und seines Kreises in der Ambrosiana und wurde daher von der Forschung vergessen.

[41] Siehe *Leonardo da Vinci. Libro di pittura. Codice Urbinate lat. 1270 nella Biblioteca Apostolica Vaticana,* hrsg. von C. Pedretti, kritische Transkription von C. Vecce, Florenz 1995. Deutsche Übersetzung in *Quellenschriften* ..., a. a. O.

[42] Im Inventar der Röntgenaufnahmen sind die hier veröffentlichten folgendermaßen registriert: Nr. 14 und 15, Aufnahmen vom 31. Januar 1974 (Kopf, Schulter, Oberkörper von Maria); mit »M. M.« gekennzeichnete Aufnahme vom Februar 1946 (Antlitz Jesu); Nr. 18, Aufnahme vom 31. Januar 1974 (Kopf und Hände des Johannesknaben). Die vor der Restaurierung im Jahr 1946 angefertigten Röntgenaufnahmen wurden von Martin Davies, National Gallery, London, im Jahr 1947 publiziert. Siehe auch M. Davies, a. a. O., (1961) 1986, S. 270–271. Die Aufnahmen von 1974 wurden meines Wissens bis jetzt noch nicht veröffentlicht. Die hier abgebildeten schwarzweißen Detailaufnahmen der Pflanzen und Felsen am rechten Rand der Londoner *Madonna in der Felsengrotte* entstanden während der Restaurierungsarbeiten von 1948–1949 am 3. Januar 1949. Die anderen Schwarzweißaufnahmen, die hier abgebildet sind, wurden nach den Restaurierungsarbeiten angefertigt. Ich möchte an dieser Stelle Carol Plazzotta und den Mitarbeitern des Photoarchivs der National Gallery für ihre Hilfsbereitschaft danken, mit der sie mir den Zugang zu diesem wertvollen Material ermöglicht haben.

[43] Auch einige Übermalungen wurden entfernt: vgl. M. Davies, a. a. O., (1961) 1986, S. 261.

[44] Vgl. J. Shell und G. Sironi, »The Berlin Resurrection of Christ with SS. Leonardo and Lucy«, in: *Raccolta Vinciana* Fasz. XXIII, 1989, S. 119–154.

[45] Vgl. den Eintrag zur Berliner *Auferstehung* in: *Pittura a Milano,* a. a. O., 1998, S. 211. Der *Auferstandene Christus* der Sammlung Cagnola muß im oberen Teil eines Flügelaltars, der bei Marco d' Oggiono 1506 in Auftrag gegeben wurde, angebracht worden sein (vgl. J. Shell und G. Sironi, »Documents for Copies of the Cenacolo and the Virgin of the Rocks by Bramantino, Marco d'Oggiono, Bernardino de' Conti and Cesare Magni«, in: *Raccolta Vinciana* Fasz. XXIII, 1989, S. 103–117), also in einer ähnlichen Position wie »Gottvater« beim Altarbild der *Madonna in der Felsengrotte.* Zu diesem Bild von Marco d'Oggiono siehe auch M. Boskvits und G. Fossaluzza, *La Collezione Cagnola. I dipinti,* Busto Arsizio 1998, S. 168–169.

[46] Vgl. A. C. Pizzorusso, »Leonardo's Geology: A key to identifying the Works of Boltraf-

fio, d'Oggiono and other Artists«, in: *Raccolta Vinciana* Fasz. XXVII, 1977, S. 357–372. Pizzorusso analysiert die Felsen in der Pariser *Madonna in der Felsengrotte,* bei denen sie geologische Kenntnisse und eine wissenschaftlich korrekte Darstellung der Felsen feststellt, und in der Berliner *Auferstehung,* die sie als »geologisch nicht perfekt« bezeichnet (S. 361); doch seien diese, verglichen mit den Felsdarstellungen der Zeitgenossen von Boltraffio und Marco d'Oggiono, immer noch realistisch und naturgetreu. Diese Art der Darstellung vergleicht sie mit der Felsenlandschaft der Londoner *Madonna in der Felsengrotte,* wo sie zunächst »einen Mangel an Technik bei den Malern« feststellt (S. 362), um abschließend zu behaupten, daß dieses Gemälde »nicht die Spur von geologischer Genauigkeit aufweist«, und die Felsen hier eher »Karikaturen sind, die niemand identifizieren kann« (S. 369). Pizzorusso kommt zu dem Schluß, daß die Londoner *Madonna in der Felsengrotte* weder für ein Werk Leonardos noch Boltraffios und auch nicht Marco d'Oggionos gehalten werden kann. Die fehlende wissenschaftliche Genauigkeit bei der Darstellung der Felsen ist jedoch kein Beweis dafür, daß die Landschaft des Londoner Gemäldes und die der *Auferstehung* in Berlin von verschiedenen Malern ausgeführt wurden, denn wenn die gesamte Komposition verändert und vereinfacht wurde und sich damit auch die Typologie und die Gestalt der Felsen sich wandelte, so könnte das auch die Art des Malens beeinflußt haben, die dennoch sehr viele Ähnlichkeiten aufweist.

[47] Zur Narzisse als Symbol der »göttlichen Liebe, des Opfers, des ewigen Lebens« vgl. M. Levi d'Ancona, *The Garden in the Renaissance. Botanical Symbolism in Italian Painting,* Florenz 1977, S. 242–244; zur Zeichnung von Marco d'Oggiono in der Pinacoteca di Brera vgl. P. C. Marani, *Disegni e dipinti leonardeschi dalle collezioni milanesi,* Mailand 1987, S. 171–173.

[48] P. C. Marani in: *Pittura a Milano ...* a. a. O., 1998, S. 200. Ebenso J. Shell, »Ambrogio de' Predis«, in: *I leonardeschi. L'eredità di Leonardo in Lombardia,* Mailand 1998, S. 123–130. Wasserman hatte bereits eine Beteiligung von Marco d'Oggiono an den Seitentafeln vermutet (a. a. O., 1982, S. 110) und ihm den Bratsche spielenden grüngekleideten Engel links zugeschrieben, während der rotgekleidete Engel rechts seiner Ansicht nach von de' Predis gemalt wurde.

[49] W. Suida, *Leonardo und sein Kreis,* München 1929, S. 50; D. A. Brown, »A Leonardesque Madonna in Cleveland«, in: *Scritti di storia dell'arte in onore di Federico Zeri,* hrsg. von M. Natale, Mailand 1984, 291–302.

[50] Zu dieser früher Leonardo zugeschriebenen Zeichnung (vgl. C. Amoretti, *Memorie storiche su la vita, gli studi e le opere di Leonardo da Vinci,* Mailand 1804, S. 59–60) siehe P. C. Marani in: *Disegni lombardi del Cinque e Seicento della Pinacoteca di Brera e dell'Arcivescovado di Milano,* Ausstellungskatalog, Mailand 1986, S. 30, wo es den in der Werkstatt entstandenen Zeichnungen zugeordnet wird (Bernadino Luini oder Giovan Pietro Rizzoli, gen. Giampetrino).

[51] P. C. Marani, »Una Vergine delle Rocce dimenticata«, in: *I leonardeschi a Milano ...,* a. a. O., 1991, S. 52–70.

[52] G. Sironi, *Nuovi documenti ...,* a. a. O., 1981, Dok. V, S. 22–23.

[53] Zu dieser Kopie siehe P. C. Marani in: *Museo d'arte antica del Castello Sforzesco,* hrsg. von M. T. Fiorio, Mailand 1997, S. 341–344.

[54] Vgl. P. C. Marani, *Leonardo. Catalogo ...,* a. a. O., 1989, S. 94–99; ders., in: *Pittura a Milano ...,* a. a. O., 1988, S. 217. Ausschnitte der monochromen Malereien von Leonardo sind in Originalgröße abgebildet bei P. C. Marani, *Leonardo,* Mailand 1994, S. 124–127.

[55] Vgl. dazu C. Pedretti, »La Scapiliata«, in: *Leonardo. La pittura,* a. a. O., (1977) 1985, S. 104–105; P. C. Marani, *Leonardo. Catalogo...,* a. a. O., 1989, S. 110–111.

[56] M. Davies, a. a. O., (1961) 1986, S. 261.

[57] Ebda, (1961) 1986, S. 262 und Anm. 4 auf S. 271 zu weiteren Studien über Leonardos Fingerabdrücke.

[58] Vgl. P. C. Marani, »›Nei fondi delle istorie‹. Paesaggio e territorio nella pittura lombarda del Quattroceno«, in: *La pittura in Lombardia. Il Quattrocento,* Mailand 1993. S. 369–396 und insb. S. 374–375; M. G. Balzarini, *Vincenzo Foppa. La formazione e l'attività giovanile,* Florenz 1995, S. 57 und Abb. 20–21.

[59] Zur Zeichnung in Turin, 15572 *recto,* vgl. A. E. Popham, *The Drawings of Leonardo da Vinci,* London 1946 (revidierte Ausgabe mit einem einführenden Essay von M. Kemp, London 1994), Nr. 157; C. Pedretti, *I disegni di Leonardo da Vinci e della sua cerchia nella Biblioteca Reale di Torino,* Florenz 1990, Kat. 2, S. 84–85 (mit kommentierter Bibliographie). Zu den Zeichnungen in Windsor, 12520 und 12521, vgl. A. E. Popham, *The Drawings ...,* a. a. O., 1946, Nr. 158 (Popham, S. 136, datiert die Zeichnung 12521 auf 1506, im Zusammenhang mit der zweiten Fassung des Gemäldes); K. Clark, *The Drawings of Leonardo da Vinci in the Collection of Her Majesty the Queen at Windsor Castle,* (1935), zweite in Zusammenarbeit mit C. Pedretti revidierte Ausgabe, London 1968–1969, 1968, S. 92 (die Zeichnung 12520 wird als Kopie gesehen), S. 92–93 (die Zeichnung 12521 wird richtig um 1495 datiert und als Gewandstudie für den Engel der zweiten Fassung gesehen); S. Béguin, a. a. O., 1983, S. 73; C. Gould, »La Vergine delle Rocce«, a. a. O., 1985, S. 56–62; M. Kemp, J. Roberts, *Leonardo da Vinci,* London 1989, Nr. 11, S. 62 (Datierung der Zeichnung 12521 um 1496).

[60] C. Vecce, a. a. O., 1998, S. 83.

[61] M. Natale in: *Zenale e Leonardo...,* a. a. O., 1982, S. 130–132; P. C. Marani, *I leonardeschi a Milano ...,* a. a. O., 1991, S. 52–70. Siehe auch Anm. 69 zu einer anderen Kopie.

[62] Zu diesem Antependium siehe Marani in *I leonardeschi. L'eredità ...,* a. a. O., 1998, S. 24 und Abb. 1.9, S. 21.

[63] Zu den Kopien von de' Conti und Cesare Magni siehe J. Shell und G. Sironi, »The Berlin Resurrection«, a. a. O., 1989. Zu Procaccinis Gemälde *Glorie des Hl. Karl Borromäus* siehe S. Coppa, in: *Pinacoteca di Brera. Scuole lombarde, ligure e piemontese. 1535–1796,* wissenschaftliche Koordinierung F. Zeri, Mailand 1989, S. 381–384; M. Rosci, *Giulio Ces-*

sare Procaccini, Soncino 1993, S. 82–83, über die Abhängigkeit von Leonardo siehe P. C. Marani, »Nota su Tanzio da Varallo e su alcune sue possibili fonti lombarde«, in: *Il Seicento lombardo. Giornata di studi,* hrsg. von M. Gregori, M. Rosci, Mailand 1996, S. 6. Viele andere Motive Leonardos finden sich in den Bildern des Procaccini wieder, vor allem der Engel aus der *Madonna in der Felsengrotte,* der dem Betrachter den Rücken zukehrt. Über die Leonardo-Rezeption in Mailand im siebzehnten Jahrhundert siehe A. Morandotti, »Il ›revival‹ leonardesco nell'età di Federico Borromeo«, in: *I leonardeschi a Milano …,* a. a. O., 1991, S. 166–182. Vgl. auch G. Melzi d'Eril, »Federico Borromeo e Cesare Monti collezionisti milanesi«, in: *Storia dell'arte* 15–16, 1972, S. 293–306, und insbesondere P. M. Jones, a. a. O., 1997, passim.

[64] *Leonardo da Vinci. Libro di pittura …,* a. a. O., 1995, S. 47, Anm. 51. Der Codex befand sich im Besitz von Giulio Cesare Procaccini, hatte vorher Bernardino Lanino gehört und ist identifizierbar als das Exemplar der Biblioteca Marciana in Venedig (vgl. K. T. Steinitz, *Leonardo da Vinci's »Trattato della Pittura«. A Bibliograpgy of the Printed Editions 1651–1956,* Kopenhagen 1958, Kat. B. 17).

[65] P. C. Marani, »Nota su Tanzio da Varallo«, … a. a. O., 1996, S. 5–7. Zu diesem Bild siehe auch P. C. Marani, »Risarcimento di Tanzio da Varallo«, in: *Paragone,* 541, 1995, S. 65–68.

[66] Unter den Werken Luinis, die der Pinacoteca Ambrosiana geschenkt wurden, befindet sich auch seine berühmte Kopie der *Hl. Anna Selbdritt* von Leonardo (vgl. M. Rossi und A. Rovetta, *La Pinacoteca Ambrosiana.* Mailand 1997, S. 52). Borromeo schien Luini sogar seinem Meister vorzuziehen, da ihm der »Lombarde« vertrauter war als der »Toskaner« Leonardo, so daß er Luini in seiner Galerie einen wichtigeren Platz einräumte als Leonardo. Vgl. P. M. Jones, a. a. O., 1997, S. 85.

[67] Zu den Werken in der Sammlung des Kardinals Cesare Monti (1635 an das Erzbistum übergegangen), die Leonardo und seinen Nachfolgern, Procaccini und den anderen genannten Künstlern, zugeschrieben werden, siehe *Le stanze del Cardinale Monti 1635–1650. La collezione ricomposta,* Ausstellungskatalog, Mailand 1994, passim.

[68] Roberto Longhi ist über die Bedeutung Leonardos bei der lombardischen Ausbildung Caravaggios hinweggegangen, »Quesiti caravaggeschi. I precedenti«, in: *Pinacotheca* 5–6, 1929, S. 258–320 (wieder veröffentlicht in R. Longhi, *Opere complete di Roberto Longhi,* Bd. IV: »›Me pinxit‹ e Quesiti caravaggeschi. 1928–1934«, Florenz 1968; Neuauflage 1985), S. 97–143. Er verfolgt die »Vorgeschichte« Caravaggios bis zu Vincenzo Foppa und läßt dabei den »gesamten lombardischen Manierismus, die Beeinflussung durch den leonardesken Stil« außer acht. Da er aber Lorenzo Lotto in demselben Text als sicheren Vorläufer der Malerei Caravaggios bezeichnet und bestätigt, daß der venezianische Maler »Raffael, Giorgione, Leonardo und Dürer« gekannt haben muß (Ausgabe 1985, S. 115), scheint er die Möglichkeit anzudeuten, daß der Einfluß Leonardos über Lotto auch auf das Werke Caravaggios wirkte. Dieser Gedanke wurde in jüngeren Studien übernommen, in denen hervorgehoben wird, wie offen der junge Caravaggio für die naturalistischen, optischen und perspektivisch-illusionistischen Aspekte in der Malerei des späten sechzehnten Jahrhunderts gewesen sei, die auf Leonardo zurückzuführen sind. Vgl. M. Gregori, »Caravaggio oggi«, in: *Caravaggio e il suo tempo,* Ausstellungskatalog, Mailand 1985, S. 3 ; P. C. Marani, »Una ›natura morta‹ di Leonardo nella Milano di fine Cinquecento«, in: *La natura morta al tempo di Caravaggio,* Ausstellungskatalog, hrsg. von A. Cottino, Neapel 1995, S. 26–34; ebenda M. Gregori, »Riflessioni sulle origini della natura morta. Da Leonardo a Caravaggio«, S. 15–25, insb. S. 19. Zur Rezeption Leonardos bei Longhi vgl. R. Longhi, »Difficoltà di Leonardo«, in: *Paragone* 29, 1952, S. 10–12 (auch in R. Longhi, *Cinquecento classico e Cinquecento manieristico. 1951–1971,* Florenz 1976, S. 1–3).

[69] Zur Druckgraphik (eine Radierung von C. Rampoldi, Ende 18. Jahrhundert, aquarelliert von Domenico Landini; eine Lithographie von G. Bianchi, 1833) siehe C. Alberici und M. Chirico de Biasi, *Leonardo e l'incisione. Stampe derivate da Bramante e Leonardo dal XV al XIX secolo,* Mailand 1984, Nr. 227 und 228, S. 152–154. Beide reproduzieren die Pariser Fassung, gehen aber wohl auf damals in Mailand noch vorhandene Gemäldekopien zurück, nicht auf das Original wie möglicherweise die kürzlich bei den Ursulinen von San Carlo in Mailand, viale Maino, gefundene Kopie; vgl. hierzu G. Ferri Piccaluga, »Una nuova copia della Vergine delle Rocce«, in: F. Frosini (Hrsg.), »*Tutte le opere non son per istancarmi«. Raccolta di scritti per i settant'anni di Carlo Pedretti,* Rom 1998, S. 113–127 (allerdings ungenaue Angaben über Datierungen und Auftraggeber).

[70] Zur Datierung des Zyklus von Bramante siehe G. Sironi. »Gli affreschi di Donato d'Angelo detto il Bramante alla Pinacoteca di Brera a Milano: chi ne fu il committente?«, in: *Archivio Storico Lombardo* CIV, 1978, S. 199–207; G. Bora, in: *Pinacoteca di Brera …,* a. a. O., 1988, S. 121–130; P. C. Marani, in: *Pittura a Milano …,* a. a. O, 1998. S. 202–203.

[71] Siehe S. Buganza, in: *Pittura a Milano …,* a. a. O., 1998, S. 204.

[72] In einem an Martin Davies adressierten Brief, der sich in den Archiven der National Gallery in London befindet und den ich im März 1998 lesen durfte, bezieht sich G. A. Dell'Acqua auf den Rahmen der *Madonna in der Felsengrotte.* Siehe weiterhin die Rezension zu *Hommage à Léonard de Vinci* (1952), in: *L'Arte,* Januar–Dezember 1954, a. LIIII, VXIII, S. 77–78.

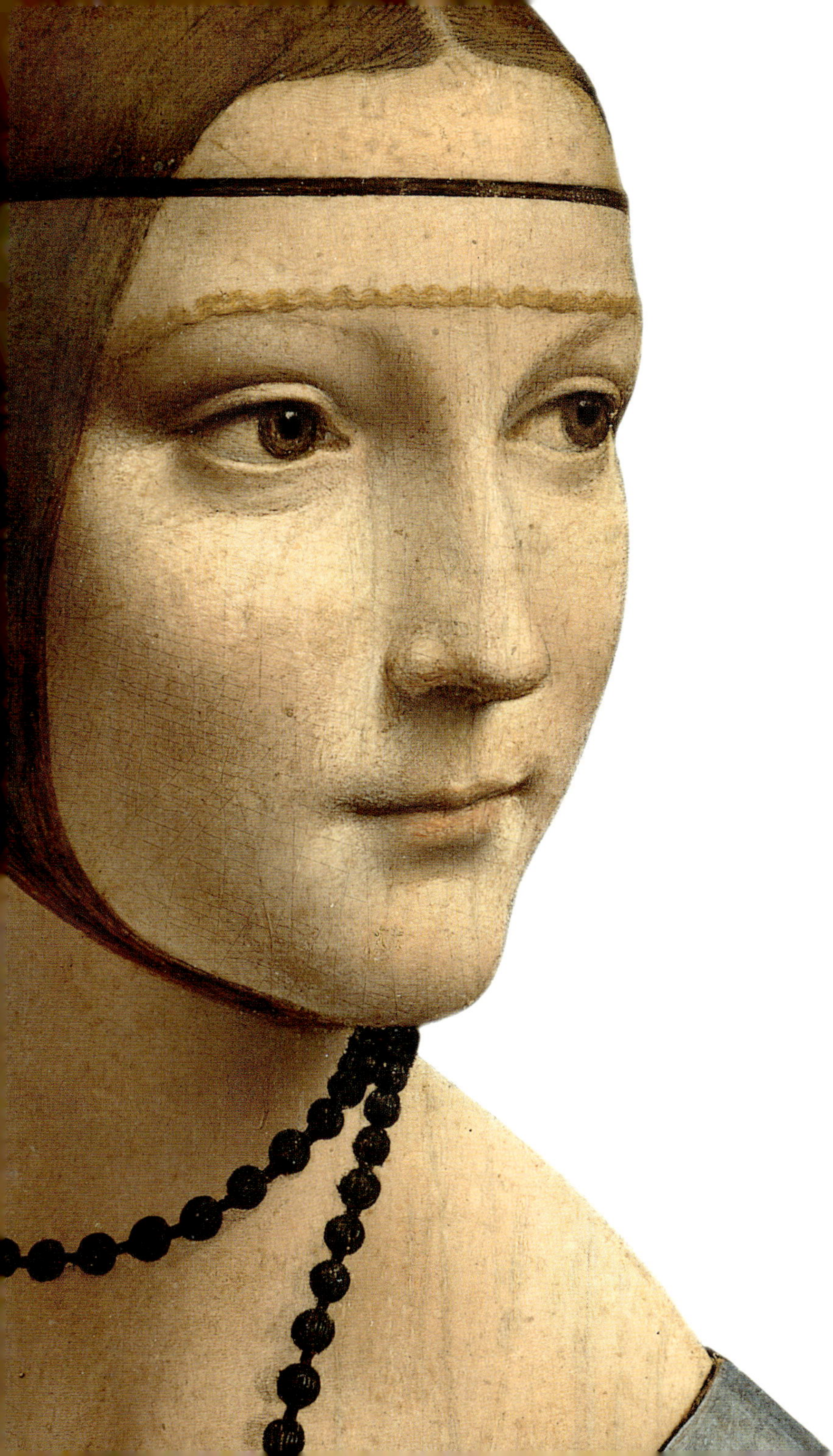

Die Portraits:
ikonographische Neuerungen, alte Vorurteile

Die Portraits aus der lombardischen Zeit

Von den fünf Portraits, die – zusätzlich zur *Ginevra de' Benci* in der National Gallery of Art in Washington – derzeit allgemein Leonardo da Vinci zugeschrieben werden, galt vor hundert Jahren nur eines als eigenhändig, und zwar die *Mona Lisa*. Das *Bildnis eines Musikers* in der Pinacoteca Ambrosiana in Mailand, die *Dame mit dem Hermelin* der Sammlung Czartoryski im Muzeum Narodowe in Krakau, die *Belle Ferronnière* und das *Bildnis der Isabella d'Este*, beide im Louvre in Paris, waren entweder Gegenstand kritischer Debatten, oder die Kunstgeschichte lehnte die Urheberschaft Leonardos für sie schlichtweg ab; die *Dame mit dem Hermelin* blieb sogar bis gegen 1900 den westlichen Experten gänzlich unbekannt. Daher beabsichtigt das vorliegende Kapitel, die Zuschreibungsgeschichte jener Bilder neu aufzurollen, die zunächst Leonardo abgesprochen, später jedoch als seine Werke anerkannt wurden. Es soll hier versucht werden, die einstigen Ursachen der mehr als negativen Einschätzungen nachzuvollziehen; zumal jene Abwertungen umso unverständlicher wirken, da sie in deutlichem Widerspruch stehen zu der hohen künstlerischen Qualität und den ikonographischen Neuerungen, die besagte Portraits zu absoluten Hauptwerken des großen Malers erheben. Die langanhaltende Autorität früher vorgetragener Forschungsansichten macht die Tatsache, daß selbst die aktuelle Wissenschaft in manchen einschlägigen Punkten Zweifel und Vorbehalte hegt, verständlich.

Die erste Fassung der *Madonna in der Felsengrotte* (Paris, Louvre) ist als wichtigste Voraussetzung für die Portraits der Mailänder Jahre anzusehen. Mit diesem Gemälde entfaltet sich das Genie Leonardos: Zum ersten Mal wendet sich der Maler den vielfältigen Naturphänomenen und den komplexen Wechselbeziehungen zwischen der menschlichen Figur und dem Naturganzen zu, das er vor allem über die Prozesse geologischer Veränderungen veranschaulicht; solche Zusammenhänge hatte bis dahin kein Maler derart akkurat beachtet oder untersucht. Eine weitere Neuheit liegt in der kompositionellen Berücksichtigung des Betrachters, der in das Mysterium der Unbefleckten Empfängnis einbezogen wird mit Hilfe des geheimnisvollen Blicks des Engels, der ihn einlädt in das Gemälde, der ihn richtiggehend hineinholt in diesen gemalten Spiegel der Natur. Eine der wenigen Zeichnungen, die sich mit der *Madonna in der Felsengrotte* in Zusammenhang bringen lassen, ist die eines Frauenkopfes (S. 130) in der Biblioteca Reale in Turin. Sie gilt als Vorstudie für den Engel zur Linken der Felsgrotten-Madonna. Und es ist gewiß kein Zufall, daß ausgerechnet diese Studie von einigen Forschern[1] auf die *Dame mit dem Hermelin* in Krakau bezogen wird. Auch das *Bildnis eines Musikers* aus der Pinacoteca Ambrosiana ist oft mit der *Madonna in der Felsengrotte* in Verbindung gebracht worden, die somit eine enorme Bedeutung als Ausgangspunkt für die Erneuerung traditioneller Muster der Portraitkunst gewinnt.

Rechte Seite:
Leonardo da Vinci,
Bildnis eines Musikers.
Mailand, Pinacoteca Ambrosiana.

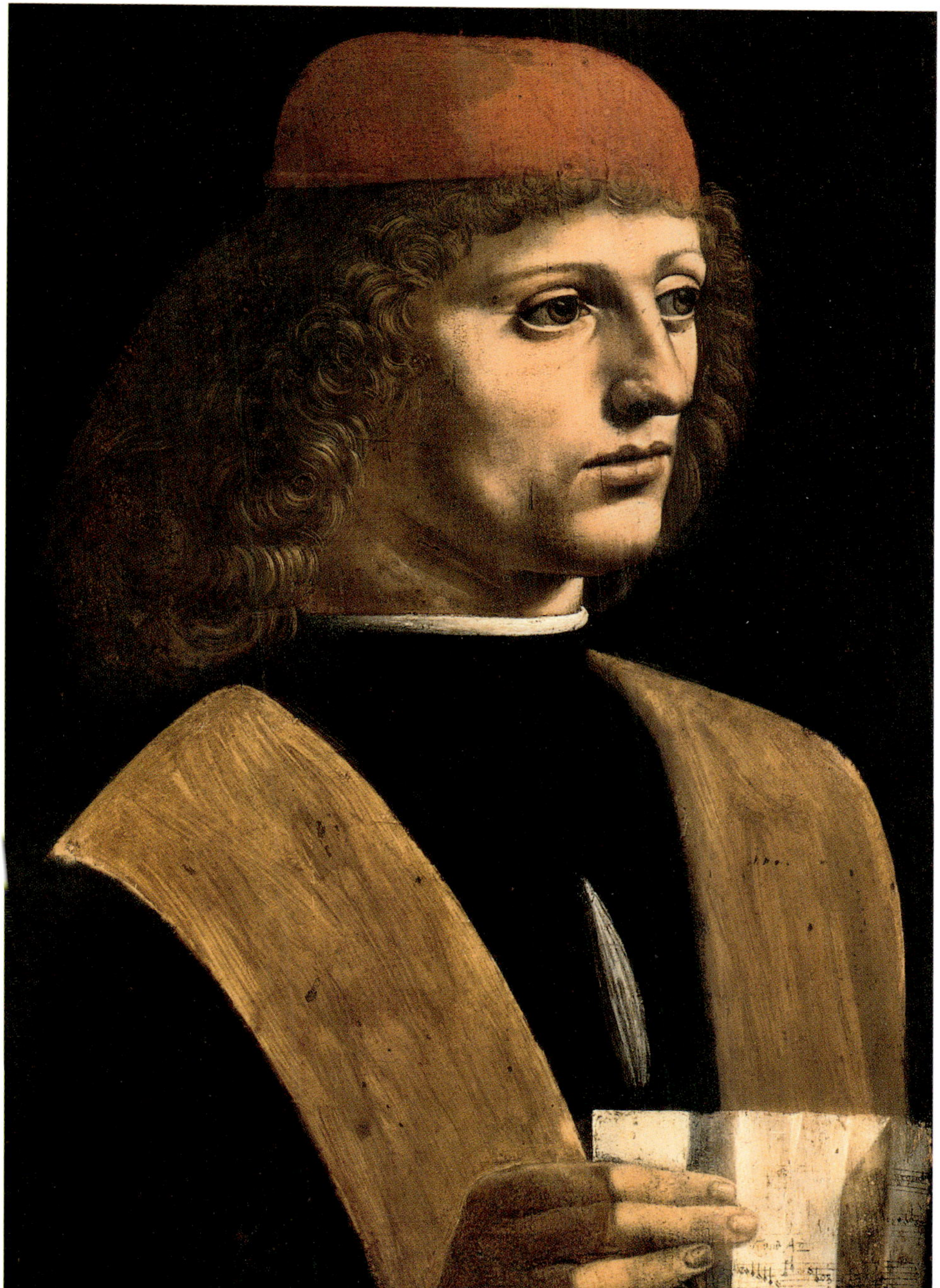

Das Bildnis eines Musikers

Auf stilistischer Ebene verbindet dieselbe Behandlung des Farblichts und der Helldunkeleffekte das *Bildnis eines Musikers* mit der *Madonna in der Felsengrotte*, wobei sich die visionäre Schau sogar noch mehr nach innen wendet. Trotzdem hat der *Musiker* bei den Fachleuten keine derart konstante Beachtung gefunden wie die *Madonna*. Seine Rezeptionsgeschichte ist beispielhaft für die schwankenden Urteile der Kunstwissenschaft des 19. und 20. Jahrhunderts und eignet sich als Anstoß zur Vertiefung einiger Themen, die auch hinsichtlich der Zuschreibung der *Dame mit dem Hermelin* ständig wiederkehren. Meistens wird angenommen, das Portrait habe nicht zu jenem ursprünglichen Bilderkontingent gehört, das Kardinal Federico Borromeo 1618 der Pinacoteca Ambrosiana stiftete[2], da es frühestens in Pietro Boscas Buch über die Ambrosiana[3] erwähnt wird, und zwar mit der korrekten Zuschreibung an Leonardo. Bosca beschreibt es als »Antlitz des Mailänder Herzogs von solcher Feinheit, wie es sich der Herzog, als er lebte, gewünscht hatte«. Er betont also die enorme Ausdruckskraft der Physiognomie und deren Übereinstimmung mit dem lebenden Vorbild. Die neuerlich geäußerte Vermutung,[4] es handle sich um das Portrait des Gian Galeazzo Visconti, das bei der Inventarisierung von 1618 zusammen mit einem Bildnis Petrarcas zitiert wird als »von Leonardo auf ein kleines, fingerdickes Holzbrett gemalt«[5], würde sowohl die ursprüngliche Herkunft aus der Sammlung des Kardinals Borromeo bestätigen als auch die alte – die richtige – Einordnung in das Œuvre Leonardos. Zu den Gegenvorschlägen, an denen es ebenfalls nicht fehlt, später mehr.

Der Gedanke Boscas, in dem Dargestellten einen Mailänder Herzog wiederzuerkennen, erlaubte den Vergleich mit dem Bildnis *Dame mit Perlennetz* aus derselben Gemäldegalerie, das damals für Leonardo beansprucht wurde, mittlerweile aber als eine Tafel von Giovanni Ambrogio de' Predis gilt und möglicherweise Isabella d'Este zeigt. Als der *Musiker* 1796 von den Franzosen nach Paris entführt wurde, katalogisierte man ihn unter dem Namen des Bernardino Luini.[6] Nach der Rückführung des Portraits in die Ambrosiana zog Morelli[7] Leonardos Urheberschaft in Zweifel, die indessen Eugène Müntz in seiner grundlegenden, gleichzeitig in Paris und Boston veröffentlichten Monographie kategorisch ablehnte. An dieser Stelle die Worte des berühmten Kunstkritikers anzuführen, läßt die Entstehung eines Vorurteils verstehen, das fast ausschließlich auf äußeren, malereifremden Kriterien basiert: »Zwei andere Gemälde in der Ambrosiana, das Bildnis eines Mannes und das einer Frau, scheinen zur Kategorie der offiziellen Portraits zu gehören. Das erstere, eine Büste in Dreiviertelwendung, stellt einen bartlosen, etwa dreißigjährigen Mann mit einem roten Käppchen und mit schwarzem, durch zwei breite braune Streifen aufgelockertem Wams dar. Trotz einer kraftvollen Modellierung, die eines Rembrandt würdig wäre, gebricht es dem Werk an Freiheit und Individualität. Der Gesichtsausdruck ist mürrisch. Der Maler

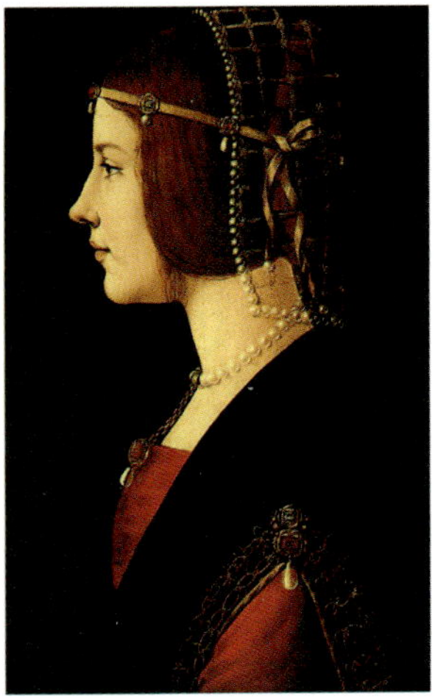

Giovanni Ambrogio de' Predis,
Dame mit Perlennetz.
Mailand, Pinacoteca Ambrosiana.

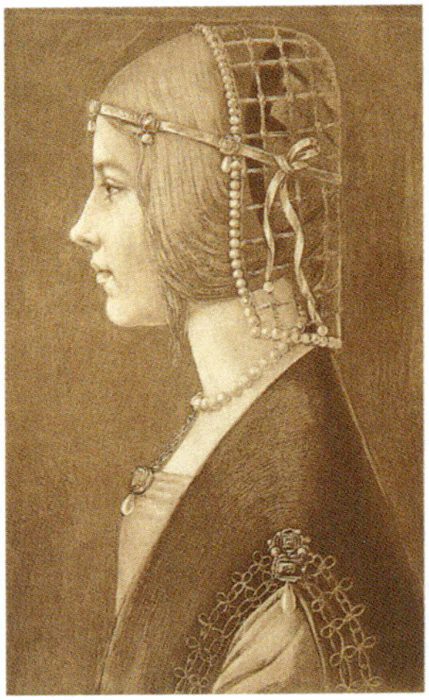

Reproduktion der
Dame mit Perlennetz, aus
Eugène Müntz, *Leonardo da Vinci. Artist, Thinker, and Man of Science*,
Boston 1899, I, Tafel XIII.

scheint seine Aufgabe ohne Lust erledigt zu haben. Der übertriebene Braunton in der Farbgebung beeinträchtigt ebenfalls die allgemeine Wirkung. Außerdem ist das Bild nicht viel mehr als eine Skizze ... Signor Morelli schreibt das Bildnis eines Mannes in der Ambrosiana dem unbekannten Maler der *Madonna in der Felsengrotte* in der Londoner National Gallery zu ... Ich muß gestehen, meine Kennerschaft reicht nicht so weit.« [8]

Zum einen sind es ziemlich eigenartige Punkte, auf die Müntz seine Kritik stützt: der mürrische Gesichtsausdruck, das angeblich mangelnde Vergnügen des Malers an seiner Arbeit, die Aussage, es handle sich um kaum mehr als eine Skizze; zum anderen sind es widersprüchliche Kriterien, da dem Autor, wie er eingesteht, die kraftvolle Modellierung des Ganzen eines Rembrandt würdig erscheint. Der Vergleich mit Rembrandt war im übrigen nichts Neues. Schon John Ruskin hatte zwischen Leonardo und Rembrandt aufgrund ihrer ähnlichen Einstellung zum Chiaroscuro eine gedankliche Verbindung hergestellt; seiner Ansicht nach zeigten beide die jeweiligen Farben deshalb nicht an den im Schatten liegenden Partien, weil sie sich sonst in einem übertriebenen Schwarz verlören[9]; insofern gehören beide Künstler nach Meinung Ruskins zur Kategorie der Helldunkelmaler (»chiaroscuristi«)[10]. Und auch Müntz hatte in seiner Monographie von 1899 hinsichtlich der *Anbetung der Heiligen Drei Könige* behauptet, daß »Leonardo die mehr oder weniger groben Harmonien seiner Vorgänger ... durch eine subtile Farbskala ersetzt, die aus gedämpften Farben besteht, wie rötlichbrauner Bister und schwarze Kohle, und daß er darin noch geschickter war als Rembrandt selbst.«[11] Die Beobachtungen von Müntz erscheinen umso kontroverser, als er auf derselben, oben zitierten Seite die Hand Leonardos bei der *Dame mit Perlennetz* zu erkennen glaubt, zu der er bemerkt, daß hier »Leonardo ein Wunder vollbracht hat«. Welche Entschuldigungen kann es für solch offensichtlich haltlose und nicht zueinander passende Bewertungen geben? Die naheliegendste Antwort liefert die Reproduktion, die sich im Besitz des Kritikers befand und anscheinend als Beschreibungsgrundlage benutzt wurde. Auf Seite 209 der Abhandlung ist das Gemälde in starker Verkleinerung abgebildet, fast durchgehend schwarz infolge der schlechten Photoqualität: nur das Gesicht und die Stola sind zu erkennen, sowie zum rechten Bildrand hin ein Fleck, unter dem kurze Zeit später die rechte Hand des Portraitierten mit einem Notenblatt wiederentdeckt wurde. Auch die in Photogravüre abgebildete *Dame mit Perlennetz* ist für dieses Vorgehen bezeichnend (Bildtafel XIII): eine monochrome Tafel, auf der das Gemälde in allerfeinsten sepia- und rosafarbenen Strichen reproduziert ist und auf den ersten Blick an die präraffaelitische Malerei erinnert, vor allem an die jungen Frauen von Dante Gabriel Rossetti. Ganz eindeutig klingen hier ein Geschmack und ein Kulturideal nach, die die italienische Renaissance in erster Linie von Anmut, Schönheit und Harmonie geprägt sahen, Ideale, denen auch Leonardo sich nicht entziehen konnte. Müntz ist sogar der Ansicht, daß es einzig diese Qualitäten waren, auf die sich das Interesse des Künstlers richtete.[12] Die ausgesprochen romantische und spekulative Auffassung der Kunst Leonardos brachte im 19. Jahrhundert

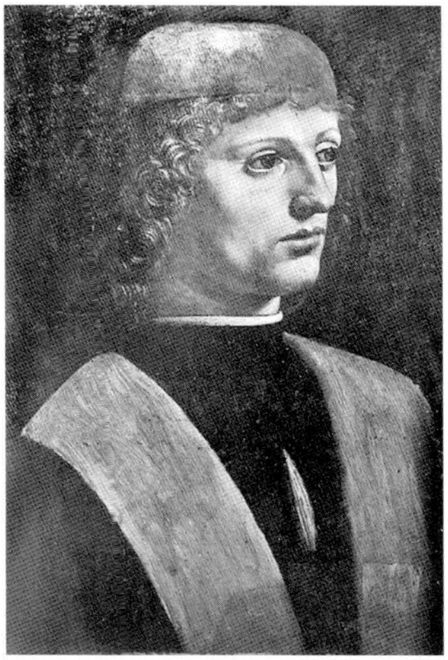

Leonardo da Vinci,
Bildnis eines Musikers
(vor der Restaurierung Anfang des 20. Jahrhunderts).
Florenz, Photothek des Kunsthistorischen Instituts,
Negativ Nr. K 21959.

auch den »Mythos« eines januskköpfigen Leonardo hervor, der sowohl das idealisierte Schöne wie das monströs Schreckliche geliebt habe – wie man der Geschichte um das *Haupt der Medusa* (in den Uffizien) bereits entnehmen konnte.[13]

Diese Art der Urteilsfindung auf der Basis von Reproduktionen, die entsprechend den technischen Möglichkeiten der Zeit dem Original in keiner Weise gerecht wurden, war im 19. Jahrhundert eine weit verbreitete Methode. Auf einem im Kunsthistorischen Institut in Florenz entdeckten Photo[14] ist zum Beispiel das Gemälde aus der Ambrosiana vor seiner Restaurierung zu Beginn des Jahrhunderts – mit verhärteten Zügen und zum großen Teil übermalt – zu sehen, was offensichtlich zu falschen Urteilen geführt hat. Deswegen ist es wichtig, neben den jeweiligen wissenschaftlichen Aussagen die Abbildungen der benützten Kunst- oder Studienbände in Augenschein zu nehmen, die maßgeblich zur Urteilsfindung beitrugen und häufig die kommenden Bahnen der Rezeptionsgeschichte für das fragliche Kunstwerk festlegten.

Die von Luigi Cavenaghi und Antonio Grandi durchgeführte Restaurierung der Tafel mit dem Musiker im Jahr 1905 beseitigte endlich die nachträglichen Übermalungen, die das Gesicht verunstaltet und vor allem die Hand mit dem Notenblatt verdeckt hatten. Dank dieser Reinigung konnte Luca Beltrami[15] 1906 das Bild erneut Leonardo zuschreiben. In dem Dargestellten wollte er den seit 1484 als Kapellmeister des Doms von Mailand tätigen Franchino Gaffurio erkennen, auf dessen Komposition *Angelicum ac divinum opus* von 1508 angeblich die Buchstaben anspielen, die Beltrami auf der Schriftrolle entdeckte: *Cant[or] Ang[elicum]*. Dennoch blieben die Meinungen zu diesem Bild weiterhin uneins; vor allem Woldemar von Seidlitz[16] und Adolfo Venturi hielten das Portrait für ein Werk von Giovanni Ambrogio de' Predis. Venturi unterstrich mehrmals das »von Helldunkeleffekten grob hervorgehobene Muskelspiel ... die dunklen, kohleartigen Schatten und einen übertriebenen Lichteffekt auf den Augenlidern, den geschwollenen Hals, die starre Zeichnung der Hand«. Er kreidete diese Fehler de' Predis an, der sich wohl »zwischen den marmornen Formen Antonellos und jenen der Lombarden ..., zwischen der Helldunkelmalerei des Künstlers aus Messina und deren Nachahmung des unbeweglichen, durchsichtigen Sonnenlichts auf Marmorstatuen sowie den verschwommenen Schattierungen Foppas und der Leonardoschüler verirrt habe«.[17] In zeitlicher Parallele zu dieser Publikation schrieb Osvald Sirén das Gemälde einem anderen Künstler, dem Giovan Antonio Boltraffio, zu.[18]

Gemeinsam bilden die genannten historischen Stellungnahmen erstaunlicherweise die Voraussetzung für die neue, kürzlich veröffentlichte Lesart des *Musikers*, der ihr zufolge aus einer Zusammenarbeit Leonardos mit Boltraffio entstanden sein soll; und dies, obwohl Attilio Schiapparelli, Wilhelm Suida, Ludwig Heinrich Heydenreich, Kenneth Clark, Carlo Pedretti, Franco Russoli und David A. Brown das Bild in der Zwischenzeit mit überzeugenden Argumenten Leonardo zugeschrieben haben.[19] Andere zeitgenössische Wissenschaftler – Marco Rosci, Luisa Cogliati Arano, Liana Castelfranchi Vegas[20] – zweifeln allerdings nach wie vor an Leonardo als einzigem Maler des Bildes, doch einzig Giulio Bora ist der Versuch zu verdanken, die widersprüchlichen und instinktiven Urteile von Venturi und Sirén mit wissenschaftlichen Methoden zu untersuchen.[21] Venturis Urteil ist leicht nachzuvollziehen, wenn man die Abbildung des *Musikers* auf Seite 78 seiner 1942 in Novara erschienenen Monographie in Betracht zieht und sie mit einem der Werke aus der »Schule« vergleicht, das direkt daneben abgedruckt ist: nämlich dem *Bildnis eines Jünglings* aus der Mailänder Pinacoteca di Brera, das de' Predis zugeschrieben wird. Die Druckreproduktion stammt von Anderson und präsentiert kontrastreiche blauschwarze Töne, die die Helldunkelwirkung unterstreichen und den hellen Gesichtspartien einen wirklich marmornen, fast leichenhaften Charakter verleihen. Auf dem Negativ vorgenommene Retuschen unterdrücken das *craquelée* des Originals. Auch die zarte Abschattierung, das *sfumato*, das Leonardo mit dem Pinsel um die Augen herum anlegte, ist hier völlig verschwunden. Deshalb treten die hellen Stellen fast grell hervor, besonders der weiße Pinselstrich am Hals sowie die ganze Hand mit dem Notenblatt im Vordergrund, auf die sich Boras Interpretation in erster Linie konzentriert: seiner Meinung nach sind Hand und Blatt von einem anderen Künstler, vielleicht von Boltraffio, hinzugefügt; der Autor zieht Röntgenaufnahmen heran, die eine abweichende Pigmentierung und Ausführung verraten. Außerdem bezieht er sich auf den berühmten Bericht des Mönchs Fra Pietro da Novellara an Isabella d'Este vom 3. April 1501, der Leonardos Atelierpraxis dahingehend schildert, daß »zwei seiner Gehilfen Portraits malen und er [der Meister] manchmal Hand anlegt.«[22] Allerdings scheint es wenig sinnvoll, für ein Gemälde wie den *Musiker,* das schon 1485 gemalt ist, dieselbe Situation in Leonardos Werkstatt vorauszusetzen, die erst für die frühen Jahre des 16. Jahrhunderts bezeugt ist. Mitte der achtziger Jahre hatte der Maler wahrscheinlich noch keine Gehilfen. Wenn aber doch, dann ist kaum vorstellbar, daß er diesen die Ausführung der Portraits bekannter höfischer Persönlichkeiten, gar aus dem direkten herzoglichen Umfeld, übertrug. Außerdem ist Boltraffios Anwesenheit in der Werkstatt erst ab 1490 nachzuweisen[23], was ihn automatisch von einer Mitarbeit am Bild der Ambrosiana ausschließt, dessen Datierung aufgrund eindeutiger Stilkriterien nicht später als zwischen 1485 und 1487 liegen kann. Da die andersartige Pigmentierung und Ausführung jedoch aus den Röntgenaufnahmen hervorgeht, bleibt nur eine Lösung: eine darin eventuell zum Ausdruck kommende nachträgliche Einbringung der Hand mit dem Notenblatt ist nur als eigene Korrektur Leonardos zu verstehen, nicht aber als Eingriff eines Schülers. Die klare Übereinstimmung der Figur mit der Haltung eines Musikers oder Sängers, der mit seinem Blick dem fernen Echo eines musikalischen Motivs oder Gesangs nachhängt, scheint zu bestätigen, daß die Hand zugleich mit der übrigen Komposition angelegt war.

Leonardo ließ sich hier offenbar nur teilweise von Antonello da Messina inspirieren, dessen Portraitauffassung er kannte, weil sich der sizilianische Künstler 1476 kurz in Mailand aufhielt. Dessen *Bildnis eines Mannes* (der »Condottiere«) von 1475 –

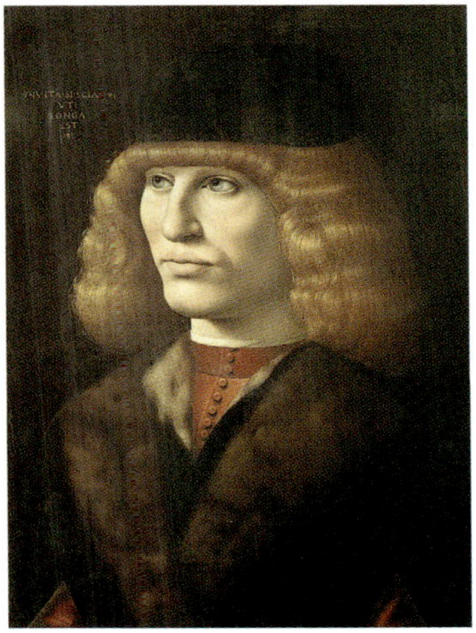

Giovanni Ambrogio de' Predis,
Bildnis eines Jünglings.
Mailand, Pinacoteca di Brera.

heute im Louvre – oder dessen *Bildnis eines Mannes mit rotem Hut* (National Gallery in London) aus der gleichen Zeit geben Aufschluß über die Sorte von Portraits, die dem Geschmack der Mailänder Herzöge Galeazzo Maria Sforza und Ludovico il Moro entsprachen; der erstere rief bekanntlich Antonello aus Venedig nach Mailand, nachdem er ein von ihm »nach der Natur gemaltes Portrait« gesehen hatte.[24] Vor allem das Londoner Bild Antonellos weist zahlreiche Berührungspunkte mit dem *Musiker* auf. In beiden Werken des sizilianischen Künstlers überläßt die Komposition dem Kopf und der Schulterpartie den gesamten zur Verfügung stehenden Raum und lenkt demgemäß die Aufmerksamkeit nachdrücklich auf die Physiognomien und den Charakter der gezeigten Persönlichkeiten. Leonardo unternimmt dagegen in seinem *Musiker* den Versuch, die Haltung der Figur den »Regungen ihres Geistes« anzupassen. Er bereitet damit schon in Ansätzen die psychologisierenden Qualitäten der *Dame mit dem Hermelin* vor. In diesem Herantasten kündigt sich die allmähliche Überwindung des offiziell geförderten Bildniskanons an, der in Mailand bis zur Jahrhundertmitte Profildarstellungen bevorzugte, etwa in den gängigen Werken Zanetto Bugattos, Vincenzo Foppas und Bergognones.[25] Und noch eine wichtige Anmerkung: es handelte sich beim *Musiker* um einen ganz und gar privaten Auftrag und nicht um ein höfisches Portrait.

Wer ist dargestellt? Nachdem die vielfach geäußerte These, das Bildnis zeige Franchino Gaffurio[26], wegen mangelnder ikonographischer Belege zurückgewiesen wurde, vermutet man neuerdings, daß das Bild Josquin des Prez darstelle. Dieser Vorschlag stützt sich auf die Lesart der Buchstaben des Notenblattes, die möglicherweise auf eine Motette dieses Komponisten anspielen. Freilich müßte dann das Gemälde auf einen Zeitpunkt vor 1484 datiert werden, denn Josquin verließ Mailand in eben jenem Jahr.[27] An dieser Stelle möchte ich betonen, daß sich Leonardos Portraitkunst in Mailand eindeutig nicht den Kreisen der Aristokratie widmete. Das bestätigen das *Bildnis eines Musikers* und das Bildnis der Cecilia Gallerani – der *Dame mit dem Hermelin* –, die einer zwar wohlhabenden, aber nicht adeligen Familie angehörte; eine Ausnahme bildet lediglich Lucrezia Crivelli, sofern sie tatsächlich mit der *Belle Ferronnière* im Louvre identisch ist. Leonardos damalige Modelle repräsentierten eine »demi-monde«, eine Halbwelt, die um das höfische Zentrum kreiste, ohne sich mit ihm gänzlich zu identifizieren. Cecilia Gallerani und Lucrezia Crivelli waren Geliebte des Ludovico il Moro, möglicherweise war es dessen persönlicher Wunsch, Leonardo möge beide Frauen ins Bild bannen. Allerdings, im Fall des *Musikers,* Mitte der achtziger Jahre, ist ein direkter Auftrag wenig glaubwürdig. Denn angesichts der beträchtlichen Preise, die die Maler verlangten, bleibt überhaupt zu fragen, ob ein einfacher Musiker finanziell in der Lage war, ein Portrait zu ordern, und welchen repräsentativen Zweck er damit hätte verfolgen wollen. Womöglich aber gibt es eine simple anderweitige Erklärung. Vielleicht suchte nämlich Leonardo zu Beginn seiner Karriere, folglich noch ohne Zugang zu den höheren Gesellschaftskreisen, nicht auf Bestellung, sondern aus eigenem Antrieb sein

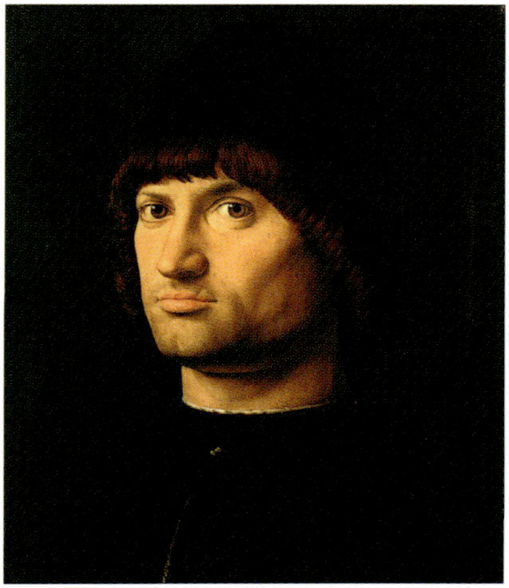

Antonello da Messina,
Bildnis eines Mannes
(Der »Condottiere»).
Paris, Musée du Louvre.

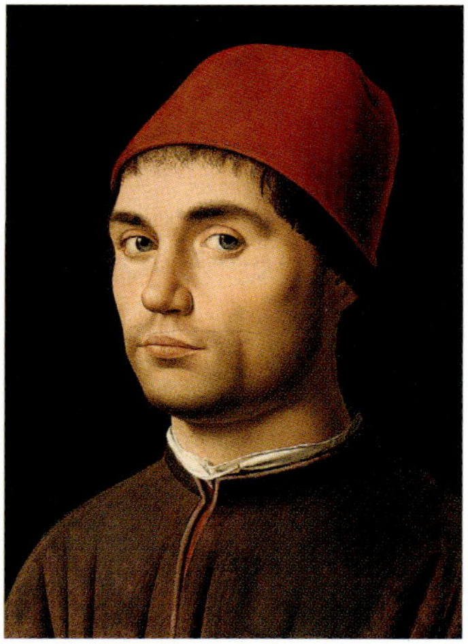

Antonello da Messina,
Bildnis eines Mannes
mit rotem Hut.
London, National Gallery.

Können zu beweisen, um neben Zanetto und Antonello bei Hof Anerkennung als Portraitist zu finden. Natürlich, er hatte früher bereits Referenzen abgeliefert: Die von Lorenzo il Magnifico an den Moro gesandten Schreiben unterstrichen jedoch, wie der Anonimo Gaddiano und Giorgio Vasari erzählen, sein hervorragendes Talent »im Improvisieren« auf der Lyra. Leonardo war nicht allein, als er sich am Mailänder Hof vorstellte. Er wurde von seinem jüngeren Freund Atalante Migliorotti begleitet, dem er das Lyraspielen beigebracht hatte, worüber uns zwar der Anonimo, nicht aber Vasari informiert. Der um 1466 geborene Atalante besaß zwischen 1485 und 1487 als ungefähr Zwanzigjähriger dasselbe Alter, in dem sich die Gestalt des Musikers, herausgeschält aus früheren Verunstaltungen mit Hilfe der Gemälderestaurierung 1905, dem Betrachter präsentiert; ein gewichtiges Argument gegen die Rolle des damals fast vierzigjährigen Franchino Gaffurio als Modell.

Atalante wurde 1490 von Piero de' Medici nach Marmirolo, in der Nähe Mantuas, geschickt, um den Part des Orpheus in der Aufführung des gleichnamigen szenischen Gedichtes Angelo Polizianos auszufüllen: ein Zeichen dafür, daß Leonardos Gesellschaft Früchte getragen hatte. Später, zwischen 1513 und 1515, trafen die beiden in Rom erneut zusammen, als Migliorotti neben Raffael und Bramante das Amt des Bauaufsehers über die Dombaustelle von Sankt Peter bekleidete.[28] In der Merkliste für seinen nahenden Aufbruch nach Mailand, die schon in Kapitel II zitiert wurde (*Codex Atlanticus*, fol. 888 *recto*, früher 324 *recto*), notiert Leonardo: »einen Kopf, mit Locken«, »einen Kopf des Herzogs«, »einen Kopf im Profil mit schöner Frisur« und »ein Portrait Atalantes, der aufblickt«, dann folgt die Angabe »ein Kopf des Hieronymus von Feglino« [das heißt Figline Valdarno] und »Kopf Gian Francesco Bosos«. Die Einträge verweisen darauf, daß es sich um Bildnisse »nach der Natur« handelte, die indes vielleicht nicht alle von Leonardo eigenhändig verfertigt waren. Im Gemälde der Ambrosiana scheint der *Musiker* dem ersten Anschein nach nicht »aufzublicken«; trotzdem paßt der Ausdruck, wenn man sich einen Sänger vorstellt, der gerade vom Notenblatt hochsieht und nun die Augen geradeaus richtet. Man kann nicht mit Sicherheit sagen, ob sich Leonardos Notiz aus dem *Codex Atlanticus* auf eine Zeichnung oder sogar auf eine erste Entwurfsidee zum *Bildnis des Musikers* bezieht, aber vieles weist auf die Beziehung zwischen dem Maler und Atalante hin, während keine ebenso zuverlässigen Informationen über die Bekanntschaft Leonardos mit Josquin des Prez oder Franchino Gaffurio überliefert sind.[29] Eindeutig ist lediglich die enge Beziehung zwischen Figur und Notenblatt, der Leonardos Bemühungen um eine Wiedergabe der »geistigen Regung« entsprechen. Solchermaßen gereinigt von den Vorurteilen, die sich aus dem mangelnden Verständnis für diese vollkommene Einheit und Verkettung herleiteten, vermittelt das Gemälde schließlich »den schwierigen, unsagbaren Zusammenklang der unfehlbaren dreidimensionalen bildlichen Wiedergabe der anatomischen und physiologischen Wirklichkeit des Modells und der ›Dinge‹ und der ›fein abgestuften‹, geheimnisvollen ›Vitalität‹ der geistigen und psychologischen Tiefe«[30] – und bestätigt somit uneingeschränkt Leonardo als den Urheber.[31]

Diese Zuschreibung erfuhr kürzlich eine neue Bestätigung durch Carlo Pedretti, der dank seiner eindringlichen Untersuchung des Blicks und der Augen der Figur eine Verbindung zu einer nur wenig späteren Notiz Leonardos herstellte, in der der Künstler von einer Erfahrung beim Malen eines Portraits spricht (*Codex Forster* II 2, fol. 158 *verso*):

»Diese unsere Pupille weitet sich und verengt sich je nach der Helligkeit oder der Dunkelheit des Gegenstands [auf den sie sich richtet]; und weil sie nicht so schnell sieht, wenn sie aus dem Hellen kommend ins Dunkle geht, und ebenso vom Dunklen ins Helle, hat mich das getäuscht, als ich ein Auge malte, und da habe ich es gelernt.«[32]

Die Sätze Leonardos erklären auf bewunderungswürdige Weise die Weitung der Pupille und auch den leichten Größenunterschied der Pupillen des *Musikers,* als wäre die Figur in dem kaum merklichen – aber von Leonardo genau beobachteten – Moment festgehalten, in dem die Pupillen sich allmählich vergrößern, während das Tageslicht oder das Licht im Atelier des Künstlers abnimmt: es bricht gerade der Abend herein, als der Dargestellte Leonardo Modell sitzt.

Die Dame mit dem Hermelin

Doch eine durch und durch radikale Wandlung in der Portraitkunst Leonardos sollte sich erst in den folgenden Jahren vollziehen. Es waren grundlegende Veränderungen, die erstmals in der Werkgeschichte der *Dame mit dem Hermelin* zum Tragen kamen. John Pope Henessy[33] ist in der Tat der Meinung, die *Dame* sei das früheste Bildnis der europäischen Kunstgeschichte, in dem sich der Akt eines revolutionären Entwicklungsprozesses abzeichne. In ihm werde nicht nur die ikonographisch traditionelle Profildarstellung aufgegeben, vielmehr würden mit ihm die »Gemütsbewegungen« in die Gattung des Portraits eingeführt. Jenen Ausdruck des Geistes, der sich in der Haltung und in den Gebärden eines Menschen artikuliere, faßte Leonardo zu dieser Zeit auch in theoretische Überlegungen, die schließlich in das *Buch von der Malerei* eingingen.[34]

Das Bild im Krakauer Museum entstand zwischen 1489 und 1490,[35] sehr viel früher somit als das Mailänder *Abendmahl*-Fresko, in dem Leonardo seine Theorien auf monumentale Weise umsetzte und zu einem grandiosen Manifest formte, das sowohl seine kunsttheoretischen als auch seine wissenschaftlichen Ideen zusammenfaßte: ein Bildexempel aus Gesetzen der Optik, der Akustik und der Mechanik. Die *Dame mit dem Hermelin* stellt eine unerwartete Vorwegnahme dieses Wandgemäldes dar und gilt als das wahrhaft geniale Frühexperiment Leonardos, seine eigenen kunsttheoretischen Prämissen in ein Portrait »nach der Natur« einflie-

Rechte Seite:
Leonardo da Vinci,
Die Dame mit dem Hermelin.
Krakau, Muzeum Narodowe,
Sammlung Czartoryski.

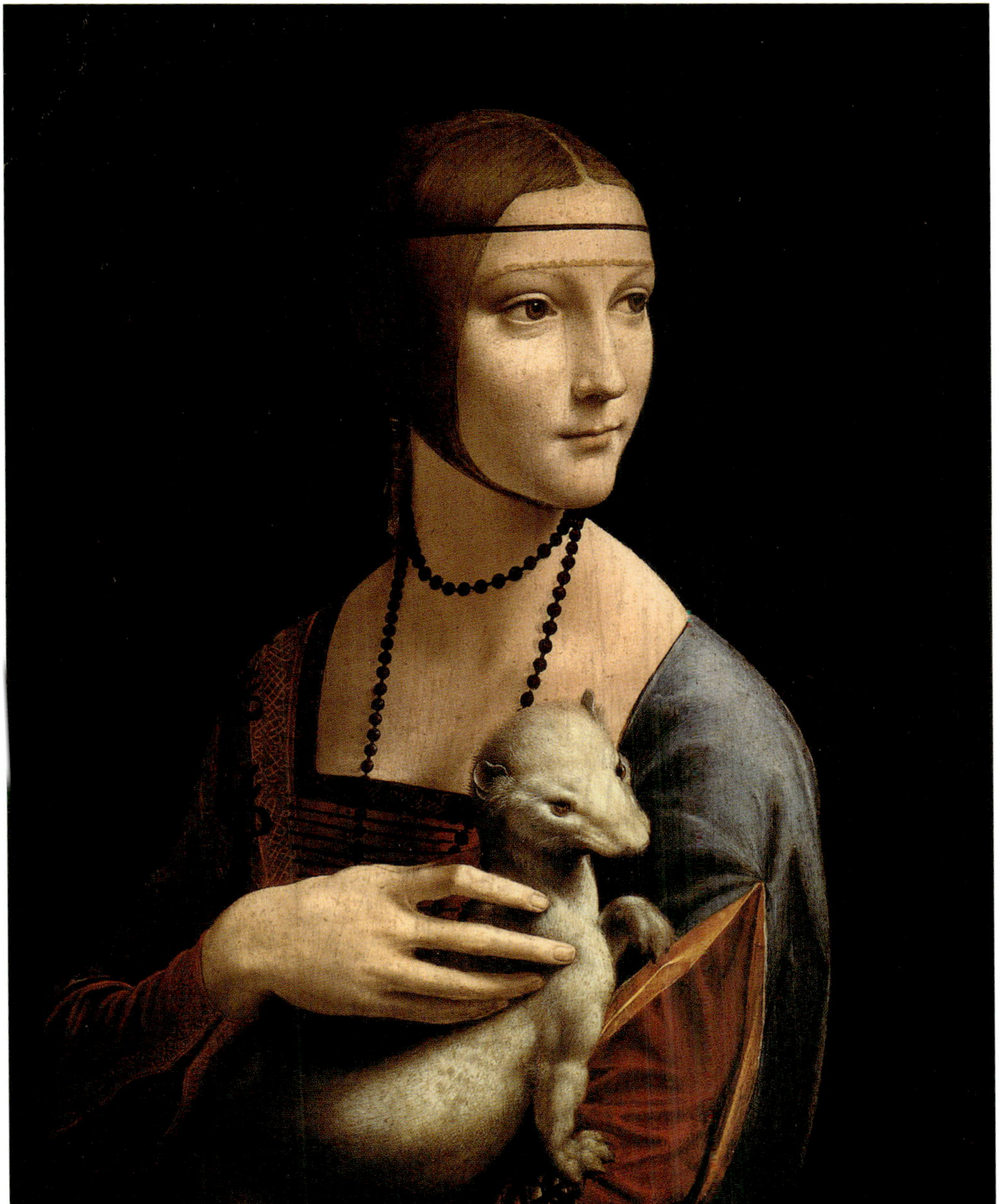

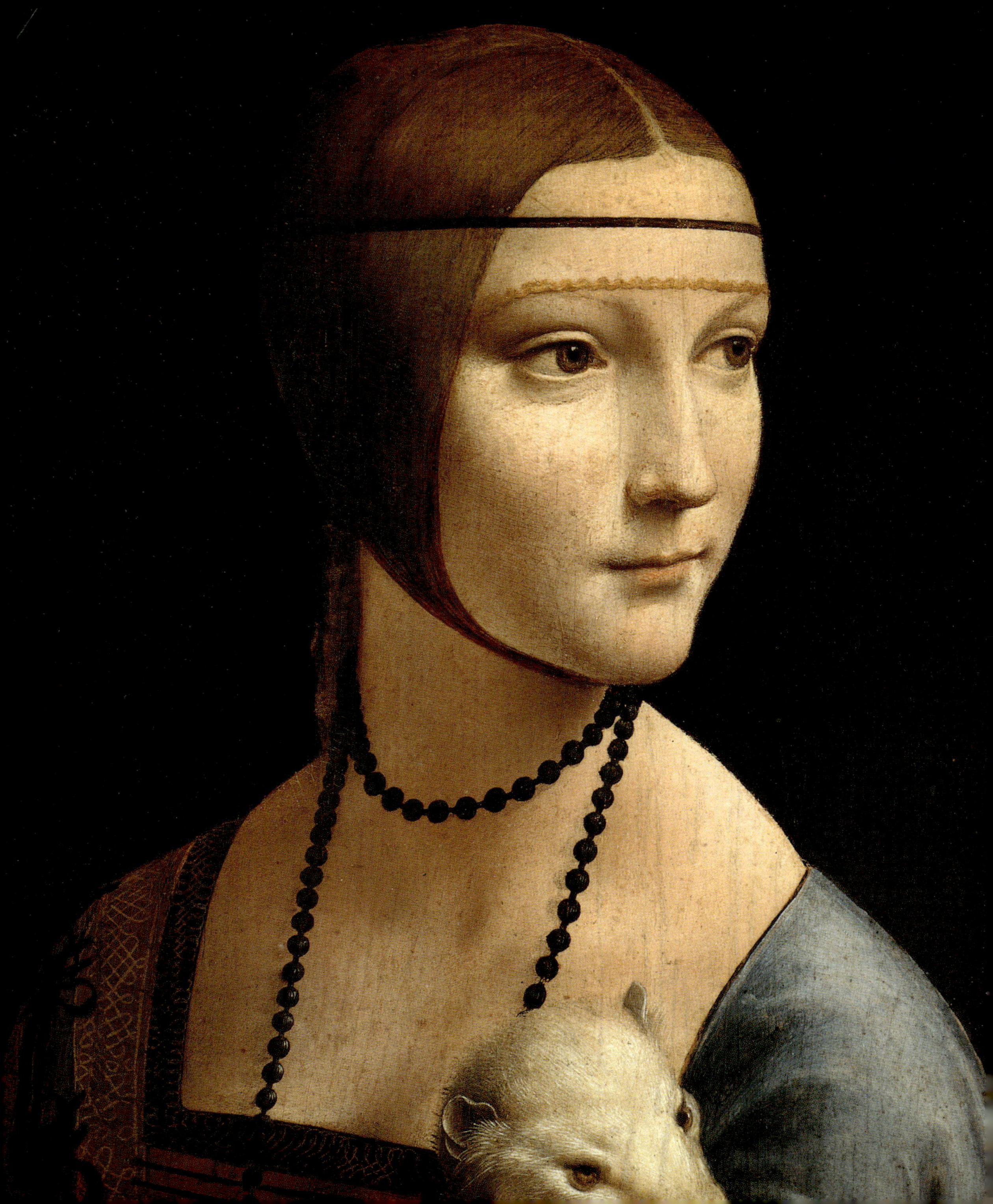

ßen zu lassen; wodurch in der Konsequenz das »erste moderne Portrait« der Geschichte entsteht,[36] das flämische Einflüsse, den Stil Antonello da Messinas und sogar Gestaltungsprinzipien des großen französischen Malers und Buchillustrators des 15. Jahrhunderts, des Jean Fouquet, wunderbar mit den leonardesken Prinzipien der »Gemütsbewegungen« und der Wiedergabe »nach der Natur« vereint; einer Natur, die Leonardo in geradezu obsessiver Gewissenhaftigkeit erforscht und nach wissenschaftlichen Gesichtspunkten für die künstlerische Umsetzung aufbereitet hat.

Die Haltung der *Dame* ist, in Übereinstimmung mit den Ausführungen im *Buch von der Malerei*, Spiegelung ihrer »Gemütsbewegung«[37]. Die *Dame*, Cecilia Gallerani, ist genau in dem Moment eingefangen, in dem sie sich plötzlich nach rechts wendet, als wäre sie abgelenkt durch das Nahen einer Person, vielleicht ihres Geliebten Ludovico il Moro; selbst das kleine Tier scheint durch irgendein Ereignis aufgeschreckt. Die nach rechts, auf einen Punkt außerhalb des Bildes, orientierte Aufmerksamkeit beider Figuren könnte daran denken lassen, daß das Gemälde nur die eine Hälfte eines Diptychons ausmache, dessen ergänzender Teil möglicherweise Ludovico il Moro zeigte. Es hätte sich um die säkularisierte Entsprechung zu dem nördlich der Alpen verbreiteten Typus gehandelt, das Bildnis Marias mit dem des Auftraggebers zu kombinieren. Doch dies bleibt reine Vermutung. Denn die zeitgenössischen Quellen erwähnen das Bildnis trotz der genannten Eigenschaften immer nur als Einzelwerk. In der ältesten uns zur Verfügung stehenden Beschreibung taucht nicht einmal das Hermelin auf, als ob es ein eher unwichtiges Element wäre, das nichts mit der besonderen Bedeutung der dargestellten Figur zu tun habe. Der Umstand, daß das Hermelin in der entsprechenden Urkunde nicht erwähnt wird, hat gelegentlich allerdings auch dazu geführt, die Identifizierung des Krakauer Bildes mit dem Bildnis der Cecilia Gallerani abzulehnen.

Der Hofdichter Bernardo Bellincioni beschreibt das Portrait wenige Jahre nach seiner Entstehung in einem 1493 veröffentlichten Sonett folgendermaßen:

ÜBER DAS VON LEONARDO GEMALTE PORTRAIT
DER MADONNA CECILIA

Was ist es, das dich zürnen macht, Natur?
Wem bringst du Neid entgegen?
Dem Mann aus Vinci, der einen Stern aus deinem
Himmel malte
Cecilia ist der Stern, der schöne,
Und neben ihren schönen Augen scheint die Sonne
nur ein dunkler Schatten.

Die Ehr' ist dein, und doch sein Malen
Macht, daß sie wohl zuhört und nicht spricht.
Denk nur, wie schön und ewig sie wird sein,
Zu deiner Freude bis in alle Zukunft.

Deswegen sollst du Ludovico danken
Und Geist und Hand des Malers Leonardo,
Die ihren Enkeln dies Geschenk gemacht.

Linke Seite:
Leonardo da Vinci,
Die Dame mit dem Hermelin
(Ausschnitt).
Krakau, Muzeum Narodowe,
Sammlung Czartoryski.

Wer sie so sieht, auch wenn sie
Nicht mehr lebt, wird sagen: Dies reicht uns
Zu verstehen, was Kunst ist und was Natur.[38]

In Bellincionis Gedicht meint man ein tiefes Verständnis der innovativen Züge im Bild wahrzunehmen: In der Zeile »... macht, daß sie wohl zuhört und nicht spricht« scheint der Dichter an Diskussionen und Erklärungen zu erinnern, die ihm persönlich vom Künstler oder von der Gemalten berichtet wurden. Es ist nicht auszuschließen – und auch vermutet worden[39] –, daß das Bild von einer Schriftrolle, einem Begleitbrief oder einem Text auf dem originalen Bildrahmen vervollständigt werden sollte, der auf die visualisierten Bedeutungen anspielte: je nach Bedarf konnte man es als raffinierte Studie höfisch verfeinerter Etikette oder aber als Anspielung auf das ursprünglich religiöse Thema der »unbefleckten Reinheit« oder der »Zurückhaltung« auslegen, auf die das Hermelin hinweist. Leonardo selbst liefert ja schließlich diese Interpretation im *Ms H* in Paris aus dem Jahr 1494.[40] Eine zusätzliche Sinnschicht könnte in der geheimnisvollen weil virtuellen Anwesenheit des Auftraggebers liegen, die, wie in einer abgehobenen höfischen Spielerei, den nicht »Eingeweihten« verborgen blieb. Im übrigen beinhaltet das Hermelin auch einen versteckten Hinweis auf Ludovico il Moro, da dieser von Bellincioni als »Italico Morel, weißer Hermelin« bezeichnet wird, nachdem ihm 1488 der König von Neapel die Ehrenzeichen des gleichnamigen Ordens verliehen hatte.[41] Daß Bellincionis poetische Gemäldebeschreibung das Hermelin nicht erwähnt, erklärt sich möglicherweise daraus, daß die mit dem Tier verbundene symbolische Anspielung geheim bleiben mußte, oder daß der Dichter die Hintergründe nicht kannte – was indessen unwahrscheinlich ist. Jedenfalls ist die geheimnisvolle Bedeutung des Tieres ein unleugbarer Aspekt für die Dechiffrierung der in die Tiefe gehenden Aussagen des Portraits. Und dennoch, das eigentliche Ziel des Gemäldes war es nicht, Ludovico symbolisch ins Bild zu integrieren. Hauptziel blieb vielmehr, den lebensvollen Charakter und die psychologischen Merkmale der »nach der Natur« abgebildeten Frauengestalt einzufangen, während sie – wem auch immer – zuhört und nicht spricht.

Leonardo muß die *Dame* in dem Zeitraum zwischen der Aufnahme Ludovicos in den Orden des Hermelins 1488 und seiner Hochzeit mit Beatrice d'Este im Mai 1491 geschaffen haben, oder – noch genauer – zwischen 1489, als die Liebesbeziehung zwischen Ludovico Sforza und Cecilia Gallerani begann, und 1490, als die beiden ihren Sohn Cesare Sforza zeugten, der im Januar 1491 geboren wurde. Das Hermelin als Symbol der »Reinheit« oder »Zurückhaltung« wäre ja nach der Geburt des Kindes 1491 kein einleuchtendes Attribut mehr. Das Motto NON MAI (»niemals«), das die auch von Leonardo in der Pariser Handschrift *Ms H* notierte Fabel aufruft, wonach das Hermelin lieber stirbt als sich zu beschmutzen, erhebt das Tier zum Sinnbild der Reinheit. Als solches gehörte es auch zu den Impresen Federicos da Montefeltro und ist entsprechend in einer Intarsie seines »Studiolo«, seines ehemaligen Studierzimmers im Palazzo Ducale in Gubbio dargestellt, die sich heute im Metropolitan Museum in New York befindet. Die ikonographische Kraft des Hermelins, die moralischen Tugenden Cecilias –

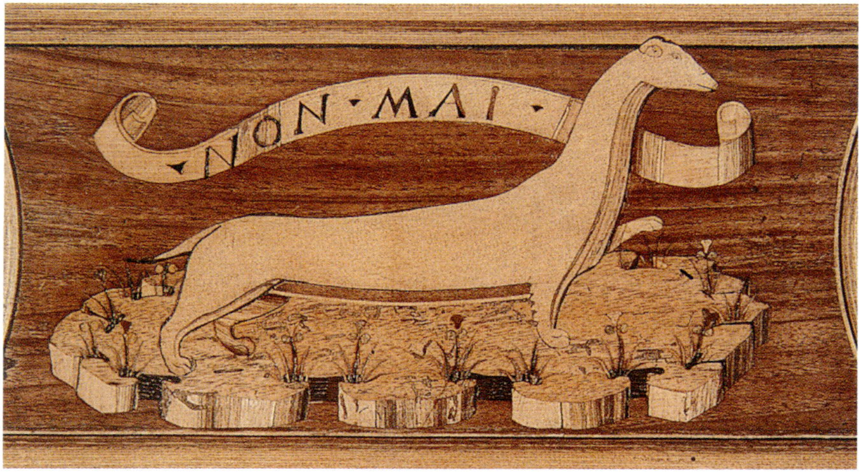

Giuliano und Benedetto da Maiano (nach einer Zeichnung von Francesco di Giorgio Martini), Devise von Federigo da Montefeltro mit der Darstellung eines Hermelins (Intarsie aus dem »Studiolo« des Palazzo Ducale in Gubbio). New York, Metropolitan Museum of Art.

Rechte Seite:
Leonardo da Vinci,
Die Dame mit dem Hermelin (Ausschnitt).
Krakau, Muzeum Narodowe, Sammlung Czartoryski.

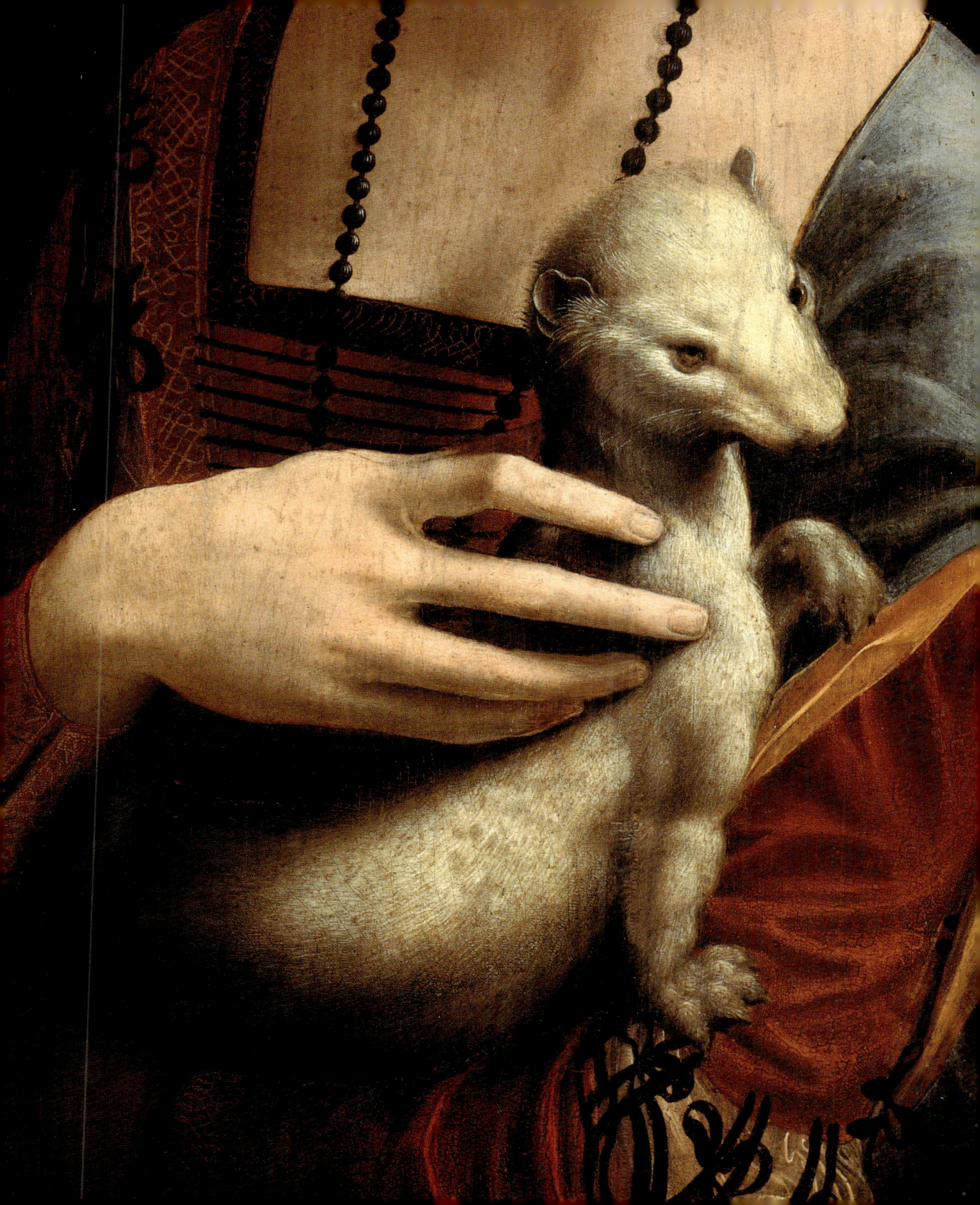

wie daneben auch die Ludovicos – aufzurufen, könnte das Tier sogar über die bloße Eigenschaft eines Attributs hinaus zu einer Symbolfigur Cecilias selbst erheben: der ehrbaren, höfischen und tugendhaften Frau mit ihrer nach den Lehren neuplatonischer Philosophie geregelten Liebesbeziehung zu Ludovico il Moro.[42] Daß das Bildnis aus früherer Zeit stamme, eventuell sogar aus dem Jahr 1487, als Cecilia – infolge ihres Verhältnisses mit Ludovico? – die Verlobung mit Stefano Visconti löste, dem sie seit 1483 offiziell versprochen war, ist keine plausible Vermutung. Cecilia war zu diesem Zeitpunkt erst vierzehn und unreifer, als es das Mädchen auf dem Krakauer Bild zu sein scheint, das zwar jung ist, aber so jung auch wieder nicht. Außerdem ließe sich das hier von Leonardo ins Bild gesetzte Ideal weiblicher Schönheit nicht gut auf ein fast noch im Kindesalter stehendes Mädchen anwenden; es paßt eher zu einer jungen, tugendhaften, »zurückhaltenden« Frau, deren Schönheit weder Schmuck noch aufwendige Kleidungsstücke braucht. Leonardo, der in eben diesen Jahren behauptet, »das Nachahmen der antiken Dinge ist lobenswerter als das der neuen« (*Codex Atlanticus*, fol. 399 *recto*), dürfte sich überdies vor der Folie einer allseits begeistert verherrlichten Antike auf einen berühmten Text des Lukian von Samosata bezogen haben, nämlich auf dessen Schrift *De domo*. Diese war bereits von Andrea Mantegna als Vorbild für die Ausmalung der »Camera picta« (besser bekannt als »Camera degli Sposi«) im Palazzo Ducale in Mantua benutzt worden. Lukian vergleicht die Ornamente einer Zimmerdecke mit einer bescheidenen, keuschen und schönen Frau. Die Passagen, die aufhorchen lassen, lauten: »Bewundernswert ist die Decke aufgrund ihrer einfachen Anmut, *eleganten Bescheidenheit*, ihrer ansprechenden symmetrischen Vergoldungen ohne häßliche Übertreibungen, in der Art einer züchtigen schönen Frau, der eine *feine Halskette* oder ein Ring am Finger oder einfache Ohrringe oder eine Spange oder *ein Band, das die wallende Haartracht bändigt,* ausreicht, um ihre Schönheit zu unterstreichen; auch *ein kleines bißchen Purpur im Kleid* fügt ihrer Anmut Zierde zu. Nur die Kurtisanen, vor allem die häßlichen, haben ein ganzes Kleid aus Purpur und den Hals mit Gold vollgehängt und versuchen, durch ihr Aussehen zu gefallen und ihre mangelnde Schönheit mit Äußerlichkeiten zu ersetzen; denn sie glauben, der Arm wirke sauberer, wenn Gold daran hängt, und der schlechtgewachsene Fuß ließe sich in goldenen Sandalen verstecken und das Gesicht sei anziehender, wenn es von Gold erglänzt. So sind die Kurtisanen; doch eine *bescheidene* Frau verwendet so wenig Gold wie nötig, und nur, wenn es sein muß; und ich glaube, sie würde sich auch nicht schämen, ihre Schönheit ganz ohne Gold zu zeigen.«[43]

Diese Beschreibung scheint genau auf die *Dame mit dem Hermelin* zuzutreffen: bescheiden, schön und mit einer feinen Halskette geschmückt, deren schwarze Achatperlen auf die Abtötung fleischlicher Begierden anspielen[44], so daß man gerne glaubt, mit dem Autor *Luchano,* den Leonardo in seinem Bücherverzeichnis im *Codex Madrid 8936* erwähnt, sei gewiß der griechische Schriftsteller Lukian gemeint. Im übrigen war Lukian, der Meister der *ékphrasis,* der genauen rhetorischen Beschreibung von Kunstwerken, in Norditalien bestens bekannt, denn Guarino Veronese hatte ihn ins Italienische übersetzt, Mantegna hatte ihn wohl über Leon Battista Alberti kennengelernt und Leonardo durch Albertis Schriften. Wohl nicht grundlos legt Giovan Paolo Lomazzo, einer der gründlichsten Kenner Leonardos in der zweiten Hälfte des 16. Jahrhunderts, im *Sesto ragionamento* seiner *Sogni* dem Maler die Worte in den Mund: »Die Tugend und das Glück könnten gegensätzlicher nicht sein, wie es, außer der Erfahrung, der griechische Philosoph Lukian in seinem Dialog zeigt, in dem sich die Tugend bei Merkur über die Frechheiten beklagt, die sie sich vom Glück und dessen Anhängern gefallen lassen muß.«[45] Das belegt, daß die Schriften Lukians Mitte des 16. Jahrhunderts in Mailänder Kreisen so umfassend bekannt waren, daß man daraus zu folgern hat, sie seien schon früher verbreitet gewesen und Leonardo habe sie genau studiert.

Von der mußmaßlichen Auswertung klassischer Quellen einmal ganz abgesehen, kann die bahnbrechende Rolle dieses Portraits im Mailand der frühen neunziger Jahre heute nicht mehr unmittelbar nachvollzogen werden. Die Raumgliederung und die kontrapostische Struktur im Aufbau der Figur – in der sich beinahe schon die Spiralbewegung (*figura serpentinata*) des italienischen Manierismus ankündigt –, ferner der vollkommene Zusammenklang der Komposition mit einer bestimmten, genau umrissenen Symbolsprache, vor allem jedoch die Tatsache, daß dieses Bild der Theorie über die »Gemütsbewegung« nicht nur gehorcht, sondern, mehr noch, mit ihr verwächst, waren so einzigartige und gleichzeitig so komplexe Eigenschaften, daß sie von den Zeitgenossen nicht sofort verstanden wurden, geschweige denn zitiert und für neue Themen oder andere Bildkompositionen aufgegriffen. Außerdem war das Gemälde für einen privaten – sogar sehr privaten – Auftraggeber bestimmt, so daß es vermutlich nur einem kleinen Kreis von Vertrauten, nahestehenden Literaten und Intellektuellen, zugänglich war: beispielsweise jenen Personen, die noch nach dem 1499 erfolgten Fall Ludovicos und seiner unmittelbaren politischen Umgebung einen Freundeskreis um Cecilia bildeten.[46] Dazu zählte sicher auch Leonardo, der sich um 1510 auf einem Blatt des *Codex Atlanticus* mit der aufschlußreichen Wendung erinnert: »Wunderbare Cecilia, meine geliebte Göttin, deinen süßen ›Brief‹ gelesen.«[47]

Im Jahr 1498 wurde das Gemälde Gegenstand einer berühmten Bitte: Isabella d'Este, Markgräfin von Mantua, schreibt – nachdem sie »gewisse hübsche Portraits von Zoanne Bellino [Giovanni Bellini]« gesehen hat und »von den Werken Leonardos erfahren hat«, die sie »gern im Vergleich vor Augen haben möchte« – diesbezüglich an Cecilia Gallerani. Isabella erinnert sich, daß Leonardo »Euch nach der Natur gemalt hat« und fragt, ob man ihr dieses Bild schicken könne, um »einen Vergleich« anzustellen. Danach würde sie das Portrait zurücksenden.[48] Cecilia, mittlerweile zur Gräfin Bergamini erhoben, willigt gern in dieses Ansuchen ein. Zugleich merkt sie an, daß das Portrait ihr nicht besonders ähnlich sei, »nicht ... weil der Meister Fehler gemacht hätte, denn ihm kommt wohl kein anderer gleich, sondern weil er es malte, als ich in einem noch so unfertigen Alter war, daß sich danach mein Aussehen vollständig änderte.«[49] Im allgemeinen wird diese Feststellung auf die Tatsache bezogen, daß seit der Ausführung neun oder zehn Jahre vergangen waren und die im Gemälde festgehaltene Erscheinung nicht mehr mit der inzwischen fünfundzwanzigjährigen Cecilia übereinstimmte. Eine lange unveröffentlichte Urkunde

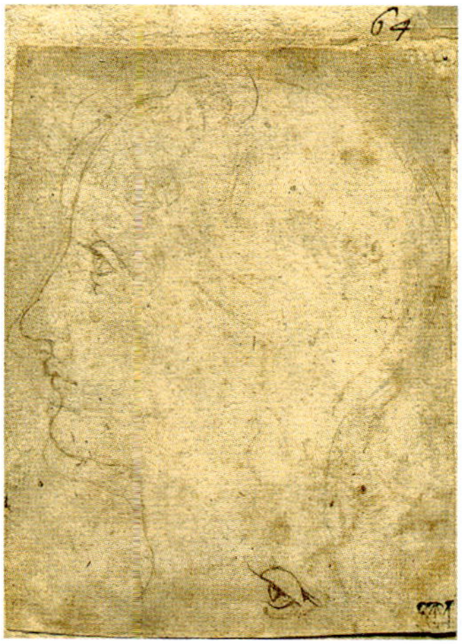

Leonardo da Vinci,
Weibliches Profil, Studie.
Mailand, Pinacoteca Ambrosiana
(Inv. Nr. F 274, Inf. 14).

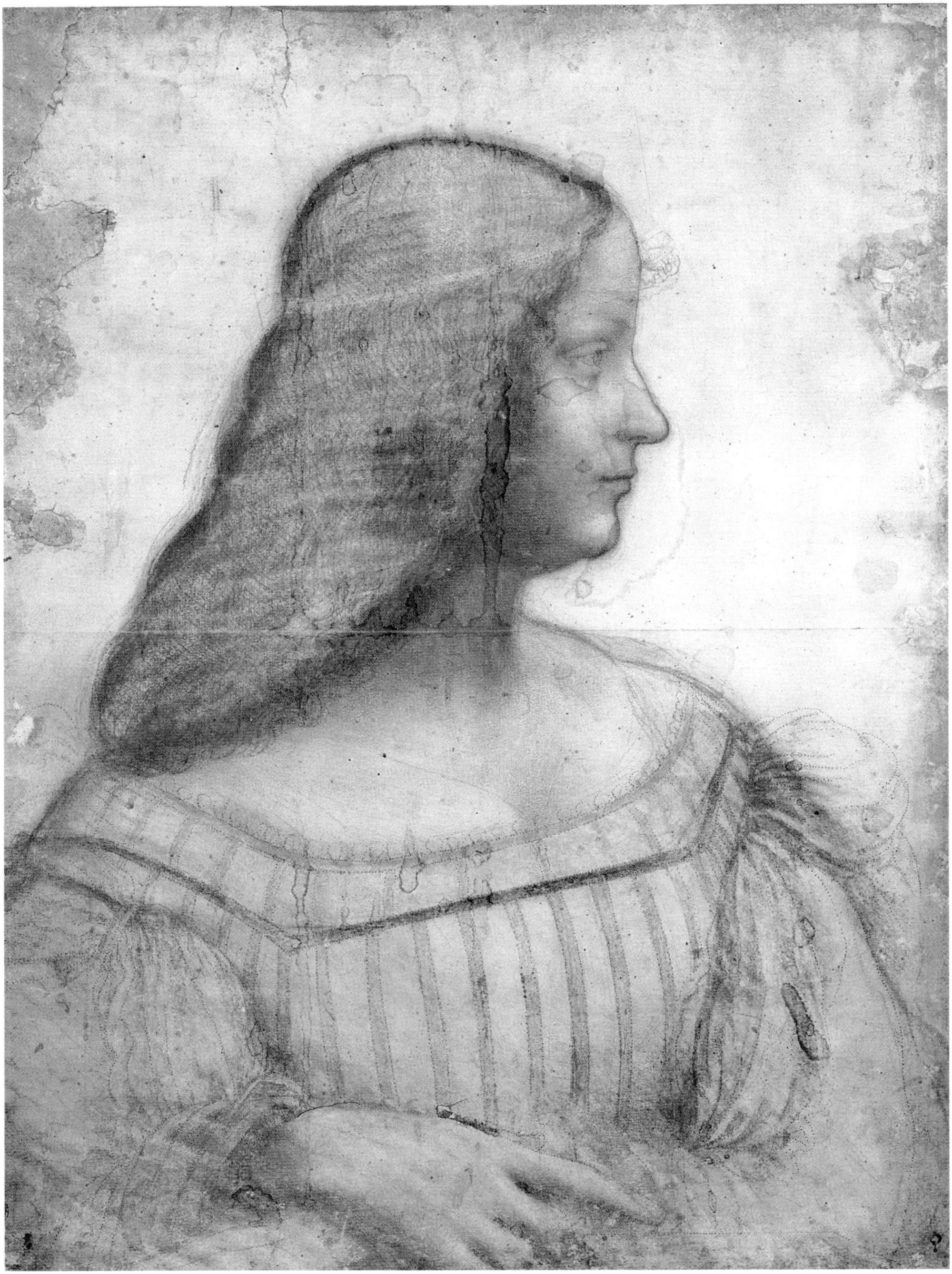

von 1491 nennt als möglichen Grund für die über die normalen Alterungsprozesse hinausgehende körperliche Veränderung Cecilias die übermäßige Gewichtszunahme nach der Schwangerschaft, weswegen sie Ludovico nicht mehr bei Hofe sehen wollte. Der Mailänder Botschafter der Familie d'Este, Giacomo Trotti, beruhigt nämlich in einem Schreiben vom 21. März 1491 die Ferrareser Fürstenfamilie in ihrer Sorge, Ludovico würde auf die erhoffte Heirat mit Beatrice d'Este verzichten, weil sich Cecilia ständig in seiner Nähe aufhielt; der Moro wolle, so heißt es da, Cecilia »weder anfassen, noch sich von ihr begleiten lassen, dick wie sie ist, und zwar seitdem sie entbunden hat.«[50]

Abgesehen vom Aussehen Cecilias im Jahr 1498 gibt der Briefwechsel zwischen den beiden Frauen auch über den Ruf Aufschluß, den Leonardo gegen Ende des Jahrhunderts erlangt hatte, ebenso über den Berühmtheitsgrad des Portraits der Cecilia Gallerani, das nun mit den Bildnissen aus der Hand Giovanni Bellinis verglichen werden soll. Bellinis Bildsprache bewegte sich noch zwischen dem aus ferraresischer und venezianischer Tradition geprägten Ausdrucksvokabular sowie dem der flämischen, nicht zuletzt von Antonello da Messina vermittelten Malerei, die sich an den höfischen Zentren der Poebene besonderer Beliebtheit erfreute. Dem *Bildnis* im Norton Simon Museum in Pasadena und dem ins ausgehende 15. Jahrhundert zu datierenden *Bildnis eines blonden Jünglings* in Rom, in der Pinacoteca Capitolina, ist das gut abzulesen. Nicht ausgeschlossen freilich, daß sich Bellini, unter Umständen beeindruckt von Leonardos flüchtigem Venedigaufenthalt im März 1500, der Malerei »gemäß der Natur« zuwandte und intensiver an einer analytischen Innenschau orientierte, die dann in den Köpfen der weiblichen Heiligen aus der leonardesken, um 1500 anzusetzenden *Sacra Conversazione* in den Gallerie dell'Accademia in Venedig und im Londoner *Bildnis des Dogen Leonardo Loredan* von 1501 gipfelte[51], die zu seinen ausdrucksstärksten und lebendigsten Portraits zählen.

Der Ausgang des »Wettstreits« zwischen dem Bildnis der Cecilia Gallerani – das nach einem Monat zurückgegeben wurde – und den Portraits Giovanni Bellinis im Besitz der Markgräfin von Mantua ist nicht bekannt.[52] Wenn es sich bei letzteren, wie anzunehmen, um Gemälde im Stil der Werke in Pasadena und Venedig handelte, konnte die Prüfung nur zugunsten Leonardos ausfallen. Dafür spricht auch, daß Isabella d'Este diesen von nun an wiederholt bat, ein Portrait von ihr zu malen; dem vorbereitenden Karton, heute im Cabinet des Dessins im Louvre[53], den der Künstler während eines Aufenthaltes in Mantua Ende 1499 und Anfang 1500 anfertigte, legte er den an antiken Vorbildern auf Münzen oder Gemmen orientierten Typus des Profilbildnisses zugrunde. Zur Ausführung kam Leonardo freilich nicht mehr. Isabella scheint deswegen Lorenzo Costa beauftragt zu haben, das vielschichtige Bildnis der Cecilia Gallerani in eine alltäglichere Fassung umzusetzen, in der die Markgräfin mit einem Hündchen dargestellt werden wollte: so zeigt sie die inzwischen nach Hampton Court, in die dortige Royal Collection gelangte Tafel.[54]

Bei all dem bleibt zu bedenken, daß die Zuschreibung des Krakauer Gemäldes und dessen Gleichsetzung mit dem Bildnis der Cecilia Gallerani – die aus dem Sonett Bellincionis und aus dem

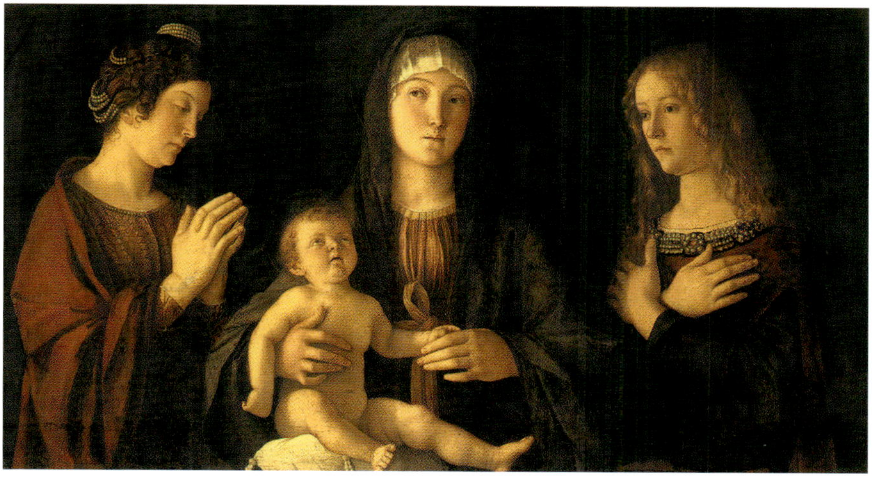

Giovanni Bellini,
Sacra Conversazione.
Venedig, Gallerie dell'Accademia.

Linke Seite:
Leonardo da Vinci,
Bildnis der Isabella d'Este.
Paris, Musée du Louvre, Cabinet des Dessins (Inv. Nr. 753).

Briefwechsel zwischen Cecilia und Beatrice hervorgeht – für die Kunstgeschichte eine noch ziemlich neue Erkenntnis bedeutet. Ein Blick zurück sei erlaubt. Das Bild wird zum ersten Mal bei Paul Müller-Walde 1889 als Werk Leonardos erwähnt, aber nicht abgebildet.[55] Die früheste Photoaufnahme erschien in »Graphische Kunst« 1892 und wurde 1898 von Adolf Rosenberg erneut veröffentlicht,[56] der das Bild allerdings nicht für ein Original, sondern für eine »schwache, verwässerte Kopie« der *Belle Ferronnière* im Louvre hielt. Im Rahmen eines ebenso negativen Urteils verzichtete Müntz sogar auf jede Abbildung des Gemäldes: »Die Dürftigkeit der Physiognomie und die Minderwertigkeit der Ausführung sprechen gegen Leonardo.«[57] Erst 1900 identifiziert Jan Boloz-Antoniewicz in zwei Aufsätzen polnischer Sprache das Krakauer Bild mit dem Portrait der Cecilia Gallerani[58], von dem bei Bellincioni und im Briefwechsel zwischen Cecilia und der Markgräfin von Mantua die Rede war. Und erst Wilhelm Suida und Giulio Carotti ist es zu verdanken,[59] daß das Krakauer Gemälde zum Thema der internationalen Kunstdebatten wird.

Die von Boloz-Antoniewicz vertretene Zuschreibung und Bestimmung der dargestellten Person wurde bei weitem nicht von allen Kunsthistorikern übernommen. Die Zweifel rührten allerdings zum großen Teil wieder einmal von den schlechten photographischen Reproduktionen her; außerdem erschwerte die relative Distanz Krakaus zu den Zentren des Wissenschaftsbetriebs die unabdingbar notwendige Autopsie des Bildes. Seit dem frühen 20. Jahrhundert wechseln permanent die Zuschreibungen an Leonardo mit gegenteiligen Meinungen, es sei denn, man ignorierte das Bild völlig, wie etwa Lionello Venturi. Statt Leonardo schlug die Forschung oft Giovanni Ambrogio de' Predis[60] bezeihungsweise Giovan Antonio Boltraffio[61] vor. Wilhelm von Bode akzeptiert eine Einordnung ins Œuvre Leonardos,[62] weist aber die Benennung des Modells als Cecilia Gallerani zurück. Gerade diese Identifikation aber wird – zumindest unter Vorbehalten – von Aldo de Rinaldis aufgegriffen, einem Autor, der andererseits überzeugt ist, daß Leonardo das Bild lediglich vorzeichnete oder vorbereitete, um es in seiner Werkstatt zwischen 1482 und 1483 »vollenden« zu lassen.[63] Die von De Rinaldis benutzte Reproduktion (Abb. XXV) ist mehr als mittelmäßig und so weit vom authentischen Eindruck entfernt, daß sie die Praxis der Urteilsfindung ohne Kenntnis des Originals schonungslos aufdeckt. Das Gemälde wurde hinwieder von Attilio Schiapparelli und Adolfo Venturi als Leonardos Leistung anerkannt. Venturis Beurteilung des Erhaltungszustandes verrät entweder eine nur flüchtige Untersuchung minderwertiger Kopien, oder sie weist tatsächlich auf den schlechten Befund der Tafel vor dem Zweiten Weltkrieg hin, der eine objektive Untersuchung ihrer zweifellosen malerischen Qualitäten nicht zuließ. In den jüngsten Monographien wird Leonardo inzwischen als Maler des Bildes akzeptiert.[64]

Manche Forscher vermuteten, die *Dame mit dem Hermelin* sei weitgehend übermalt oder durch moderne Restaurierungen beschädigt worden. Diese Vermutung geht vor allem auf die Untersuchungen Clarks zurück, der die Neubearbeitung des dunklen Hintergrundes und die daraus resultierende Härte in den Umrissen der Figur und des Gesichts bemerkte, auch wenn er bestimmte Stellen als intakt bezeichnete: »das Hermelin, das Gesicht der Dame und ihre Hand«. Diese Beobachtung wurde von anderen seiner Fachkollegen, zum Beispiel Adolfo Venturi (siehe oben), oder in jüngerer Zeit von Angela Ottino della Chiesa, erweitert. Letztere leitet wenig überzeugend ausgerechnet vom Zustand der Farbschichten die Mitarbeit von Gehilfen ab: »Werk Leonardos mit möglichen Eingriffen von Schülern an den veränderten und übermalten Stellen.«[65] Und Jack Wasserman wirft die Frage auf: »Wie, wenn nicht durch die Eingriffe der Gehilfen, sind die glatte und völlig einheitliche Oberfläche des Gesichts zu erklären, die zu stark hervorgehobenen Details und die funktionslosen Bänder am Kleid, die wie reine Applikationen aussehen? Solche Abweichungen können nicht einer Restaurierung zur Last gelegt werden, obwohl das Bild vor allem im Hintergrund stark überarbeitet wurde.«[66] Kasimierz Kwiatkowski hatte die These der grundlegenden Überarbeitung des Gemäldes aufgebracht,[67] als er anhand von Röntgenaufnahmen einige Flecken im rechten Bildhintergrund als Ansatz zu einem architektonischen Detail beziehungsweise Fenster interpretierte. Er machte jedoch selbst darauf aufmerksam (S. 14 f.), daß diese Ideen »vielleicht vom Künstler persönlich in den späteren Entwicklungsphasen des Bildes aufgegeben und infolgedessen beseitigt (übermalt) wurden, was den Bildaufbau vereinfachte und die Aufmerksamkeit auf die menschliche Figur lenkte, die das zentrale Element des Bildes ist.« Also keine Abänderung durch spätere Restauratoren, sondern eventuelle Verbesserungen des Meisters selbst.[68]

Ungewöhnlich, daß sich im Gefolge der Beobachtungen Kwiatkowskis von 1955 bis in die heutige Zeit hinein das Mißverständnis des angeblich überarbeiteten oder schlecht restaurierten Gemäldes gehalten hat, obwohl lediglich eine ausgedehntere Übermalung des schwarzen Hintergrundes festgestellt werden kann. Martin Kemp folgert demnach zu Recht, daß »sich das Bild in einem viel besseren Zustand befindet, als allgemein berichtet wird, und mit großer Deutlichkeit zeigt, welche Frische und welchen Glanz Leonardos Malerei hatte, während er am Hof der Sforza in Mailand weilte«.[69] Man kann dieser Meinung nur zustimmen, vor allem wenn man die brillanten und leuchtenden Farben des *Abendmahls* heranzieht, die mittlerweile nach der Entfernung von Übermalungen zum Vorschein gekommen sind: Die Restaurierung des Mailänder Freskos hat ganz eindeutig nicht nur den blauen Farbton zu Tage gefördert, der dem Blau der Kleidung im Frauenportrait verblüffend ähnelt, sondern auch die gleichen feinen Pinselstriche und dieselbe Art und Weise der Lichthöhungen. Die Ausführungstechnik des Krakauer Gemäldes bestätigt zur Gänze Leonardos Urheberschaft: Es sind nicht nur verschiedene Fingerabdrücke von ihm in der Oberflächensubstanz gefunden worden – bei der Nase der Dame, auf ihrer Stirn und am Kopf des Hermelins –, sondern auch Spuren der Vorzeichnung und der typischen Ölgrundierung, Merkmale, die ebenso bei der *Ginevra de' Benci* in Washington auftauchen; im übrigen ist der Bildträger, eine Tafel aus Nußbaumholz, identisch mit dem des *Musikers* und der *Belle Ferronnière*. Leonardo empfiehlt diese Holzsorte auch in einer Anweisung der Handschrift *Ms A* im Institut de France (fol. 1 *recto*), wo er Schritt für Schritt erläutert, wie man beim Malen eines Tafelbildes vorzugehen habe.[70]

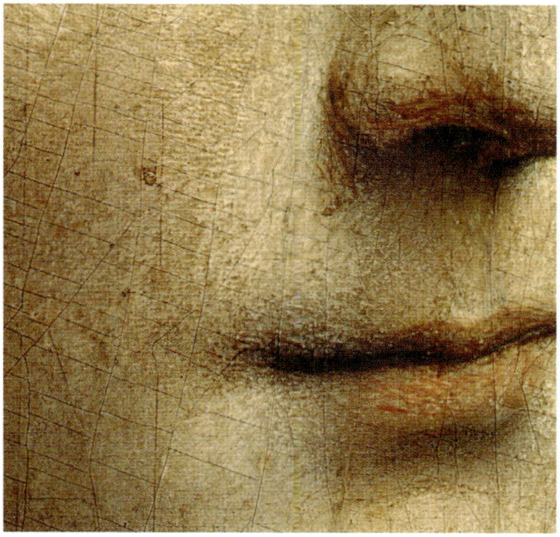

Leonardo da Vinci,
Die Dame mit dem Hermelin
(Ausschnitt).
Krakau, Muzeum Narodowe,
Sammlung Czartoryski.

La Belle Ferronnière

Auf der Rückseite von Blatt 456 des *Codex Atlanticus* stehen sieben elegische Distichen in lateinischer Sprache zum Lob eines Bildnisses der Lucrezia Crivelli, das Leonardo im Auftrag von Ludovico il Moro gemalt hatte:

Und so erwiderte die Kunst mit Wissen und mit Können
der Natur:
»Vinci gab ihr, wie viele andere Dinge, auch eine Seele.
Nicht daß er's wollte, doch je ähnlicher das Bild ihr wurde,
Um so ähnlicher wurde sie ihm.
Der Moro besitzt, sie liebend, ihre Seele.«

Die du hier siehst, sie heißt Lukretia, ihr gaben
Die Götter alles mit freigebiger Hand.
Eine seltene Schönheit auch. Leonardo malte, der Moro
Liebte sie; der Maler erster ist der eine, der Fürsten erster
der andre.

Die Natur und die höchsten Götter beleidigte mit ihrem
Abbild
Der Maler. Daß eines Menschen Hand soviel vermag, verstimmte sie;
Und daß der großen Schönheit so lange Zeit gegeben wird,
Ihr, die in kurzer Weile müßt' zugrundegehen.
Die Götter hatte er beleidigt um des Moro willen.
Der Moro wird ihn verteidigen. Den Moro zu
Beleidigen, davor fürchten sich Menschen und Götter.[71]

Als erster Wissenschaftler wies Carlo Amoretti darauf hin, daß Leonardo das in den Versen gepriesene Portrait nach 1497 gemalt haben müsse, als Lucrezia Crivelli dem Moro einen Sohn gebar, und daß es sich dabei ohne Zweifel um das *Bildnis einer Dame* handle, das der Kunstwelt unter dem Namen *La Belle Ferronnière* bekannt ist und im Louvre hängt.[72]

Wie man der Geburt des Kindes im März 1497 entnehmen kann, hatte Ludovico schon seit einiger Zeit ein Verhältnis mit der adeligen Lucrezia – also schon bevor seine Gattin Beatrice d'Este 1497 im Kindbett starb.[73] Trotzdem stammt das Portrait Lucrezias nicht zwangsläufig aus dem Jahr 1497, sondern wurde wahrscheinlich früher in Auftrag gegeben – möglicherweise sogar vor dem Juni 1496, in dem Lucrezia von Ludovico geschwängert wurde. Würde man auf die in *La Belle Ferronnière* Gemeinte dieselben Überlegungen wie auf Cecilia Gallerani anwenden,[74] käme man zu dem Schluß, daß Ludovico wohl kaum ein Portrait seiner Geliebten direkt nach dem Tod Beatrices bestellt hätte – und schon gar kein Bild mit einer Schwangeren. Schwanger ist die Frau auf dem Gemälde auch nicht. Insofern kommen als Zeitpunkt der Ausführung des in den Distichen besungenen Bildes die Jahre 1495 und 1496 in Frage. Auf die nämliche Datierung hat sich die Forschung erst kürzlich aufgrund

Rechte Seite:
Leonardo da Vinci,
La Belle Ferronnière.
Paris, Musée du Louvre.

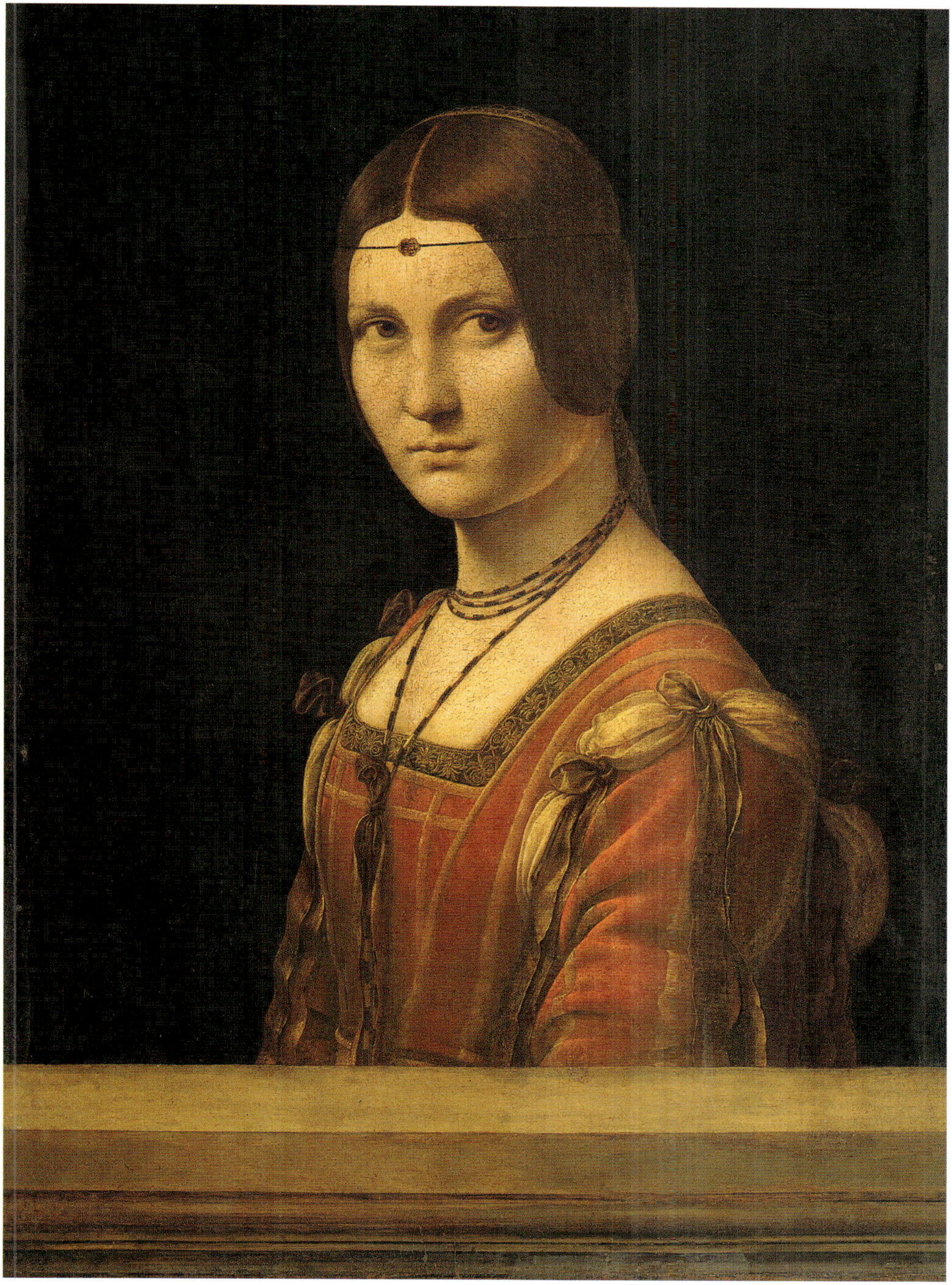

stilistischer Aspekte geeinigt. Die Kongruenz der in *La Belle Ferronnière* portraitierten Dame mit einem Bildnis der Lucrezia Crivelli dürfte somit schlüssig sein. Schlüssig, trotz etlicher anderer Vorschläge, die von Anne Boleyn über Elisabetta Gonzaga bis Beatrice d'Este reichen, die aber auf der Grundlage der zur Verfügung stehenden ikonographischen Quellen nicht haltbar sind. Die Benennung des Bildes als Portrait der Lucrezia Crivelli aus der Hand Leonardos hatte bereits Ende des 19. Jahrhunderts Gustavo Uzielli vorgenommen,[75] doch zog man später Leonardo als Autor wieder in Zweifel. Wegen hartnäckiger Bedenken in dieser Richtung scheint es mir angebracht, die Fieberkurve der Zu- und Abweisungen nachzuzeichnen. Nur so werden die Prämissen deutlich, auf denen die irrige Meinung, die Louvre-Tafel stamme nicht von Leonardo, aufbaut; nur so kann man das Weiterleben dieser Fehleinschätzung bis zum heutigen Tag auf seine Wurzeln hin untersuchen.

Angela Ottino della Chiesa, René Huyghe, Daniel Arasse und ich haben vor kurzem die wechselnden historischen und wissenschaftlichen Aussagen zu dem Gemälde einer neuerlichen Prüfung unterzogen. Zum ersten Mal erwähnt ist es 1642 im *Trésor des merveilles de Fontainebleau* von Pierre Dan, und zwar als eine Schöpfung Leonardos, die »eine Herzogin von Mantua« darstelle. Sie muß sich seit den Zeiten Ludwigs XII. oder Franz' I. in den königlichen Sammlungen befunden haben. In dem 1705 von Nicolas Bailly angelegten Inventar wurde das Gemälde dann mit der Listennummer 1605 verwechselt, unter der das Bildnis der *Belle Ferronnière* verzeichnet war, einer Geliebten Franz' I.; die Vertauschung der zwei Stücke wird in dem von Bernard F. Lepicié 1752–1755 angefertigten Katalog der königlichen Gemäldesammlung bestätigt, wo beide Bilder Leonardo zugewiesen werden. Diese Attribution hielt sich bis 1894, ehe Gustavo Frizzoni das Werk der »Mailänder Schule des 15. Jahrhunderts« zuordnete, worin ihm Bernard Berenson folgte. Charles Loeser schlug als erster 1901 Boltraffio vor, eine These, die sich der eben erwähnte Berenson sukzessive zu eigen machte, ehe er zu guter Letzt die Autorschaft Leonardos akzeptierte. Zu den beiden Alternativen, die die Forschung an der Wende vom 19. zum 20. Jahrhundert hauptsächlich diskutierte – nämlich Leonardo oder Boltraffio –, gesellte sich bald der Kompromißvorschlag, Leonardo habe das Bildnis in Angriff genommen und Boltraffio habe es zu Ende geführt. Schließlich dachte man auch, wie Ludwig Goldscheider 1959, an die Maler Giovanni Ambrogio de' Predis oder Francesco Melzi. Die These von H. W. Singer 1915, basierend auf Adolf Rosenberg 1898, der vor der Tafel ein späteres Portrait derselben Person zu erkennen meinte, die schon als *Dame mit dem Hermelin* aufgetreten war, wurde von Ottino della Chiesa abgelehnt. Denn sie argumentiert zu Recht, daß Isabella d'Este in ihrem Briefwechsel mit Cecilia im Jahr 1498 ansonsten von diesem zweiten Bildnis gesprochen hätte. Die im Louvre durchgeführten Laboruntersuchungen aus den frühen fünfziger Jahren – 1954 von Magdaleine Hours veröffentlicht – und die gleichzeitigen technologischen Analysen der *Dame mit dem Hermelin* in Warschau, die Kwiatkowski 1955 publizierte, haben einerseits gezeigt, wie sehr die Maltechnik der Pariser

Portraits von der Technik des von Boltraffio geschaffenen Altarbildes, der ebenfalls im Louvre befindlichen *Pala Casio*, abweicht, wogegen sie große Übereinstimmungen mit der Malweise der *Mona Lisa* aufweist; zum anderen haben besagte Untersuchungen wahrscheinlich gemacht, daß das Nußbaumholz sowohl des Bildnisses in Paris wie der Tafel in Krakau aus ein und demselben Stamm geschlagen wurde.[76]

Trotz dieser Analysen also, trotz des Umstandes auch, daß Kenneth Clark 1935 wieder Leonardo als Urheber der *Belle Ferronnière* eingeführt hatte, häufen sich in letzter Zeit neuerliche Zweifel: Jack Wasserman spricht Leonardo das Bildnis 1975 und erneut 1983 ab, Sylvie Béguin schreibt es ihm 1983 lediglich unter Vorbehalten zu, und Alan Brown erwähnt es im selben Jahr in seinem Überblick über die Portraitistentätigkeit Leonardos mit keinem Wort;[77] vielmehr schlägt der Autor gleich den Bogen von Leonardos Malerei »nach der Natur«, die sich in der *Dame mit dem Hermelin* manifestiere, zum idealisierten Portrait, das seinen Höhepunkt in der *Mona Lisa* finde. Während dieses Entwicklungsschritts vom Ende des 15. bis zur ersten Dekade des 16. Jahrhunderts werden laut Brown alle von ihm postulierten Veränderungen im Werk Leonardos, die auf den Typus des Idealbildes zulaufen, von Boltraffio aufgegriffen und in seinen eigenhändigen Portraits ausgewertet. Deswegen erkennt Brown diesem Künstler auch stillschweigend die *Belle Ferronnière* zu. Der an sich gut beobachtete Schritt Leonardos vom möglichst naturgetreuen Bildnis zum idealen oder idealtypischen Bildnis bleibt allerdings als evolutionärer Vorgang unverständlich, wenn man nicht auch die *Belle Ferronnière* zum Schaffen des Meisters zählt. Dieses Bildnis findet sich an einer wirklich entscheidenden Stufe in der Entwicklung des Künstlers, die sich mit der in die Jahre 1495 bis 1498 fallenden Entstehungsphase der Apostelköpfe im Mailänder *Abendmahl* deckt: auch die Gesichter dort sind nämlich alle zunächst nach lebenden Modellen gezeichnet und dann in idealisierte »Typen« umgewandelt. In diesem Zusammenhang sei an eine Behauptung des Sekretärs des Kardinals Luigi d'Aragona, des Antonio de Beatis, erinnert, wonach sich in jenen Apostelköpfen Portraits von Persönlichkeiten des Sforza-Hofes verbergen.[78] Leonardo muß die lombardischen Künstler ferner durch seine Zeichnungen, wie zum Beispiel Nr. 12505 in Windsor mit der Büste und dem Profil einer Dame, zu idealisierenden Stilübungen im Rahmen ihrer Portraitstudien verleitet haben. Das wird nicht zuletzt aus zwei wunderschönen Skizzen in Windsor deutlich (Nr. 12511 und 12512), in denen man die Hand von Boltraffio, bekanntlich Leonardos bestem Schüler, erkennt.

Wasserman resümiert die gegen die Autorschaft Leonardos hinsichtlich der *Belle Ferronnière* vorgebrachten Argumente und kommentiert sie überzeugend auf folgende Weise: »Die Frau hat dieselbe Haltung wie die *Ginevra de' Benci* und die *Mona Lisa* ... der Blick ist nach außen gerichtet, erreicht allerdings weder die zweideutige Intensität der ersten noch die unwiderstehliche Faszination der zweiten. Außerdem lassen uns die Schwere des Stoffes und der sorgfältige, langsame Rhythmus der Bänder und Falten längs des Ärmels zögern, darin Leonardos Art wiederzuer-

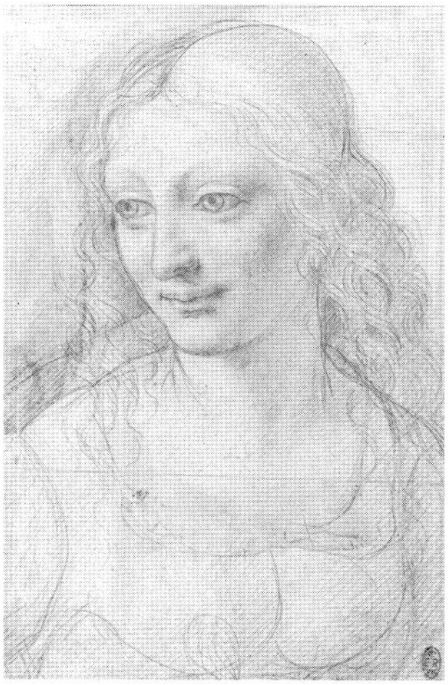

Giovan Antonio Boltraffio, Studie für ein weibliches Portrait. Windsor Castle, Royal Library (Inv. Nr. 12511).

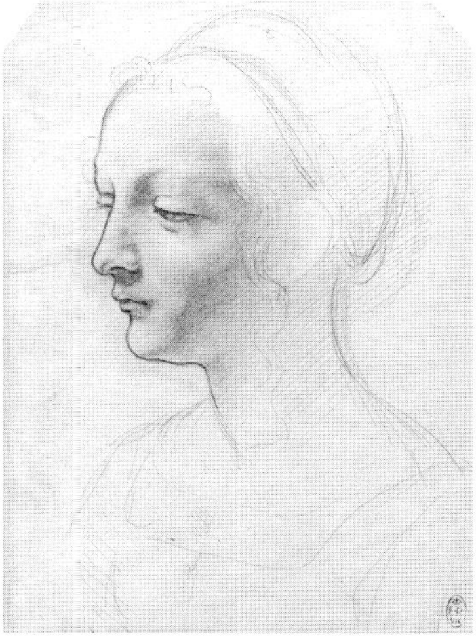

Giovan Antonio Boltraffio, Studie für ein weibliches Portrait. Windsor Castle, Royal Library (Inv. Nr. 12512).

kennen, mit der er gewöhnlich den Faltenwurf behandelt. Normalerweise malte er feinere, geschmeidigere Stoffe, und sein Faltenwurf ist bewegter und lebendiger, wölbt sich und fällt wie etwas Lebendiges, das in mehrere Richtungen strebt und bei dem natürlich und energisch eins ins andere fließt. Auch die statische und gleichförmige Verteilung der Helldunkeleffekte auf dem Gesicht des Modells spricht nicht für Leonardo; es fehlen die typischen graduellen Übergänge und das Ineinanderfließen des Lichts, das sonst das Chiaroscuro bei Leonardo vibrieren läßt.«[79] Und Béguin hält fest: »Die Laboruntersuchungen lassen eine dünne, durchsichtige Farbschicht und eine Grundierung aus roter Tonerde erkennen, die Leonardos Techniken sehr ähnlich sind. Die Röntgenaufnahmen weisen dagegen große Unterschiede zu den anderen, sicheren Werken des Autors im Louvre auf. Stilistisch gesehen, hat man auf die banale Anordnung des Bildes hingewiesen, das den Prinzipien des *Buchs von der Malerei* widerspricht, und die ziemlich grobe Ausleuchtung des Gesichts bemerkt, die nichts von dem subtilen Einsatz des Lichtes spüren läßt, in der Leonardo Meister war. Die Stirn der *Ferronnière* ist schlecht gemalt, obwohl es sich dabei vielleicht um eine frühe Übermalung handelt. Die genannten Merkmale lassen eher an eine Arbeit von Schülern denken ...«[80] Die vielen alten Gemeinplätze versetzen den Leser dieser Zeilen, die vor kaum fünfzehn Jahren geschrieben wurden und stellvertretend für andere vergleichbare Einwände stehen dürfen, quasi zurück ins 19. Jahrhundert. Die »banale Bildanordnung« verrät indessen den immer noch starken Einfluß von Antonello da Messina auf Leonardo, ausgehend vor allem von dessen Portrait im Louvre, sie verdeutlicht, daß die Brüstung vor der Figur im Dreiviertelprofil gegen den dunklen Hintergrund als wirkungsvolles *trompe l'œil* fungiert. Was die Technik anbetrifft, sei daran erinnert, daß die Holztafel des Gemäldes aus demselben Nußbaumstamm angefertigt wurde wie die sehr dünne Tafel der *Dame mit dem Hermelin* und deswegen sofort nach dieser gemalt worden sein muß.[81] Beides, Leonardos Technik und das verwendete Material – sowohl beim *Musiker,* der *Dame mit dem Hermelin* und der *Belle Ferronnière* dünne Nußbaumtafeln, die als Bildträger eigentlich in der transalpinen Kunst üblich waren, während die Maler in der Lombardei normalerweise Pappelholz verwendeten – verbindet unmittelbar die *Belle Ferronnière* und die anderen zwei Bildnisse. Zugleich wird die rasante Entwicklung des Malers in Sachen »privates« Portrait deutlich. In jedem Bild kann man Schritt für Schritt die Umsetzung der Theorien wahrnehmen, die Leonardo gleichzeitig auf anderen Forschungsgebieten entwickelte. Den nach wie vor anhaltenden Einfluß Antonellos auf Leonardos Portraitkonzepte im vorletzten und letzten Jahrzehnt des 15. Jahrhunderts erhärtet die Gegenüberstellung von dessen *Bildnis eines Jünglings* in den Staatlichen Museen von Berlin und der *Belle Ferronnière*[82]: Beide Gemälde zeigen die Figur vor einer Brüstung, auch wenn Antonellos Bild höher ist; die Gestalten heben sich in prägnantem Kontrast vom Dunkelgrund ab – die Akzente einer intensiven Helldunkelwirkung dominieren den Gesamteindruck. Die für Antonello typische plastische Modellierung der Erscheinung wirkt bei Leonardo womöglich noch intensiver. Der subtile Kunstgriff, mit dem er den Blick seines weiblichen Modells in Paris zu einem faszinierenden Erlebnis werden läßt, verhindert jede Möglichkeit des Augenkontaks zwischen dem Betrachter und der Dame im Gemälde. Auf diese Weise drängt sich der Eindruck auf, eher mit einer Skulptur als mit einem Gemälde konfrontiert zu sein, einem plastischen Gebilde, das man nur im betrachtenden Hin und Her, im unablässigen Standortwechsel angemessen begutachten könne.[83] Auch die *Belle Ferronnière* spiegelt somit die unerschöpfliche Experimentierfreude Leonardos; an der Bildoberfläche transformiert der Maler bildhauerische Prinzipien, die schon die *Dame mit dem Hermelin* gekennzeichnet hatten, und übertrifft darin den *Musiker*, während er den Raum in einer weniger komplexen Weise komponiert als bei der *Dame mit dem Hermelin*.

Für »die kaum merklichen graduellen Übergänge und das Ineinanderfließen des Lichts, das das Chiaroscuro bei Leonardo vibrieren läßt«, ist das Pariser Portrait ein hervorragendes Beispiel. Wem anders als Leonardo wollte man die rötlichen Lichtreflexe zuschreiben, die den zum Betrachter gekehrten Wangenumriß der jungen Adeligen höhen? Der Maler wendet hier die Ergebnisse seiner experimentellen Nachforschungen über Lichtreflexe auf farbigen Oberflächen an. Schon beim Ärmel des Engels in der Pariser *Madonna in der Felsengrotte* war er ähnlich vorgegangen, so als wolle er am Bildgegenstand ein Farbdiagramm veranschaulichen. Über das Phänomen solcher Lichtstrahlen, die auf die in roten Samt gehüllte Schulter der *Belle Ferronnière* treffen und die entsprechenden Reflexe auf der unteren Seite ihrer Wange schaffen, sollte Leonardo später im *Buch von der Malerei* zusammenfassend dozieren:

»Von Reflexfarben des Inkarnats.

Die Reflexe im Fleisch, die ihr Licht von anderem Fleisch bekommen, sind röter und von vorzüglicherem Inkarnat, als irgendeine andere Fleischpartie am Menschen. Dies tritt ein vermöge der dritten [Proposition] des zweiten Buches, welche besagt: Die Oberfläche eines jeden undurchsichtigen Körpers wird der Farbe ihres Gegenübers teilhaftig, und zwar in dem Grade mehr, in dem dies Gegenüber näher bei ihr, weniger aber, indem es entfernter ist; mehr auch, indem es größer ist. Denn ist es groß, so sperrt es die Scheinbilder der umstehenden Objekte ab, die öfters von anderer und verschiedenerlei Farbe sind, und dann die vordersten, näheren Scheinbilder brechen und verderben, wenn die Körper klein sind. Das schließt aber nicht aus, daß eine kleine und nahe Farbe einen Reflex heftiger färbe, als eine große entfernte, nach der sechsten [Proposition] der Perspektive nämlich, welche lehrt: Große Dinge können sich in solcher Entfernung befinden, daß sie sehr viel kleiner erscheinen, als kleine in der Nähe.«[84]

Es scheint fast, als ob das Gesicht der *Belle Ferronnière*, so wegweisend für die künftigen idealisierten Portraits Boltraffios, vor allem deswegen so ungewöhnlich gerundet ist, um besser – und in beinahe didaktischer Manier – die gewonnenen Erkenntnisse über die Farbreflexe anwenden zu können. Leonardo wollte vermutlich in der Praxis ausloten, wie er das in der Theorie aufgeworfene große Problem des farbig reflektierten Lichts auf einem halbrunden Körper im Schatten lösen könne. Schon beim

Folgende Doppelseite:
Leonardo da Vinci,
La Belle Ferronnière (Ausschnitt).
Paris, Musée du Louvre.

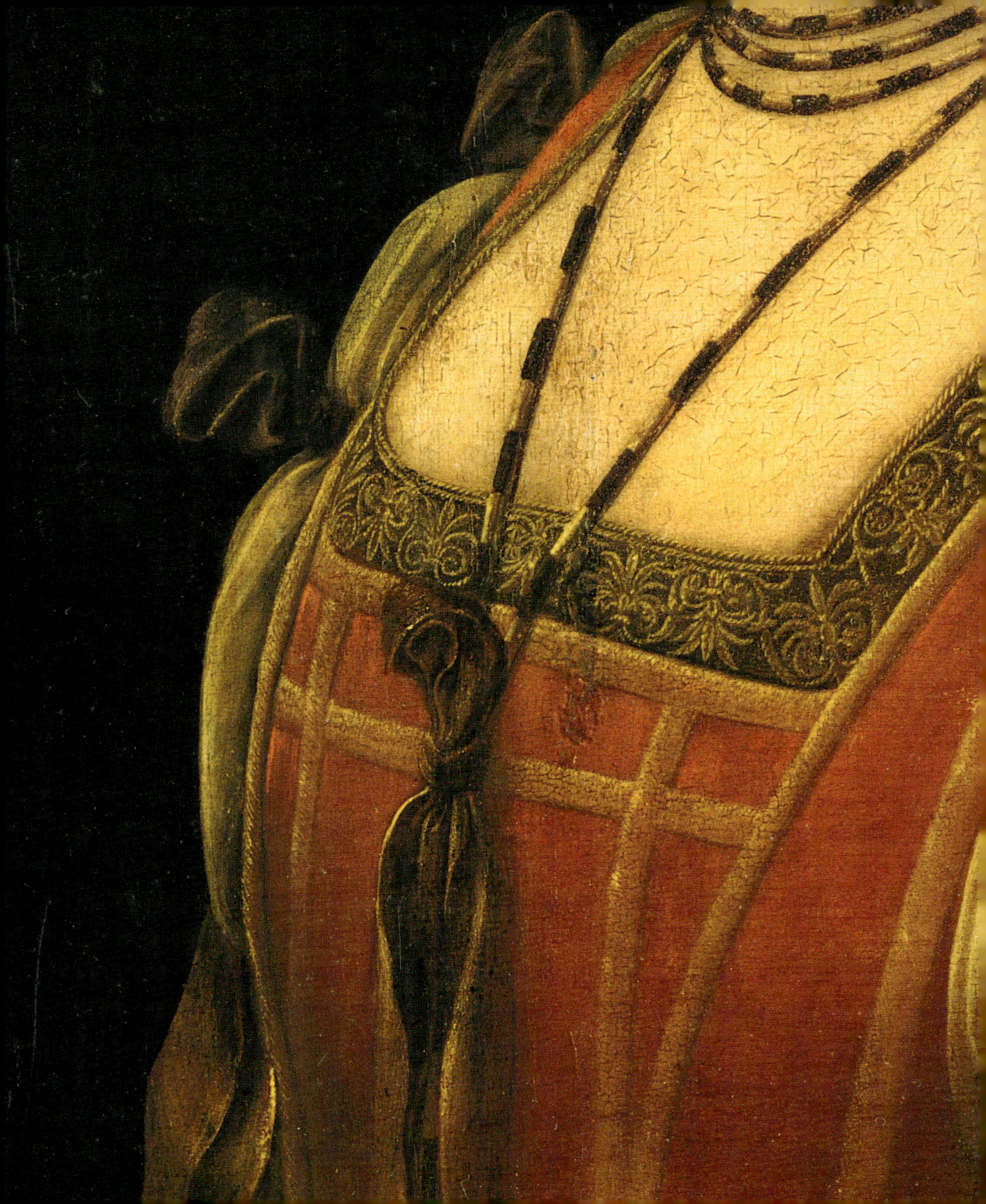

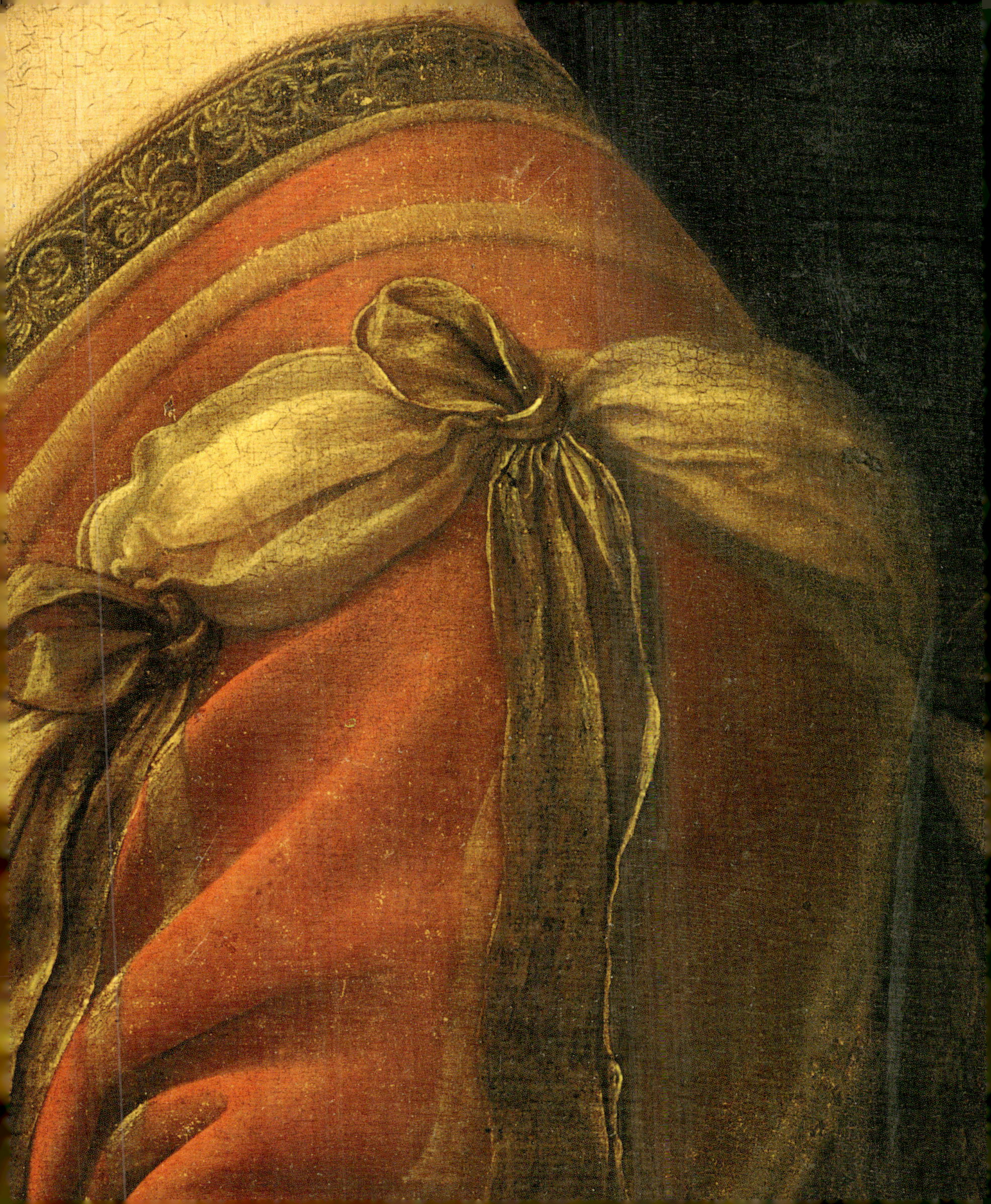

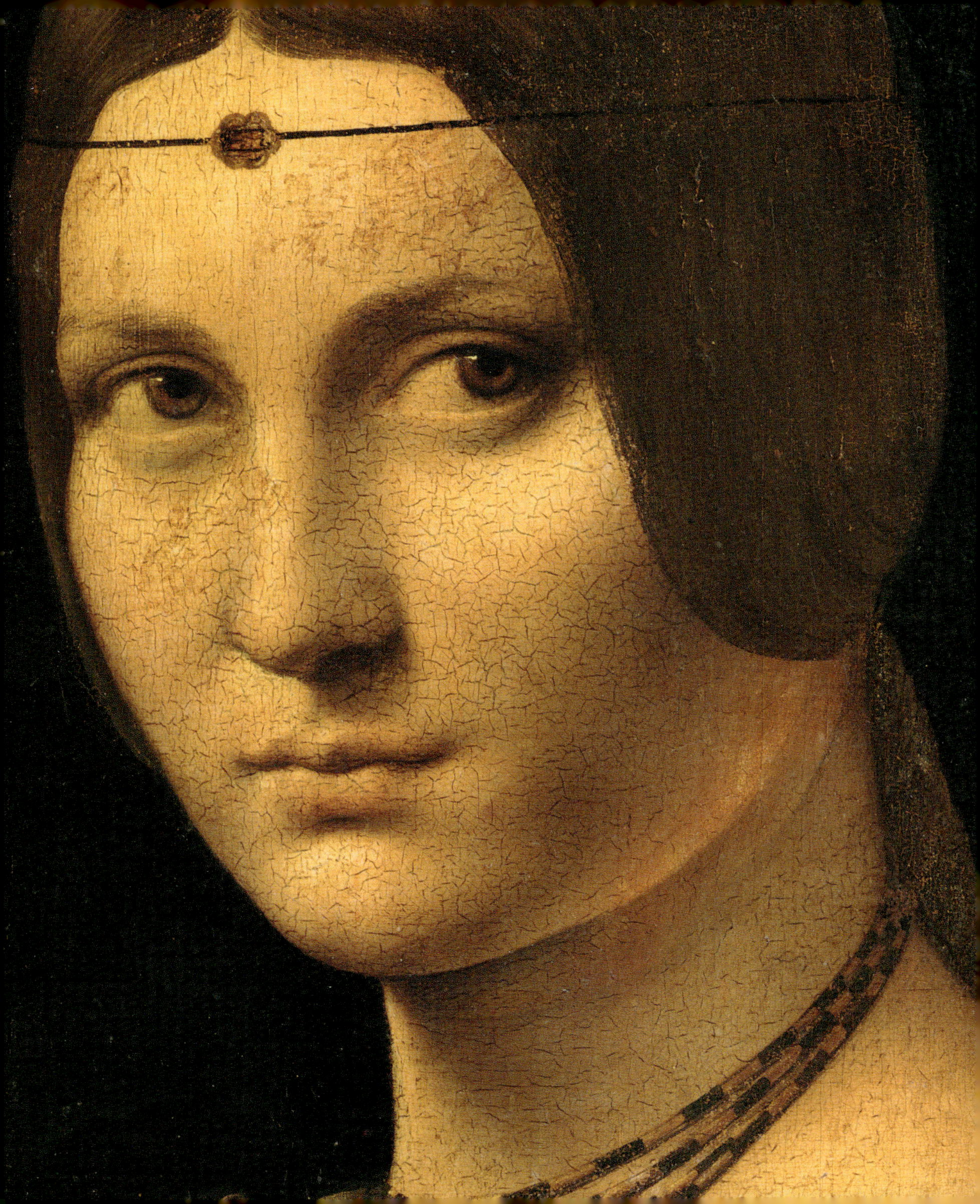

Musiker hatte er die Ergebnisse seiner Studien zur Anatomie und zum Knochenbau des Gesichts umgehend verarbeitet, wie bei der *Dame mit dem Hermelin* seine Theorien zur »Gemütsbewegung«. In diesem Sinn bestätigt auch die *Belle Ferronnière* das ständige Fortschreiten der wissenschaftlichen Theorien Leonardos und erweist sich als ein fast ebenso bedeutendes Zeugnis der künstlerischen und wissenschaftlichen Entwicklung des Malers wie die beiden vorhergehenden Exempla seiner Portraitkunst.

Die Mona Lisa (La Gioconda) und die anderen Portraits aus der Zeit um die Jahrhundertwende

Auch nach der Überprüfung der gezeichneten Portraits und vor allem des schon erwähnten, besonders schönen und gegen 1490 gefertigten Blattes Nr. 12505 in Windsor[85] stellt ohne den geringsten Zweifel die *Mona Lisa* im Louvre Leonardos überragendes Werk dieser Gattung dar. Sie ist eines der wenigen Gemälde überhaupt, bei denen seine Urheberschaft nie angezweifelt wurde. Die unzähligen Interpretationen, die ihr zuteil wurden, betrafen nicht zuletzt die Frage, ob eine reale Frau für das Bildnis Modell gesessen habe und wenn ja, welche. Mon(n)a Lisa del Giocondo – Mona, im Altitalienischen meist als Monna zu lesen, ist die Kurzform von »Madonna« –, oder aber Costanza d'Avalos, Isabella d'Este, ferner eine Geliebte des Giuliano de' Medici (entweder Pacifica Brandano oder die Signora Gualanda): das ist nur ein kleiner Ausschnitt ins Spiel gebrachter Damen. Jede der Kandidatinnen erfordert eine eigene Datierung des Bildes, und viele dieser Vorschläge stimmen nicht mit dem zeitlichen Ansatz Vasaris überein, demzufolge das Gemälde zu Beginn des 16. Jahrhunderts in Florenz begonnen wurde.[86] Die erste und gebräuchlichste Zuschreibung wurde vor kurzem durch die Entdeckung eines Inventars bestätigt, das all die Dinge aufzählt, die Salaì – Freund und Schüler Leonardos – 1525 seinen Schwestern vermachte. Neben einer »Ledde« [Leda] und einem »Quadro de Santa Anna« ist das »Bild einer nach hinten gerückten Frau« genannt und eine Zeile später mit der beträchtlichen Summe von hundert Skudi beziffert: Dem Preis zufolge also keineswegs eine billige Kopie, sondern ein Original Leonardos. Der Bildtitel wird in einer Zwischenzeile mitgeteilt als »sogenannte Gioconda« (dicto la Joconda), sofort aber korrigiert zur »sogenannten Honda« (dicto la Honda).[87] Dieser Umstand resultiert offensichtlich aus der mündlichen Überlieferung des Namens, den Salaì direkt aus dem Mund des Meisters gehört hatte und in »verderbter« Form seinen Schwestern weitergab, die ihn wiederum dem Schreiber der Liste diktierten. Das Gemälde muß also aus der Zeit des Florentiner Aufenthalts Leonardos von 1503 bis 1506 stammen oder zumindest in dieser Zeit begon-

Linke Seite:
Leonardo da Vinci,
La Belle Ferronnière (Ausschnitt).
Paris, Musée du Louvre.

Folgende Seite:
Leonardo da Vinci,
Weibliches Profil. Windsor Castle,
Royal Library (Inv. Nr. 12505).

Seiten 189-193:
Leonardo da Vinci,
Mona Lisa (La Gioconda).
Paris, Musée du Louvre.

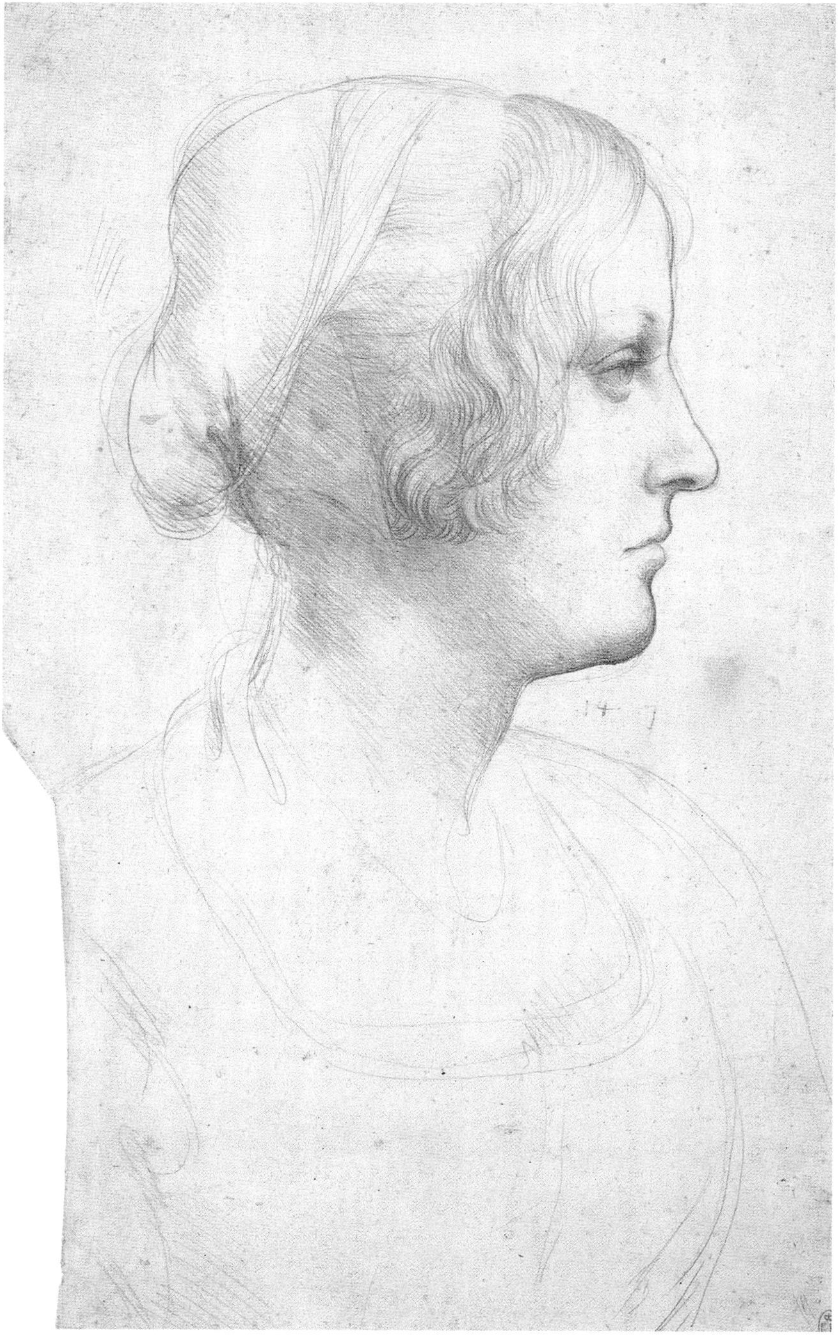

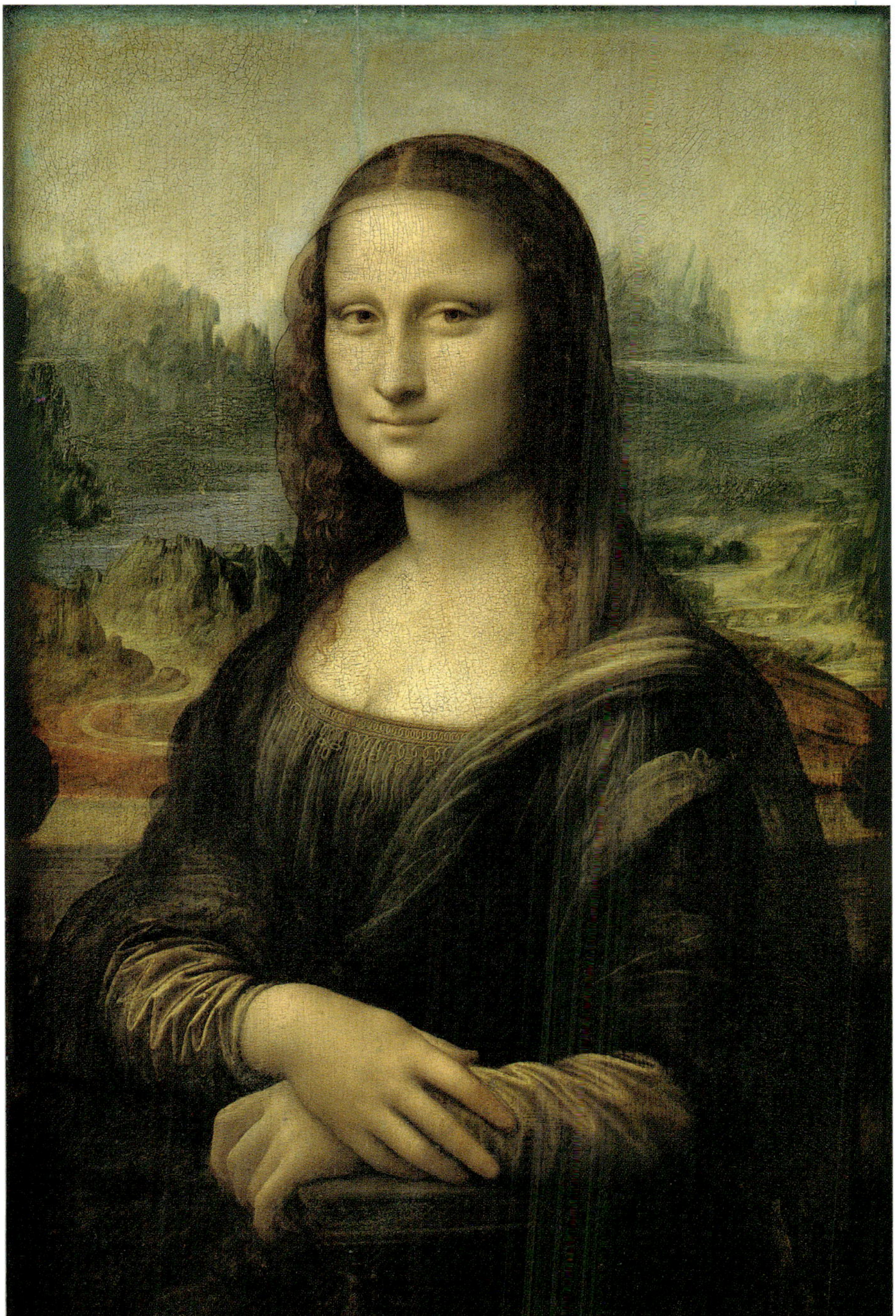

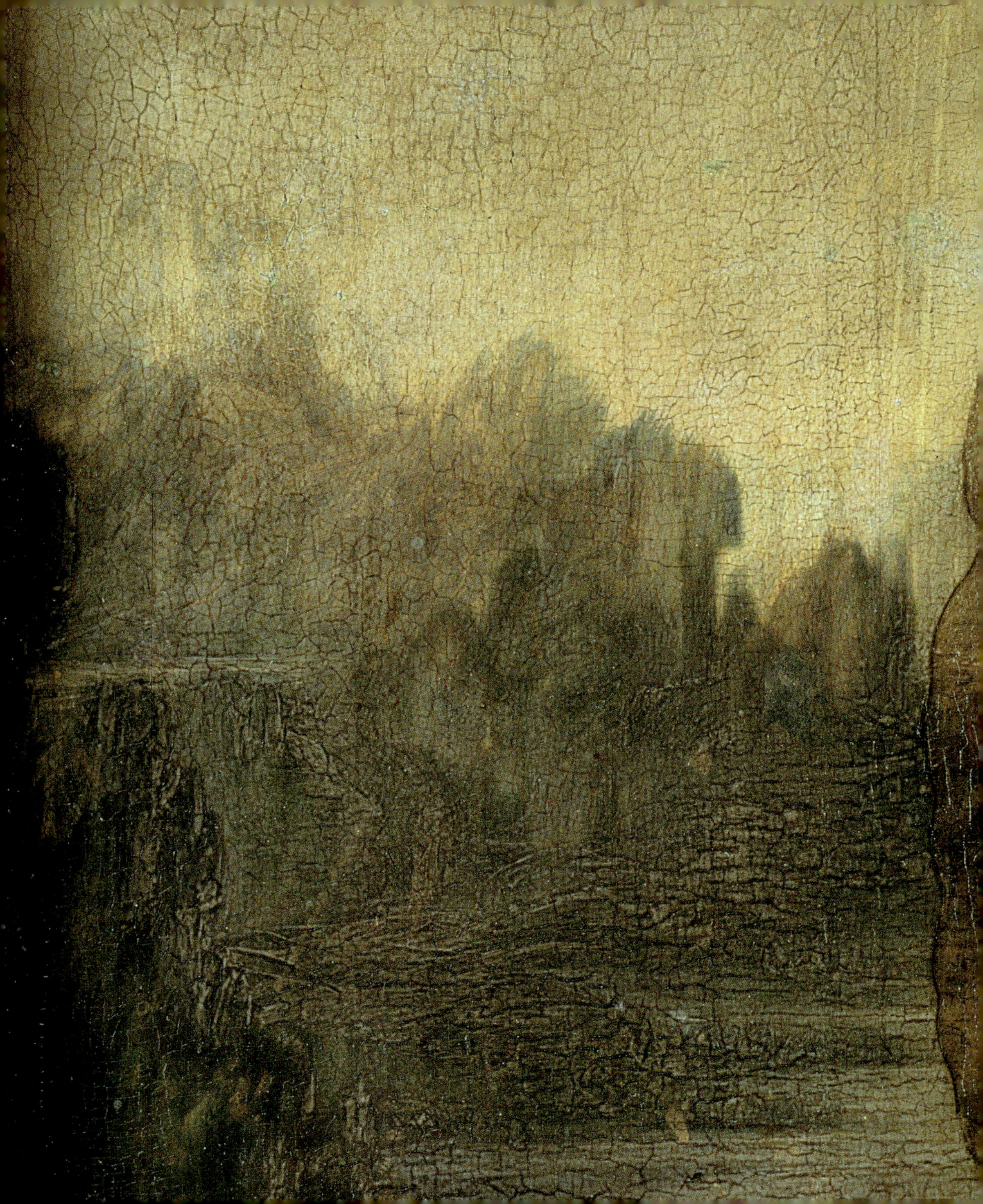

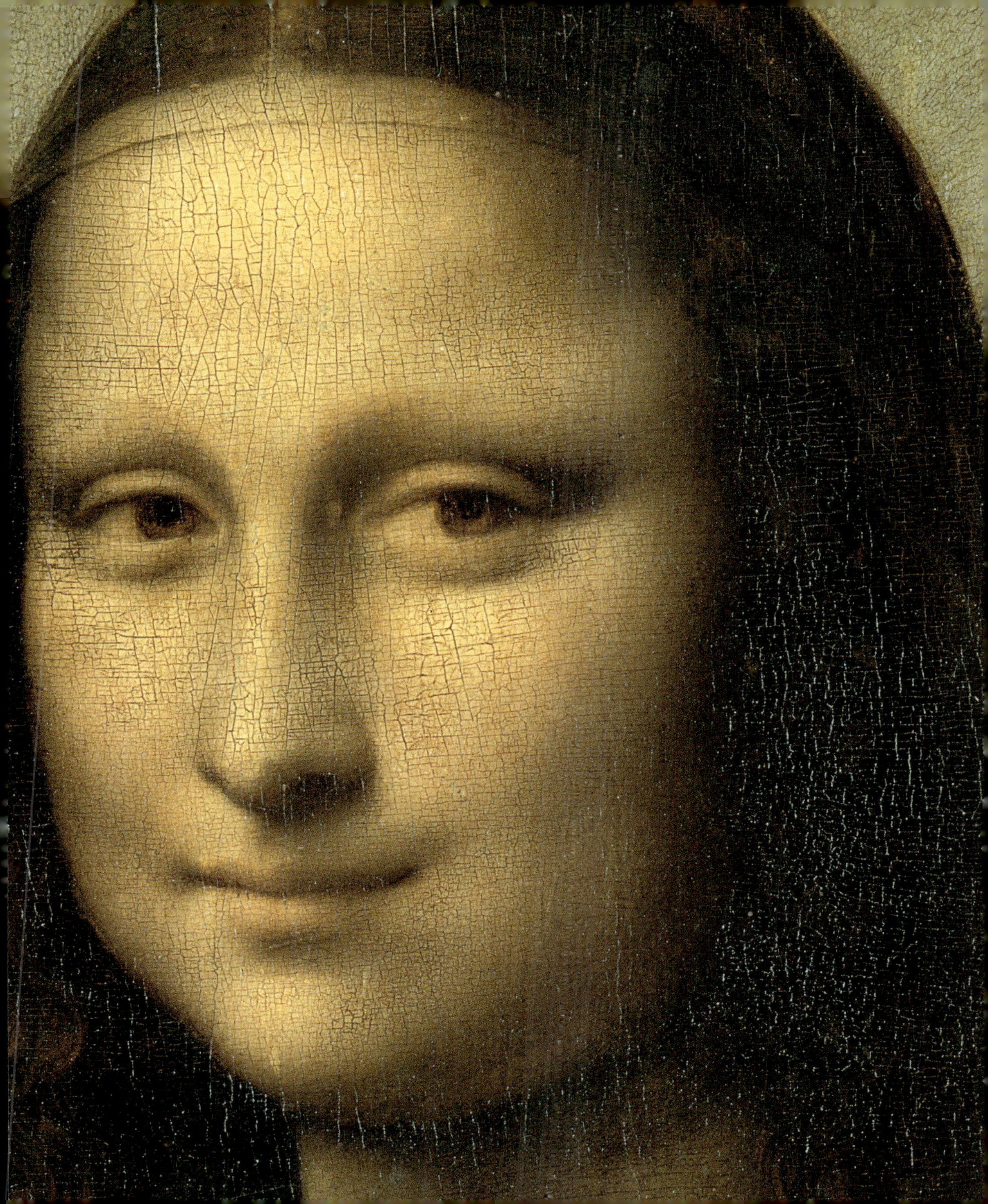

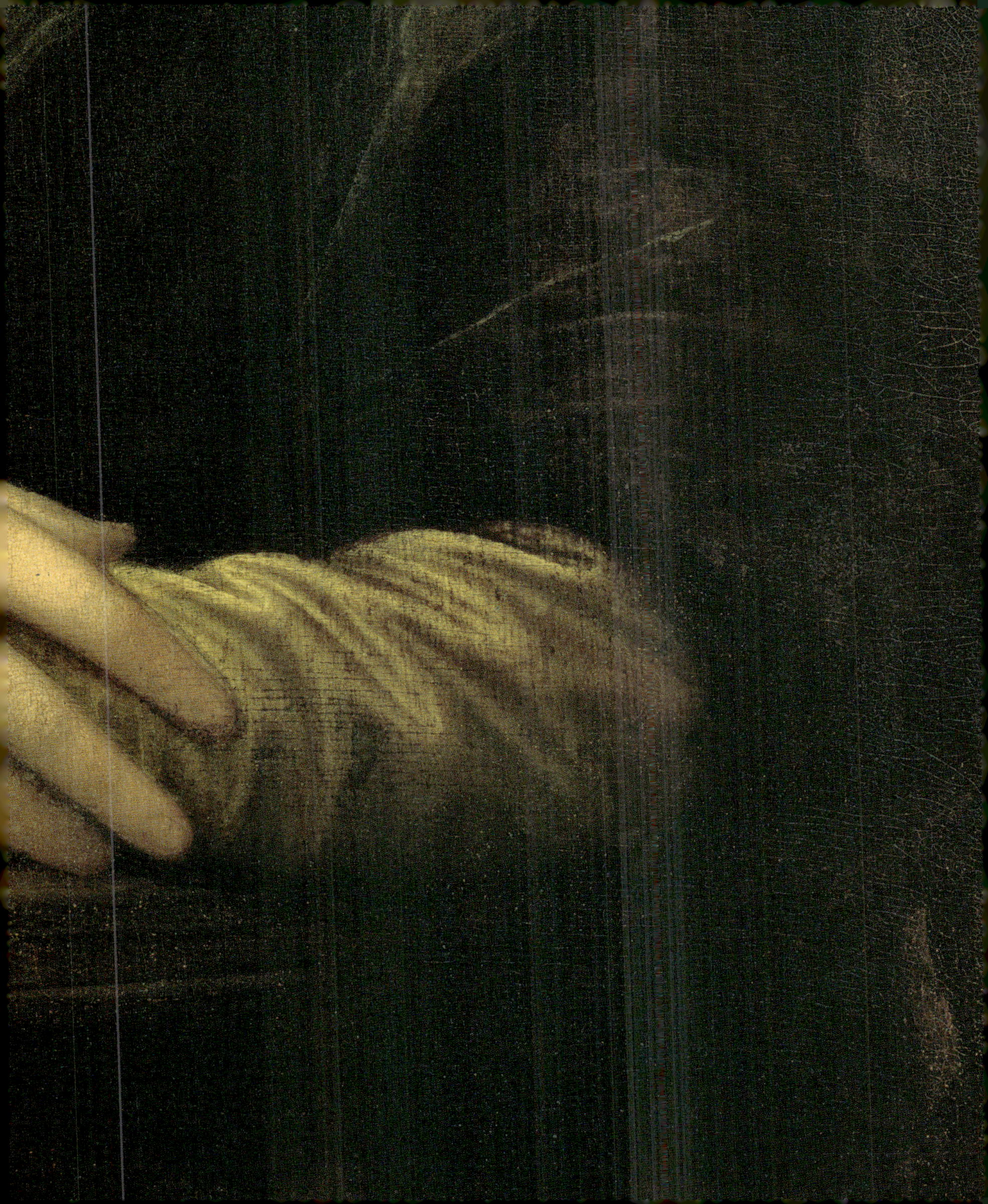

nen worden sein. Diese Annahme wird durch die beiden Portraits von *Maddalena* und *Agnolo Doni* (beide um 1505) im Palazzo Pitti in Florenz bestätigt, die Raffael in Anlehnung an die *Mona Lisa* malte, und ebenso durch Raffaels gleichfalls um 1505 entstandene *Kleine Madonna Cowper* in Washington, die die Handhaltung übernimmt. Trotzdem kann man nicht ausschließen, daß sich die Fertigstellung der *Mona Lisa* bis in die Jahre zwischen 1510 und 1513 oder sogar noch später hinzog, denn die Hintergrundslandschaft des Gemäldes scheint die damaligen Überlegungen des Künstlers über das Einwirken des Wassers und der atmosphärischen Erscheinungen in der Natur sowie über die damit einhergehende Verwitterung von Felsen und Gebirgen umzusetzen.[88] Im übrigen spricht auch Vasari von einem langwierigen Fertigungsprozeß des Gemäldes.

Darüber hinaus ist Vasari eine genaue Beschreibung des Portraits zu verdanken, das sich zu seiner Zeit wahrscheinlich bereits in Frankreich befand:

»Auch unternahm Leonardo, für Francesco del Giocondo das Bildnis der Monna Lisa, seiner Frau, zu malen. Vier Jahre Mühe wandte er dabei auf, sodann ließ er es unvollendet und es ist heutigen Tages zu Fontainebleau, im Besitz des Königs Franz von Frankreich. Wer sehen wollte, wie weit es der Kunst möglich sei, die Natur nachzuahmen, der erkannte es an diesem schönen Kopfe. Alle Kleinigkeiten waren darin aufs feinste abgebildet, die Augen hatten Glanz und Feuchtigkeit, wie wir es im Leben sehen; rings umher bemerkte man die rötlich blauen Kreise und die Wimpern, welche nur der zarteste Pinsel ausführen kann; bei den Brauen sah man, wo sie am vollsten, wo am spärlichsten sind, wie sie aus den Poren der Haut hervor kommen und sich wölben, so natürlich als nur zu denken ist. An der Nase waren alle jene kleinen schönen Öffnungen rötlich und zart aufs treueste nachgebildet, der Mund hatte, wo die Lippen sich schließen und wo das Rot mit der Farbe des Gesichtes sich vereint, eine Vollkommenheit, daß er nicht wie gemalt, sondern in Wahrheit wie Fleisch und Blut erschien; wer die Halsgrube aufmerksam betrachtete, glaubte das Schlagen der Pulse zu sehen, kurz, man kann sagen, dies Bild war nach einer Weise ausgeführt, welche jeden vorzüglichen Künstler und jeden, der es sah, erbeben machte. Monna Lisa war sehr schön, und Leonardo brauchte noch die Vorsicht, daß, während er malte, immer jemand zugegen sein mußte, der sang, spielte und Scherz trieb, damit sie fröhlich bleiben und nicht ein trauriges Ansehn bekommen möchte, wie häufig der Fall ist, wenn man sitzt, um sein Bildnis malen zu lassen. Über diesem Angesicht dagegen schwebte ein so liebliches Lächeln, daß es eher von himmlischer als von menschlicher Hand zu sein schien, und es galt für bewundernswert, weil es dem Leben völlig gleich war.«[89]

Diese Erläuterungen sind zu minutiös, um auf purer Phantasie zu beruhen, und abgesehen von den Wimpern, die man auf dem Bild nicht wiederfindet, und der fehlenden Erwähnung der Landschaft, kann sich der bei Vasari beschriebene Gesichtsausdruck nur auf das berühmte Lächeln der *Mona Lisa* beziehen; es nimmt sich als heitere Gegenstimme aus im melancholischen Tenor des Bildes und würde in den »Späßen«, die die Dame bei Laune halten sollten, eine genial einfache Erklärung finden. Ebenso zutref-

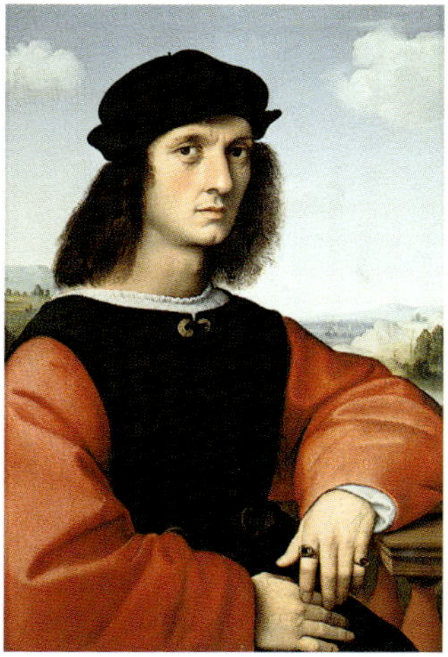

Raffael,
Bildnis des Agnolo Doni.
Florenz, Palazzo Pitti,
Galleria Palatina.

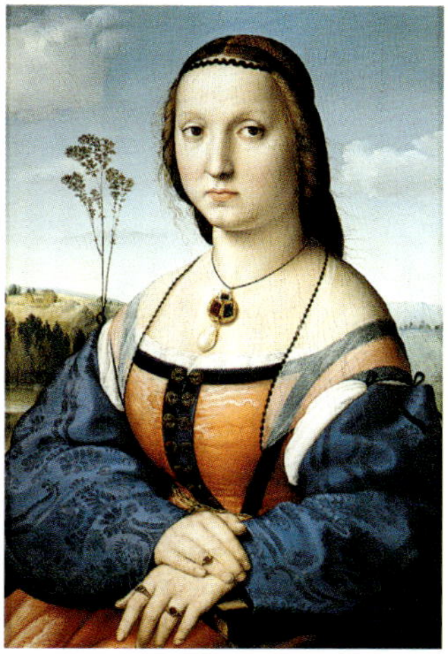

Raffael,
Bildnis der Maddalena Doni.
Florenz, Palazzo Pitti,
Galleria Palatina.

fend ist Vasaris Beurteilung der Lebendigkeit der Figur auf dem Bild, die unter anderem in dem Satz gipfelt: »wer die Halsgrube aufmerksam betrachtete, glaubte das Schlagen der Pulse zu sehen«; solche Beobachtungen kennzeichnen eine der außergewöhnlichsten Errungenschaften Leonardos, die jeden anderen Künstler »erbeben machte«.

Seitdem bekannt ist, daß das Bild zusammen mit anderen Erbstücken Salaìs aus Frankreich nach Italien zurückkehrte, liegt die Vermutung nahe, daß es sich im dritten oder vierten Jahrzehnt des 16. Jahrhunderts in Mailand befand. Bevor Cassiano Dal Pozzo 1625 die *Mona Lisa* als Bestandteil der königlichen Kunstsammlung in Fontainebleau erwähnt, behauptet Vasari, sie sei kurz vor 1550 im Besitz Franz' I. gewesen, der 1547 starb. Vasari könnte das Gemälde vor diesem Zeitpunkt in Mailand gesehen haben, denn die Annahme, er habe es nach einer Kopie oder nach Berichten anderer Gewährsleute – also aus zweiter Hand – beschrieben, ist völlig haltlos. Daß Vasari bestimmte tiefe Sinnschichten oder Symbole nicht referiert, die in dem Gemälde zu beobachten sind, läßt sich einfach daraus erklären, daß das Portrait anfänglich nicht anders denn als ein schlichtes Bildnis der Mona Lisa del Giocondo fungieren sollte.

Der Ruf Leonardos als Portraitist war in den frühen Jahren des 16. Jahrhunderts bereits weit vorgedrungen. Am 11. November 1503 beispielsweise benachrichtigte Luca Ugolini in einem Brief den berühmten, momentan als Botschafter der Republik Florenz in Rom weilenden Niccolò Macchaivelli von der Geburt dessen ersten Sohnes mit folgenden bezeichnenden Worten: »Werter Freund, Eure Mona Marietta hat Euch nicht betrogen, er ist Euch wie aus dem Gesicht geschnitten: besser hätte ihn auch Leonardo da Vinci nicht portraitieren können.«[90] In diesem Zusammenhang ist die Frage erlaubt, ob Leonardo damals nicht schon eine Frühfassung der »bellissima« *Mona Lisa* aus Florenz öffentlich gezeigt und damit bei seinen Zeitgenossen sofortige Bewunderung ausgelöst habe. Überdies kann man nicht mehr rekonstruieren, welche anderen Bildnisse des Malers in jenen Jahren in Florenz bekannt waren, da die vorher in der Lombardei gemalten Werke vermutlich alle bei ihren Auftraggebern abgeliefert worden waren, nur vom Bildnis der Isabella d'Este hatte Leonardo wenigstens den Karton aufbewahrt. Allerdings blieben einige graphische Studien aus dem ersten Jahrzehnt des 16. Jahrhunderts erhalten, die wahrscheinlich als Proben seines Könnens kursierten und gehörig zum Ruhm des Portraitmalers Leonardo beitrugen. Wie aus der Zeichnung Nr. 15573 in der Biblioteca Reale in Turin hervorgeht, könnte Leonardo zwischen 1502 und 1503, als er im Dienst Cesare Borgias stand, oder vielleicht schon früher, nämlich 1499 oder 1500, den Auftrag zu einem Bildnis erhalten haben: in der Zeichnung ist in drei unterschiedlichen Haltungen die Ansicht ein und desselben Kopfes zu sehen. Die Konfiguration hat vermutlich im gängigen Wettstreit der Künste die These illustriert, daß die Malerei der Bildhauerei aufgrund ihrer darstellerischen Variationskraft überlegen sei – denn der Maler könne, anders als der Bildhauer, eine Figur gleichzeitig in mehreren Ansichten wiedergeben. Die Überlegenheit der Malerei verdanke sich, wie man daraus folgern müsse, einer wesentlich größeren Bandbreite kompositioneller und damit

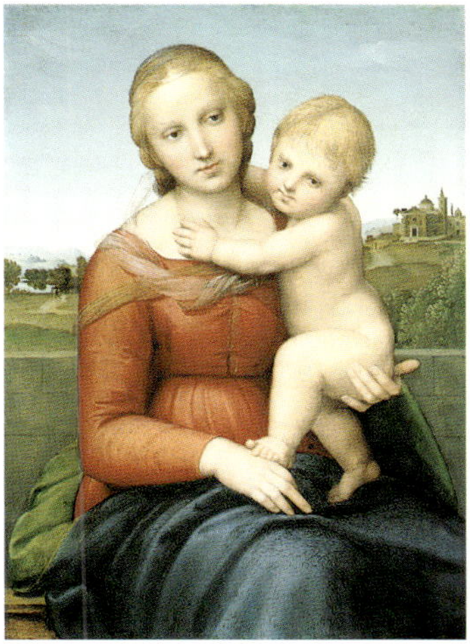

Raffael,
Kleine Madonna Cowper.
Washington, National Gallery of Art.

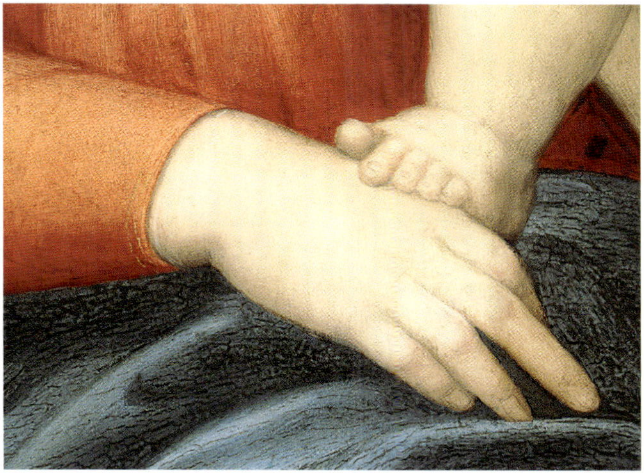

Raffael,
Kleine Madonna Cowper (Ausschnitt).
Washington, National Gallery of Art.

auch aussagehaltiger Möglichkeiten. Von den nämlichen theoretischen Voraussetzungen, die Leonardo im *Paragone,* dem ersten Teil des *Buchs von der Malerei*, zusammenfaßte, scheint auch Giorgione ausgegangen zu sein, von dem Vasari überliefert, daß er, »als Andrea Verrocchio zu Venedig das Bronzepferd arbeitete«, über die Möglichkeit nachdachte, in Konkurrenz zu den Bildhauern eine Gestalt zu malen, »bei der man die Vorder- und die Rückseite und beide Profile sehen solle«, und so schuf er »die nackende Gestalt eines Mannes, mit dem Rücken dem Beschauer zugewendet, ihm zu Füßen einen klaren Quell, in dessen Wasser sich die vordere Seite abspiegelte; ein goldener Brustharnisch, den er abgelegt hatte, stand an einer Seite, auf seiner glänzend polierten Fläche erkannte man deutlich das linke Profil, das rechte zeigte ein auf der anderen Seite hingestellter Spiegel.«

Später war es Lorenzo Lotto, der sich mit einem solchen Experiment an Giorgione oder direkt an Leonardos bahnbrechenden Vorgaben orientierte: Sein Gemälde *Goldschmied in drei Ansichten,* heute im Kunsthistorischen Museum in Wien, demonstriert die nur der Malerei mögliche gleichzeitige Rundansichtigkeit einer Gestalt.[91]

Im ersten Jahrzehnt des 16. Jahrhunderts beschäftigt sich Leonardo auch intensiver mit den sogenannten »Charakterköpfen«, indem er in monumentaler Form ausarbeitet, was er in den letzten Jahren des ausgehenden Jahrhunderts in kleinen, manchmal winzigen graphischen Skizzen erprobt hatte, die fast wie *divertissements* wirken: physiognomische Studien, Karikaturen und »groteske« Köpfe, um die seine nie versiegende Neugier immer wieder kreist, und die ein Ausdruck seiner raffinierten Versuche sind, die Kriterien des »göttlichen« Schönen und monströs Häßlichen festzuhalten. Ein besonders markantes Beispiel hierfür sind die *Fünf grotesken Köpfe* der Zeichnung Nr. 12495 in Windsor. Ein weiterer dieser grotesken Köpfe, das großformatige Blatt im Besitz des Christ Church College in Oxford, das seit Vasari, dem die Zeichnung wohl gehörte, als *Bildnis des Scaramuccia* angesehen wird, dient als wertvolles Zeugnis der reifen Portraitkunst Leonardos. Die abgewandte, klassisch gekleidete Figur ist mit entschiedenem Federstrich gezeichnet und kräftig nachgezogen, so daß jene Helldunkelwirkung entsteht, die Raffael so begeisterte.[92]

Daß die von Leonardo geschaffenen Portraits weithin in Umlauf waren und ihren Urheber berühmt machten, ist im ersten Jahrzehnt des 16. Jahrhunderts auch außerhalb Italiens nachweisbar. Denn 1507 berichtete Francesco Pandolfini, florentinischer Botschafter am Hof des französischen Königs in Blois, von einer Begegnung mit Ludwig XII.; der habe ihm anvertraut, Leonardo beauftragen zu wollen, »gewisse Tafelbildchen Unserer Lieben Frau und anderes zu malen ... und vielleicht auch mich selbst zu portraitieren.«[93] Das waren die gleichen Jahre, in denen Leonardo schriftlich seine persönliche Ansicht über die beste Art darlegte, Gesichter wiederzugeben. Ein in der Originalfassung von etwa 1505 verlorengegangener Abschnitt, der jedoch später Eingang in das *Buch von der Malerei* fand, wirkt tatsächlich wie die Anleitung zu einem Bildnis in der Art der *Mona Lisa*:
Die Fragestellung lautet: »Ob das Licht für die Figuren gerade von vorn angenommen werden soll, oder von der Seite, und wel-

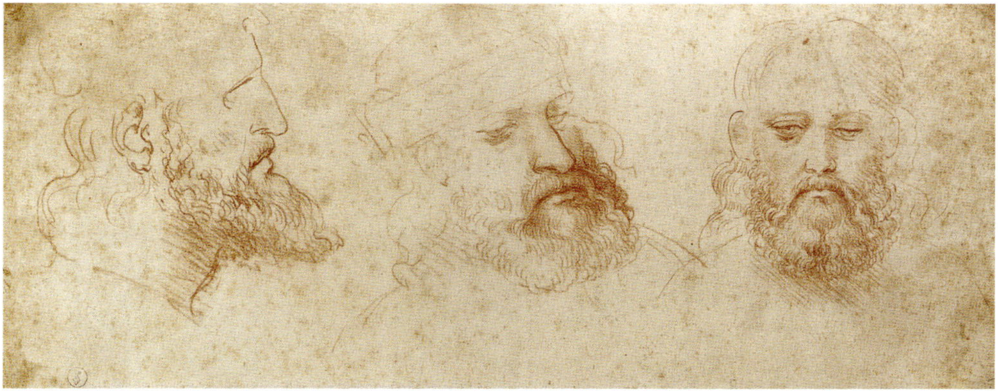

Leonardo da Vinci,
Drei Ansichten eines männlichen Kopfes (Cesare Borgia?).
Turin, Biblioteca Reale
(Inv. Nr. 15573).

Rechte Seite:
Leonardo da Vinci,
Fünf groteske Köpfe.
Windsor Castle, Royal Library
(Inv. Nr. 12495 recto).

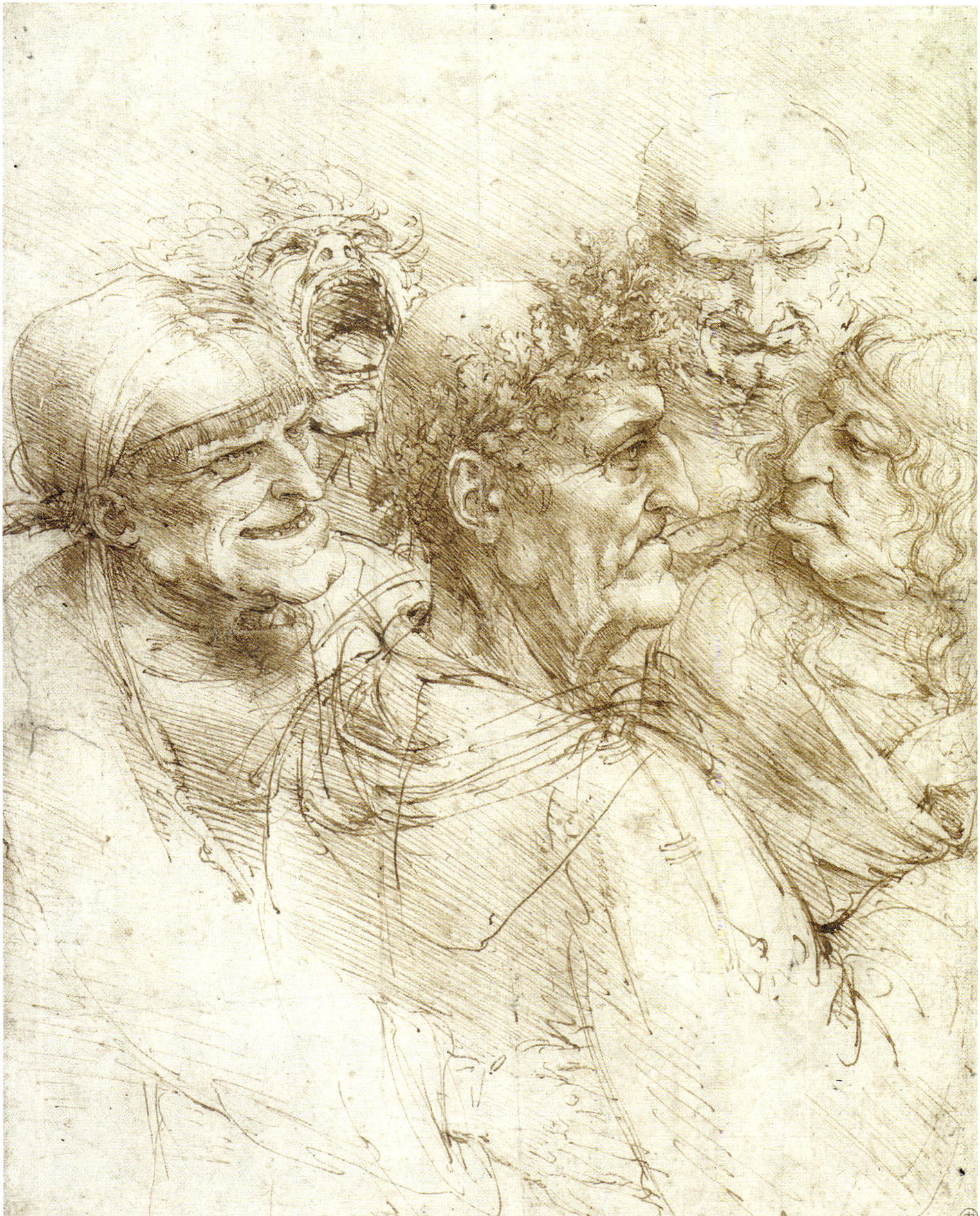

ches mehr Anmut verleiht.« Dann heißt es: »Nimmt man das Licht für die Gesichter, die zwischen dunkle Seitenwände postiert sind, gerade von vorn an, so verursacht dies, daß die Gesichter großes Relief bekommen, sonderlich, wenn das Licht von hoch herkommt. Dies Relief tritt ein, weil die vordere Seite des Gesichts vom allgemeinen Licht der Luft, die sich dort gegenüber befindet, beleuchtet wird, daher ist diese Lichtseite mit nur fast unmerklichen Schatten versehen. Auf die so beleuchtete Vorderansicht des Gesichts folgen die Seitenflächen, die werden von den vorerwähnten Seitenwänden der Straße verdunkelt, welche Verdunkelung an den zwischen die Wände allmählich zurückweichenden Gesichtsteilen immer mehr zunimmt. Außerdem folgt noch daraus, daß das Licht aus der Höhe kommt, daß es allen den Gesichtsstellen entzogen bleibt, für welche die Gesichtsvorsprünge ein Schirmdach bilden, wie zum Beispiel die Augenbrauen tun, die der Knochenhöhle des Auges das Licht entziehen, oder wie die Nase, die es einem großen Teil des Mundes wegnimmt, wie das Kinn auch der Kehle, und dergleichen andere Vorsprünge.« [94]

Der in Erwägung gezogene Vergleich der eben zitierten Passagen mit Gestaltungsprinzipien der *Mona Lisa* gilt natürlich nur mit den gebührenden Einschränkungen: denn die Frauenbüste des Gemäldes befindet sich nicht zwischen zwei seitlichen Wänden, sondern vor einer offenen Landschaft mit fernen Gebirgen, selbst wenn sie ursprünglich von zwei Säulen eingefaßt war, die dann auf lediglich schmale Andeutungen an den Bildrändern reduziert wurden.

Die wenn nicht wissenschaftliche, so doch sachlich genaue Beschreibung eines hypothetischen Portraits, die Leonardo um 1505 vorgenommen hatte, konzentriert sich ganz auf das Problem des »Reliefs« und der Lichtwirkung. Nicht zuletzt vor diesem Hintergrund werden manche Interpretationen des Gemäldes aus romantischer und spätromantischer Zeit mehr als dubios: die Deutungen Walter Paters und Gabriele D'Annunzios beispielsweise, die die dunklen, goldenen Töne des Gemäldes unterstreichen und in eben diese dann rätselhafte Chiffren hineingeheimnissen. Derartige Statements können heute nur noch als höchst subjektive literarische Stilübungen gelten. Die Künstler der Romantik und der »Décadence« erblickten in der *Mona Lisa* die Gespenster ihrer eigenen Halluzinationen, wie sie das auch in den Bildern eines Gustave Moreau taten, oder in den von der schwülen Mode des Orientalismus diktierten Malereien, oder auch in den Lithographien eines Gustave Doré: »Wie ein Vampir« – so dämonisierte Walter Pater die Gioconda –, »war sie viele Male tot und lernte die Geheimnisse des Grabes kennen; und tauchte hinunter in tiefe Meere und behielt die dort verlorenen Tage in sich; und sie feilschte mit orientalischen Händlern um seltsame Gespinste; und als Leda war sie die Mutter der Helena von Troja und als die heilige Anna die Mutter Marias.«[95]

Von den Schlacken der romantischen und dekadenten Überformung gesäubert, die das Bild seit fast zwei Jahrhunderten mit sich herumschleppt, erweist sich die *Mona Lisa* als das Bildnis einer Dame, die weder sehr hübsch noch besonders anziehend ist und vielleicht ihrem Modell nicht einmal sehr ähnlich. Denn die

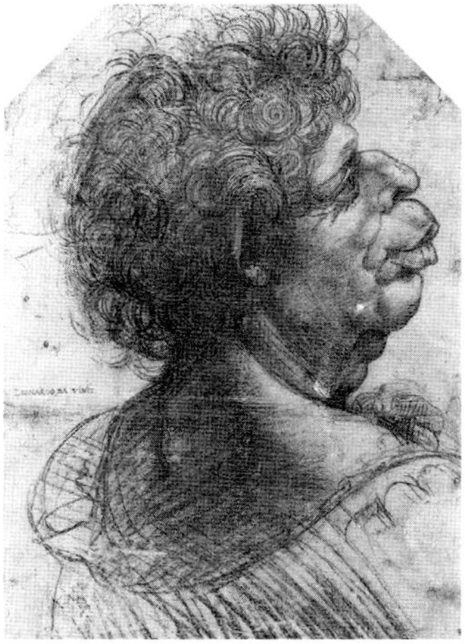

Leonardo da Vinci,
Bildnis des Scaramuccia.
Oxford, Christ Church College.

jahrelange Arbeit an dem Motiv mußte zwangsläufig zu einer Entfernung von der traditionellen Vorstellung des Bildnisses »nach der Natur« führen. Im Anfangsstadium des Portraits hatte Leonardo wahrscheinlich noch alle seine Fähigkeiten auf jene Naturtreue konzentriert, indem er ein Bild voller plastischer Qualitäten schuf (»das Relief«), bei dem man ferner den Pulsschlag unter der Haut wahrnimmt, das physische Spiel des Mundes beim zart angedeuteten Lächeln – einer Mimik, die wohl nur den Vorwand abgab für die Darstellung vibrierender, sich bewegender Gesichtsmuskeln, kurz: bei dem man die wunderbare malerische Schilderung der sich in feinsten Nuancen entfaltenden Natur zu verfolgen vermag.

Das Bildnis der *Mona Lisa* ist somit das Portrait schlechthin, Prototyp und universales Modell, in das die Universalkenntnisse des Malers eingeflossen sind; eine Komposition gleichsam, die alles notwendige Wissen in sich vereint, eine »Ikone«, die die »Wissenschaft« Leonardos verkörpert. Hierin liegen die Größe und zugleich die Grenzen des Gemäldes: die Auffassung eines renommierten Kritikers wie Roberto Longhi, der ein Mädchenbildnis von Renoir der *Mona Lisa* vorzieht, ist nicht ganz von der Hand zu weisen.[96]

Auch technisch gesehen ist das Gemälde die Summe der außerordentlichen Fähigkeiten des Malers Leonardo. Es ist auf eine mit hartem Gips grundierte Tafel aus Pappelholz gemalt und weist unter dem Mikroskop mindestens zwei verschiedene Arten von Grundfarben auf: Blau unter dem oberen Teil der Landschaft, Rot unter dem unteren Teil, wie bei der *Belle Ferronnière*, dem *Musiker* und der *Hl. Anna Selbdritt*. Wie schon bei der *Dame mit dem Hermelin* scheinen die diagonalen Craqueléelinien auf der rechten Wange, die bei der *Dame* die Präsenz einer darunterliegenden linkshändigen Zeichnung verrieten, auch hier an manchen Stellen, nämlich unterhalb der Unterlippe und überall dort, wo Schatten vorherrscht, auf eine versteckte Zeichnung hinzudeuten, die auf der Grundierung ausgeführt wurde. Das Röntgenbild[97] dagegen weist starke Analogien zu dem der *Belle Ferronnière*[98] auf: Kopf, Hals und Oberkörper heben sich klar vom Landschaftshintergrund ab, ohne daß die Haare oder der Schleier der Frau einen Übergang schaffen; ein Zeichen dafür also, daß sie mit einer Öllasur gemalt wurden, die fast keine Farbpigmente enthält. Das Gesicht weist in der Röntgenaufnahme erhebliche Unterschiede zum fertigen Bild auf, vor allem was die Gesamtform angeht, die ovaler und weniger rundlich ist, und in den Augenhöhlen, die tiefer im Schatten liegen, als es an der Oberfläche den Anschein hat. Vom Lächeln erkennt man nichts, die Figur scheint im Gegenteil jenen melancholischen Ausdruck zu besitzen, der laut Vasari allen Portraitierten eigen ist. Vielleicht hat Leonardo gerade zur Beseitigung dieser Melancholie so lange und nachdrücklich am Gesicht des Modells gearbeitet und »sich vier Jahre damit herumgeschlagen«, bis er endlich den gewünschten Ausdruck zustandebrachte. Seine akkumulierende Vorgehensweise ist im Röntgenbild gut zu erkennen und bestätigt noch einmal die Beschreibung Vasaris.

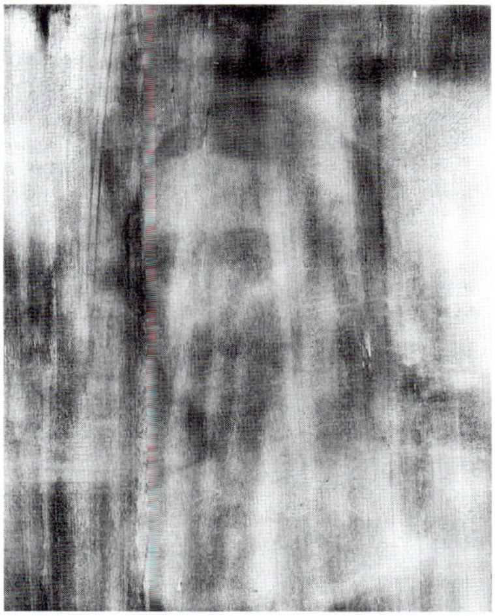

Röntgenaufnahme der
Mona Lisa (La Gioconda).
Paris, Musée du Louvre.

Anmerkungen

[1] Zu der schon im vorigen Kapitel besprochenen Zeichnung Nr. 15572 *recto* in der Biblioteca Reale in Turin siehe C. Pedretti, *I disegni di Leonardo da Vinci e della sua cerchia nella Biblioteca Reale di Torino,* Florenz 1990, Katalog Nr. 2, S. 84–86. Die Zeichnung wurde mit dem Bildnis der *Dame mit dem Hermelin* in Zusammenhang gebracht, und zwar von E. Möller, »Leonardos Bildnis der Cecilia Gallerani in der Galerie des Fürsten Czartoryski in Krakau«, in: *Monatshefte für Kunstwissenschaft* IX, 1916, S. 313–326; sodann von H. D'Ochenkowski, »La ›Donna coll'ermellino‹ è una composizione di Leonardo da Vinci«, in: *Raccolta Vinciana* Fasz. X, 1919, S. 65–111; und in jüngster Zeit von C. Vecce, *Leonardo,* Rom 1998, S. 105. Die Zeichnung wird von A. E. Popham, *The Drawings of Leonardo da Vinci,* London 1946 (revidierte Ausgabe mit einem einführenden Essay von M. Kemp, London 1994), Katalog Nr. 157, auf etwa 1483–1490, und von C. Pedretti (*I disegni di Leonardo* ..., a. a. O., 1990, S. 84) um 1483–1485 datiert. Stilistisch und chronologisch scheint der Zusammenhang mit der *Madonna in der Felsengrotte* jedoch wahrscheinlicher, auch weil das Antlitz bei der Turiner Zeichnung nach links gerichtet ist, die *Dame* in Krakau dagegen nach rechts blickt.

[2] Vgl. A. Ottino della Chiesa, *L'opera completa di Leonardo pittore,* Mailand 1967, S. 100; A. Falchetti, *La Pinacoteca Ambrosiana,* Vicenza 1969 (in der Ausgabe von 1986, S. 260).

[3] P. Bosca, *De origine et statu Bibliothecae Ambrosianae,* Mailand 1672, S. 117.

[4] Vgl. G. Bora, *Due tavole leonardesche. Nuove indagini sul Musico e sul San Giovanni dell'Ambrosiana,* Vicenza 1987, S. 8.

[5] Für den Wortlaut der Schenkungsurkunde des Kardinals Federico Borromeo vgl. M. Rossi und A. Rovetta, *La Pinacoteca Ambrosiana,* Mailand 1997, S. 299–304.

[6] Vgl. die Aufstellung von A. Ottino della Chiesa, a. a. O., 1967, S. 100.

[7] I. Lermolieff (G. Morelli), *Kunstkritische Studien über Italienische Malerei. Die Galerien Borghese und Doria Pamphili in Rom,* Leipzig 1890, S. 236–238.

[8] Vgl. E. Müntz, *Leonardo da Vinci. Artist, Thinker, and Man of Science,* Boston 1899, I, S. 207–208 und Anm. 1.

[9] Vgl. J. Ruskin, *Modern Painters,* London 1843–1860 (Ausgabe 1909, Bd. IV, S. 408); L. Venturi, *La critica e l'arte di Leonardo da Vinci,* Rom 1919, S. 147.

[10] J. Ruskin, *Ariadne Florentina,* London 1873 (Ausgabe 1907, S. 17). Ebenso: L. Venturi, a. a. O., 1919, S. 146.

[11] E. Müntz, *Léonard de Vinci: l'artiste, le penseur, le savant,* Paris 1899, S. 71 (amerikanische Ausgabe S. 76).

[12] Vgl. L. Venturi, a. a. O., 1919, S. 161.

[13] Zur »Medusa« in den Uffizien, Walter Pater und anderen siehe A. R. Turner, *Inventing Leonardo,* Berkeley und Los Angeles 1994, S. 114–117; und S. Del Migliore, *Tra Hermes e Prometeo. Il mito di Leonardo nel decadentismo europeo,* Florenz 1994, S. 34 ff.

[14] Die Photographie im Kunsthistorischen Institut in Florenz ist unter der Nummer K Neg. 21959 registriert; sie wurde auch von G. Bora veröffentlicht (a. a. O., 1987, Abb. 2).

[15] Vgl. L. Beltrami, »Il ›Musicista‹ di Leonardo da Vinci«, in: *Raccolta Vinciana* Fasz. II, 1906, S. 75–80.

[16] Vgl. W. von Seidlitz, *Leonardo da Vinci: Der Wendepunkt der Renaissance,* Berlin 1909, Bd. I, S. 271.

[17] Vgl. A. Venturi, *Storia dell'arte italiana,* Bd. VII, Teil IV, Mailand 1915, S. 1014; ders., *Leonardo pittore,* Bologna 1920, S. 173–174; ders., *Leonardo e la sua scuola,* Novara 1942, S. XXVIII.

[18] O. Sirén, *Leonardo da Vinci,* New Haven (Connecticut) 1916, S. 236–237.

[19] Zum *Musiker* siehe A. Ottino della Chiesa, a. a. O., 1967, S. 100; P. C. Marani, *Leonardo. Catalogo completo,* Florenz 1989, S. 59–60; F. Russoli, »Ritratto di Musico«, in: *Leonardo. La pittura,* Florenz 1977, S. 127–129 (erweiterte Ausgabe hrsg. von P. C. Marani, Florenz 1985, S. 63–65), mit Verweis auf die ältere Bibliographie; D. A. Brown, »Leonardo and the Idealized Portrait in Milan«, in: *Arte lombarda* 67, 1983, S. 102. Entgegen der Meinung aller anderen Forscher ist der Autor jedoch der Ansicht, daß das *Bildnis eines Musikers* nach der *Dame mit dem Hermelin* entstand; diese Meinung erscheint mir nicht akzeptabel und findet in der übrigen »wissenschaftlichen« Arbeit Leonardos keinerlei Bestätigung, vor allem, wenn man die anatomischen Studien des Jahres 1489 zum Vergleich heranzieht. Richtig ist dagegen die Datierung des Gemäldes in Krakau auf »etwa 1490«. Die wichtige Untersuchung von Brown zeigt, daß sich die Portraitmalerei Leonardos nach und nach von der realistischen Wiedergabe entfernt und idealisierten Formen zuwendet, die schließlich zum Bildnis der *Mona Lisa* führen. Brown schenkt hierbei jedoch der *Belle Ferronnière* im Louvre keinerlei Beachtung, durch die diese sonst nicht durchschaubare Entwicklung gerade bestätigt wird. Siehe auch weiter unten im Text.

[20] Siehe M. Rosci, *The Hidden Leonardo,* Oxford 1978, S. 64, 97; L. Cogliati Arano, *Leonardo all'Ambrosiana,* Mailand 1982, S. 88–90; L. Castelfranchi Vegas, »›Retracto del naturale‹: considerazioni sulla ritrattistica lombarda degli anni fra Quattrocento e Cinquecento«, in: *Paragone* 401–403 (1983), S. 70.

[21] G. Bora, a. a. O., 1987, S. 7–22.

[22] Vgl. L. Beltrami, *Documenti e memorie riguardanti la vita e le opere di Leonardo da Vinci,* Mailand 1919, Dok. 107, S. 72.

[23] Vgl. P. C. Marani, in: *Disegni e dipinti leonardeschi dalle collezioni milanesi,* Mailand 1987, S. 11.

[24] Im Jahr 1476 starb in Mailand der offizielle Hof- und Portraitmaler Zanetto Bugatto. Von ihm ist bekannt, daß er von Bona von Savoyen auf eine Studienreise nach Brüssel (1460–1463) geschickt wurde, wo er sich die Geheimnisse der Malerei des Rogier van der Weyden aneignen sollte; im Jahr 1468 unternahm er eine Studienreise nach Paris, wo er möglicherweise mit der Kunst von Jean Fouquet in Berührung kam (zur Person des Zanetto und zweier ihm zugeschriebener Portraits im Castello Sforzesco siehe L. Syson, »Zanetto Bugatto, Court Portraitist in Sforza Milan«, in: *The Burlington Magazine* CXXXVIII, 1996, S. 300–308. Vgl. auch M. G. Balzarini und F. Cavalieri, in: *Museo d'arte antica del Castello Sforzesco,* hrsg. von M. T. Fiorio, Mailand 1997, S. 132–137). Deshalb ist es keineswegs sonderbar, daß Galeazzo Maria Sforza nach dem Tod Zanettos in dem an Leonardo Botta, einen in Venedig weilenden Mailänder Rhetoriker, adressierten Brief vom 9. März des Jahres 1476 darum bittet, ihm den »sizilianischen Maler« Antonello da Messina, der ebenfalls in der Lagunenstadt lebte, zu schicken, da »der hochwohlgeborene Herzog von Bari, unser Bruder (Ludovico il Moro), eine nach der Natur gemalte Figur von ihm hat ..., die ihm sehr wohl gefällt« (vgl. F. Sricchia Santoro, *Antonello e l'Europa,* Mailand 1986, Dok. 32, S. 179–180); offensichtlich wollte er Antonello in Mailand haben, um die durch Zanettos Tod vakante Stelle zu besetzen. Wie die von Pietro Bon an Galeazzo Maria gerichtete und von Antonello selbst überbrachte Antwort vom 16. März 1476 bestätigt, kam der Maler tatsächlich nach Mailand (F. Sricchia Santoro, a. a. O., 1986, Dok. 33, S. 180. Zu Antonello in Mailand siehe zuletzt M. T. Fiorio, »Antonello perduto, Antonello ritrovato«, in: *Antonello da Messina. Un capolavoro per la Pinacoteca del Castello Sforzesco,* Mailand 1995, S. 15–23); es ist durchaus möglich, daß der Künstler verschiedene weitere Portraittafeln oder andere Arbeiten als Präsent für die Herzöge von Mailand und Bari (Ludovico il Moro) mitgebracht hatte, um sich so für die überschwenglichen Lobeshymnen zu bedanken, die die Herzöge seinem in ihrem Besitz befindlichen Portrait gespendet hatten. Die Tatsache, daß Ludovico il Moro und Galeazzo Maria Sforza eines oder mehrere von Antonello da Messina nach der Natur gemalte Portraits besaßen, die am Mailänder Hof sicher zum Gegenstand von Kommentaren und Vergleichen mit den Portraits des Zanetto wurden, erklärt die Einflüsse Antonellos, die man an diversen Mailänder Bildnissen der beiden letzten Jahrzehnte des Jahrhunderts konstatieren kann: außer an Leonardos *Bildnis eines Musikers* auch an dem heute im Museum Poldi Pezzoli aufbewahrten *Bildnis des Francesco Brivio* von Vincenzo Foppa (zu letzterem, das auch schon Giovanni Ambrogio de' Predis zugeschrieben wurde, siehe M. Natale, in *Museo Poldi Pezzoli. I dipinti,* Mailand 1980, S. 76–77).

[25] Zur offiziellen Portraitkunst im Mailand der neunziger Jahre siehe auch P. C. Marani, »Ritratti di corte«, in: *Ambrogio Bergognone: un pittore per la Certosa,* Ausstellungskatalog, hrsg. von G. C. Sciolla, Mailand 1998, S. 269–273.

[26] Auf der Identität mit Franchino Gaffurio hatte insbesondere Beltrami bestanden, »Il ›Musicista‹ ...«, a. a. O., S. 190; man vgl. zusätzlich Ottino della Chiesa (a. a. O., 1967, S. 100), die auch Jean Cordier di Bruges, Angelo Testagrossa – Gesangslehrer von Isabella d'Este – und Atalante Migliorotti als eventuelle Kandidaten in Betracht zog. Nach Ansicht von A. De Rinaldis, *Storia dell'opera pittorica di Leonardo da Vinci,* Rom 1926, S. 137–138, Anm. 1, entbehren freilich alle diese Identifikationen jeglicher Grundlage, da es keinerlei ikonographische Anhaltspunkte für sie gibt.

[27] Vgl. S. Clercx-Lejeune, »Fortuna Josquini. A proposito di un ritratto di Josquin des Prez«, in: *Nuova Rivista Musicale Italiana* VI, 3, 1972, S. 1–25. Diese Theorie ist von der Kunsthistorikerin Cogliati Arano (a. a. O 1982) und von G. A. Dell'Acqua (in *Gli Sforza a Milano,* Mailand 1978, S. 146, 179–180, Anm. 63) übernommen worden. Vgl. auch G. Bora, a. a. O., 1987, S. 30, Anm. 33.

[28] Vgl. A. Ottino della Chiesa, a. a. O., 1967, S. 100; C. Vecce, a. a. O., 1998, S. 72–73 und 358– 61 zu dem Bericht des Anonimo Gaddiano.

[29] Was die Beziehung zwischen Leonardo und Gaffurio betrifft, so ist zu erwähnen, daß Gerolamo d'Adda (*Leonardo da Vinci e la sua libreria,* Mailand 1872) vorgeschlagen hatte, Leonardo mit der Anfertigung der Zeichnungen für die Holzschnitte zu beauftragen, die seine *Pratica Musica*, gedruckt im Jahre 1496, begleiten. Vgl. auch A. Ottino della Chiesa, a. a. O., 1967, S. 100.

[30] Vgl. F. Russoli, a. a. O., 1977, S. 127.

[31] Dazu hat der Verfasser des vorliegenden Bandes schon früher seine definitive Ansicht geäußert *(Leonardo,* Mailand, 1994, S. 19–20).

[32] Vgl. C. Pedretti, »Leonardo. Il ritratto«, in: *Art Dossier* 138, Oktober 1998, S. 23.

[33] J. Pope-Hennessy, *The Portrait in the Renaissance,* New York 1963, S. 101–102.

[34] In Leonardos *Buch von der Malerei* (deutsche Übersetzung a. a. O., sind zur Portraitkunst besonders folgende Paragraphen zu berücksichtigen: zunächst Nr. 58 (S. 112–115), wo sich Leonardo (um 1492) an alle wendet, »die von Profession Gesichter nach dem Leben portraitieren« und auf die Notwendigkeit hinweist, daß »auch das Decorum gewahrt werden soll, das heißt, es seien die Bewegungen Verkündiger der Gemütsbewegung dessen, der sie ausführt« – somit weist der Künstler auf die enge Beziehung zwischen Portrait, Körperbewegung und Gemütsbewegung hin; außerdem die Paragraphen Nr. 83, II, S. 141, (»Vom Abzeichnen«), Nr. 86, II, 143–145, (»Was für Beleuchtung man wählen soll, um die Körperfiguren abzubilden«) und Nr. 88, II, 145–147, (»Vom Zeichnen nach dem Nackten«), ein um 1492 zu datierender Passus, der den Nachklang eines Bildes wie etwa der *Dame mit dem Hermelin* spüren läßt: »Pflege den Kopf nie eben dahin gewendet sein zu lassen, wohin sich die Brust dreht, noch den Arm in gleicher Richtung mit dem Bein gehen zu lassen. Und

wenn sich der Kopf nach der rechten Schulter hin dreht, so lasse seine Teile auf der linken Seite niedriger stehen, als die auf der rechten. Steht die Brust gerade nach vorn, so mache, daß am Kopf, wenn dieser sich zur Linken wendet, die rechtsseitigen Teile höher stehen, als die linksseitigen.« Außerdem Nr. 89, II, S. 147, (»Vom Zeichnen nach künstlichem oder natürlichem Relief«); Nr. 93, II, S. 149, (»In welcher Umgebung man ein Antlitz abbilden soll, um ihm Anmut von Schatten und Lichtern zu verleihen«). Hier auch die berühmte Stelle über die Gesichter von Menschen, »die unter den Türen dunkler Behausungen sitzen«, und deren Antlitz durch den starken Gegensatz zwischen den Schatten im Inneren und dem Licht draußen »sehr an Schönheit gewinnt« (das läßt sich nicht automatisch auf die *Dame mit dem Hermelin* anwenden, wegen ihrer späten Datierung); Nr.110, II, S.161; Nr.120, II, S.171 und schließlich auch Nr. 155, II, S. 199 (»Ob das Licht für die Figuren gerade von vorn angenommen werden soll, oder von der Seite, und welches mehr Anmut verleiht«) sind zwar Aufzeichnungen aus den Jahren 1505 bis 1510, stehen aber alle im Zusammenhang mit der Problematik des Portraits, dessen Beleuchtung oder *rilievo*. Die eben zitierte Nr. 155 steht im Zusammenhang mit dem Bildnis der *Mona Lisa*.

[35] Zur Datierung des Gemäldes und zur umfangreichen diesbezüglichen Bibliographie vgl. den letzten Ausstellungskatalog *Leonardo. La Dama con l'ermellino,* hrsg. von B. Fabjan und P. C. Marani, Cinisello Balsamo 1998.

[36] Vgl. C. Gould, *Leonardo. The Artist and the non-Artist,* Boston 1975, S. 73; und C. Pedretti, *Leonardo. A Study in Chronology and Style,* London 1973, S. 65: »Die *Dame mit dem Hermelin* in Krakau ist nicht nur ein Bildnis von unglaublicher Schönheit und Eleganz, sondern auch ein bedeutendes Dokument in der Entwicklung der Portraitmalerei der Renaissance«.

[37] Zu den »Bewegungen ... Verkündiger der Gemütsbewegung dessen, der sie ausführt« vgl. *Leonardo da Vinci. Buch von der Malerei ...*, a. a. O., II. Teil, Paragraph 58 und passim (z. B. die Paragraphen 83, 86, 88).

[38] Vgl. B. Bellincioni, *Rime,* Florenz 1493 (hrsg. von P. Fanfani, Florenz 1876, Nr. XLV). Das Sonett ist nicht in der im selben Jahr in Mailand erschienenen Ausgabe enthalten. Vgl. J. Shell und G. Sironi, »Cecilia Gallerani: Leonardo's Lady with an Ermine«, in: *Artibus et Historiae* 25, 1992, S. 47–66, insb. S. 48–49 und 64, Anm. 12.

[39] J. Walek, *Female Portraits by Leonardo da Vinci,* Krakau 1994, S. 43; P. C. Marani, »La Dama con l'ermellino e il ritratto milanese tra Quattro- e Cinquecento«, in: *Leonardo. La Dama con l'ermellino,* a. a. O., 1998, S. 31–49.

[40] Leonardo selbst schreibt dem Hermelin diese Bedeutung zu, zu der auch noch die Konnotationen der unbefleckten Reinheit, der Keuschheit und Nächstenliebe (zur Sammlung einschlägiger Zitate seitens Leonardo siehe J. Walek, a. a. O., 1994, S. 27 ff) oder von »Mäßigkeit« hinzukommen, gemäß der um 1494 von Leonardo notierten Stelle aus dem *Fiore di Virtù,* einem Bestiarium, vgl. *Ms. H*, 12 *recto:* »Mäßigkeit. Wegen seiner Mäßigkeit frißt das Hermelin nur ein einziges Mal am Tag und läßt sich lieber von den Jägern fangen, als sich in den vom Schlamm verschmutzten Bau zu flüchten, um nicht seine Vornehmheit zu beflecken« (vgl. P: C. Marani, »Le fonti del ›bestiario‹ di Leonardo«, in: *Il Manoscritto H*, diplomatische und kritische Übertragung von A. Marinoni, Florenz 1986, S. 146). Siehe auch *Ms. H*, 48 *verso*: »Die Mäßigkeit bremst alle Laster. Das Hermelin stirbt lieber, als sich zu beschmutzen«, und *Ms. H*, 98 *recto*: »Das Hermelin und der Schmutz. Galeazzo zwischen ruhigen Zeiten und der Figur des Glücks ...«, vielleicht ein Wahlspruch, der bei einer Devise Ludovicos eingesetzt werden sollte (vgl. *Il Manoscritto H,* a. a. O., 1986, S. 16, 48 und 98).

[41] Die Verbindung des Bildes mit dem Wappen des Hermelinordens wurde von C. Pedretti hervorgehoben, vgl. »La ›Dama con l'ermellino‹ come allegoria politica«, in: *Studi politici in onore di Luigi Firpo,* hrsg. von S. Rota Ghibaudi und F. Barcia, Mailand 1990, Bd. I, S. 161–181.

[42] An anderen Hypothesen fehlte es jedoch nicht. Siehe z. B. ebda. Pedretti kannte das genaue Geburtsdatum (das er um 1465 ansetzt) nicht und das Datum der Schenkung des Lehens von Saronno an Cecilia Gallerani noch nicht und hielt daher das angebliche Alter der auf dem Gemälde Leonardos Dargestellten für falsch; er äußerte die Vermutung, daß es sich bei der Portraitierten um Bianca Maria Sforza, die Nichte Ludovicos, handelte, die im Jahr 1493 Kaiser Maximilian heiratete. Siehe hierzu jüngst auch C. Pedretti, »A. D. 1493«, in: *Achademia Leonardi Vinci. Journal of Leonardo Studies and Bibliography of Vinciana* Bd. VI, 1993, S. 131–141. Bei der Zeichnung im Fitzwilliam Museum in Cambridge (ehem. Sammlung Clarke: A. E. Popham, a. a. O., 1946, Nr. 109 A, S. 122–123), die einen Mann auf Hermelinjagd darstellt, scheint es sich um eine Studie zu einer Devise Ludovicos zu handeln. Zu der Definition Ludovicos seitens Bellincionis vgl. B. Bellincioni, *Le Rime,* a. a. O., 1493, Sonett CXXVIII). Die kürzlich vorgenommene hypothetische Interpretation von Krystyna Moczulska (vgl. K. Moczulska, »The most graceful Gallerani and the most exquisite Galé in the Portrait of Leonardo da Vinci«, in: *Folia Historiae Artium,* n. s., Bd. 1, 1995, S. 55–86) sieht in dem Gemälde in Krakau die Darstellung des Mythos von Alkmene und Galanthis; die von Ovid in seinen *Metamorphosen* erzählte Geschichte kannte Leonardo gut, denn sie stehen als »Ovidio Metamorfoseos« in der Liste der in seinem Besitz befindlichen Bücher um 1504 (*Ms. 8936* der Biblioteca Nacional in Madrid, 2 *verso* und 3 *recto*: siehe L. Reti, »The Two Unpublished Manuscripts of Leonardo da Vinci in the Biblioteca Nacional of Madrid«, II, in: *The Burlington Magazine* CX, Februar 1968, S. 81 und 85, der auf Giovanni de' Bonsignoris Übersetzung ins Italienische hinweist, die aber erst 1497 in Venedig erschien). Moczulska bezieht den Mythos auf Cecilia Gallerani, die zu der Zeit bereits ein

Kind von Ludovico erwartete. Das Bildnis Cecilias würde somit die Allegorie der Reinheit, verbunden mit der mütterlichen Liebe ausdrücken (S. 83). Die Bemerkungen Leonardos zur symbolischen Bedeutung des Hermelins in Bezug auf Reinheit oder Mäßigkeit, die uns sein diesbezügliches Denken übermitteln und die er zusammen mit anderen von Plinius behandelten Tierfabeln dem *Fiore di Virtù* und der *Acerba* des Cecco d'Ascoli entnommen hatte, Texten also, die ihm sicher noch vertrauter waren als die *Metamorphosen* des Ovid, hätten somit keinen Sinn mehr gehabt. Andererseits ist das Hermelin seit alters her schon oft, auch von Ovid, mit dem Thema der Mutterschaft in Zusammenhang gebracht worden. Zu diesem Mythos und zur Anwendung dieser Symbolik auf das Portrait der Gallerani siehe jetzt die Beobachtungen von M. Bettini, *Nascere. Storie di donne, donnole, madri e eroi,* Turin 1998, v. a. S. 342. Zur Imprese des Federico da Montefeltro mit dem Hermelin, dargestellt in einer Intarsie des einstigen »Studiolo« in Gubbio, siehe O. Raggio und A. M. Wilmering, *The Liberal Arts Studiolo from the Ducal Palace at Gubbio,* The Metropolitan Museum, New York 1996: Raggio bestätigt Leonardos Interpretation des Hermelins. A. Baldinotti hingegen vertrat in seinem Vortrag bei der Studientagung »Attorno a Leonardo pittore« am 20. Januar 1999 im Palazzo Pitti die Auffassung, daß das Hermelin im Gemälde Leonardos auf die »Vornehmheit« der Dargestellten hinweise; er stützte seine These auf ein Fresko in Siena, das eine »Tugend« mit Hermelin und Schriftrolle darstellt, auf der »Nobilitas« zu lesen ist (Cecilia Gallerani war bekanntlich nichtadliger Herkunft, so daß ihre »Nobilitas« höchstens als Tugend zu verstehen ist). Interessanter erscheint der Hinweis Baldinottis – dem ich an dieser Stelle dafür danke, mir die noch nicht publizierte Information zugänglich gemacht zu haben – auf ein Inventar des Jahres 1644 der Sammlung Farnese in Rom, das unter der Nr. 4291 ein Gemälde des Perugino (?) mit der »Reinheit mit Hermelin im Arm« aufführt, was unsere Deutung des Tieres bestätigt; B. Jestaz glaubt, das genannte Bild mit der »Dame« Leonardos in Krakau identifizieren zu können (vgl. *Le Palais Farnèse. L'inventaire du Palais e des Propriétés Farnèse à Rome en 1644,* Bd. III. 3, hrsg. von B. Jestaz, Rom 1994, S. 169, Anm. zur Nr. 4291). Die Möglichkeit, daß sich Leonardos Gemälde in der Sammlung Farnese befand, scheint die vorherige Aufnahme in die Prager Sammlungen Rudolfs II. auszuschließen, wo gegen Ende des 16. Jahrhunderts auf zwei Gemälde Leonardos hingewiesen wird – eine Dame mit einem Hund und eine Dame mit einem »Mohren« –, die als Hinweise auf das Gemälde in Krakau gewertet werden konnten (vgl. P. C. Marani, in: *Leonardo. La Dama con l'ermellino,* a. a. O., 1998, S. 78). Dies stimmt auch mit der Aussage Giovanni Paolo Lomazzos überein, der versichert, dem Kaiser Gemälde und Zeichnungen Leonardos geschenkt zu haben. Die beiden in den Sammlungen Rudolfs II. verzeichneten Gemälde kamen schließlich jedoch in die Kollektion der Königin Christine von Schweden nach Stockholm, von wo sie dann wahrscheinlich nach Rom gelangten. Die beiden bereits vorher in Prag vorhandenen Gemälde sind nämlich auch im Inventar der Sammlung der Christine von Schweden unter den Nrn. 164 und 165 verzeichnet (siehe O. Granberg, *Keisar Rudolfs II: s Konstkammare och dess Svenska oden och om Uppkomsten af Drotting Kristinas tafvelgalleri i Rom och dess Skingrace,* Stockholm 1902, S. 114).

[43] Vgl. Lukian von Samosata, *Di una sala,* in: *I Dialoghi e gli Epigrammi,* Übersetzung von L. Settembrini, hrsg. von L. Baccini, Rom 1962, S. 803–804. Zur Verwendung dieser Ekphrasis durch Andrea Mantegna (oder den Markgrafen von Mantua, Ludovico Gonzaga) vgl. R. Signorini, *Opvs hoc tenve. La camera dipinta di Andrea Mantegna,* Mantua 1985, S. 2[illegible]6 ff, wo ich den oben genannten Abschnitt gefunden habe.

[44] Vgl. P. C. Marani, in: *Leonardo. La Dama con l'ermellino,* a. a. O., 1998, S. 45, Anm. 7: hier anläßlich der Achat-Symbolik in einem Text des Jahres 1612 der Verweis auf P. Venturelli, *Gioielli e gioiellieri milanesi. Storia, arte, moda (1450–1630),* Mailand 1996, S. 134.

[45] Siehe *Giovan Paolo Lomazzo. Scritti sulle arti,* hrsg. von R. P. Ciardi, Florenz 197[illegible]–1974, Bd. I, S. 149. Zur Bücherliste in *MS Madrid 8936* und zur möglichen Übereinstimmung von »Luchano« mit »Luciano« siehe L. Reti, *The Two Unpublished Manuscripts ...,* a. a. O., II, 1968, S. 81–85; ders., *Leonardo da Vinci. I Codici di Madrid,* Bd. II, Einführung und Kommentar, Florenz 1974, S. 97–98. In beiden Fällen identifiziert Reti den von Leonardo angedeuteten Text eines »Luchano« mit den *Pharsalia* von Lukan (ins Lateinische übersetzt Rom 1469) oder mit einem italienischen Gedicht von Luca Manzoni, *Incipit liber Lucani ...* (hrsg. 1492 in Rom und in Mailand, 1495 in Venedig). Vgl. ebenso A. Marinoni, *Leonardo da Vinci. Scritti letterari,* Mailand 1974, S. 251–252, und C. Vecce, a. a. O., 1998, S. 234–36. Anstelle dieser Werke, die meines Wissens keinerlei Spuren bei Leonardo hinterlassen haben, scheint die Annahme logischer, daß sich der Maler auf Lukian von Samosata berief; dieser war für seine Fähigkeit bekannt, imaginäre Kunstwerke zu beschreiben, so wie Leonardo für seine Fähigkeit, imaginäre Orte zu schildern (dazu J. F. Moffit, »The Evidentia of Curling Waters and Whirling Winds: Leonardo's Ekphraseis of the Latin Weatherman«, in: *Achademia Leonardi Vinci. Journal of Leonardo Studies and Bibliography of Vinciana* Bd. IV, 1991, S. 11–33). Leonardos Schreibweise *Luchano* korrespondiert mit der italienischen Aussprache »Luciano«, vergleichbar der Stelle auf Blatt 12613 *recto* in der Royal Library in Windsor; hier ist der Satz »qualunche di questi fia punto si perdera il braco« wie folgt zu lesen: »qualunche di questi (nervi) sia punto si perderà il braccio«; vgl. K. D. Keele und C. Pedretti, *Leonardo da Vinci. Corpus degli studi anatomici nella collezione di Sua Maestà la regina Elisabetta II nel Castello di Windsor,* Bd. II, Florenz 1983, S. 4. Zu den Übersetzungen und zur Rezeption

Lukians siehe R. Sabbadini, *La scuola e gli studi di Guarino Guarini Veronese,* Catania 1896, S. 125; V. Andò, *Luciano critico d'arte,* Palermo 1975, passim – von Signorini im oben zitierten Band unter der Anm. 43 erwähnt. Zur bereits von Cicero besungenen Schönheit der Frauen, die keinen Schmuck tragen, siehe E. H. Gombrich, *The Sense of Order. A Study of Psychology of Decorative Art,* Oxford 1980, S. 19. Leonardo könnte Lukian auch über Alberti kennengelernt haben, der in *De pictura* Lukians Beschreibung der *Verleumdung* des Apelles anführt (vgl. Leon Battista Alberti, *De pictura,* hrsg. von C. Crayson, Bari 1975, S. 92).

[46] Zum literarischen Umfeld Cecilias und zu den Informationen seitens des Matteo Bandello in seinen *Novelle* vgl. J. Shell, »Cecilia Gallerani: una biografia«, in: *Leonardo. La Dama con l'ermellino,* a. a. O., 1998, S. 51–65.

[47] *Codex Atlanticus,* 816 *recto,* ein Blatt, das C. Pedretti um 1515 datiert, könnte den Beginn ständiger Beziehungen zwischen dem älteren Leonardo und Cecilia Gallerani bezeugen (vgl. C. Pedretti, *Leonardo da Vinci. Codex Atlanticus. A Catalogue of Its Newly Restored Sheets, Part Two, Vols. VII. XII,* New York 1979, S. 127).

[48] Der Brief trägt das Datum des 26. April 1498: Vgl. L. Beltrami, *Documenti e memorie ...,* a. a. O., 1919, Dok. 88, S. 57. Zur Rolle von Isabella d'Este siehe G. Romano, »Verso la Maniera moderna: da Mantegna a Raffaello«, in: *Storia dell'arte italiana,* Teil II, Bd. I, Turin 1981, S. 41 ff.

[49] Vgl. L. Beltrami, *Documenti e memorie ...,* a. a. O., 1919, Dok. 89, S. 57.

[50] Vgl. C. A. Bucci, »La vera storia di Cecilia ›Dama‹ di Leonardo«, in: *L'unità,* Beilage vom 12. Oktober 1998, S. 1 (Auszug aus der Biographie Cecilia Galleranis desselben Autors, die in dem entsprechenden Band des *Dizionario biografico degli italiani* erscheinen wird).

[51] Zu diesem Werk, das viele Verweise auf Leonardo enthält, vgl. G. Nepi Sciré, in: *Leonardo & Venezia,* Ausstellungskatalog, hrsg. von G. Nepi Sciré und P. C. Marani, Mailand 1992, S. 306–307, und A. Tempestini, *Giovanni Bellini. Catalogo completo,* Florenz 1992, S. 181–183. Zu anderen Portraits von Bellini vgl. ebenso A. Tempestini, a. a. O., 1992, S. 80–81, 202–203 und 230–231.

[52] Von der Rückgabe erfahren wir aus der Antwort Cecilias an die Markgräfin von Mantua vom 18. Mai 1498: vgl. C. Brown, »Little Know and Unpublished Documents concerning ... Leonardo da Vinci«, in: *L'Arte* 7–8, 1969, S. 188–191. Ebenso J. Shell und G. Sironi, *Cecilia Gallerani ...,* a. a. O., 1992, S. 64, Anm. 14 zum Wortlaut des Briefes.

[53] Zum Portrait der Isabella d'Este siehe A. Ottino della Chiesa, a. a. O., 1967, S. 102; G. Romano, a. a. O., 1981, S. 5–85; P. C. Marani, *Leonardo. Catalogo ...,* a. a. O., 1989, S. 100–102; und D. A. Brown in der folgenden Anm.

[54] Zu diesem Portrait vgl. D. A. Brown, »Leonardo and the Ladies with the Ermine and the Book«, in: *Artibus et Historiae* 22, 1990, S. 55, Abb. 7. Wie der Autor betont, bestimmte Isabella selbst die Themen der für ihr Studiolo bestellten Gemälde. Wenn wir davon absehen, daß das Hermelin durch einen Hund, offenkundige Anspielung auf die »fidelitas«, ersetzt wurde, ist die Ähnlichkeit des Portraits in Hampton Court mit dem Bild *Dame mit dem Hermelin* also wohl nicht zufällig.

[55] P. Müller-Walde, *Leonardo da Vinci. Lebensskizze und Forschungen über sein Verhältnis zur Florentiner Kunst und zu Raffael,* München 1889, S. 52.

[56] C. Pedretti, »La ›Dama con l'ermellino‹ ...«, a. a. O., 1990, S. 164.

[57] E. Müntz, a. a. O., 1899, S. 511. Vgl. ebenso die amerikanische Ausgabe (Boston 1899, Bd. I, S. 299 und Bd. II, S. 183), in dem das Bild in Krakau als »unsympathisches weibliches Portrait« bestimmt wird.

[58] J. Boloz Antoniewicz, »Portret Cecylii Gallerani przez Lionardo da Vinci w Muzeum Ksiazat Czartoryskisc w Krakowie«, in: *Pamietnik III Zjazdu Historykow Polskich w Krakowie,* Sekcya IV, 1900, und ders., *Swiatynia zagadkowa Lionardo da Vinci,* Lwòw 1900.

[59] W. Suida, »Die Jugendwerke des Bartolomeo Suardi«, in: *Jahrbuch der Kunstsammlungen des Allerhöchsten Kaiserhauses* XXV, 1904, S. 28; G. Carotti, *Le opere di Leonardo, Bramante e Raffaello,* Mailand 1905, S. 36–39.

[60] E. Voigtlander, »Ein Beitrag zu dem Bildnis der Sammlung Czartoryski«, in: *Kunstchronik,* N. F., XXVI, 39, 1914–1915, S. 473, Nr. 39; W. von Seidlitz, »Leonardo da Vinci und die Dame mit dem Hermelin«, in: *Preußische Jahrbücher,* 1916, S. 164, 501 und 508; F. Malaguzzi Valeri, *La corte di Ludovico il Moro,* Bd. III, Mailand 1917, S. 38 und 41.

[61] B. Berenson, *North Italian Painters of the Renaissance,* London 1907, S. 170; G. Pauli, »Boltraffio«, in: U. Thieme und F. Becker, *Allgemeines Lexikon der bildenden Künstler,* IV, Leipzig 1910, S. 256.

[62] W. von Bode, »Leonardos Bildnis der Ginevra dei Benci«, in: *Zeitschrift für bildende Kunst* XIV, 1903, S. 276. Nach seiner positiven Stellungnahme im Jahr 1903 äußert sich Bode 1915 noch einmal ausführlicher über das Bildnis in Krakau: »Leonardos Bildnis der jungen Dame mit dem Hermelin aus dem Czartoryski Museum in Krakau und die Jugendbilder des Künstlers«, in: *Jahrbuch der Kgl. preußischen Kunstsammlungen* XXXVI, 1915, S. 189 ff; positiv urteilten auch E. Möller, »Leonardos Bildnis der Cecilia Gallerani des Fürsten Czartoryski in Krakau«, in: *Monatshefte für Kunstwissenschaft* XXXIX, 1916, SD. 313ff; F. Bock, »Leonardofragen«, in: *Repertorium für Kunstwissenschaft* IX, 1916, S. 153, 164, und ebda, 1917, S. 218; L. Beltrami, *Leonardo e i disfattisti suoi,* Mailand 1919, S. 94–98; H. d'Ochenkowski, »La Donna coll'Ermellino è una composizione di Leonardo da Vinci«, in: *Raccolta Vinciana* Fasz. X, 1919, S. 65–111.

[63] A. De Rinaldis, *Storia dell'opera pittorica di Leonardo da Vinci,* Bologna 1926, S. 121–123.

[64] Vgl. A. Schiapparelli, *Leonardo ritrattista,* Mailand 1921, S. 142 ff; W. Suida, *Leonardo*

und sein Kreis, München 1929, S. 91–94; A. Venturi, *Leonardo e la sua scuola,* a. a. O., 1942, S. XVI, Abb. 23. Dank der von K. Kwiatkowski durchgeführten technischen Untersuchungen (»*La Dame à l'hermine« de Leonardo da Vinci. Étude technologique,* Wroclaw 1955) wurde das Krakauer Portrait in die bedeutendsten modernen Leonardo-Monographien aufgenommen: K. Clark, *Leonardo. An Account of His Development as an Artist,* Cambridge 1939, Neuaufl. London 1988, S. 98–100; C. Pedretti, *Leonardo: A Study ...,* a. a. O., 1973, S. 65 ff; C. Gould, a. a. O., 1975, S. 73, bezeichnet es als »erstes modernes Portrait der Geschichte«; J. Wasserman, *Leonardo,* New York und Mailand 1975, spricht (Ausgabe Mailand 1982, S. 136) von Eingriffen anderer Künstler; M. Rzepinska in dem Sammelband *Leonardo. La pittura,* 1977, S. 133–140, und 1985, S. 66–70; M. Rosci, a. a. O., 1978, S. 94, stellt den Einfluß der flämischen Malerei und des Antonello da Messina heraus; M. Kemp, *Leonardo da Vinci. The Marvellous Works of Nature and Man,* London und Toronto 1981, S. 202; schließlich die jüngste Monographie von D. Arasse, *Léonard de Vinci. Le rythme du monde,* Paris 1997, S. 395–397. Man darf freilich nicht vergessen, daß noch Clark 1939 das Bild in keinem besonders guten Zustand sah. Pope-Hennessy dagegen hat den Verdacht, daß am Bildnis Übermalungen oder sonstige Eingriffe vorgenommen wurden. Seiner Ansicht nach sind nur der Kopf und die Schultern Leonardo zuzuschreiben, während die übrigen Partien komplett von der Hand eines anderen Künstlers seien. Neue von D. Bull durchgeführte Untersuchungen (»Two Portraits by Leonardo: Ginevra de' Benci and the Lady with an Ermine«, in: *Artibus et Historiae* 25, 1992, S. 67–83) haben indessen ergeben, daß das Gemälde besser erhalten ist, als in der einschlägigen Literatur oft angegeben. Vgl. dazu auch den Beitrag von D. Bull im bereits zitierten Katalog *Leonardo. La Dama con l'ermellino,* a. a. O., 1998, S. 83–90.

[65] Vgl. A. Ottino della Chiesa, a. a. O., 1967, S. 101.

[66] J. Wasserman, a. a. O., (1975) 1982, S. 136.

[67] K. Kwiatkowski, a. a. O., 1955, S. 14, Abb. 13 und 14.

[68] Bei der Untersuchung einer neueren Röntgenaufnahme (D. Bull, »Two Portraits ...«, a. a. O., 1992, Abb. 17) konnte Bull nichts feststellen, das diese Annahme bestätigt hätte.

[69] M. Kemp, in: *Circa 1492: Art in the Age of Exploration,* Washington 1992, S. 272.

[70] Vgl. P. C. Marani und D. Bull, in: *Leonardo. La Dama con l'ermellino,* a. a. O., 1998, S. 76–90. Siehe auch im weiteren Text und Anm. 76.

[71] Vgl. A. Marinoni, *Il Codice Atlantico della Biblioteca Ambrosiana. Trascrizione diplomatica e critica,* 12 Bde., Florenz 1975–1980, Bd. VI, S. 48. Die Verse wurden erstmals von Baldassare Oltrocchi in seinen *Memorie,* Mailand 1776 (Hrsg. Ritter, S. 56–57) veröffentlicht, der Tanzi oder Mombrizio als Verfasser vorschlug. Piumati nahm sie nicht in die von der Accademia dei Lincei publizierte Ausgabe des *Codex Atlanticus* (Mailand, 1894–1902) auf; wir finden sie jedoch bereits bei Richter (*The Literary Works of Leonardo da Vinci,* Oxford 1883, 2. Auflage London 1939, par. 1560, S. 466–467, der seinerseits jedoch die letzten zwei Zeilen ausläßt). Den vollständigen Wortlaut der Verse bringen E. Solmi, »Le fonti dei manoscritti di Leonardo da Vinci«, in: *Giornale storico della letteratura italiana,* Supplement 1908; und G. Galbiati, *Dizionario leonardesco. Repertorio generale delle voci e delle cose contenute nel Codice Atlantico ...,* Mailand 1939, S. 158. C. Pedretti datiert die Rückseite dieses Blattes um 1499–1500 (vgl. C. Pedretti, *Leonardo da Vinci. Codex Atlanticus. A Catalogue of Its Newly Restored Sheets,* Part One, Vols. I–VI, New York 1978, S. 214). G. Agosti ist es schließlich gelungen, den Autor der Verse zu identifizieren, vgl. »Su Mantegna, 2«, in: *Prospettiva* 72, 1993, S. 71–81 sowie »Scrittori che parlano di artisti, tra Quattrocento e Cinquecento in Lombardia«, in: *Quattro pezzi lombardi* (per Maria Teresa Binaghi) Brescia 1998, S. 41–93, insb. S. 68

[72] C. Amoretti, *Memorie storiche su Leonardo da Vinci,* Mailand 1804, S. 39.

[73] C. Vecce, a. a. O., 1998 S. 163–164.

[74] Vgl. den Essay »La Dama con l'ermellino e il ritratto milanese fra Quattro- e Cinquecento«, in: *Leonardo. La Dama con l'ermellino,* a. a. O., 1998, S. 31–49.

[75] Vgl. G. Uzielli, *Leonardo da Vinci e tre gentildonne milanesi del secolo XV,* Pinerolo 1890; ders., *Ricerche intorno a Leonardo da Vinci,* Turin 1896, S. 304–311.

[76] Vgl. K. Kwiatkowski, a. a. O., 1955, Abb. 6–8 und 10.

[77] Zu den Kommentaren von Wasserman und Béguin siehe die Anm. 79 und 80; ferner D. A. Brown, »Leonardo and the Idealized Portrait in Milan«, in: *Arte lombarda* 67, 1983, S. 102–116.

[78] Die Bemerkung von De Beatis, im *Abendmahl* »sind mehrere zum Hof gehörige Personen nach der Natur gemalt sowie etliche Mailänder Zeitgenossen in ihrer tatsächlichen Physis« (son de naturale retracti de più persone de la Corte e de Milanesi di quel tempo di vera statura), von Beltrami nicht beachtet, wird von Pedretti in: *Leonardo. Studi per il Cenacolo dalla Biblioteca Reale nel Castello di Windsor,* Ausstellungskatalog, Mailand 1983, S. 32, 145, aufgegriffen. Zu der Hypothese, daß die Köpfe der Apostel im *Abendmahl* als »Portraits« zu verstehen seien, siehe D. A. Brown, »Leonardo's ›Head of an Old Man‹ in Turin: Portrait or Self-Portrait?«, in: *Scritti di Storia dell'arte in onore di Mina Gregori,* hrsg. von M. Boskovits, Cinisello Balsamo, 1994, S. 75–78.

[79] J. Wasserman, a. a. O., (1975) 1982, S. 166.

[80] S. Béguin, *Léonard de Vinci au Louvre,* Paris 1983, S. 81.

[81] Vgl. K. Kwiatkowski, a. a. O., 1955, Abb. 6–8 und 10.

[82] F. Sricchia Santoro, *Antonello e l'Europa,* Mailand 1983, S. 103, Abb. 22; L. Arbace, *Antonello da Messina. Catalogo completo dei dipinti,* Florenz 1993, S. 72.

[83] Diesen wichtigen Punkt unterstrich M. Kemp: »Leonardo e lo spazio dello scultore«,

in: *XXVII Lettura Vinciana,* Florenz 1988, passim.

84 Vgl. *Leonardo da Vinci. Das Buch von der Malerei* ..., a. a. O., II, S. 213, Paragraph 162 (vgl. auch die Paragraphen 168, 169 und 214). Die Stelle aus einer verlorenen Handschrift wird von Pedretti um 1505–1510 datiert, sie zeigt Gemeinsamkeiten mit den von Leonardo um 1505 angestellten Beobachtungen über die grünen Schatten, »gemacht am Meer in Piombino« (vgl. dazu C. Pedretti, *Leonardo inedito. Tre saggi,* Florenz 1968, S. 9–51).

85 Zur Zeichnung Windsor 12505 siehe K. Clark, *The Drawings of Leonardo da Vinci in the Collection of Her Majesty the Queen at Windsor Castle,* (1935) 2., unter Mitarbeit von C. Pedretti revidierte Ausgabe, London 1968–1969, I, 1968, sub numero; Clark und Pedretti datieren die Zeichnung um 1486–1488.

86 Es ist unmöglich, eine vollständige Bibliographie zur *Mona Lisa* zusammenzustellen, auch keine solche, die sich lediglich auf die wichtigsten Publikationen beschränkt: beinahe alle in diesem Band zitierten Beiträge und Monographien beschäftigen sich eingehend mit ihr. Zu einer ersten Einführung aber wenigstens folgende Titel: A. Ottino della Chiesa, a. a. O., 1967, S. 103–105; P. C. Marani, *Leonardo. Catalogo* ..., a. a. O., 1989, S. 106–109; D. Arasse, a. a. O., 1997, S. 386–412. André Chastel hat dem Gemälde im Louvre einen ganzen Band gewidmet (A. Chastel, *L'illustre incomprise. Mona Lisa,* Paris 1988): sein Werk bietet (trotz vieler Lücken) eine brauchbare Bibliographie, enttäuscht aber ansonsten nicht nur in den Schlüssen, die er zieht, sondern auch, weil der Autor nicht näher auf chronologische oder stilistische Probleme eingeht und lediglich ausweichende Antworten hinsichtlich der Identifikation der Dargestellten gibt. Aus den besagten Identifikationen soll hier wenigstens diejenige Venturis herausgegriffen sein, der statt der Gioconda in der Dargestellten Costanza d'Avalos sah, wogegen H. Tanaka jüngst wieder den Vorschlag aufgriff, sie mit Isabella d'Este gleichzusetzen. Als der Sekretär des Kardinals Luigi d'Aragona, Antonio De Beatis, im Jahre 1517 das Atelier Leonardos im Schloß Cloux aufsuchte, sah er das Bildnis »einer gewissen Florentiner Dame, nach der Natur gemalt, im Auftrag des verblichenen Giuliano de' Medici« (di certa donna firentina facta di naturale ad istantia del quondam magnifico Juliano de Medici), vgl. L. Beltrami, *Documenti e memorie* ..., a. a. O., 1919, Dok. 238, weshalb Pedretti (»Storia della Gioconda«, in: *Studi Vinciani,* Genf 1957, S. 132) der Meinung ist, daß es sich um Pacifica Brandano handeln könne oder um das Portrait einer gewissen »Signora Gualanda« – die De Beatis einige Seiten vor der Schilderung seines Besuchs bei Leonardo erwähnte und sich dabei auf ein Bild bezog, das er tags zuvor gesehen hatte (C. Pedretti, *Leonardo. A Study* ..., a. a. O., 1973, S. 137). An dieser Interpretation hält immer noch Vecce fest (a. a. O., 1998, S. 332–336). Sie wird jedoch von De Beatis selbst widerlegt, der die auf dem Portrait bei Leonardo gesehene Dame als »firentina« (Florentinerin) bezeichnet, während Signora Gualanda, sofern es sich um eine gewisse Isabella Gualanda handelt, wie Vecce behauptet, 1491 in Neapel zur Welt kam, als Tochter des Pisaners Ranieri Gualandi und dessen Frau Bianca Gallerani, und sich 1514 als Dreiundzwanzigjährige »wahrscheinlich« in Rom aufhielt. Da mit der Ausführung des Gemäldes im Louvre spätestens 1505 begonnen wurde, stellt sich die Frage, wie es möglich war, ein junges Mädchen zu portraitieren, das damals etwa 14 Jahre alt gewesen sein muß (und vor allem wo? In Florenz, in Neapel, oder vielleicht in Rom? Und warum?) und dessen Bildnis um 1514 fertiggestellt wurde, also zu einer Zeit, als jene Isabella Gualanda sich »wahrscheinlich« in Rom aufhielt; offenbar eine Fiktion in der Art des »Bildnisses des Dorian Gray«, die eine Person beinhaltet, die (vom Künstler Leonardo anscheinend durch halb Italien verfolgt) im Jahre 1505 älter sein muß, als sie tatsächlich ist und jünger, als sie 1514 ist. Es stimmt zwar, daß Lomazzo vom Portrait einer von Leonardo gemalten »neapolitanischen Mona Lisa« in Fontainebleau spricht, während der Dichter Enea Irpino aus Parma seine Gedichtsammlung einer gewissen Isabella widmet, die er vor 1520 auf Ischia geliebt hatte, aber es gibt keinen Beweis dafür, daß es sich bei dieser Isabella (falls Leonardo dieses Bildnis je angefertigt hat) um die besagte Gualanda handelt. Wahrscheinlich hat De Beatis in Leonardos Atelier in Cloux nicht das heute im Louvre befindliche Gemälde gesehen, sondern eine andere Tafel, »ausgeführt im Auftrag des verblichenen Magnifico Giuliano« und mit dem Sujet einer Kurtisane, im Typus der *Nackten Mona Lisa* auf dem Karton in Chantilly (siehe hierzu K. Oberhuber und D. A. Brown, »Monna Vanna and Fornarina: Leonardo and Raphael in Rome«, in: *Essays presented to Myron P. Gilmore,* hrsg. von S. Bertelli und G. Ramakus, Florenz 1978, II, S. 25–86). Siehe auch die folgende Anm.

87 Vgl. G. Sironi und J. Shell, »Salai and Leonardo's Legacy«, in: *The Burlington Magazine* CXXXIII, 1055, Februar 1991, S. 95–108. Nach Ansicht der Wissenschaftler hat die Abschrift jedoch eine andere Anordnung als die hier angegebene, wie bereits von E. Villata richtiggestellt wurde, der bemerkte (vgl. Dok. 100 im Anhang), daß es sich bei »dicto la Joconda« nicht um eine Korrektur, sondern um die Fortsetzung des Abschnittes »Quadro de una dona aretrata« (Bild einer nach hinten gerückten Frau) handelt. Vecce glaubt sich berechtigt, die Bedeutung dieses Dokuments und die Identifikation des »Bildes einer nach hinten gerückten Frau, genannt La Joconda« – korrigiert in »genannt die Honda« – mit dem Original von Leonardo herabzusetzen, um seine eigene Hypothese folgendermaßen zu propagieren: »In der Folge taucht ein Portrait mit dem Titel ›La Joconda‹ in der Liste von Salaìs Bildern auf (1525), mit dem hohen Preis von 100 Scudi, ein Zeichen dafür, daß diese getreue Kopie (*sic!*) vom Schüler als Original ausgegeben wurde« (C. Vecce, a. a. O., 1998, S. 334). Zu

diesem Statement erübrigt sich jeder Kommentar.

[88] Zu den Nachwirkungen der geologischen Zeichnungen siehe M. Kemp, *Leonardo da Vinci* ..., a. a. O., (1981) 1982, S. 249–251; zu den Einflüssen auf Werke Raffaels siehe D. A. Brown, »Raphael's Small Cowper Madonna and Madonna of the Meadow: Their Technique and Leonardo's Sources«, in: *Artibus et Historiae* 8, 1983, S. 9–26.

[89] Giorgio Vasari, *Leben* ..., a. a. O., Bd. 3, S. 31–34.

[90] Die Stelle wird von Pedretti in: *Leonardo. Il ritratto,* a. a. O., 1998, S. 5, zitiert. Vgl. auch Dok. 45 im Anhang des vorliegenden Bandes.

[91] Zu der Zeichnung in Turin vgl. C. Pedretti, *I disegni di Leonardo* ..., a. a. O., 1990, S. 86–88, Nr. 3; P. C. Marani, in: *Leonardo & Venezia,* a. a. O., 1992, S. 32–34. Die bisher für ein Bildnis des Cesare Borgia gehaltene rote Kreidezeichnung zeigt stilistische Ähnlichkeiten mit den Zeichnungen, die gegen Ende der ersten lombardischen Periode entstanden und vielleicht anläßlich des Aufenthaltes von Cesare Borgia 1499 in Mailand ausgeführt wurden. Zum *Paragone* zwischen Malerei und Bildhauerei siehe *Leonardo da Vinci. Das Buch von der Malerei* ..., a. a. O., 1. Teil, Nr. 35–45. S. 73 ff. Zur Beschreibung des Gemäldes von Giorgione vgl. G. Vasari, *Leben* ..., a. a. O., Bd. 3, S. 57–58. Zum Bild Lorenzo Lottos, das von mir mit dem sogenannten *Dreifachen Portrait* von Cesare Borgia in Turin in Zusammenhang gebracht wird (in: *Leonardo & Venezia,* a. a. O., 1992, S. 33–34), siehe nun P. Humphrey in: *Lorenzo Lotto. Il genio inquieto del Rinascimento,* Ausstellungskatalog (Washington, Bergamo, Paris), hrsg. von D. A. Brown, M. Lucco und P. Humphrey, Mailand 1998, S. 175–177.

[92] Zu der außergewöhnlichen Zeichnung in Oxford siehe M. Kemp und J. Roberts, *Leonardo da Vinci,* London 1989, Katalog Nr. 34, S. 91. Über ihre Zugehörigkeit zur Sammlung Vasaris siehe L. Ragghianti Collobi, *Il libro de' Disegni del Vasari,* Florenz 1974, Bd. I, S. 92, Bd. II, Abb. 249 auf S. 128. Zu den grotesken Köpfen vgl. E. H. Gombrich, »Leonardo's Grotesque Heads. Prolegomena to their Study«, in: *Leonardo. Saggi e ricerche,* Rom 1954, S. 197–220; M. K. Kwakkelstein, *Leonardo da Vinci as a Physiognomist. Theory and Drawing Practice,* Leiden 1994; M. Rossi, in: *L'Ambrosiana e Leonardo,* Ausstellungskatalog, hrsg. von P. C. Marani, M. Rossi und A. Rovetta, Mailand 1998, S. 80–98. Zu den Physiognomik-Studien siehe F. Caroli, *Leonardo. Studi di fisiognomica,* Mailand 1991. Vgl. weiterhin C. Pedretti, in *L'anima e il volto. Ritratto e fisiognomica da Leonardo a Bacon,* Ausstellungskatalog, hrsg. von F. Caroli, Mailand 1998, S. 44–47.

[93] C. Pedretti, in *L'anima e il volto* ..., a. a. O., 1998, S. 41. Vgl. außerdem Dok. 75 im Anhang.

[94] Vgl. *Leonardo da Vinci. Das Buch von der Malerei* ..., a. a. O., II. Teil, Nr. 155, S. 99. Das verlorengegangene Original zu dieser Stelle wurde von Pedretti auf »1505–1510« datiert.

[95] W. Pater, *Studies in the History of the Renaissance,* London 1873, zitiert von Migliore, a. a. O., 1994, S. 34. Zur Diskussion über die verschiedenen Interpretationen der *Mona Lisa*, die von der romantischen Kritik vorgenommen wurden, und zur Definition als Sphinx und *femme-fatale*, abwechselnd vorgeschlagen von Swinburne, Oscar Wilde und Gabriele D'Annunzio, verweise ich ebenfalls auf das 1994 erschienene Buch von Migliore. Inwieweit der Erhaltungszustand des Gemäldes diese Texte beeinflußt haben könnte, ist von genau so großem Interesse wie die Tatsache, daß Leonardo fälschlicherweise eine Reihe von Zeichnungen und Malereien zugeschrieben wurde, was eine Vielzahl von Gemeinplätzen und falschen Behauptungen ins Leben rief. Vgl. auch L. Venturi, a. a. O., 1919, S. 137 ff; A. R. Turner, *Inventing Leonardo,* Berkeley und Los Angeles 1994, S. 119–131.

[96] Natürlich darf Longhis Ansicht nicht losgelöst vom Klima seiner Zeit betrachtet werden: um 1914 war der Protest gegen die Romantik, ihre Interpretationsformen und ihre Mythen auf dem Höhepunkt angelangt, und die Position Longhis ist mit der der Futuristen vergleichbar, die, um die Moderne zu propagieren, die Traditionen der Vergangenheit gnadenlos destruierten. Zur Vorliebe Longhis für Renoir siehe R. Longhi, »Le due Lise«, in: *La Voce,* A. VI, 1, 1914, S. 21–25 (wiederabgedruckt in den *Opere complete di Roberto Longhi,* Bd. I, Buch 1, *Scritti giovanili, 1912–1922,* Florenz 1961, S. 129–132).

[97] Vgl. M. Hours, »Étude analytique des tableaux de Léonard de Vinci au Laboratoire du Musée du Louvre«, in: *Leonardo, Saggi e ricerche,* a. a. O., 1954, Tafel XII, Abb. 2 und S. 16–17 (Kommentare).

[98] Ebda, 1954, Tafel XXX, Abb. 25.

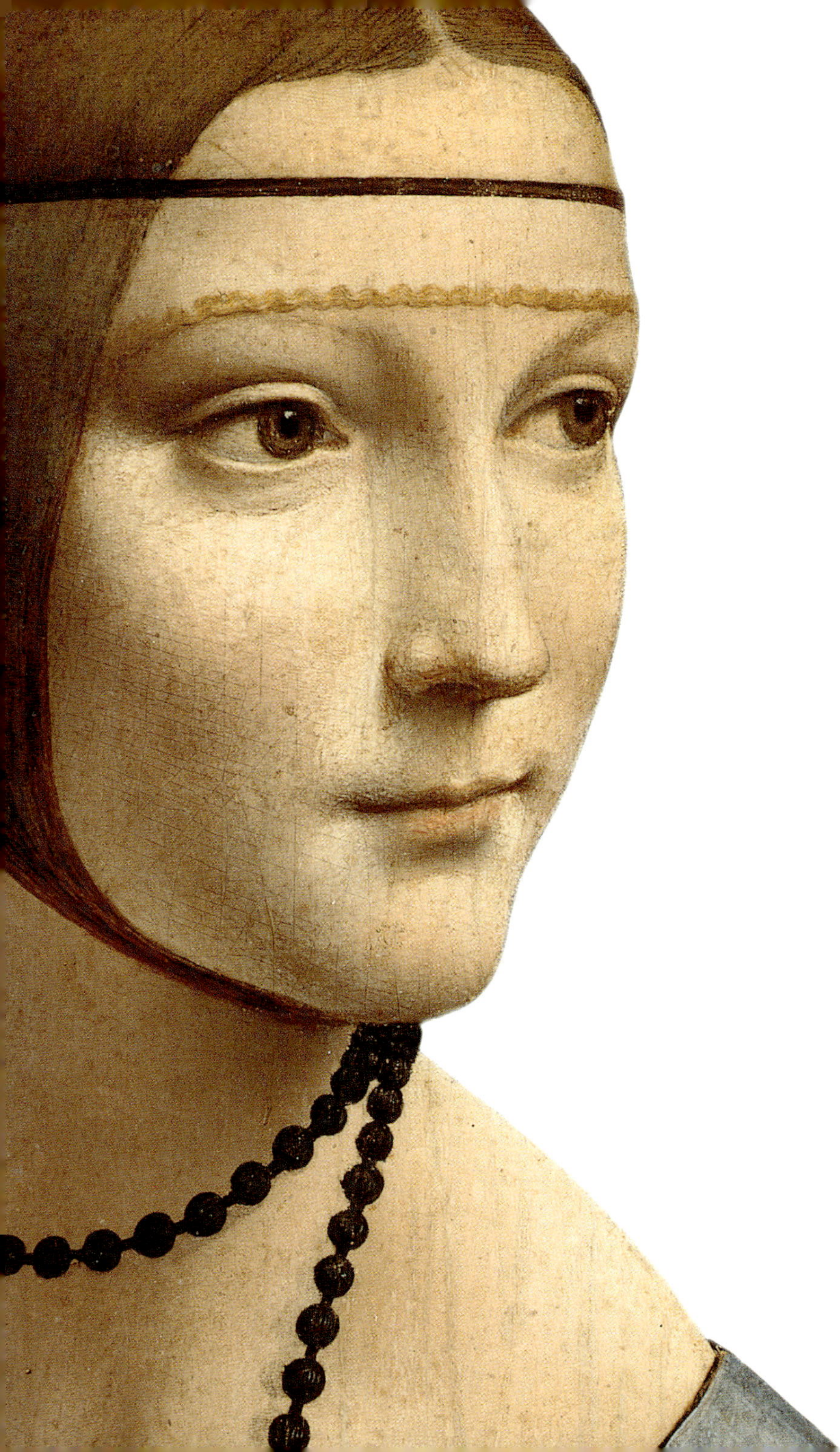

Auf dem Weg zu einer neuen Klassik: Vom Abendmahl zur Hl. Anna Selbdritt

Der »Wettstreit mit der Antike«

Die Welt der Antike habe auf Leonardo keine wirkliche Faszination ausgeübt – so lautet das lange vertretene Fehlurteil, dessen Wurzeln bis in die Kunstkritik der Romantik zurückreichen; auf seinem kühnen Weg in die Moderne habe Leonardos Genie die Auseinandersetzung mit dem klassischen Altertum hintangesetzt. Doch die Wirklichkeit sah anders aus. Die Kenntnis der antiken Vorbilder stellte für Leonardo wie für beinahe alle Künstler seiner Generation eine wesentliche Grundvoraussetzung dar, um in der Zeichnung, der Malerei und noch mehr in der Bildhauerei die allseits angestrebte vollkommene Schönheit zu erreichen. Nicht umsonst bezieht sich auch der Theoretiker und Schriftsteller Leonardo gerne auf antike Quellen; diese zum Teil wörtlichen Anleihen werden später noch eingehend zur Sprache kommen.

Kenneth Clark war es, der erstmals in einer größeren Untersuchung Leonardos Verhältnis zur Antike herausstrich und dafür eine ganze Reihe historischer Gewährsleute, von Paolo Giovio bis zu Cesare Cesariano, von Giorgio Vasari bis zu Giovan Paolo Lomazzo, als Zeugen anführen konnte. Vasari beispielsweise rühmt in der »Vorrede« zum dritten Teil seines Traktats *Leben der ausgezeichnetsten Baumeister, Maler und Bildhauer* an der Stelle, an der er über antike Skulpturen schreibt, Leonardo als den fortschrittlichen Künstler, der aus dem Studium der Antike die größten Anregungen und Vorteile für die, wie er sich ausdrückt, »neuere Manier« schöpfte.[1] Auch Leonardos eigenes Bekenntnis, »das Nachahmen der antiken Dinge ist lobenswerter als das der neuen«[2], verdeutlicht seine eindeutig positive Stellungnahme in dem für die Renaissance so aufschlußreichen »Wettstreit mit der Antike«. An dieser grundsätzlichen Haltung ändert auch die Tatsache nichts, daß sich Leonardo aus dem Fundus des Altertums zumeist jener Exempel bediente, die letztlich mit den klassischen Normen brachen. Derartige Zusammenhänge werden in einem mittlerweile berühmten Brief des Guglielmo della Porta an Bartolomeo Ammannati erwähnt, der Leonardo zu den Künstlern zählt, die sich intensiv mit der Antike befaßten; während seines Mailänder Aufenthalts, so die entsprechende Passage, habe er unablässig betont, »Rom sei die wahre Lehrmeisterin jeder Kunst, die auf dem *disegno*, dem zeichnerischen Vermögen, basiere«. In demselben Brief, der hauptsächlich dem Verhältnis Bramantes zur Antike gewidmet ist, steht zu lesen: »Als Baumeister forderte Bramante, daß jeder, der in diesem Beruf als Meister nach Rom käme, sich wie eine Schlange die alte Haut abstreifen und sich aller Dinge entledigen müsse, die er anderswo gelernt habe. Dabei führte er sich selbst als Beispiel an und sagte, bevor er Rom gesehen habe, habe er sich für einen ausgezeichneten Maler und Baumeister gehalten, aber dann, obwohl er seine Kunst schon so viele Jahre ausgeübt, habe er seinen Irrtum erkannt, was ihn dazu bewog, einen großen Teil der antiken Gebäude in Rom, Tivoli, Praeneste und vielen anderen Orten abzuzeichnen, wobei er jeden Tag etwas Neues studiert, sich notiert und gelernt habe, bis er der guten, wohlproportionierten Baukunst der Antike den Weg bereiten

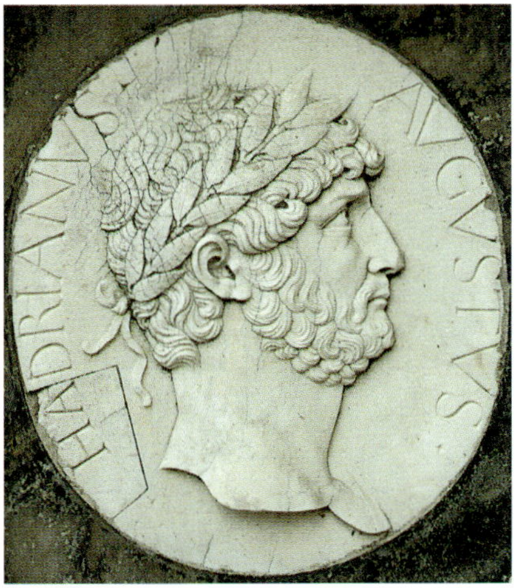

Umkreis des Giovanni Antonio Amadeo, *Hadrian*. Certosa di Pavia.

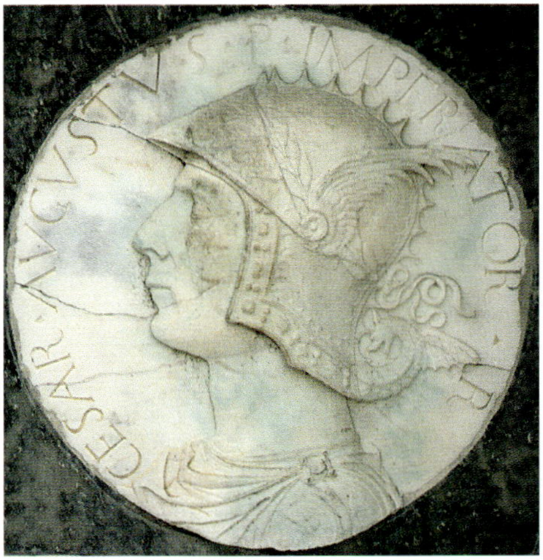

Umkreis des Giovanni Antonio Amadeo, *Cäsar*. Certosa di Pavia.

Rechte Seite: Leonardo da Vinci, Studie zu den Proportionen des menschlichen Kopfes und des Körpers. Windsor Castle, Royal Library (Inv. Nr. 12601).

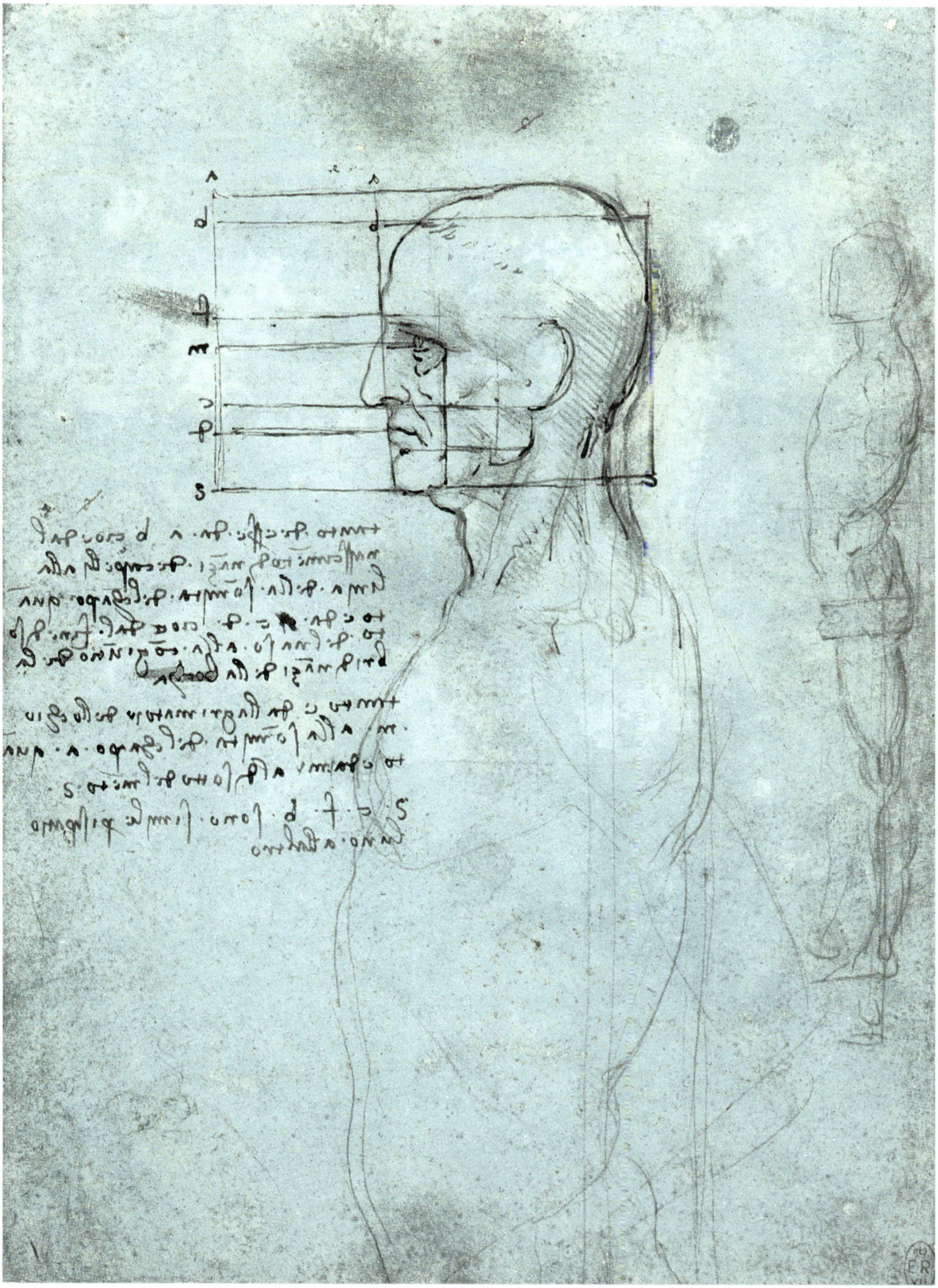

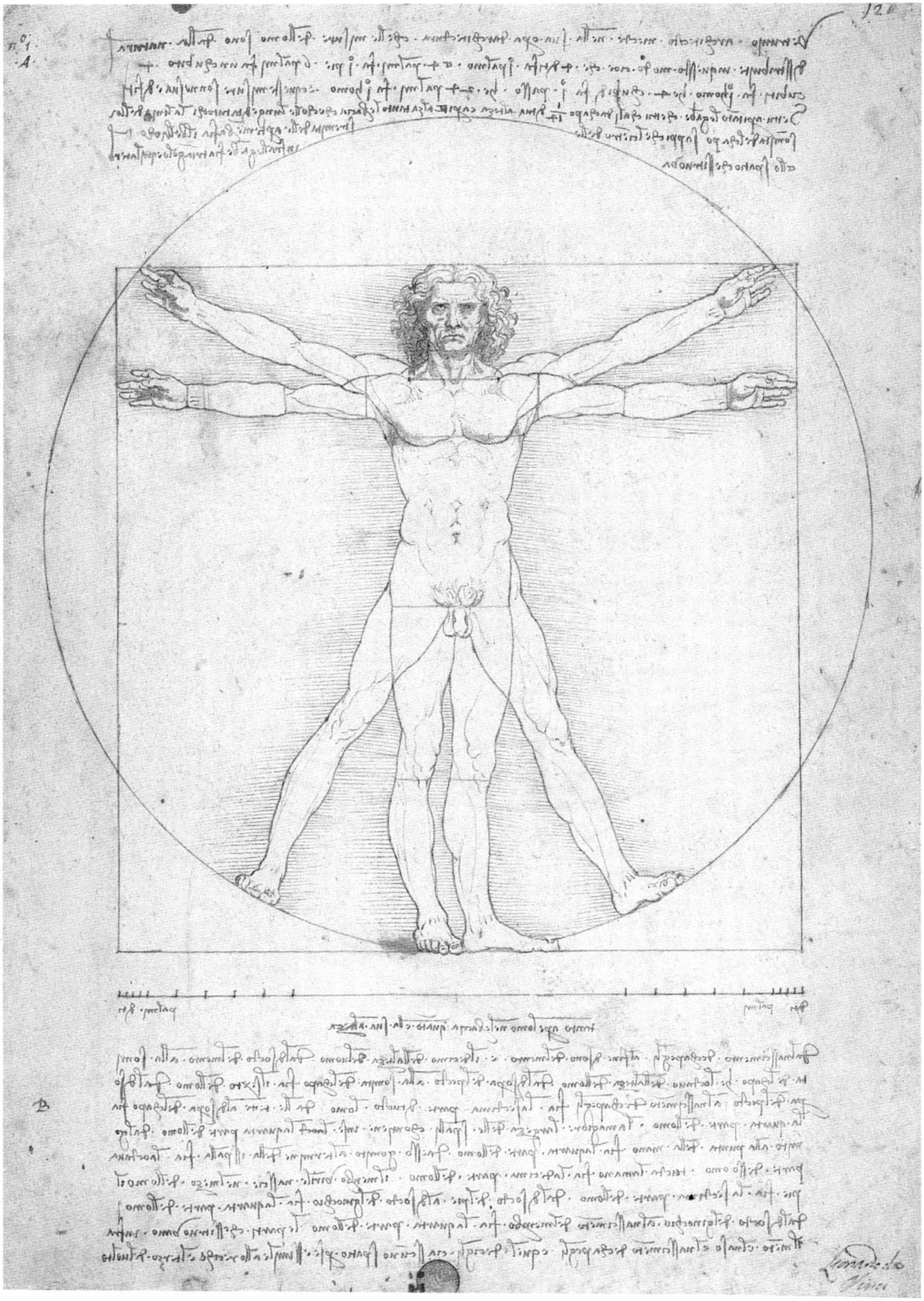

konnte.« Die im Brief della Portas angeschlagenen Themen tauchen im nachhinein die künstlerischen Bestrebungen Leonardos und Bramantes in ein neues Licht: Beide halten sich zur gleichen Zeit, also kurz vor 1500, in Mailand auf, beide sehen im Antikenstudium die Voraussetzung künstlerischer Perfektion, aber nur dann, wenn es sich auf das analysierende Vergleichen der antiken Überreste stützt: der Relikte vor allem eben in Rom, daneben aber auch, wie es heißt, in Tivoli und Praeneste. Die in della Portas Brief vermerkte Aussage Bramantes, er wolle wie eine Schlange seine alte Haut abstreifen, um ganz von vorn mit dem Studium der Antike zu beginnen, eröffnet nach Carlo Pedretti die Möglichkeit, in Bramante auch den Verfasser einer kleinen poetischen Schrift, der *Antiquarie prospettiche romane composte per prospectivo melanese dipinctore* (Prospekte römischer Altertümer von einem Mailänder Perspektivenmaler) zu sehen. Auf dem Titelholzschnitt des Leonardo dedizierten Werkes erscheint der Autor in antikischer Nacktheit und illustriert damit symbolisch jene Zeile des Widmungssonetts, in der zu lesen ist, daß er sich beim Anblick der Antike »bis auf die Haut entblöße«.[3]

Von Leonardos Interesse für die Antike war bereits in den bisherigen Kapiteln vielfach die Rede, beispielsweise anläßlich der *Anbetung der Heiligen Drei Könige*, jetzt in den Uffizien, wo die mit Hilfe eines ausgeprägten Helldunkels inszenierte Wirkung des Dreidimensionalen die Kenntnis römischer Reliefs und Sarkophage verrät; ebenso anläßlich des *Hl. Hieronymus* in der Pinacoteca Vaticana, der paradigmatisch die Regeln Vitruvs verkörpert. Beide Werke, in denen sich eine humanistisch geprägte Einstellung zur Antike bekundet, beginnen jenen Stil zu überwinden, den Leonardo während seiner Lehrzeit in Andrea del Verrocchios Werkstatt kennengelernt hatte, und der mehr Wert auf Eleganz und ornamentalisierte Formensprache legte, als auf entschieden klassische Prägung.[4] Seit den achtziger Jahren des 15. Jahrhunderts gewinnt Leonardos Hinwendung zur Antike immer deutlichere Konturen; der stärkste Beweggrund war offenbar der, über den Zugang zu den lateinischen Quellen ein Bildungsniveau von solcher Höhe und Universalität zu erreichen, wie es bislang den Künstlern aufgrund ihrer Ausbildung und gesellschaftlichen Rollenzuteilung verwehrt blieb. Es war zunächst also weder die Malerei, die Bildhauerei oder Architektur, es war die Literatur, die Leonardos Weg zur Antike ebnete. Seine Versuche beispielsweise, sich die antikisierende Terminologie eines Roberto Valturio und anderer Schriftsteller, die sich mit dem Kriegswesen befaßten, zu eigen zu machen, füllen Seiten um Seiten des *Codex Trivulzio*; und seine Auseinandersetzung mit den Lehren des Vitruv artikuliert sich im gleichen Codex über zahlreiche Proportionsstudien des menschlichen Körpers. In all dem ist der Ausgangspunkt für die entscheidende Wende in Leonardos künstlerischer Entwicklung zu sehen. Daß das geistige Klima am Mailänder Hof ganz vom Ideal des Humanismus durchdrungen war – wie jüngste Forschungen auf erstaunliche Weise aufdecken konnten –, gab Leonardo gewiß weitere starke Impulse in dieser Richtung. Das leidenschaftliche Sammeln von Altertümern ist in Mailand jedenfalls schon vor Ludovicos Regierungszeit hinreichend belegt. Wenig später konnte Leonardo seine Affinität zur Antike erneut kultivieren, als er zwi-

Linke Seite:
Leonardo da Vinci,
Illustration zur »Vitruvianischen Proportionsfigur«
(Homo quadratus),
Venedig, Gallerie dell'Accademia
(Inv. Nr. 228).

schen 1499 und 1500 die für den Humanismus überaus empfängliche Isabella d'Este in Mantua aufsuchte.[5]

Im Mailand der zweiten Hälfte des 15. Jahrhunderts war es also keineswegs ungewöhnlich, sich mit der Antike zu beschäftigen, eine Haltung, zu der die im siebten Jahrzehnt laufend enger werdenden politischen Kontakte zu Florenz ebenso energisch beitrugen wie die Anwesenheit toskanischer Künstler in der Lombardei, etwa eines Filarete und vielleicht auch eines Michelozzo. Vincenzo Foppa hatte in der Mailänder Medici-Bank eine Freskenreihe mit acht römischen Kaisern gemalt[6], und die charakteristischen Profile dieser Herrscherbildnisse – insbesondere die Caesars und Hadrians – begegnen beispielsweise erneut in den gemeißelten Medaillons am Sockel der Certosa di Pavia (Kartause von Pavia), die Giovanni Antonio Amadeo mit seiner Werkstatt zwischen 1474 und 1480 schuf.[7] Der klassische Profiltypus indiziert nachhaltig, daß in Sammler- und Künstlerkreisen antike Münzen von entsprechender Prägung im Umlauf waren – parallel dazu konnte man die Taten der jeweiligen Kaiser in weithin zirkulierenden Texten nachlesen, angefangen bei den von Leonardo in den neunziger Jahren des 15. Jahrhunderts ausgewerteten *Scriptores rei militari*, mit Auszügen aus den Kommentaren Hadrians und anderer über die Kriegskunst,[8] bis zu den dem Künstler gleichfalls wohlbekannten Traktaten von Alberti und Filarete.[9] Die in letzteren enthaltenen Staats-, Gesellschafts- und Stadtbauutopien besaßen fast ausschließlich in antiken Quellen ihre fundamentale Voraussetzung; im übrigen heben sie an vielen Stellen Hadrians Aktivitäten als Maler, Zeichner, Architekt und Stadtgründer hervor und schildern die sein Aussehen festhaltenden, in Stahl gravierten und in Bronze geprägten Portraits, die »wie lebendig wirkten«.[10] Möglicherweise hielt Leonardo Bücher in Händen, die die Altertümer Roms beschrieben. Vielleicht enthielten sie sogar Risse einiger der interessantesten Gebäudeteile des nicht allzuweit von Rom entfernten Riesenkomplexes der Hadrians-Villa (Villa Adriana) in Tivoli, vergleichbar denen, die Francesco di Giorgio Martini für den Anhang der ersten Fassung seines *Trattato d'architettura* gezeichnet hatte: Er könnte die Vorlagen bei Leonardo gesehen haben, als sich beide Künstler 1490 nach Pavia begaben. Andere Zeichnungen Francesco di Giorgios stellen Teile dieser Villa dar und finden sich in seinem sogenannten *Taccuino di viaggio* (Reiseskizzenbuch), das heute in den Florentiner Uffizien aufbewahrt wird.[11] Unter ihnen ist das berühmte »Teatro marittimo«, über das noch zu sprechen sein wird.

Auch die Kenntnis altrömischer Gebäude wie des Kolosseums, der Cestius-Pyramide, des Pantheons und der Engelsburg konnte sich vor allem dank der Berichte antiker Historiker in der Lombardei uneingeschränkt verbreiten: Durch die Lektüre einer lateinischen Plinius-Ausgabe – vielleicht eine der venezianischen Ausgaben aus den Jahren zwischen 1469 und 1499 – erfuhr Leonardo zum Beispiel von *Delli edifici maravigliosi di Roma* (Von den wunderbaren Bauten Roms);[12] das hier aufgeführte bewegliche Theater des Curius rekonstruierte er um 1495[13] im *Codex 8937* der Biblioteca Nacional in Madrid (fol. 110 *recto*). Die begleitende Anmerkung – »Bei den großen römischen Bauwerken finde ich zwei Amphitheater, die einander mit dem Rücken berühren ...« – verdeutlicht Leonardos mittlerweile hohe Bewunderung der römischen Altertümer. Auch die Reisen der lombardischen Künstler, etwa die eines Bramantino,[14] und der wechselseitige Kontakt mit toskanischen Künstlern, mit einem Filarete beispielsweise oder einem Giuliano da Sangallo, haben das Wissen der Mailänder um die Bauten und Skulpturen der römischen Antike im ausgehenden 15. Jahrhundert zweifellos stark bereichert. Ein Künstler wie Gian Cristoforo Romano, der sich 1491 in Pavia aufhielt, vermochte ohne weiteres die römische Klassizität auch für die Bildhauer fruchtbar zu machen, nicht nur für die Baumeister, für die natürlich seine Architekturnotizen und -zeichnungen primär gedacht waren.[15]

Das oben erwähnte kleine Gedicht *Antiquarie prospettiche romane ...* ist gleichbedeutend mit einem kurzen Kompendium der »Wunder« Roms. Der, wie man neuerdings weiß, zwischen 1496 und 1498 von einem als »melanese dipinctore« (Mailänder Maler) apostrophierten Autor verfaßte und Leonardo gewidmete Text nennt das Pantheon, die Engelsburg und abschließend die Tiburtinische Sibylle, zudem einige hochberühmte antike Skulpturen wie die sogenannte *Zigeunerin*, die zusammen mit dem *Dornauszieher* im Konservatorenpalast aufbewahrt wird. Der anonyme Verfasser vergleicht diese Bildhauerwerke mit Skulpturen Verrocchios, deren künstlerischen Rang er wesentlich geringer ansetzt; daran knüpft sich eine Hommage an den Maler Leonardo da Vinci, der sogar auf dem Sektor der Bildhauerei seinem einstigen Lehrmeister Verrocchio überlegen sei.[16]

Außerdem sei nochmals an das *Libro d'anticaglie* (Buch der Altertümer) erinnert, das Leonardo schon vor 1504 besaß und das der *Codex 8936* der Biblioteca Nacional in Madrid aufführt;[17] ferner an das »Libro che ha Magistro Lionardo che fu chauato a Roma«, ein Buch, das der anonyme Verfasser des in die Biblioteca Ambrosiana gelangten *Codex Bramantianus* erwähnt. Es könnte Pläne, Zeichnungen und Vermessungen antiker Kunstwerke enthalten haben, ebenso detaillierte Beschreibungen antiker Stätten und Monumente. Den Passus nämlich, der im Codex den Grundriß »eines Tempels« erläutert, »der sich in einem Buch befindet, das in Rom kopiert wurde und im Besitz Meister Lionardos ist, und das ich nicht gefunden habe«, glaubt man auf das sogenannte Wassertheater beziehen zu dürfen, eines der bekanntesten Gebäude der Villa Adriana. Dies wird auch durch Francesco di Giorgios Zeichnung auf dem bereits zitierten Blatt 88 *verso* des Turiner Codex bestätigt.[18]

Die körperliche Ausdruckskraft antiker Skulpturen, das voluminöse Architekturrelief antiker Monumente, die später einem Vasari und einem della Porta als die maßgeblichen Kategorien für die Herausbildung der »maniera moderna« galten, zeitigten enormen Einfluß auf Leonardos neuerliche Beschäftigung mit Architekturzeichnungen und der Darstellung des menschlichen Körpers, die in die später achtziger Jahre datiert.[19] Damals befaßte er sich wieder mit dem Körperbau des Menschen und den entsprechenden Möglichkeiten künstlerischer Umsetzung, aber er tat dies auf völlig andere Art und Weise als während der vorhergehenden Florentiner Zeit. Die analytischen Anstöße, die er zwischen 1487 und 1489 aus dem Sezieren gewann, schlugen sich gleicherweise in seinen Anatomie- wie in seinen Architekturstudien nieder, da er

Folgende Seite:
Leonardo da Vinci,
Aktstudie.
Windsor Castle, Royal Library
(Inv. Nr. 12638).

S. 217:
Bramantino, *Argus*.
Mailand, Castello Sforzesco,
Sala del Tesoro.

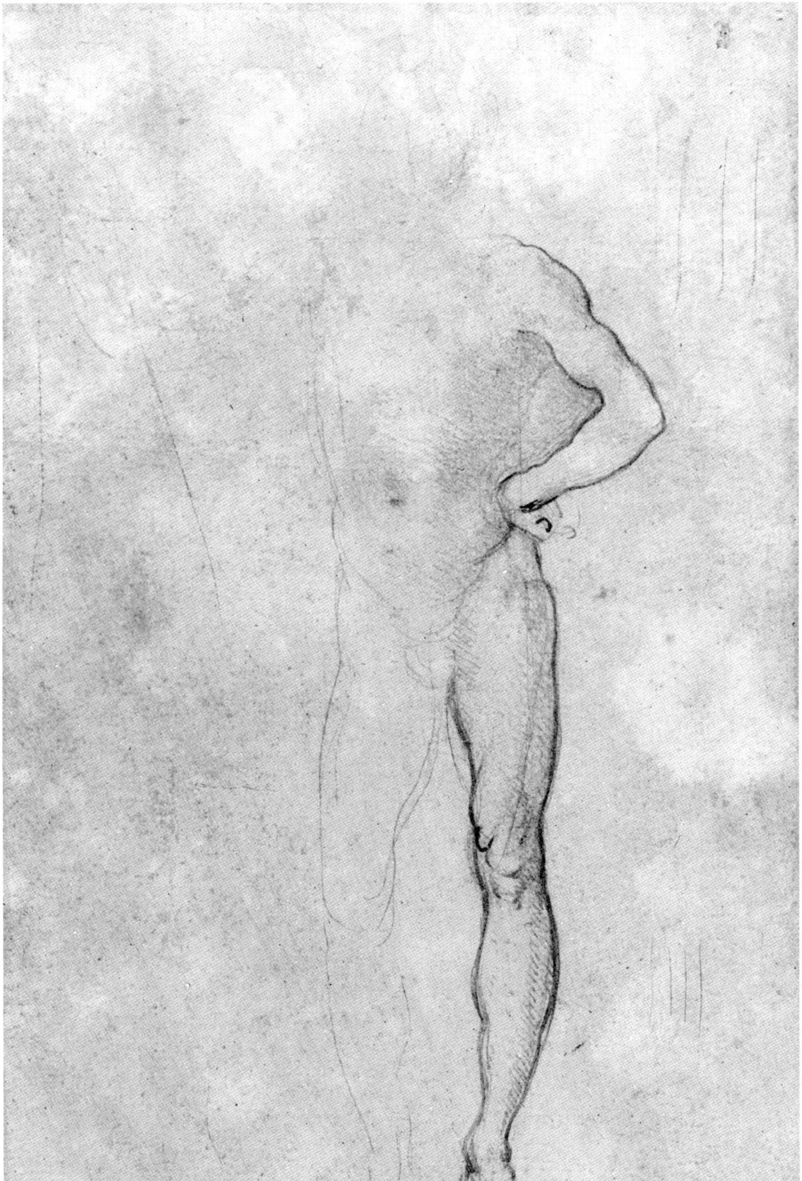

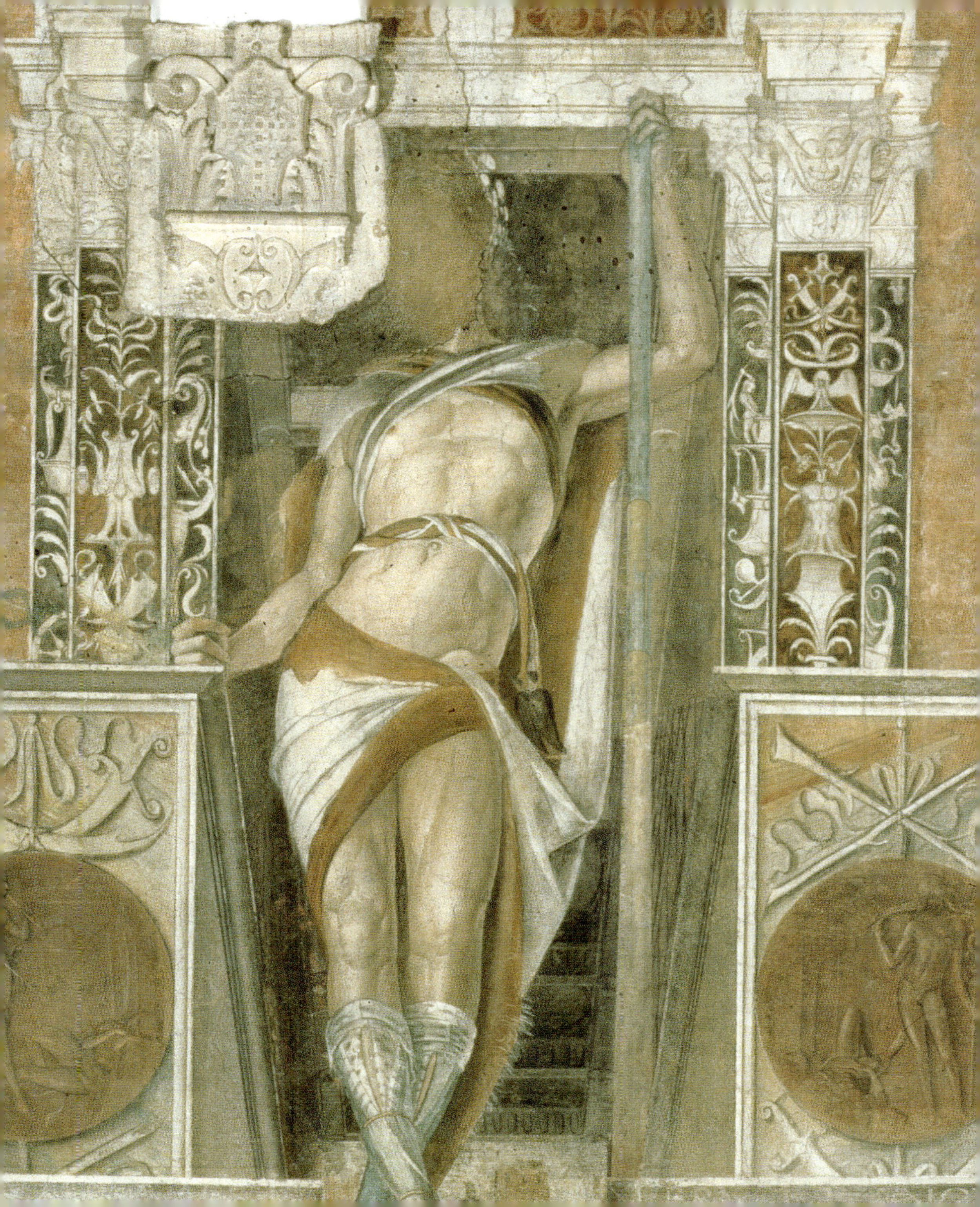

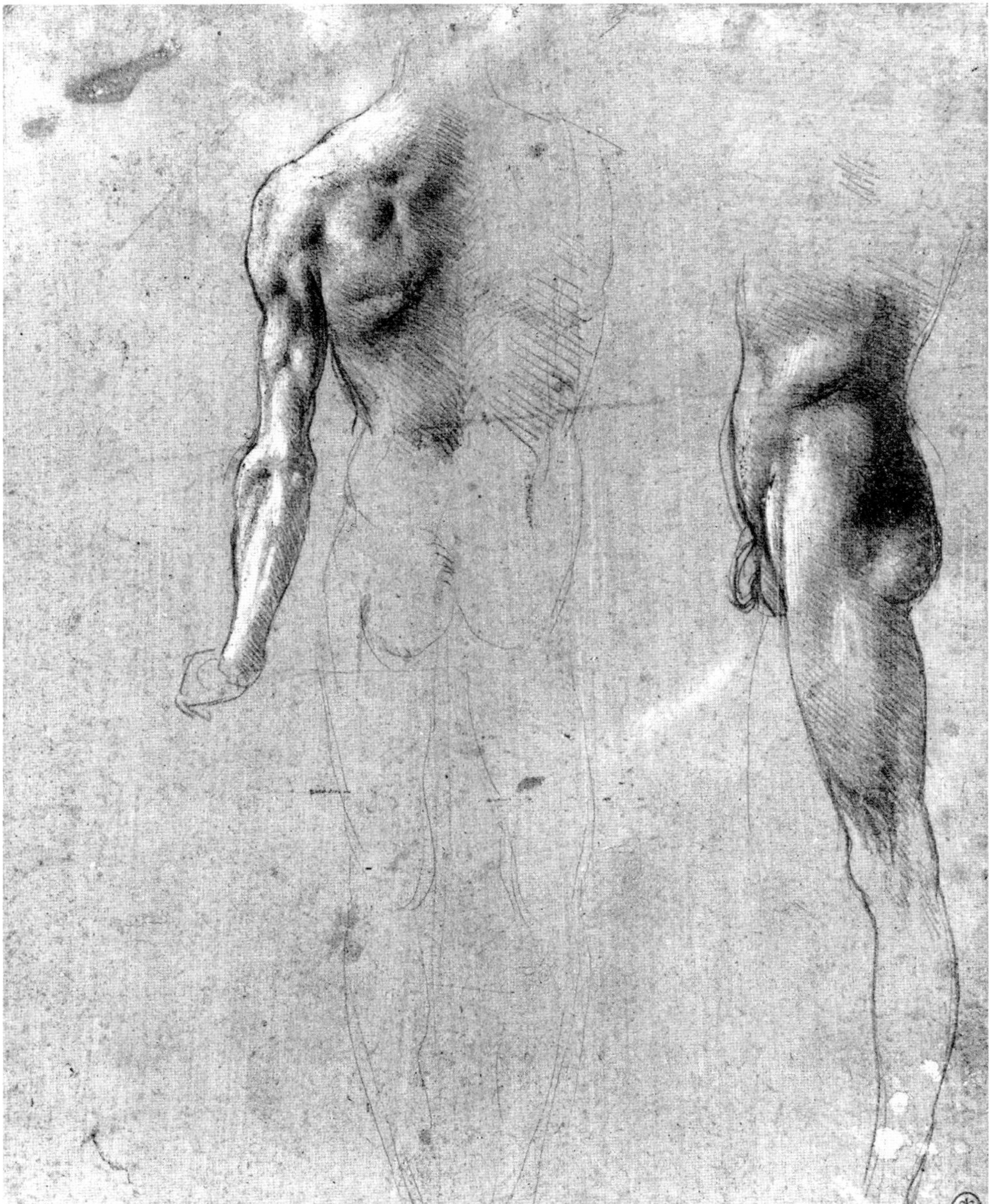

beide Male einen fast identischen graphischen Darstellungsmodus und oft auch dieselbe Terminologie benutzt: etwa, wenn er von der »Kuppel des Schädels« spricht oder vom »Mediziner-Architekten«. In seinen Proportionsstudien, beispielsweise auf Blatt Nr. 12601 in Windsor, um 1488, unterbreitet Leonardo überdies eine strenge Konstruktion des menschlichen Körpers einschließlich des Kopfes, die auf einer Reihe von peniblen Längenvergleichen der einzelnen Körperteile beruht. Gewiß, Leonardos Ideal zielt auf das Auffinden universal verbindlicher Regeln. Ebenso gewiß aber ist, daß dieser Anspruch auf Allgemeingültigkeit in seinen Augen nur einzulösen war mit Hilfe sorgfältigster Einzelmessungen, etwa der folgenden:

»Die Distanz von *a* bis *b*, das heißt, vom Haaransatz bis zum Scheitel des Kopfes, muß ebenso weit sein wie von *c* bis *d*, das heißt, von der Nasenwurzel bis zu der Stelle, wo die geschlossenen Lippen aufeinander treffen ...« (Windsor Nr. 12601 *recto*).

Auch wenn die Maßangaben solcher Relationen, wie zwischen einem Teil des Arms und dem Fuß oder zwischen einem Teil des Oberschenkels und dem Oberkörper, im einzelnen mit Fehlern behaftet waren, verfügte Leonardo mit ihrer Hilfe über ein insgesamt relevantes und zuverlässiges, da metrisches Regelwerk, das seinerseits die solide Basis für die künstlerische Wiedergabe der menschlichen Figur abgab; er war ja überzeugt, die Grundgesetze entdeckt zu haben, aus denen die Harmonie und die Schönheit menschlicher Physis entspringen.

Demgemäß setzt auch der berühmte *Homo quadratus,* der sogenannte vitruvianische Mensch, also die um 1490 ausgeführte Zeichnung einer nach den Prinzipien Vitruvs entstandenen Proportionsfigur in den Gallerie dell'Accademia in Venedig, nicht bloß mechanisch die Lehrsätze des antiken Schriftstellers um, sondern verifiziert diese Prinzipien an der beispielhaften Idealkonstruktion eines nackten Mannes, die Leonardo zum Archetyp *des* menschlichen Körpers schlechthin erhebt.[20] Folgerichtig ändert sich dann die Art seiner Aktstudien im Vergleich zur vorhergehenden Florentiner Zeit, in der noch die Linie allein das Volumen und die Bewegung bestimmt hatte. Nun markieren Studien wie Nr. 12637 und 12638 in Windsor aus den Jahren 1490 bis 1491 die Hauptstrukturen des menschlichen Körpers mit kurzen, energisch geführten Konturstrichen, und die modellierende Definition der Gliedmaßen beziehungsweise der Oberflächenmuskulatur verrät eine gründlichere Kenntnis der Anatomie; Leonardo holt jetzt die Gestaltformen gleichsam aus dem Zusammenstoß von Licht- und Schattenmassen heraus, das Ganze ihrer Körperlichkeit bleibt selbst in Teilansichten jederzeit anschaulich. Die Proportionierung der Gliedmaßen wird, analog zu den kanonisch festgelegten Maßverhältnissen eines antiken Denkmals oder einer antiken Skulptur, zum Konstruktionsmittel eines neuen Figurentypus: einer Physis, konform zur Natur, weil sie auf mathematisch erprobtem Wege mit der Wirklichkeit korrespondiert – und zugleich voller Idealität, weil sie die Anschauung universaler Gesetzlichkeit in sich birgt.

Die Wirkung dieser neuen Modelle, dieser Ergebnisse sowohl wissenschaftlicher Beobachtung als auch kräftiger, von antiken Bildwerken ausstrahlender Impulse – letzteres ist besonders gut sichtbar an der Haltung der Figur auf Blatt Windsor Nr. 12638 –,

Linke Seite:
Leonardo da Vinci,
Aktstudien.
Windsor Castle, Royal Library
(Inv. Nr. 12637).

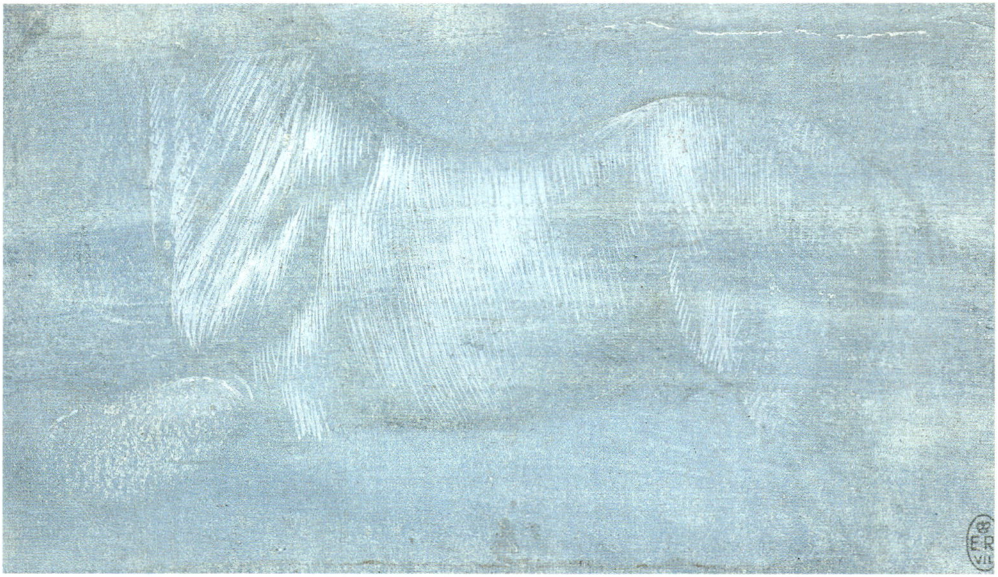

Leonardo da Vinci,
Pferdestudie.
Windsor Castle, Royal Library
(Inv. Nr. 12289).

zeigt sich bereits im Mailand der frühen neunziger Jahre. Denn genau zu diesem Zeitpunkt läßt sich Bramantino von ihnen zu der Gestalt des *Argus* (S. 217) inspirieren, als er am Freskenprogramm in der Schatzkammer, der Sala del Tesoro, des Castello Sforzesco beteiligt wird.[21]

Bramantinos mythologisches Gemälde ist, allein schon seines prominenten Anbringungsortes wegen, Leonardo gewiß nicht entgangen, der zudem mit Bramantinos Lehrer Bramante befreundet war. Leonardo selbst wurde vermutlich ebenfalls beauftragt, Episoden aus der Geschichte des Altertums zu illustrieren, denn um 1494, wenige Jahre nach Bramantinos *Argus*, wollte er sich in »24 römischen Geschichten« versuchen, vermutlich in Vigevano. Er hatte noch über die »Komposition« nachzudenken, aber schon entschieden, Blau, Gold und Indigo zu verwenden.[22]

Das Abendmahl in Santa Maria delle Grazie und das Reiterdenkmal für Francesco Sforza

Auch der Blick auf Leonardos Studien zur Anatomie des Pferdes beweist, daß alle seine künstlerischen Untersuchungen vom Anfang der neunziger Jahre von der neuen mathematischen und gleichzeitig »klassischen« Grundauffassung geprägt sind: Auf Blatt Nr. 12290 in Windsor »zerlegen« nämlich Linien die Ansicht eines Pferdes in verschiedene Teile, wobei Leonardo dasselbe Verfahren der Äquivalenzen anwendet, das er auch schon für die diversen Partien des menschlichen Körpers praktiziert hatte; Blatt Nr. 12289, ebenfalls in Windsor, zeigt neben einem fortgeschrittenen Grad an Naturnachahmung gleichzeitig eine derartige Annäherung an »klassische« Muster, daß es im Eindruck mit den hervorragendsten Reliefs der Antike konkurrieren kann; beide Studienzeichnungen sind in raschen, abrupten Strichlagen ausgeführt, nicht unähnlich den Linien eines Stichels oder Meißels, und und die weißen Schraffuren auf blauem Grund erzeugen herrlich vitale Lichtvibrationen.

Dieselben Voraussetzungen muß man im Auge behalten, wenn man sich mit Leonardos bedeutendster Schöpfung in Mailand befaßt: mit dem *Abendmahl*, einem Wandbild im Refektorium des Klosters Santa Maria delle Grazie.

Eine der wenigen überkommenen Vorstudien, die Rectoseite von Blatt Nr. 12635 in Windsor, mit dem elegant gezeichneten Fuß Christi, erweist sich als eine Skizze nach der Natur, in der die proportionalen Entsprechungen zwischen den jeweiligen Segmenten der Zehen und des Fußes durch parallele Linien präzise festgelegt sind. Man sieht: Es besteht kaum ein Unterschied zwischen der innovativen Art und Weise, wie Leonardo den menschlichen Körper oder Teile davon bildnerisch analysiert und wiedergibt, und seiner Methode, die Proportion antiker Statuen festzuhalten.

Die Verwendung lebender Modelle für die Figuren des *Abendmahls* ist dokumentiert: »Alessandro Carissimi da Parma [war das

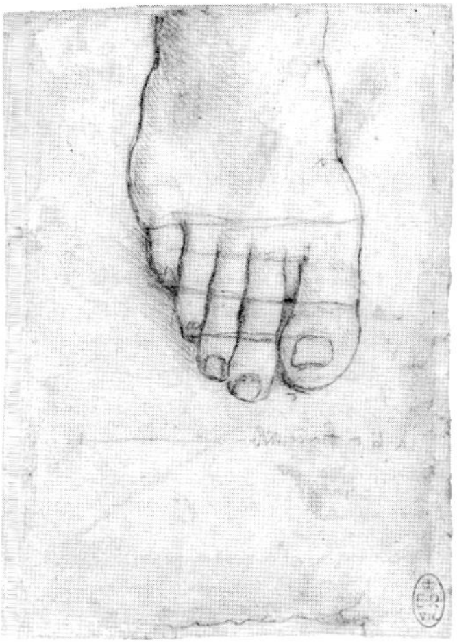

Leonardo da Vinci,
Studie für das *Abendmahl*
(der rechte Fuß Christi).
Windsor Castle, Royal Library
(Inv. Nr. 12635 *recto*).

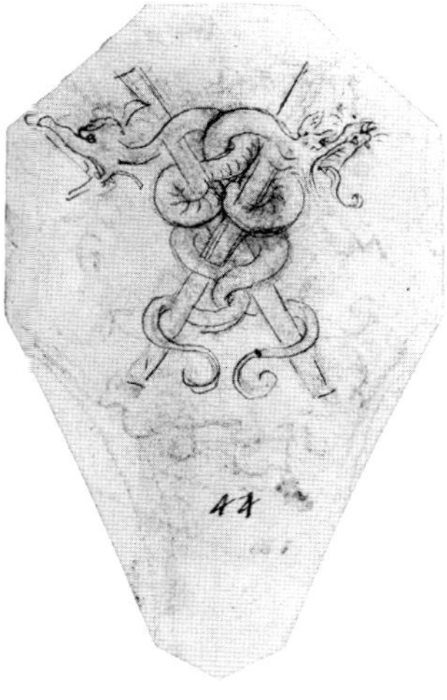

Leonardo da Vinci,
Studie zu einem Wappen von
Gian Galeazzo Maria Sforza.
Windsor Castle, Royal Library
(Inv. Nr. 12282 a *recto*).

Modell] für die Hand Christi«.[23] Aber, um ein paar Punkte schon vorwegzunehmen: die Vollendung der gemalten Form und die idealisierte Noblesse einiger Figuren – wie etwa der Christusgestalt – scheint sich auch auf plastische, eigens zu diesem Zweck angefertigte Modelle zu berufen, in manchen Fällen sogar auf konkrete florentinische Skulpturen, beispielsweise aus der Schule Verrocchios, die in den Museen von Florenz, Berlin und Pistoia zu finden sind. In diesen Zusammenhang gehören auch zwei Christusbüsten aus Terrakotta, heute im Victoria and Albert Museum in London, die in der Gegenüberstellung mit dem Christus des *Abendmahls* das dortige plastische Potential aufdecken, das das Medium des Zweidimensionalen richtiggehend sprengt.

Die Beschreibung und Interpretation der grandiosen Wandmalerei im Refektorium darf nicht die fünf Lünetten oberhalb des Sakralbildes übergehen: die drei an der Wand direkt über dem *Abendmahl* und die beiden anderen an den Längswänden des Saals; allerdings ist von letzteren nur die linke erhalten, die rechte wurde 1943 beim Einsturz des Gewölbes und der Ostwand des Refektoriums zerstört. Es sind mehrere Erkenntnisse, die man aus der Betrachtung jener Lünetten gewinnen kann. Ihre Dekoration – Girlanden, in deren Früchte und Blätter die Wappen der Familie Sforza und die Initialen Ludovicos, Beatrices und der Kinder eingefügt sind – deklariert die gesamte Ausmalung als einen Auftrag des Ludovico il Moro. Der klassisch-antike Grundton der Verzierungen ähnelt durchaus dem Deckenschmuck, den Andrea Mantegna in der Camera degli Sposi im Palazzo Ducale in Mantua gemalt hat. Für das mittlere, von einem Bukranion eingefaßte Wappen im Mailänder Refektorium existiert eine Entwurfszeichnung Leonardos in der Royal Library in Windsor (Nr. 12282 *recto*), die er anfänglich auf den Verputz übertrug, im Verlauf der weiteren Arbeiten aber korrigierte, Veränderungen, unter denen freilich ursprüngliche Partien der Zeichnung und der diagonalen Schraffur erkennbar blieben. Auch der im *Abendmahl* thematisierte Augenblick findet seinen Reflex in der Bemalung der Lünetten. Im monumentalen Wandbild kündigt nämlich Christus eben den Verrat des Judas an und setzt im Anschluß daran, wie es im Matthäus-Evangelium (Kap. 26, 21–28) heißt, das Eucharistiesakrament ein. Darüber hinaus bedeutet dieser Augenblick den Beginn der Passion, auf die dann auch die Auswahl der Früchte und Pflanzen in den Girlanden anspielt: Die Birnen symbolisieren das Holz des Kreuzes, die Palme bezieht sich auf das Martyrium und die Äpfel auf das Heil.[24] In diesem Sinn beinhalten die Lünetten gleichsam eine Summe der einzelnen Passionsereignisse, die mit dem abendlichen Mahl Jesu und seiner Jünger beginnen und mit der Kreuzigung enden, die Giovanni Donato da Montorfano 1495 auf die dem *Abendmahl* gegenüberliegende Seite des Refektoriums gemalt hatte. Ein Brief von Ludovico il Moro an Marchesino Stanga vom 29. Juni 1497 bestätigt sowohl die Auftraggeberschaft des Mailänder Herzogs als auch das von Anfang an einheitliche ikonographische Konzept des Bildprogramms. Ludovico bittet nämlich Stanga, Leonardo zu ermahnen, »das im Refektorium von Santa Marie delle Grazie begonnene Werk zu beenden, damit er sich die andere Wand des Refektoriums vornehmen könne.«[25] Und Luca Pacioli spricht in seinem Buch *De divina proportione* davon, daß das *Abendmahl* am 9. Februar 1498 vollendet war.[26]

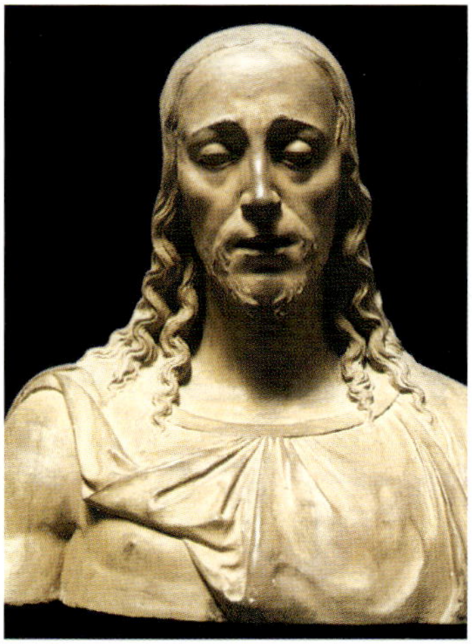

Werkstatt des Verrocchio, *Christusbüste*. London, Victoria and Albert Museum.

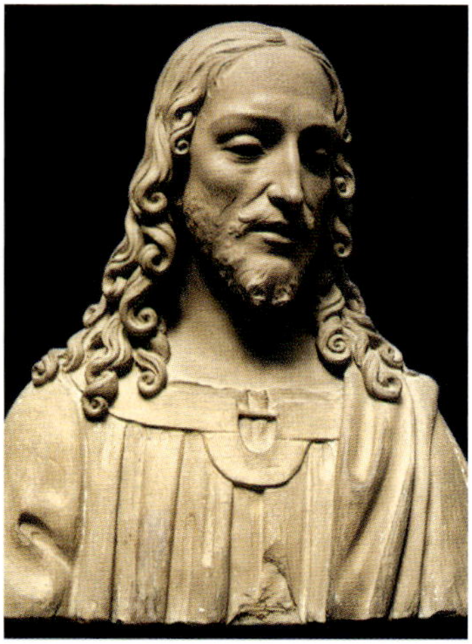

Werkstatt des Verrocchio, *Christusbüste*. London, Victoria and Albert Museum.

Rechte Seite und folgende Doppelseite: Leonardo da Vinci, Blätter- und Fruchtgirlanden (Ausschnitt). Mailand, Santa Maria delle Grazie, Refektorium, rechte Lünette.

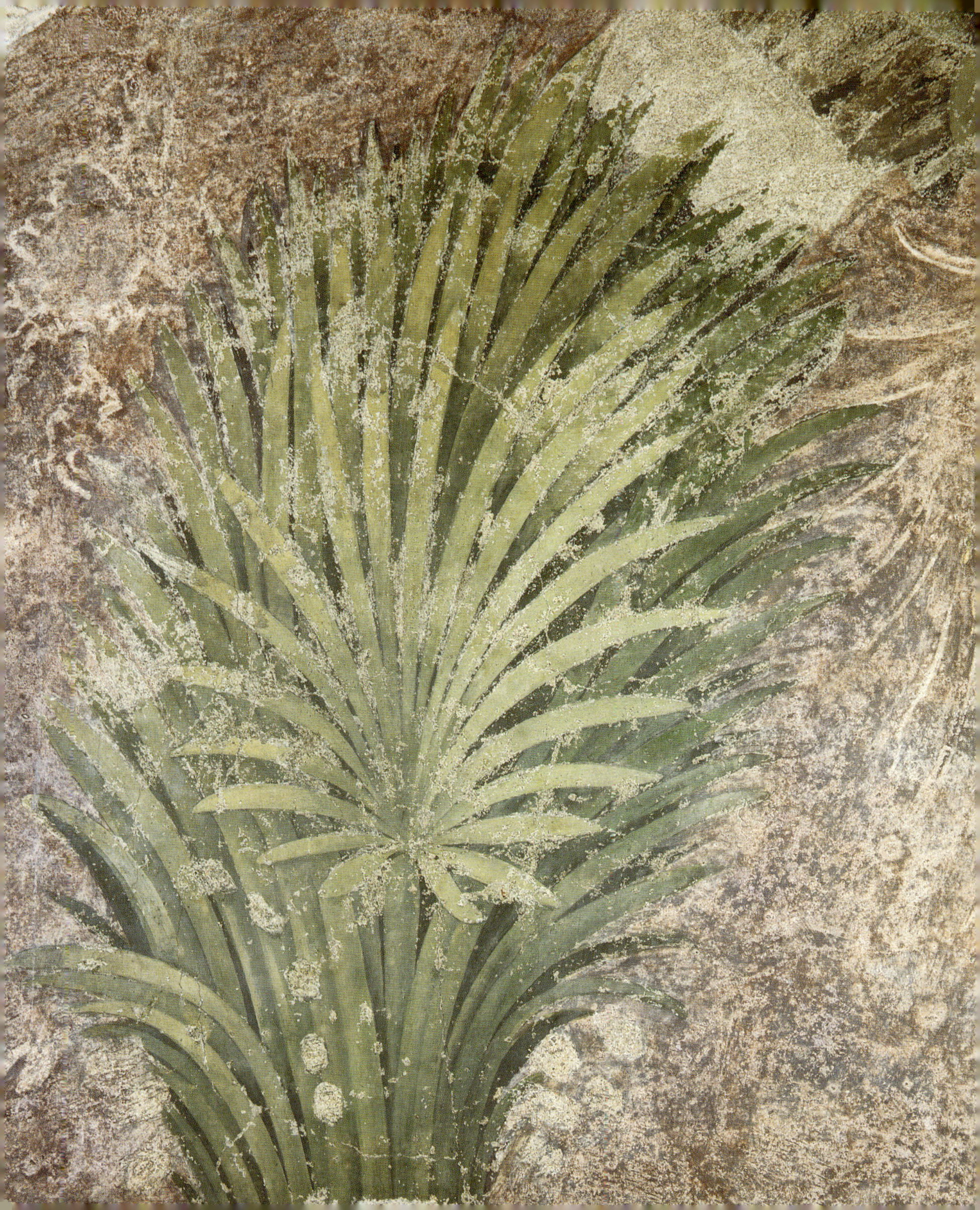

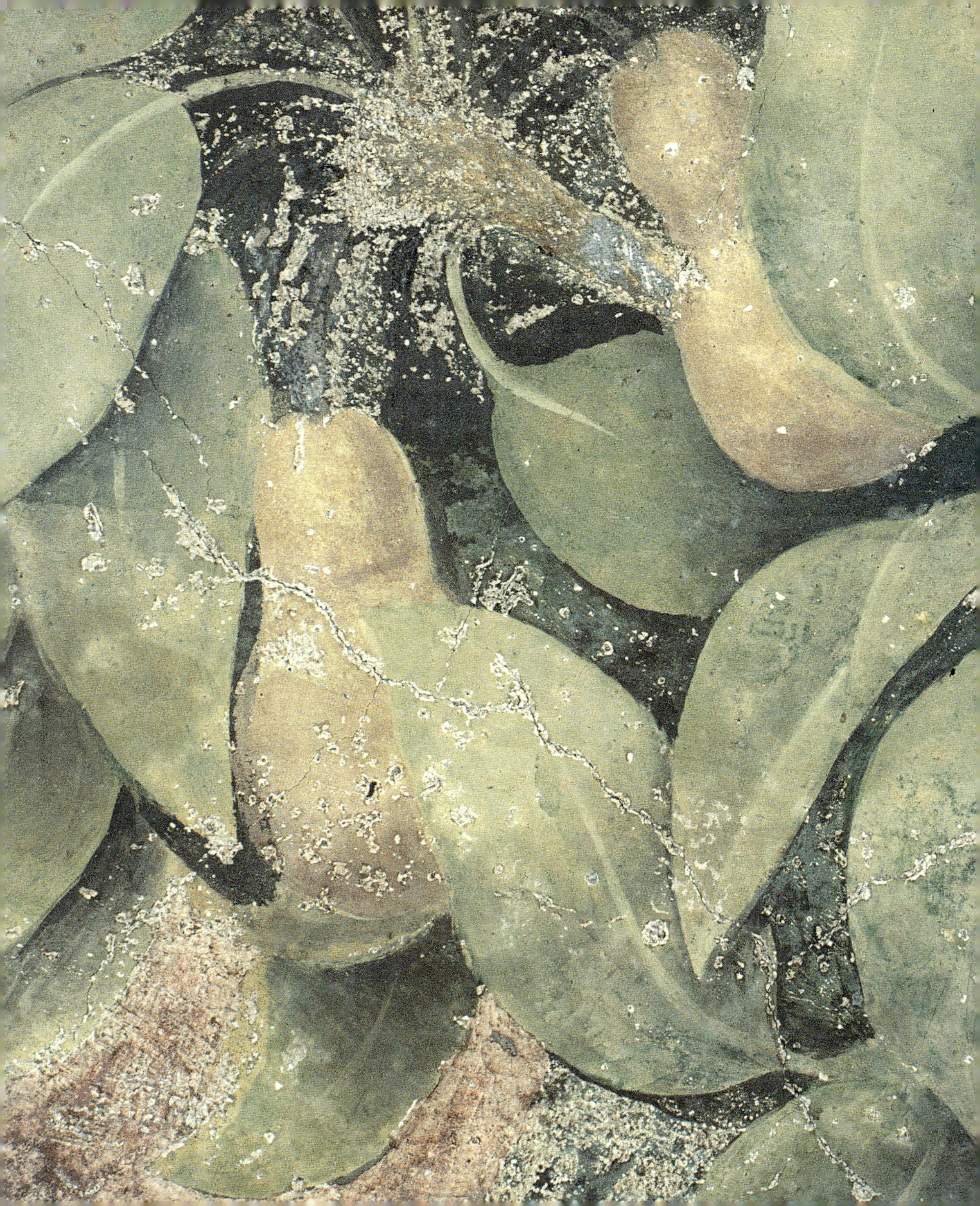

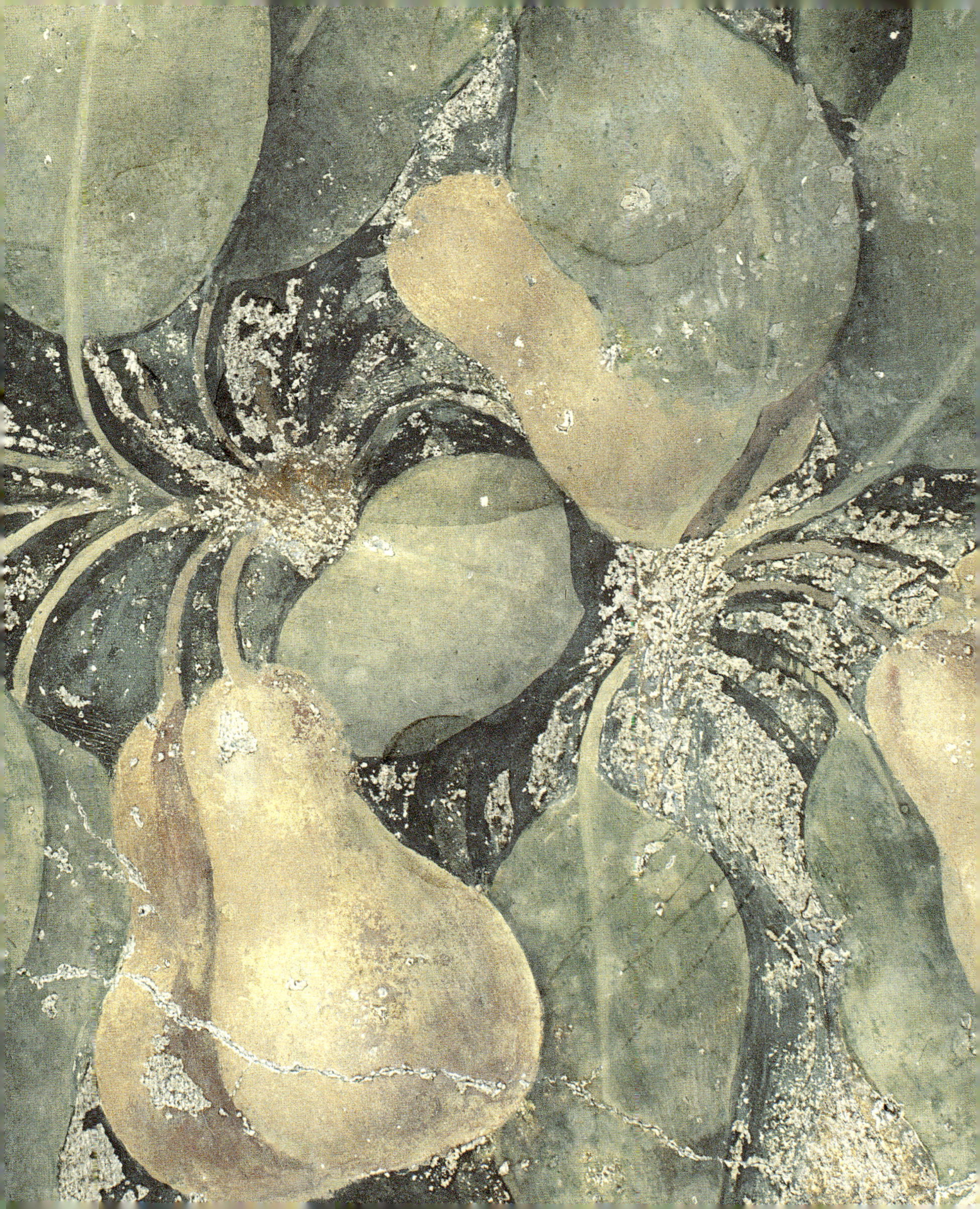

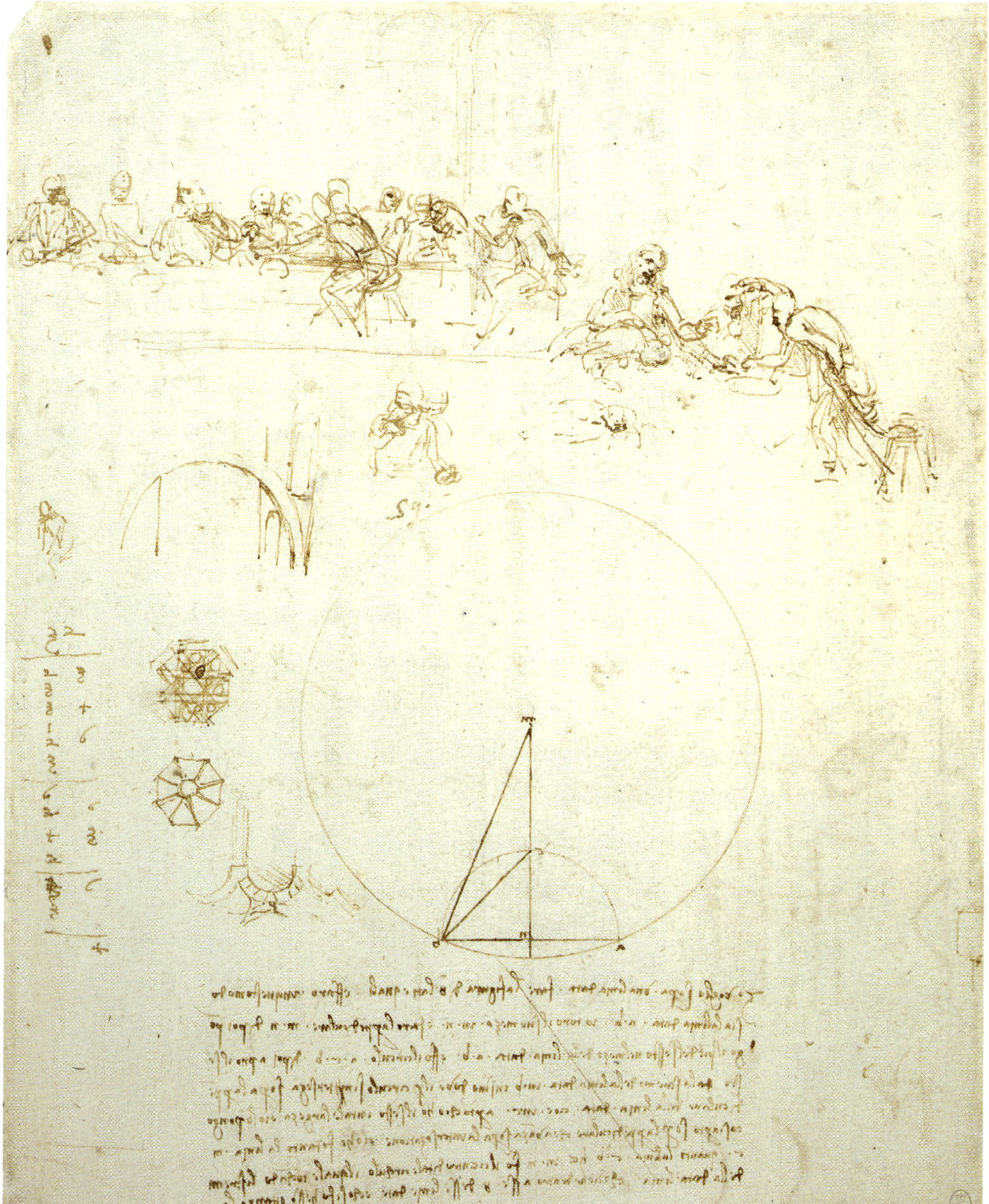

Wie gesagt, nur wenige das große Werk Leonardos vorbereitende Zeichnungen sind erhalten: ein Skizzenblatt mit der Disposition der Gesamtszene (Windsor, Royal Library, Nr. 12542), auf dem, fast einer Filmsequenz vergleichbar, drei verschiedene Lösungen für die zentrale Gruppe um Christus in Folge erwogen werden; sodann einige Skizzen von Köpfen, ebenfalls in Windsor, darunter ein Kopf von *Jakobus dem Älteren* (Nr. 12552; S. 230) und von *Philippus* (Nr. 12551; S. 231), sowie eine Studie des *Rechten Arms des Petrus* (Nr. 12546; S. 231). Die zwei in Windsor unter den Nummern 12547 und 12548 geführten Zeichnungen, mit dem *Kopf des Judas* und dem *Kopf des Bartholomäus,* beide in Rötel auf rot grundiertem Papier, die die bisherige Forschung unter die eigenhändigen Arbeiten Leonardos rechnete, werden seit kurzem von Kenneth Clark und Carlo Pedretti anders eingeschätzt, entweder als Originale Leonardos, deren Linien Francesco Melzi später nachzog, oder als Ersatzkopien Melzis nach Leonardo. Das Windsor-Blatt Nr. 12703 dagegen, das auf der Rectoseite eine sitzende Figur im Dialog mit einer tiefer Sitzenden zeigt, weist offenbar keine direkte Verbindung zum *Abendmahl* auf, obwohl es in die Jahre nach 1490 zu datieren ist.

Unter den eben aufgeführten Originalen zeichnet sich vor allem die Studie zur Gesamtkomposition durch außerordentliche Kraft und Qualität aus. Sie enthält im übrigen auch architektonische und geometrische Figurationen, die Leonardos mechanisch-dynamische Anschauungsweise veranschaulichen. Besonders wichtig sind weiterhin die chronologischen Anhaltspunkte, die das Blatt gibt. Es setzt ebenso die in den frühen neunziger Jahren von Leonardo unternommenen Forschungen zu Ursache-Wirkungs-Gesetzen der Mechanik und zu Effekten der Akustik voraus wie einige seiner Anmerkungen über die Posen der Apostel im *Codex Forster* des Victoria and Albert Museum in London. All das könnte darauf hindeuten, daß die Arbeit am *Abendmahl* bereits relativ früh, also zwischen 1493 und 1494, aufgenommen wurde. Die Fertigstellung dauerte demnach mindestens drei bis vier Jahre, sicherlich auf der Grundlage einst zahlreicher Skizzen zur perspektivischen Anordnung der Szene, der einzelnen Figuren, ihrer Aufteilung in Dreiergruppen und zur gegenseitigen Beziehung der Gruppen. Daneben müssen wesentlich mehr als die oben zitierten Detailstudien existiert haben, die insgesamt ebenfalls zwei oder drei Jahre Vorbereitungszeit benötigt haben dürften. Im übrigen steht das Wandbild in enger zeitlicher Nähe zur traditionellen Abendmahls-Ikonographie der toskanischen Malerei[27], denn es bezieht sich in vielen Aspekten, sei es die perspektivische Anordnung, seien es einzelne Bildelemente, auf die florentinischen Abendmahls-Darstellungen eines Andrea del Castagno und eines Domenico Ghirlandaio.[28] Besonders das von Ghirlandaio um 1481 im Refektorium des Klosters San Marco in Florenz gemalte Fresko scheint, zusätzlich zu lombardischen Einflüssen[29], Leonardo ganz unmittelbar beeindruckt zu haben: vor allem hinsichtlich der Fortsetzung des realen Raums im Bild, der jeweiligen Dreiergruppierung der Apostel und der Haltung des Philippus – der in Ansätzen die von Leonardo bald mit Nachdruck angestrebte physische Visualisierung von »moti dell'animo« (Gemütsbewegungen) vorwegnimmt –, und nicht zuletzt hinsichtlich des sorgfältig beobachteten Stillebens auf dem

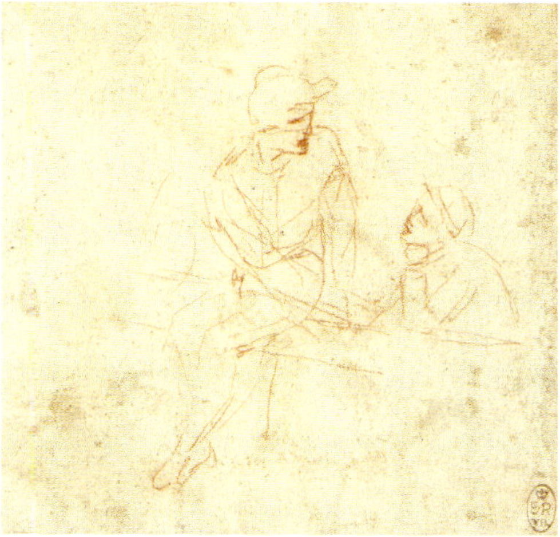

Leonardo da Vinci,
Figurenstudie. Windsor Castle,
Royal Library
(Inv. Nr. 12703 *recto*).

Linke Seite:
Leonardo da Vinci,
Studie zum *Abendmahl*.
Windsor Castle, Royal Library
(Inv. Nr. 12542).

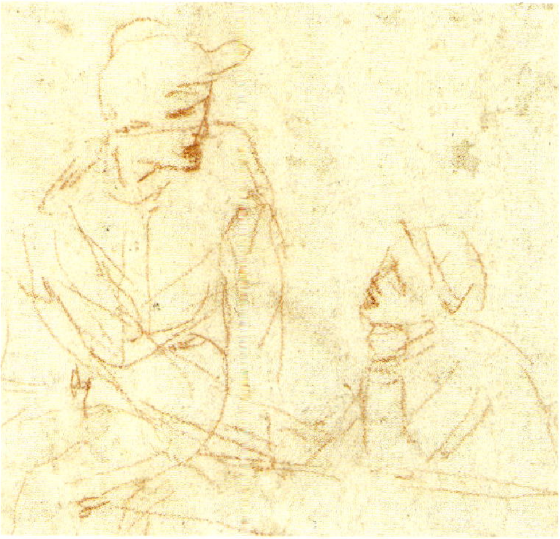

Leonardo da Vinci,
Figurenstudie (Ausschnitt).
Windsor Castle, Royal Library
(Inv. Nr. 12703 *recto*).

Tisch.[30] Völlig neu ist allerdings der monumentale, überlebensgroße Figurenmaßstab im klassischen Stil der Renaissance: Resultat der mittlerweile von Leonardo erreichten Souveränität in der Verteilung menschlicher Körper auf großen Flächen – ein kompositionelles Problem, das der Künstler auch im *Ms A* in Paris zwischen 1490 und 1492 auslotete.

Die enorme gestalterische Sicherheit beeindruckt umso mehr angesichts der extremen Vereinfachung des Ambientes, in dem das Bildpersonal angesiedelt ist. Absolut unkonventionell ist sodann Leonardos Einsatz der Perspektive, um mit ihr szenographische Wirkungen zu erzielen. Der zentralperspektivisch konstruierte Fluchtpunkt des in einiger Wandhöhe gemalten *Abendmahls* ist nämlich nicht deckungsgleich mit dem Augpunkt des tiefer liegenden Betrachterstandortes; unmöglich wären ja aus dem tatsächlichen Blickwinkel heraus die auf dem Tisch liegenden Dinge zu sehen; wäre der Tisch nicht in leichte Schräigansicht gekippt, träte dem Betrachter lediglich die Unterseite des Möbels vor Augen.

Abgesehen von dem offenkundigen und wechselseitigen Ideenaustausch mit Bramante, dessen Darstellungen der *Uomini illustri* (Berühmte Männer) in der Mailänder Casa Panigarola sich einer vergleichbar illusionistischen wie »künstlich« konstruierten Bildräumlichkeit bedienen,[31] hat sich Leonardo wahrscheinlich auch an Projektionsmethoden nordalpiner Künstler orientiert. Dierik Bouts benutzte dieselbe jähe, kippende Perspektive in seinem Tafelgemälde *Christus im Haus Simons des Pharisäers*,[32] wo sich die Perspektivansicht des nach flämischer Tradition würfelförmigen Innenraums extrem nach hinten verjüngt, während die Tischfläche zum Betrachter hin in die Fläche gedreht ist, genau wie beim Mailänder *Abendmahl*.

Geradezu revolutionär war die Tatsache, daß Leonardo einem religiösen Bild, in diesem Fall in den Mauern eines Dominikanerklosters – dessen Inhalte möglicherweise vom Prior persönlich, von Vincenzo Bandello, angeregt wurden – die Ergebnisse wissenschaftlicher Beobachtungen sowie seine kunsttheoretischen Überlegungen zugrunde legte, die er im letzten Jahrzehnt des 15. Jahrhunderts entwickelt hatte. Das sakrale Geschehnis verkörpert mit Hilfe von Haltungen und Gebärdensprache seiner Handlungsträger nicht nur Leonardos Auffassung von den »Gemütsbewegungen«, es läßt gleichsam auch Gesetze der Physik, der Optik und der Akustik Gestalt annehmen, sei es das der Ausbreitung des Schalls, sei es das der Radiation und Reflexion des Lichtes.[33] Denn mit solchen Phänomenen darf man durchaus die dramatische Reaktion der Apostel auf die Worte Jesu – »Einer unter euch wird mich verraten« – vergleichen. Sie ist sozusagen durch die von ihrem göttlichen Ursprung, vom Mund des Herrn ausströmenden Schallwellen motiviert, die in unterschiedlicher Lautstärke und Deutlichkeit die Ohren der Jünger erreichen und so deren deutlich unterschiedenes Verhalten provozieren, gemäß der Notiz Leonardos: »Wer näher ist, versteht besser, wer weiter weg, hört weniger.« In analoger Weise treffen Lichtstrahlen im Bild auf verschiedene Oberflächen und werden von diesen, je nach Beschaffenheit, anders zurückgeworfen.

Der außerordentliche Erfolg des *Abendmahls* seit seiner Vollendung im Jahr 1489 setzte sich ungebrochen und unangezweifelt bis

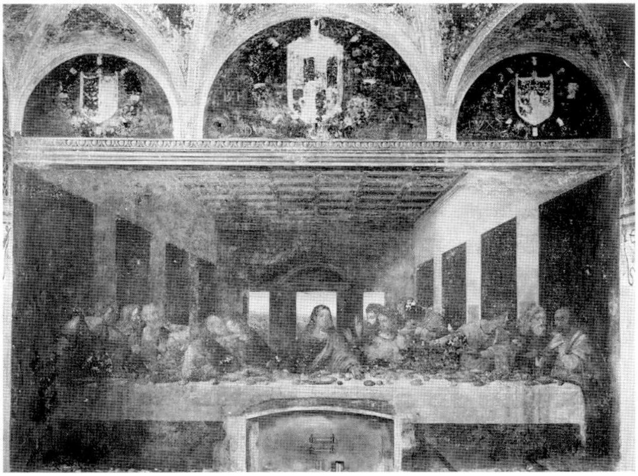

Leonardo da Vinci,
Das *Abendmahl* in Santa Maria delle Grazie in Mailand in einer Archivaufnahme (Ferrario, 1908).

zum Ende des 19. Jahrhunderts fort; insbesondere das 16. Jahrhundert schwelgte bei der Beurteilung des Gemäldes in Vokabeln wie »wundervoll« und »göttlich«. Der geistvolle, lebendige Bildaufbau, die zahlreichen künstlerischen Einfälle und die Schönheit einiger Gesichter, zum Beispiel das Jesu oder das des Matthäus – letzteres ist im Zuge der letzten Restaurierung wieder vollkommen zum Vorschein gekommen und gleicht nun einem der »antiken« Profile in den Medaillons am Sockel der Certosa di Pavia – übten unmittelbaren Einfluß auf die norditalienische Malerei aus und beeindruckten noch im Barock Rembrandt und Rubens. Der Naturalismus Leonardos, die »veristische« Prägnanz des Stillebens auf dem Tisch und die »wissenschaftliche« Darstellung der Lichtbrechung und Transparenz scheinen außerdem für den jungen Caravaggio eine Offenbarung gewesen zu sein.[34] Der überwältigende Erfolg dieser künstlerischen Leistung war auch vom schlechten Zustand des Wandgemäldes nicht aufzuhalten. Im Grunde ist es kein echtes Fresko, sondern eine mit Temperafarben auf zwei Grundierungsschichten aufgetragene Malerei, die vielleicht an manchen Stellen eine zusätzliche Öllasur erhielt. Aufgrund dieser experimentellen Zusammenstellung konträrer Farbmaterialien war das Bild von Anfang an in seiner Substanz gefährdet. Bereits 1517 begann der unheilvolle Prozeß der Zersetzung – im 18. Jahrhundert wurde deshalb das Werk mindestens zweimal vollständig nachgemalt. Daher sind die ersten, unmittelbar vor dem Original entstandenen Kopien von eminenter Bedeutung; eine dieser Kopien fertigte Bramantino 1503 an. Sie ist verloren gegangen,[35] während Kopien von Marco d'Oggiono, jetzt im Musée de la Renaissance in Ecouen, und von Giampietrino, von der Certosa di Pavia in die Royal Academy in London gekommen, erhalten blieben. Eine Kopie Lomazzos, ehemals in Castellazzo, wurde 1943 zerstört.[36] Die Umsetzung in Skulpturen von Andrea da Milano im Sanktuarium von Saronno, welche Alberto da Lodi gegen 1531 und 1532 faßte und vergoldete, scheint den ursprünglichen umfangreichen Golddekor auf den Gewändern der Apostel zu dokumentieren,[37] von dem sich am Original nur noch geringe Spuren finden.[38] Unter den die Komposition des *Abendmahls* wiederholenden Wandteppichen muß außer dem Gobelin in den Vatikanischen Museen[39] der Wandbehang in der Chapel of St. George in Windsor Castle erwähnt werden, der das *Emmaus-Mahl* darstellt und dabei Leonardos Judas zitiert, freilich vermittelt über die entsprechende Gestalt in Tizians *Emmaus-Mahl*.

Im *Abendmahl* manifestiert sich also eine Synthese eindringlicher Untersuchungen Leonardos auf den verschiedensten Wissensgebieten, von wissenschaftlichen bis hin zu den im engeren Sinn künstlerischen Analysen. Ohne Übertreibung darf man dieses Wandbild als die *summa* der künstlerischen Entwicklung Leonardos werten, die die schon bei der *Anbetung der Heiligen Drei Könige* aufgetretenen künstlerischen Aufgabenstellungen klärt und vereinfacht; und zwar sowohl, was den Bildaufbau betrifft – trotz der selbst von bedeutenden Kunsthistorikern wie Roberto Longhi geäußerten Vorbehalte[40] – als auch hinsichtlich der theoretischen Voraussetzungen einer Malerei, die die *storia*, die »Bilderzählung«, im Sinne Albertis durch die »Gemütsbewegung« der am Geschehnis Beteiligten pointiert zum Ausdruck bringt. Dazu kommt eine neue expressive Kraft und eine neuartige Intensität im Herauf-

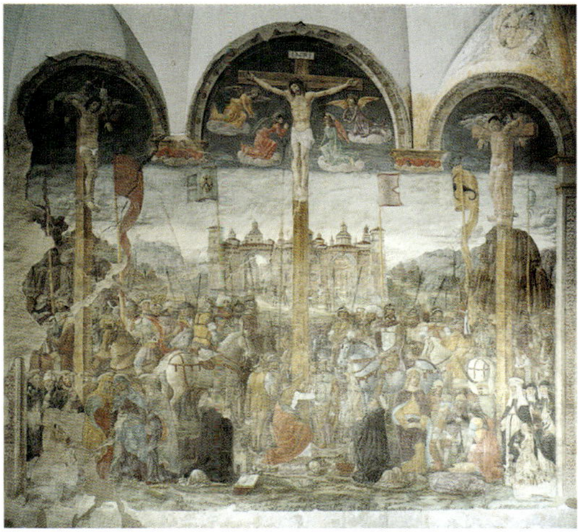

Giovanni Donato Montorfano,
Kreuzigung.
Mailand, Santa Maria delle Grazie,
Refektorium.

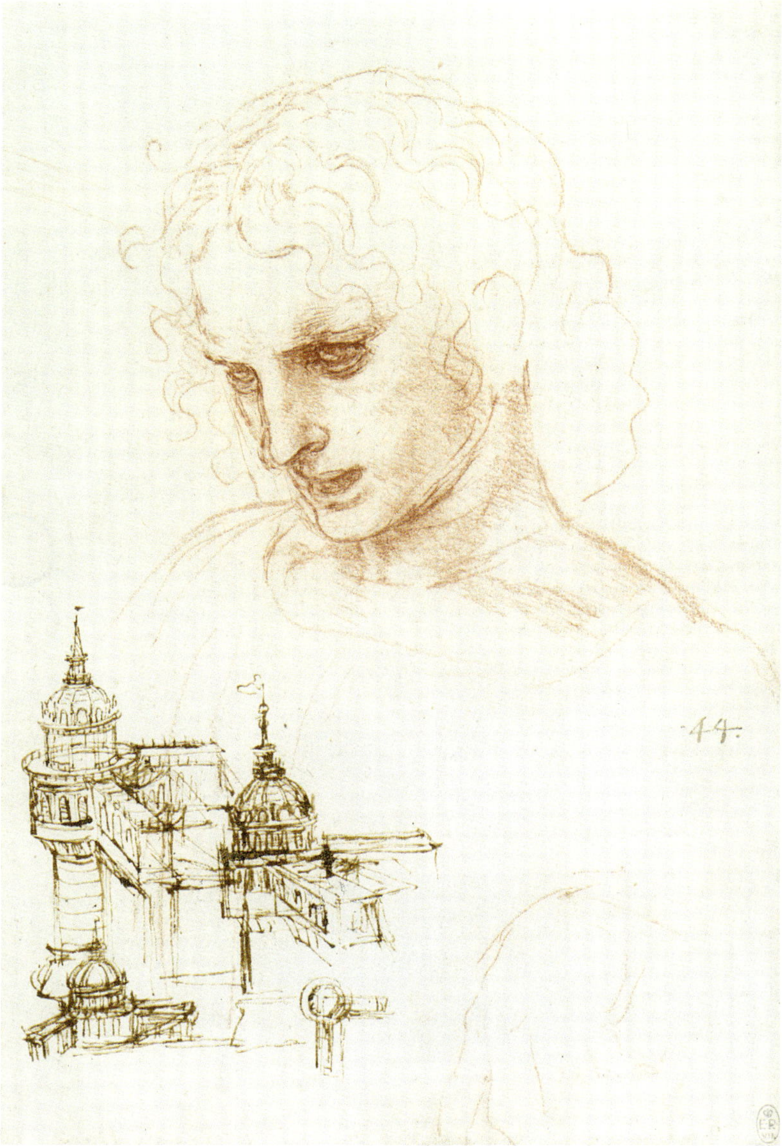

Oben:
Leonardo da Vinci,
Kopfstudie für Jakobus
den Älteren.
Windsor Castle, Royal Library
(Inv. Nr. 12552).

S. 231 links:
Leonardo da Vinci,
Studie für den Kopf des Apostels
Philippus. Windsor Castle,
Royal Library (Inv. Nr. 12551).

S. 231 rechts:
Leonardo da Vinci, Studie für den
rechten Arm des Petrus. Windsor
Castle, Royal Library (Inv. Nr. 12546).

S. 232:
Leonardo da Vinci (?), Studie für den
Kopf des Judas. Windsor Castle,
Royal Library (Inv. Nr. 12547).

beschwören menschlicher Leidenschaften und Wesensunterschiede, die sich in der »universalen« Fülle und Schönheit der Formen, der immer wieder neuen Bewegungen und Haltungen widerspiegelt und voll und ganz Vasaris künftige Vorstellung von der »maniera moderna« erfüllt. Ohne Übertreibung darf man sagen, daß Leonardos *Abendmahl* in einen ebenbürtigen Wettstreit mit der Antike eintritt und daß es das umfassendste »Manifest« seiner Poetik vorträgt. Leonardo selbst, aber auch seine Zeitgenossen waren sich dessen zutiefst bewußt. Noch vor 1493, also vor der Vollendung des Wandbildes, schrieb Bernardo Bellincioni:

> Oh Musen, einsam und voll Kummer
> Kommt nun und fürchtet nicht mehr Leid.
> Kommt nach dem heutigen Athen: nach Mailand,
> wo Ludovico Euch Parnaß wird sein.
> [...]
>
> Erfreu' dich, Mailand, großer Ehre,
> daß heute unter vielen exzellenten Männern
> der Vinci sich in deinen Mauern aufhält,
> der Bilder, Farben mit sich führt,
> und heutige wie alte Künstler das Fürchten lehrt.[41]

Leonardo erreicht mit der Anordnung seiner Apostelfiguren im *Abendmahl* eine außergewöhnlich »plastische« Wirkung, die nicht nur bei den Dreiergruppen zum Tragen kommt, sondern auch die raumkörperliche Beziehung der Figuren innerhalb der Gruppen bestimmt. Denn die einer jeden Gruppe Zugehörigen sind in komplizierten Schichtungen miteinander verschränkt: die weiter hinten Sitzenden, wie Bartholomäus, Philippus, Thaddäus, beugen sich nach vorn, andere Apostel schon ganz vorne postiert, werden, wie Judas oder Jakobus, von ihren Nachbarn räumlich bedrängt, gar überschnitten; folglich sind einige Gestalten in starkes Licht getaucht, andere in Halbschatten gehüllt. Dieses komplexe Spiel des Vor und Zurück hat die letzte Restaurierung wieder zu voller, wunderbarer Erscheinung gebracht.

Derartige Qualitäten sind nicht zuletzt einer Gewohnheit Leonardos zu verdanken, die er in den neunziger Jahren nicht nur in der Debatte über den Wettstreit der Künste, sondern auch mit eigenen bildhauerischen Projekten wieder aufnahm, wozu er wohl auch die wichtigsten Bildhauerwerkstätten seiner Zeit besuchte. Von 1488 bis 1493 hatte Leonardo unter anderem den Entwurf und das Modell des Reiterstandbilds für Francesco Sforza vollendet: ein sich aufbäumendes Pferd mit Reiter, das einen gestürzten Krieger unter seine Hufe nimmt, wie auf der Zeichnung Nr. 12358 in Windsor zu sehen. Bald aber modifizierte Leonardo das Motiv. Nun dachte er an ein schreitendes Pferd, das, auf hohem Podest, eben mit dem linken Vorderhuf ein Wassergefäß umstößt, wie die Zeichnung auf fol. 577 *verso* im *Codex Atlanticus* demonstriert.[42] In dieser nach 1490 gereiften Lösung, von der er im *Ms C* in Paris am 23. April 1490 sagt: »Ich begann dieses Buch und begann auch wieder mit dem Pferd«, spiegeln sich klar Leonardos Anschauungen zur antiken Plastik, besonders zu den klassischen Reiterstandbildern wie dem *Mark Aurel* in Rom und dem *Regisole* in Pavia.[43]

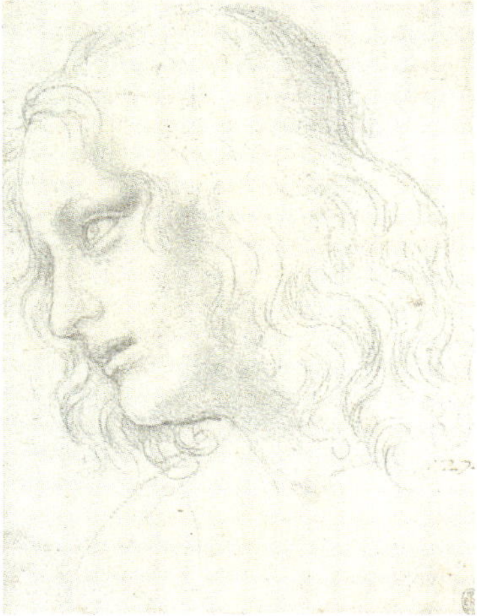

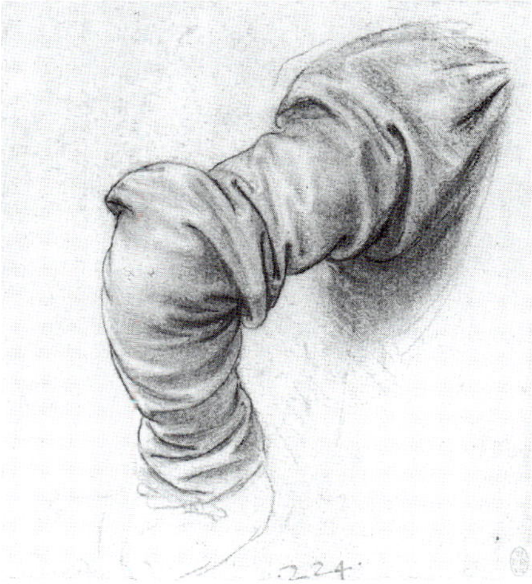

S. 233:
Leonardo da Vinci (?),
Studie für den Kopf des Apostels Bartholomäus. Windsor Castle, Royal Library (Inv. Nr. 12548).

S. 234:
Leonardo da Vinci, Apostel Matthäus, Ausschnitt aus dem *Abendmahl* (nach der jüngsten Restaurierung). Mailand, Santa Maria delle Grazie, Refektorium.

S. 235:
Leonardo da Vinci, Apostel Philippus, Ausschnitt aus dem *Abendmahl* (nach der jüngsten Restaurierung).
Mailand, Santa Maria delle Grazie, Refektorium.

S. 236–239:
Leonardo da Vinci, *Abendmahl* (nach der jüngsten Restaurierung). Mailand, Santa Maria delle Grazie, Refektorium.

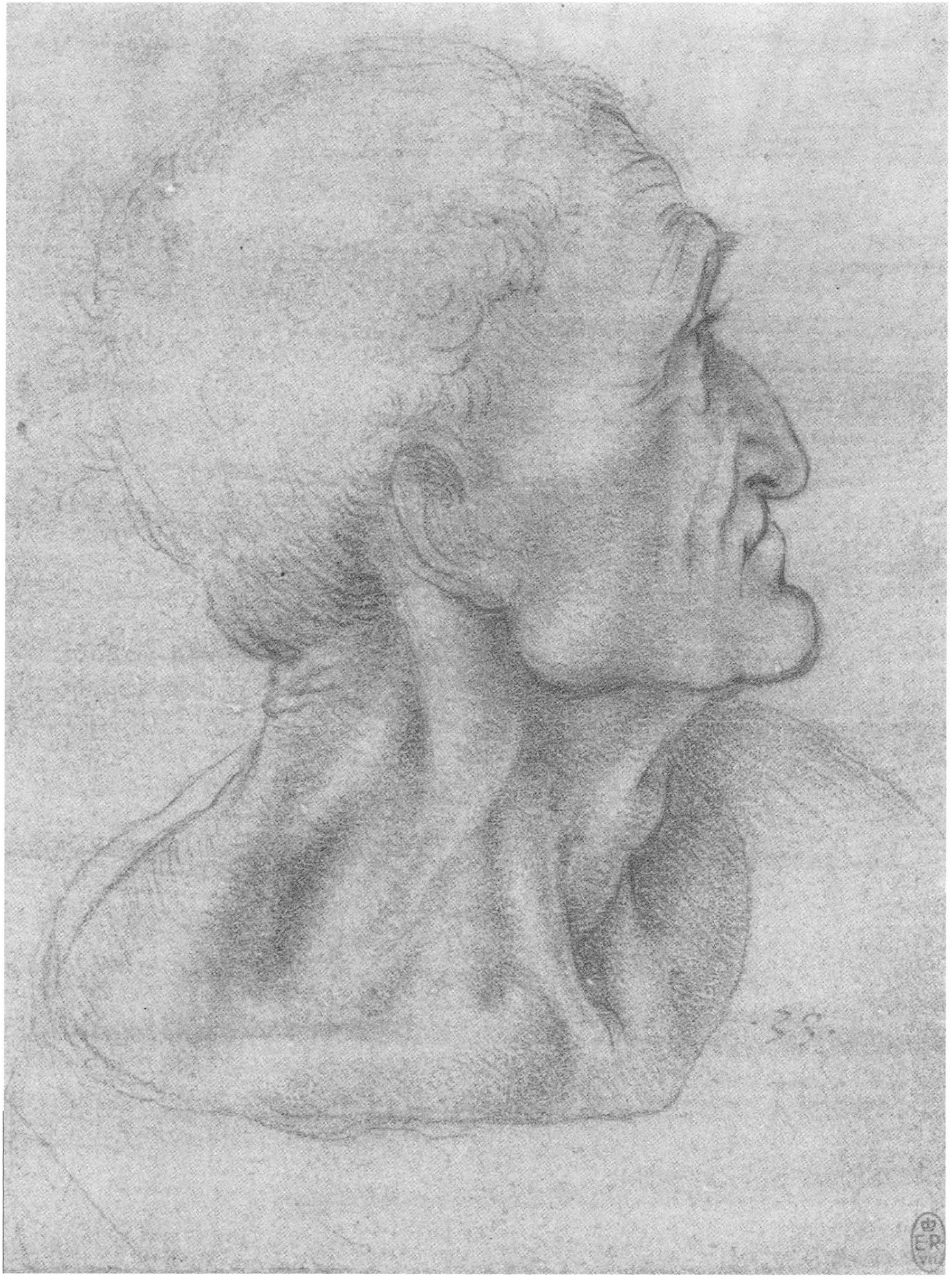

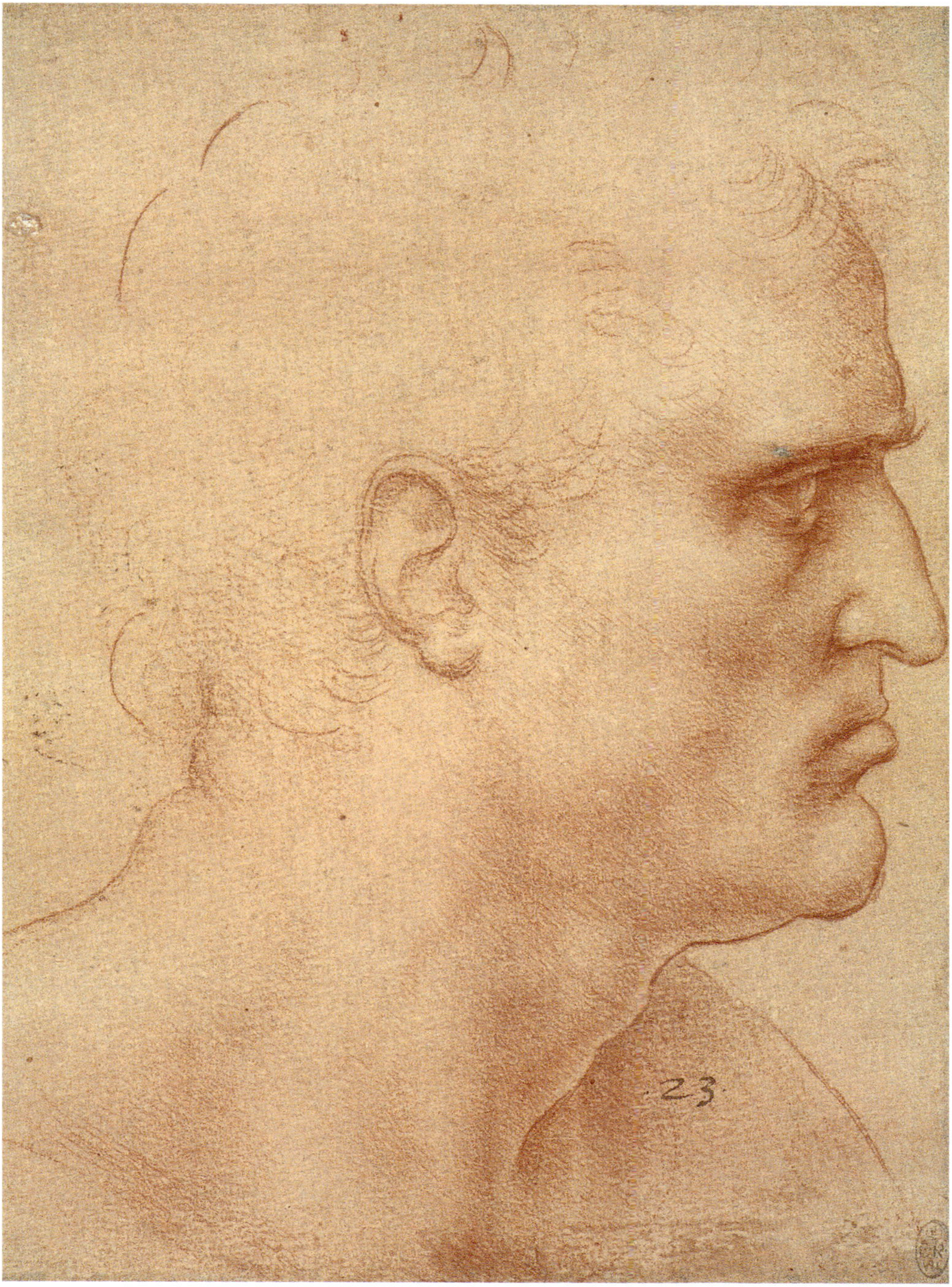
23

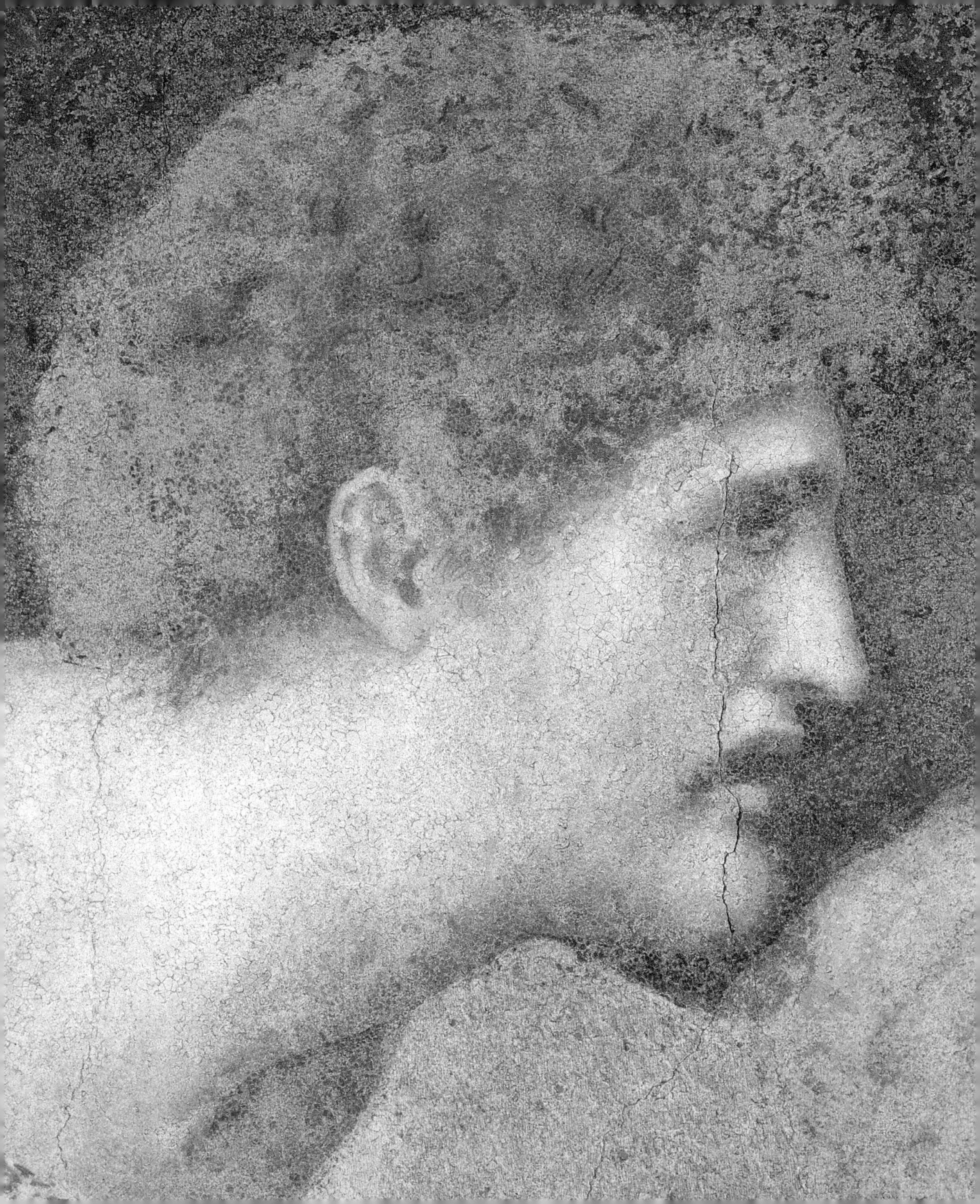

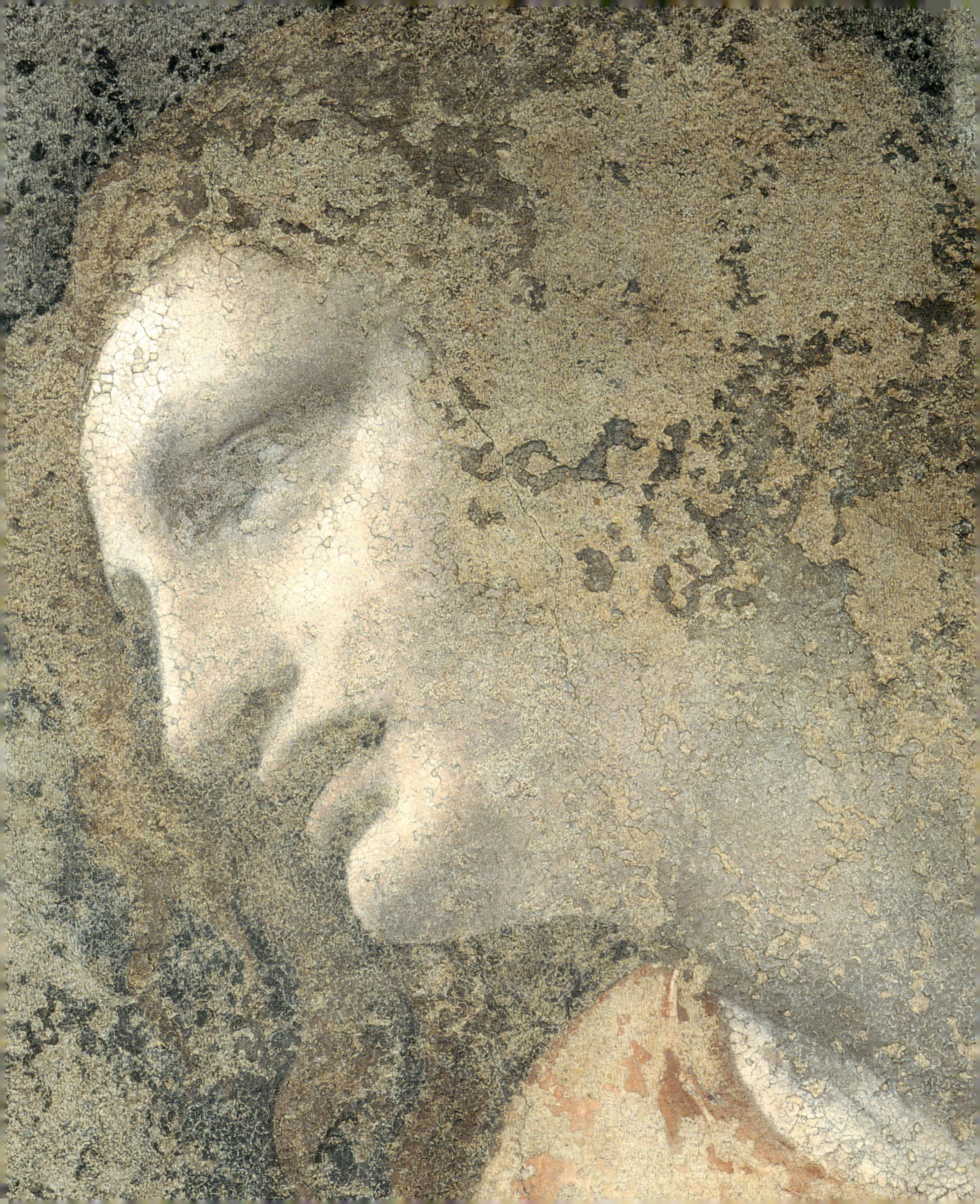

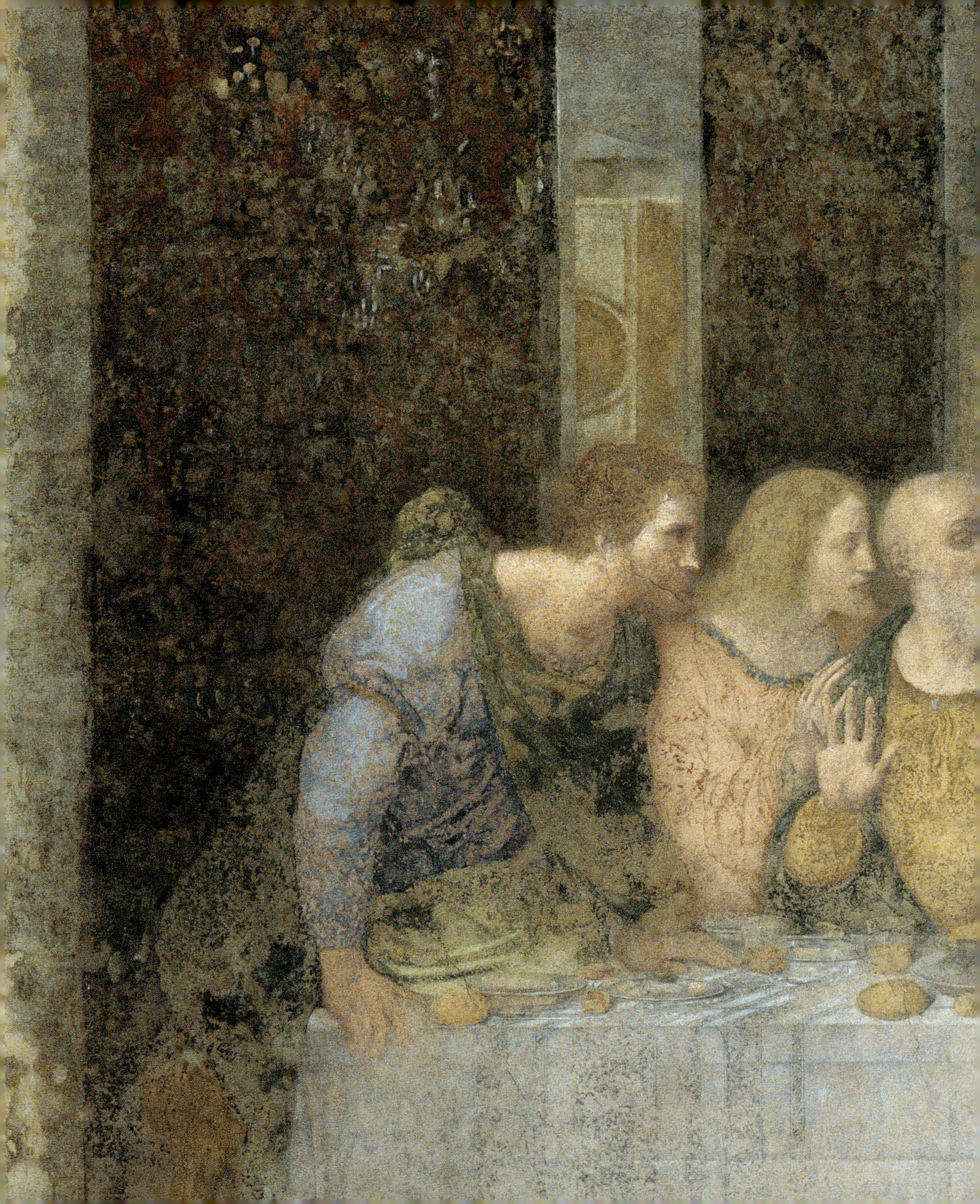

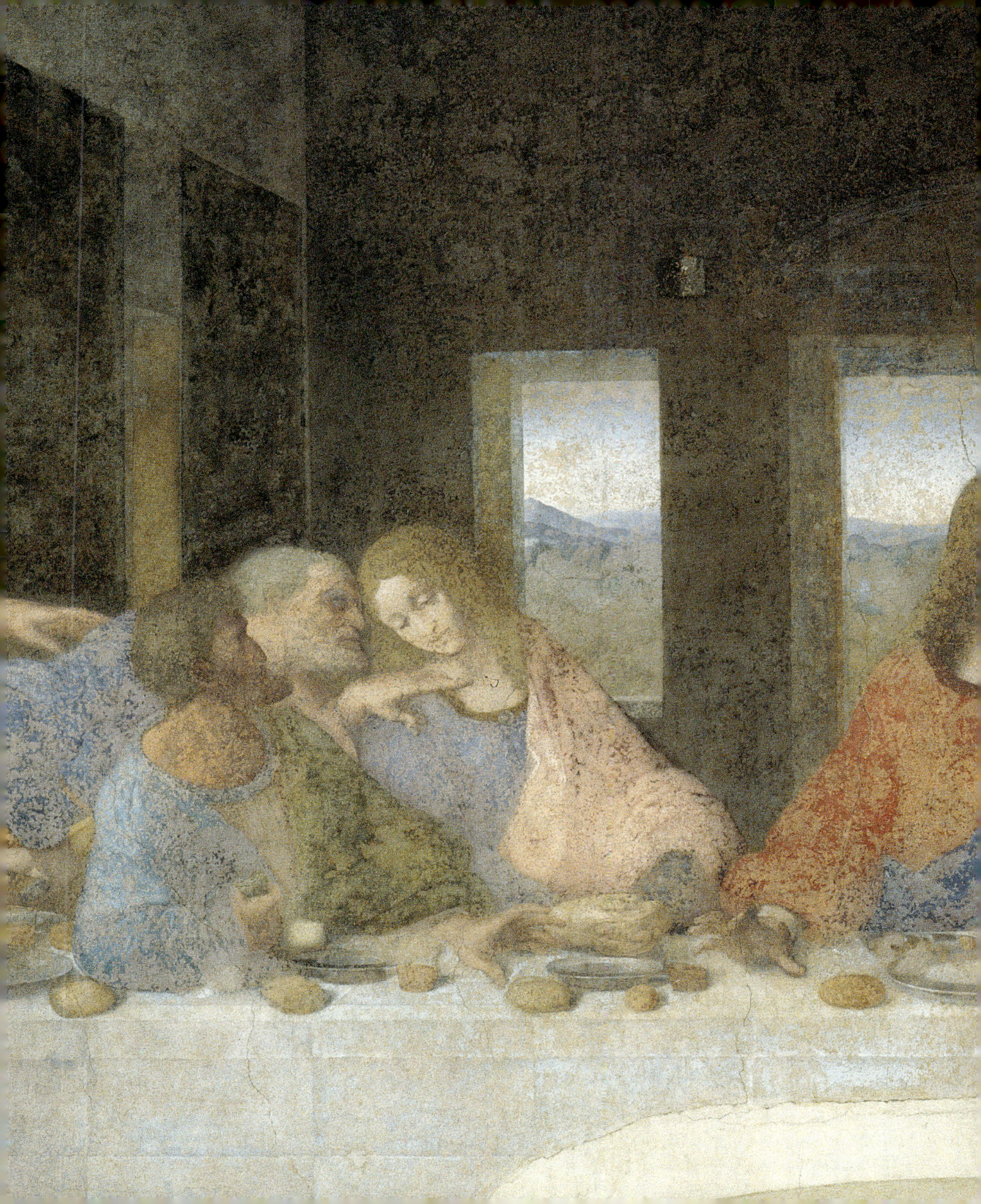

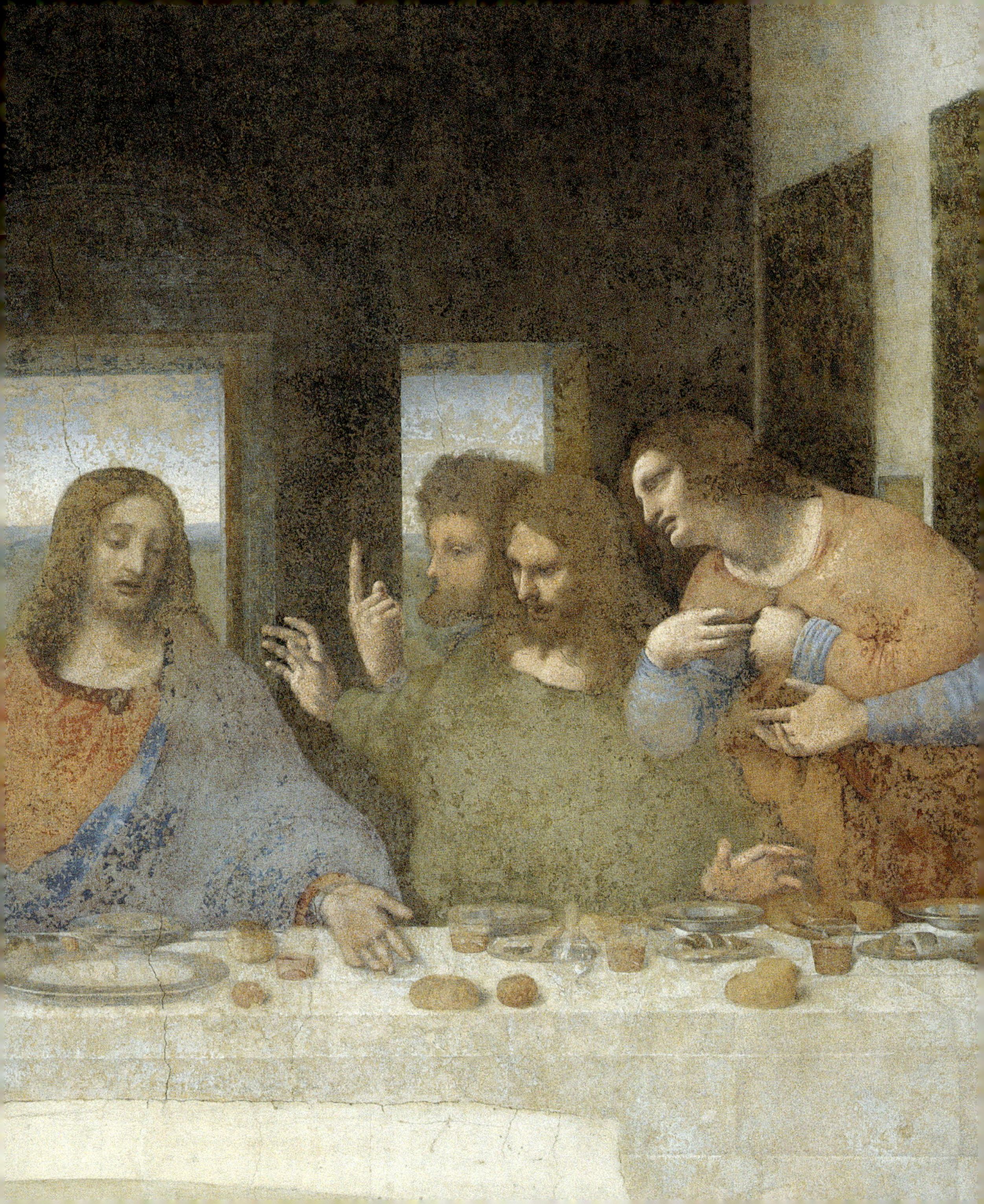

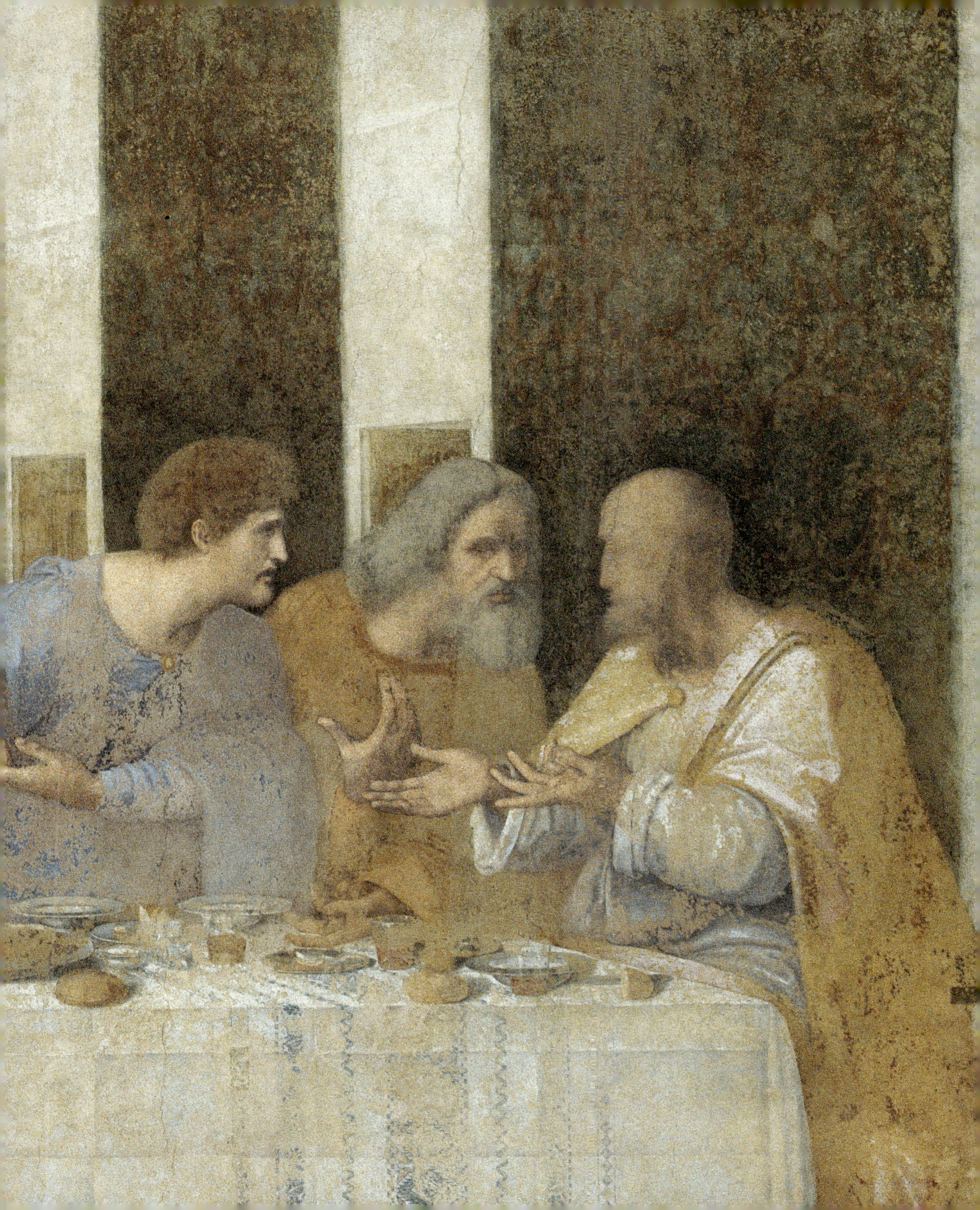

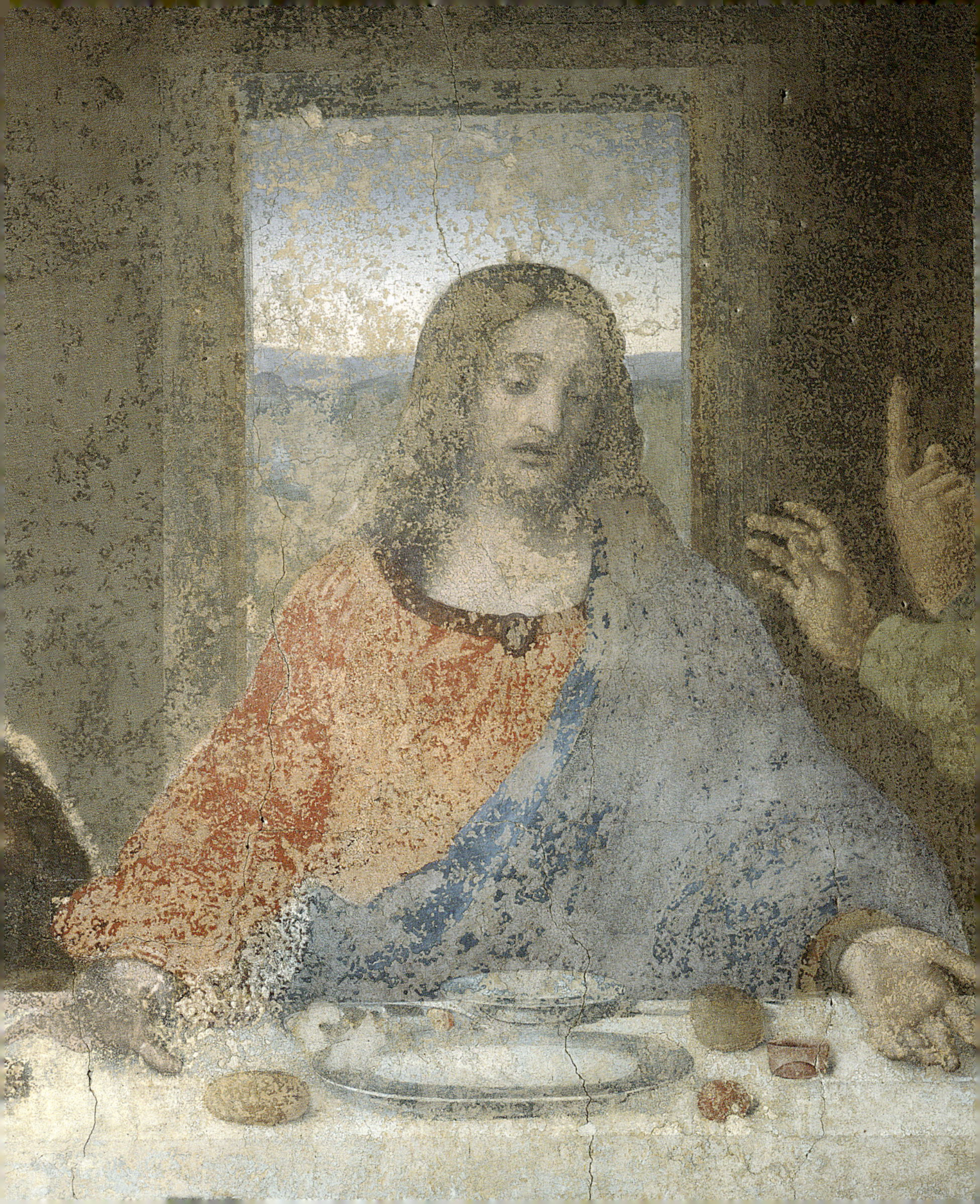

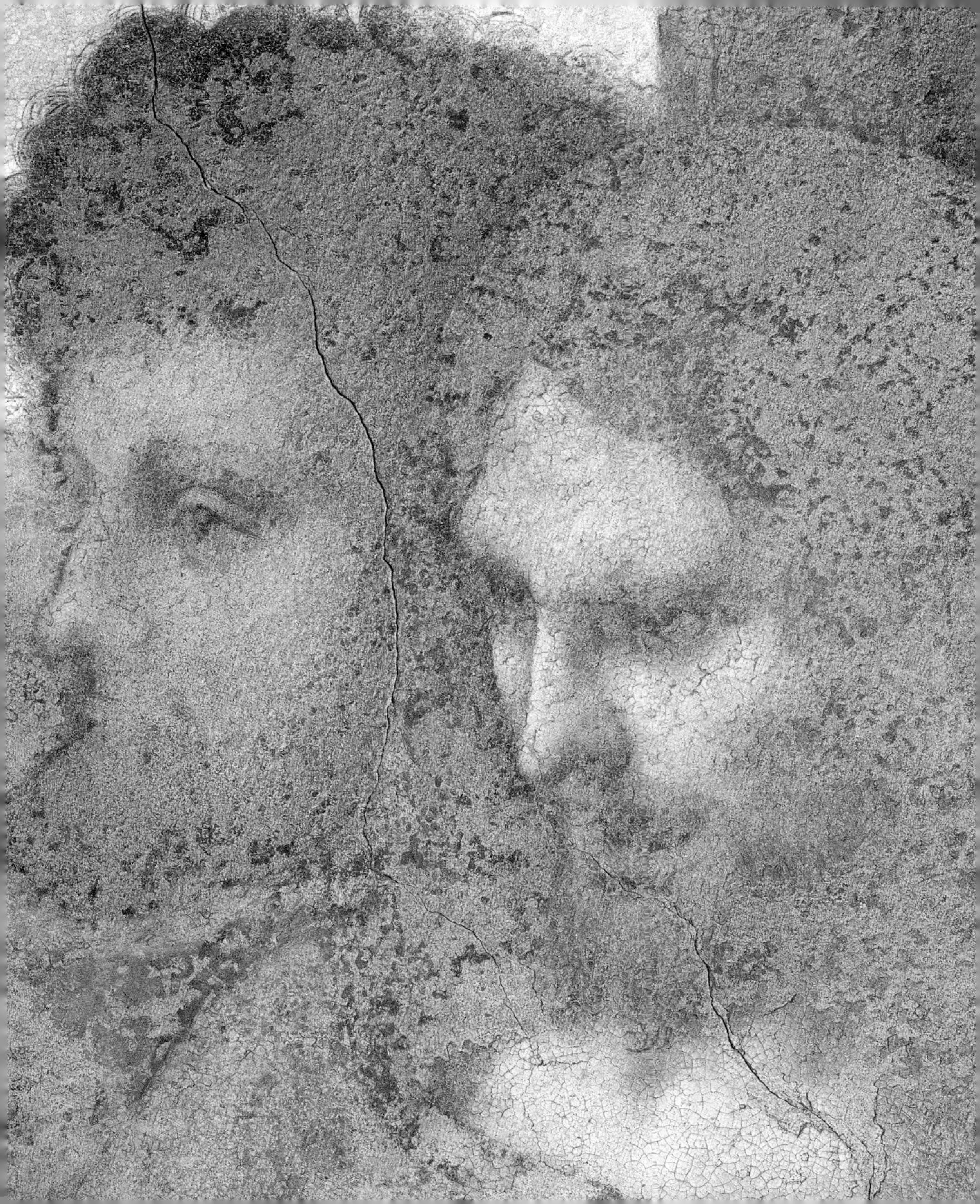

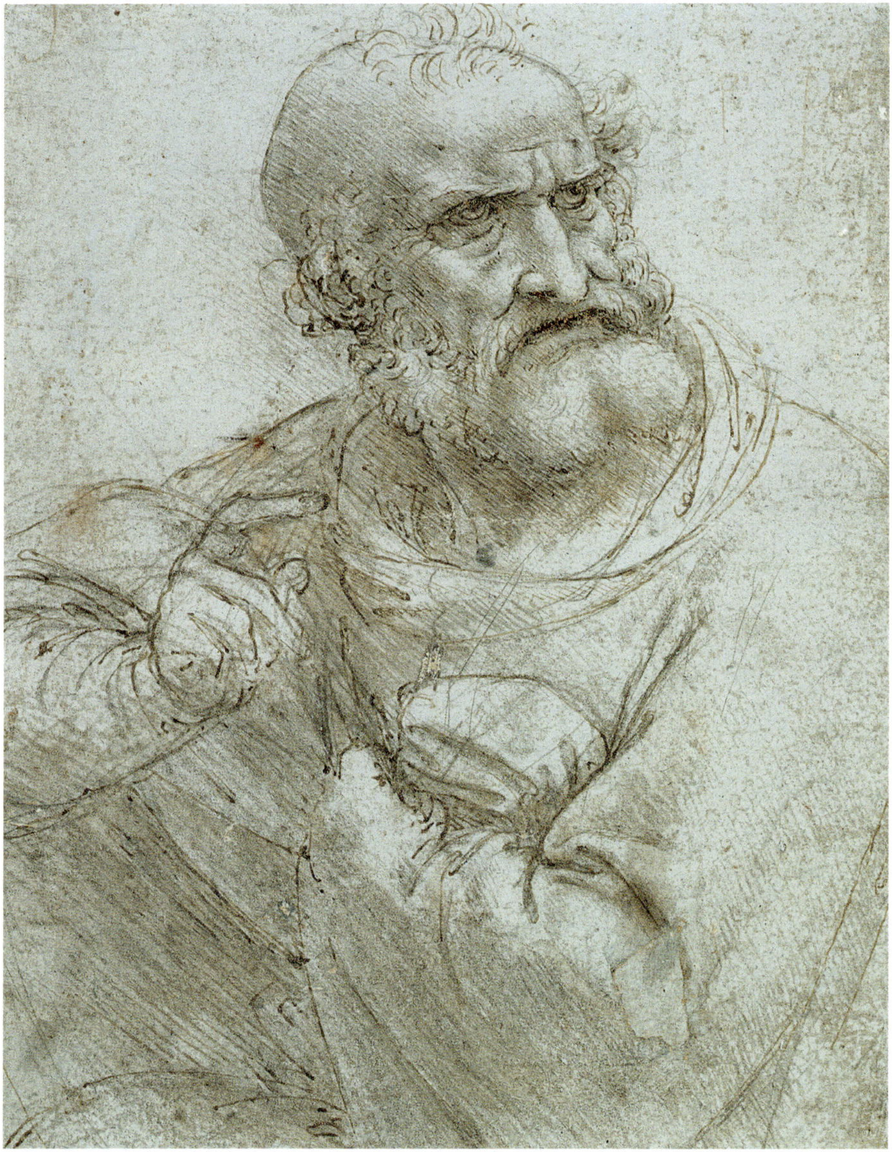

S. 240: Leonardo da Vinci, Christus, Ausschnitt aus dem *Abendmahl* (nach der jüngsten Restaurierung). Mailand, Santa Maria delle Grazie, Refektorium.

S. 241: Leonardo da Vinci, Thomas und Jakobus, Ausschnitt aus dem *Abendmahl* (nach der jüngsten Restaurierung). Mailand, Santa Maria delle Grazie, Refektorium.

Oben:
Leonardo da Vinci, Figurenstudie. Wien, Graphische Sammlung Albertina.

S. 243 oben: Flämische Manufaktur, *Das Emmaus-Mahl,* (Ausschnitt) nach einem Gemälde von Tizian (Paris, Louvre). Windsor Castle, Chapel of St. George.

S. 243 unten: Leonardo da Vinci, *Abendmahl*, Ausschnitt (nach der jüngsten Restaurierung). Mailand, Santa Maria delle Grazie, Refektorium.

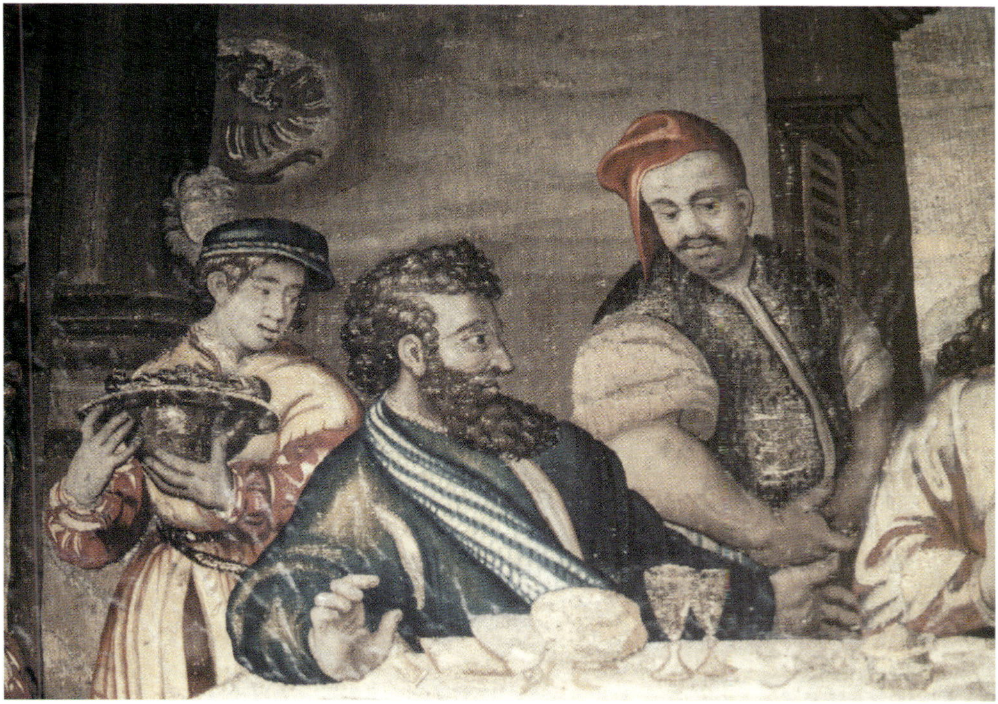

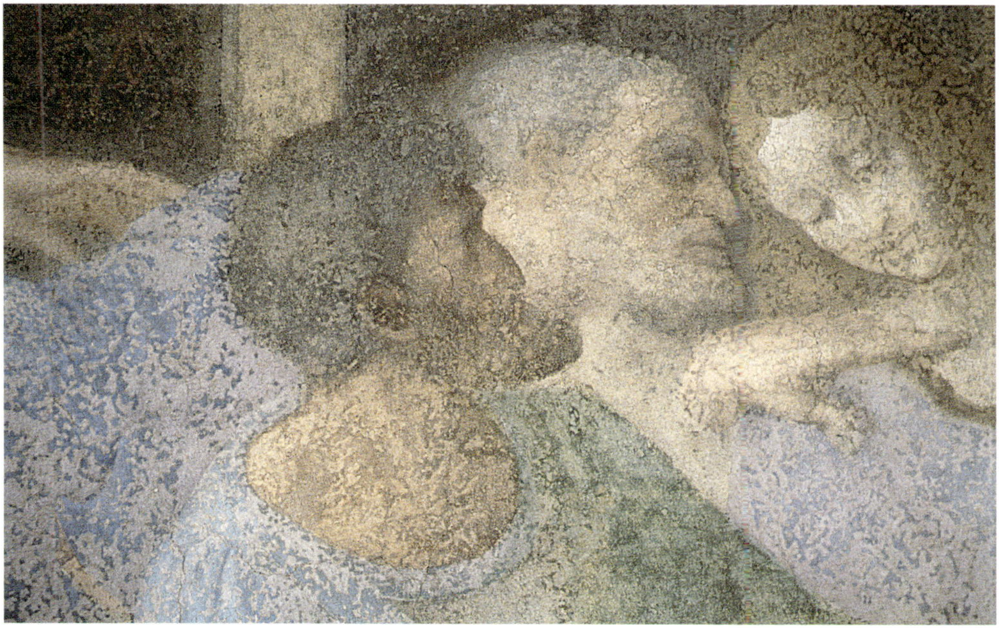

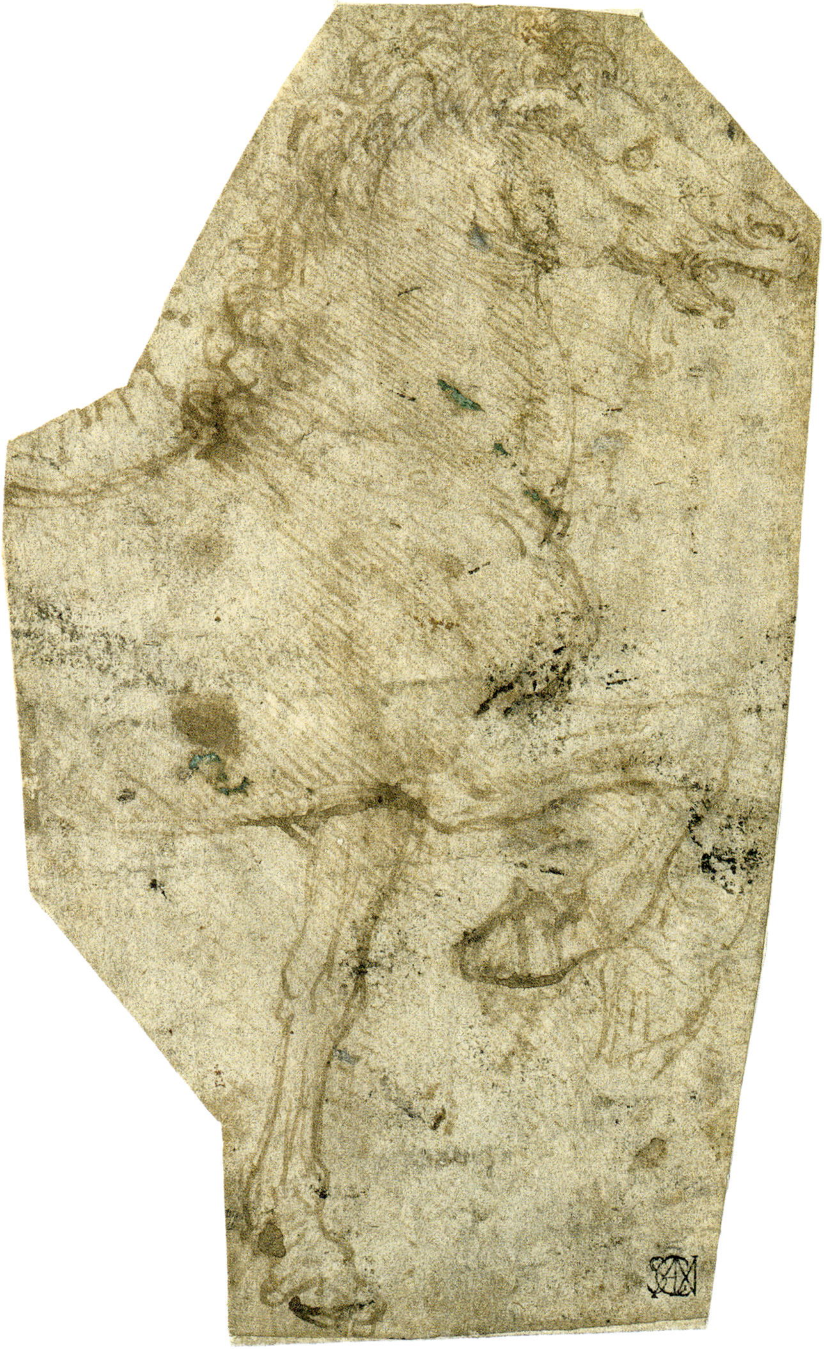

Es waren die gleichen Jahre, in denen Verrocchio in Venedig den Guß seines Colleoni-Reiterstandbildes beaufsichtigte, das dann von Alessandro Leopardi vollendet wurde,[44] und es ist nicht auszuschließen, daß Leonardo seinen alten Lehrer vor dessen Tod 1492 in der Lagunenstadt besuchte, um sich mit ihm über die Gußmethode eines kolossalen Bronzepferdes zu beraten. Leonardo kann natürlich auch die fortschrittlichen lombardischen Bildhauer aufgesucht haben, die sich damals an der Antike orientierten und neue formale Lösungen suchten, um sich von den veralteten Vertretern der jeweiligen lokalen Schulen abzusetzen. Noch einmal sei in Erinnerung gerufen, daß Leonardo vermutlich die Profilbildnisse römischer Kaiser in den Sockelmedaillons der Certosa di Pavia kannte, jenen ausgesprochenen Musterkatalog antiker Vorbilder[45] – die Freude am klassischen Profil, die wir an den Köpfen des Bartholomäus und des Matthäus im Mailänder *Abendmahl* spüren, leitet sich vielleicht aus dieser in Pavia anzutreffenden künstlerischen Universalsprache her. Außer Giovanni Antonio Amadeo arbeiteten dort nach 1491 Benedetto Briosco und Gian Cristoforo Romano, die zwischen 1494 und 1497 auch das Grabmal für Gian Galeazzo Visconti in der Certosa schufen; sie erhielten den entsprechenden Auftrag in den gleichen Jahren, in denen Leonardo das *Abendmahl* in Mailand malte. Leonardo muß Einblick in die Kunstszene von Pavia gehabt haben. Überdies kannte er Gian Cristoforo Romano persönlich und gab diesem die Rolle des Königs Accrisio in dem Stück *Danae* von Baldassare Taccone, das er am 31. Januar 1496 bei Hof aufführen ließ. Und Briosco wird von Leonardo in dem gegen 1510 anzusetzenden *Ms G*, fol. 1 *verso*, gar als »mein Freund Benedetto, der Bildhauer« bezeichnet.[46] Wir können allenfalls ahnen, welchen Eindruck die Werke jener Bildhauer auf Leonardo machten. Doch ein im Museo della Certosa in Pavia aufbewahrter Torso einer Christusstatue, die um 1484 aus dem Kreis um Amadeo hervorging,[47] bietet interessante Anhaltspunkte, sowohl was das Weiterwirken ihrer Charakteristika in der Skulptur des *Ungläubigen Thomas* betrifft, die Verrocchio für Orsanmichele in Florenz schuf, wie auch im Hinblick auf die innovative klassische Formensprache, die das Umfeld Amadeos beherrschte[48]: vielleicht läßt sich die Art, wie hier die Draperien gemeißelt wurden, mit Leonardos modellierender Art vergleichen, als er die Gewänder der Apostel im *Abendmahl* malte.

Die Sala delle Asse im Castello Sforzesco

Leonardos »Wettstreit mit den Alten« zeigt sich auch in der Ausmalung der Sala delle Asse im Mailänder Castello Sforzesco, an der er 1497–1498 arbeitete. Die Dekoration setzt sich illusionistisch aus Bäumen zusammen – vielleicht aus der Species des Schwarzen Maulbeers, in offenkundiger Anspielung auf Ludovico il Moro in seiner Eigenschaft als weiser und umsichtiger Heerführer –, deren Wurzeln Felsschichten aufsprengen und deren Äste sich am Gewölbe zu einem Laubdach verflechten.

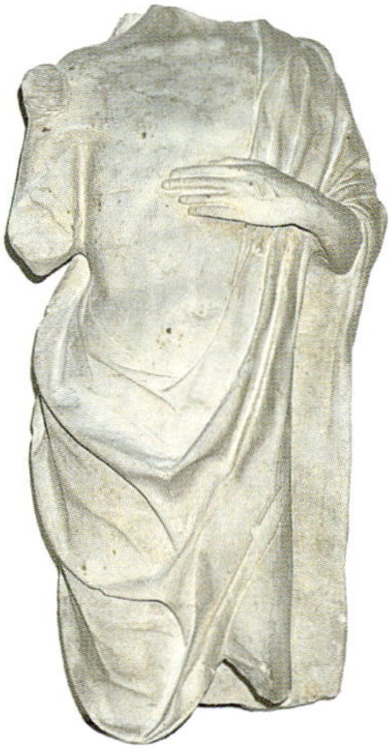

Linke Seite:
Leonardo da Vinci, Studie für das Reiterstandbild des Francesco Sforza. Mailand, Biblioteca Ambrosiana (F 263, Inf. 91).

S. 246–247:
Pietro Rusca, Übermalung der originalen Gewölbedekoration Leonardos. Mailand, Castello Sforzesco, Sala delle Asse.

Giovanni Antonio Amadeo zugeschrieben,
Torso einer Christusstatue.
Pavia, Museo della Certosa.

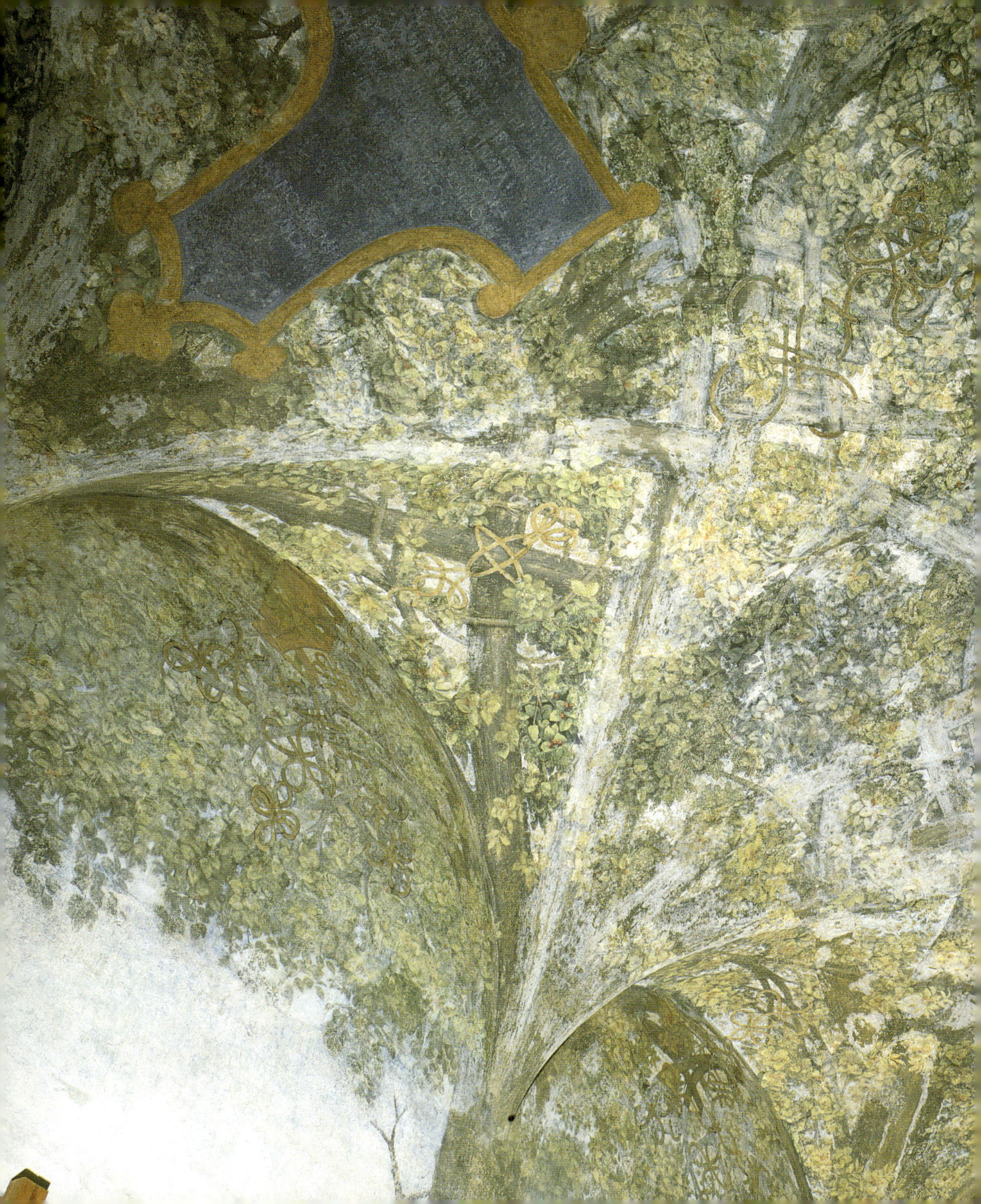

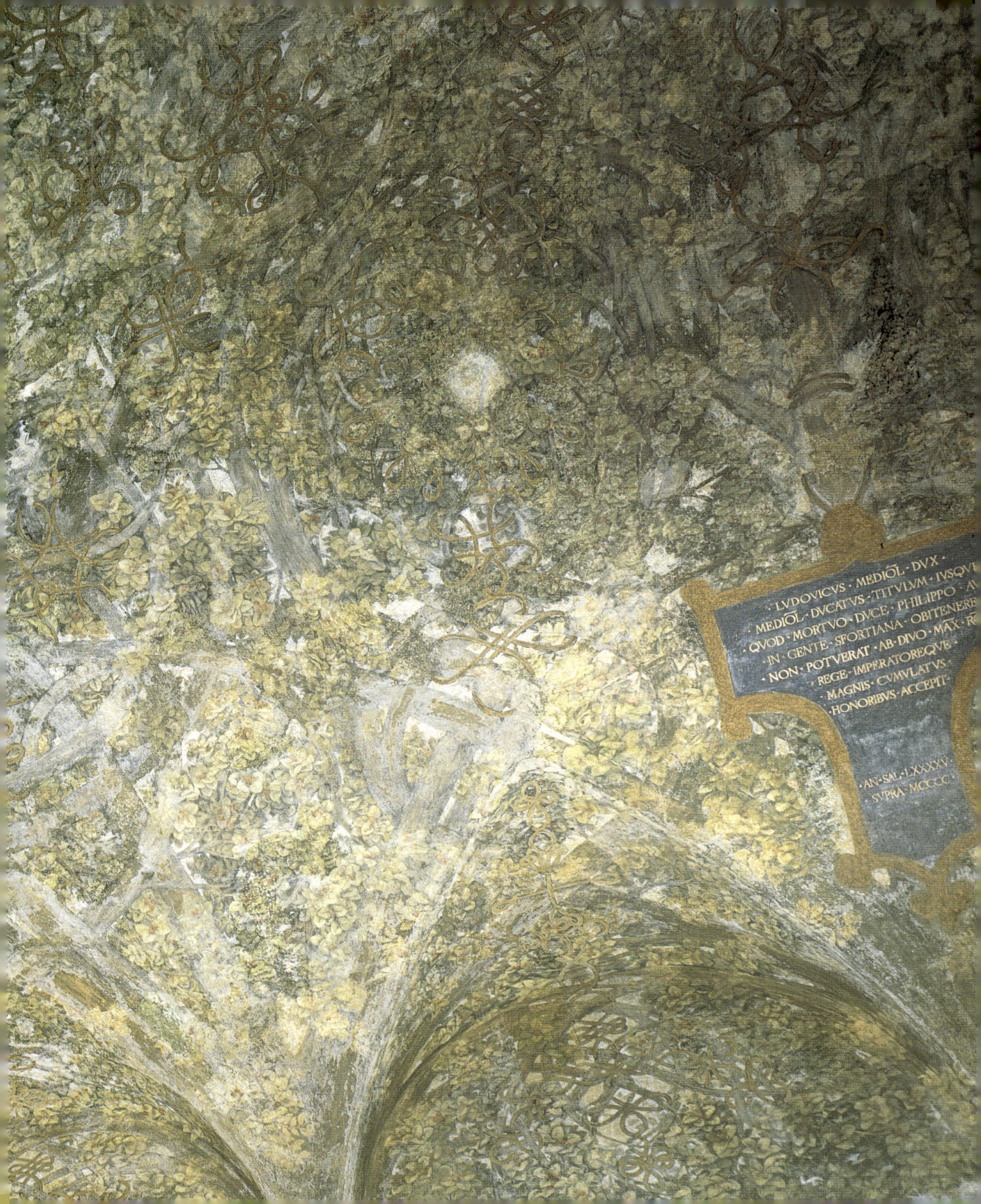
· LVDOVICVS · MEDIOL · DVX ·
MEDIOL · DVCATVS · TITVLVM · IVSQV
QVOD · MORTVO · DVCE · PHILIPPO · A
· IN · GENTE · SFORTIANA · OBITENERE
· NON · POTVERAT · AB · DIVO · MAX · R
REGE · IMPERATOREQVE ·
MAGNIS · CVMVLATVS ·
· HONORIBVS · ACCEPIT ·
· AN · SAL · LXXXXV ·
SVPRA · MCCCC ·

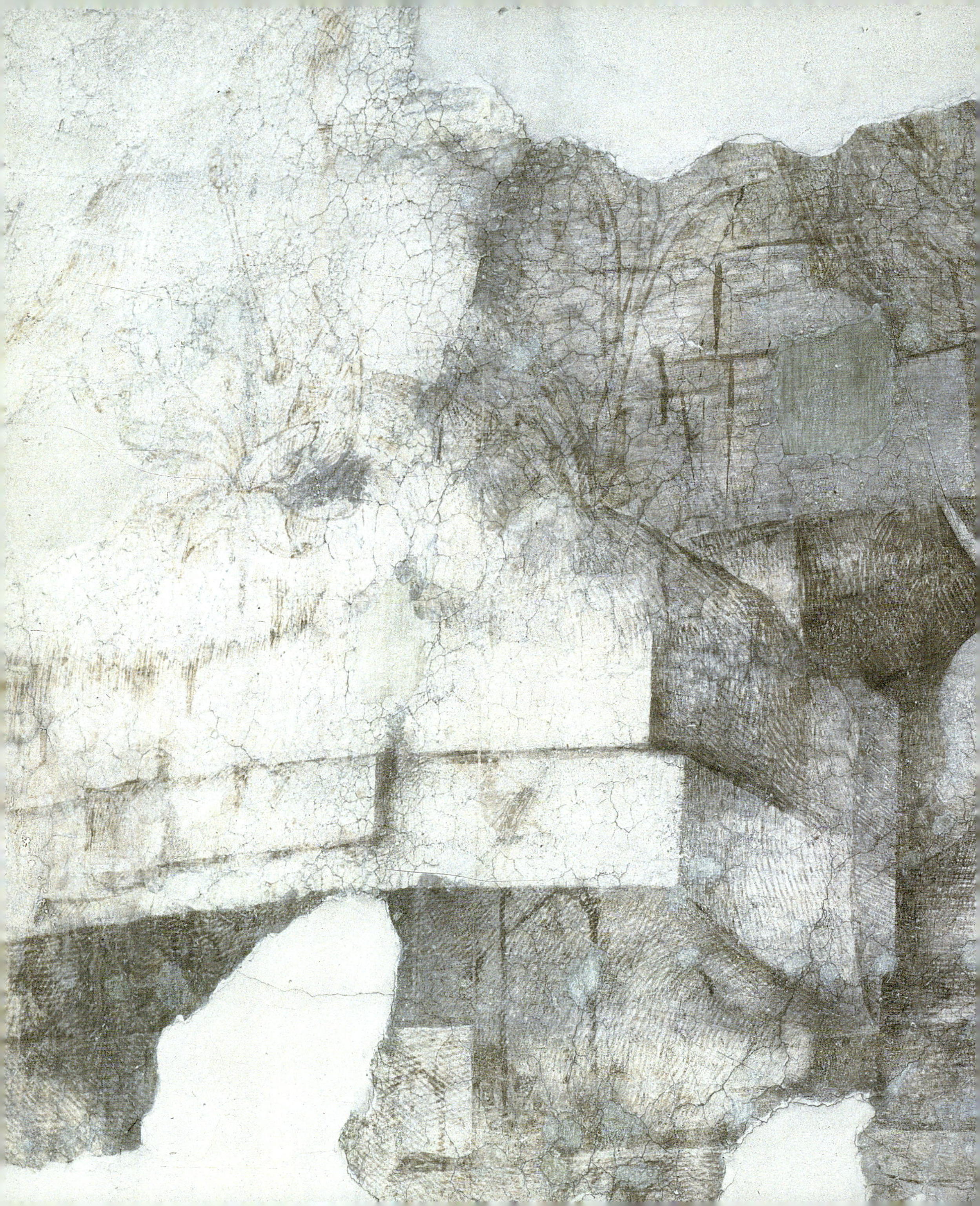

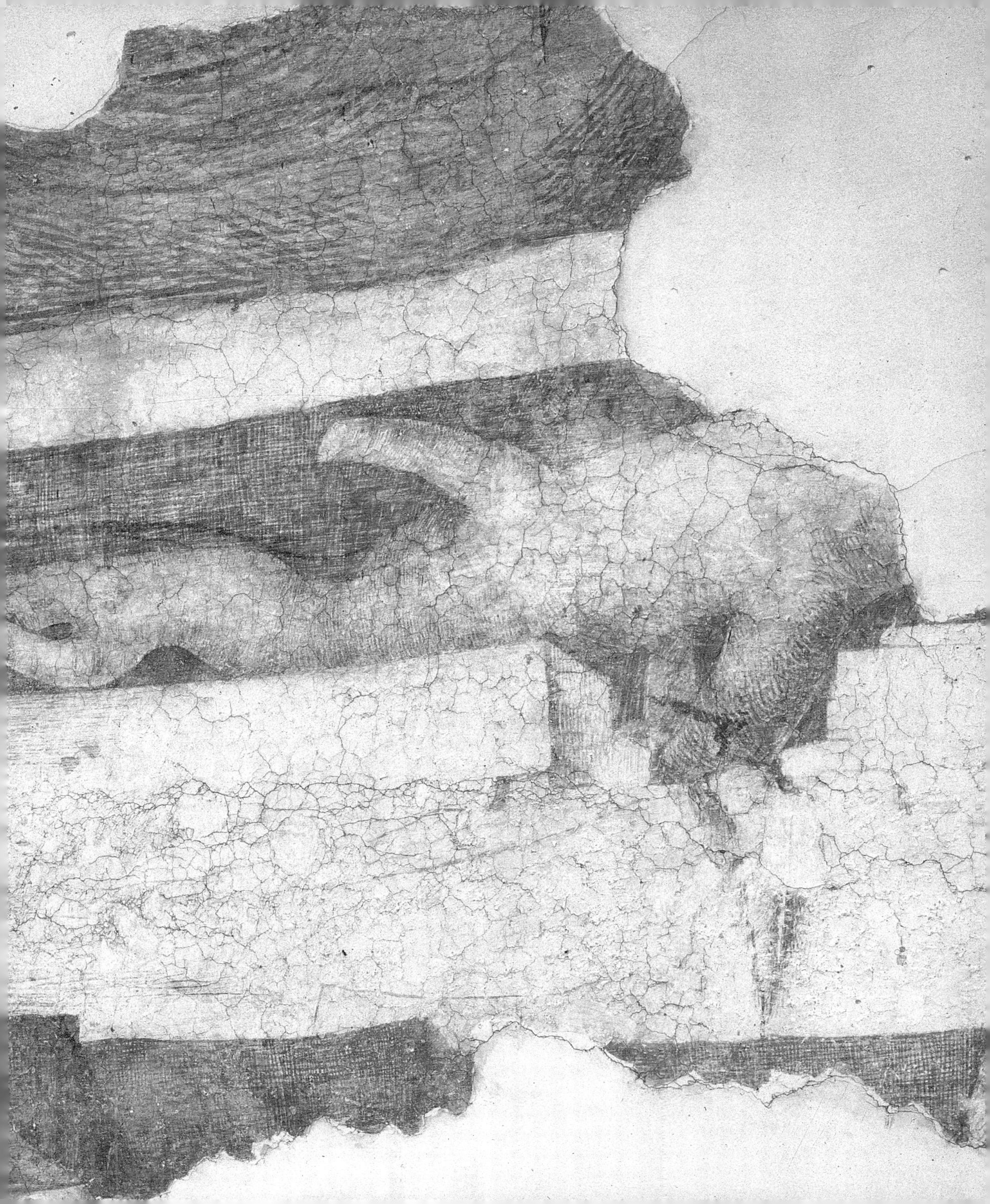

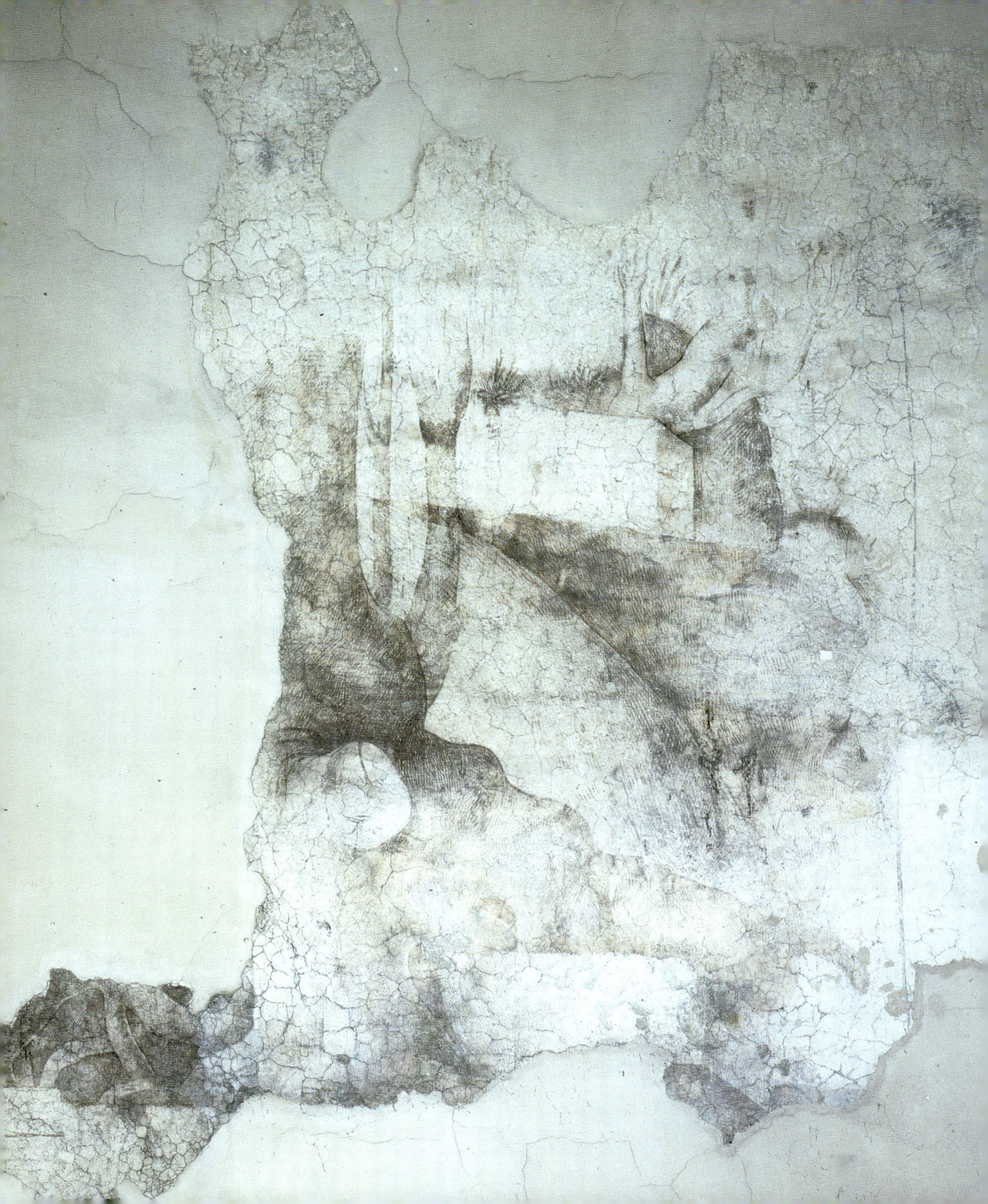

Der ein wenig an eine Pergola erinnernde Dekor wurde als Visualisierung eines klassischen literarischen *topos* interpretiert, der das Tempetal in Thessalien und seine Vegetation beschreibt.[49]

Wenig später maß sich Leonardo erneut an der Antike, und zwar mit einem Profilbildnis der Isabella d'Este, das ein Karton im Louvre überliefert (S. 174). Dabei macht sich sowohl der Einfluß einer 1498 von Gian Cristoforo Romano gefertigten Medaille[50] als auch der einer klassischen Apollostatue geltend, von der Isabella eine Replik besaß.[51] Zugunsten jenes antiken Bildnistyps gab Leonardo jene Errungenschaften preis, die er in seinen vorhergehenden lombardischen Portraits in die Gattung eingeführt hatte.

1500: Leonardo in Venedig

Nach seinem Aufenthalt in Mantua finden wir Leonardo in Venedig wieder, nachweislich am 13. März 1500[52], trotz und obwohl andere Aufzeichnungen aus seiner Hand den Verdacht nahelegten, der Künstler sei in den ersten Monaten dieses Jahres nach Rom gereist. So informiert zum Beispiel das bekannte »Memorandum Ligny« über seine Absicht, Ludwig von Luxemburg, den Grafen von Ligny[53], nach den Ereignissen, die in den letzten Monaten des Jahres 1499 zum Zusammenbruch des Sforza-Herzogtums geführt hatten, in Rom und in Neapel zu treffen; aber es ist nicht belegt, ob es wirklich zu der geplanten Begegnung kam.

Jedenfalls weilte Leonardo im März 1500 in Venedig – höchstwahrscheinlich nicht seine erste Reise in diese Stadt. Vielleicht war er zusammen mit Verrocchio bereits 1469 hierher gekommen.[54] Und möglicherweise, davon war ja schon die Rede, hat Leonardo Anfang der neunziger Jahre in Venedig mit Alessandro Leopardi technische Fragen zum Guß eines Reiterdenkmals erörtert.[55] Noch etwas früher, kurz vor 1485, hatte Verrocchio eine Skizze für das Grabmal des Dogen Andrea Vendramin entworfen, das in der Kirche Santa Maria dei Servi in Venedig aufgestellt werde sollte[56] – nicht ausgeschlossen, daß Leonardo auch über dieses Projekt informiert war: schließlich ist für 1492 Lorenzo di Credis Anwesenheit in Venedig belegt, dem von einigen Forschern die Zeichnung für das Vendramin-Grabmal zugeschrieben wurde, die sich im Victoria and Albert Museum in London befindet.[57] Ein wichtiger Anlaß für Leonardos Venedigaufenthalt im Jahr 1500 könnte also die Besichtigung dieses Grabmals gewesen sein, das bis 1493 von der Lombardo-Werkstatt neu konzipiert und in Santa Maria dei Servi realisiert worden war; im 19. Jahrhundert hat man das mittlerweile in Einzelteile zerlegte Grabmal in Venedigs Dominikanerkirche SS. Giovanni e Paolo wieder aufgerichtet. Erst kürzlich sind die kompositorischen und stilistischen Berührungspunkte erkannt worden zwischen diesem Werk Tullio Lombardos und den von Leonardo in Mailand etablierten Neuerungen, die dann lombardische Bildhauer und Maler nach Venedig weitervermittelten.[58] Ob ein direkter Kontakt zwischen Leonardo und Tullio Lombardo bestand und wie dieser sich ausgewirkt haben könnte, ist dagegen noch nicht hinreichend untersucht. Denn momentan

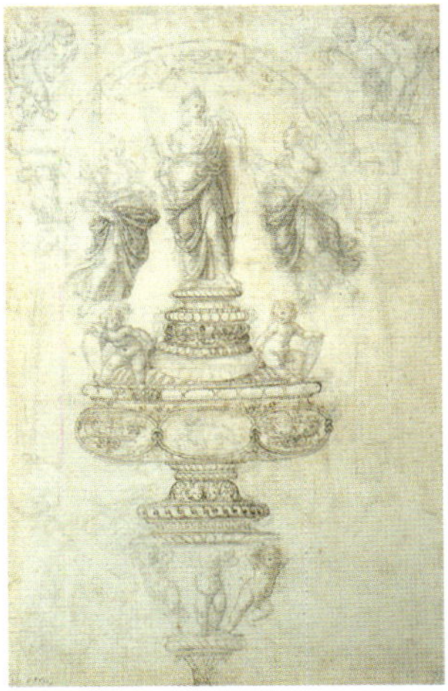

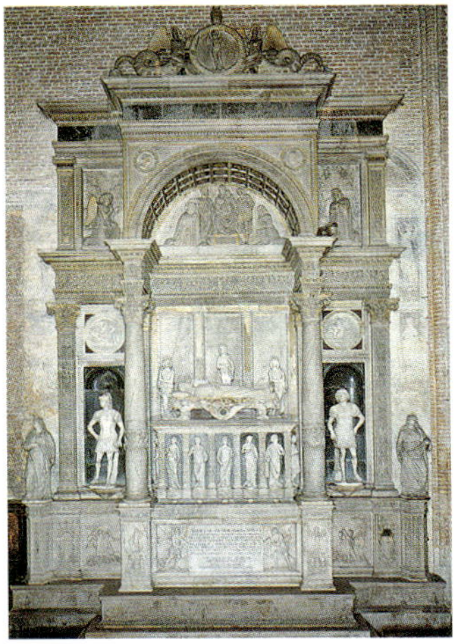

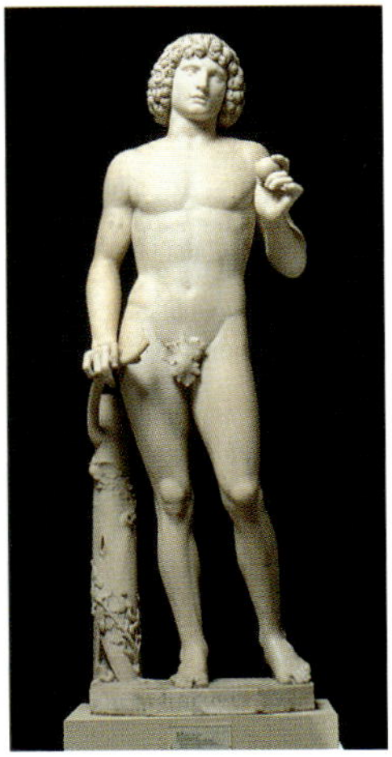

S. 248–249:
Leonardo da Vinci, Wurzeln und Felsen. Mailand, Castello Sforzesco, Sala delle Asse (monochrome Dekoration der nordöstlichen Wand).

Linke Seite:
Leonardo da Vinci, Wurzeln und Felsen. Mailand, Castello Sforzesco, Sala delle Asse (monochrome Dekoration der nordöstlichen Wand).

Oben links:
Andrea del Verrocchio, Entwurf für das *Grabmal Vendramin*. London, Victoria and Albert Museum (Inv. Nr. 2314).

Oben Mitte:
Tullio Lombardo, *Grabmal Vendramin*. Venedig, SS. Giovanni e Paolo.

Tullio Lombardo, *Adam*. New York, Metropolitan Museum of Art.

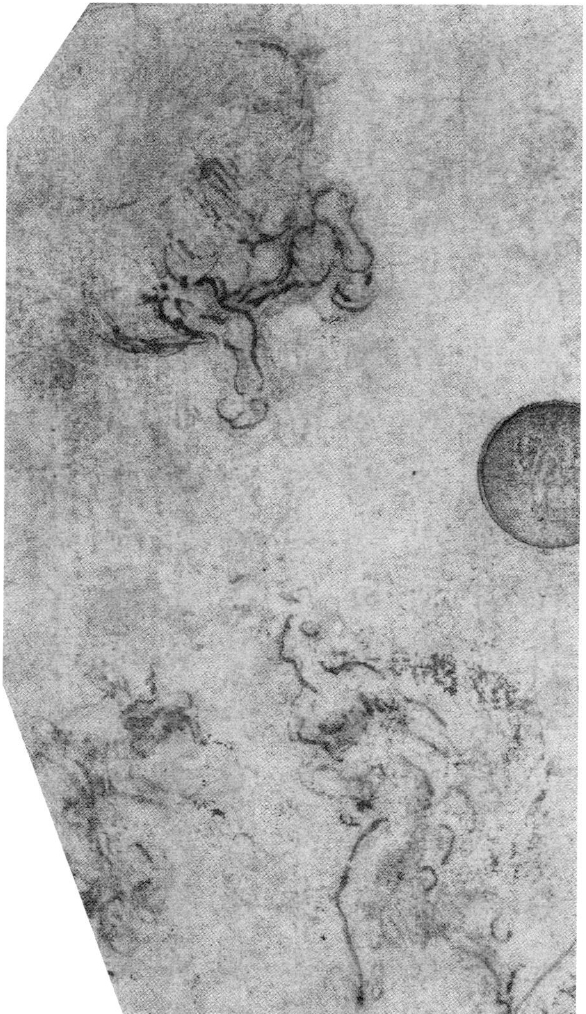

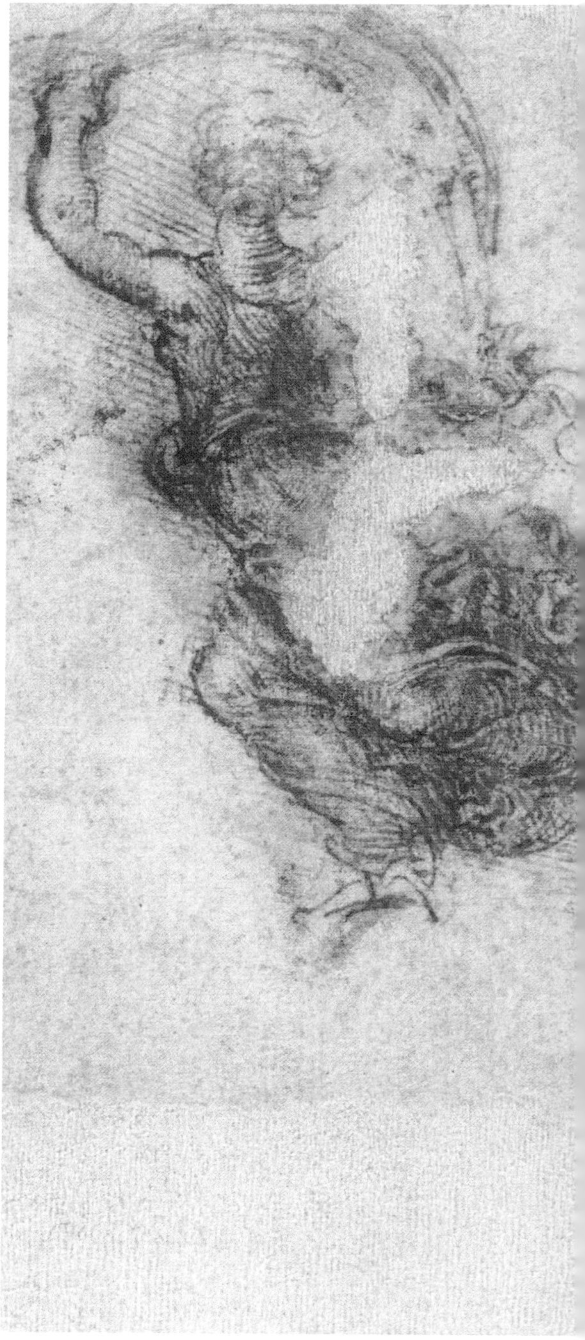

Oben:
Leonardo da Vinci,
Studie für weibliche Figuren und ein sich aufbäumendes Pferd.
Venedig, Gallerie dell'Accademia
(Inv. Nr. 258 *recto*).

Rechts:
Leonardo da Vinci,
Drei tanzende Nymphen.
Venedig, Gallerie dell'Accademia
(Inv. Nr. 233 *recto*).

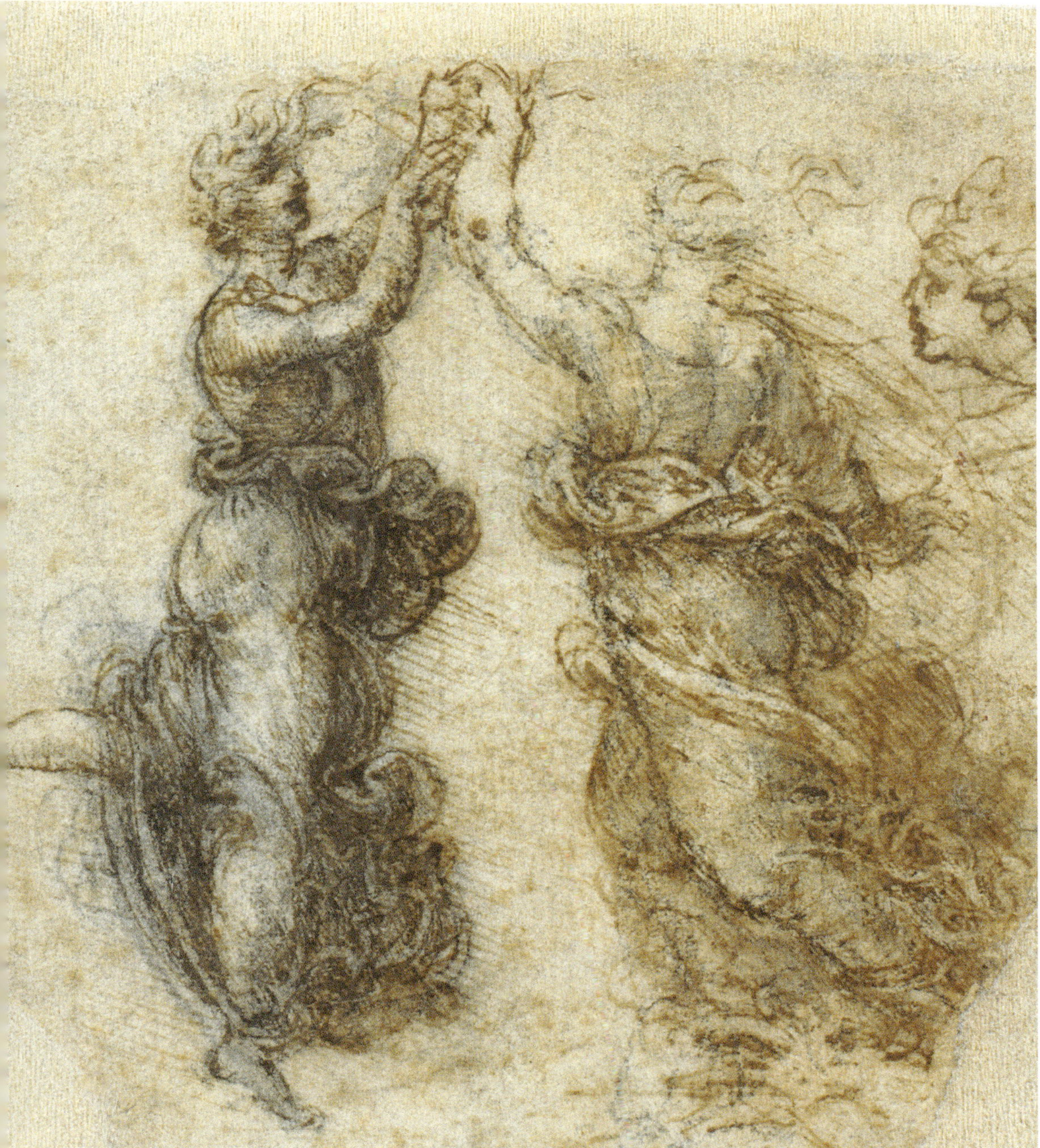

nur angekündigt sind Forschungsergebnisse von Wendy Stedman Sheard, die sich auf eine mögliche Abhängigkeit Tullio Lombardos von Leonardo konzentrieren.[59]

Vor diesem Hintergrund wurde bisher die Möglichkeit außer Acht gelassen, Leonardo habe gerade aufgrund seiner Kenntnis der Werke Lombardos den Wunsch entwickelt, originalen Zeugnissen antiker Bildhauerkunst gegenüberzustehen. Dies könnte auch der tiefere Grund für seine Reise nach Rom und Tivoli ein Jahr später gewesen sein. Die Fachwelt ist sich darüber einig, daß es sich bei den Figuren Tullios für das Vendramin-Grabmal um eine Wiederaufnahme antik-römischer Vorbilder handelt – insbesondere solcher aus der Zeit Hadrians, einer Phase des wiederbelebten Klassizismus griechischer Prägung.[60] Fast muß man annehmen, daß Tullio, bevor er an dem Grabmal zu arbeiten begann – das er zwischen 1492 und 1493 vollendete – eine Reise nach Rom unternahm. Von einer Romreise Tullios spricht übriges auch 1521 Cesare Cesariano.[61] Die Frage, wann diese Reise tatsächlich stattgefunden haben mag, ist eines der interessantesten Probleme bei der Rekonstruktion von Tullios künstlerischem Werdegang. Einer wohlbekannten Notiz Marcantonio Michiels zufolge besaß der Künstler in seinem Atelier eine antike Statue, die er vielfach als Modell für seine Werke benutzte: »... die Marmorfigur einer bekleideten Frau ohne Kopf und Hände ist antik und pflegte in der Werkstatt Tullio Lombardos zu stehen, der sie mehrmals in seinen Werken kopierte.«[62]

Besagte antike Statue hat Debra Pincus als griechisches, aus Kreta stammendes Original identifiziert, das heute im Archäologischen Museum in Venedig zu sehen ist. Auf andere Antikenvorbilder mag Tullios ursprünglich für das Vendramin-Grabmal vorgesehener *Adam* zurückgehen.[63] In Frage käme beispielsweise eine römische *Antinous*-Skulptur in der klassischen Haltung des *Doryphoros* von Polyklet, jetzt im Museo Nazionale in Neapel; sie war in Rom seit mindestens 1520 bekannt, denn die von Lorenzetto unter Anleitung Raffaels 1519 für die Kirche Santa Maria del Popolo vollendete Statue des *Jonas* ist eindeutig von ihr inspiriert; in Frage käme weiterhin eine *Antinous*-Figur, ausgeführt in Bronze, deren Kopf sich im späten 16. Jahrhundert in den Florentiner Sammlungen der Medici befand.[64]

Die Kenntnis griechischer und hellenistischer Bildhauerarbeiten seitens der venezianischen Künstler ist erklärbar, verdankt sie sich doch den direkten Kontakten ihrer Heimatstadt mit Griechenland, Kreta und dem ehemals hellenistischen Mittleren Osten. Wenn aber Leonardo zur Nachahmung der Griechen rät, vor allem bei der Wiedergabe der Gliedmaßen einer Figur unter dem Gewand,[65] und dies mit einem Nachdruck, als ob er selbst einschlägige Beispiele gekannt hätte, bedarf das einer näheren Erläuterung. In Venedig war die Auseinandersetzung mit antiken Statuen dank der patrizischen Sammlungen in größerem Umfang gewährleistet. Einer der wichtigsten Sammler römischer Antiquitäten war Domenico Grimani, dem Papst Alexander VI. 1493 den Kardinalspurpur und 1497 das Patriarchat von Aquileja übertrug. Grimani, ein Mann der Kirche und humanistischer Bildung in einem, stand in engem Kontakt mit den neuplatonischen Intellektuellen- und Künstlerzirkeln in Florenz und Venedig. Er hatte begonnen, Marmorskulpturen zusammenzutragen, als beim Bau seiner Villa auf

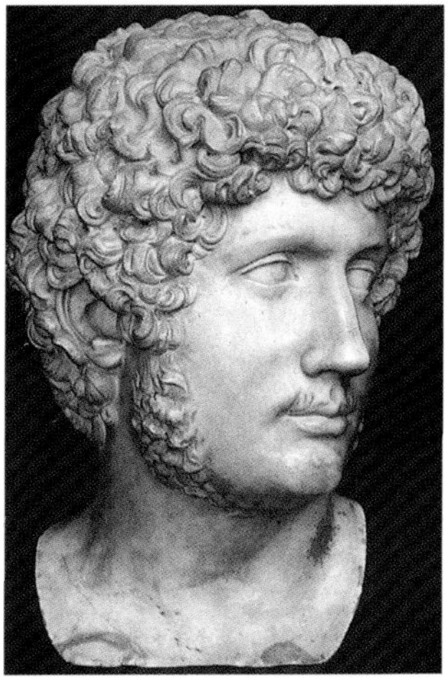

Tullio Lombardo (zugeschrieben), *Hadrian*.
Varese, Sacro Monte, Museo Pogliaghi.

dem Quirinal in Rom antike Fragmente zutage gefördert wurden. Der römische Hauptwohnsitz Grimanis befand sich indes im Palazzo Venezia, wo er nach und nach eine Sammlung antiker Marmorskulpturen und Bronzen anlegte, die später in Venedig den Kern des Museo Statuario (Skulpturenmuseum), nahe der Biblioteca Marciana, bilden sollte. Doch früher bereits, unmittelbar nach dem Tod des Kardinals im Jahr 1523, waren einige seiner Gemälde, Edelsteine, die berühmte, herrlich illuminierte Handschrift des *Breviarium Grimani* sowie antike Marmorskulpturen der Republik Venedig geschenkt worden, in der Absicht, ein regelrechtes öffentliches Museum mit ihnen zu bestücken. Abgesehen von der bewunderten Portraitbüste des *Vitellius* zählte die ebenso bekannte Opferszene, das sogenannte *Suovetaurilia*-Relief, zu den Sammlungsbeständen, ehe sie später in den Louvre gelangte. Dieses elegante, ausgewogene Werk aus augusteischer Zeit war den Renaissancekünstlern zumindest seit dem ausgehenden 15. Jahrhundert ein Begriff: Neben vielen anderen studierten und kopierten Jacopo Ripanda, Amico Aspertini, Il Bambaja, Giulio Romano und Polidoro da Caravaggio das exquisite Stück.[66] Es ist nicht auszuschließen, daß auch Leonardo zu den Bewunderern der Sammlung Grimani und ihrer antiken Skulpturen zählte; vielleicht sollte man sogar soweit gehen, seinen Aufenthalt in Rom 1501 mit seinem vorherigen Besuch in Venedig in Verbindung zu bringen, bei dem er den Kontakt mit der Umgebung des Kardinals Grimani hergestellt haben könnte. Denn auf einem Skizzenblatt mit Vorschlägen zur Kanalisierung des Arno von 1503 oder 1504 aus dem *Codex Arundel* (fol. 274 *recto*), jetzt in der British Library, notiert eine – freilich nicht von Leonardo geschriebene – Anmerkung den Namen und die römische Adresse von Stefano Iligi, eines »Vertrauten von Hochwürden Kardinal Grimani«.[67] Hat Leonardo – vielleicht während der Märztage 1500 in Venedig – diese Anschrift im Hinblick auf seine bevorstehende Reise nach Rom erhalten? Der erlesene Geschmack des Kardinals und seine Antikensammlung könnten Leonardos Interesse für antike Skulpturen zusätzlich stimuliert, könnten seine Neugierde auf Tivoli gelenkt haben – denn von dorther stammten auch die Sockel zweier Marmorkandelaber mit den Reliefs bacchantischer Tänzerinnen, die spätestens seit Ende des 15. Jahrhunderts publik waren und bald in die Sammlung Grimani aufgenommen wurden.[68] Erstaunlicherweise erscheinen die Tänzerinnen der mittlerweile ins Museo Archeologico in Venedig und in den Louvre gelangten Sockel wieder in Leonardos Zeichnung *Drei tanzende Nymphen* (Nr. 233 in den Gallerie dell'Accademia in Venedig; S. 250–251). Die Gegenprobe für die Beziehungen zwischen Leonardo und Grimani liefert die Erwähnung zweier »Bilder« von »Lunardo Vinci« – ein »Kopf mit Girlande« und ein »Kopf eines dicken Kindes« – in der Sammlung des Marino Grimani, eines Neffen des Kardinals, der sich 1528 anschickt, die beiden Bilder von Venedig nach Rom zu bringen. Jayne Anderson hat die Vermutung geäußert, der Onkel habe diese Bilder gekauft und dann dem Neffen Marino vererbt.[69]

Der Reichtum der venezianischen Antikensammlungen und die große Feinfühligkeit von Sammlern wie Domenico Grimani, die enge Verbindungen zu Rom pflegten; die Tatsache, daß Tullio Lombardo wahrscheinlich persönlich antike Werke aus der Zeit

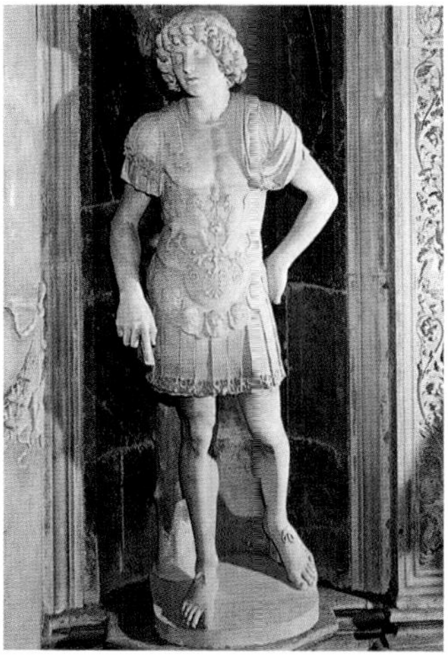

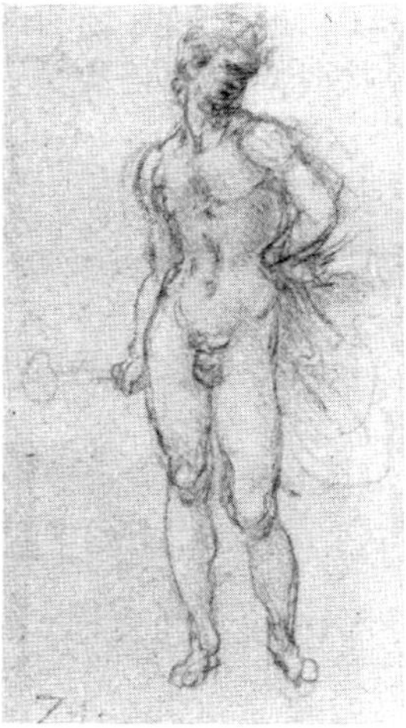

Oben:
Tullio Lombardo,
Krieger, vom *Grabmal Vendramin*.
Venedig, SS. Giovanni e Paolo.

Rechts:
Leonardo da Vinci, *Akt eines jungen Mannes mit Keule und Faltenwurf*. Windsor Castle, Royal Library (Inv. Nr. 12583 A *recto*).

Folgende Seite:
Leonardo da Vinci,
Profil des Salai. Windsor Castle,
Royal Library (Inv. Nr. 12554).

S. 257:
Leonardo da Vinci,
Profil des Salai. Windsor Castle,
Royal Library (Inv. Nr. 12557).

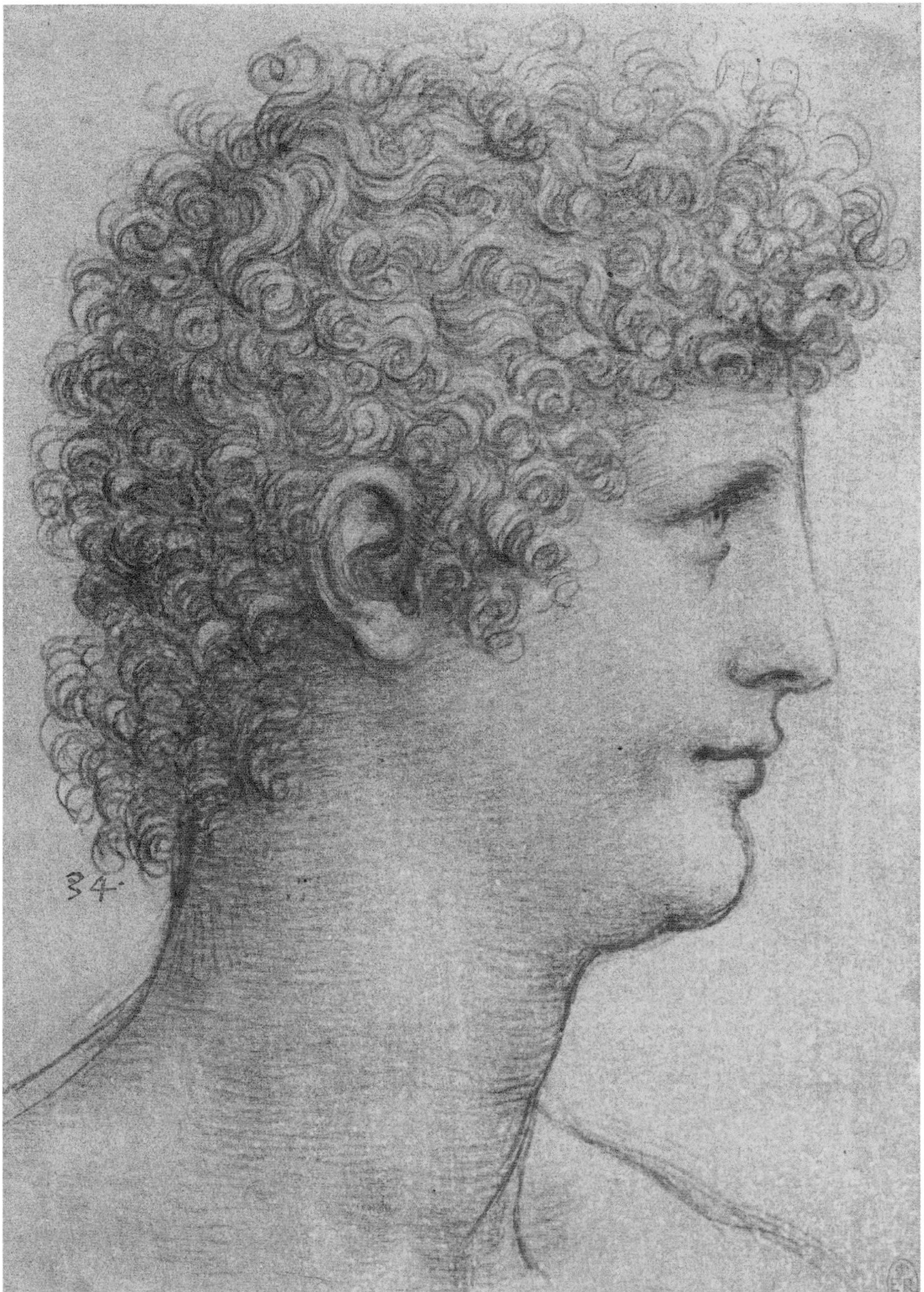
34

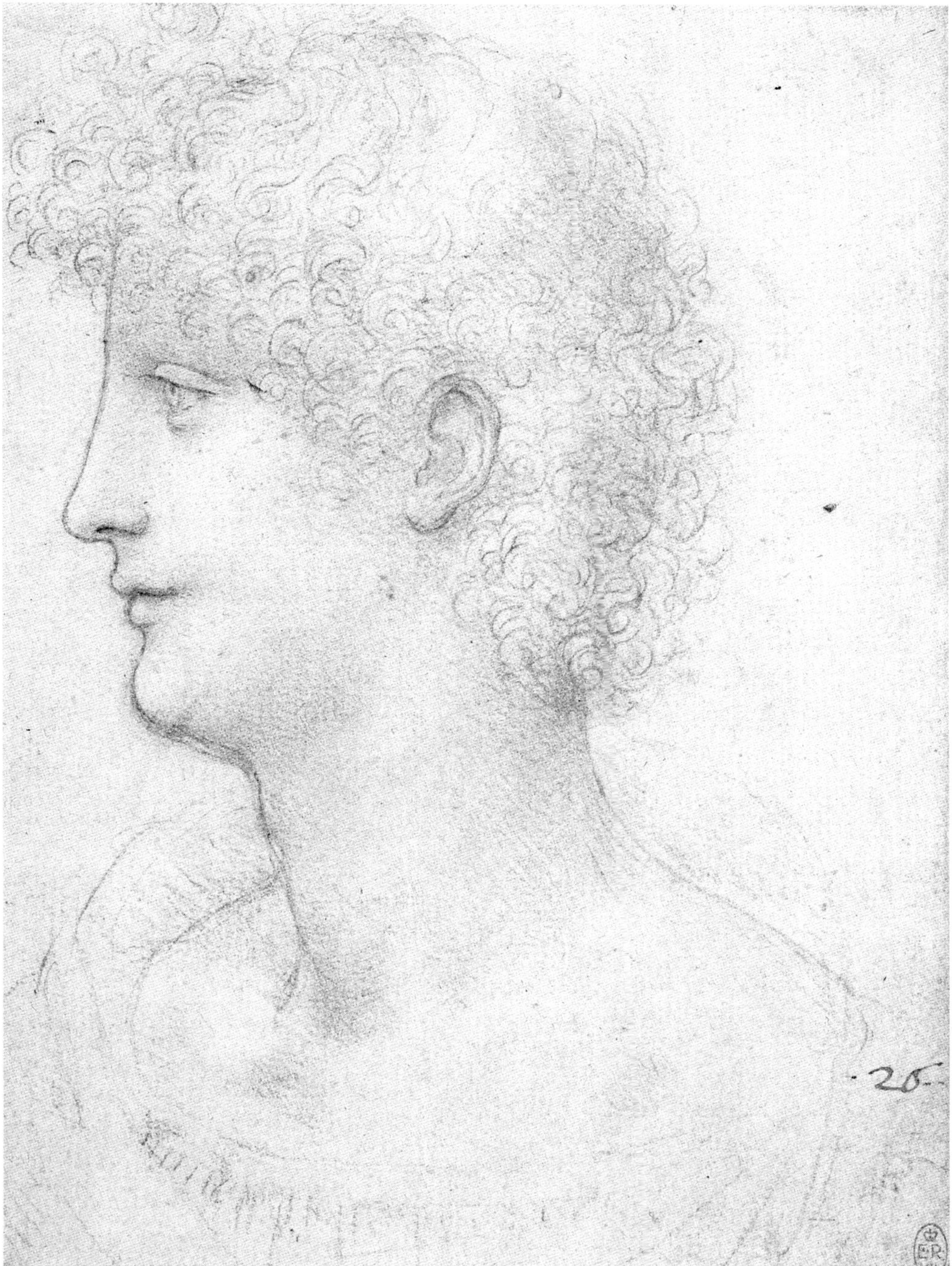

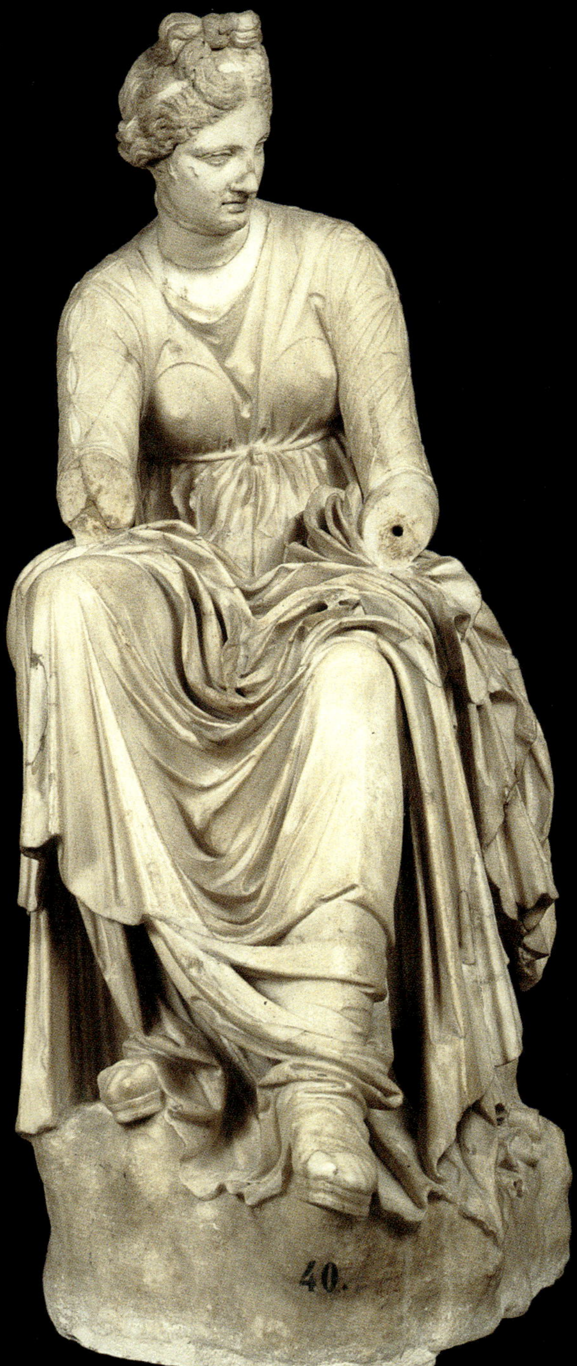
40.

Hadrians betrachten konnte, die dank seiner vermuteten Reise nach Rom auch außerhalb Venedigs bekannt wurden; die antikisierenden Skulpturen Tullios, die sich derartige Originale zum Vorbild nahmen[70]: All dies hat wohl dazu beigetragen, daß damals in Venedig Büsten Hadrians, die vor allem in der Werkstatt Tullio Lombardos hergestellt wurden und altrömischen Portraits nachempfunden waren, zu einer richtiggehenden Modeerscheinung avancierten. Zu nennen wären die bronzene Büste im Museo Archeologico in Venedig oder diejenigen in der National Gallery in Washington beziehungsweise im Bayerischen Nationalmuseum in München,[71] die alle die antike Hadriansbüste in den Vatikanischen Museen nachahmen (Sala dei Busti, Nr. 282).[72] Ein Kopf des jungen Hadrian im Museum der Villa Adriana in Tivoli[73] gab das Vorbild ab für eine Tullio Lombardo zugeschriebene Marmorbüste im Museo Pogliaghi auf dem Sacro Monte in Varese[74]: Sie kann als Indiz dienen für die frühe Verbreitung der entsprechenden Mode auch in der Lombardei, die außerdem deshalb wahrscheinlich ist, weil die von Leonardo gezeichneten *Profile des Salaì* (Nr. 12554 und 12557 in der Royal Library in Windsor) die über lombardische Nachahmungen vermittelte Kenntnis antiker Skulpturen voraussetzen. Der Vergleich des *Kriegers* am Vendramin-Grabmal mit Leonardos Zeichnung eines *Nackten Jünglings mit Keule und Faltenwurf* (Windsor, Nr. 12583 A *recto*; S. 255), die beide in derselben Haltung posieren, bestätigt, daß der Einfluß von Tullios Skulpturen zwischen 1508 und 1510 wieder auflebt und sich mit dem direkten Studium der antiken Skulpturen verbindet.

Die Romreise im Jahr 1501

»Gott sei's gelobt, 10. März 1500«, schreibt Leonardo auf ein Blatt des *Codex Atlanticus* (fol. 618 *verso*) und fährt fort: »In Rom. Im alten Tivoli, Hadriansvilla« [75] – der erste Beweis für Leonardos tatsächlichen Aufenthalt an den genannten Stätten?![76] Die Vorderseite des Blattes bestätigt wohl zusätzlich seinen Rombesuch, denn sie trägt die schematisch vereinfachte Zeichnung des Hadrian-Mausoleums, also der Engelsburg, die in einen Kontext integriert war, der vermutlich von militärischen Dingen beziehungsweise von Militärarchitektur handelte.[77] Das Datum »1500«, das auf den ersten Blick Probleme aufwirft, entspricht dem damaligen florentinischen Kalender und muß nach moderner Jahreszählung in »1501« abgeändert werden; dann steht es auch nicht mehr im Widerspruch zu Leonardos Venedigaufenthalt am 13. März 1500.[78]

Gründe politischer oder militärischer Art, die mit den einschneidenden Veränderungen des vorhergehenden Jahres und der neuen französischen Herrschaft in der Lombardei zusammenhängen, können für diese Reise nicht gänzlich ausgeschlossen werden. Immerhin gab Leonardo, wieder zurück in Florenz, Anfang April 1501 in einem Brief seiner Hoffnung Ausdruck, sich aus den Verpflichtungen »gegenüber seiner Majestät dem König von Frankreich lösen zu können, ohne in Ungnade zu fallen«[79], woraus man schließen darf, daß er schon vorher – seit 1499? – einige Aufträge

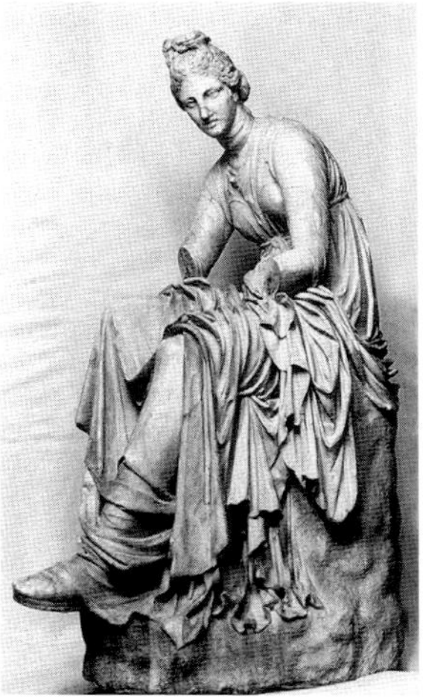

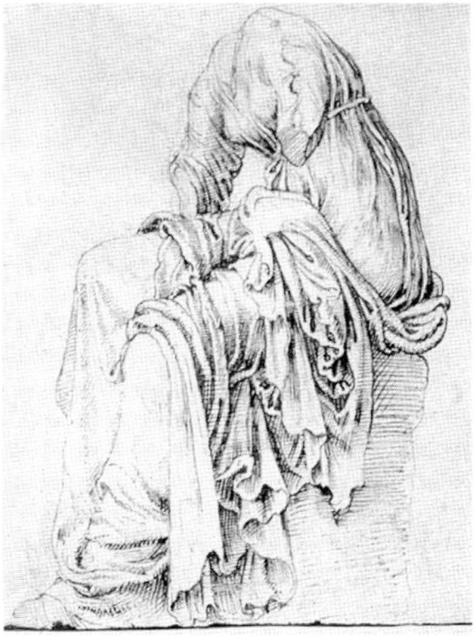

Linke Seite:
Kalliope, hellenistisch.
Madrid, Museo del Prado
(Inv. Nr. 40).

Kalliope, hellenistisch.
Madrid, Museo del Prado
(Inv. Nr. 40).

Maarten van Heemskerk,
Kalliope
(*Römische Skizzenbücher*, Blatt 34).
Berlin, Staatliche Museen
Preußischer Kulturbesitz,
Kupferstichkabinett.

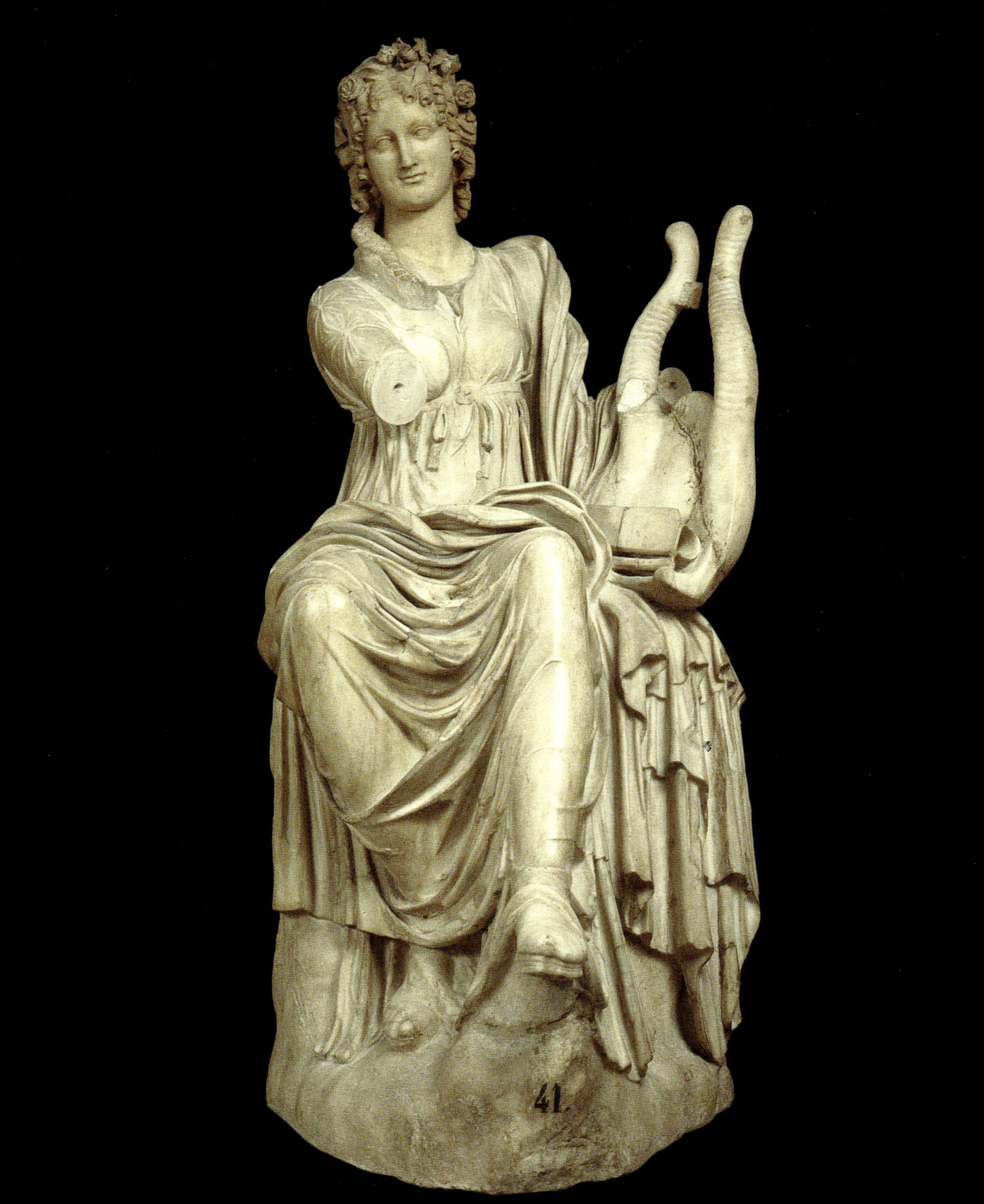
41.

übernommen hatte, die ihn möglicherweise im März nach Rom geführt hatten. Auch Papst Alexander VI. und dessen Sohn Cesare Borgia hatten eventuell mit diesen Aufträgen zu tun; Leonardo war mit dem jungen Borgia wahrscheinlich 1499 in Mailand zusammengetroffen, als dieser beim feierlichen Einzug Ludwigs XII. in die Stadt zum Gefolge des französischen Königs gehörte.[80]

Daß Leonardo während seiner Romreise vermutlich auch Tivoli und die dortigen Ruinen der Hadrians-Villa besichtigte, ist keineswegs so unwahrscheinlich, wie es zunächst erscheinen mag. In Bramantes Augen war bekanntlich der Besuch der antiken Überreste in Tivoli unerläßlich, um die »gute Architektur« zu studieren. Man darf dieses Postulat wohl ohne weiteres auch auf seine Zeitgenossen und Kollegen übertragen, auf einen Giuliano da Sangallo, Fra Giocondo und Baldassare Peruzzi. Und ein paar Jahre später, am 3. April 1516, besichtigte Raffael die Sehenswürdigkeiten Tivolis in Begleitung von Baldassare Castiglione und Pietro Bembo, um das »Alte und das Neue« gleichermaßen zu studieren.[81] Warum hätte Leonardo unter solchen Umständen von einem Besuch in Tivoli absehen sollen? Warum, nachdem beispielsweise Bramante, Giuliano da Sangallo und Peruzzi – drei der größten Baumeister in Leonardos Zeit, die er zudem persönlich kannte – dort gewesen waren und dies als fundamentale Erfahrung propagierten! Vor diesem ganzen Hintergrund gewinnt die angenommene Reise Leonardos nach Tivoli höchste Glaubwürdigkeit, selbst wenn sich seine oben zitierte Notiz dahingehend etwas unpräzise äußert. Seine Anwesenheit in Tivoli vorausgesetzt, hatte Leonardo Gelegenheit, eine Reihe freigelegter Gebäude und Ruinen zu besichtigen, denn wir wissen, daß bereits Ende des 15. Jahrhunderts Ausgrabungen stattgefunden und unter anderem den *Canopus* zu Tage gefördert hatten. Erst sehr viel später freilich – zwischen 1550 und 1572 – richtete sich die volle archäologische Energie auf Tivoli. Initiator der nun mit Nachdruck betriebenen Ausgrabungen der antiken Monumente war Pirro Ligorio, der in jenen Jahren den Bau der nahegelegenen Villa d'Este und die Anlage ihrer Gärten leitete.[82] Derselbe Architekt bestätigte indessen auch, daß während des Pontifikats Alexanders VI. (1497–1503) im Theater der Villa Adriana, dem sogenannten Odeon, die Statuen der neun (oder bereits nur noch acht) *Musen* sowie der *Mnemosyne* zum Vorschein gekommen waren. Nach Ligorio wäre dies das Ergebnis der allerersten Ausgrabung in der Villa Adriana gewesen.[83]

Die Skulpturen wurden unter Papst Leo X. in die Vatikanischen Gärten vor die Villa Madama transferiert und verschwanden dann zunächst. Im 17. Jahrhundert tauchten sie im Besitz der in Rom lebenden Königin Christine von Schweden wieder auf, die sie angeblich dank der Vermittlung des spanischen Malers Velázquez von dem Bildhauer und Restaurator Francesco Maria Nocchieri erhalten hatte. Christine ließ sie im »Musensaal« (Sala delle Muse) des Palazzo Riario in Rom zusammen mit einem von Nocchieri gemeißelten *Apollo* aufstellen. 1704 in Rom von Livio Odescalchi erworben, wanderten die Statuen um 1724 in die Sammlungen des spanischen Königs Philipp V. und blieben bis 1840 im Schloß San Ildefonso de La Granja, bis sie schließlich in den Prado gelangten.[84]

Es war Agostino Penna, der 1836 als erster den Bericht Pirro Ligorios auf die *Musen* bezog.[85] Während anfangs A. Lanciani dieser These sehr skeptisch begegnete[86], wurde sie von P. G. Hubner er-

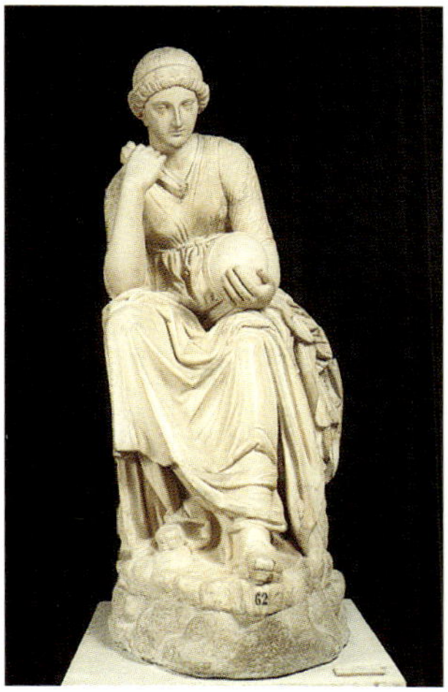

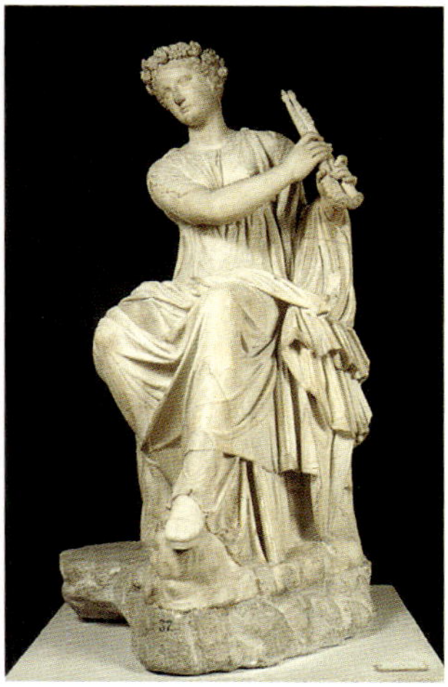

Linke Seite:
Terpsichore, hellenistisch.
Madrid, Museo del Prado
(Inv. Nr. 41).

Urania, hellenistisch.
Madrid, Museo del Prado
(Inv. Nr. 62).

Euterpe, hellenistisch.
Madrid, Prado (Inv. Nr. 37).

neut vorgebracht und trifft heute auf breiten Konsens.[87] Als sie noch vor der Villa Madama zu sehen waren, hat Maarten van Heemskerck vier der *Musen* gezeichnet – von 1532 bis 1536 weilte der niederländische Künstler in Rom, und damals, das heißt lange vor der Restaurierung der Bildwerke, hat er sie auf Blatt 34 *recto* und *verso* seiner *Römischen Skizzenbücher* im Berliner Kupferstichkabinett festgehalten.[88] Zwischen 1497 und 1506, dem Zeitpunkt ihrer Entdeckung und dem Zeitpunkt ihrer Lokalisierung im Garten der Villa Madama müssen die Skulpturen, so wird man folgern, in Tivoli gewesen sein, wo Leonardo sie 1501 inspiziert haben könnte. Wenn es stimmt, daß sie bei den frühesten Ausgrabungsarbeiten, die dort vorgenommen wurden, zum Vorschein kamen, wie Pirro Ligorio behauptet, können wir uns das Staunen der zeitgenössischen Künstler ausmalen, das freilich einige Jahre später von der Entdeckung des *Laokoon* nochmals übertroffen wurde. Daß die *Musen* einen merklichen stilistischen Einfluß auf Leonardos Malerei ausübten, davon wird man ausgehen dürfen: denn seine Figuren werden ab jetzt monumentaler und plastischer, und die Gestaltung des Faltenwurfs beruft sich auf ein nunmehr ausgeprägtes »Relief« aus Licht und Schatten.

Der Karton für die Hl. Anna Selbdritt und andere antikisierende Motive nach 1501

Daß Leonardo die *Musen* der Villa Adriana persönlich zu Gesicht bekam, spielt eine entscheidende Rolle für die Herausbildung und die Entwicklung des Hochrenaissance-Stils. Die Betrachtung dieser antiken Statuen muß auf den Maler einen ungewöhnlich starken Eindruck gemacht haben, den er unmittelbar in seinen Werken verarbeitete. Deshalb drängt sich auch sofort die Frage auf, ob er in die beiden monumentalen Gestalten der Jungfrau Maria und der Hl. Anna auf dem Karton in der National Gallery in London nicht Erinnerungen an die *Musen* von Tivoli einfließen ließ. Carlo Pedretti hat 1973 als erster besagte *Musen* mit dem Londoner Karton in Verbindung gebracht. Seiner Ansicht nach seien die »statuenhaften Körper [auf Leonardos Karton] die gleichen wie die der sitzenden Musen aus der Villa Madama, die im 17. Jahrhundert mit Köpfen ergänzt wurden, die geradezu an Leonardos weibliche Gestalten erinnern«[89]: Der Autor betont in dieser Feststellung die bildhauerischen Kriterien, an denen der Karton orientiert sei. Man vergleiche auch die von Maarten van Heemskerck im Zentrum des Berliner Blattes 34 *recto* festgehaltene *Muse*[90] (S. 259): der Faltenwurf der Gewandpartien zwischen den Beinen könnte durchaus Draperiemotive des Kleides der Hl. Anna auf dem Londoner Karton angeregt haben; oder man sehe bei der hellenistischen Statue der sogenannten *Urania* im Prado (Inv. Nr. 62; S. 261) die, wenn auch im Vergleich zu Leonardos Komposition weniger forcierte, Diagonalstellung der Knie; und man erwäge abschließend den in der bisherigen Literatur völlig übergangenen sonderbaren Eindruck, den der Oberkörper Marias auf dem Londoner Karton hinterläßt: wie wenn es ein Torso ohne Arme wäre, wie wenn der Maler auf das armlose Fragment einer antiken Statue anspielen

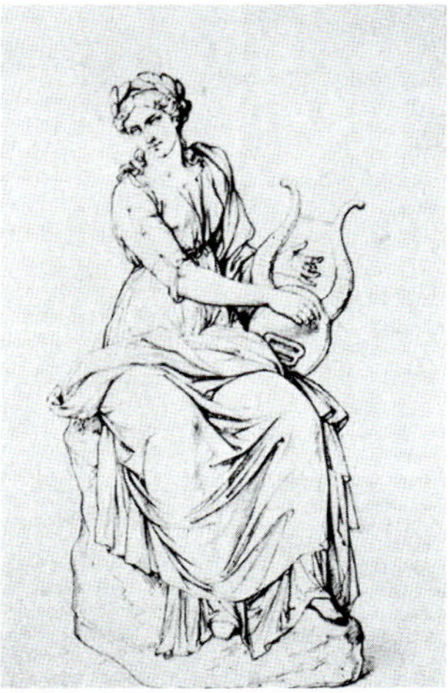

Agostino Penna,
Terpsichore.
Rom, Palazzo Venezia
(Ms Lanciani 138).

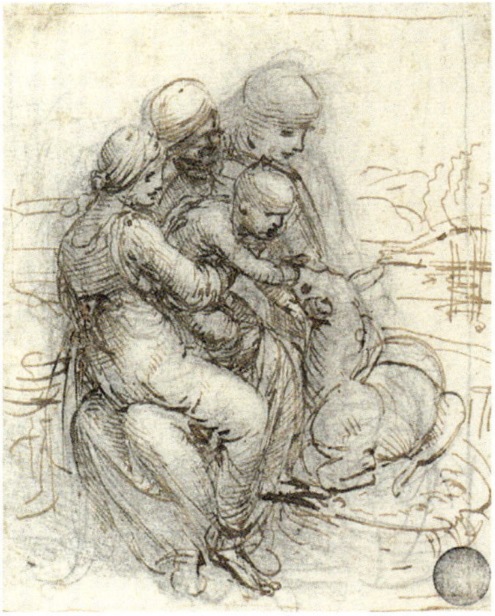

Leonardo da Vinci,
Studie zur *Hl. Anna Selbdritt.*
Venedig, Gallerie dell'Accademia
(Inv. Nr. 230).

Rechte Seite:
Leonardo da Vinci,
Hl. Anna Selbdritt, Karton.
London, National Gallery.

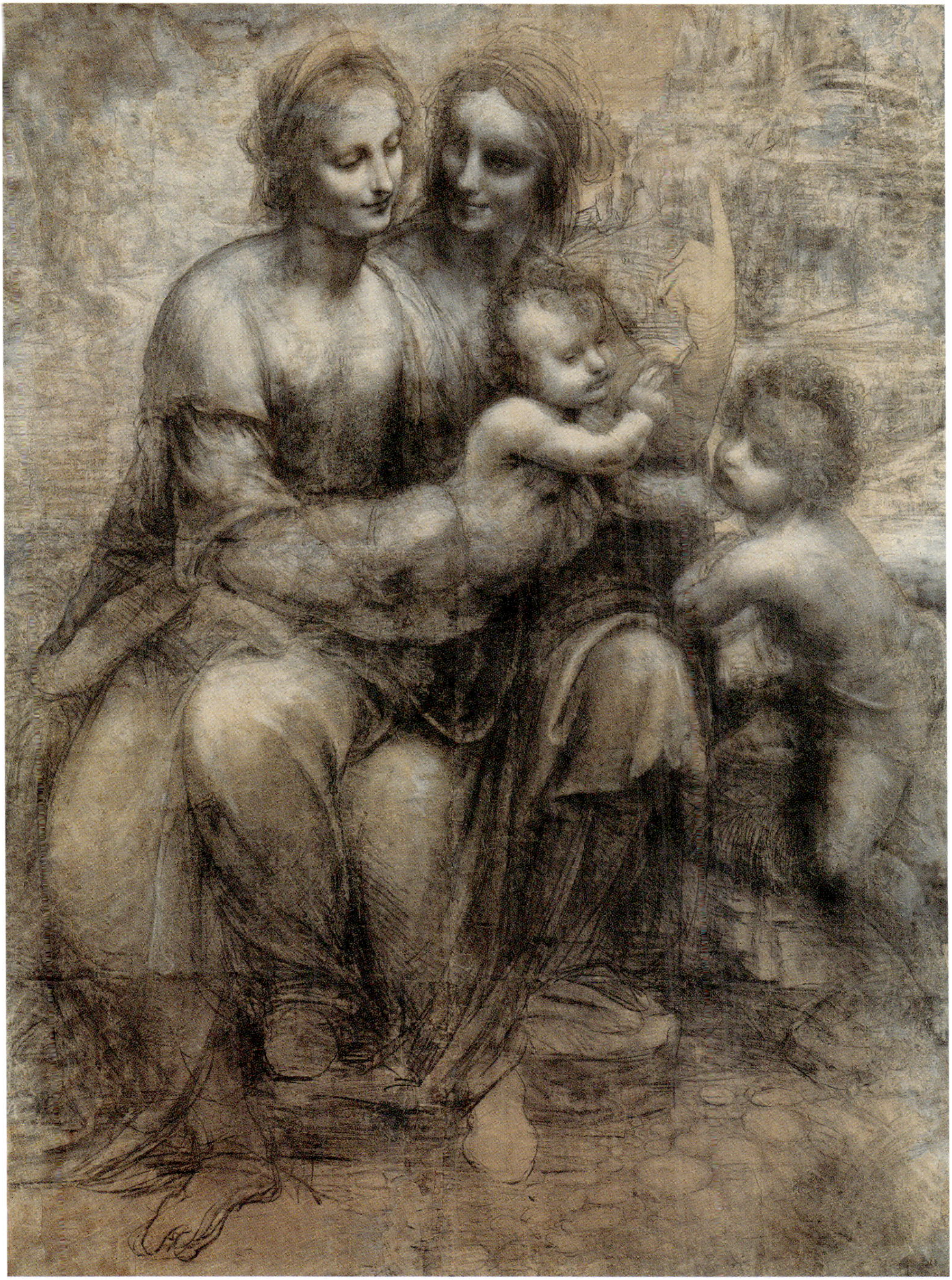

wollte – in der Art eben der *Musen* im Prado, vor ihren modernen Ergänzungen. Der Vergleich des Kartons in London mit der Zeichnung der *Muse* Maarten van Heemskercks und ebenfall der mit der *Urania* im Prado – was die Haltung der versetzten Knie und des armlosen Rumpfes angeht – erbringt den fast unumstößlichen Beweis, daß Leonardo die *Musen* aus Tivoli kannte und daß er sie 1501 vor Ort studierte, als sich die Statuen noch an ihrem angestammten Platz befanden.

Die als *Kalliope* titulierte Muse (Prado, Inv. Nr. 40; S. 258), in van Heemskercks Zeichnung von der Seite aufgenommen, scheint erneut bei Leonardo in der Figur der Maria im Gemälde der *Hl. Anna Selbdritt* im Louvre aufzutauchen, die sich vergleichbar nach vorne beugt, während die Muse *Erato* (Prado, Inv. Nr. 61 E)[91] Leonardo zur Position des linken Arms der heiligen Anna angeregt haben könnte. Die Muse *Terpsichore* (Prado, Inv. Nr. 41; S. 260) wiederum, die von Agostino Penna mit dem rechten, vor ihrem Körper nach vorn gestreckten Arm dargestellt wird (S. 262)[92], scheint Leonardo die Haltung der *Stehenden Leda* eingegeben zu haben, für die man bis jetzt kein antikes Modell aufgefunden hat.[93] Der Arm wurde zwar erst bei der Restaurierung ersetzt, aber seine ursprüngliche Position war wohl auch schon vorher leicht an der Form des Schulteransatzes zu erkennen.

Der scharfsinnigen Beobachtung Kenneth Clarks zufolge[94] ist allen Werken Leonardos aus der Zeit nach 1503 die Kenntnis antiker Skulpturen abzulesen, was eine vorherige Reise des Künstlers nach Rom voraussetzte. Außerdem zählt Clark weitere aufschlußreiche Anleihen Leonardos bei der Antike auf. Unter den Skizzen zur *Schlacht von Anghiari*, die er 1504 begann und bis wenigstens 1505 bearbeitete, ist auf Blatt Nr. 12326 *verso* in der Royal Library in Windsor ein Pferdekopf zu sehen, der an einen antiken, im 15. Jahrhundert im römischen Stadtteil Trastevere entdeckten Sarkophag denken läßt, auf dem der *Sturz Phaetons* dargestellt ist. Der Sarkophag wurde zunächst in die Kirche Santa Maria Aracoeli gebracht und befindet sich jetzt in den Uffizien in Florenz.[95] Überhaupt ist die *Schlacht von Anghiari*, so wie sie sich dank der erhaltenen Studien, Kopien und Stiche rekonstruieren läßt, ohne eine verinnerlichte Antike undenkbar. Auch die Haltung von Leonardos *Kniender Leda* auf Blatt Nr. 12337 *recto* in Windsor sieht Clark im Vorbild eines römischen Sarkophags im Louvre fundiert. Die Zeichnung bestätigt, daß der Künstler vermutlich schon 1504 dieses mythologische Sujet konzipierte und dabei kompositionelle Querverbindungen zur *Schlacht von Anghiari* herstellte. Mit der Haartracht und den Wasserpflanzen um die *Leda* herum experimentierte er allerdings in den folgenden Jahren noch weiter. Die *Kniende Leda* könnte sich übrigens auch auf eine andere antike Statue aus Rom, jetzt im Louvre, beziehen, die ebenfalls Leda darstellt und von Heemskerck in seine *Römischen Skizzenbücher* aufgenommen wurde (S. 268). Aus der Entstehungszeit der *Schlacht von Anghiari* – oder aus den unmittelbar folgenden Jahren – stammt das sich aufbäumende Pferd auf Blatt Nr. 12315 in Windsor, eine Studie[96], die Clark gleichfalls mit Meisterwerken antiker Bildhauerei aus der klassischen Epoche in Zusammenhang bringt, da er in ihm den Nachklang eines Reliefs des Phidias zu spüren meint. Außerdem hängen Motive wie der von Leonardo, so berichtet jedenfalls Vasari, für seinen Freund Antonio

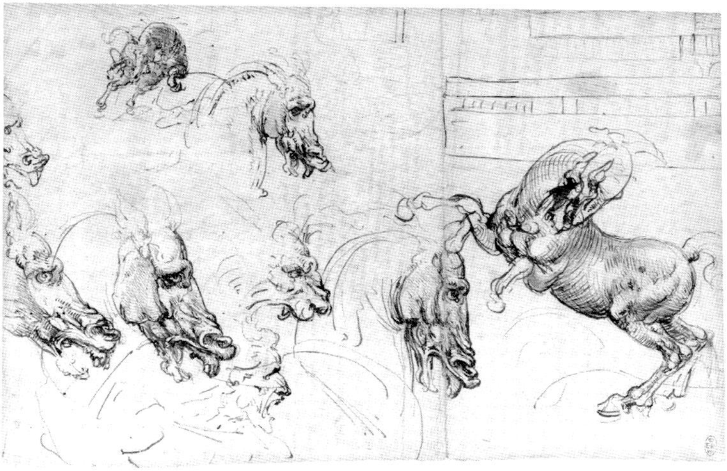

Leonardo da Vinci, Pferdestudien. Windsor Castle, Royal Library (Inv. Nr. 12326 *verso*).

Rechte Seite oben:
Leonardo da Vinci, Studie für die *Schlacht von Anghiari*. Windsor Castle, Royal Library (Inv. Nr. 12339).

Rechte Seite unten:
Leonardo da Vinci, Studie für die *Leda* und die *Schlacht von Anghiari*. Windsor Castle, Royal Library (Inv. Nr. 12337 *recto*).

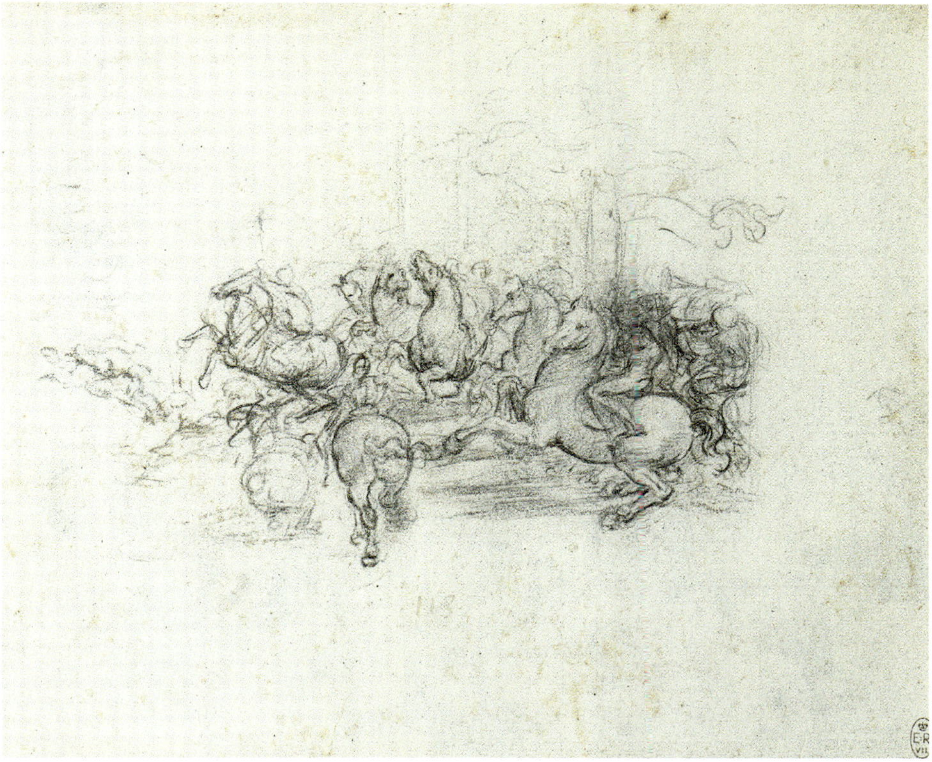

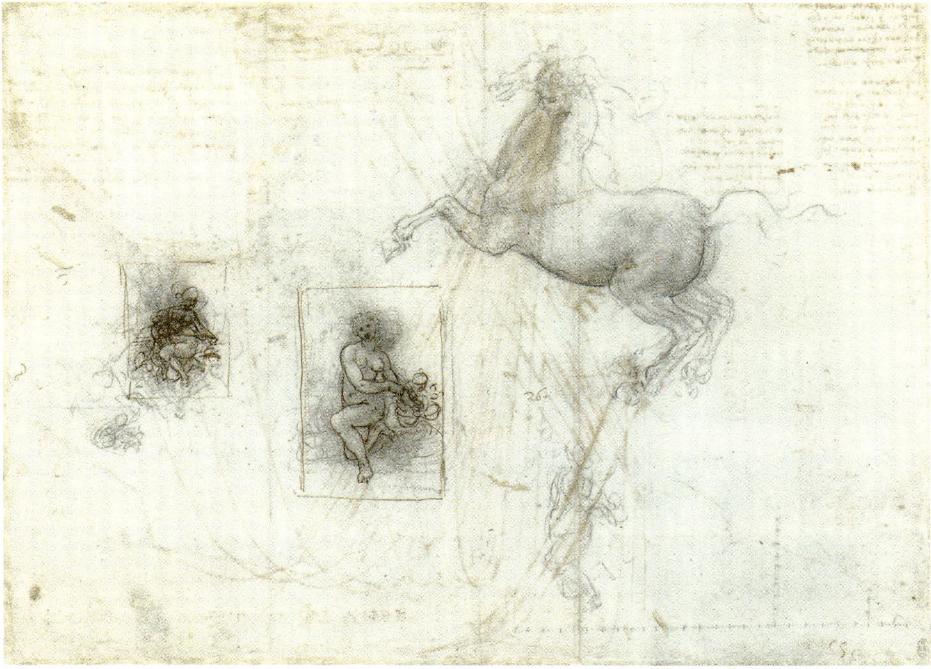

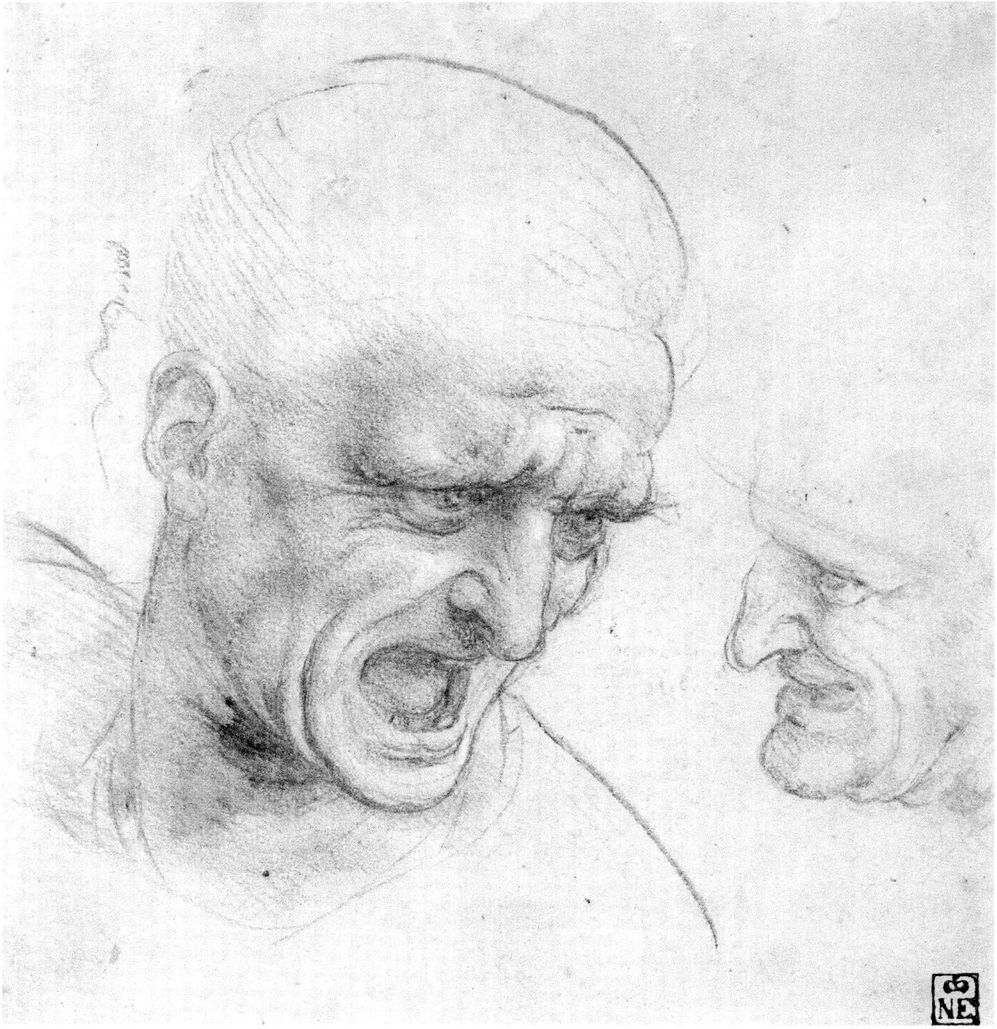

Leonardo da Vinci,
Kopfstudie für die *Schlacht von Anghiari*.
Budapest, Szépmüvészeti Múzeum
(Inv. Nr. 1774).

Rechte Seite:
Leonardo da Vinci,
Kopfstudie für die *Schlacht von Anghiari*.
Budapest, Szépmüvészeti Múzeum
(Inv. Nr. 1775).

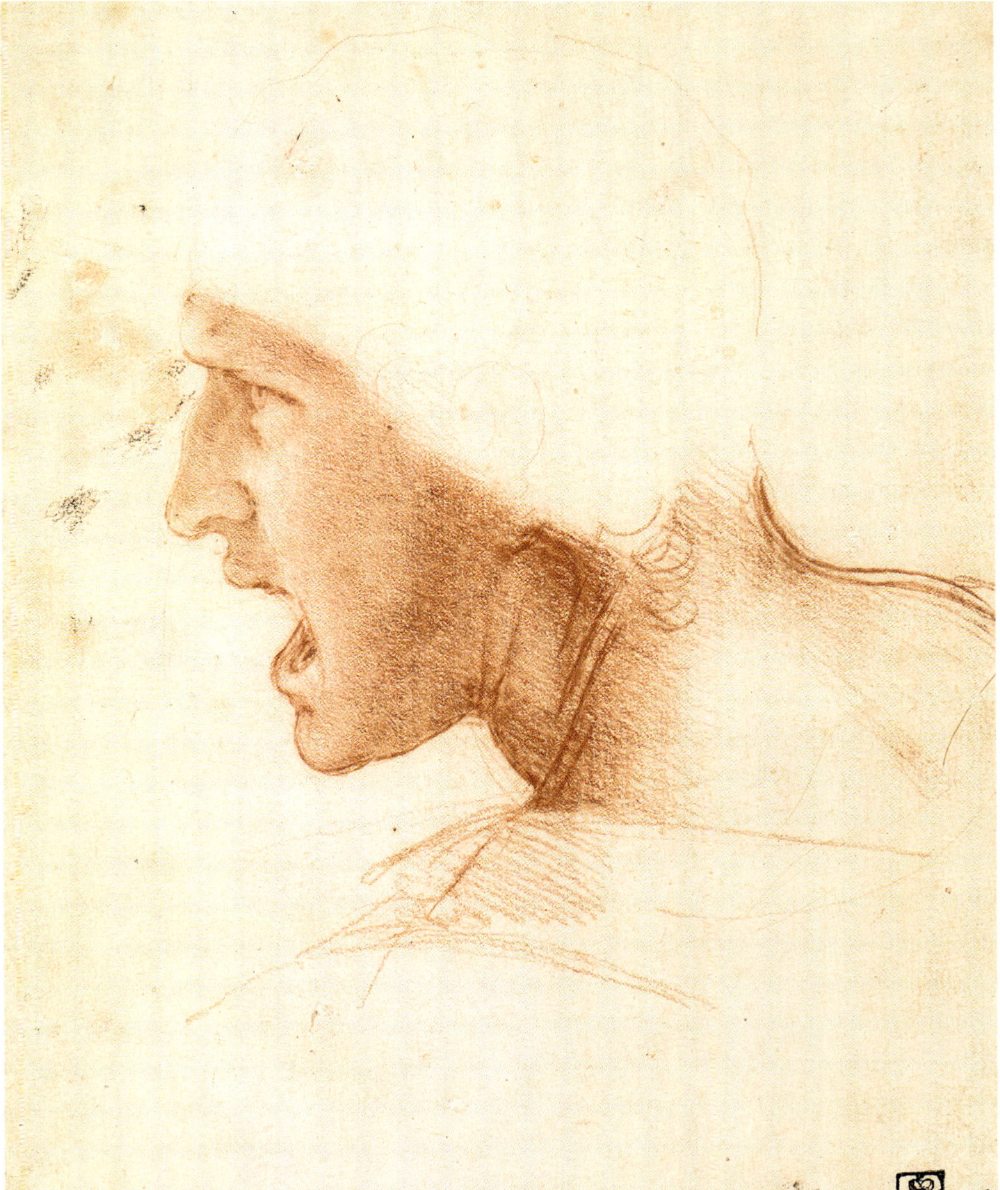

Segni gezeichnete *Neptun* (S. 278) – überliefert auf Blatt Nr. 12570 in Windsor – oder der *Sitzende Jüngling* von Blatt Nr. 12540 in Windsor (S. 275) stilistisch ab von den damals noch auf der Freitreppe zur Kirche Santa Maria Aracoeli sichtbaren altrömischen Skulpturen beziehungsweise von antiken Kameen; Lorenzo il Magnifico besaß eine solche mit einem sitzenden Jüngling in genau der gleichen Haltung, die sich auf Leonardos Zeichnung findet.[97] Das Blatt Nr. 12540 in Windsor hält ferner die Studie eines Kindes fest, das ein Lamm an sich drückt, was auf den ersten Blick nicht das Geringste mit antiker oder antikisierender Ikonographie zu tun hat. Doch das täuscht. Leonardo entwarf nämlich zwischen 1505 und 1506 eine »Madonna mit Kind und Lamm«, eine kompositionelle Weiterentwicklung der »Madonna mit der Katze« aus der Zeit zwischen Florentiner und Mailänder Aufenthalt; seine Gedanken kreisen dabei um den Aufbau und die Zusammenstellung der Figuren im Raum, eindeutig nach antikem Vorbild. Das Blatt Nr. 12540 in Windsor mit der Zeichnung einer sitzenden Figur und der Studie für ein »Kind mit Lamm« steht in engem Konnex mit dem Blatt im Getty-Museum in Los Angeles (S. 275)[98], das drei Studien zur Kind-Lamm-Gruppe präsentiert. Diese, sowie die Skizzen auf der Rückseite, bestätigen Leonardos Auseinandersetzung sowohl mit Verrocchios *Putto mit Delphin,* als auch mit berühmten antiken Skulpturengruppen, beispielsweise dem *Knaben mit der Gans.* Dabei handelt es sich um eine – nicht mehr erhaltene – Marmorskulptur aus dem Hause Cesi in Rom, die von Ulisse Aldovrandi als »Putto, der eine Ente drückt, damit ihr das Wasser aus der Kehle springe« beschrieben wird.[99] Zudem sind die Quellen einiger Leonardo-Zeichnungen mit Profilköpfen entdeckt worden, etwa des Blattes Windsor Nr. 12328 *recto*: die Vorbilder sind zum Teil mit Münzen aus der Zeit Neros zu identifizieren, zum Teil mit Büsten des Lucius Verus.[100] All das sind überzeugende Bestätigungen für die bahnbrechenden Beobachtungen von Clark.

Darüber hinaus könnten in der Ewigen Stadt ohne weiteres zahlreiche andere Skulpturen hellenistischer oder römischer Zeit, in der Art der »Musen« und »Nymphen«, existiert haben; bis heute überdauerten beispielsweise eine *Kalliope* und eine *Urania* unbekannter Herkunft, die zunächst zur Sammlung Cesi und später zur Sammlung Ludovisi gehörten, bevor sie ins Museo Nazionale Romano kamen. Ihnen ist eine Kolossalstatue aus Porphyr an die Seite zu stellen, die einen *Sitzenden Apollo* verkörpert und sich um 1510 im Hause der römischen Familie Sassi befand. Bis ins 18. Jahrhundert hielt man sie für eine weibliche Figur, weswegen sich Jacopo Sansovino von ihr sogar zu einer *Madonna mit Kind* anregen ließ.[101] Von griechischen Statuen, die über Kreta oder Venedig nach Italien gelangt waren, wird sich Leonardo wenigstens mit Hilfe von Zeichnungen oder neueren Kopien ein Bild gemacht haben. Zumindest die allgemeine Idee klassischer griechischer Bildhauerkunst, Modus und Reichtum ihrer Körper- und Gewandbehandlung müssen ihm transparent geworden sein. Die Vorliebe für fein plissiertes Faltenarrangement im Anklang an klassisch-antike Skulpturen ist zum Beipiel – um sich auf den Zeitraum um 1503 und 1504 zu beschränken – in den Studien für den *Salvator Mundi* wiederzuerkennen (Windsor Nr. 12524 und 12525; S. 276–277), die Leonardo kurz nach 1504 mit Rötel auf rot grundiertes Papier zeichnete.[102]

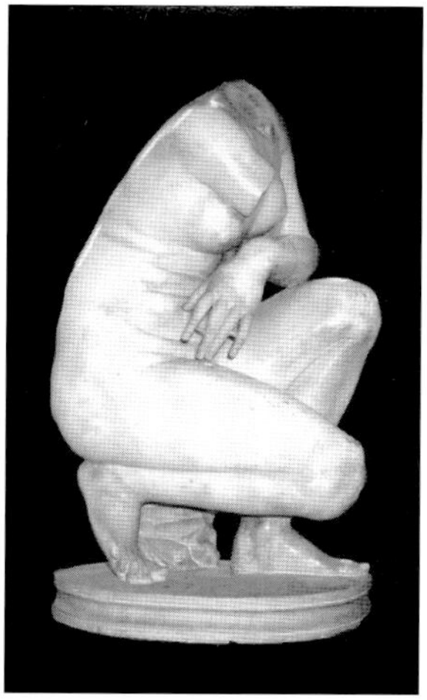

Leda, hellenistisch.
Paris, Musée du Louvre.

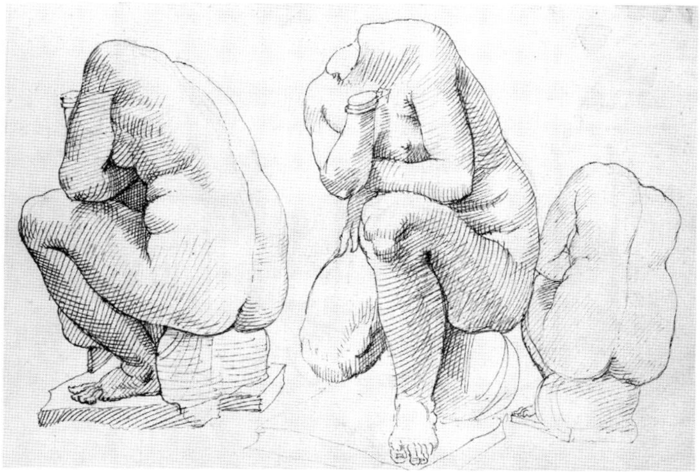

Maarten van Heemskerk,
Drei Ansichten der *Leda*
(*Römische Skizzenbücher*).
Berlin, Staatliche Museen
Preußischer Kulturbesitz,
Kupferstichkabinett.

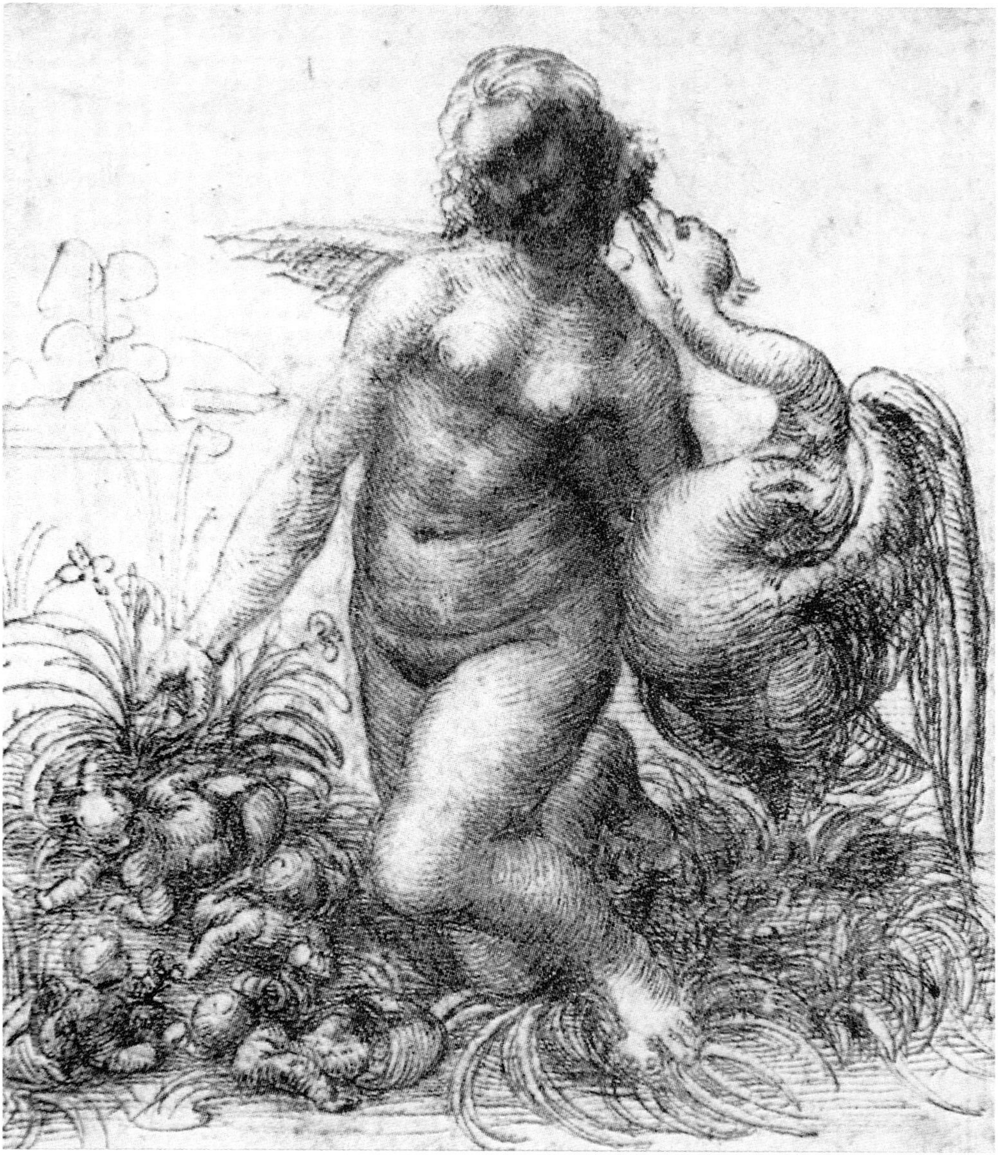

Leonardo da Vinci,
Studie zu einer *Knienden Leda*.
Chatsworth, Devonshire
Collection.

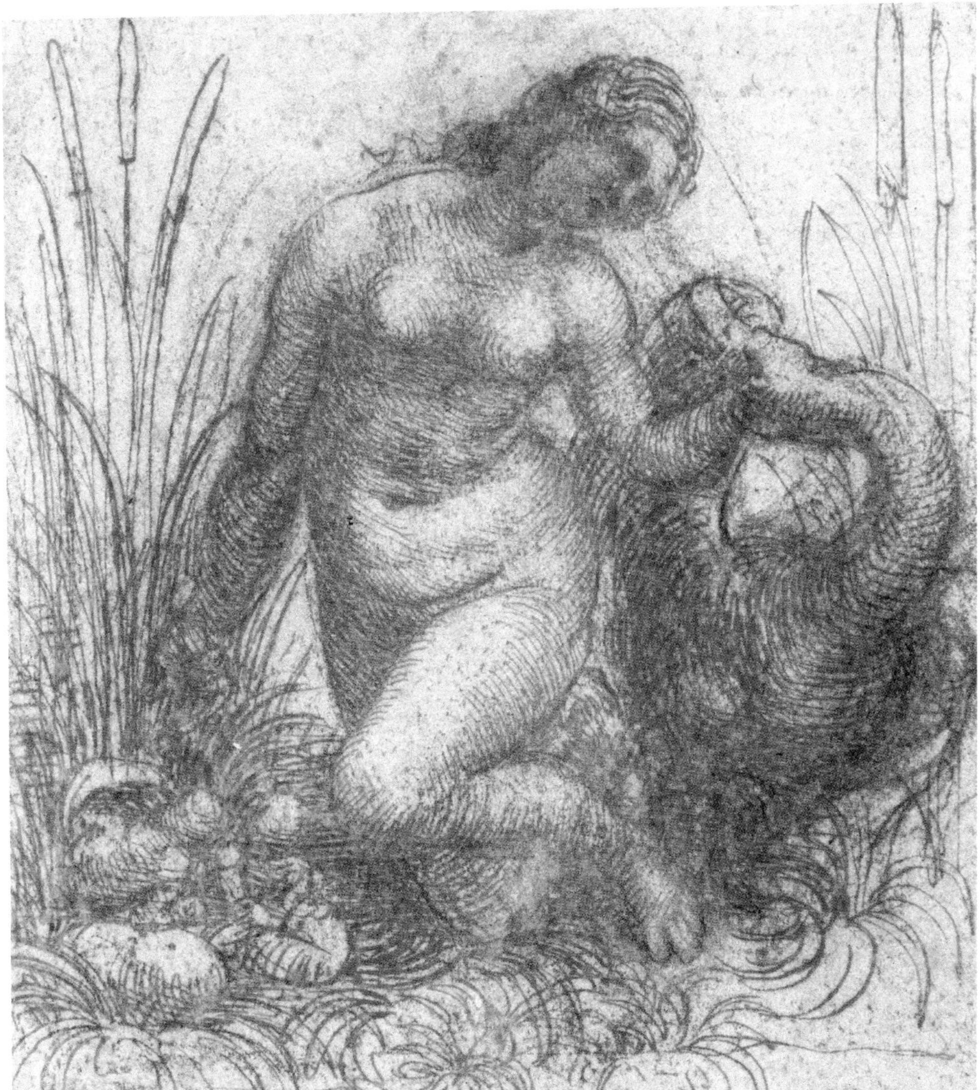

Leonardo da Vinci,
Studie zu einer *Knienden Leda*.
Rotterdam. Museum Boymans-van Beuningen.

Rechte Seite:
Leonardo da Vinci, Studie für den Kopf der *Leda*. Windsor Castle, Royal Library (Inv. Nr. 12516).

S. 272:
Leonardo da Vinci, Stern von Bethlehem, Studie zur *Leda*. Windsor Castle, Royal Library (Inv. Nr. 12424).

S. 273:
Leonardo da Vinci, Wasserpflanze, Studie zur *Leda*. Windsor Castle, Royal Library (Inv. Nr. 12430 *recto*).

S. 274:
Leonardo da Vinci,
Studie für den Kopf der *Leda*. Windsor Castle, Royal Library (Inv. Nr. 12518).

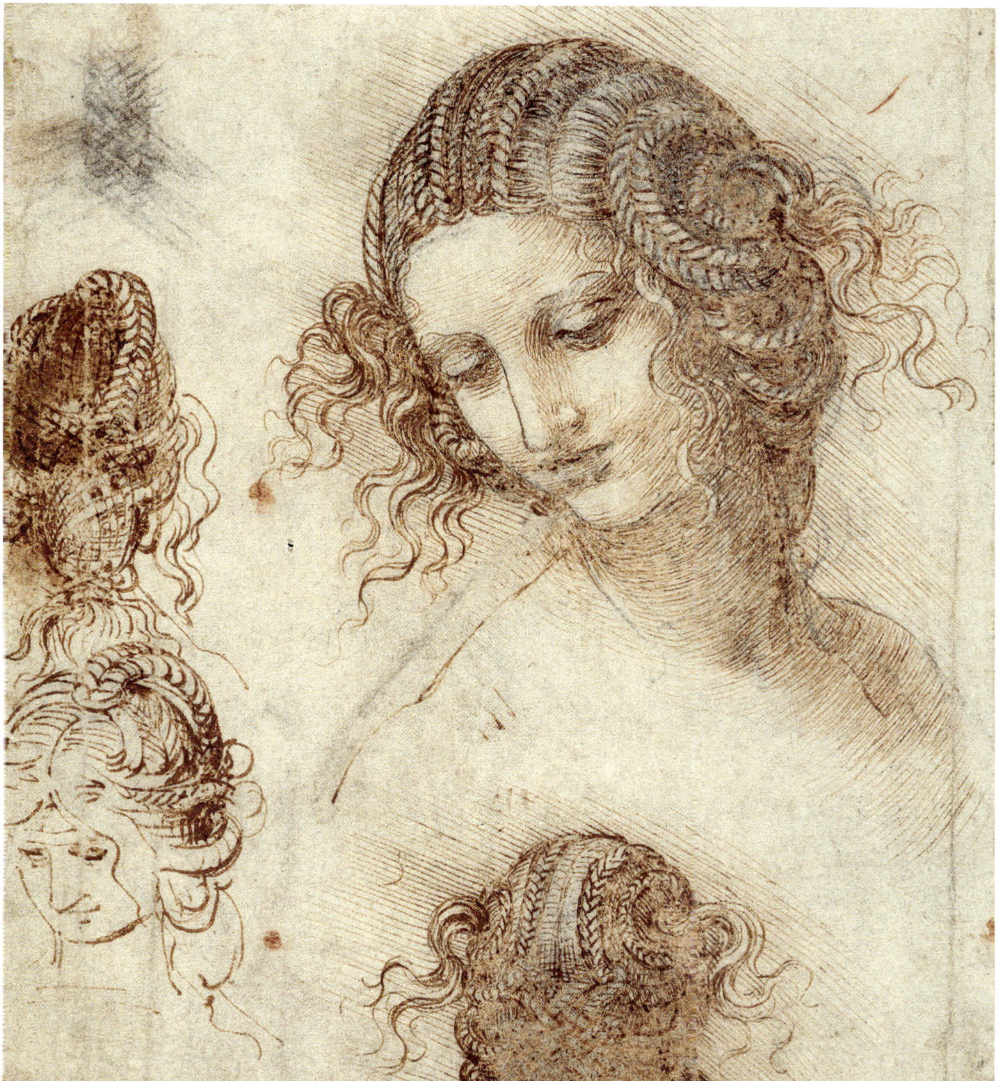

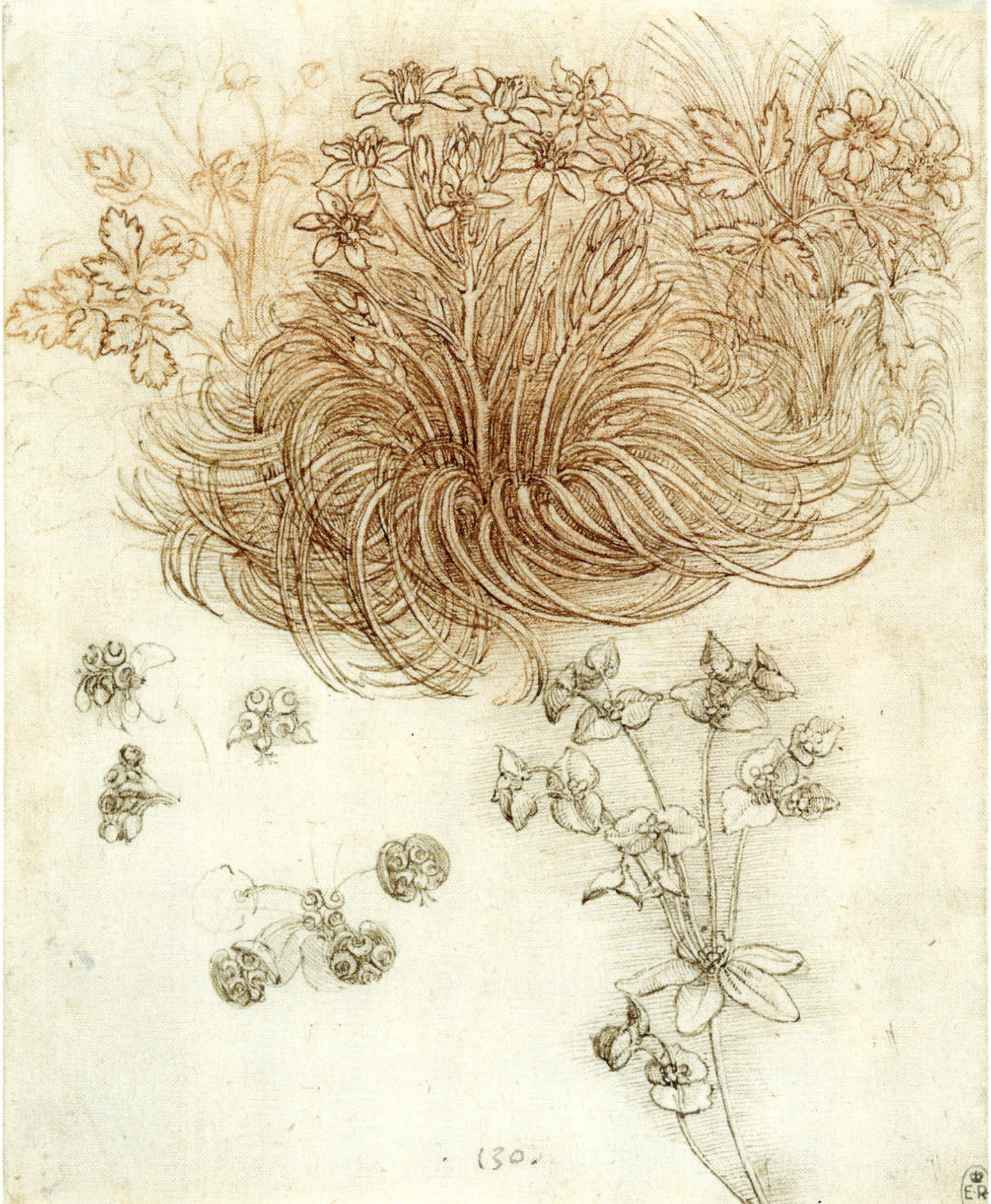
130.

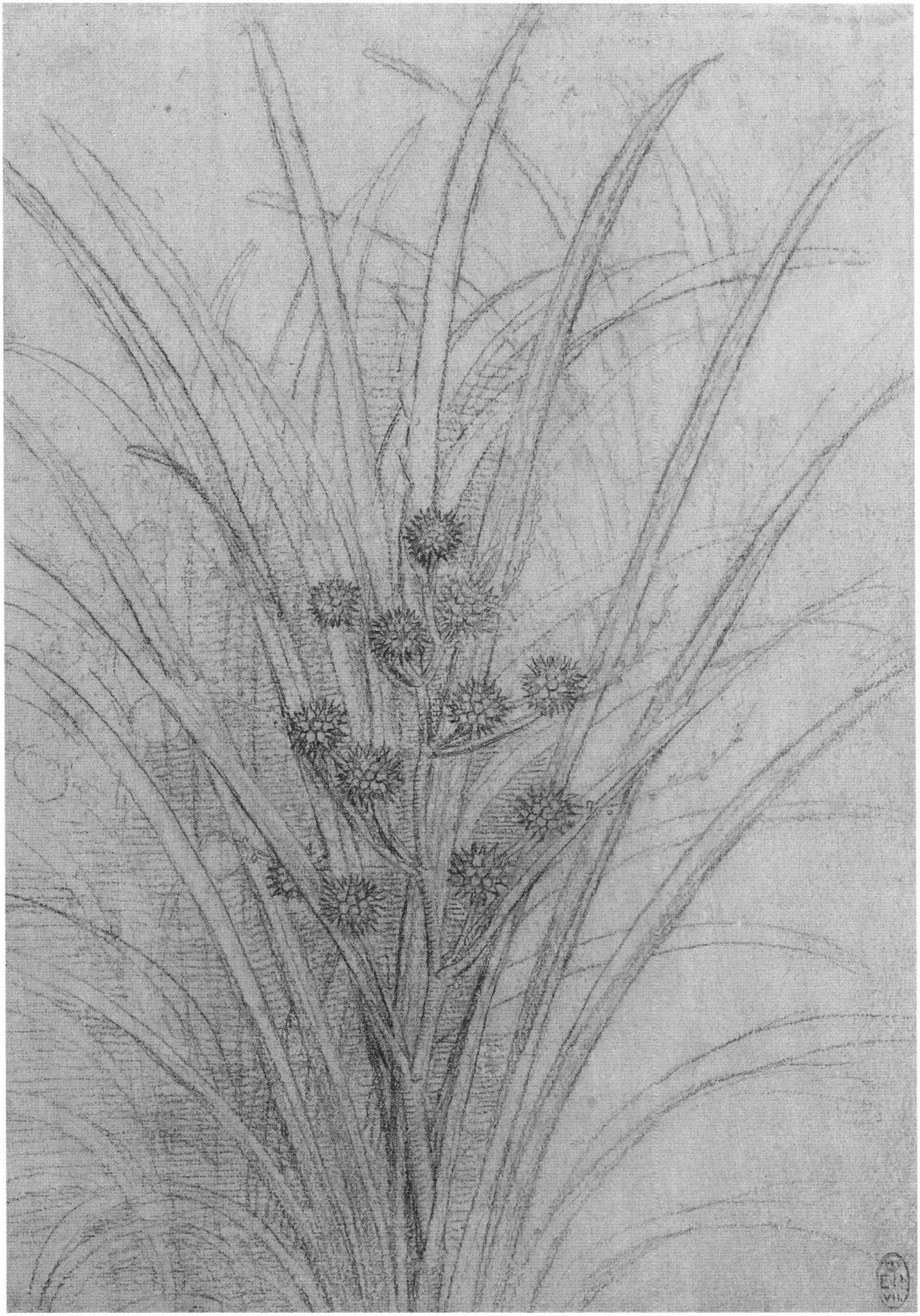

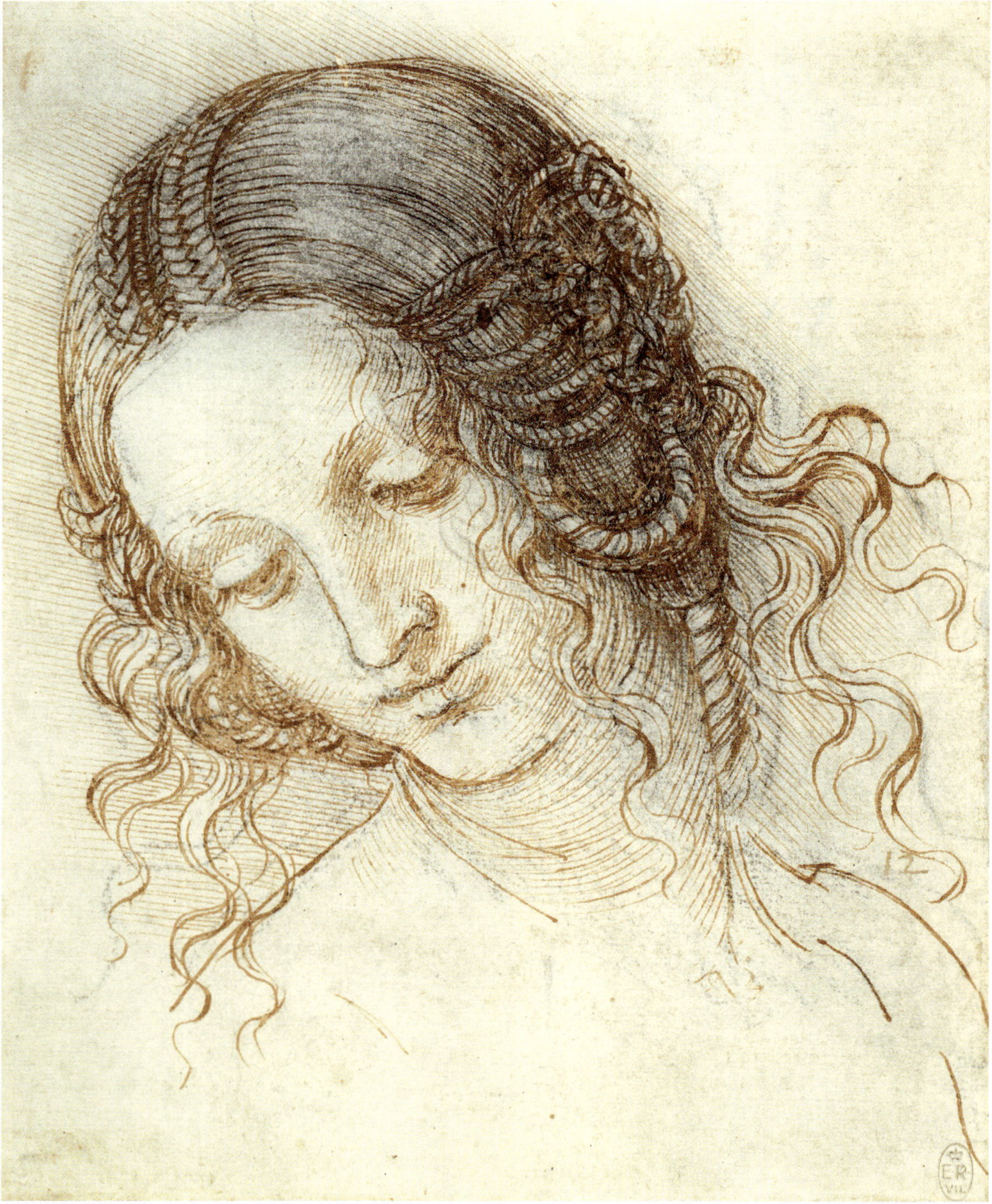

1505 war Leonardo erneut in Rom, wenn auch nur kurzfristig,[103] doch inzwischen hatte er die antike Formensprache bereits zur Genüge verinnerlicht. Eine Studie wie die Nr. 12596 in Windsor aus den Jahren zwischen 1505 und 1508 (S. 279)[104] zeigt, wie unmittelbar und selbstverständlich nun schon die antiken Gestaltungsprinzipien vom Modell in die Zeichnung übertragen werden und wie souverän Leonardo mittlerweile das Abbilden »nach der Natur« mit seinem neuen Wissen um die klassischen Stilelemente kombiniert. Das gleiche gilt für die kleine, aber erstaunliche Zeichnung in Windsor (Nr. 12583 A; S. 28), die einen Akt präsentiert: eine plastische Figur, die für die Kanten des Trivulzio-Grabmals gedacht war, wie aus den Skizzen unten links auf Blatt Nr. 12355 *recto* in Windsor (S. 281) zu schließen ist. Beide Studien entstanden ca. 1507–1508, eventuell ein wenig später.[105] Sie werfen die Frage auf, ob sie noch vor Michelangelos Entwürfen für das Grabmal Papst Julius' II. vollendet wurden, wo ähnliche Marmorfiguren – die weltberühmten *Sklaven*, und vor allem der *Rebellierende Sklave* – dieselbe Körperdrehung aufweisen, die Leonardo in der Windsor-Zeichnung Nr. 12583 A wiedergibt.[106] Aus dem Zusammenwirken von Antikenstudium, Studium des Modells und anatomischer Beobachtung erklärt sich die immer stärkere Betonung heroischer Merkmale und der Muskulatur des menschlichen Körpers, wie sie weiterhin in den anatomischen Zeichnungen auf Blatt F 263 Inf. 83 in der Biblioteca Ambrosiana (S. 282) zu entdecken ist,[107] oder beim *Herkules mit dem Nemeischen Löwen* (S. 283) in der Biblioteca Reale in Turin.[108] Es handelt sich beide Male um Studien, die man im ersten Moment in die Nähe Michelangelos rücken möchte, die aber als Antwort auf die Figuren mit den »stark hervorgehobenen« Muskeln zu sehen sind, die »eher einem Sack voller Nüsse als einem menschlichen Körper gleichen«, wie Leonardo in einem Passus des *Codex Madrid 8963* (fol. 128 *recto*) um 1505 schreibt, wahrscheinlich in Bezug auf die männlichen Akte Michelangelos.[109]

Die Hl. Anna Selbdritt im Louvre

Nach der Vollendung des Kartons der *Hl. Anna Selbdritt*, gefolgt von zahlreichen Studien, die sich durch eine fast »raffaelische« Klassizität auszeichnen – zum Beispiel die Zeichnung Nr. 12530 in Windsor (S. 289), die ganz offensichtlich in die Phase von Leonardos zweitem Lombardeiaufenthalt 1510–1513 fällt[110] –, verdeutlicht die gemalte Fassung der *Hl. Anna Selbdritt* im Louvre Leonardos endgültige Loslösung vom Exemplum »der Natur«. An die Stelle des Naturalistischen tritt ab jetzt eine schematisierte Komposition, die sich plastischer Modelle – vielleicht Terrakotta-Bozzetti – als Hilfsmittel bedient. Dem Gemälde im Louvre ist ein klarer Nachhall der großen antiken Skulpturen anzumerken, die der Künstler bei seinen vorangehenden Aufenthalten in Rom kennengelernt hatte. Trotzdem strebte Leonardo bei beiden Fassungen der *Hl. Anna Selbdritt* weder nach einem wortwörtlichen und aus-

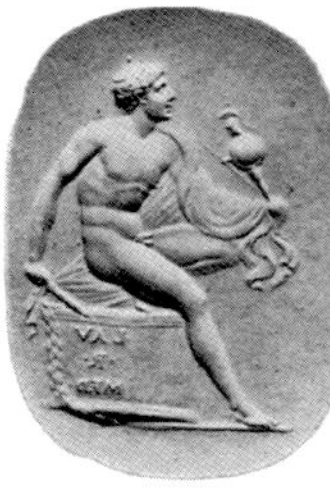

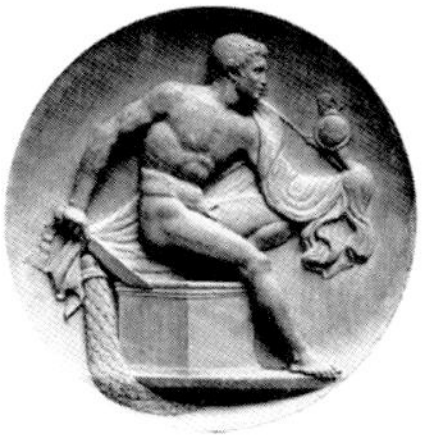

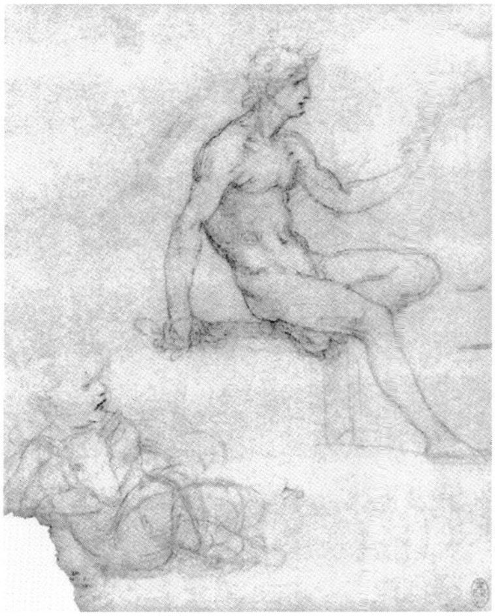

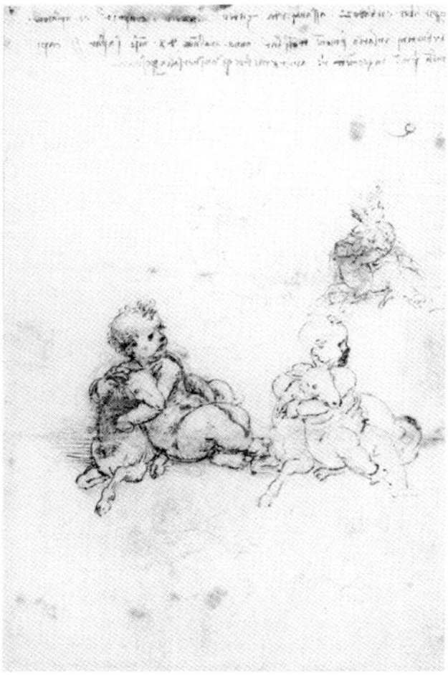

Ganz oben:
Diomedes und das Palladium
(Abguß einer hellenistischen Gemme).
Neapel, Collezione Cades.

Oben:
Werkstatt des Donatello,
Diomedes und das Palladium.
Florenz, Palazzo Medici-Riccardi.

Leonardo da Vinci,
Studie eines Sitzenden Jünglings und eines Kindes.
Windsor Castle, Royal Library (Inv. Nr. 12540).

Leonardo da Vinci,
Studie für den *Jesusknaben mit dem Lamm*.
Los Angeles,
J. Paul Getty Museum.

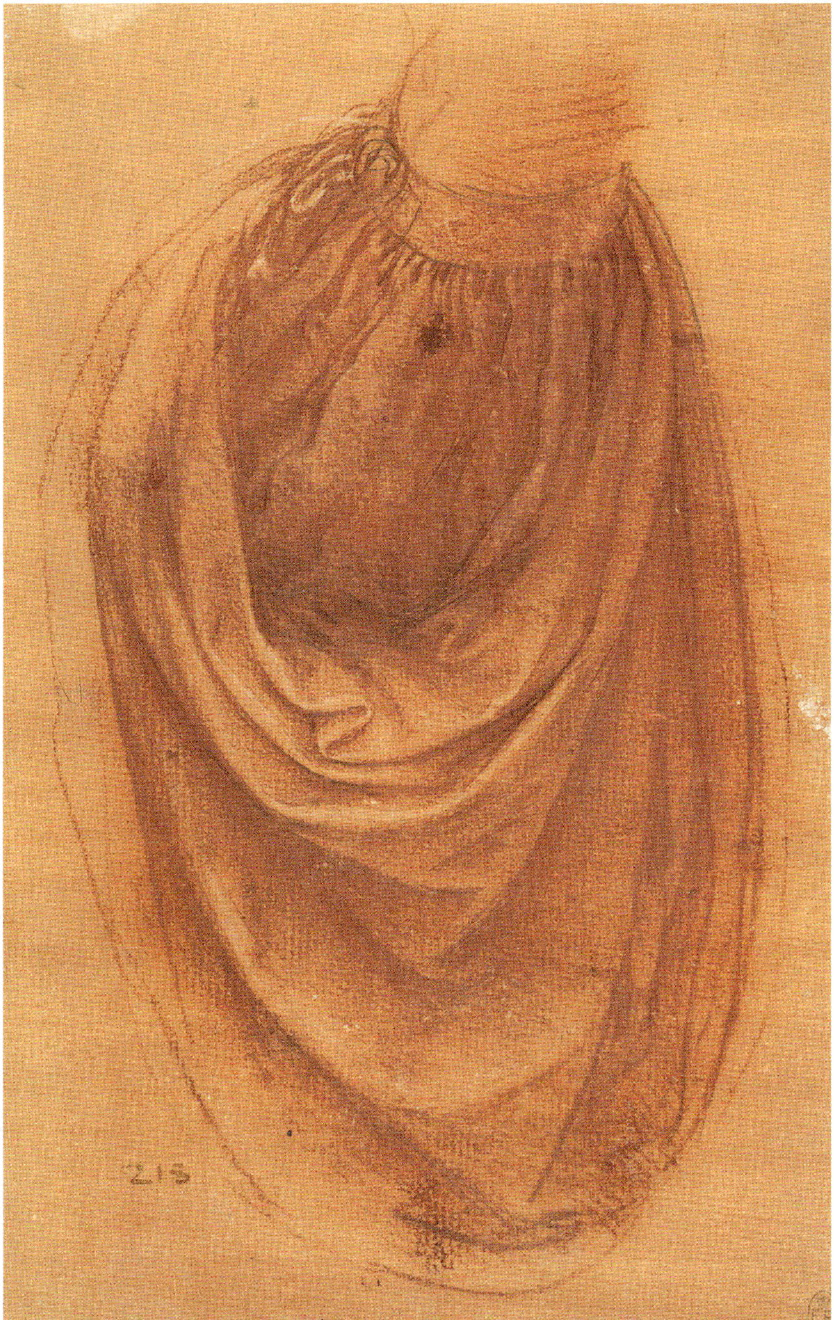
215

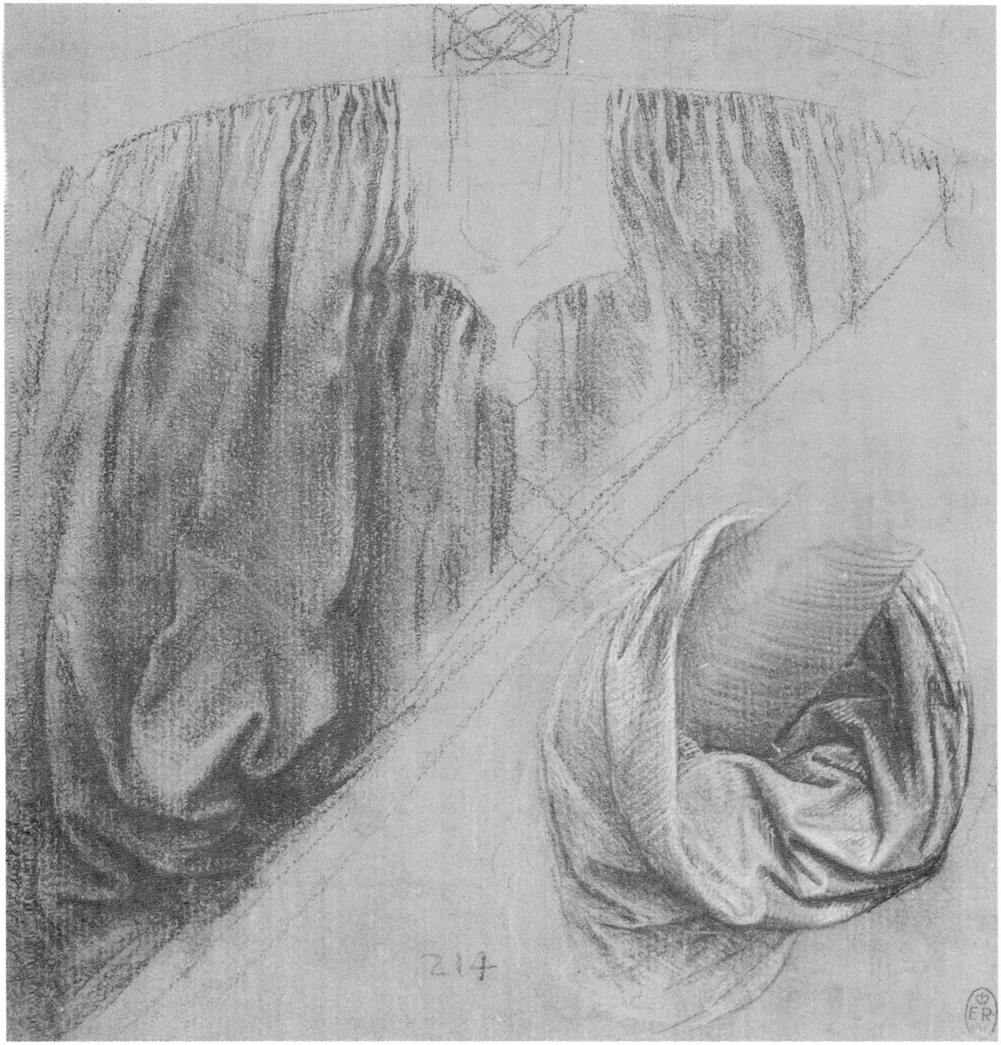

Leonardo da Vinci,
Studie zum *Salvator Mundi*.
Windsor Castle, Royal Library
(Inv. Nr. 12525).

Linke Seite:
Leonardo da Vinci,
Studie zum *Salvator Mundi*.
Windsor Castle, Royal Library
(Inv. Nr. 12524).

schließlichen »Zitat« der in Rom oder Tivoli gesehenen *Musen*, noch nach der exakten »Rekapitulation« irgendeines anderen antiken Stücks, wie sie beispielsweise Raffael so gerne unternahm[111]; wie es aber auch Leonardo mit der *Ariadne* im Vatikan versucht hatte.[112] Die *Hl. Anna Selbdritt* ist eher das, was Agosti und Farinella als eine »Ableitung vierten Grades« bezeichnen,[113] eine in der Renaissance sehr verbreitete Methode, die Raffaels Verfahrensweise vorwegnimmt, der sich bei seinem *Parnaß* ebenfalls auf den Typus der vatikanischen *Ariadne* stützt, während sich seine *Judith* in Wien von einer antiken Statue der *Venus Genetrix* im Hause der Familie Sassi herleitet[114]. Charakteristisch dabei ist, daß die Aneignung der klassischen Ikonographie mit der Christianisierung ihrer Bedeutung einhergeht. Auch Sandro Botticelli wählte ein ähnliches Verfahren für seine *Thronende Maria mit dem Kind und den beiden Johannes* in den Staatlichen Museen Berlin. Denn vermutlich ist die die Brust reichende Gottesmutter dieses Altarbildes vom ikonographischen Muster *Isis stillt den Harpokrates* inspiriert, das im antiken Neapel und im Umkreis, in Pompeji, Herkulaneum und Stabiae, bestens bekannt war und das ferner in einer hellenistischen Skulptur überliefert ist, die sich in der Türkei, im Museum von Antalya, befindet.[115]

Was die formale und räumliche Komposition betrifft, könnte das eingehende Studium der *Musen* Leonardos Streben nach größeren plastischen Effekten auch im Medium des Zweidimensionalen vollends zur Reife gebracht haben; der nach vorn gestreckte, quer über die Brust gehaltene Arm – siehe die *Euterpe* im Prado (Inv. Nr. 37) – hat vermutlich sowohl die Haltung des rechten Arms der *Stehenden Leda* als auch den Aufbau des *Hl. Johannes des Täufers* im Louvre beeinflußt; der Täufer zählt zu den plastischsten Konstruktionen Leonardos. Die nämlichen Studien und Beobachtungen, auf denen dessen faszinierende Körperlichkeit basiert, liegen offenbar der bronzenen Skulpturengruppe mit der *Predigt Johannes des Täufers an die Leviten und Pharisäer* an der Fassade des Florentiner Baptisteriums zugrunde, einem unter Mithilfe Leonardos entstandenen Werk des Giovanni Francesco Rustici.[116] Der rechte Arm, dessen – später ersetzte – Hand nach oben weist, taucht auch in der *Polyhymnia* im Prado auf (Inv. Nr. 69),[117] ein weiteres mögliches Vorbild für den *Hl. Johannes,* auf den wir im 6. Kapitel näher eingehen werden. An dieser Stelle sei vorwegnehmend seine exemplarische Bedeutung für Leonardos Theorien zur Lichtwirkung betont; außerdem ist diese Figur eher eine Idealstudie zur Darstellung des Dreidimensionalen in der Malerei als eine Darstellung »nach der Natur«.

Mit Sicherheit, so das Resümee der bisherigen Ausführungen, kannte Leonardo eine ganze Reihe antiker Werke, vermutlich vor allem solche aus der Ära Hadrians. Die antiken Stilelemente der *Musen* standen am Anfang einiger seiner nach 1501 entstandenen Gemälde; ebenso wie die Kenntnis der Musen-Ikonographie und des zugehörigen Formenvokabulars – wie man heute annimmt – für den künstlerischen Werdegang Raffaels grundlegend war – und generell die Basis für die Konsolidierung der in der Hochrenaissance bevorzugten Gestaltungsprinzipien bildete. Daraus erklärt sich auch, warum Raffael an seinen Madonnen den Gegensatz zwischen Kleid und Mantel so entschieden herausarbeitete: Offenbar

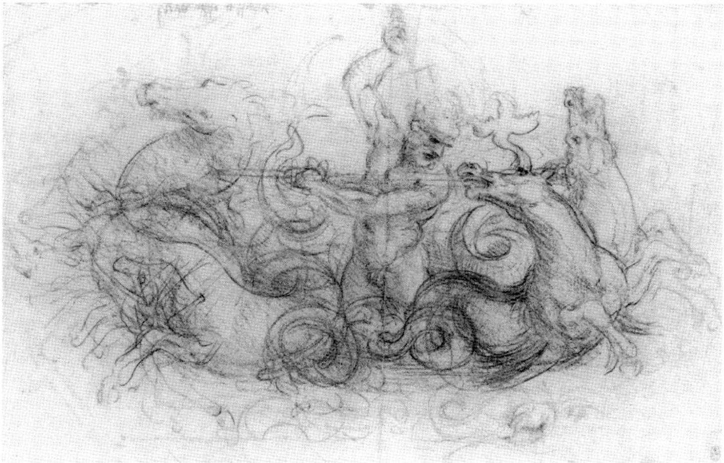

Leonardo da Vinci,
Neptun, Studie.
Windsor Castle, Royal Library
(Inv. Nr. 12570).

wollte er explizit auf seine antiquarischen Bezugspunkte hinweisen, während Leonardo jenen Aspekt eher abmilderte.[118]

Bezeichnend ist, daß Raffael auch schon vor seiner Zeit in Rom, wie die *Madonna im Grünen*, jetzt in Wien, und die *Belle Jardinière* des Louvre (beide aus den Jahren 1505–1506) belegen, seine Reflexionen über den antiken Faltenwurf an die ersten Studien Leonardos für die *Hl. Anna Selbdritt* auf dem Londoner Karton annäherte. Eigenartigerweise wird Leonardos Bild zum ersten Mal am 3. April 1501 in einem Brief des Fra Pietro da Novellara an Isabella d'Este erwähnt, und zwar drei Wochen nach seinem nachgewiesenen Besuch in Tivoli. Der Brief enthält die berühmte Beschreibung des »kleinen Kartons« (der »noch nicht fertig ist«), auf dem »lebensgroße ... sitzende oder gebeugte« Figuren zu sehen sind.[119] Diese Worte könnten im übrigen auch auf die *Musen* aus Tivoli zutreffen. Eine genauere Vorstellung vermittelt uns dagegen ein dem Brescianino zugeschriebenes Gemälde in den Staatlichen Museen Berlin, von dem man annimmt,[120] es entspräche dem zweiten Stadium im komplizierten Werdegang von Leonardos Bild. Aller Wahrscheinlichkeit nach enthält somit der Karton in London Leonardos erste unmittelbare Reaktion auf die antiken Skulpturen, insbesondere auf die *Musen*. Auf diese Primärfassung folgte der bei Fra Pietro da Novellara beschriebene Karton, der Anfang April 1501 noch nicht fertig war und vermutlich mit der Version übereinstimmt, die laut Vasari 1501 in Florenz ausgestellt war. Die Zeitspanne ist zwar sehr eng gefaßt, aber wenn wir die Idee, der Karton sei eine erste, außergewöhnliche Antwort auf die klassischen, sitzenden Figuren der *Musen*, akzeptieren, lernen wir Stil und Form des Kartons besser erfassen und verstehen, warum Bernard Berenson Leonardos weibliche Figuren mit Statuen des Phidias verglich.[121]

Unter diesem Blickwinkel scheinen viele Lösungen künstlerischer Probleme nach 1501 zu erhärten, wieviel Leonardo der Antike verdankte. So könnten die bereits genannten Zeichnungen Nr. 12554 und 12557 (S. 256–257) in Windsor auf seine mögliche Tätigkeit als Kameen- und Edelsteinschneider hinweisen – die vom anonymen Autor der *Antiquarie prospettiche romane* ... erwähnt wird und jüngst von Hans Ost auf der Grundlage anderer historischer Zeugnisse versuchsweise rekonstruiert wurde[122]; aber auch viele *invenzioni*, scheinbar überraschende »Erfindungen«, entpuppen sich als Zitate klassischer antiker *topoi*, wie beispielsweise die Zeichnungen im *Codex Arundel* zu Polizianos *Orpheus*, wo eine tiefe, furchteinflößende Bergeshöhle Assoziationen an das *Serapeum* des *Canopus* in Tivoli weckt;[123] oder auch die Studien für den Palazzo Reale in Romorantin, in dessen Planimetrie Carlo Pedretti die schematischen Darstellungen der römischen Militärlager evoziert sah, wie man sie etwa Cäsars Buch *De bello gallico*[124] entnehmen konnte – und die Leonardos Antwort auf Hadrians Projekte und Phantasien zur Stadtplanung zu sein scheinen. Die dazu passende – antikisierende – Etymologie der Stadt Romorantin – »Roma minor« – wird gleichfalls Leonardo zugeschrieben.[125] Besagte Entwürfe stammen allerdings schon aus der Zeit nach seinem letzten Romaufenthalt zwischen 1513 und 1516. Im Anschluß an seine zweite Mailänder Phase, die zwischen 1507 und 1513 anzusiedeln ist, und nach dem Scheitern des Trivulzio-Projekts,

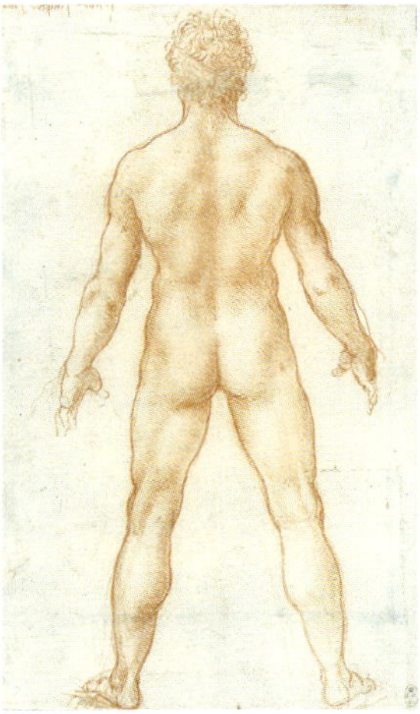

Leonardo da Vinci,
Aktstudie in Rückenansicht.
Windsor Castle, Royal Library
(Inv. Nr. 12596).

Folgende Seite:
Leonardo da Vinci, Aktstudie für das Denkmal des Gian Giacomo Trivulzio. Windsor Castle, Royal Library (Inv. Nr. 12583 A).

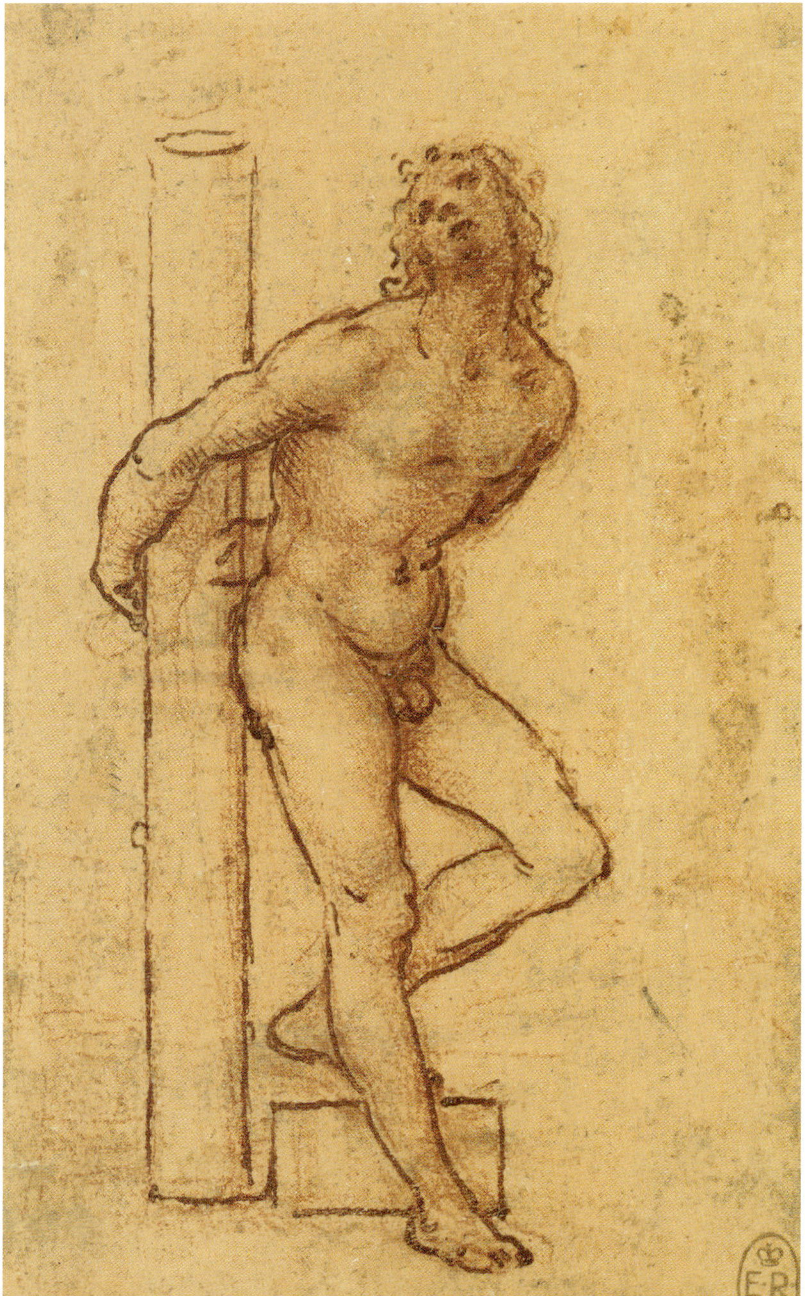

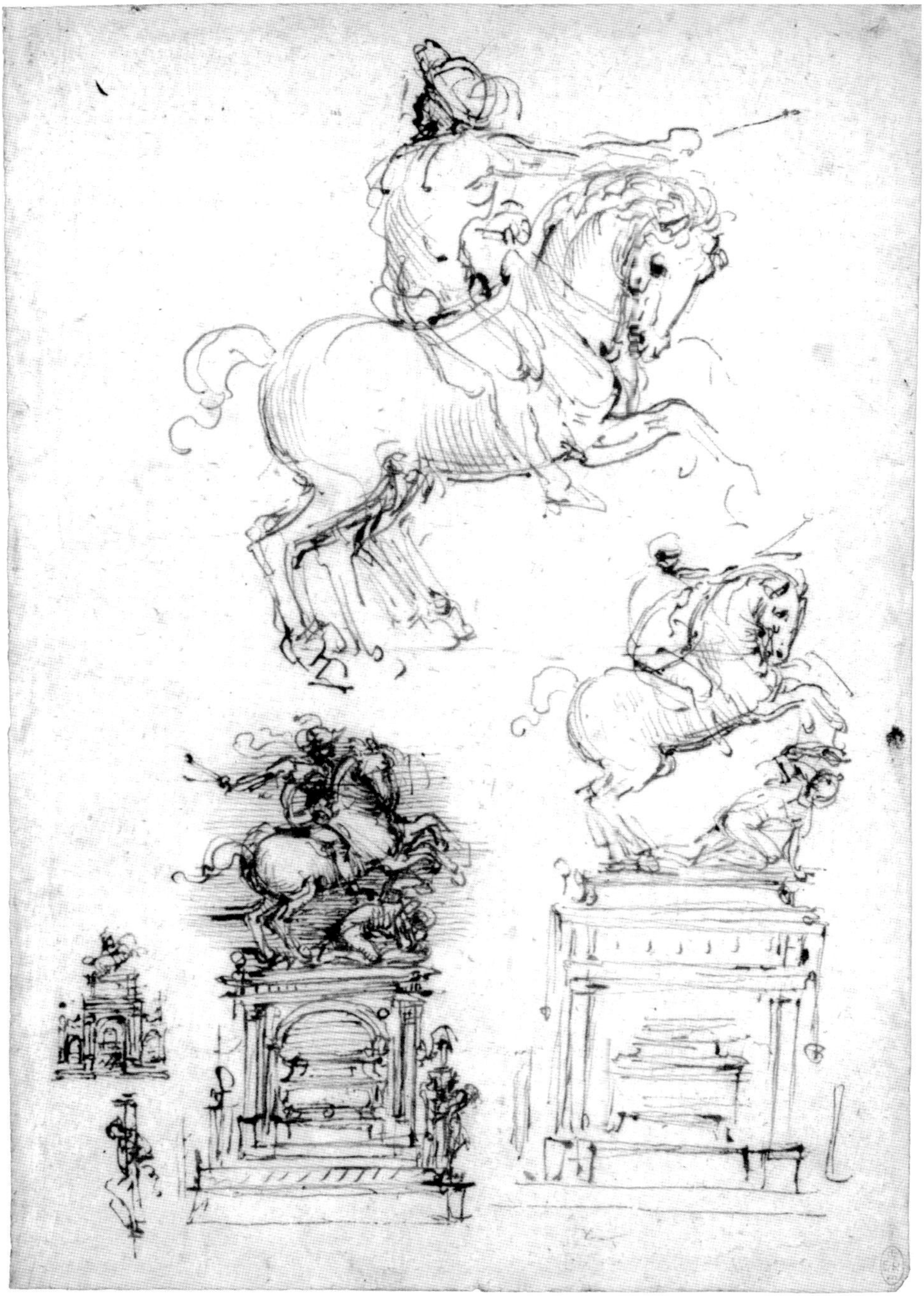

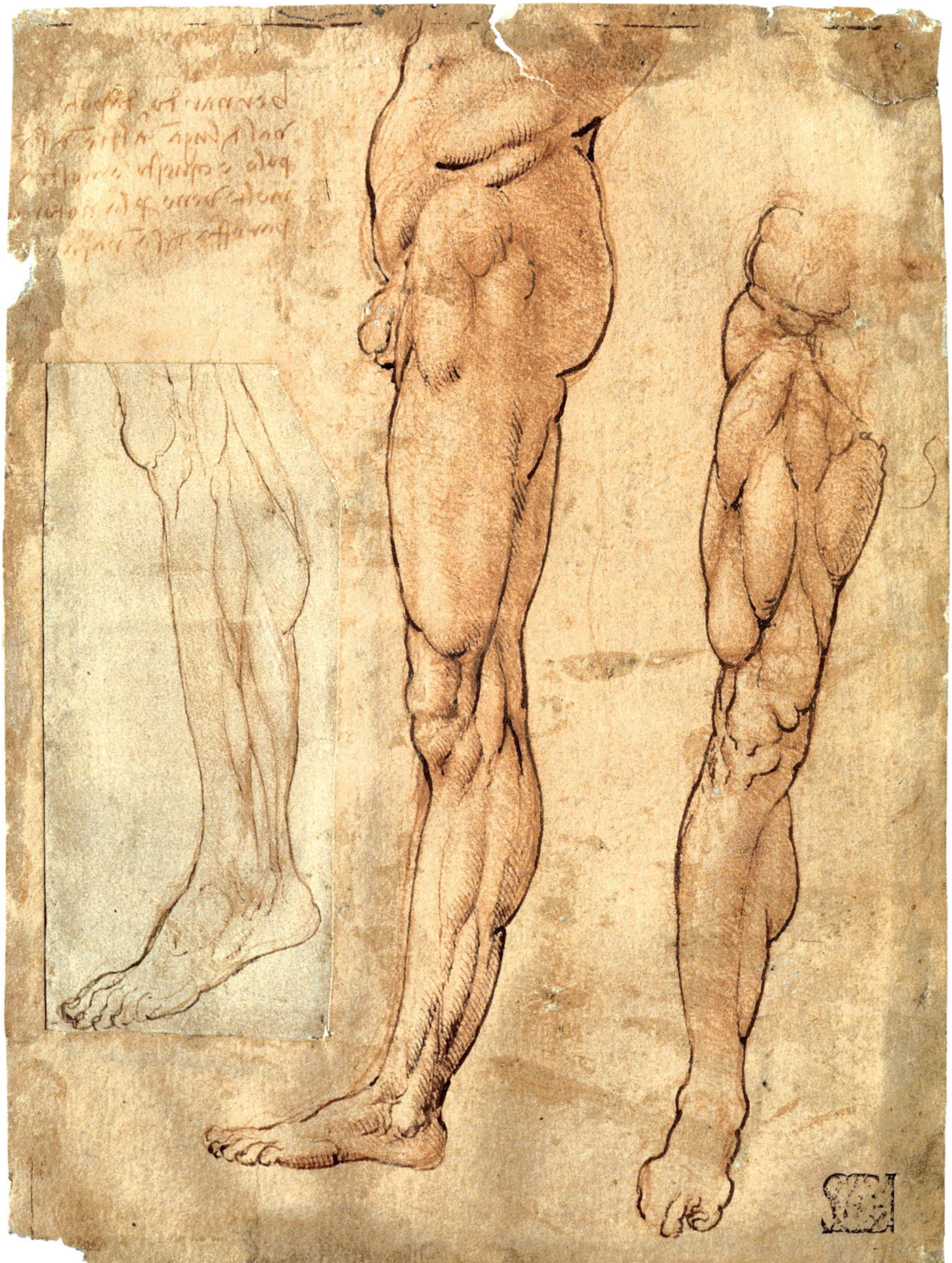

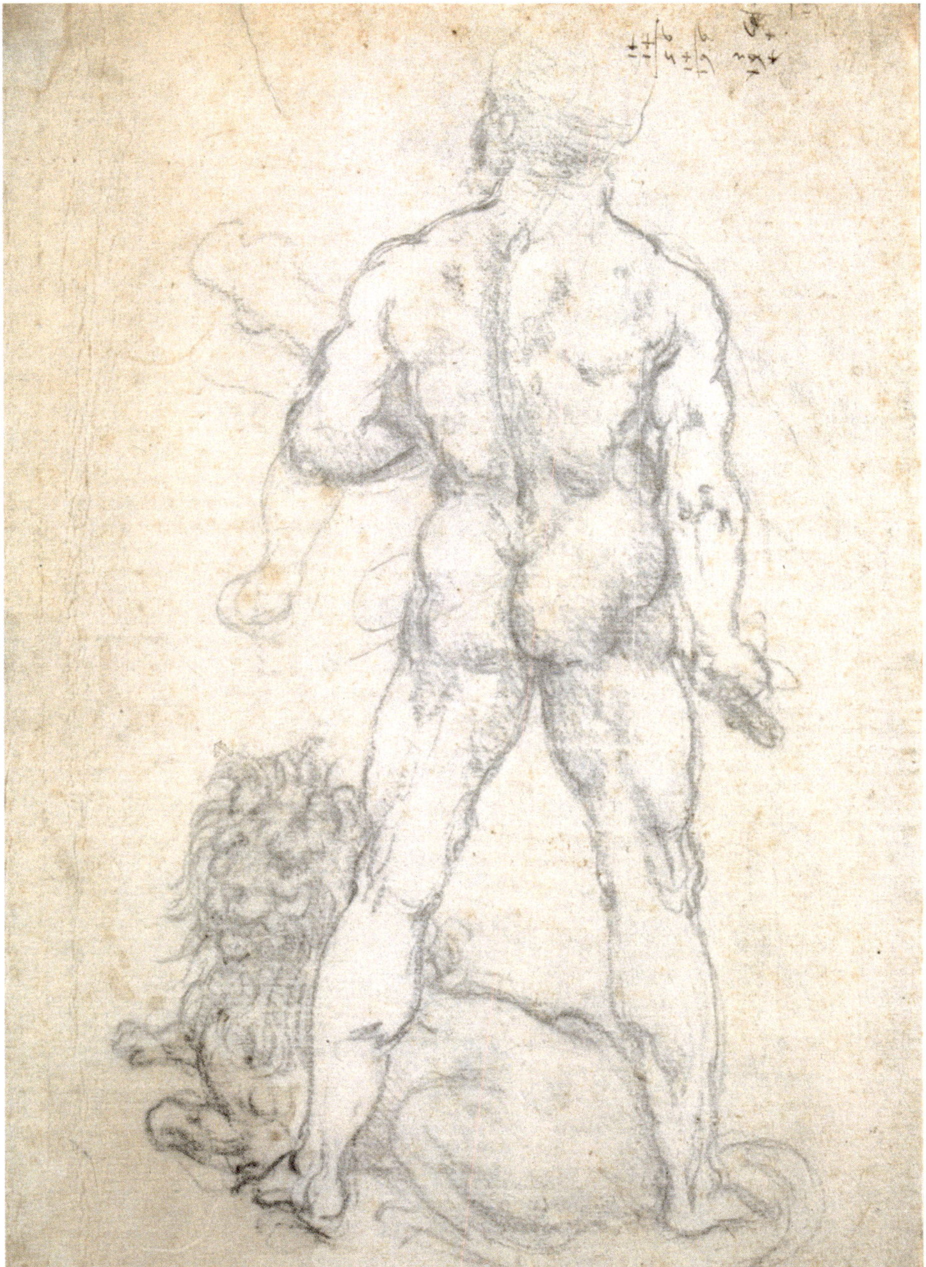

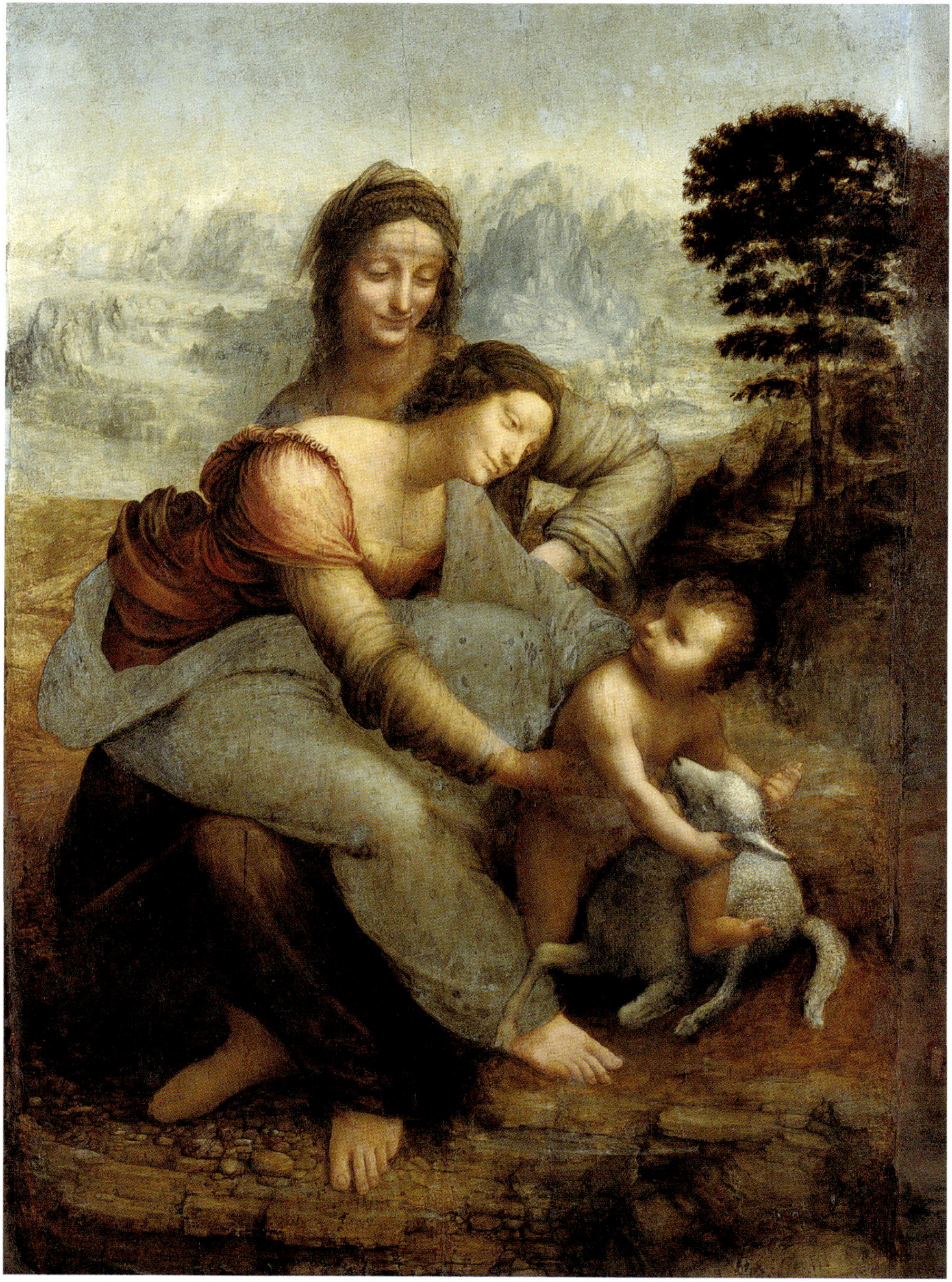

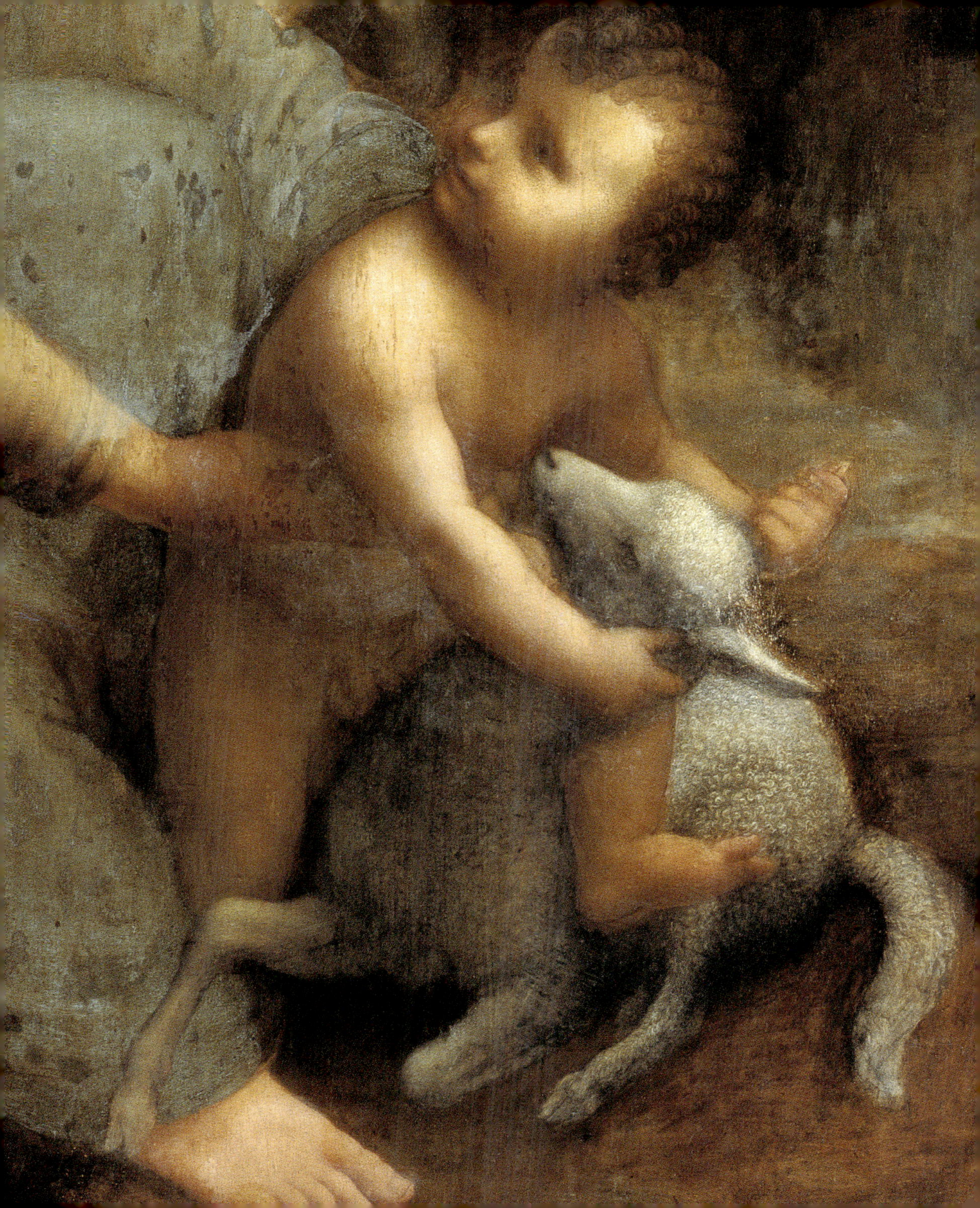

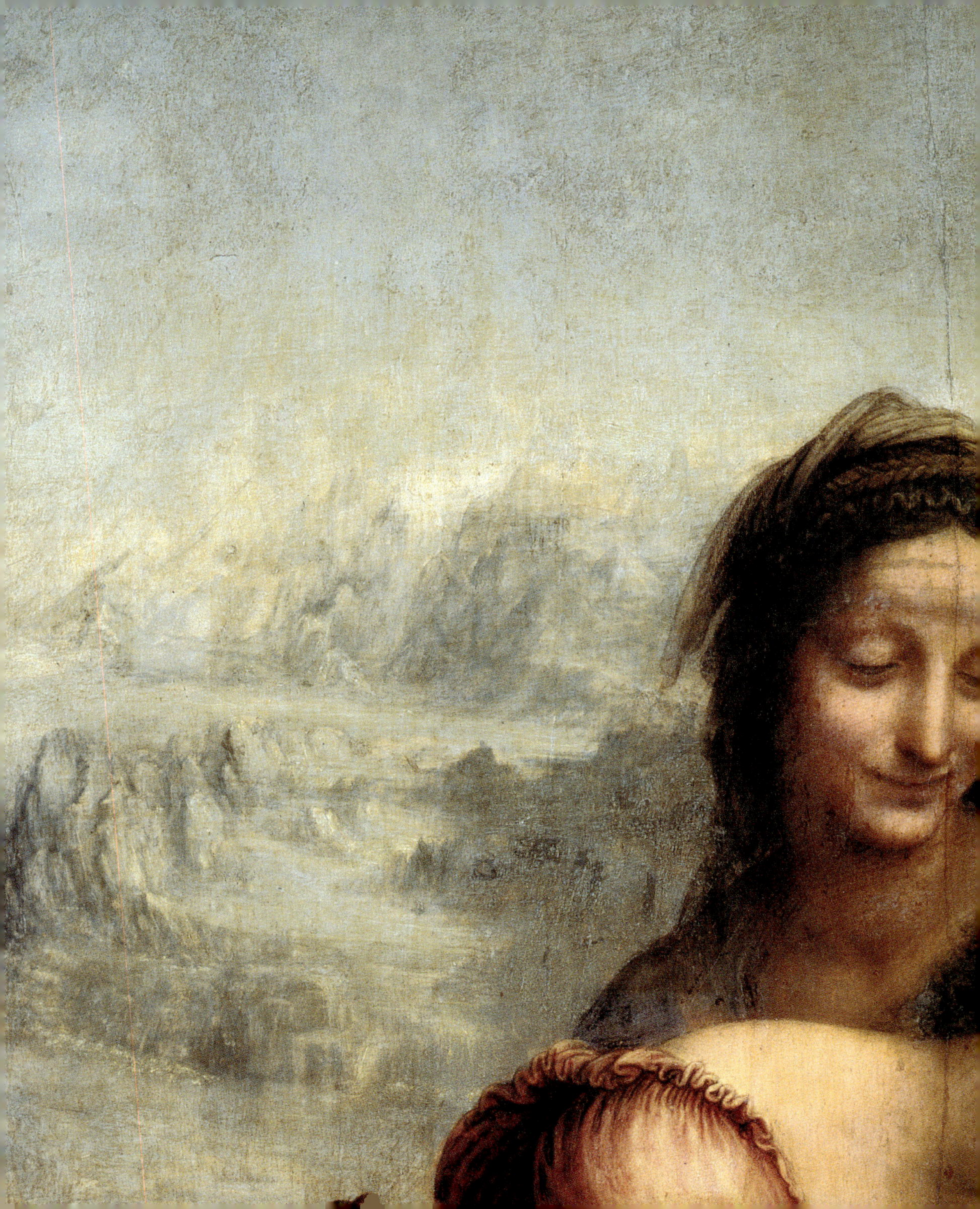

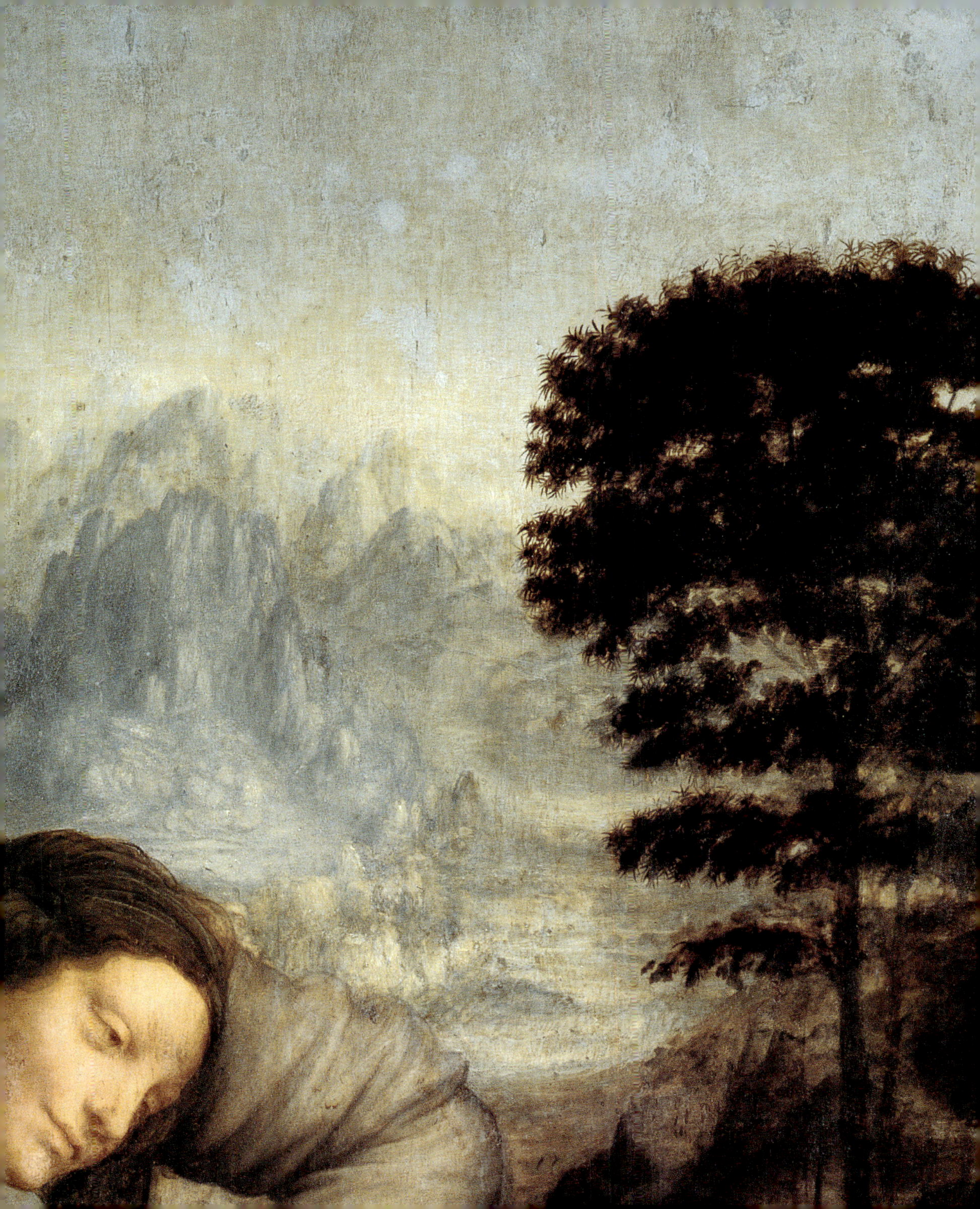

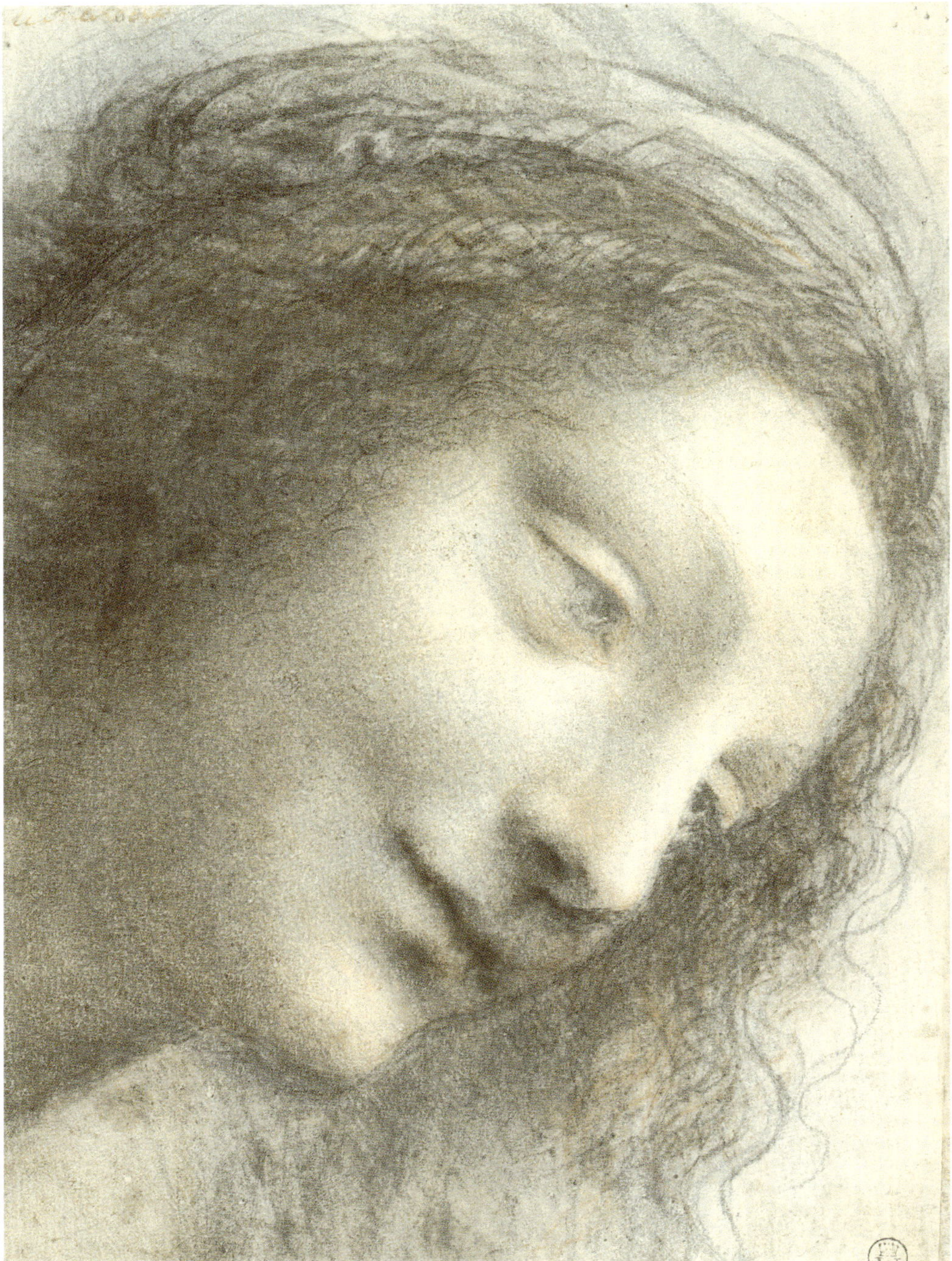

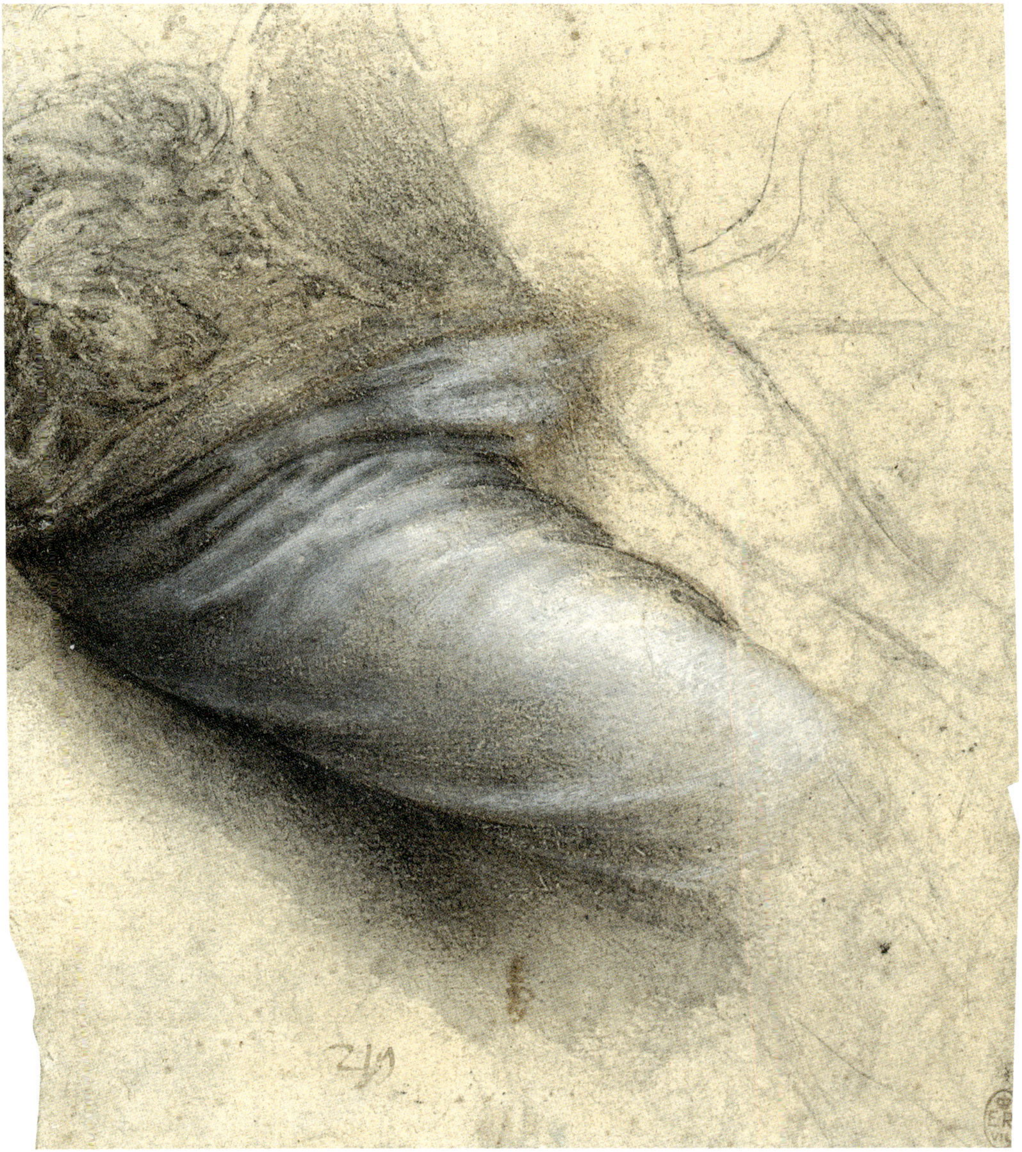

Leonardo da Vinci, Studie für den Faltenwurf der Maria. Windsor Castle, Royal Library (Inv. Nr. 12530).

Linke Seite:
Leonardo da Vinci, Studie für den Kopf der Maria. New York, Metropolitan Museum of Art.

S. 281:
Leonardo da Vinci, Studie für das Denkmal des Gian Giacomo Trivulzio. Windsor Castle, Royal Library (Inv. Nr. 12355 *recto*).

S. 282:
Leonardo da Vinci, Anatomische Studien. Mailand, Biblioteca Ambrosiana (Inv. Nr. F 263, Inf. 84).

S. 283:
Leonardo da Vinci, Studie zum *Herkules mit dem Nemeischen Löwen*. Turin, Biblioteca Reale (Inv. Nr. 15630).

S. 284–287:
Leonardo da Vinci, *Hl. Anna Selbdritt*. Paris, Musée du Louvre.

einem weiteren Beispiel für die zeitgenössische Adaption antiker Reitergruppen, informiert eine berühmte Notiz Leonardos über die bevorstehende Abreise nach Rom Ende 1513: »Am 24. September 1513 brach ich von Mailand nach Rom auf, mit Giovan Francesco Melzi, Salaì, Lorenzo und dem Fanfoja.«[126] Leonardo nutzte seinen letzten Aufenthalt in Rom zur Erforschung des Spiegelphänomens und zu anatomischen Untersuchungen. Offenbar war sein drei Jahre zuvor ausgedrückter Wunsch, die Anatomiestudien zu Ende zu führen, damals nicht in Erfüllung gegangen: »In diesem Winter 1510 werde ich wohl mit der Anatomie ganz fertig werden«, steht auf dem Windsor-Blatt Nr. 19016 *recto* zu lesen.

Der letzte Rombesuch stand ganz im Dienst des Giuliano de' Medici, Leonardo hatte deshalb hochoffizielle Besuche abzustatten – 1515 begab er sich zum neuen französischen König Franz I. in Bologna. Zwischendurch ärgerte er sich über einen »betrügerischen Deutschen« im Vatikan, der ihn »über den Papst« daran hindere, »Anatomie zu betreiben, ins Krankenhaus« zu gehen, »um geheime Dinge zu tun«.[127] Mit der Verbitterung darüber, nicht direkt am menschlichen Körper forschen zu können und so doch noch befriedigende Antworten zu finden, endet die Zeit von Leonardos »Wettstreit mit der Antike« auf italienischem Boden.

Anmerkungen

[1] Dieses Kapitel ist eine auf den neuesten Stand gebrachte, erweiterte Fassung meines Beitrags »Tivoli, Adrian and Antinous: New Evidence of Leonardo's Relation to the Antique« (1994), in: *Achademia Leonardi Vinci. Journal of Leonardo Studies and Bibliography of Vinciana* Bd. VIII, 1995, S. 207–255, auf dessen Literaturverzeichnis ich verweise. Für ein von Paola Barocchi und Giovanni Salmeri organisiertes Seminar in der Scuola Superiore in Pisa am 11. Juni 1998 hatte ich diesen Essay bereits auf den neuesten Stand gebracht. Deshalb werden hier nur die wichtigsten Beiträge über Leonardos Verhältnis zur Antike aufgeführt, darunter vor allem der Beitrag von K. Clark, »Leonardo and the Antique«, in: *Leonardo's Legacy. An International Symposium,* hrsg. von C. D. O'Malley, Los Angeles 1969, S. 1–24. Zu dem Leonardo als Erforscher der Antike betreffenden Zitat bei Paolo Giovio in seinem (erstmals vom Tiraboschi 1796 veröffentlichten) *Dialogus de viris litteris illustribus, cui in calce sunt additae Vincii, Michaelis Angeli, Raphaelis Urbinatis Vite* vgl. L. Beltrami, *Documenti e memorie riguardanti la vita e le opere di Leonardo da Vinci,* Mailand 1919, Dok. 256; P. Barocchi, *Scritti d'arte del Cinquecento,* Mailand und Neapel 1972, 1. Bd., S. 18–23. Zu dem bereits von Cesariano erwähnten Einfluß der Antike auf Leonardo vgl. Vitruvius, *De architectura,* Como 1521, zweites Buch, fol. XLVI *verso* (mit einem Kommentar von M. Tafuri, »Cesare Cesariano e gli studi vitruviani nel Quattrocento«, in: *Scritti rinascimentali di architettura* hrsg. von A. Bruschi, C. Maltese, M. Tafuri und R. Bonelli, Mailand 1978, S. 387–458). Zu der berühmten Stelle bei Vasari in der Vorrede zum dritten Teil seiner *Vite (Leben ...)*, in dem auf die Bedeutung der – schon von Plinius erwähnten – und im 16. Jahrhundert ausgegrabenen *anticaglie* (vom *Laokoon* zum *Torso vom Belvedere*, vom *Herkules* bis zum *Apollo vom Belvedere*) als Inspirationsquelle für Leonardo (nach dem Abschnitt über die Bedeutung der antiken Skulpturen als erster genannt, im Gegensatz zu den Meistern, die noch nach der »alten Art« vorgehen), Raffael und Michelangelo hingewiesen wird, vgl. Giorgio Vasari, *Leben* ..., a. a. O., Vorrede zum 3. Band. Zum Einfluß der antiken Bildhauerei siehe auch E. Pogàny Balàs, *The Influence of Rome's Antique Monumental Sculptures on the Great Masters of the Renaissance,* Budapest 1980, passim. Die von C. Pedretti (vgl. »Leonardo and the Antique«, in: *Achademia Leonardi Vinci. Journal of Leonardo Studies and Bibliography of Vinciana* Bd. IV, 1991, S. 214–243, auf die auch wegen der oben angegebenen Quellenangaben, S. 239 und S. 243, verwiesen sei) zusammengetragene umfangreiche Bibliographie zeigt, wie weit die Forschung seit den Pionierarbeiten Kenneth Clarks und dessen Studie über Leonardo und die Antike (in der nur drei Essays zu diesem Thema angeführt werden) bis heute fortgeschritten ist. Zu jüngeren Publikationen über die von Leo-

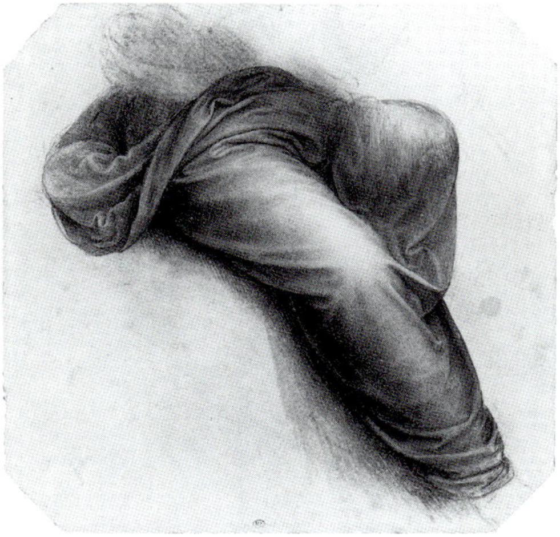

Leonardo da Vinci,
Studie zum Faltenwurf
der Maria.
Paris, Musée du Louvre, Cabinet des Dessins (Inv. Nr. 2257).

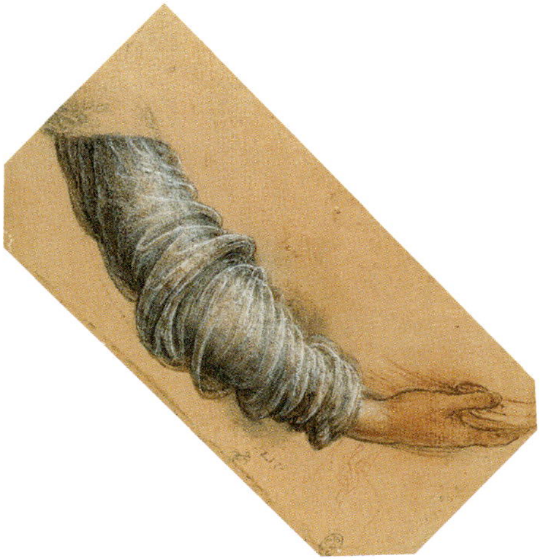

Leonardo da Vinci,
Studie zum rechten Arm
der Maria.
Windsor Castle, Royal Library (Inv. Nr. 12532).

Rechte Seite:
Leonardo da Vinci,
Studie zur *Hl. Anna Selbdritt*.
Paris, Musée du Louvre, Cabinet des Dessins (Inv. Nr. 460).

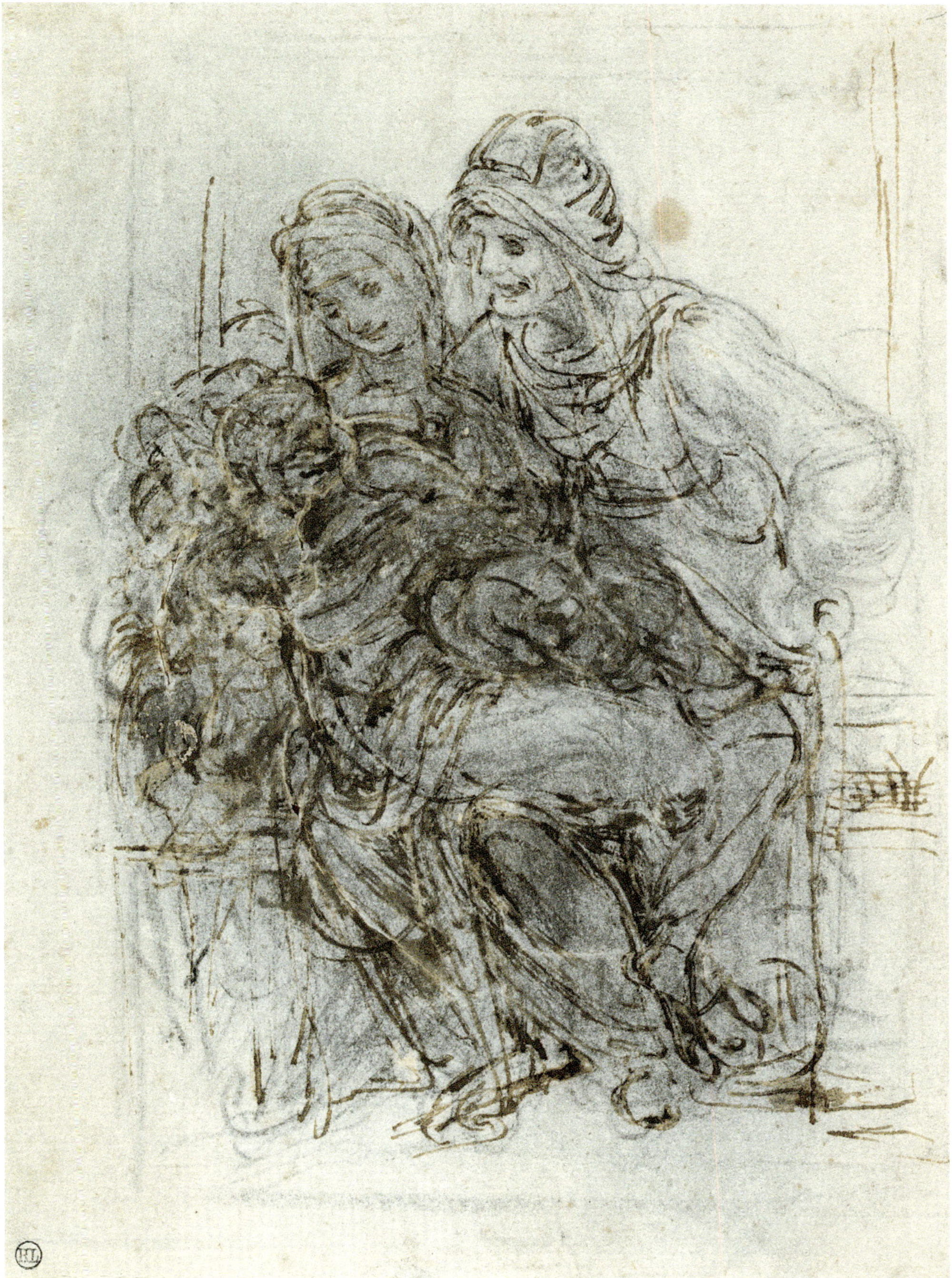

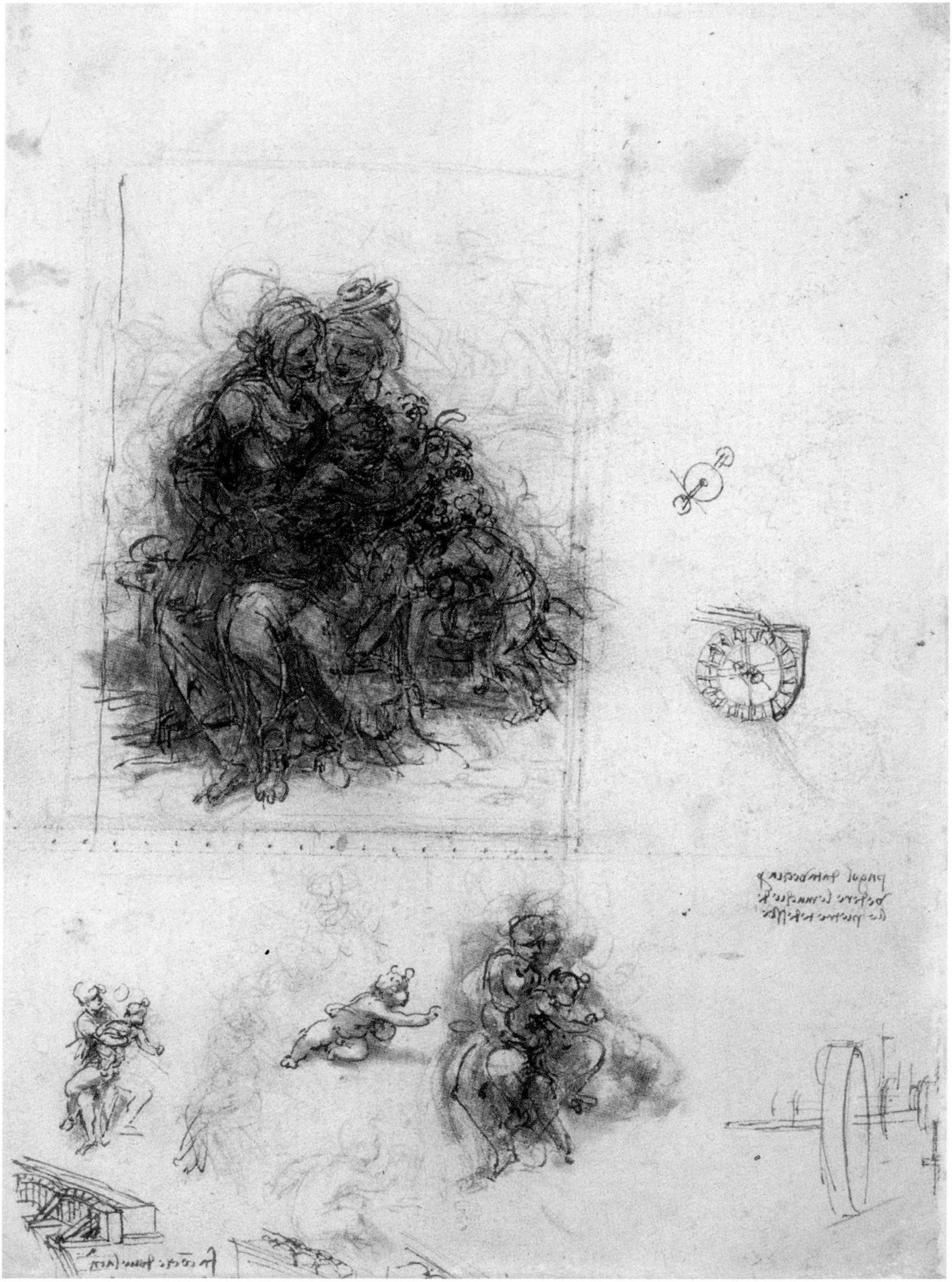

nardo benutzten klassischen Quellen, Vitruv, Plinius und Lukrez, vgl. J. Moffit, »Leonardo's ›sfumato‹ and Apelles' ›atramentum‹«, in: *Paragone* 473, Juli 1989, S. 88–94; ders., »The Evidentia of Curling Waters and Whirling Winds: Leonardo's Ekphraseis of the Latin Weathermen«, in: *Achademia Leonardi Vinci. Journal of Leonardo Studies and Bibliography of Vinciana* Bd. IV, 1991, S. 11–33. Vgl. weiterhin C. Pedretti, »The Angel in the Flesh«, ebda, S. 34–48.

[2] Vgl. dazu: J. P. Richter, *The Literary Works of Leonardo da Vinci,* (Oxford 1883) London 1939², Nr. 487 (1970³, S. 244); A. M. Brizio, *Scritti scelti di Leonardo da Vinci,* Turin 1952, S. 258; C. Pedretti, *The Codex Atlanticus of Leonardo da Vinci. A Catalogue of Its Newly Restored Sheets, Part One, Vols. I–VI,* New York 1978, S. 191–192.

[3] Zu dem Brief della Portas an Ammannati vgl. C. Pedretti, »›Le Magne opere romane‹«, in: *Leonardo e il leonardismo a Napoli e a Roma,* hrsg. von A. Vezzosi, Florenz 1983, S. 157; G. Agosti, »Il gusto per l'antico a Milano tra regime sforzesco e dominazione francese«, in: *Bambaja e il classicismo lombardo,* Turin 1990, S. 69; und die Dissertation von E. M. Pattison, *A Letter from Guglielmo Della Porta to Bartolommeo Ammannati,* University of California, Los Angeles 1981. Siehe dazu auch die weitere Argumentation im Text und Anm. 16.

[4] K. Clark, *Leonardo and the Antique,* a. a. O., 1969, S. 2.

[5] Zur Haltung Mailänder Kreise gegenüber der Antike vgl. G. Agosti, *Il gusto per l'antico* ..., a. a. O., 1990, S. 47–102. Zu Isabella d'Estes antiquarischem Interesse vgl. C. M. Brown, »›Lo insaciabile desiderio nostro de cose antique‹: New Documents on Isabella d'Este Collection of Antiquities«, in: *Cultural Aspects of the Italian Renaissance. Essays in Honour of Paul Oskar Kristeller,* hrsg. von C. H. Clough, Manchester und New York 1976, S. 324–353; G. Romano, »Verso la maniera moderna: Da Mantegna a Raffaello«, in: *Storia dell'arte italiana,* Teil II, vol. II, Buch VI, Turin 1981, S. 5–85. Isabella d'Este wandte sich 1502 (vgl. L. Beltrami a. a. O., 1919, Dok. 115, S. 116) erneut an Leonardo, um dessen Rat hinsichtlich des Erwerbs einiger antiker Vasen aus der Sammlung des Lorenzo il Magnifico einzuholen (vgl. A. Grote, »La formazione e le vicende del tesoro mediceo nel Quattrocento«, in: N. Dacos, A. Grote, A. Giuliano, D. Heikamp und U. Pannuti, *Il Tesoro di Lorenzo il Magnifico. Repertorio delle gemme e dei vasi,* Florenz 1980, S. 143), was bestätigt, wie sehr man nach 1501 Leonardos Urteil als Kenner antiker Gegenstände zu schätzen wußte. Siehe auch die folgende Anm.

[6] Vgl. *Antonio Averlino detto il Filarete, Trattato di architettura,* hrsg. von A. M. Finoli und L. Grassi, Mailand 1972, Bd. II, S. 699–700: »... Vincente Foppa, der in den heutigen Tagen ein würdiges und gut gelungenes Abbild Trajans geschaffen hat, mit anderen Figuren als Zierde. Und so hat er das Ganze nun mit Figuren und Bildern von Herrschern und Kaisern zu bemalen, im ganzen werden es acht sein ...«. Zu diesem Zyklus vgl. M. M. Donato, »Gli eroi romani tra storia ed exemplum. I primi cicli umanistici di Uomini Famosi«, in: *Memoria dell'antico nell'arte italiana,* hrsg. von S. Settis, 3 Bde., Turin 1984–1986, Bd. II 1985, S. 100 und Anm. 12 (mit weiteren bibliographischen Angaben). Ebenfalls M. G. Balzarini, *Vincenzo Foppa,* Mailand 1997, S. 20 ff.

[7] Siehe dazu C. Morschek, *Relief Sculpture for the Facade of the Certosa di Pavia, 1473–1499,* New York und London 1978, Abb. 68; zum Sockelfries vgl. ebenso G. Agosti, *Il gusto per l'antico* ..., a. a. O., 1990, S. 60; R. Schofield, »Avoiding Rome: an Introduction to Lombard Sculptors and the Antique«, in: *Arte lombarda* 100, 1992, S. 37 ff. Zu dem, was in Pavia von der antiken Kunst noch überlebte, vgl. den vor kurzem erschienenen Katalog *Pavia: La tradizione dell'antico nella città medievale,* hrsg. von den Musei Civici in Pavia, Pavia 1991. Weitere Betrachtungen zu den Medaillons auf dem Sockel der Kartause von Pavia siehe unten und Anm. 45.

[8] Zu diesen Quellen Leonardos siehe u. a. F. L. Finger, *Catalogue of the Incunabula in the Elmer Belt Library of Vinciana,* Los Angeles 1971, S. 64 und 75.

[9] Zu diesen Erkenntnissen vgl. V. P. Zoubov, »Léon Battista Alberti et Léonard de Vinci«, in: *Raccolta Vinciana* Fasz. XVIII, 1960, S. 1–14; E. Garin, »La città in Leonardo«, *XI Lettura Vinciana,* Florenz 1972; L. Grassi, in: *Antonio Averlino detto il Filarete, Trattato* ..., a. a. O., 1972, passim.

[10] Vgl. Leon Battista Alberti, *De re aedificatoria,* Buch VI, Kap. 4, hrsg. von G. Orlandi und P. Portoghesi, Mailand 1966, S. 466; *Antonio Averlino detto il Filarete, Trattato* ..., a. a. O., 1972, S. XXXIV, 32, 34, 36, 183, 357, 566 und 679.

[11] Die Zeichnungen klassischer Werke stellen einen Anhang zu dem Traktat von Francesco di Giorgio Martini dar, der im *Codex 148 Saluzziano* der Biblioteca Reale in Turin enthalten ist; Reproduktionen davon in: Francesco di Giorgio Martini, *Trattati di architettura, ingegneria e arte militare,* hrsg. von C. Maltese, Mailand 1967 (die Tafeln 164–168 im 1. Band entsprechen fol. 88 *verso* bis 90 *verso* des Codex). Siehe auch G. Scaglia, *Francesco di Giorgio. Checklist and History of Manuscripts and Drawings in Autographs and Copies from ca. 1470 to 1687 and Renewed Copies (1764–1839),* Bethlehem, London und Toronto 1992, S. 189 ff (der jedoch die dem *Trattato* in Turin beiliegenden Zeichnungen zu den »antiken Monumenten« nicht für ein Werk des Francesco di Giorgio Martini hält: vgl. aber meine Rezension zu diesem Buch in: *The Burlington Magazine* CXXXVI, Nr. 1101, Dezember 1994, S. 845–846). Zur Gruppe der Architekturzeichnungen von Francesco di Giorgio in den Uffizien, dem sogenannten »Taccuino di viaggio« (Reisetagebuch), offenbar Vorstudien zum Anhang über »Monumenti antichi« im Turiner *Codex 148* (also füher entstanden) vgl. auch (mit Vorbehalt) C. H. Ericsson, »Roman Architecture expressed in Sketches by Francesco di Giorgio Martini«, in: *Commentationes Humanarum Litterarum* LXVI, Helsinki 1980, passim; und ferner: H. Burns, »I diseg-

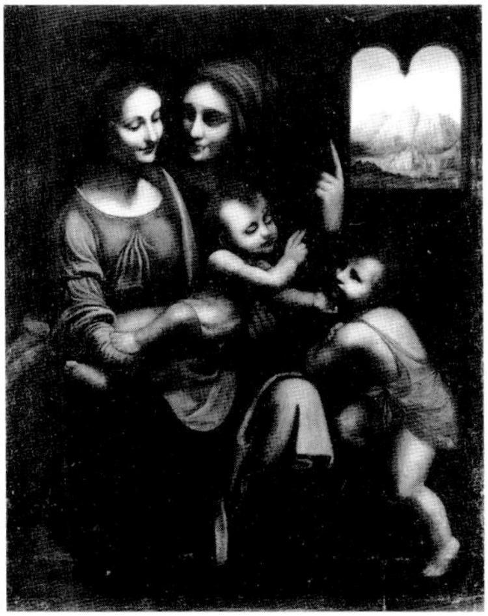

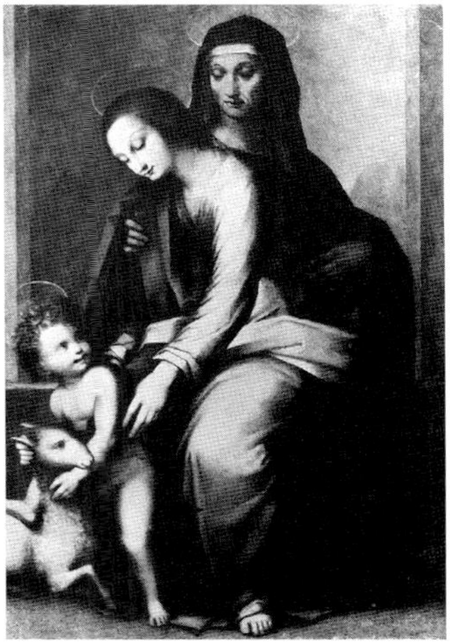

Linke Seite:
Leonardo da Vinci,
Studie zur *Hl. Anna Selbdritt.*
London, British Museum.

Anonym,
Hl. Anna Selbdritt,
Kopie nach Leonardo.
Straßburg, Privatsammlung.

Andrea Piccinelli,
genannt Il Brescianino,
Hl. Anna Selbdritt, nach
Leonardo.
Berlin, Staatliche Museen
(1943 zerstört).

ni di Francesco di Giorgio agli Uffizi di Firenze«, in: *Francesco di Giorgio architetto*, hrsg. von F. P. Fiore und M. Tafuri, Mailand 1993, S. 330–357; insb. auf dem Blatt 335 A *recto* zitiert, ebda, S. 351–353. Zu weiteren Kontakten zwischen Leonardo und Francesco di Giorgio nicht nur in Mailand, sondern auch in Pavia, und zur Rolle des letzteren bei der Einführung von »klassischen« Modellen siehe P. C. Marani, »Francesco di Giorgio a Milano e a Pavia: conseguenze ed ipotesi«, in: *Prima di Leonardo. Cultura delle macchine a Siena nel Rinascimento*, hrsg. von P. Galluzzi, Mailand 1991, S. 93–104.

[12] K. T. Steinitz (»Leonardo architetto teatrale e organizzatore di feste«, in: *Leonardo da Vinci letto e commentato da ...*, Florenz 1974, S. 251–253) zufolge muß Leonardo eine lateinische Ausgabe des Plinius gekannt haben (wo er vor allem die Angaben zur technischen Beschaffenheit des Theaters las, die in der *Naturalis Historia*, Buch XXXVI, Kap. 24 beschrieben wird).

[13] Vgl. C. Pedretti, »›Le Magne opere romane‹«, a. a. O., 1983, S. 190–191.

[14] Nach Ansicht Roberto Longhis könnte Bramantinos erste Romreise ins ausgehende 15. Jahrhundert fallen (zu dieser Reise und ihren Auswirkungen auf die neue Klassik in der Lombardei siehe P. C. Marani, »Disegno e prospettiva in alcuni dipinti di Bramantino«, in: *Arte lombarda* 100, 1992, S. 77–88; ders., »La Crocefissione di Bramantino: storia e restauro«, in: *Quaderni di Brera* Nr. 7, Florenz 1992. Siehe auch Anm. 27.

[15] Zur Person des Gian Cristoforo Romano und des Benedetto Briosco siehe unten.

[16] Agosti (*Il gusto per l'antico ...*, a. a. O., 1990, S. 71–73) schreibt das Gedicht Bernardo Zenale zu, während Ch. Robertson (»Bramantino: ›Prospectivo Melanese Depictore‹«, in: *Giovanni Antonio Amedeo. Scultura e architettura del suo tempo*, Atti del convegno, hrsg. von J. Shell und L. Castelfranchi, Mailand 1993, S. 378–391) es Bramantino zuweist und nicht mehr, wie in früheren Publikationen, dem Bramante (vgl. oben). Vgl. ebenso C. Pedretti, *Leonardo and the Antique*, a. a. O., 1991, unter: *Govi, Gilberto*, S. 225, zu den Verweisen auf die Ausgaben des Werks und den wichtigsten Kommentaren. Zur *Zigeunerin* und der Behauptung, sie sei der Skulptur Verrocchios überlegen, vgl. D. D. Fienga, *The »Antiquarie prospettiche romane« composte per Prospectivo Melanese Depinctore: A Document for the Study of the relationship between Bramante and Leonardo da Vinci*, Ann Arbor (Michigan) 1980, S. 47. Zur Statue der *Zigeunerin*, die in Wirklichkeit jedoch einen *Camillus* (Diener bei Opferritualen) darstellt, vgl. P. Pray Bober und R. Rubinstein, *Renaissance Artists and Antique Sculpture*, New York (1986) 1991, Katalog Nr. 192, S. 224–225.

[17] Zu diesem »Buch« siehe C. Pedretti, *Leonardo architetto*, Mailand (1978) 1988, S. 232.

[18] Zu diesem Codex (siehe auch Anm. 11) vgl. G. Mongeri, *Le rovine di Roma al principio del secolo XVI. Studi del Bramantino*, Mailand 1880; C. Pedretti, *A Chronology of Leonardo da Vinci's Architectural Studies after 1500*, Genf 1962, S. 78–79; ders., *Leonardo architetto*, a. a. O., (1978), 1988, S. 232–236; M. Granieri Philipps, »Nuove ricerche sul codice ambrosiano sulle rovine di Roma«, in: *Arte lombarda* 64, 1983, S. 5–14; G. Agosti, *Il gusto per l'antico ...*, a. a. O., 1990, S. 83. Daß zwischen Blatt 57 *verso* des Codex, dem »Wassertheater« in Tivoli, und dieser Zeichnung ein Zusammenhang besteht, ist anhand eines Vergleichs mit Francesco di Giorgios Zeichnung im Anhang des Turiner Codex ein akzeptabler Vorschlag (vgl. Francesco di Giorgio Martini, *Trattati ...*, a. a. O., 1967, Taf. 164, S. 286; Corrado Maltese erkennt darin eine »schematische Zeichnung des Wassertheaters« der Villa Hadriana), auch wenn in der oben zitierten Anmerkung, die zu der Zeichnung gehört und die Leonardo erwähnt, der anonyme Verfasser auf zweideutige Weise auf »Rom« anspielt; »chavato« kann »ausgegraben« heißen oder »kopiert«; also läßt sich die Anmerkung auch anders interpretieren: Vielleicht wollte sie besagen, daß das ganze »Buch, das Meister Lionardo besitzt«, in Rom »kopiert«, d. h. neuerlich kopiert wurde – womit die Zeichnung sich nicht auf die Lage des »Tempels« bezöge, der ja tatsächlich in Rom hätte »kopiert« werden können, nämlich von einer anderen Zeichnung oder einem anderen Codex, obwohl ja ein Bau gezeigt ist, der sich in Tivoli befindet. Ich glaube aber nicht, daß die Lage des Tempels für den Zeichner des Codex besonders wichtig war. Auf fol. 6 *recto* und 11 *recto* ist nämlich der Plan und die Darstellung eines Gebäudes zu sehen, das »an der alten Straße nach Marino« liegt (C. Pedretti, *Leonardo architetto*, a. a. O., 1988, S. 232–233, Abb. 339–340), also schon fast in der Campagna außerhalb Roms. Zu den anderen Bauten, die Hadrian in Rom errichten ließ, vgl. M. Taliaferro Boatwright, *Hadrian and the City of Rome*, Princeton (New Jersey) 1987, insbesondere zur Erörterung der berühmtesten Monumente Hadrians (sein Mausoleum, das Pantheon, die aelianische Brücke), aber auch zu den berühmten, am Konstantinsbogen angebrachten Tondi aus hadrianischer Zeit und zum Obelisken des Antinous, alles Werke, die im 16. Jahrhundert wohlbekannt gewesen sind. Raffel bezieht sich in seinem berühmten an Leo X. gerichteten Brief über die Altertümer Roms aus dem Jahr 1513 auf die hadrianischen Tondi, vgl. P. Pray Bober und R. Rubinstein, a. a. O., (1986) 1991, S. 216–218; auch der Obelisk des Antinous war im 16. Jahrhundert bekannt (wenn auch von Bober und Rubinstein nicht aufgeführt): Antonio da Sangallo der Jüngere zeichnete Details des Obelisken, als er sich noch an der Via Labicana befand, vor der Porta Maggiore, vgl. M. Taliaferro Boatwright, a. a. O., 1987, S. 242.

[19] Zur Wechselbeziehung zwischen den architektonischen und den anatomischen Zeichnungen siehe P. Murray, »Leonardo and Bramante. Leonardo's Approach to Anatomy and Its Effects on Bramante«, in: *Architectural Review* CXXXIV, 1963, S. 346–351.

[20] Zu Leonardos Proportionsstudien siehe *Leonardo da Vinci. Corpus of the Anatomical*

Studies in the Collection of Her Majesty the Queen at Windsor Castle, hrsg. von K. D. Keele und C. Pedretti, New York 1978–1980; G. Nepi Sciré, in: *Leonardo & Venezia,* Ausstellungskatalog, hrsg. von G. Nepi Sciré und L. C. Marani, Mailand, 1992, S. 214–227; G. Berra, »La storia dei canoni proporzionali del corpo umano e gli sviluppi in area lombarda alla fine del Cinquecento«, in: *Raccolta Vinciana* Fasz. XXVI, 1993, S. 159–310; F. Zöllner, »L'Uomo Vitruviano di Leonardo da Vinci, Rudolf Wittkower e L'Angelus Novus di Walter Benjamin«, in: *Raccolta Vinciana* Fasz. XXVI, 1995, S. 329–358.

[21] Zur Gestalt des *Argus* in der Sala del Tesoro des Castello Sforzesco, der um 1490 und 1493 zu datieren ist, vgl. P. C. Marani, in: *Pittura a Milano. Rinascimento e Manierismo,* hrsg. von M. Gregori, Mailand, 1998, S. 208–209.

[22] Leonardos Notizen im *Ms H*, 124 *verso* und 123 *recto* (Institut de France) über »24 römische Geschichten«, die er »unter den Dachtraufen« vielleicht in Vigevano malen sollte, führen zu der Annahme, daß er anhand von literarischen Texten und Quellen »Nachforschungen für diese Komposition« anstellte. Vgl. *Il Manoscritto H,* kritische Übertragung von A. Marinoni, Florenz 1986, S. VII, 115–116.

[23] Es ist unmöglich, eine vollständige Bibliographie zum *Abendmahl* vorzulegen. Man beachte jedoch zumindest C. Pedretti, *Leonardo. Studi per il Cenacolo dalla Biblioteca Reale nel Castello di Windsor*, Ausstellungskatalog, Mailand 1983, und die jüngsten Veröffentlichungen: R. Huttel, *Spiegelungen einer Ruine. Leonardos Abendmahl im 19. und 20. Jahrhundert,* Marburg 1994; P. C. Marani, »Il Cenacolo di Leonardo e i suoi restauri nella Milano fra il XV e il XX secolo fra arte e fede, propaganda politica e magnificenza civile«, in: *I Tatti Studies. Essays in the Renaissance* Bd. VII (1997), 1998, S. 191–229; G. Eichholz, *Das Abendmahl Leonardo da Vincis. Eine systematische Bildmonographie,* München 1998; P. Brambilla Barcilon und P. C. Marani, *Il Cenacolo di Leonardo da Vinci,* Mailand 1999. Weitere Literaturhinweise in den folgenden Anm.

[24] Vgl. P. C. Marani, in: P. Brambilla Barcilon und P. C. Marani, *Le lunette di Leonardo nel Refettorio delle Grazie,* Mailand 1990, S. 3–34.

[25] L. Beltrami, a. a. O., 1919, Dok. 76, S. 48–49. Vgl. im Anhang des vorliegenden Bandes, Dok. 24.

[26] Vgl. A. Marinoni, Einführung zu: Luca Pacioli, *De Divina Proportione,* Vicenza 1982, S. 8–9.

[27] Vgl. L. H. Heydenreich, *Invito a Leonardo. L'Ultima Cena,* (1974) Mailand 1982, S. 41; A. M. Brizio, »Il Cenacolo«, in: *Leonardo. La pittura,* (1977) neue erweiterte Ausgabe, hrsg. von P. C. Marani, Florenz 1985, S. 99–100.

[28] Vgl. L. Vertova, *I Cenacoli fiorentini*, Florenz 1965; E. Borsook, *The Mural Painters of Tuscany from Cimabue to Andrea del Sarto,* Oxford 1980, S. 116.

[29] Vgl. M. Rossi und A. Rovetta, »Il Cenacolo di Leonardo. Cultura domenicana, iconografia eucaristica e tradizione lombarda«, in: *Quaderni del restauro* 5, Mailand, 1988, S. 34–38.

[30] Siehe P. C. Marani, *Il Cenacolo di Leonardo* ..., a. a. O., (1997), 1998, S. 191–229.

[31] Zu Bramantes *Uomini illustri* vgl. P. C. Marani, in: *Pittura a Milano* ..., a. a. O., 1998, S. 201–203, mit der älteren Literatur.

[32] Berlin. Staatliche Museen, Katalog Nr. 533 A.

[33] Vgl. P. C. Marani, *Il Cenacolo di Leonardo,* Mailand 1986, S. 9–14.

[34] Siehe dazu M. Gregori, »Riflessioni sulle origini della natura morta: Da Leonardo a Caravaggio«, in: *La natura morta al tempo di Caravaggio,* Ausstellungskatalog, Neapel 1995, S. 19–20; P. C. Marani, »Una natura morta di Leonardo nella Milano della fine del Cinquecento«, ebda, S. 27–34.

[35] Vgl. J. Shell und G. Sironi, »Documents for copies of the Cenacolo and the Virgin of the Rocks«, in: *Raccolta Vinciana* Fasz. XXIII, 1989, S. 103–118.

[36] Zu den Kopien des *Abendmahls* vgl. G. Bossi, *Del Cenacolo di Leonardo Libri Quattro,* Mailand 1810, S. 137–146; C. Horst, »L'Ultima Cena di Leonardo nel riflesso delle copie e delle imitazioni«, in: *Raccolta Vinciana* Fasz. XIV–XV, 1935, S. 118–200; L. Steinberg, »Leonardo's Last Supper«, in: *The Art Quarterly* XXXVI, 4, 1973, S. 297–410; L. H. Heydenreich, a. a. O., (1974) 1982, S. 101–102; J. Shell, D. A. Brown und P. Brambilla, »Giampietrino e una copia cinquecentesca del Cenacolo di Leonardo«, in: *Quaderni del restauro* 4, 1988.

[37] Vgl. P. C. Marani, in: *Il Santuario della Beata Vergine dei Miracoli di Saronno,* hrsg. von M. L. Gatti Perer, Mailand 1995, S. 169–180.

[38] Vgl. F. Wittgens, »Il restauro del Cenacolo«, in: *Leonardo. Saggi e ricerche,* Rom 1954, S. 10.

[39] Vgl. A. M. Brizio, »Leonardo pittore«, in: *Leonardo,* hrsg. von L. Reti, Mailand 1974, S. 33.

[40] Vgl. R. Longhi, »Difficoltà di Leonardo«, in: *Paragone,* 29. Mai 1952, S. 11: »Dies ... mag erhellen, warum er sich nach dem vielgestaltigen, raschen Kreisen des Florentiner Entwurfs der *Anbetung der Heiligen Drei Könige* zu ›der magischen Pyramide‹ der *Madonna in der Felsengrotte* oder zu der strengen szenischen Unterteilung in Dreiergruppen beim Mailänder *Abendmahl* zwingt.«

[41] B. Bellincioni, *Rime,* 1493 (Nachdruck, hrsg. von P. Fanfani, Florenz 1876).

[42] Vgl. P. C. Marani, in: *L'Ambrosiana e Leonardo,* Ausstellungskatalog, hrsg. von P. C. Marani, M. Rossi und A. Rovetta (Mailand), Novara 1998, S. 40–43.

[43] Vgl. G. C. Sciolla, »Leonardo e Pavia«, *XXXV Lettura Vinciana* (1995), Florenz 1996, S. 14–17.

[44] Zum Colleoni-Denkmal siehe A. Butterfield, »Verrocchio as Draughtsman, Painter, and Teacher«, in: ders., *The Sculptures of Andrea del Verrocchio,* New Haven und London 1997, S. 159–183.

[45] Vgl. A. Burnett und R. Schofield, »The Medallions of the Basamento of the Certosa di Pavia. Sources and Influence«, in: *Arte lombarda* 120, 2, 1997, S. 5–27.

[46] Die Beziehungen zwischen Leonardo und Gian Cristoforo Romano untersuchte insbesondere C. Pedretti, *Leonardo architetto,* a. a. O., (1978) 1988, S. 112 ff.
[47] Zu dieser Skulptur siehe M. G. Albertini Ottolenghi, »La scultura«, in: B. Fabjan und P. C. Marani, *Museo della Certosa di Pavia. Catalogo generale,* Florenz 1992, S. 84, Katalog Nr. 67.
[48] Zu Amadeo siehe die gesammelten Beiträge in: *Giovanni Antonio Amadeo. Scultura e architettura del suo tempo,* hrsg. von J. Shell und L. Castelfranchi, Mailand 1993.
[49] Zur »Sala delle Asse« siehe V. Hoffmann (»Leonardos Ausmalung der Sala delle Asse im Castello Sforzesco«, in: *Mitteilungen des Kunsthistorischen Instituts in Florenz* XVI, 1972, S. 51–62), nach dessen Ansicht es sich um die Darstellung des Tempetals in Thessalien handelt (zu anderen Interpretationsvorschlägen und einer Zusammenfassung der älteren Literatur vgl. D. Kiang, »Gasparo Visconti's Pasitea and the Sala delle Asse«, in: *Achademia Leonardi Vinci. Journal of Leonardo Studies and Bibliography of Vinciana* Bd. II, 1989, S. 101–109).
[50] G. Romano, a. a. O., 1981, S. 5–85.
[51] Vgl. D. A. Brown, »Leonardo and the Ladies with the Ermine and the Book«, in: *Artibus et Historiae* 22, 1990, S. 47–61.
[52] Siehe dazu P. C. Marani, »Leonardo a Venezia e nel Veneto: documenti e testimonianze«, in: *Leonardo & Venezia,* a. a. O., 1992, S. 23–36, mit einem Verweis auf die ältere Literatur.
[53] Zum »Memorandum Ligny« siehe C. Pedretti, *The Codex Atlanticus of Leonardo da Vinci. A Catalogue of Its Newly Restored Sheets, Part Two, Bde. VII–XII,* New York 1979; C. Pedretti, *Leonardo architetto,* a. a. O., (1978) 1988, S. 312–313; P. C. Marani, »Leonardo a Venezia e nel Veneto ...«, a. a. O., 1992, S. 25 ff.
[54] C. H. Smyth, »Venice and the Emergence of High Renaissance in Florence: Observations and Questions«, *in: Florence and Venice: Comparisons and Relations,* hrsg. von G. Ramakus und S. Bertelli, Bd. I, *Quattrocento,* Florenz 1979, S. 223.
[55] Zu diesem Projekt siehe M. V. Brugnoli, »Il Monumento Sforza«, in: *Leonardo ...,* a. a. O., 1974, S. 86–108, und, jüngeren Datums, L. Fusco und G. Corti, »Lorenzo de' Medici on the Sforza Monument«, in: *Achademia Leonardi Vinci. Journal of Leonardo Studies and Bibliography of Vinciana* V, 1992, S. 11–32; P. C. Marani, in: *L'Ambrosiana ...,* a. a. O., 1998, S. 40–43.
[56] Zu diesem durch die Zeichnung im Victoria and Albert Museum in London dokumentierten Projekt vgl. G. Passavant, *Verrocchio* (London 1969), Venedig 1969, Katalog Nr. D 11, S. 206; J. Shell, in *The Genius of the Sculptor in Michelangelo's Work,* hrsg. von P. C. Marani, Montreal 1992, Katalog Nr. 9, S. 104–105. Zum *Grabmal Vendramin* siehe W. Stedman Sheard, *The Tomb of Doge Andrea Vendramin in Venice by Tullio Lombardo,* Phil. Diss., Yale University 1971; S. Wilk, *The Sculpture of Tullio Lombardo,* New York 1978, S. 20 ff; W. Stedman Sheard, »›Asa Adorna‹: The Prehistory of the Vendramin Tomb«, in: *Jahrbuch der Berliner Museen,* Neue Folge, XX, 1978, S. 117–156; M. T. Fiorio, »Tra Milano e Venezia: il ruolo della scultura«, in: *Leonardo & Venezia,* a. a. O., 1992, S. 141 ff (mit weiteren bibliographischen Hinweisen). Zum *Grabmal Vendramin* siehe auch die folgenden Anm.
[57] Vgl. G. Dalli Regoli, *Lorenzo di Credi,* Pisa 1966, Katalog Nr. 66, S. 133–134.
[58] Beispielsweise P. C. Marani, *Disegni e dipinti leonardeschi dalle collezioni milanesi,* Mailand 1987, S. 90–94; M. T. Fiorio, a. a. O., 1992, S. 146. Man darf annehmen, daß sich Leonardo und Lombardo gekannt haben, da Leonardo in seinem bereits zitierten »Memorandum Ligny« von einem »Giovanni Lombardo« spricht. Vgl. C. Pedretti, »›Gleanings. 10‹: Stefano Iligi«, in: *Achademia Leonardi Vinci. Journal of Leonardo Studies and Bibliography of Vinciana* Bd. II, 1989, S. 156.
[59] Von W. Stedman Sheard in ihrem Vortrag »Tullio e Antonio Lombardo nelle loro relazioni a Leonardo« anläßlich der Tagung *Leonardo & Venezia* bereits vorweggenommen (Venedig, Istituto Veneto di Scienze Lettere ed Arti, Palazzo Loredan, 18–19. Mai 1992).
[60] Vgl. W. Stedman Sheard, »Giorgione and Tullio Lombardo«, in: *Giorgione. Atti del convegno internazionale di studio per il V centenario della nascita,* Castelfranco 1979, S. 201–202; D. Pincus, »An Antique Fragment as workshop model; classicism in the Andrea Vendramin Tomb«, in: *The Burlington Magazine* CXXIII, Juni 1981, S. 42–46; M. Tafuri, *Venezia e il rinascimento. Religione, scienza, architettura,* Turin 1985, S. 55; M. T. Fiorio, a. a. O., 1992, S. 141–142.
[61] Vgl. G. Agosti, *Il gusto per l'antico ...,* a. a. O., 1990, S. 70.
[62] D. Pincus, a. a. O., 1981; ders., »Tullio Lombardo as a Restorer of Antiquities: An Aspect of Fifteenth Century Venetian Antiquarianism«, in: *Arte Veneta* XXXIII, 1979, S. 29–42. Zu der von Tullio durchgeführten Restaurierung dieser Statue siehe auch C. Franzoni, »›Rimembranze d'infinite cose‹. Le collezioni rinascimentali di antichità«, in: *Memoria dell'antico ...,* a. a. O., Bd. I, 1984, S. 339, und O. Rossi Pinelli, »Chirurgia della memoria: scultura antica e restauri storici«, ebda, Bd. III, 1986, S. 208–209. Zu der Bedeutung, die Tullio Lombardo allgemein der klassischen Skulptur zumißt, vgl. L. Puppi, »Per Tullio Lombardo«, in: *Arte lombarda* Nr. 36, 1972, S. 100–103. Vgl. auch A. Luchs, *Tullio Lombardo and Ideal Portrait Sculpture in Renaissance Venice, 1490–1530,* Cambridge 1995, passim.
[63] Zu der sich jetzt in New York befindlichen *Adam*-Statue des Vendramin-Grabmals vgl. S. Wilk, a. a. O., 1978, S. 22 ff; C. H. Smyth, a. a. O., 1979, S. 211–212, Abb. 1; M. T. Fiorio, a. a. O., 1992, S. 143; A. Luchs, a. a. O., 1995, Abb. 56, S. 44–45.
[64] Vgl. P. Pray Bober und R. Rubinstein, a. a. O., (1986) 1991, Katalog Nr. 128, S. 163. Zum *Antinous* aus der Sammlung Farnese in Rom, jetzt im Museo Nazionale in Neapel, siehe *Museo Nazionale di Napoli. Guida illustrata,* hrsg. von A. Ruesch, Neapel 1911, Katalog Nr. 983 (6030), S. 237, Abb. 60. Zum

Bronzekopf des *Antinous* im Archäologischen Museum in Florenz, der bereits in den nach dem Tod Cosimos I. de' Medici im Jahr 1574 aufgestellten Inventarlisten auftaucht, siehe M. Cristofani, in: *Palazzo Vecchio: committenza e collezionismo mediceo,* Florenz 1980, Katalog Nr. 33, S. 29–30. Ein weiterer *Antinous*-Kopf aus Marmor war seit dem 13. Jahrhundert in der Toskana präsent, das heute heute im Museo dell'Opera in Pisa befindliche Exemplar wurde Ranuccio Bianchi Bandinelli zufolge erst Anfang des fünfzehnten Jahrhunderts von Nanni di Banco überarbeitet, scheint aber schon rund hundert Jahre früher, zu Zeiten Giovanni Pisanos, »erneuert« worden zu sein: vgl. S. Settis, »Continuità, distanza, conoscenza. Tre usi dell'antico«, in: *Memoria dell'antico* ..., Bd. III, 1986, Taf. 426–428 (mit weiteren bibliographischen Hinweisen in der Bildunterschrift zur Taf. 428).

[65] *Leonardo da Vinci, Trattato della pittura,* Rom, Biblioteca Apostolica Vaticana, Cod. Urb. Lat. 1270, 167 *verso* und 168 *recto*: vgl. dazu C. Pedretti, *Leonardo da Vinci. A Lost Book (Libro A),* Berkeley und Los Angeles 1964, S. 202, mit der Datierung um 1500–1505. Deutsche Übersetzung der Stelle aus dem Cod. Urb.: Ludwig, a. a. O., IV. Teil, Nr. 532–540, S. 525–529.

[66] Zur Person des Kardinals Domenico Grimani siehe *Collezioni di antichità a Venezia nei secoli della Repubblica,* Ausstellungskatalog, hrsg. von M. Zorzi, Rom 1988, S. 26 ff; I. Favaretto, »›Per la memoria delle cose antiche ..‹ La nascita delle collezioni e la formazione dello Statuario Pubblico della Serenissima«, in: *Lo Statuario Pubblico della Serenissima. Due secoli di collezionismo di antichità. 1596–1797,* Ausstellungskatalog, hrsg. von I. Favaretto und G. L. Cavagnan, Cittadella 1997, S. 38–44 und passim. Das Relief *Suovetaurilia* (unter Napoleon 1797 geraubt, von Frankreich nie zurückgegeben) befand sich 1550 noch in Rom, denn Ulisse Aldovrandi hat es dort gesehen, und von Antoine Lafréry wurde es 1553 in einem Stich festgehalten; vgl. dazu: ebda, S. 34–35, und P. Pray Bober und R. Rubinstein, a. a. O., (1986) 1990, Katalog Nr. 223, zur Liste der Zeichnungen, die von den gegen Ende des 15., Anfang des 16. Jahrhunderts in Rom weilenden Künstlern von dem Relief angefertigt wurden. Um sich einen Überblick zu verschaffen, was in jenen Jahren in Rom zur Rettung der antiken Werke getan wurde, insbesondere zu Ripanda, vgl. V. Farinella, *Archeologia e pittura a Roma tra Quattrocento e Cinquecento. Il caso di Jacopo Ripanda,* Turin 1992.

[67] In seinem Beitrag »›Gleanings. 10‹: Stefano Iligi«, in: *Achademia Leonardi Vinci. Journal of Leonardo Studies and Bibliography of Vinciana* Bd. IV, 1991, S. 252–253, wies C. Pedretti vor kurzem auf dieses Blatt und diesen Namen hin. Seiner Ansicht nach stammt diese Notiz von Agostino Vespucci (vgl. C. Pedretti, *The Literary Works of Leonardo da Vinci, A. Commentary to J. P. Richter's Anthology,* London 1977, Anm. zu Nr. 1522). Die Datierung der Leonardo-Studien auf der Rückseite des Blattes (zur Kanalisierung des Arno) auf 1503–1504 schließt diese Hypothese nicht aus, sondern könnte sogar so zu interpretieren sein, daß das Blatt mit der Adresse des Stefano Iligi in Leonardos Händen war und erst später verwendet wurde.

[68] Zu diesen beiden Sockeln aus der Sammlung Grimani, die sich im 15. Jahrhundert in San Lorenzo in Tivoli befanden, wie wir aus einer Zeichnung von Brunelleschi ersehen, und die später u. a. von Giuliano und Antonio da Sangallo dem Jüngeren kopiert wurden, vgl. P. Pray Bober und R. Rubinstein, a. a. O., (1986) 1991, Katalog Nr. 89, S. 121–122: im selben Band siehe auch auf den Seiten 53, 77, 88, 107, 122, 125, 154, 179, 182–184 Hinweise auf andere antike Skulpturen aus der Sammlung Grimani.

[69] Zur Zeichnung der *Tanzenden Nymphen* vgl. J. Roberts, in: *Leonardo & Venezia,* a. a. O., 1992, S. 296–297 (mit der älteren Literatur). Auf die Abhängigkeit dieser *Nymphen* (um 1515) von den bacchantischen Figuren des Sockels der Sammlung Grimani in Venedig und des Louvre habe ich erstmals 1994 (»Tivoli, Adrian and Antinous ...«, a. a. O., 1995) hingewiesen. Zu den Zeichnungen Leonardos im Besitz von Marino Grimani siehe J. Anderson, »Leonardo and Giorgione in the Grimani Collection«, in: *Achademia Leonardi Vinci. Journal of Leonardo Studies and Bibliography of Vinciana* Bd. VIII, 1995, S. 226–227. Siehe auch im vorliegenden Band Kap. I, Anm. 64.

[70] Die unleugbare Ableitung des *Adam* am *Grabmal Vendramin* von Vorbildern, die *Antinous* darstellen, ist um so bedeutender, wenn man akzeptiert, daß eine Abhängigkeit zwischen dem *David* von Michelangelo, 1494 in Venedig, und der Skulptur Tullio Lombardos besteht: siehe C. H. Smyth, a. a. O., 1979, S. 212.

[71] Zu diesen Portraits siehe K. Fittschen, »Sul ruolo del ritratto antico nell'arte italiana«, in: *Memoria dell'antico* ..., a. a. O., Bd. II, 1985, Abb. 372–374, denen vielleicht noch eine sich heute in der Villa Poggio Imperiale vor Florenz befindende Hadriansbüste aus Marmor hinzuzufügen wäre (ebda, Abb. 376). Es dürfte sich hier um die Büste handeln, von der Vasari berichtet und die der König von Neapel Lorenzo de' Medici geschenkt haben soll, weshalb sie zusammen mit einem *Schlafenden Amor* und der Ganzfigur eines weiblichen Aktes nach Florenz gebracht wurde: vgl. P. Pray Bober und R. Rubinstein, a. a. O., (1986) 1991, S. 89.

[72] Vgl. dazu M. Wegner, *Hadrian, Plotina, Marciana, Matidia, Sabina,* Berlin 1956, S. 25, 62 ff, 70–72 und Taf. 27 und 28a; zum Vergleich zwischen der venezianischen Bronzebüste des 16. Jahrhunderts und der römisch-antiken vgl. auch G. Traversari, *Museo Archeologico di Venezia. I ritratti,* Rom 1968, Katalog Nr. 85, S. 105.

[73] Vgl. S. Aurigemma, *Villa Adriana,* Rom (1962) 1984, Abb. 121.

[74] K. Fittschen, a. a. O., 1985, Abb. 395.

[75] Vgl. *Il Codice Atlantico di Leonardo da Vinci pubblicato dalla Commissione Vinciana,* trascrizione diplomatica e critica di A. Marinoni, Bd. VII, Florenz 1974, *sub numero* 618 *verso* (früher 227 *verso*-a); C. Pedretti, *The Codex Atlanticus* ..., a. a. O., 1979, S. 42–43.

[76] Siehe A. M. Brizio, *Scritti scelti* ..., a. a. O., 1952, S. 625, und C. Pedretti, »Leonardo and the Villa of Hadrian at Tivoli«, in: *A Chronology* ..., a. a. O., 1962, S. 79–81: Obwohl Pedretti die Anwesenheit Leonardos in Tivoli im Jahr 1500 für wahrscheinlich hielt, war er anfangs doch der Überzeugung, daß die Anmerkung »Laus deo a dj 10 marzo ...« nicht von Leonardos Hand stamme, was er dann jedoch selbst in seinem Beitrag »Leonardo da Vinci: 13 marzo 1500«, in: *Ateneo Veneto,* n. s., XIII, 1975, S. 121–134, richtigstellte; R. Chevallier, »Quelques observations sur Léonard et l'Antique«, in: *Studi Vinciani in memoria di Nando de Toni,* Brescia 1986, S. 183–184. Einen knappen Hinweis auf Leonardos Anwesenheit in Tivoli finden wir bei G. Agosti, in *Bambaja* ..., a. a. O., 1990, S. 129, Anm. 63; ders., in: *La pittura in Italia. Il Quattrocento,* hrsg. von G. Briganti, II, Mailand 1987, S. 533.

[77] Vgl. P. C. Marani, »Tre disegni d'architettura militare di Leonardo dal Codice Atlantico«, in: *Arte lombarda* 62, 1982, S. 78–79, Anm. 44; C. Pedretti, »Le magne opere ...,« a. a. O.,1983, S. 191–198; P. C. Marani, *L'architettura fortificata negli studi di Leonardo da Vinci. Con il catalogo completo dei disegni,* Florenz 1984, S. 159–161, mit einer Besprechung der Zeichnungen mit Darstellungen der Engelsburg auf fol. 618 *recto* des *Codex Atlanticus*. Diese Zeichnungen wurden von mir mit der Tätigkeit Bramantes in der Engelsburg als »Unterbaumeister« Papst Alexanders VI., ein Amt, das er schon 1500 innehatte (vgl. A. Bruschi, *Bramante architetto,* Bari 1969, S. 909), und mit der Wahrscheinlichkeit in Verbindung gebracht, daß auch Leonardo ein Jahr später zu diesem Zweck von Alexander VI. gerufen wurde, was seine Anwesenheit in Rom und dann in Tivoli im Jahr 1501 plausibel machen würde. Damit erklärte sich wohl auch die Skizze der Engelsburg auf Blatt 618 *recto* des *Codex Atlanticus*. Für weitere Hinweise auf einen römischen Aufenthalt Leonardos in den Jahren 1500–1501 siehe insbesondere Pedretti und Vezzosi im Katalog *Leonardo e il leonardismo* ... a. a. O., 1983, S. 191–201. Zum Aufenthalt in Latium von 1497 bis um 1503 (Acquapendente, Orvieto, Civita Castellana etc.), von dem Leonardo im *Ms L* des Institut de France selbst spricht, vgl. P. C. Marani, *Tre disegni* ..., a. a. O., 1982, S. 78–79, Anm. 44.

[78] Vgl. C. Pedretti, *The Codex Atlanticus* ..., a. a. O., 1979, S. 43.

[79] Vgl. L. Beltrami, a. a. O., 1919, Dok. 108.

[80] Vgl. P. C. Marani, *L'architettura fortificata* ..., a. a. O., 1984, S. 49.

[81] Zu einer jüngeren Rekonstruktion der Ausgrabungen in der Villa Adriana und dem Aufenthalt von Künstlern des 15. und 16. Jahrhunderts in Tivoli siehe M. De Franceschini, *Villa Adriana. Mosaici, pavimenti, edifici,* Rom 1991, S. 5–16 und passim. Erstaunlich ist, daß selbst in einem so umfangreichen und aufschlußreichen Werk Leonardo nicht genannt wird (dafür aber u. a. Raffael, Peruzzi, Sangallo, Palladio, vgl. ebda, S. 738). Zum Aufenthalt Raffaels in Tivoli siehe insb. R. Bonfiglietti, »Raffaello a Villa Adriana ed a Tivoli«, in: *Bullettino Storico Archeologico di Tivoli* 20, 1920, S. 4; J. Shearman, »Raphael ... ›fa il Bramante‹«, in: *Studies in Renaissance and Baroque Art presented to Anthony Blunt,* London 1967, S. 12 ff; S. Ray, *Raffaello architetto,* Bari 1974, S. 268.

[82] Die Tivoli-Veduten des Francisco de Hollanda sind enthalten in dem Konvolut *Os Desenhos das Antigualhas que vio Francisco d'Ollanda* (El Escorial, Bibl., Ms A/e ij 6), in dem der Künstler die auf seinen Reisen nach Spanien, Frankreich und Italien angefertigten Veduten der Jahre 1538–1541 zusammenfaßte, die später mehrere Male als Faksimile herausgegeben wurden (siehe die zuletzt erschienene Ausgabe, hrsg. von E. Tormo, Madrid 1940). Zu Literaturangaben über die ersten von Pirro Ligorio durchgeführten Ausgrabungen in der Villa Adriana vgl. A. Lanciani, *Storia degli scavi di Roma e notizie intorno le collezioni romane di antichità,* 2 Bde. (1902–1904), Rom 1989–1990, Bd. II, 1990, S. 117–122, und das vor kurzem erschienene Buch von G. Cantino Wataghin, »Archeologia e ›archeologie‹. Il rapporto con l'antico fra mito, arte e ricerca«, in: *Memoria dell'antico* ..., a. a. O., Bd. I, 1984, S. 197 und 204–205. Zur Tätigkeit Pirro Ligorios als Architekt und Verehrer der Antike vgl. *Pirro Ligorio Artist and Antiquarian,* hrsg. von R. W. Gaston, Villa I Tatti, Florenz 1988. Zu den Grabungen des ausgehenden 15. Jahrhunderts siehe M. De Franceschini, a. a. O., 1991, passim, der den Beginn der Ausgrabungen vermutungsweise bereits ins Jahr 1461 verlegt. Siehe auch die folgende Anm.

[83] Vgl. Pirro Ligorio, *Descrittione della superba et magnificentissima Villa Hadriana,* Ms. Paris, Bibliothèque National, Fonds it. 625, fol. 29 *verso*; ders., *Trattato delle Antiquità di Tivoli et della Villa Hadriana fatto da Pyrrho Ligorio Patricio Napoletano et dedicato all'Ill.mo Cardinal di Ferrara,* Ms. Rom, Biblioteca Apostolica Vaticana, Cod. Vat. Lat. 5295, fol. 21 *recto*. Die Angaben Ligorios wurden von S. Bulgarini, *Notizie intorno a Tivoli,* Rom 1848, S. 125, sowie von A. Lanciani, *Storia degli scavi di Roma* ..., a. a. O., Bd. I, (1902) 1989, S. 181 und Bd. II, (1904) 1990, S. 117, wiederaufgenommen.

[84] Zu den acht *Musen* im Prado siehe A. Blanco, *Museo del Prado. Catalogo de la Escultura,* Madrid 1957, S. 39–42, 53–57, Taf. XXVI–XXXI, Katalog Nr. 37–40, 61–62 und 68–69; K. M. Turr, *Eine Musengruppe hadrianischer Zeit. Die sogenannten Thespiaden,* Berlin 1971; F. Haskell und N. Penny, *L'antico nella storia del gusto. La seduzione della scultura classica,* Turin 1984, S. 36; Bober-Rubinstein, a. a. O., 1991, S. 80. Lanciani, *Storia degli scavi di Roma* ..., a. a. O., Bd. II, (1904), S. 117, liefert uns andere Angaben über die Entstehung dieser Sammlung. Er ist der Ansicht, Ulisse Aldovrandi habe sie (die Musengruppe) in der ersten Hälfte des 16. Jahrhunderts in den Gärten des Quirinal (Orti Carpensi Quirinali) gesehen, ohne sie jedoch zu identifizieren; und später seien sie von Ercole Ferrata restauriert worden, um dann nach 1689 in den Besitz von Livio Odescalchi überzugehen. Vgl. auch die folgende Anm.

[85] Zu den Zeichnungen von Penna vgl. P. Bal-

dessarri, »L'opera grafica di Agostino Penna sulla Villa Adriana (Ms. Lanciani 138)«, in: *Rivista dell'Istituto Nazionale d'Archeologia e Storia dell'Arte* (Rom), Serie III, XI. Jahr (1988), 1989, S. 123–138.

86 A. Lanciani, *Storia degli scavi di Roma ...*, a. a. O., Bd. I, (1902) 1989, S. 189.

87 P. G. Hubner, in: *Revue Archéologique* 12, 1908, S. 359; S. Aurigemma, a. a. O., 1984, S. 145. Vgl. auch I. Jenkins, »›Pars pro toto‹: A Muse from the Paper Museum«, in: *Cassiano del Pozzo's Paper Museum*, Bd. I, in: *Quaderni Puteani* 2, Mailand 1992, S. 53.

88 Berlin, Staatliche Museen Preußischer Kulturbesitz, Kupferstichkabinett, Ms. 79 D2, (2 Bde., mehrmals in Faks. hrsg.: vgl. C. Hülsen und H. Egger, *Die römischen Skizzenbücher von Maarten van Heemskerck*, Bd. I, Berlin 1913, und Bd. II, Berlin 1916; eine Auswahl der in diesen beiden Codices enthaltenen Zeichnungen wurde vor kurzem neu veröffentlicht, vgl. E. Filippi, *Maarten van Heemskerck. Inventio Urbis*, Mailand 1990, S. 99, Katalog Nr. 13, mit Kommentar zu der Zeichnung des Vesta-Tempels in Tivoli. Die Zeichnungen der *Musen* in Tivoli von Maarten van Heemskerck (unter 34 *recto* und 34 *verso* der Codices in Berlin) finden sich bei C. L. Frommel, »Villa Madama«, in: *Raffaello architetto*, hrsg. von C. L. Frommel, S. Ray und M. Tafuri, Mailand 1984, S. 315. Auch ein Künstler, in dem man Marten de Vos erkennen könnte oder einen Künstler aus dem Umkreis des Frans Floris, hat ein Album mit Zeichnungen hinterlassen (Amsterdam, Rijksprentenkabinett, Inv. Nr. 1935, A 45), die um 1560 entstanden und die u. a. verlorene Vorlagen von Maarten van Heemskerck reproduzieren: VII, 4 und 5, finden sich die *Musen* in Tivoli; vgl. M. M. L. Netto-Bol, *The So-called Marten de Vos Sketchbook of Drawings after the Antique*, Rom und Den Haag 1976, S. 44; P. Pray Bober und R. Rubinstein, a. a. O., (1986) 1991, S. 80.

89 Vgl. C. Pedretti, *Leonardo. A Study in Chronology and Style*, London 1973, S. 105–106.

90 P. Pray Bober und R. Rubinstein, a. a. O., (1986) 1991, Abb. 40a.

91 Reproduziert ebda, 1991, Katalog Nr. 40, S. 80. Zur Entdeckung des *Laokoon* vgl. B. Andreae, *Laokoon und die Gründung Roms*, Mainz 1988.

92 Vgl. bei P. Baldessarri, a. a. O., 1989, Abb. 123–124.

93 Hypothesen, auf welche klassischen Quellen Leonardo für seine *Leda* zurückgreifen konnte: A. H. Allison, »Antique Sources of Leonardo's Leda«, in: *The Art Bulletin* LVI, 3, 1974, S. 375–384; M. Calvesi, »Leda«, in: *Leonardo. La pittura*, a. a. O., (1977) 1985, S. 137–153; M. Kemp und A. Smart, »Leonardo's Leda and the Belvedere River Gods«, in: *Art History* III, 1980, S. 182–193; F. Ghedini, »Un torsetto femminile ellenistico e l'iconografia di Leda«, in: *Marco Mantova Bonavides*, Akten der Studientagung, Padua 1984, S. 59–91; A. Vezzosi, in: *Leonardo e il leonardismo ...*, a. a. O., 1983, S. 85–114; G. Dalli Regoli, »Mito e scienza nella ›Leda‹ di Leonardo«, *XXX Lettura Vinciana* (1990), Florenz 1991 (mit dem interessanten Hinweis auf eine römisch-antike *Leda*, Abb. 6, jetzt im Museum von Kyrene, die große Ähnlichkeit mit Leonardos *Stehender Leda* aufweist).

94 K. Clark, *Leonardo and the Antique*, a. a. O., 1969, S. 12 ff.

95 Siehe P. Pray Bober und R. Rubinstein, a. a. O., (1986) 1991, Katalog Nr. 27, S. 70. Ein anonymer norditalienischer Künstler aus dem Kreis des Pisanello hatte dieser Sarkophag gesehen und kopiert, vgl. *Da Pisanello alla nascita dei Musei Capitolini. L'antico a Roma alla vigilia del Rinascimento*, hrsg. von A. Cavallaro und E. Parlato, Mailand und Rom 1988, Katalog Nr. 81, S. 234.

96 Zur *Schlacht von Anghiari* siehe A. Cecchi, »Niccolò Machiavelli o Marcello Virgilio Adriani? Sul programma e l'assetto compositivo delle ›Battaglie‹ di Leonardo e Michelangelo per la Sala del Maggior Consiglio in Palazzo Vecchio«, in: *Prospettiva* 83–84, 1996, S. 102–115; und F. Zöllner, »La Battaglia d'Anghiari di Leonardo da Vinci fra mitologia e politica«, *XXXVII Lettura Vinciana* (1997), Florenz 1998 (nützlich in den Literaturangaben, aber nicht akzeptabel in den Interpretationen).

97 Zu der ehemals in Lorenzos Besitz befindlichen Gemme *Diomedes und das Palladium* siehe P. Pray Bober und R. Rubinstein, a. a. O., (1986) 1991, Katalog Nr. 12; sie wurde von Leonardo für die Zeichnung Windsor Nr. 12540 verwendet.

98 Zu dem jetzt im Getty-Museum befindlichen Blatt siehe C. Pedretti und P. Gallazzi, in: *Leonardo dopo Milano. La Madonna dei fusi (1501)*, Ausstellungskatalog, hrsg. von A. Vezzosi, Florenz 1982, S. 82–89, Abb. 110; P. C. Marani, *Disegni e dipinti ...*, a. a. O., 1987, S. 120–121, Abb. 94.

99 Zu dieser berühmten Gruppe vgl. A. Costantini, in: *La Collezione Boncompagni Ludovisi. Algardi, Bernini e la fortuna dell'antico*, hrsg. von A. Giuliano, Venedig 1992, S. 111–115.

100 Zu Leonardos Anleihen bei römischen Münzbildnissen siehe J. Cunnally, »Leonardo and the Horses of Nero«, in: *The Burlington Magazine* Bd. CXXX, 1988, S. 689–690. Von einer Medaille oder einer Büste des Lucius Verus scheint dagegen die Zeichnung in Windsor Nr. 12553 *recto* beeinflußt zu sein, vgl. dazu K. Clark, *The Drawings of Leonardo da Vinci in the Collection of Her Majesty the Queen at Windsor Castle*, (1935) zweite, unter Mitarbeit von C. Pedretti revidierte Ausgabe, London 1968–1969, Bd. I, S. 102–103.

101 Zu den beiden *Musen*, die früher zur Sammlung Cesi gehörten, siehe A. Costantini, a. a. O., 1992, S. 90–93. Zum *Apollo*, den Albertini 1510 in der Sammlung Sassi gesehen hatte und der sich jetzt im Museo Nazionale in Neapel befindet, vgl. P. Pray Bober und R. Rubinstein, a. a. O., (1986) 1991, Katalog Nr. 36, S. 77–78. Sansovino zog den *Apollo* als Modell für eine *Madonna mit Kind* (Rom, Sant'Agostino) heran. Zu vergleichbaren Verwandlungen von paganen Motiven vgl. unten.

102 Zum *Salvator Mundi* und den Zeichnungen, die sich auf ihn beziehen, siehe J. Snow-Smith, *The Salvator Mundi of Leonardo da Vinci*, Seattle 1982 (die Verweise auf die ältere Literatur sind nützlich, aber es ist nicht

zulässig, die Fassung »De Ganay« in Paris Leonardo zuzuschreiben); P. C. Marani, *Leonardo. Catalogo completo,* Florenz 1989, S. 147–148.

[103] Leonardo hielt sich bekanntlich 1505 und dann noch einmal 1514–1515 in Rom auf, er nahm damals auch den Hafen von Civitavecchia, das Kap Monte Circeo, die Pontinischen Sümpfe und andere Gegenden des Umlandes in Augenschein: vgl. C. Pedretti, *A Chronology* ..., a. a. O., 1962, S. 81 ff; ders., *Leonardo architetto* ..., a. a. O., (1978) 1988, S. 238 ff.

[104] Zur Zeichnung Nr. 12596 in Windsor siehe K. Clark, *The Drawings of Leonardo* ..., a. a. O., Bd. I, 1968, *sub numero.*

[105] Zu den Zeichnungen Nr. 12583 A und 12355 in Windsor mit den Studien zum Trivulzio-Denkmal siehe ebda, *sub numero,* und folgende Anm.

[106] Zum Konnex zwischen dem Blatt Windsor 12583 A und dem Grabmal für Julius II. von Michelangelo siehe *The Genius* ..., a. a. O., 1992, S. 114–115.

[107] Zur Anatomiezeichnung in der Ambrosiana siehe M. Rossi, in: *L'Ambrosiana e Leonardo,* a. a. O., 1998, S. 76–77.

[108] Zum *Herkules* in Turin vgl. C. Pedretti, *I disegni di Leonardo nella Biblioteca Reale di Torino,* Ausstellungskatalog, Florenz 1975, S. 21–23.

[109] Vgl. C. Pedretti, *Leonardo inedito. Tre saggi,* Florenz 1968, S. 50. Ähnliche Texte, in denen eine analoge Polemik gegenüber Michelangelo zu finden ist, wurden später im *Buch von der Malerei* zusammengefaßt: zu dieser Polemik und zu diesen Schriften siehe den Kommentar von A. Chastel, »Il Trattato della pittura«, in: *Leonardo* ..., a. a. O., 1974, S. 216–239.

[110] Zur *Hl. Anna Selbdritt* im Louvre vgl. P. C. Marani, *Leonardo. Catalogo* ..., a. a. O., 1989, S. 112–114, und die zuletzt erschienene umfangreiche Untersuchung von D. Arasse, *Léonard de Vinci. Le rythme du monde,* Paris 1997, S. 445–461.

[111] Über Raffaels Studien nach antiken Skulpturen siehe R. Harprath, »Il disegno di Raffaello con ›Amore e Psiche‹ e la statua della Sabina nella Biblioteca Reale di Torino«, in: *Nuove ricerche in margine alla mostra: da Leonardo a Rembrandt, disegni della Biblioteca Reale di Torino,* Akten des Internationalen Kolloquiums, hrsg. von G. C. Sciolla, Turin 1991, S. 63–65. Siehe auch folgende Anm.

[112] Während seines Romaufenthalts um 1514/1515 zeichnet Leonardo die *Ariadne* im Vatikan (*Codex Atlanticus,* fol. 770 *verso,* früher 283v-b); vgl. auch C. Pedretti, *Leonardo architetto,* a. a. O., 1988, S. 240–241, Abb. 351–353; P. Pray Bober und R. Rubinstein, a. a. O., (1986) 1991, Katalog Nr. 79, S. 113–115.

[113] G. Agosti und V. Farinella, »Calore del marmo. Pratica e tipologia delle deduzioni iconografiche«, in: *Memoria dell'antico* ..., a. a. O., Bd. I, 1984, S. 382–386. Raffaels »Kalliope« im *Parnaß* (Stanza della Segnatura im Vatikan), von der *Ariadne* im Vatikan »herzuleiten«, ist ein Beispiel für den sogenannten »vierten Fall« ikonographischer Ableitung, von der man auch bei Leonardos *Hl. Anna Selbdritt* sprechen kann, die von den *Musen* in Tivoli »herrührt«. Wegen des mannigfachen Gebrauchs und des sehr freien Umgangs mit den antiken Vorbildern, benötigt man in solchen Fällen nach Ansicht Agostis und Farinellas (ebda S. 386) erhärtender »Beweise für einen Zusammenhang ... die absolut unerläßlich sind, um die Ableitung überhaupt zu rechtfertigen«: Für die *Musen* in Tivoli glaube ich solche Beweise geliefert zu haben.

[114] Vgl. N. Dacos, »Arte italiana e arte antica«, in: *Storia dell'arte italiana,* 1. Teil, 3. Bd.: *L'esperienza dell'antico, dell'Europa, della religiosità,* Turin 1979, S. 34, Abb. 32–33.

[115] Vgl. J. Inan, »Thronende Isis von Perge«, Festschrift Akurgal, in: *Anadolu* Bd. XXI (1978–1980), Ankara 1987, S. 1–8.

[116] Zu diesem Werk vgl. M. Kemp, »Leonardo e lo spazio dello scultore«, *XXVII Lettura Vinciana,* Florenz 1988.

[117] Zu Pennas Zeichnung nach dieser Statue mit den bei der Restaurierung angebrachten Ergänzungen vgl. P. Baldessarri, a. a. O., 1989, Abb. 131–132.

[118] A. Costantini, »Calliope«, in: *La collezione Boncompagni Ludovisi* ..., a. a. O., 1992, S. 92.

[119] Das Dokument bei L. Beltrami, a. a. O., 1919, Dok. 107, S. 72.

[120] P. C. Marani, *Leonardo. Catalogo* ..., a. a. O., 1989, S. 104.

[121] Die komplexen Fragen im Hinblick auf die Datierung des Kartons in London sind zusammengefaßt bei P. C. Marani: »I dipinti di Leonardo, 1500–1507: per una cronologia«, in: *Leonardo, Michelangelo and Raphael in Renaissance Florence from 1500 to 1508,* hrsg. von S. Hager, Vorwort von A. Petrioli Tofani, Washington D.C. 1991, S. 1–28. Der von Berenson angestellte Vergleich zwischen den Figuren des Londoner Kartons und den Skulpturen des Parthenon findet sich in: *Drawings of Florentine Painters,* 2. Ausgabe, Chicago 1938, Bd. I, *Text,* S. 175.

[122] Zu den Profilportraits des Salaì auf Blatt 12554 und Blatt 12557 in Windsor vgl. die Kommentare bei K. Clark, *The Drawings of Leonardo* ..., a. a. O., 1968–1969, *sub numero.* Im Gegensatz zu der ephebischen Schönheit dieser Portraits (vielleicht idealisierte Bildnisse des Salaì) zeichnete Leonardo auch immer wieder das Profil eines reifen männlichen Modells, manchmal mit einem Lorbeerkranz (wie auf dem Blatt in Turin, Biblioteca Reale, Nr. 15575, um 1506–1508), das den Einfluß der römischen Kaiser-Portraits erkennen läßt. Eine kleine Auswahl findet man bei: L. Cogliati Arano, »Profili classici«, in: *Leonardo & Venezia,* a. a. O., 1992, S. 286–291. Zu Leonardos Tätigkeit als Steinschneider vgl. die Vorschläge (nicht immer überzeugend) von H. Ost, *Leonardo-Studien,* Berlin und New York 1975, insb. den zweiten Teil: »Leonardo als Steinschneider«, S. 101–139, wo Ost den Hinweis des Camillo Lunardi von Pesaro (in seinem Werk *Speculum lapidum* ..., Venedig 1502, Blatt XLVIII) auf einen »Leonardo Mediolanensis« aufgreift, der in Mailand arbeitete und in der Kunst des Steinschneidens den Alten gleichkam. Auf das Cesare Borgia gewidmete Werk des Leonardi (oder Lunardi) und auf die Identifikation des »Leonardo

Mediolanensis«, Steinschneider zu Mailand, mit Leonardo da Vinci hatte G. Manzoni in seinen *Studi di bibliografia analitica. Studio primo,* Bologna 1881, S. 61, hingewiesen. C. Pedretti griff dieses Thema in seinen *Documenti e memorie riguardanti Leonardo da Vinci a Bologna e in Emilia,* Bologna 1953, S. 193–196 wieder auf. Der Verfasser der *Antiquarie prospettiche romane* ... erwähnte im II. Sonett und Terzett 67 in der Ausgabe von Govi (es handelt sich um das Leonardo gewidmete Kurzepos, vgl. dazu Anm. 16), ein »col e pien di come« (ein Profil mit langem Hals und langer Haarmähne?) »von göttlichem Aussehen, schöner als jedes andere Werk der Steinschneidekunst«, was von C. Pedretti erst vor kurzem wieder aufgegriffen (»A Proem to Sculpture«, in: *Achademia Leonardi Vinci. Journal of Leonardo Studies and Bibliography of Vinciana* Bd. II, 1989, S. 12–13, Anm. 7) und mit dem sogenannten *Julius Caesar* im Louvre in Verbindung gebracht wurde (siehe dazu A. Parronchi, *Nuove proposte per Leonardo scultore,* ebda, S. 41–67, Abb. 6). Es ist aber nicht auszuschließen, daß es sich wegen der »Haarmähne« auch um ein Portrait des Salaì handelt, besonders wenn man sich die zahlreichen einschlägigen Zeichnungen Leonardos vor Augen führt und die Worte Vasaris bedenkt: »mit krausen, lockigen Haaren, an denen Leonardo absonderliches Vergnügen fand« (Vasari, *Leben* ..., a. a. O., Bd. 3, S. 29) Die Vermutung, daß Leonardo den Profil-Intaglio eines jungen (jedoch kahlköpfigen) Mannes geschaffen hat, würde durch den Steinschnitt bestätigt, mit dem Leonardo oder Agostino Vespucci einen an Ippolito d'Este gerichteten Brief vom 18. September 1507 versiegelt. Der Abdruck dieses »Siegels« weist vom Typus her und auch stilistisch viele Parallelen zu Leonardos Zeichnung des jungen Mannes im Profil auf Blatt Nr. 12600 in Windsor auf (um 1504), vgl. H. Ost, a. a. O., 1975, S. 106 und Abb. 83 und 84.

[123] Die nach Ansicht Pedrettis auf etwa 1506–1508 zu datierende Zeichnung Leonardos im *Codex Arundel* (London, British Museum, Ms. 263) fol. 224 *recto,* vgl. dazu »La macchina teatrale per l'Orfeo del Poliziano«, in: *Studi Vinciani,* Genf 1957, S. 90–98, scheint sich tatsächlich an den großen »Längsschnitt« des *Serapeums* in Tivoli anzulehnen, dessen Identifikation damals vermutlich nicht gesichert war. Es ist wahrscheinlich, daß die Bemerkung des Spartianus in seiner Biographie Kaiser Hadrians (in der *Historia Augusta),* Hadrian habe in Tivoli die Unterwelt neu erschaffen wollen, (... *ut nihil praetermitteret, etiam inferos fixit,* vgl. *Historia Augusta, Vita Hadriani,* XXVI, 5, Ausg. Paris 1992, S. 48) Leonardo zu der Überzeugung gebracht hat, die Ruinen des *Serapeums* entsprächen einem großen gespaltenen Berg, durch den man die Unterwelt betreten könne. Leonardo könnte sich bereits im letzten Jahrzehnt des 15. Jahrhunderts darin bestärkt gefühlt haben, einen in der Antike so beliebten *locus amoenus* neu zu schaffen. In diesem Sinne läßt sich die Ausmalung der »Sala delle Asse« im Castello Sforzesco in Mailand bereits in den Kontext einer elitären Kultur einordnen, die den Antikenkult pflegte und Geschmack an klassisch antiken Ornamenten fand. Die Dekorationsmalereien der »Sala delle Asse« wurden im übrigen in der neueren Literatur als eine Darstellung des Tempetals in Thessalien interpretiert, eines der *topoi* der klassischen Literatur (für Literaturhinweise zur »Sala delle Asse« siehe Anm. 49). Ein weiterer *locus amoenus*, der Leonardo nach 1500 faszinierte, war die »Insel der Venus«, die er auf fol. 12591 *recto,* Windsor Castle, beschreibt (deutsche Übersetzung in: *Leonardo da Vinci, Sämtliche Gemälde und die Schriften zur Malerei,* hrsg. von André Chastel, München 1990, S. 185): vgl. dazu K. Clark, *The Drawings of Leonardo* ..., a. a. O., 1968–1969, *sub numero.*

[124] Vgl. C. Pedretti, *Leonardo da Vinci. The Royal Palace at Romorantin,* Cambridge (Massachusetts) 1972, Abb. 174 (Pedretti gibt eine schematische Zeichnung Palladios wieder, die Caesars *De bello gallico* illustriert, aber auch vergleichbar ist mit Leonardos Zeichnungen zum Palast von Romorantin).

[125] Vgl. C. Pedretti, *Leonardo da Vinci. The Royal Palace* ..., a. a. O., 1872, S. 116. Pedretti hebt hervor, daß der Name der Stadt selbst mit der Idee Leonardos verbunden sein könnte, eine neue Stadt zu bauen, die eine alte römische Siedlung in verkleinerter Form darstellt. Die Etymologie führt »Romorantin« auf eine Verballhornung von »Rom Minor« zurück, die bis auf das Jahr 168. zurückgehe und mit einer hypothetischen Präsenz von Julius Caesar im Zusammenhang stehe, der während der Kriege gegen die Gallier hier geweilt haben soll. Nach der Ansicht Duprés, wie sie Pedretti zitiert (vgl. A. Dupré, »Recherches historiques sur Romorantin«, in: *Societé Archéologique et historique d'Orléans* XIV, 1875, S. 3–4) wurde der Name in der Renaissance eingeführt, als das Interesse für das klassische Altertum aufkam. Eine andere etymologische Herleitung koppelt sich an den Namen der Stadt, der, wie Zeugnisse belegen, im Altertum auch mit »Romolontino« angegeben wurde, nach Romulus, dem Gründer Roms (vgl. C. Pedretti, *Leonardo da Vinci. The Royal Palace* ..., a. a. O., 1972, S. 117 und S. 328, Anm. 2). Zu den späten von der Antike inspirierten architektonischen Studien Leonardos siehe auch P. C. Marani, »Leonardo urbanista e l'antico: riflessioni ed ipotesi«, in: *Raccolta Vinciana* Fasz. XXVI, 1995, S. 3–41.

[126] L. Beltrami, a. a. O., 1919, Dok. 217, S. 146. Über die Schüler, die sich auf dieser Reise zu Leonardo gesellten, wurde viel diskutiert: man vermutet, daß ihn außer den bereits bekannten Schülern auch andere wie etwa Lorenzo und Fanfoja – häufig mit il Bambaja identifiziert – begleitet haben. Vgl. P. C. Marani, *Disegni e dipinti* ..., a. a. O., 1987, S. 11–12, und G. Agosti, *Il gusto per l'antico* ..., a. a. O., 1990, S. 83.

[127] L. Beltrami, a. a. O., 1919, Dok. 225–228, S. 150–154. Zu den letzten anatomischen Zeichnungen Leonardos, inklusive dem 1510 datierten Blatt, siehe *Leonardo da Vinci. Corpus* ..., a. a. O., 1978–1980 (ital. Ausgabe 1980–1985), Bd. II, S. 472–787.

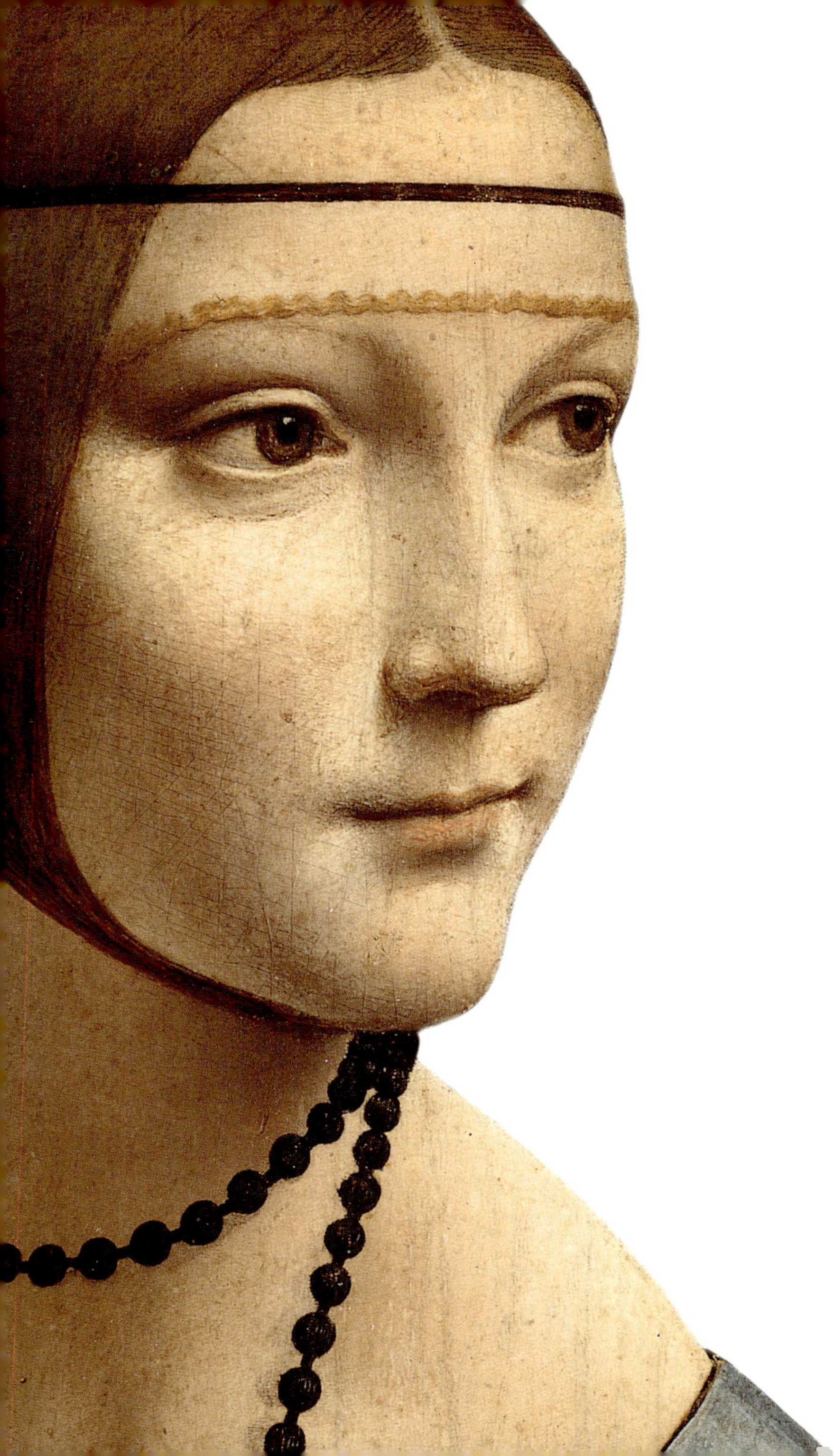

Epilog mit »Sintflut«-Zeichnungen

Der Wandel in der Naturdarstellung

Je weiter und gründlicher man in Leonardos späte Schaffensphase eindringt, desto klarer zeigt sich, daß sein Werk häufig von unterschiedlichen, jedoch nur scheinbar widersprüchlichen Auffassungen der Kunst, des Zeichnens und des Malens geprägt ist. Auch in den Jahren nach 1500 spielt sein »Wettstreit mit den Alten« weiterhin eine wichtige Rolle – jedoch sein Bestreben, sich mit den Werken der klassischen Antike zu messen, reicht allein nicht hin, um seine letzten Gemälde und späten Zeichnungen zu erklären. Das wissenschaftliche Studium der Natur blieb selbstverständlich ein wichtiges Anliegen – auch nach 1513 nahm er in Rom Leichensektionen vor, und seine Landschaftsstudien bis etwa 1510 belegen dieses wissenschaftliche Interesse ebenfalls. Nun rücken aber die Naturgewalten in den Vordergrund, die er in der Darstellungsweise zunehmend schematisiert bis hin zu einem Punkt, an dem sich die Schematisierung schließlich sogar auf seine Auffassung von Natur, Landschaft und Malerei insgesamt auswirkt. Offensichtlicher Auslöser für die Entwicklung dieser neuen Sicht ist eindeutig das durch ein vertieftes Studium der Antike veränderte Verhältnis des Künstlers zur Natur. In diesem letzten Kapitel soll das scheinbar gegensätzliche Nebeneinander dieser drei Aspekte – Antikenrezeption, direkte Naturbeobachtung und »Idee« der Natur – betrachtet werden, die das Spätwerk Leonardos prägen. Es soll nicht nur versucht werden, Leonardos drei auf den ersten Blick voneinander abweichenden Intentionen hinsichtlich des Ziels der Kunst in Einklang zu bringen, sondern auch aufzuzeigen, wie sie gelegentlich völlig unabhängig voneinander bestanden. Außerdem soll untersucht werden, wie die Nachahmung der Antike – ihrerseits eine Folge des veränderten Verhältnisses zwischen Kunst und Wissenschaft in Leonardos Werk nach 1500 – sich entscheidend darauf auswirkte, wie er Probleme der Darstellung in seinen späten Werken löste, oder wie sie zumindest tiefergreifende Wandlungen bewirkte, als bisher angenommen.[1]

Ab den neunziger Jahren des 15. Jahrhunderts bis zum Ende seines künstlerischen Schaffens war die Form der Landschaftsdarstellung in Leonardos Œuvre von größter Bedeutung. Sie beeinflußte nicht nur seine Bildkonzeptionen insgesamt, sondern wirkte sich auch auf die technische Umsetzung aus, wobei die graphischen Mittel den jeweils veränderten Konzepten angepaßt werden mußten.

Betrachtet man zwei Landschaftszeichnungen der Royal Library, Windsor Castle, Nr. 12395 und Nr. 12394, auf denen Felsformationen dargestellt sind, hat man zunächst nicht den Eindruck, daß zwischen der ersten und der zweiten Zeichnung fast zwanzig Jahre liegen,[2] die eine ist um 1492–1494 zu datieren, die andere um 1510–1513. In beiden Fällen ist der scharfe, trockene Federstrich in Sepia sehr ähnlich. Doch bei genauerem Hinsehen erkennt man eine unterschiedliche Auffassung von Natur: Auf dem ersten Blatt herrscht noch eine relativ statische Sichtweise vor, trotz des fließenden Wassers (und zwei eher verzeichneten Schwänen im Vordergrund) und des zag-

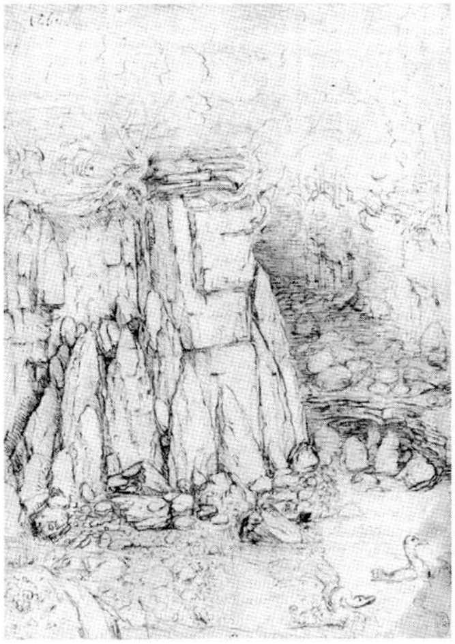

Leonardo da Vinci,
Wasserlauf in einer Felsenschlucht.
Windsor Castle, Royal Library
(Inv. Nr. 12395).

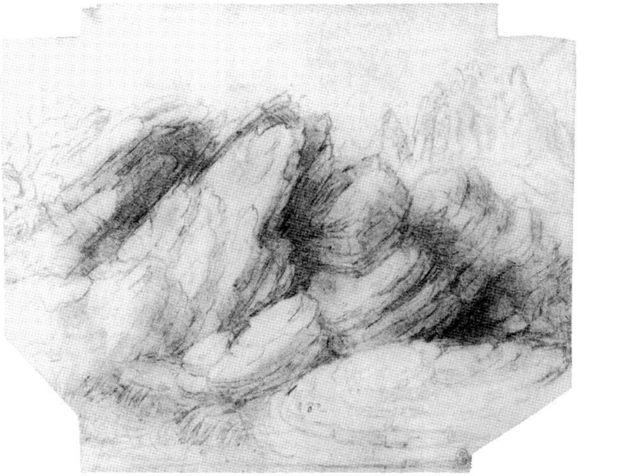

Leonardo da Vinci,
Felsschichten.
Windsor Castle, Royal Library
(Inv. Nr. 12397).

haften Eindringens von Baumwurzeln in die dünnen, eckigen Felsplatten oben auf dem Felsen – eine Vorwegnahme der kräftigeren, mit mehr Sinn für das Organische dargestellten Wurzeln, die wenige Jahre später in der Sala delle Asse im Castello Sforzesco schwere Felsblöcke aufbrechen (S. 248–250). Die zweite Zeichnung (Windsor, Nr. 12394) zeigt dagegen eine beängstigende Darstellung von riesigen Gesteinsschichten in Bewegung, die wie nach einem Erdbeben oder einer anderen Naturkatastrophe gerade dabei sind, zur Ruhe zu kommen. Eine vergleichbar visionäre Metamorphose ist auf einem dritten Blatt (Windsor, Nr. 12397) zu sehen, wo die große, nach rechts geneigte Felsspitze droht, im nächsten Augenblick ins Urmagma zu stürzen – oder vielleicht doch eher daraus hervorzugehen scheint. Hier dient der weichere, feiner abgestufte schwarze Kreidestrich – wie in der zeitgleichen Zeichnung Windsor, Nr. 12387 (S. 306–307) – dazu, den Eindruck von gewaltigen, dampfenden Massen zu erwecken, als seien sie im Moment ihrer vorzeitlichen Entstehung dargestellt.

Leonardo hatte zwischenzeitlich nie aufgehört, das Verhalten der Elemente, von Wasser, Feuer und Luft, oder von Rauch zu studieren, wobei er zu deren Wiedergabe eine gewissermaßen »didaktische« Technik anwandte: Eine Zeichnung wie die auf der Rückseite des Blattes Nr. 12660 in Windsor (um 1507–1509; S. 310) ähnelt den vielen kleinen Skizzen des *Codex Leicester* und zeigt[3], daß Leonardo nicht das Wasser an sich darstellen wollte, sondern dessen Bewegung, die Strudel, die es um ein Hindernis herum bildet – wie in den beiden Zeichnungen in der oberen rechten Ecke des Blattes – oder wie es aus einer Öffnung herausströmt und dabei ein wundervolles Geflecht aus Spiralen und »Locken« bildet.

Daß es sich hierbei um schematisierende Abbildungen handelt, wird aus anderen, gleichzeitigen oder nur wenig später entstandenen Zeichnungen deutlich, in denen Wasser- oder Rauchspiralen »nach der Natur« wiedergegeben sind, zum Beispiel auf Windsor Nr. 12416 (rote Kreide auf rotem Grund; S. 312–313), auf dem das am 13. Dezember 1511 von Schweizer Truppen in Desio gelegte Feuer dargestellt ist. Diese Zeichnung erinnert an die Landschaftsserie in »Rot auf Rot« (Windsor, Nr. 12411–12415), die auf direkter Beobachtung von Landschaften und Bergketten beruht und mit der zusammen auch das Blatt Windsor, Nr. 12410 (S. 314–315) gesehen werden muß. Die Verwendung unterschiedlicher Medien – Feder und Sepiatusche für eine schematische, gewissermaßen abstrakte Darstellung der Elemente, dagegen farbige Kreiden (die atmosphärischer wirken, weil sie weicher im Auftrag sind) für naturgetreue Zeichnungen –, weist darauf hin, daß Leonardo in seinem Spätwerk höchst unterschiedliche Ansätze vertrat. Aber das ist noch nicht alles.

Ernst Gombrich hatte schon in seiner Untersuchung zur Darstellung der Wasser- und Luftbewegung im Spätwerk Leonardos festgestellt[4], daß es nicht möglich sei, in den außerordentlichen Zeichnungen von wild strudelndem Wasser und wirbelnder Luft, in denen das Element durch die in ihm enthaltenen Staub- oder Rauchpartikel sichtbar wird (beispielsweise

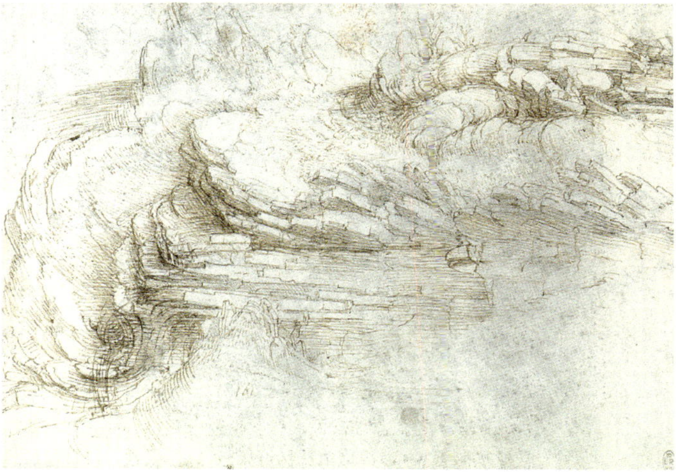

Leonardo da Vinci,
Felsschichten.
Windsor Castle, Royal Library
(Inv. Nr. 12394).

Folgende Doppelseite:
Leonardo da Vinci,
Explosiver Ausbruch an einem felsigen Berghang.
Windsor Castle, Royal Library
(Inv. Nr. 12387).

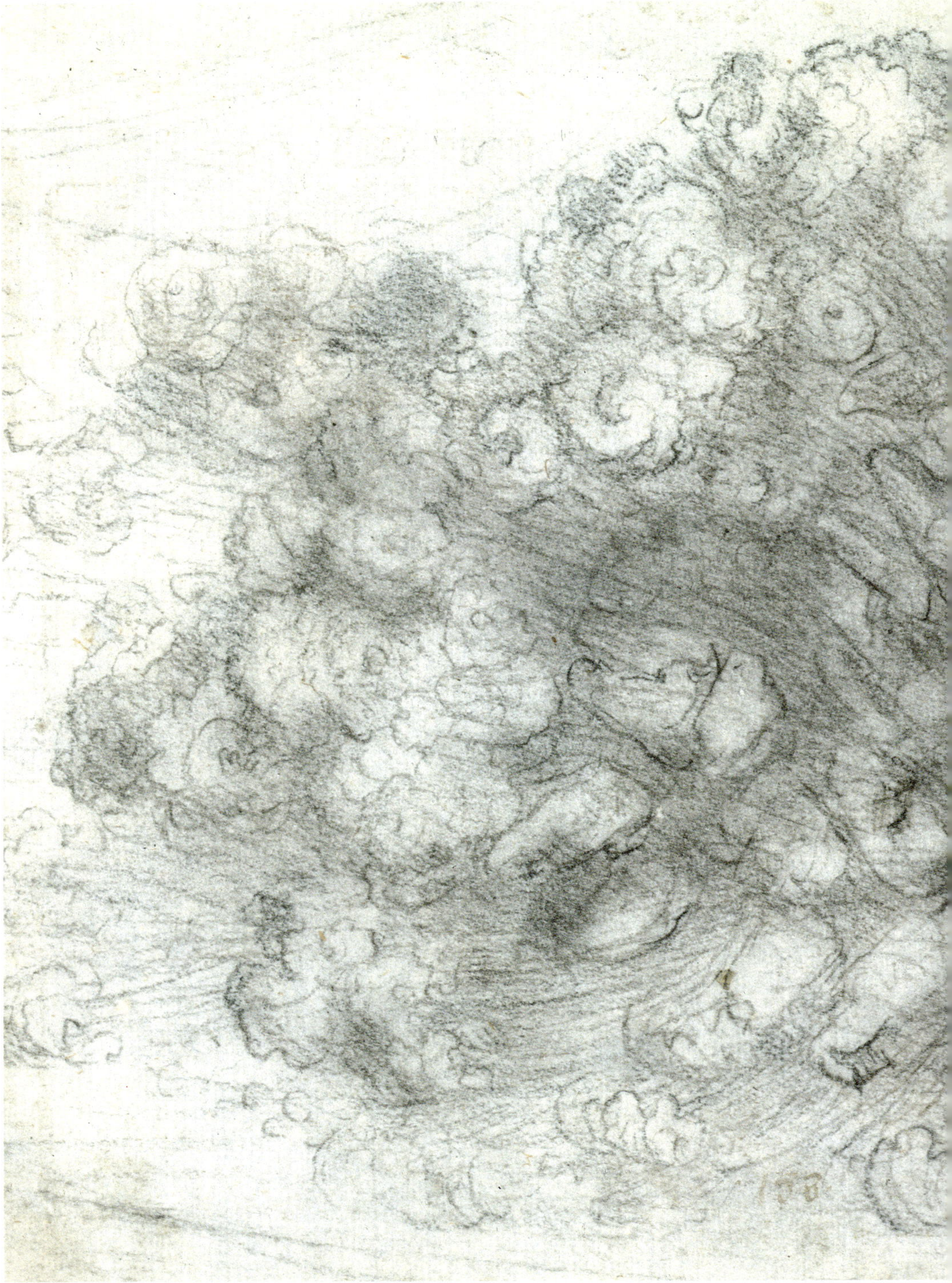

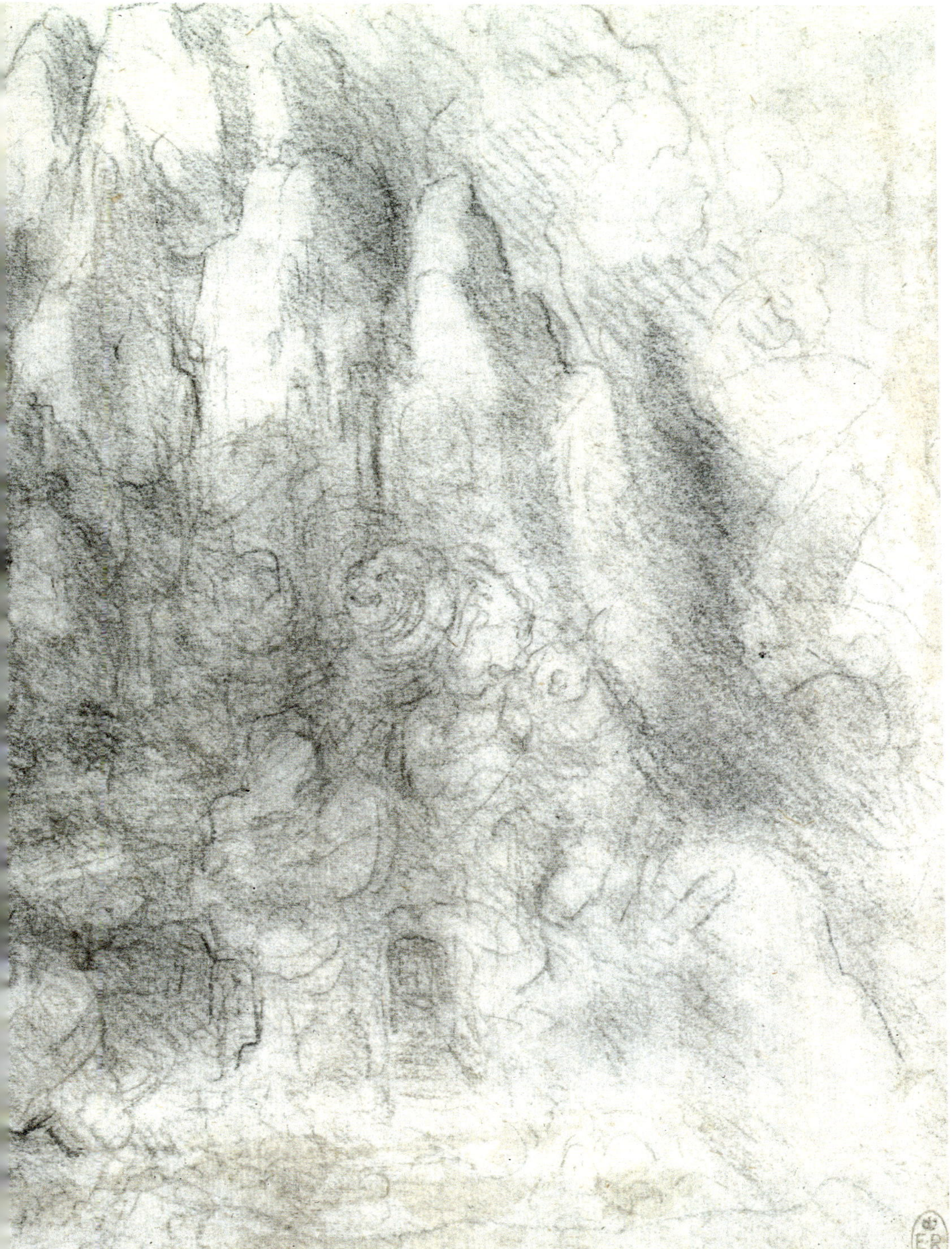
E·R
VII

Windsor, Nr. 12378 und Nr. 12387), das Produkt einer objektiven, rein visuellen Analyse Leonardos zu sehen. Seiner Meinung nach sind sie vielmehr als Ergebnis eines geistigen Prozesses zu verstehen, der es möglich macht, auch das, was nicht bis ins Detail beobachtet werden kann, herauszuarbeiten und in einer Zeichnung darzustellen. Gerade hierin besteht Leonardos »Modernität«: nicht in seinen vielzitierten »Entdeckungen« oder in den futuristischen technischen Visionen, sondern in seinem Verständnis von »Wissenschaft« als Fähigkeit, ein Phänomen weit über die rein visuelle Wahrnehmung hinaus im Geist weiterzuentwickeln. Eine ähnliche Vorgehensweise läßt sich auch in einem der letzten Gemälde Leonardos erkennen.

Johannes der Täufer

Der Louvre besitzt zwei Gemälde Leonardos, die Johannes den Täufer darstellen: ein halbfiguriges (S. 317) und ein ganzfiguriges Bild (S. 331), wobei das letztere auch als *Bacchus* identifiziert wird. Mehr noch als seine anderen Werke haben diese Bilder in der Kunstwissenschaft sowohl psychologische und psychoanalytische Interpretationen als auch solche mit einem erotischen Hintergrund hervorgerufen. Das halbfigurige Bild gilt als Leonardos letztes eigenhändiges Werk, das wahrscheinlich um 1507 entstanden ist.

Die originelle Ikonographie mit dem nach oben weisenden Finger der Figur wurde von Leonardo bereits für den *Engel der Verkündigung* verwendet, der durch eine von ihm korrigierte Zeichnung eines seiner Schüler (Windsor, Nr. 12328 *recto*; S. 316, links) sowie durch eine Reihe von Kopien seiner Nachfolge (S. 316, rechts) überliefert ist. Außerdem bezieht das Bild, das auffallend plastische, wenn nicht sogar skulpturale Qualitäten aufweist, den Betrachter als aktiven Faktor mit ein. Während der Betrachter im Fall des *Engels der Verkündigung* zum Empfänger der Verkündigung wurde, wird er bei *Johannes dem Täufer* zum Empfänger der Heilsbotschaft, die Befreiung von den Sünden durch die Taufe verheißt.

Daß der *Engel der Verkündigung* eine spätere Umsetzung in einer explizit erotischen Version erfuhr, belegt eine kürzlich veröffentlichte Zeichnung aus einer deutschen Privatsammlung.[5] Das halbfigurige Bild des Täufers weist ebenfalls eindeutig erotische, genauer gesagt, homosexuelle Konnotationen auf. Einerseits deutet die Figur mit dem Zeigefinger der erhobenen Hand nach oben, in Richtung des überirdischen Wesens, des Ersten Bewegers, andererseits vermitteln der schmeichelnde, laszive Blick und die von einem verführerischen Leopardenfell kaum verhüllte Nacktheit homoerotische Inhalte. Die hier vertretene Interpretation des Bildes, die sich auf das

Zusammenwirken der eben genannten Aspekte konzentriert und in der dargestellten Gestalt eine Art »Engel des Bösen« sieht, der den Betrachter mit dem Blick einfängt und ihn eindeutig in obszöne Gedanken – oder Handlungen – verwickeln möchte,[6] wurde von Carlo Pedretti unterstützt.[7]

Martin Kemp hat als erster hervorgehoben, daß Leonardo, indem er sich ganz auf den Ausdruck und die Gestik des Heiligen konzentriert, »keinen Versuch unternimmt, etwas zu schaffen, das auch nur annähernd an die visuellen Effekte erinnert, die in seinen späten Schriften beschrieben wurden ... Hier findet man keinen einzigen der unterstützenden Effekte, die so großen Raum in seinen Anweisungen zur guten Malerei einnahmen.«[8] Außer den Effekten der »beleuchteten Schatten«, oder besser der »Strahlung«, die Leonardo für die im Schatten liegenden Partien des Täufers einsetzt und die eine Umsetzung seiner wissenschaftlichen Beobachtungen des *lumen cinereum* des Mondes in die Malerei bedeuten,[9] scheinen hier weder seine Vorschriften für den Maler noch wissenschaftliche Untersuchungen zur Natur und den Elementen umgesetzt worden zu sein, die in seinen Schriften aus der Zeit vor und während der Entstehung des Bildes reichlich vorhanden sind. Beispielsweise ist kaum ein Zusammenhang zwischen diesem Gemälde und den Studien zur Optik aus der Zeit um 1508 festzustellen, und vermutlich steht es weniger mit den Vorschriften zur Malerei in Verbindung, als mit der bildhauerischen »Praxis« Leonardos in diesen Jahren sowohl in Mailand (Studien zum Trivulzio-Standbild) als auch in Florenz, wo er sich von August 1507 bis April 1508 an der Seite und im Hause von Giovanni Rustici aufhielt, um die Arbeit an der *Levitenpredigt* in Terrakotta für das Florentiner Baptisterium zu leiten, die 1509 beendet wurde. Mehrere »Gedanken« Leonardos aus diesen Jahren finden ihre logische Fortsetzung im Dreidimensionalen, zum Teil in der Arbeit Rusticis, der von Leonardo gelernt hatte, wie man »Pferde macht« (Vasari), was nicht nur an der Pferdegruppe im Bargello abzulesen ist, sondern auch an einer kleinen Bronzefigur in Privatbesitz (Palermo; S. 321, links), die von Leonardos Studien zum Trivulzio-Standbild angeregt wurde (Windsor, Nr. 12341 sowie Nr. 12344 *recto* und *verso*; S. 320, Mitte und rechts). Dieser Zusammenhang wird durch das oben erwähnte Blatt (Windsor, Nr. 12328 *recto*) bestätigt, das neben der Studie zum *Engel der Verkündigung* auch kleine Pferdestudien enthält, die Leonardo in Wachs modellieren wollte (»mach ein kleines <Modell> aus Wachs, einen Finger lang«).

Für *Johannes den Täufer* im Louvre aber hat Leonardo, um erneut mit den Worten Martin Kemps zu sprechen, »intuitiv seine Kunst in den Dienst eines mysteriösen Zwecks gestellt, um das ›Andere‹ heraufzubeschwören, das tief hinter unserem normalen Verständnis verborgen liegt«[10], und das natürlich weder in der Natur vorkommt, noch mit den üblichen Mitteln der Wahrnehmung erfaßt werden kann.

Leonardos Untersuchungen zur Optik, zur Licht- und Schattenwirkung im *Ms C* des Institut de France, um 1490, hatten zwar Spuren in seinen Gemälden hinterlassen: stellvertretend sei die *Dame mit dem Hermelin* genannt, in dem unterschiedliche

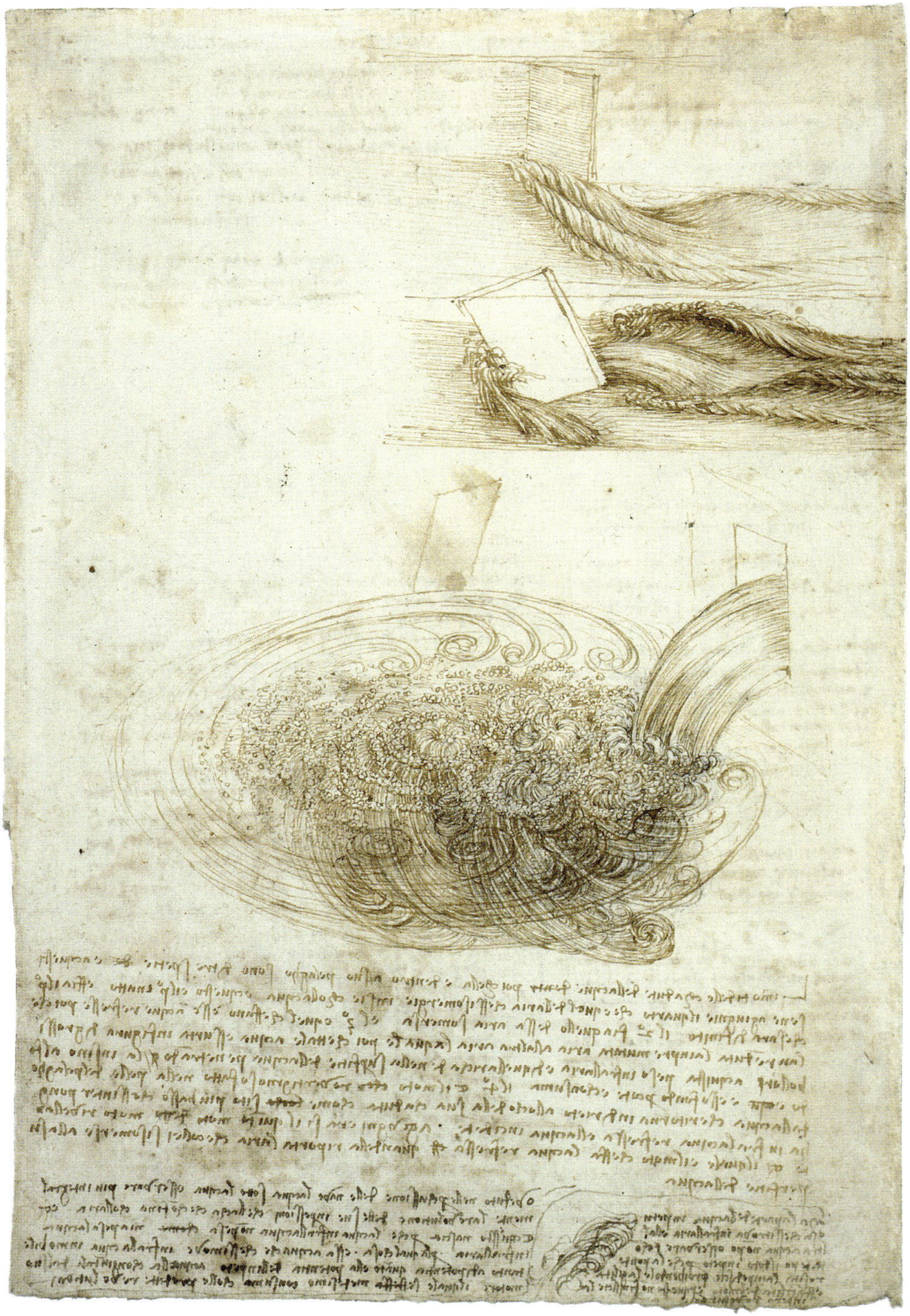

Schattenformen – primäre und sekundäre, Körper- und Schlagschatten nach Art der Experimente, die in *Ms C* dargestellt sind, erscheinen, als würde es um nichts anderes gehen, als einen beliebigen opaken Körper immer wieder anderen Lichtquellen auszusetzen.[11] Dagegen hatten die späteren physiologischen Untersuchungen zum Auge und zum Sehvorgang – wie zum Beispiel die Entdeckung des Abbildungssystems im Auge in einer Zeichnung des *Codex Atlanticus* (fol. 921 *recto,* früher 337 r-a)[12] – offenbar keinen Einfluß auf Leonardos Kunst und seine Theorien zur perspektivischen Darstellung.

Insofern ist es bemerkenswert, daß er bei der Darstellung des weichen, gelockten Haars des *Täufers* im Louvre mit derselben Stilisierung arbeitet wie beim Sichtbarmachen der Wirbel und der Spiralen, die das Wasser in Bewegung erzeugt.[13] Was auf den ersten Blick das Ergebnis genauer Beobachtung zu sein scheint, wie nämlich das Haar fällt, zeigt sich als die Folge eines Gedankengangs, wie eine Notiz Leonardos zu einer berühmten Zeichnung in Windsor bestätigt:

»Achte auf die Bewegung des Fells des Wassers, es ist wie das Haar, das zweierlei Bewegungen hat, die eine folgt dem Gewicht der Mähne, die andere den Linien der Wellen: So hat das Wasser die Wellen seiner Wirbel, ein Teil davon folgt dem Schwung der Hauptströmung, der andere der aufschlagenden und der rückprallenden Bewegung.« [14]

In Wirklichkeit entspricht die Analogie eher dem Schein als der Wirklichkeit, denn die Haarlocken lasten auf der Luft und nur zum geringsten Teil aufeinander, während Wasser auf Wasser lastet, und zwar unabhängig von der Bewegung, die beim Wasser durch die Strömung hinzukommt, oder aufs Haar bezogen, unabhängig von den Wellen der Haare: wiederum zwei nicht miteinander zu vergleichende Fälle. Leonardos Analogie erscheint wahrheitsgetreu, aber nicht aus wissenschaftlicher Sicht, sondern vom Standpunkt der künstlerischen, zeichnerischen Darstellung aus gesehen. Er benutzt für die Gestaltung sowohl der Haare als auch des Wassers dasselbe Instrument: Mit der Spitze des Pinsels, dem Stift oder der Federspitze setzt er das beinahe Körperlose (die Haare) und das, was nicht existiert (jenes »Sein des Nichts«, das die Grenze zwischen Welle und Luft oder das Sichverflechten des Wassers mit dem übrigen Wasser ist), in eine Linie um und leistet damit die graphische Darstellung eines Begriffs.[15]

In dem Gemälde *Johannes der Täufer* sind also einige der abstraktesten Tendenzen vereint, die wir aus Leonardos Darstellungsverfahren kennen; sie entfernen sich alle von der direkten Naturbeobachtung und -nachahmung, sei es, um tatsächlich »etwas Anderes« vorzuführen als das bisher Bekannte, sei es, um für das, was man zu kennen glaubt, eine neue Darstellung an der Grenze zur Abstraktion zu finden.

Linke Seite:
Leonardo da Vinci,
Strömungen und Wasserfälle.
Windsor Castle, Royal Library
(Inv. Nr. 12660 *verso*).

Folgende Doppelseite:
Leonardo da Vinci, *Feuersbrunst in Desio.* Windsor Castle,
Royal Library (Inv. Nr. 12416).

Seite 314–315:
Leonardo da Vinci,
Schneebedeckte Alpengipfel.
Windsor Castle, Royal Library
(Inv. Nr. 12410).

adi 16 di decembre a ore 15
fu apicato il fuocho

adi 18 di decembre 1511 a hore 15 fu fatto questo
secondo incendio da svizeri presso a Milano
al luogo dicto DEXE

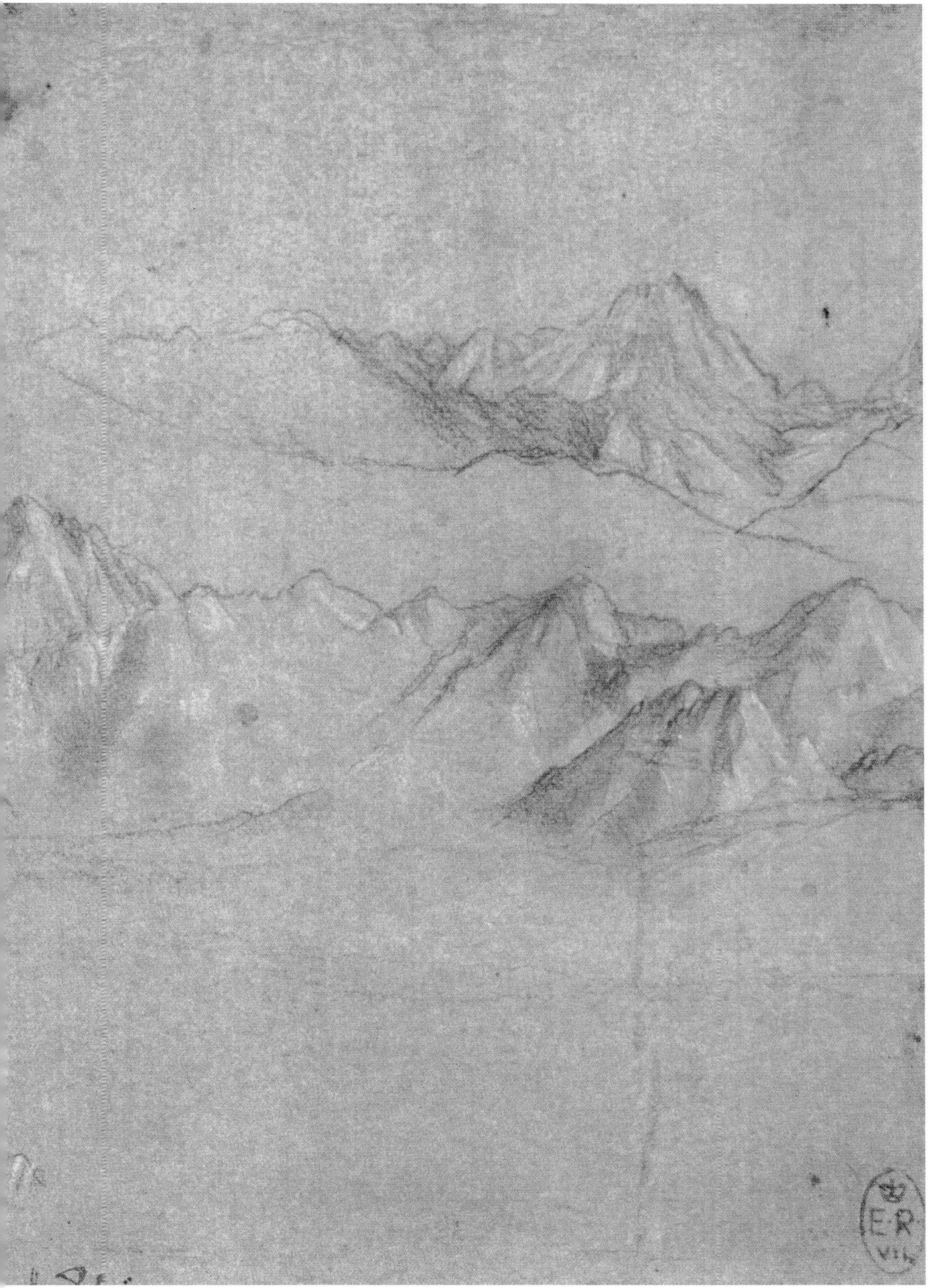

Von der Beobachtung zur »Idee« der Natur

Interessanterweise läßt sich nun ein Zusammenhang zwischen den stilisierten Wasserwellen und Haarlocken mit Motiven entdecken, die ihrerseits eindeutig auf die Antike zurückgehen: Zwei späte Zeichnungen Leonardos, von denen im letzten Kapitel bereits die Rede war, zeigen ein männliches Profil »all'antica« (Windsor, Nr. 12553) sowie das Profil Salaìs (Windsor, Nr. 12554; S. 256). Da Leonardos Schüler wie auf einer klassischen Kamee dargestellt ist, stellt sich die Frage, ob die Stilisierung der Locken sowie der Wellen, mit denen das Jünglingshaar der Zeichnung Windsor, Nr. 12553 tatsächlich verglichen wurde,[16] nicht eher eine Auswirkung des Antikenstudiums ist, als das graphische Ergebnis einer abstrakten Untersuchung der Haar- und Wasserbewegung. Die erste Zeichnung wurde nach der Meinung Clarks tatsächlich von einer antiken Büste des Lucius Verus angeregt, und Salaìs Locken scheinen auf die Kenntnis des antiken Bronzegusses (Toreutik) zurückzugehen, was auch der klassische Männerkopf des Blattes Windsor, Nr. 12556 bezeugt. Leonardo hatte wahrscheinlich ähnlich betonte, schwere Locken an Portraitköpfen wie dem bronzenen *Antinous* studiert – zu seiner Zeit befand sich ein Exemplar in der Sammlung Medici (heute Museo Archeologico, Florenz).[17]

Diese überraschenden Ähnlichkeiten rücken auch die bereits im vierten Kapitel angesprochene Zeichnung eines grotesken Kopfes in ein anderes Licht, die traditionell als Bildnis des Gauklers Scaramuccia bezeichnet wird (Oxford, Christ Church College; S. 198), weil Vasari berichtet, daß Leonardo ein solches geschaffen habe. Die um 1504–1507 zu datierende Zeichnung[18], eine in ihrem großen Format für Leonardo außergewöhnliche Studie eines grotesken Kopfes, weist bereits die stilisierten wellenartigen Locken des späteren Blattes in Windsor und zugleich denselben »klassischen« Stil auf, der schon beim Karton der *Hl. Anna Selbdritt* in London festzustellen war: Die Modellierung der Figur in Rückenansicht erzeugt die Wirkung einer Skulptur, die der Betrachter umrunden könnte. Das Chiaroscuro erzeugt Plastizität, und der rasche Zeichenstil läßt an die Meister des 16. Jahrhunderts denken, zum Beispiel an Raffael. Wiederum scheint sich alles auf die Antike zu beziehen, aber diesmal mit umgekehrten Vorzeichen, als sei der erstaunliche groteske Kopf nur ein antiklassisches »Experiment«, um möglicherweise den Kontrast zur idealisierten Schönheit des Londoner Kartons herauszustellen.

Vergleicht man diese ausgewählten Beispiele aus Leonardos reifem künstlerischem und wissenschaftlichem Schaffen mit einigen seiner gleichzeitigen Aufzeichnungen, so vergrößert sich der Abstand zwischen wissenschaftlicher Naturbeobachtung und künstlerischer Darstellung noch mehr und bezeugt Leonardos immer stärker werdendes Bewußtsein davon, mit der Wissenschaft nicht alles erklären zu können:

»Oh, Nachsinner über die Dinge, rühme dich nicht, die Dinge zu wissen, welche die Natur für sich selbst ausführt, sondern

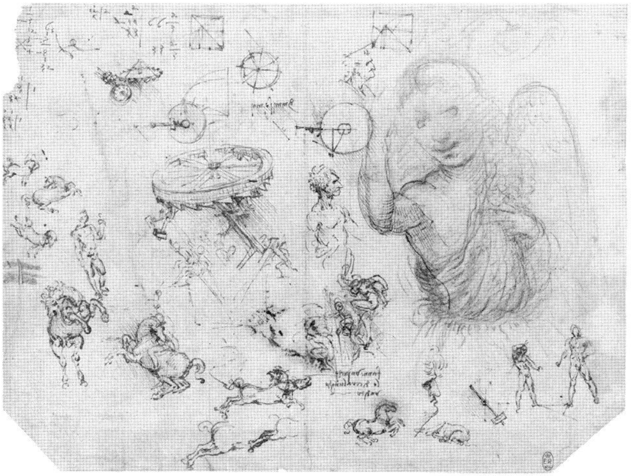

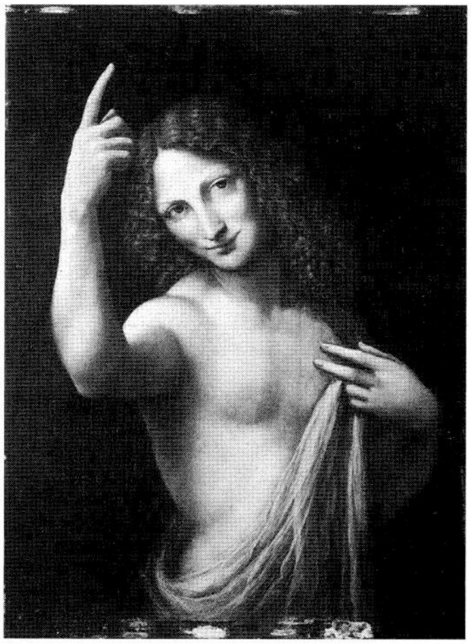

Oben:
Leonardo da Vinci,
Studie zum »Engel der Verkündigung«,
Pferde- und Reiterstudien und andere technische Studien.
Windsor Castle, Royal Library (Inv. Nr. 12328).

Oben rechts:
Anonym, *Engel der Verkündigung*,
Kopie nach Leonardo.
Basel, Kunstmuseum.

Rechte Seite:
Leonardo da Vinci,
Johannes der Täufer.
Paris, Musée du Louvre.

Folgende Doppelseite:
Leonardo da Vinci,
Johannes der Täufer (Ausschnitt).
Paris, Musée du Louvre.

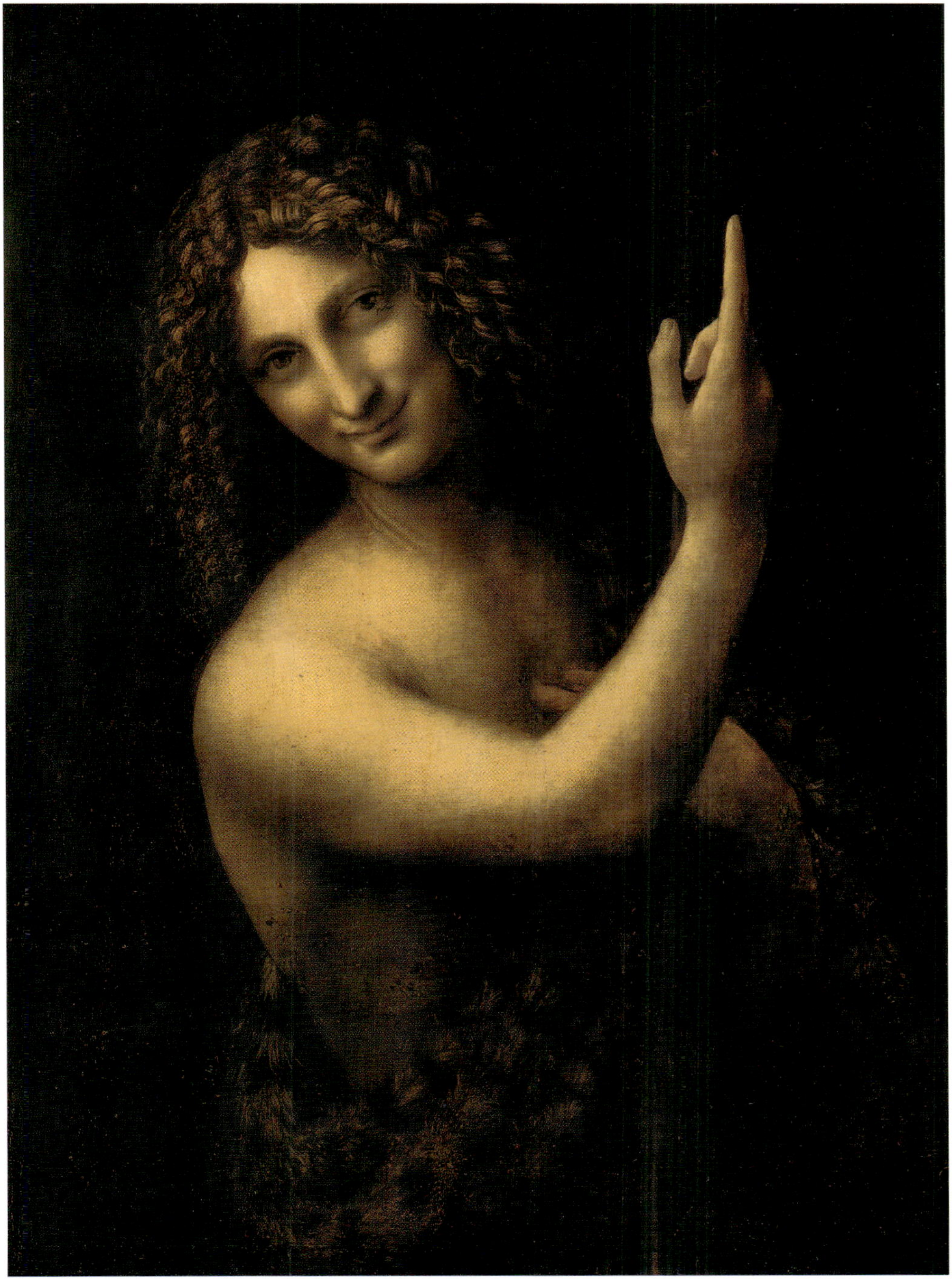

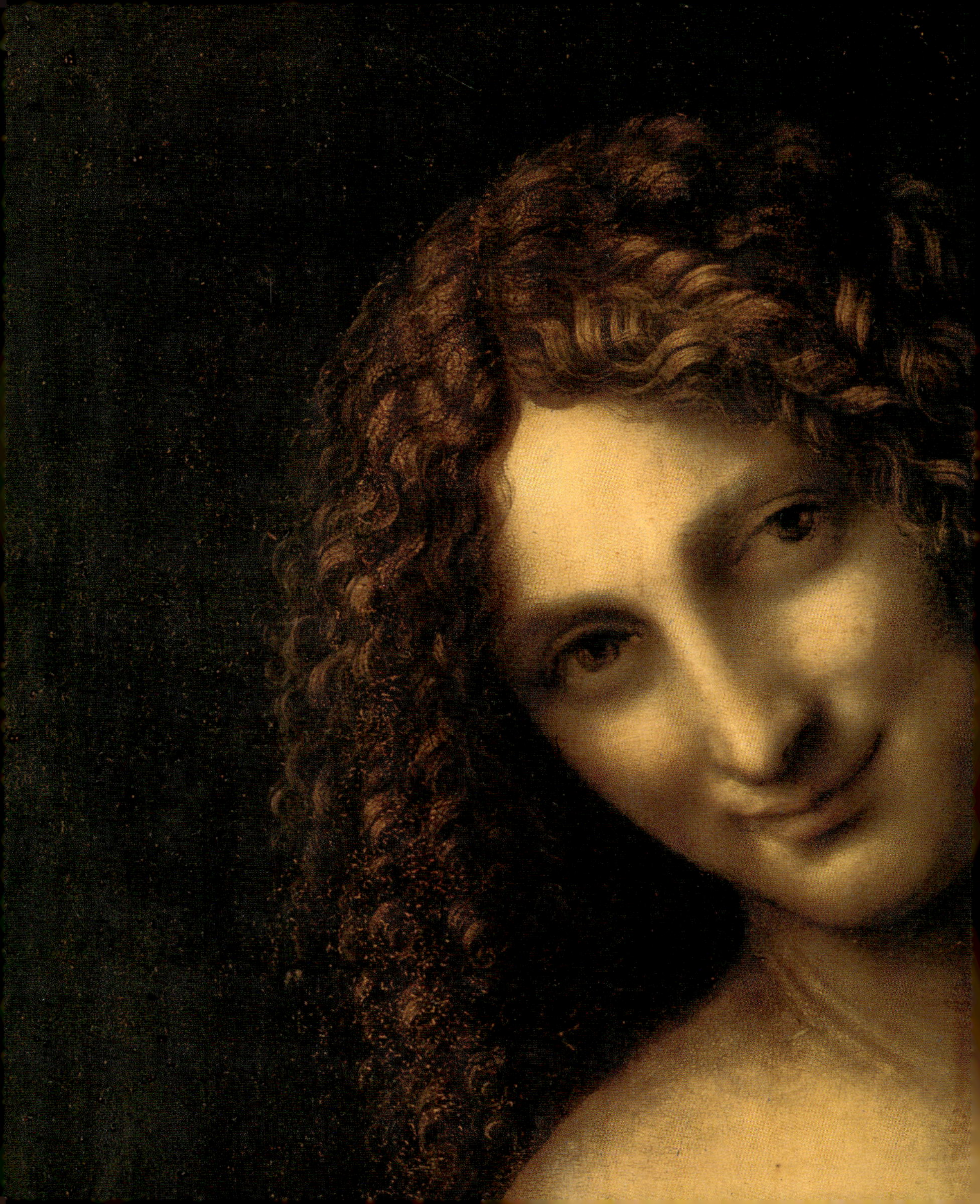

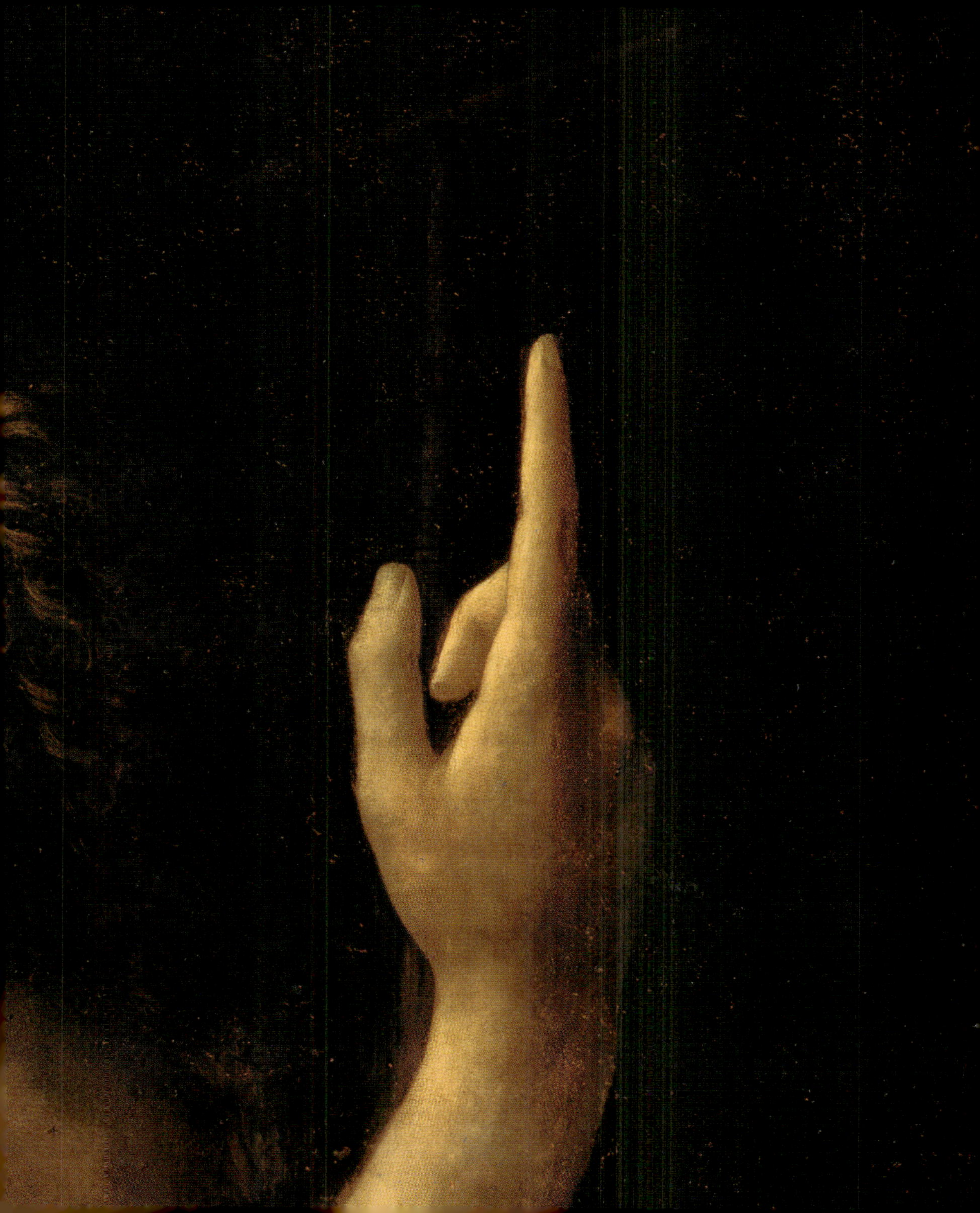

freue dich, das Ziel der Dinge zu kennen, die von deinem Geist gezeichnet werden.«[19]

Wie André Chastel bemerkt hat[20], läßt sich erkennen, daß in Leonardos Spätwerk einige seiner »wissenschaftlichen« Sicherheiten ins Wanken geraten, belegbar durch verschiedene Textpassagen wie die folgende, die bezeichnenderweise Eingang in das *Buch von der Malerei* gefunden hat:

»Hier sagt der Gegner, daß er nicht so viel Wissenschaft möchte und daß ihm die Praxis reicht, um die natürlichen Dinge abzubilden.«[21]

Oder wie im *Codex Arundel*, fol. 180 *verso*:

»Wie ein in sich gespaltenes Reich schon zugrundegerichtet ist, so wird jeder Geist verwirrt und geschwächt, der sich in verschiedene Studien spaltet.« [22]

Hier meint man sogar Selbstkritik zu spüren, das Bewußtsein, seine zu weit verzweigten Studien hätten ihn vom wahren Ziel der Kunst weggeführt. Dieses Bewußtsein ist schon im *Codex Madrid 8936* (um 1505) nachzuweisen, wo er auf fol. 127 *verso* im Anschluß an eine Erläuterung zum Funktionieren der Pupille anmerkt:

»Obwohl derlei Nachsinnen für die Macher überflüssig ist, wollte ich es doch nicht auslassen, denn oft löst es bei nachsinnenden Geistern Bewunderung aus.«

Diese Aussagen stehen im Widerspruch zur früheren Begeisterung Leonardos für die direkte Erfahrung, die Mathematik und die »Göttlichkeit« der Malerei, die er dann in seinen späten Jahren als außerordentliche Wissenschaft bezeichnet, wenn es ihr schlicht gelingt, »das Helldunkel im Verein mit den Verkürzungen« darzustellen.[23]

Äußerungen dieser Art zeugen von einer großen Umwälzung in Leonardos Denkprozessen. Das Verhältnis zwischen Naturbeobachtung und künstlerischer Darstellung hatte sich grundlegend gewandelt, da auch seine intellektuellen Vorstellungen von den »Wissenschaften« völlig andere geworden waren. Er gab nach der Jahrhundertwende nicht nur einzelne vorgeformte Theorien auf, besonders die aristotelischen, wie etwa auf dem Gebiet der Anatomie und der Geologie, sondern zog die »alte Denkweise« insgesamt in Zweifel, auch wenn dies eine »substantielle Entwicklung in einigen der wissenschaftlichen Disziplinen«, für die er sich begeisterte, nicht gerade erleichterte, wie Martin Kemp darlegt[24]; denn er war mit Hilfe seines logischen Denkens, und nicht mehr nur dank des Studiums der *auctores* an einen Punkt gekommen, an dem es keine Vorbilder mehr gab und an dem er selbst nicht mehr imstande war, neue Vorbilder zu liefern. Daher rührte das Zurückgeworfensein auf sich selbst und die Entdeckung der Nutzlosigkeit der traditionellen Wissenschaften für die Ziele der künstlerischen Darstellung. Das geistige Modell, das er sich von der Natur erdacht hatte, nämlich daß »sie auf einem vereinfachenden Verhältnis zwischen Prinzipien und Strukturen«[25], zwischen Ursache und Wirkung beruhte, half ihm weder dabei, eine wissenschaftliche Erklärung für alles zu finden, noch konnte es ausschließlich als Grundlage für seine künstlerische Arbeit dienen.

Doch daraus ergab sich auch große künstlerische Freiheit, da Leonardo die Fesseln der nun als obsolet erkannten tradi-

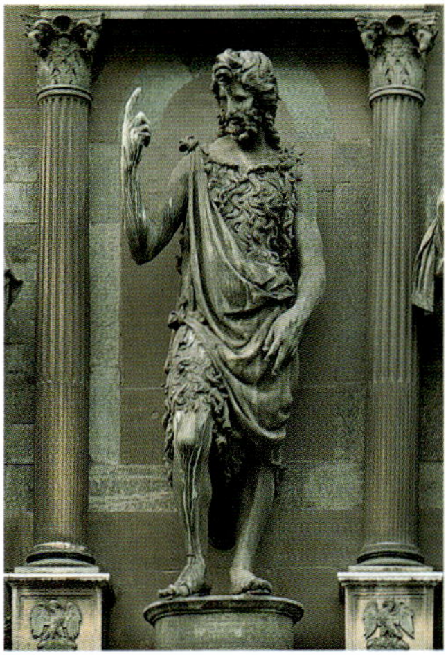

Giovan Francesco Rustici, *Johannes der Täufer*. Florenz, Baptisterium.

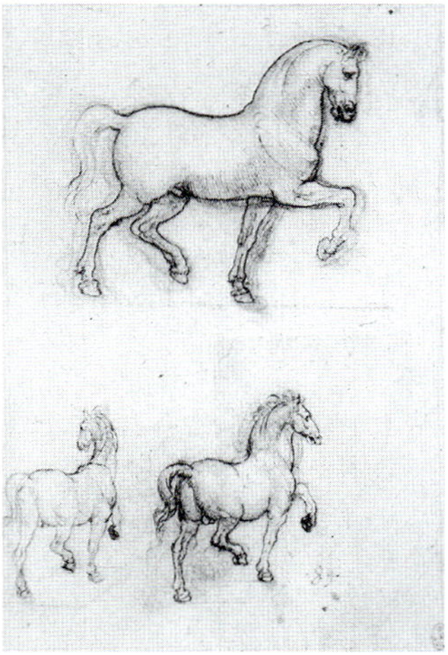

Leonardo da Vinci, Pferdestudien für das Denkmal des Gian Giacomo Trivulzio. Windsor Castle, Royal Library (Inv. Nr. 12344 *recto*).

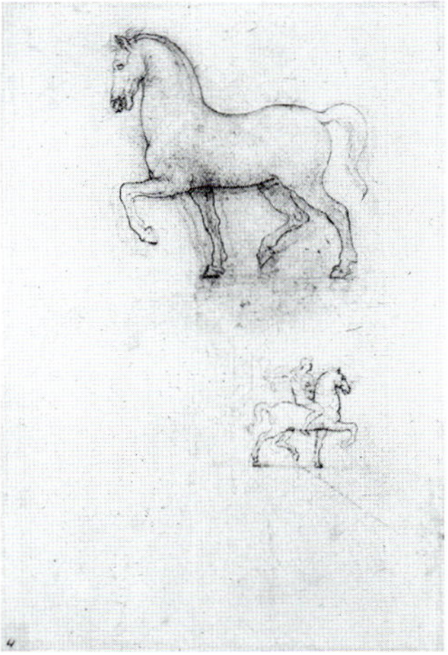

Leonardo da Vinci, Pferdestudien für das Denkmal des Gian Giacomo Trivulzio. Windsor Castle, Royal Library (Inv. Nr. 12344 *verso*).

tionellen Wissenschaften abgeworfen und sich von den theoretischen Modellen gelöst hatte, die er in den letzten beiden Jahrzehnten des 15. Jahrhunderts selbst entworfen hatte. In der Folge konnte sich seine Kunst nach dem Ende des 15. Jahrhunderts auch von etwas anderem inspirieren lassen, das nicht ausschließlich Natur war.

So erklärt sich auch der Rückbezug auf die Antike, der dem Künstler die Möglichkeit bot, sich Vorbilder zu suchen, die ihrerseits aus der direkten Naturbeobachtung entstanden waren, auf der Basis dessen also – wie man vermuten durfte –, was Leonardo »praticha« nannte, der Praxis nach der Natur, ohne »so viel Wissenschaft« heranzuziehen.

Von der Wissenschaft zum »Mythos«

Leonardo war immer, und zwar schon vor 1500 – wie im vorhergehenden Kapitel erörtert –, im Dialog mit der Kunst der Antike. Doch aus der Zeit nach 1500 existieren Aufzeichnungen, die seiner um 1490–1491 formulierten Auffassung zu widersprechen scheinen: »das Nachahmen der antiken Dinge ist lobenswerter als das der neuen«.[26] Beispielsweise schreibt er um 1508 (*Codex Atlanticus*, fol. 534 *verso*, früher 199 v-a):

»Von den Studien und ihrer Reihenfolge. Zuerst, sage ich, muß man die Glieder und ihre Bewegungen kennenlernen; hat man hier ausgelernt, so muß man ihren Gebärden nachgehen, je nach dem, was dem Menschen gerade widerfährt; und drittens die Bilderzählungen komponieren, dafür muß man die natürlichen Gebärden studieren, welche die Menschen unabsichtlich bei dem machen, was ihnen widerfährt, und man muß sie auf den Straßen und Plätzen und auf freiem Feld beobachten und sie sich in knappen Umrissen aufzeichnen, das heißt, statt eines Kopfes mache man ein O und statt eines Armes eine gerade oder gekrümmte Linie, und dasselbe gilt für Beine und Rumpf; und wenn man nach Hause kommt, führe man diese Aufzeichnungen in vollendeter Form aus.

Der Gegner sagt: Um sich zu üben und viele Werke zu schaffen, ist es besser, wenn man am Anfang seiner Studien sich daran macht, verschiedene Kompositionen, die andere Meister auf Papier oder an die Wände gemalt haben, zu kopieren, und das sei eine schnelle Übung und eine gute Gewohnheit. Darauf antworten wir, daß diese Gewohnheit gut wäre, wenn sie nach wohlkomponierten Werken und kundigen Meistern arbeiten würde; aber weil solche Meister so rar sind, daß man nur selten einen findet, ist es sicherer, sich den Gegenständen der Natur selbst zuzuwenden, als denen, die eine schlechte Nachahmung dieses Natürlichen sind und so eine erbärmliche Gewohnheit

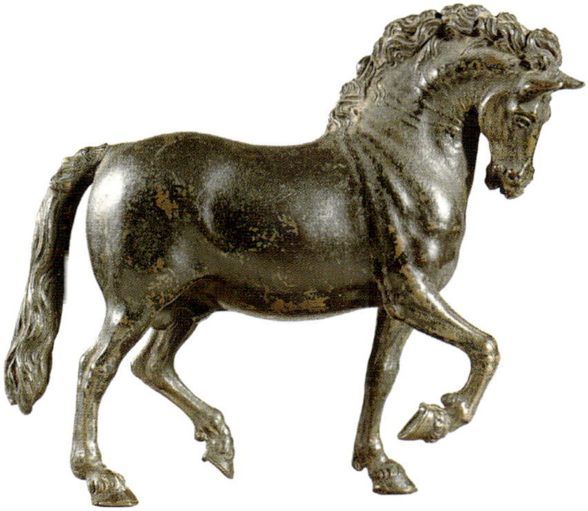

Giovan Francesco Rustici (zugeschrieben), *Pferd* (nach Leonardo). Palermo, Sammlung Fürstin dell'Arenella.

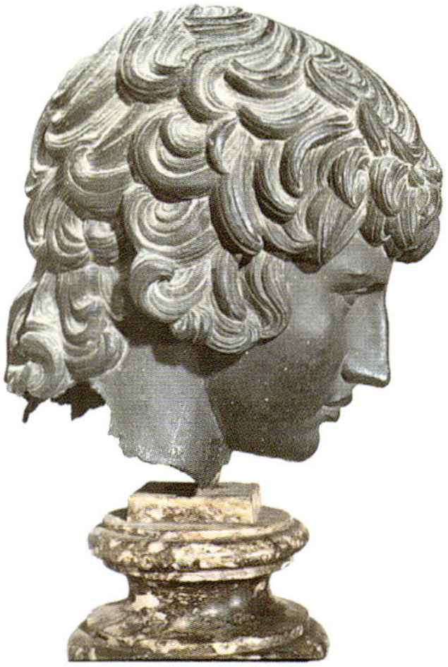

Antinous, römisch, Florenz, Museo Archeologico.

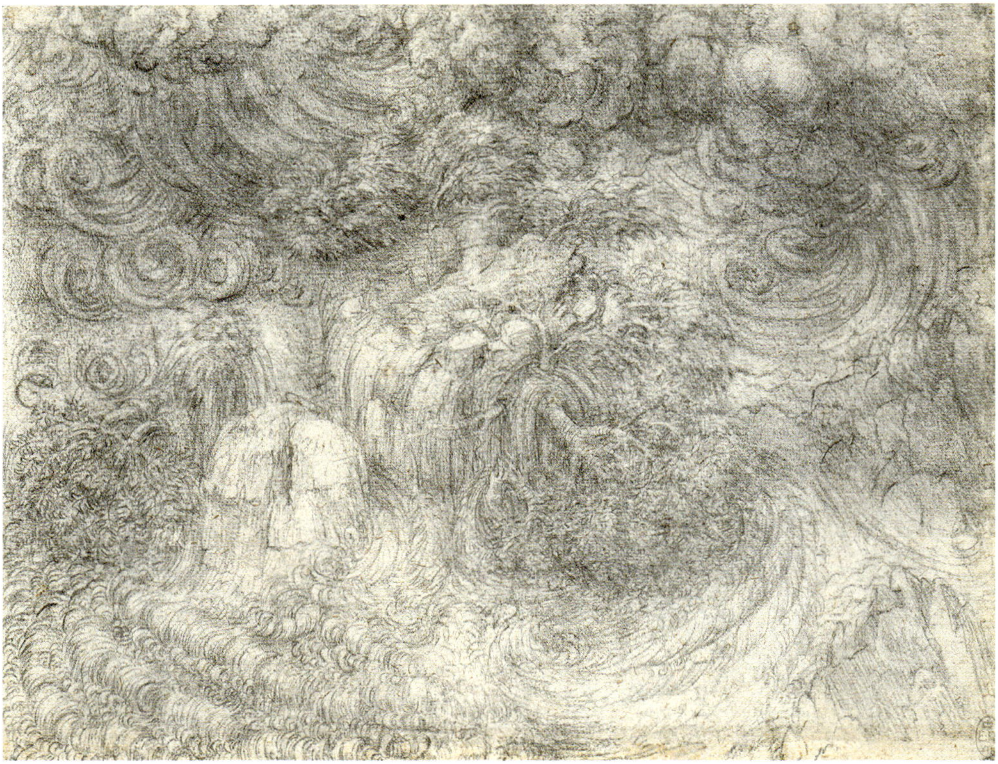

Leonardo da Vinci,
Sintflut.
Windsor Castle, Royal Library
(Inv. Nr. 12386 *recto*).

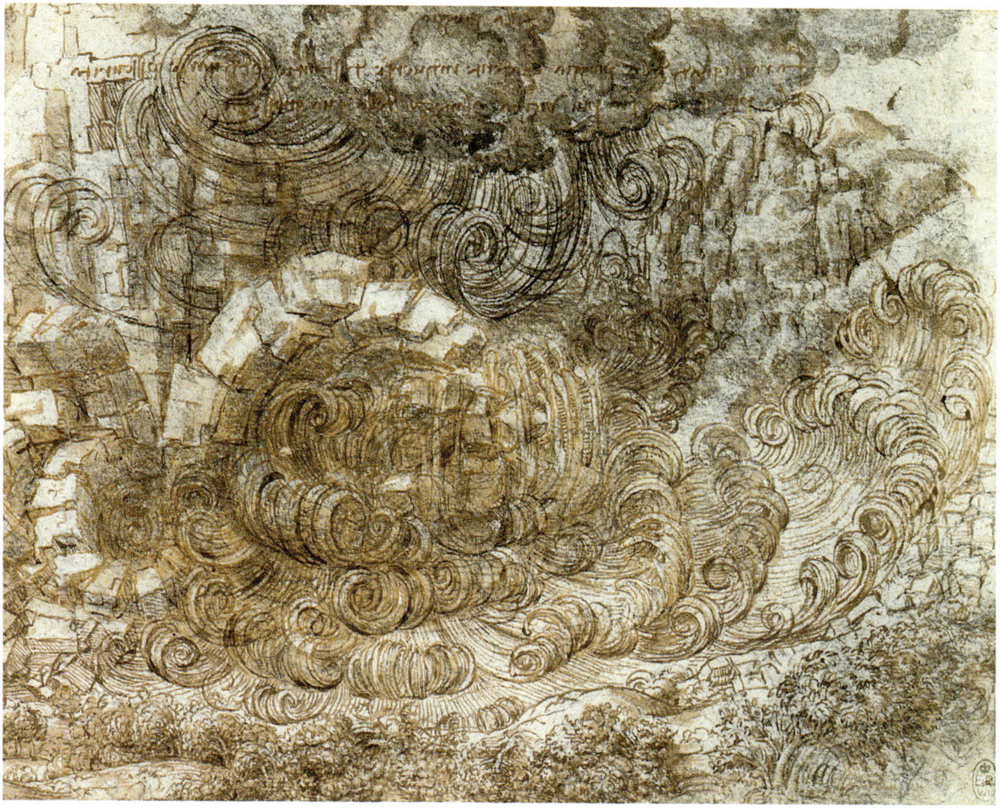

Leonardo da Vinci,
Unter dem Druck des Wassers einstürzende Mauer.
Windsor Castle, Royal Library
(Inv. Nr. 12380 *recto*).

Folgende Doppelseite:
Leonardo da Vinci, *Sintflut*.
Windsor Castle, Royal Library
(Inv. Nr. 12376).

Seite 326–327:
Leonardo da Vinci, *Sintflut*
(Ausschnitt). Windsor Castle, Royal
Library (Inv. Nr. 12376).

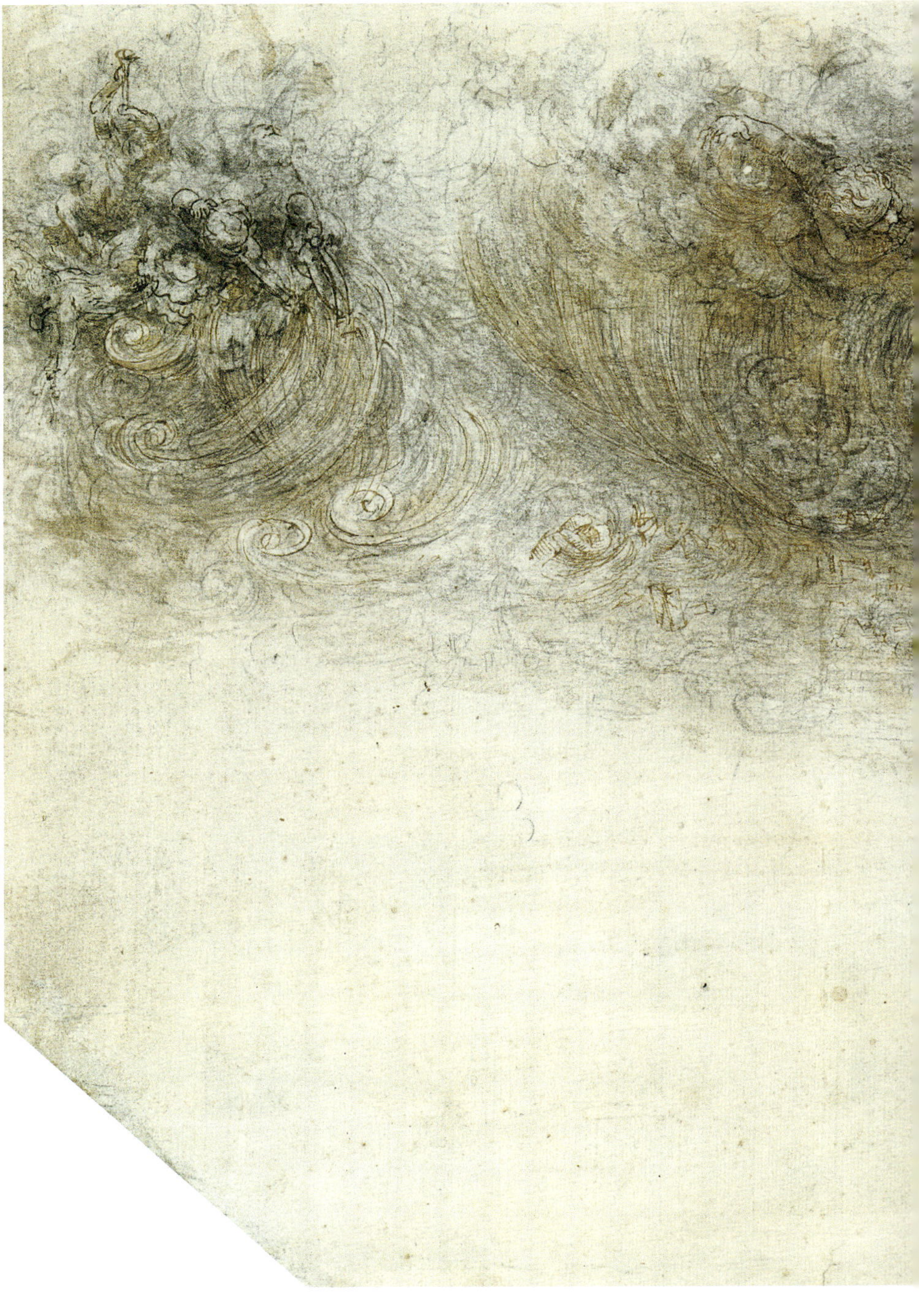

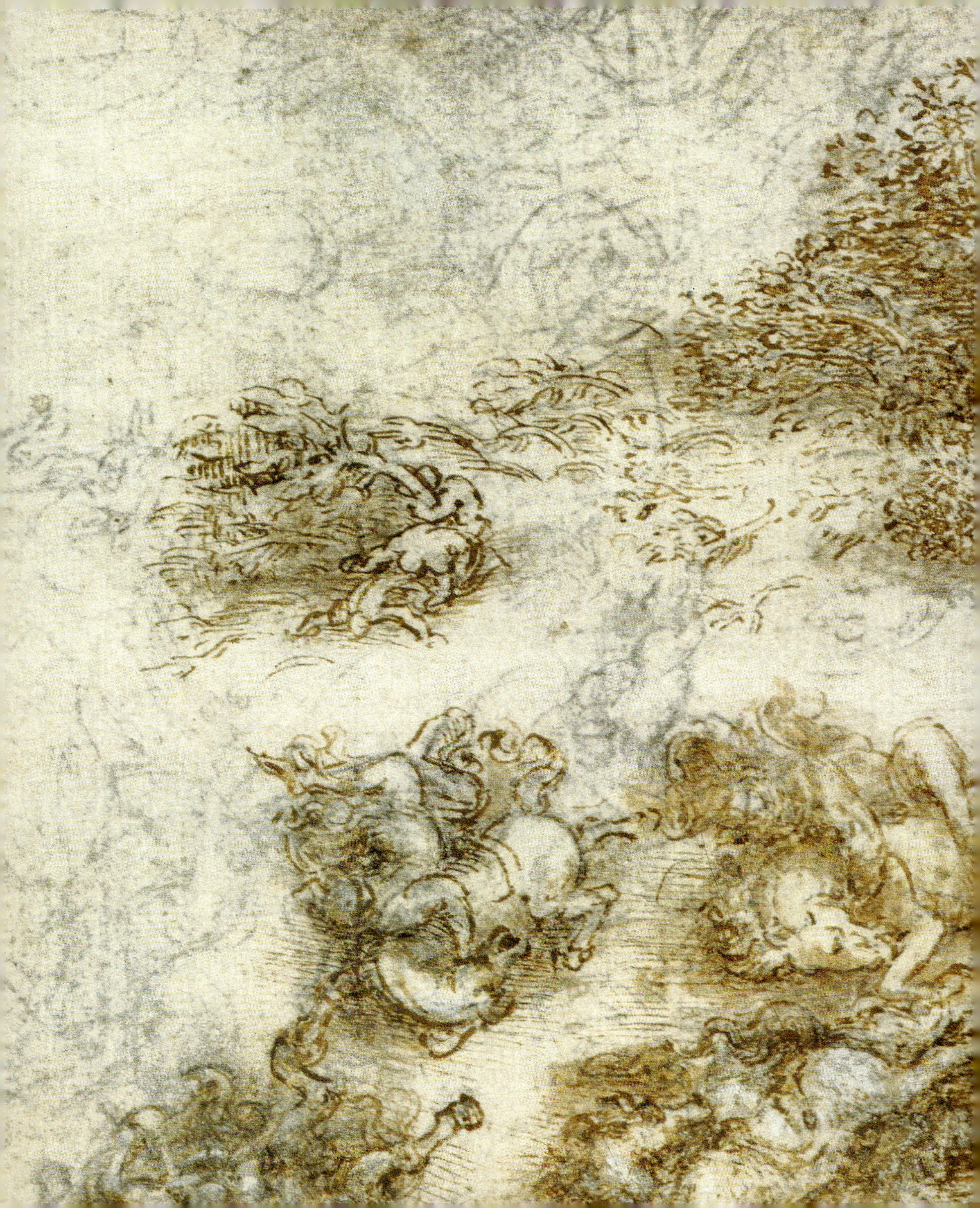

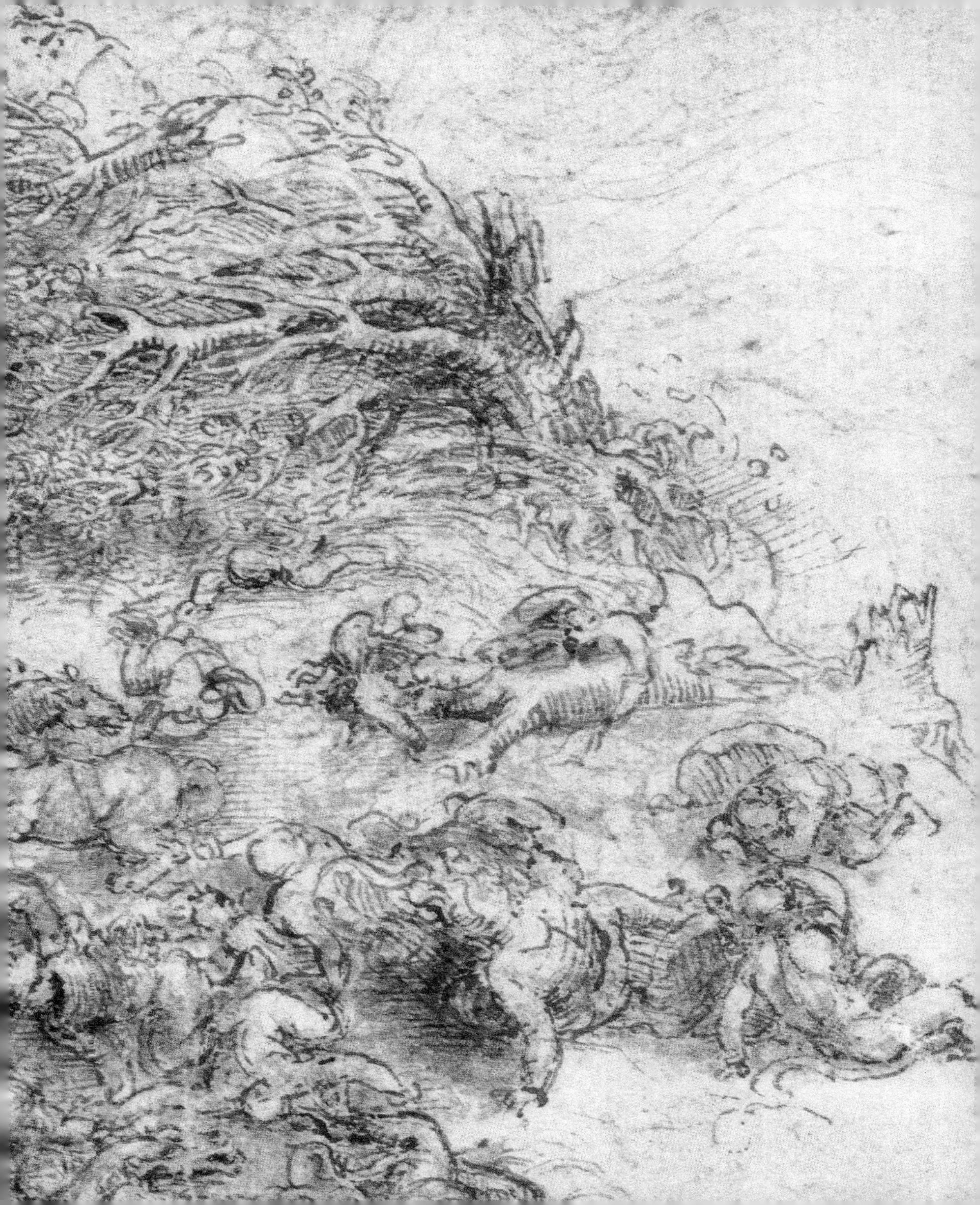

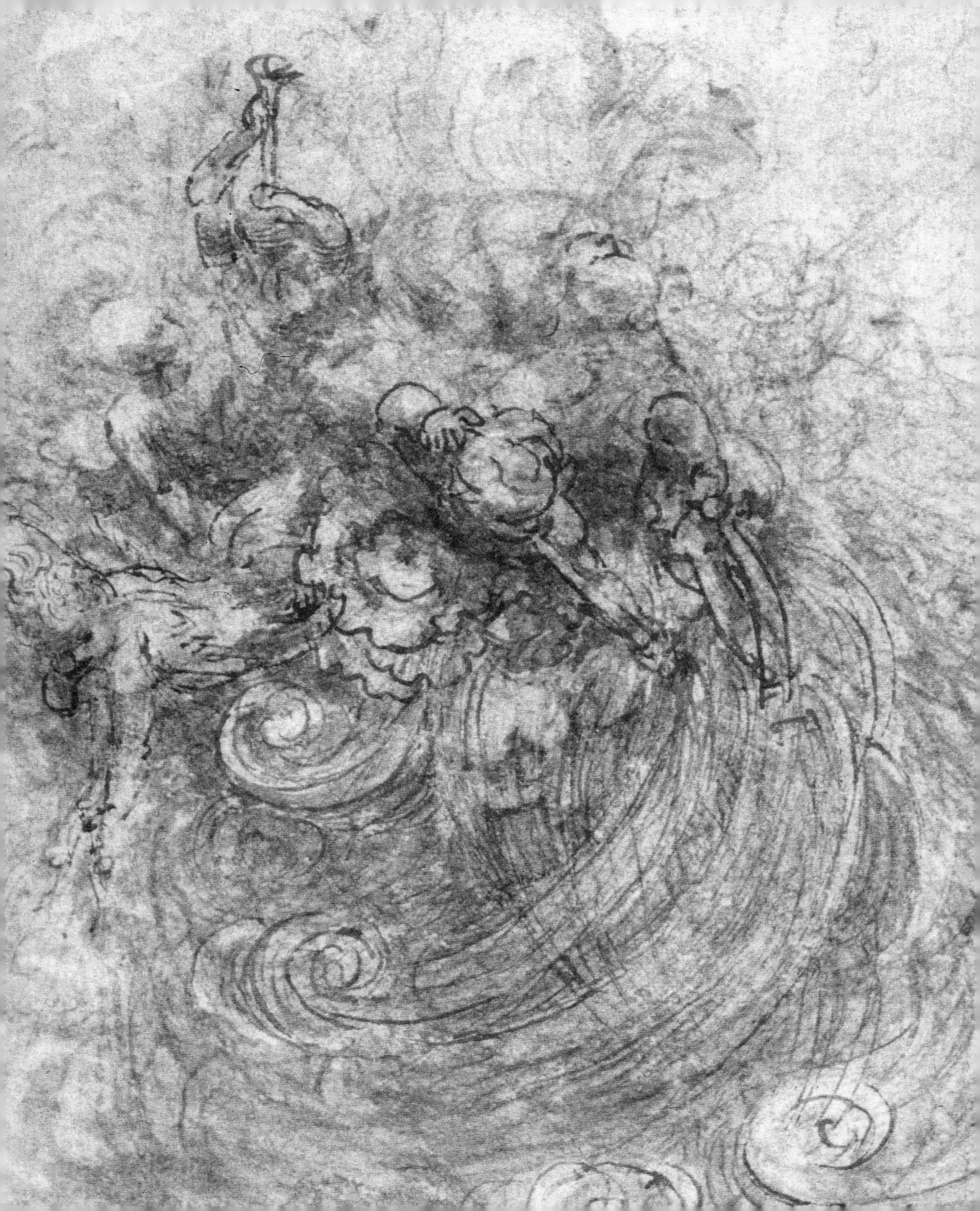

anzunehmen; denn wer zur Quelle gehen kann, der <gehe> nicht zum Topf.« [27]

Wir entnehmen dieser Aussage, daß das Studium der Natur erstaunlicherweise als rasches »Stenographieren« der Figuren und ihrer Bewegungen verstanden wird, die mit einem »O« oder einem Strich lediglich angedeutet werden, und die der Künstler dann »zu Hause« vervollständigt; außerdem erfahren wir, daß man besser zur »Quelle« gehen sollte, als Werke schlechter Lehrer zu kopieren. Doch worin besteht die »Quelle«? Wenn am Ende der ersten Dekade des 16. Jahrhunderts die Nachahmung der Natur nur im Andeuten weniger Striche besteht, aus denen sich Bewegung und Haltung der Figuren erahnen lassen, wo soll dann der Maler die feinen Gemütsbewegungen, den Widerschein der Lichter auf den Oberflächen, das Spiel der Volumina und die Helldunkelwirkung hernehmen? Es fragt sich, ob nicht die Erforschung und Nachahmung der Natur, die sowohl in der Zeit seiner Arbeit am Hof der Sforza und des *Paragone* immer wieder hervorgehoben wurden, als auch später in viele Regeln des *Traktats über die Malerei* eingingen – zum Beispiel in die Vorschriften zur Darstellung der Bäume, Zweige und Blätter[28] –, eher theoretisch als Kontrast zu den schlechten Meistern des 15. Jahrhunderts gefordert wurden (deren Malerei alles andere als »natürlich« war), und daß also die Vorschriften nicht unbedingt vom Maler befolgt werden mußten, die ohnehin zahlreiche Auswege und Alternativen offen ließen. Leonardo könnte nur deshalb so sehr darauf bestanden haben, daß der Maler sich auf die Natur beziehen solle, um sich vollständig von den alten Meistern des Quattrocento zu lösen. Der Absatz aus den Jahren 1490–1491 über die Antike, den er zur selben Zeit niederschrieb, als er auch die Seiten der Handschrift *Ms A* mit Regeln zur Nachahmung der Natur füllte, wirft ein neues Licht auf Leonardos geistige Haltung: Nachdem er sich der Last des 15. Jahrhunderts entledigt hatte, fühlte er sich berechtigt, die »antiken Dinge« wieder ebenso der Nachahmung wert zu befinden wie die »natürlichen Dinge«.

Es ist deswegen die Frage zu stellen, ob nach der wiederholten, im letzten Kapitel nachgewiesenen Auseinandersetzung mit den Werken der Antike nicht gerade dieses neue Wissen zu einer fortschreitenden Abwendung von seiner gewohnten direkten Naturbeobachtung beitrug. Um deutlich zu machen, wie legitim diese Frage ist, scheint es notwendig, einen Abschnitt aus der Pariser Handschrift *Ms G* (fol. 6 *verso,* um 1510) zu zitieren, aus dem Zusammenhang der späten *Sintflut*-Zeichnungen (Windsor, Nr. 12376–12386; S. 322–328), bei denen eine graphische Schematisierung und eine Auffassung von Natur vorherrschen, die sicher über die direkte Naturbeobachtung hinausgehen. Der Abschnitt schildert unter der Überschrift »Darstellung einer Sintflut« in allen Einzelheiten (wie nach der Beobachtung einer Naturerscheinung) die Auswirkungen von Wind und Regen, die düstere Luft und veränderten Farben – bis plötzlich am Himmel und aus dem Meer keine Geringeren als Äolus und Neptun erscheinen:

»Darstellung einer Sintflut. Die Luft war finster durch den dichten Regen, der, von den quer wehenden Winden zum schrägen

Linke Seite:
Leonardo da Vinci,
Sintflut (Ausschnitt).
Windsor Castle, Royal Library
(Inv. Nr. 12376).

Fall herumgebogen, in der Luft Wellen machte, nicht anders, als man es beim Staub sehen kann, nur darin verschieden, daß sich durch diese Wellenbewegung die Fäden zogen, welche die fallenden Wassertropfen machen. Die Farbe aber kam von dem Feuer, das die Wolken spaltenden und aufreißenden Blitze erzeugten, deren Flammen auf die großen Wassermassen in den Tälern schlugen und sie weit öffneten, so daß sich in ihren Schlünden die geknickten Wipfel der Bäume zeigten. Und Neptun sah man mit seinem Dreizack mitten in den Wassern und Äolus sah man, wie er mit seinen Winden die auf dem Wasser schwimmenden entwurzelten Bäume in die ungeheuren Wogen hüllte. Der Horizont war in der ganzen Runde trüb und feuerglühend durch die Flammen der unaufhaltsam einschlagenden Blitze. Man sah Menschen und Vögel dicht gedrängt auf den hohen Bäumen hocken, die herausragten aus den weithin ausgedehnten Wellen, die sich um die ungeheuren Schlünde zu Wasserhügeln aufbäumten.« [29]

Der zweite Teil des Textes mit seiner literarischen, effektvollen Darstellung zeigt uns, daß Leonardo eine gemalte Szene beschreiben wollte, die vielleicht seinen *Traktat von der Malerei* illustrieren sollte. Nicht ganz eingängig sind die Interpretationen von Clark und Gombrich,[30] die in Giulio Romanos Sala dei Giganti des Palazzo del Té in Mantua beziehungsweise in Michelangelos *Jüngstem Gericht* oder der *Sintflut* am Gewölbe der Sixtinischen Kapelle in Rom Leonardos virtuose Katastrophen wiedererkannt haben wollen.

Die späten *Sintflut*-Zeichnungen in Windsor, insbesondere Nr. 12376 (S. 324–325),[31] weisen zwischen den Wolken riesige, schwebende Putten auf, die – im linken Bildteil – die Wangen aufblähen und in lange Trompeten blasen. Diese Figuren evozieren eine pagane Naturauffassung, wenn es sich nicht sogar um antike Gestalten handelt. Die klar umrissenen Wolken, die sie umhüllen, besitzen unnatürlich ausgezackte Ränder und lange, fließende, lockenartige Kurven, ein Detail, das in der gesamten *Sintflut*-Serie in Windsor auftaucht (beispielsweise Nr. 12382–12385) und einen Gegenpart zu den Wasserstrudeln darstellt, die nicht flüssig, sondern eher wie riesenhafte Hobelspäne erscheinen (Windsor, Nr. 12380; S. 323). Damit lebt eine Ornamentalität und ein manierierter Naturalismus auf, der auf die Natur- und Kunstauffassung Verroccchios zurückgeht, dem auch antike Bronzeskulpturen nicht unbekannt waren.

Der zitierten Beschreibung einer Sintflut auf Blatt 6 *verso* der Handschrift *Ms G* entspricht die Zeichnung des Blattes Windsor Nr. 12376, das auch zeitlich (um 1511–1515) übereinstimmt. Bemerkenswert aber ist, daß die Vorlage für die Beschreibung in Ovids *Metamorphosen* ausgemacht werden konnte: in dem Bericht von Deukalion und Pyrrha, die den großen, von Zeus gesandten Regenfall überleben;[32] Leonardo besaß das Buch. Die späte, schematische Darstellung der Naturelemente verdankt sich der Antike, einschließlich der antiken Texte. Die Weltanschauung und Naturauffassung, die durch all dies gemeinsam zum Ausdruck kommen, sind keineswegs pessimistisch zu verstehen und beinhalten auch kein moralisches Urteil über die Menschheit. Sie ziehen vielmehr die Möglichkeit in Betracht, das Wirkliche zu überwinden, indem das bestehende Gleich-

Rechte Seite:
Leonardo da Vinci und Gehilfen,
Johannes der Täufer,
auch *Bacchus*.
Paris, Musée du Louvre.

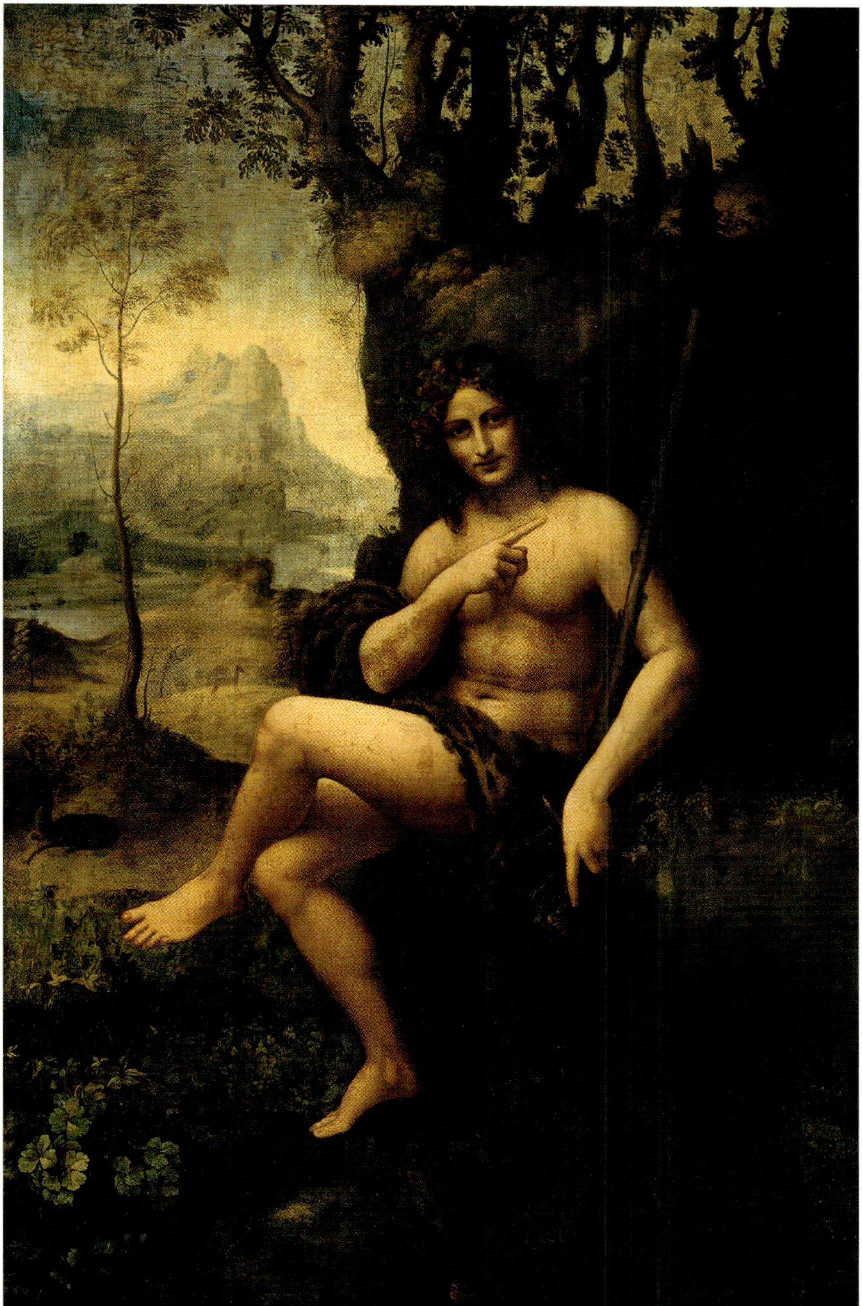

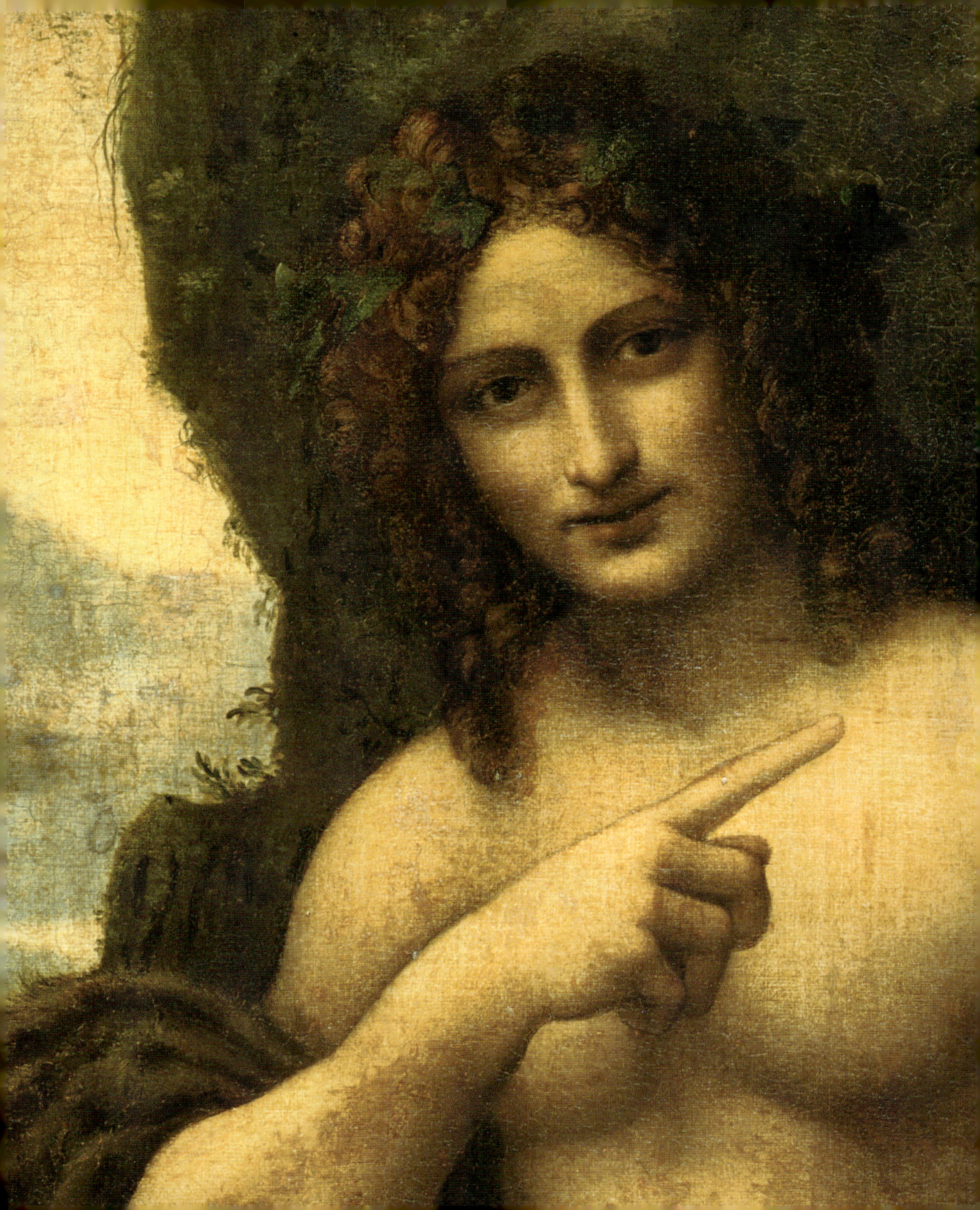

gewicht mit der Kraft und Leidenschaft der Phantasie aus den Angeln gehoben wird.

Die abstrakte Linearität, mit der Leonardo den Wasser- und Luftbewegungen eine Form gibt, verbindet sich mit dem klassischen mythologischen Repertoire: Neptun mit dem Dreizack, Äolus mit seinem blasenden und tönenden Gefolge, Verkörperungen, um die »Bewegung des Fells des Wassers« darzustellen. Wie in den späten *Sintflut*-Zeichnungen und seiner gleichzeitigen Beschreibung des Phänomens kehrt diese Verbindung wieder in dem letzten Gemälde *Johannes der Täufer* und den antikisierenden Zeichnungen von Köpfen im Profil. Es handelt sich also um weit mehr als darum, daß Leonardo die antike Bilderwelt lediglich in den Sinn gekommen wäre, während er an einer schematisierten Wiedergabe der Bewegung experimentierte. Die schematische Darstellungsform hatte vielmehr didaktische Gründe, so wie sich der Bezug auf die Antike durch die notwendige Suche nach guten Vorbildern und Lehrern rechtfertigte.

Leonardo war inzwischen weit entfernt von einer Methode der reinen Empirie, wie er sie noch Ende der neunziger Jahre des 15. Jahrhunderts betrieben hatte. Zu jener Zeit studierte er Reibung und Widerstand anhand von Körpern, die in Rotationsbewegungen versetzt wurden (Madrid, Biblioteca Nacional, *Codex 8937*). Die Beobachtung der rotierenden Körper rief eine radikale Wandlung im Zeichenstil Leonardos hervor: Er erfand ein graphisches Darstellungssystem von Strichen, die »der Form folgten«. Dieses System sollte sich als geeignet erweisen, die »Wende« zum Klassischen nach 1500 zu kennzeichnen.[33] Allerdings war in diesem Fall die graphische Wiedergabe der physischen Phänomene in absoluter Übereinstimmung mit der visuellen Erscheinung entstanden: die Rillen, die sich bei der gegenseitigen Reibung in die zylindrischen Körper eingruben, stimmten mit den gekrümmten Linien überein, mit denen Leonardo die konvexen oder konkaven Formen nachzog. Im Spätwerk aber schien ihm die Kunst nicht mehr Mittel zur wissenschaftlichen Erkenntnis zu sein, sondern einen veranschaulichenden, illustrativen Zweck zu haben.

Im Anschluß an die lange, berühmte Textpassage von 1513–1515 (Windsor, 12665 *verso*) mit dem bezeichnenden Titel »Eine Sintflut und ihre Darstellung durch die Malerei«[34], welche die gesamten Naturbeobachtungen enthält – von den Wasserstrudeln über die Auswirkungen des Windes, den Verhaltensweisen von verängstigten, flüchtenden Menschen und Tieren bis hin zur Problematik der künstlerischen Darstellung in der Malerei –, erklärt Leonardo seinem imaginären Gegner, wie es ihm gelang, den Wind wiederzugeben: »... darauf erwidere ich, daß nicht die Bewegung des Winds, sondern die der Dinge, die er durch die Luft befördert, das einzige ist, was man sieht.« Hier haben wir also eine Rechtfertigung für die schematisierte Darstellung der Bewegung: die wissenschaftliche Erklärung gibt dem Künstler das Recht, auch das darzustellen, was man nicht sieht. Die Kunst ist also nicht mehr nur Darstellung, die auf Wissenschaft beruht, sondern ein zugleich didaktisches und über das Wirkliche hinausgehendes Instrument. Auf diese Weise war

Linke Seite:
Leonardo da Vinci und Gehilfen,
Johannes der Täufer, auch
Bacchus (Ausschnitt).
Paris, Musée du Louvre.

es Leonardo möglich, den Rückbezug auf die Antike mit seiner Kunst- und Naturauffassung in Einklang zu bringen: Auch die antike Kunst hatte Konzepte von Schönheit geliefert, die über dem Wirklichen standen, über das tatsächlich Gegebene hinausgingen und die Natur übertrafen. Und deswegen verzeihen wir dem großen Künstler, wenn er es mitten in seiner detaillierten und naturalistischen Beschreibung der Sintflut für möglich hielt, daß die Stimmen schreiender Mütter, die eben ihre Kinder ertrinken sehen, nichts weiter sind als ein Echo, das den »Zorn der Götter« aufnimmt und weiterträgt.[35]

Anmerkungen

[1] Dieses Kapitel basiert auf meinem Vortrag von 1995 im Kulturwissenschaftlichen Institut in Essen. Er wurde in überarbeiteter und aktualisierter Form veröffentlicht in: *Raccolta Vinciana* Fasz. XXVII, 1997, S. 155–185.
[2] Zu den Landschaftszeichnungen in Windsor Castle, die in diesem Kapitel erwähnt werden, vgl. K. Clark, *The Drawings of Leonardo da Vinci in the Collection of Her Majesty the Queen at Windsor Castle,* (1935) zweite, unter Mitarbeit von C. Pedretti revidierte Ausgabe, London 1968–1969, *sub numeri*; außerdem C. Pedretti, *The Drawings and Miscellaneous Papers of Leonardo da Vinci in the Collection of Her Majesty the Queen at Windsor Castle,* Bd. I: Landscapes, Plants and Water Studies, London, New York 1982. Vgl. auch M. Kemp und J. Roberts, *Leonardo da Vinci,* London 1989, insb. Kapitel 4: »The Body of Earth and Body of Man«, Kapitel 5: »The Vortex« und Kapitel 6: »The Forces of Destruction«, S. 104–136.
[3] Zum *Codex Leicester* siehe C. Pedretti, *The Codex Hammer of Leonardo da Vinci. Translated into English and Annotated,* Los Angeles 1987; sowie R. Turner und C. Pedretti, *The Leonardo da Vinci Codex Hammer,* Auktionskatalog, Christie's, New York, Auktion 11. 11. 1994; beide Publikationen mit Bibliographie.
[4] E. H. Gombrich, »The Form of Movement in Water and Air«, in: *Leonardo's Legacy. An International Symposium,* hrsg. von C. O'Malley, Berkeley und Los Angeles 1969, S. 131–204, wieder abgedruckt in E. H. Gombrich, *The Heritage of Apelles. Studies in the Art of the Renaissance,* Oxford 1976. Zur Gruppe der *Sintflut*-Zeichnungen in Windsor und zur schematischen Darstellung der Bewegungen des Wassers siehe die bedeutende Untersuchung von F. Fehrenbach, »Licht und Wasser. Zur Dynamik naturphilosophischer Leitbilder im Werk Leonardo da Vincis«, in: *Tübinger Studien zur Archäologie und Kunstgeschichte* Bd. 16, Tübingen 1997, insb. S. 291–331.
[5] Vgl. C. Pedretti, »The Angel in the Flesh«, in: *Achademia Leonardi Vinci. Journal of Leonardo Studies and Bibliography of Vinciana* Bd. IV, 1991, S. 34–48, Taf. 14; ebda zum Zusammenhang zwischen *Johannes dem Täufer* im Louvre und dem verlorenen Werk »Engel der Verkündigung«.
[6] P. C. Marani, *Leonardo. Catalogo completo,* Florenz 1989, S. 118. Zu *Johannes dem Täufer* siehe E. Villata, »Il ›San Giovanni Battista‹ di Leonardo: un'ipotesi per la cronologia e la committenza«, in: *Raccolta Vinciana* Fasz. XXVII, 1997, S. 187–236, mit dem Vorschlag, das Werk um 1507 zu datieren.
[7] C. Pedretti, »The Angel ...«, a. a. O., 1991, S. 44, Anm. 39.
[8] M. Kemp, *Leonardo da Vinci. The Marvellous Works of Nature and Man,* London und Toronto 1981 (hier zit. nach der italienischen Ausgabe, Mailand 1982, S. 323).
[9] Ebda, 1982, S. 320. Die Notiz über das *lumen cinereum* des Mondes findet sich im *Codex Hammer,* fol. 2 A (2 *recto*), vgl. R. Turner und C. Pedretti, a. a. O., 1994, S. 53.
[10] M. Kemp, *Leonardo ...,* a. a. O., 1982, S. 323.
[11] *Ms C* (um 1490), Bibliothèque de l'Institut de France, Paris. Zum Zusammenhang zwischen der *Dame mit dem Hermelin* und den Studien zu Schatten und Licht im *Ms C* siehe P. C. Marani, »Leonardo pittore a Milano 1482–1499«, in: *La pittura in Lombardia. Il Quattrocento,* hrsg. von V. Terraroli, Mailand 1994, S. 331–334.
[12] Vgl. M. Kemp, »The Crisis of Received Wisdom in Leonardo's Late Thought«, in: *Leonardo e l'età della ragione,* hrsg. von E. Bellone, P. Rossi, Mailand 1982, S. 27–42, und Abb. 2 a. S. 40. Die Zeichnung wird von C. Pedretti um 1490 datiert (*The Codex Atlanticus of Leonardo da Vinci. A Catalogue of Its Newly Restored Sheets, Part Two, Bd. VII-XII,* 1979, S. 183).
[13] Bereits Pedretti hatte die Locken, wie sie im *Johannes der Täufer* dargestellt sind, mit den

Zeichnungen zu den Bewegungen des Wassers verglichen (*Leonardo. A Study in Chronology and Style,* London 1973, S. 170).

[14] Windsor, Royal Library, fol. 12579 *recto,* um 1513: »Nota il moto del vello dell'acqua, il quale fa a uso de' capelli, che hanno due moti, de' quali l'uno attende al peso del vello, l'altro al liniamento delle volte: così l'acqua ha le sue volte revertiginose, delle quali una parte attende al impeto del corso principale, l'altro attende al moto incidente e refresso.« Vgl. A. M. Brizio, *Scritti scelti di Leonardo da Vinci,* Turin (1952) 1968, S. 538; dort allerdings irrtümlich »Nota il moto del *livello* ...«

[15] Über die nicht materielle Beschaffenheit der Grenzen der Körper und über Leonardos Beobachtungen dazu siehe A. Marinoni, »L'essere del nulla«, *I Lettura Vinciana* (1960); veröffentlicht auch in: *Leonardo da Vinci letto e commentato da* ..., hrsg. von P. Galluzzi, Florenz 1974, S. 7–28.

[16] Vgl. K. Clark, a. a. O., 1968–1969, Bd. I, S. 102–103. Die Zeichnung ist um 1513 zu datieren.

[17] Zum Bronzekopf des *Antinous* im Archäologischen Museum in Florenz, siehe M. Cristofani, in: *Palazzo Vecchio: Committenza e collezionismo mediceo,* Ausstellungskatalog, Florenz 1980, S. 29–30, Katalog Nr. 33. Zur Zeichnung in Windsor, Inv Nr. 12553 *recto* siehe Clark, *Drawings of Leonardo,* Bd. I, S. 102–103; die Zeichnung wird um 1513 datiert. Zur Kenntnis Leonardos antiker Skulpturen siehe Kapitel 5.

[18] Zu dieser Zeichnung, Oxford, Christ Church College, Inv. Nr. 0033, siehe Kapitel 5.

[19] *Ms G,* fol. 47, Paris, Bibliothèque de l'Institut de France; vgl. A. M. Brizio, a. a. O., (1952) 1968, S. 617.

[20] Vgl. A. Chastel, »Les limites du savoir scientifique chez Léonard de Vinci«, in: *Leonardo e l'età della ragione,* a. a. O., 1982, S. 7–12.

[21] *Trattato della pittura,* hrsg. von A. McMahon, Par. 686, Princeton 1957.

[22] A. M. Brizio, a. a. O., 1952, S. 609; P. C. Marani, Rezension zu M. Kemp, *Leonardo da Vinci. The Marvellous Works of Nature and Man,* in: *Annali dell'Istituto e Museo di Storia della Scienza* Bd. VII, 1982, S. 126 ff.

[23] C. U. 196 *recto, Das Buch von der Malerei:* Ludwig, *Quellenschriften* ..., a. a. O., V. Teil, Nr. 671, Bd. II, S. 79. Der Text wird von C. Pedretti um 1508–1510 datiert: *Leonardo on Painting. A Lost Book (Libro A),* Los Angeles 1964, Nr. 671. Vgl. ebenso A. Chastel, a. a. O., S. 11.

[24] M. Kemp, »The Crisis ...«, a. a. O., 1982, S. 27–42 und 51.

[25] Ebda, S. 51.

[26] Mailand, Biblioteca Ambrosiana, *Codex Atlanticus,* fol. 399 *recto* (früher fol. 147 r-b), siehe dazu A. M. Brizio, a. a. O., (1952) 1968, S. 238, und C. Pedretti, *The Codex Atlanticus ..., Part One, Vols. I–VI,* a. a. O., 1978. S. 191–192.

[27] Vgl. ebenso A. M. Brizio, a. a. O., (1952) 1968, S. 460; C. Pedretti, *The Codex Atlanticus ..., Part One, Vols. I–VI,* a. a. O., 1978, S. 248 (mit weiteren Literaturangaben).

[28] Material, das Leonardo sicherlich in das *Buch von der Malerei* (nach Leonardos Tod zusammengestellt von Francesco Melzi) aufgenommen hätte, vgl. *Leonardo on Painting. An Anthology of Writings by Leonardo da Vinci with a selection of documents relating to his career as an artist,* selected and translated by M. Kemp and M. Walker, New Haven und London 1989. Da hier die Materialien jedoch thematisch und nicht chronologisch geordnet und Abschnitte aus verschiedenen Handschriften außerdem miteinander verbunden sind, ist es nicht immer einfach, die Gedankengänge Leonardos zu rekonstruieren. Vgl. *Leonardo da Vinci. Libro di pittura. Codice Urbinate lat. 1270 nella Biblioteca Apostolica Vaticana,* hrsg. von C. Pedretti, kritische Transkription von C. Vecce, Florenz 1995.

[29] A. M. Brizio, a. a. O., (1952) 1968, S. 422.

[30] Vgl. K. Clark, *Landscape into Art,* London 1949; E. H. Gombrich, *The Form and Movement* ..., a. a. O., 1986, S. 73.

[31] Zu dieser und den im folgenden genannten Zeichnungen der *Diluvi* in Windsor siehe K. Clark, a. a. O., 1968–1969, *sub numeri.*

[32] Zum Wiederaufkommen des Dekorativen im Sinne Verrocchios in den späten Werken Leonardos siehe Kapitel 1; zu den Quellen von Leonardos *Diluvi,* insb. zur Beschreibung in *Ms G,* fol. 6 *verso,* und zur Zeichnung Windsor 12376 siehe F. Fehrenbach, a. a O., 1997, S. 297–304, der das Thema der *Sintflut* nicht nur mit Ovid und Dante in Zusammenhang bringt, sondern auch mit dem *Sturz des Phaeton,* auf den sich einige späte Zeichnungen Leonardos zu beziehen scheinen. Auf Blättern in Venedig, Gallerie dell'Accademia (fol. 233 und 259), und Windsor (Nr. 12581), sind tanzende Figuren und Nymphen dargestellt; im vorhergehenden Kapitel wurde schon darauf hingewiesen, daß hier Leonardos Antikenstudien zugrundeliegen könnten. Zu Leonardos Ovid-Kenntnissen siehe Kapitel 4, Anm. 42.

[33] Vgl. P. C. Marani, »Leonardo dalla scienza all'arte: un cambiamento di stile, gli antefatti, una cronologia«, in: *Fra Rinascimento, Manierismo e Realtà. Scritti di Storia dell'arte in memoria di Anna Maria Brizio,* hrsg. von P. C. Marani, Florenz 1984, S. 41–52.

[34] Transkription der Textpassage bei A. M. Brizio, a. a. O., (1952) 1958, S. 425–427; siehe auch den Hinweis von E. H. Gombrich, *The Form and the Movement* ..., a. a. O., 1986, S. 73.

[35] »O quante madri piangevano i sua annegati figlioli, quelli tenuti sopra le ginocchia, alzando le braccia aperte inverso il cielo e con voci, composte di diversi urlamenti, riprendeva l'ira delli dei«; J. P. Richter, *The Literary Works of Leonardo da Vinci,* Oxford (London 1939², London 1970³), Bd. 1, S. 354, Par. 608.

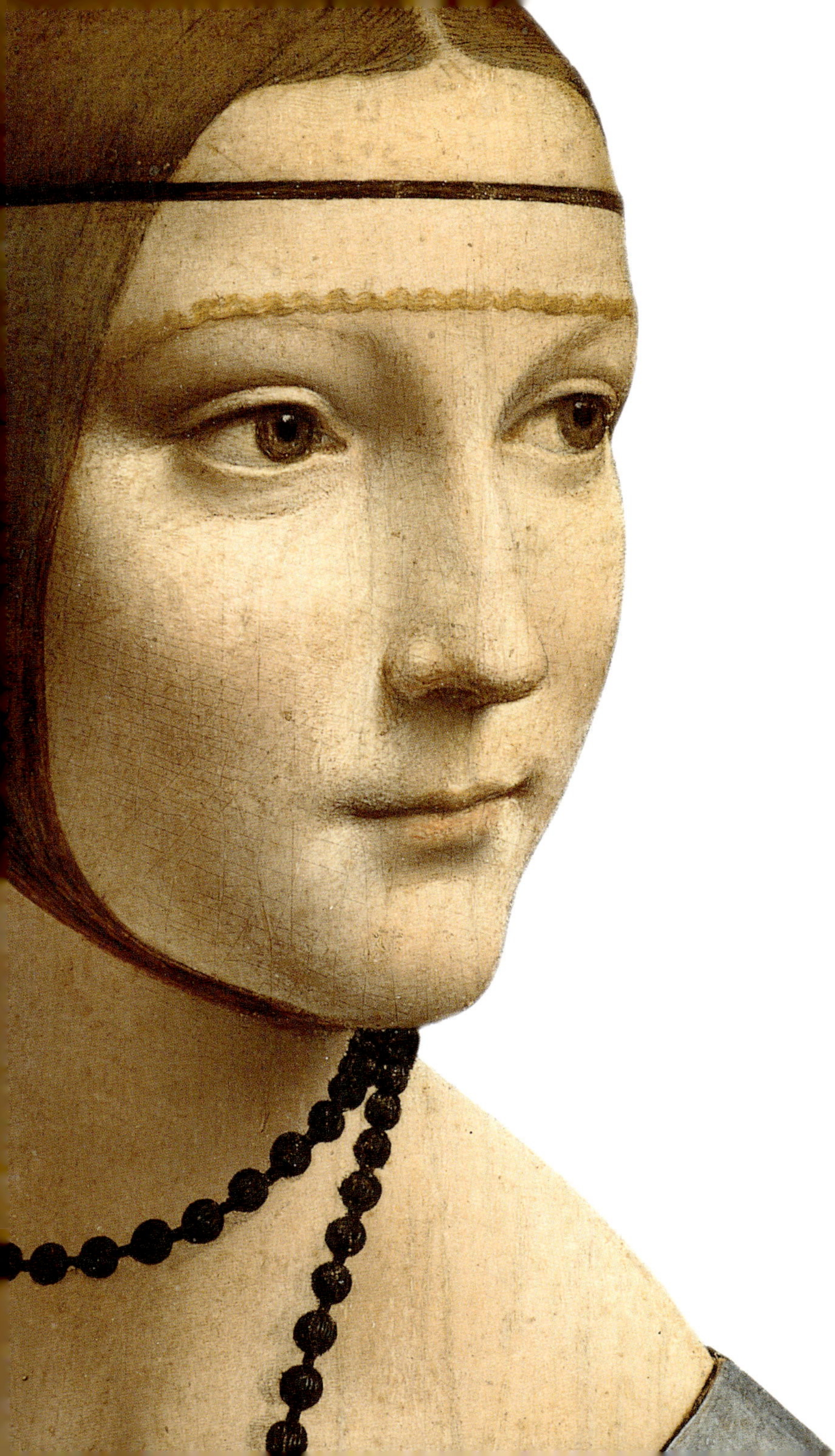

Anhang

Verzeichnis der Gemälde

Dieses Verzeichnis enthält alle Gemälde, die als eigenhändige Werke Leonardos betrachtet werden. Aufgenommen wurden außerdem die Werke, die zwar anderen Künstlern, zum Beispiel Verrocchio oder Malern, die in seiner Werkstatt arbeiteten, zugeschrieben werden, in denen sich aber Leonardos Hand identifizieren läßt.

1. *Madonna Dreyfus (Madonna mit dem Granatapfel)*
Öl auf Holz, 15,7 x 12,8 cm (Abb. S. 19)
Washington, National Gallery of Art, Kress Collection, Inv. Nr. 1144.
Provenienz: Sammlung Gustave Dreyfus; 1930 verkauft nach Duveen, New York; 1951 erworben von Samuel Kress, der das Gemälde später der National Gallery of Art in Washington schenkte.
Von Wihelm Suida und Bernhard Degenhart wurde das Werk Leonardo zugeschrieben, später Lorenzo di Credi oder der »Werkstatt des Andrea del Verrocchio«; in jüngster Zeit von Marani, Freedberg, Shell und kürzlich von Arasse (1997) wieder Leonardo zugewiesen. Es wird um 1469–1470 datiert.

2. *Madonna mit Kind und Engeln*
Öl auf Holz, 96,5 x 70,5 cm (Abb. S. 24)
London, National Gallery, Katalog Nr. 296.
Andrea del Verrocchio oder seiner Werkstatt zugeschrieben (Perugino wurde in Erwägung gezogen). Von Leonardo stammen mit hoher Wahrscheinlichkeit die Lilie in der Hand des linken Engels und der hoch aufragende Felsen im Hintergrund rechts.

3. *Madonna mit Kind*
Öl auf Holz, 74 x 46 cm (Abb. S. 28)
Berlin, Staatliche Museen Preußischer Kulturbesitz, Gemäldegalerie, Katalog Nr. 108.
Vor kurzem als Werk Verrocchios bestätigt, nachdem das Gemälde zuvor als Arbeit aus seiner Werkstatt, entweder von Ghirlandaio oder von Perugino, gegolten hatte. Leonardo könnte bei der Ausführung des Felsens am rechten Rand des Gemäldes beteiligt gewesen sein.

4. *Madonna mit Kind*
Öl auf Holz, 73,8 x 54,7 cm (Abb. S. 28)
Berlin, Staatliche Museen, Preußischer Kulturbesitz, Gemäldegalerie, Katalog Nr. 104 A.
Eines von wenigen Gemälden, die von der Forschung übereinstimmend als Werk Verrocchios anerkannt werden. Die Ausführung der Felsformationen des links im Hintergrund dargestellten Gebirges scheint von Leonardos Hand zu sein.

5. *Tobias und der Engel*
Öl auf Holz, 84 x 66 cm (Abb. S. 29)
London, National Gallery, Inv. Nr. 781.
Allgemein als Werk in der Nachfolge von Andrea del Verrocchio (Davies, 1961) oder eines Künstlers aus seiner Werkstatt angesehen. Bereits Suida wies 1954 darauf hin, daß der kleine Hund und der Fisch in der Hand des Tobias sehr wahrscheinlich von Leonardo stammen.

6. *Madonna mit der Nelke (Madonna mit Kind)*
Öl auf Holz, 62 x 47,5 cm (Abb. S. 35)
München, Alte Pinakothek, Inv. Nr. 7779 (1493).
Von der neueren Forschung übereinstimmend als Werk Leonardos anerkannt, mit Ausnahme von Gould (1975) und Wasserman (1975, 1982). Es wird in die Zeit zwischen 1473 und 1478 datiert; nur Ludwig Heinrich Heydenreich, der es für Leonardos erstes selbständiges Werk hält, nimmt folgerichtig eine Entstehungszeit um 1470 an.

7. *Bildnis der Ginevra de' Benci*
Tempera und Öl auf Holz, 38,5 x 36,7 cm (Abb. S. 39)
Washington, National Gallery of Art, Inv. Nr. 2326.
Provenienz: ehemals Wien, Sammlung Liechtenstein; 1967 erworben von der National Gallery of Art (Ailsa Mellon Bruce Fund), Washington.
Heute als Werk Leonardos von der Forschung allgemein anerkannt; frühere Zuschreibungen an Verrocchio, Ghirlandaio und Lorenzo di Credi. Aufgrund der Hochzeit Ginevras mit Luigi di Bernardo di Lapo Nicolini im Jahr 1474 wird das Portrait um 1474 oder in die Jahre 1475–1476 datiert (Fletcher, 1989).

8. *Verkündigung*
Öl und Tempera auf Holz, 98 x 217 cm (Abb. S. 49–50)
Florenz, Galleria degli Uffizi, Inv. Nr. 1618.
Provenienz: San Bartolomeo, Monteoliveto.
Früher Ghirlandaio zugeschrieben, in der heutigen Forschung jedoch allgemein als Werk Leonardos anerkannt und um 1472–1475 datiert.

9. *Verkündigung*
Tempera auf Holz, 16 x 60 cm (Abb. S. 68)
Paris, Musée du Louvre, Inv. Nr. 1602 A (1265).
Provenienz: Sammlung Campana, Rom; seit 1863 Musée du Louvre, Paris.
Vermutlich handelt es sich um einen Teil der Predella des Altars, der bei Verrocchio in Auftrag gegeben und von Lorenzo di Credi für den Dom von Pistoia ausgeführt wurde. Obwohl es unsicher ist, wer diese kleine Tafel ausgeführt hat, legt die Qualität in der Darstellung des Faltenwurfs und der Köpfe nahe, daß hier Leonardo eingegriffen hat. In der Forschung wurde dies allerdings häufig bestritten; Béguin (1983) schreibt sie beispielsweise Lorenzo di Credi zu.

10. *Taufe Christi*
Öl und Tempera auf Holz, 180 x 152 cm (Abb. S. 63)
Florenz, Galleria degli Uffizi, Inv. Nr. 8358.
Provenienz: Kloster San Salvi; danach Kloster Santa Verdiana; von dort aus Accademia di Belle Arti, Florenz; seit 1914 in den Uffizien, Florenz.
Albertini erwähnt einen »Engel von Leonardo da Vinci«, und Vasari berichtet später von der Mitarbeit Leonardos an einer Komposition, die Verrocchio begonnen habe. Die neuere Forschung datiert das Gemälde nicht in Leonardos Jugendwerk, sondern in die Jahre 1475–1478. Leonardo soll nicht nur den linken Engel ausgeführt, sondern auch die Landschaft im Hintergrund links und den Körper der Christusfigur überarbeitet haben.

11. *Hl. Hieronymus*
Tempera und Öl auf Holz, 103 x 75 cm (Abb. S. 97)
Rom, Pinacoteca Vaticana, Inv. Nr. 337 (151).
Provenienz: Salaì erbte das Gemälde und nahm es mit zurück nach Mailand, wo es sich noch 1525 befand. Später im Besitz von Angelica Kauffmann in Rom; dann in der Sammlung des Kardinals Fesch; zwischen 1846 und 1857 von Pius IX erworben.
Die Zuschreibung des Werks an Leonardo wurde nie in Zweifel gezogen. Es wird um 1480 datiert.

12. *Anbetung der Heiligen Drei Könige*
Öl auf Holz, 243 x 246 cm (Abb. S. 114)
Florenz, Galleria degli Uffizi, Inv. Nr. 1594.
Provenienz: im Besitz der Familie Benci; anschließend in der Sammlung Antonio und Giulio de' Medici: 1670 in der Galleria Medicea, Florenz, verzeichnet, dann aber in die Medici-Villa von Castello gelangt. Seit 1794 in den Uffizien in Florenz.

Die Zuschreibung des Werks an Leonardo wurde nie bestritten, da die Mönche von San Donato in Scopeto es 1481 bei ihm in Auftrag gegeben hatten.

13. *Madonna Benois (Madonna mit Kind)*
Öl auf Holz, auf Leinwand übertragen, 48 x 31 cm (Abb. S. 91)
Sankt Petersburg, Eremitage.
Provenienz: 1824 erworben von dem Kaufmann Sapoznikov in Astrachan; danach im Besitz der Familie Benois; seit 1914 in der Eremitage, Sankt Petersburg.
Die Zuschreibung an Leonardo wird heute allgemein anerkannt. Das Gemälde ist vielleicht eines der zwei Madonnen-Bilder, die Leonardo 1478 begonnen hatte und an denen er in den folgenden Jahren bis zu seiner Übersiedelung nach Mailand im Jahr 1482 weiterarbeitete.

14. *Madonna in der Felsengrotte* (erste Fassung)
Öl auf Holz, 199 x 122 cm (Abb. S. 126)
Paris, Musée du Louvre, Inv. Nr. 777 (1599).
Provenienz: 1625 wird das Bild in Fontainebleau erwähnt; von dort kam es in die Sammlung des Louvre in Paris.
Das Gemälde wurde am 25. April 1483 bei Leonardo und den Brüdern de' Predis in Auftrag gegeben. Seine Zuschreibung ist nie in Zweifel gezogen worden. Man datiert es heute übereinstimmend in die Jahre 1483–1486.

15. *Portrait eines Musikers* (Atalante Migliorotti?)
Öl auf Holz, 43 x 31 cm (Abb. S. 159)
Mailand, Pinacoteca Ambrosiana, Inv. Nr. 99.
Provenienz: seit 1672 in der Pinacoteca Ambrosiana verzeichnet.
Die Urheberschaft Leonardos ist in der neueren Forschung weitgehend anerkannt, nachdem sie früher häufig bestritten wurde. Der Portraitierte ist unterschiedlich identifiziert worden (Atalante Migliorotti, Josquin des Prez, Franchino Gaffurio u. a.). Das Portrait wird um 1485 datiert.

16. *Die Dame mit dem Hermelin* (Cecilia Gallerani?)
Öl auf Holz, 54,8 x 40,3 cm (Abb. S. 167)
Krakau, Muzeum Narodowe, Sammlung Czartoryski, Inv. Nr. 134.
Provenienz: von Adam Czartoryski Ende des 18. Jahrhunderts in Italien erworben. Es wird angenommen, daß das Bild entweder zu dem Teil der Sammlung Rudolfs II. in Prag gehörte, der in den Besitz der Christina von Schweden überging oder Bestandteil der Sammlung der Farnese in Rom war. Früher Boltraffio und de' Predis zugeschrieben, gilt das Portrait heute übereinstimmend als eigenhändiges Werk Leonardos. Kürzlich entdeckte Dokumente bestätigen eine Datierung des Gemäldes um 1488–1490. Die Portraitierte wird häufig als Cecilia Gallerani identifiziert.

17. *La belle Ferronnière*
Öl auf Holz, 62 x 44 cm (Abb. S. 179)
Paris, Musée du Louvre, Inv. Nr. 778 (1600).
Provenienz: erstmals 1642 in den königlichen Sammlungen in Fontainebleau erwähnt.
Leonardos Urheberschaft ist unumstritten; datiert wird das Bild zwischen 1490 und etwa 1495. Um welche Person es sich bei der Portraitierten handelt, ist unbekannt, überzeugend jedoch erscheint die Identifizierung mit Lucrezia Crivelli.

18. *Abendmahl*
Tempera und Öl auf zweischichtiger Grundierung: einer Schicht Bleiweiß und einer gröberen Schicht aus Kalziumkarbonat, aufgetragen auf den Verputz, 460 x 880 cm (Abb. S. 235–238)
Mailand, Santa Maria delle Grazie, Refektorium.
Die Zuschreibung war nie umstritten, doch Pedretti (1983) vermutet, daß Schüler Leonardos bei der Ausführung beteiligt waren. Die jüngste Restaurierung unter Leitung von Pinin Brambilla Barcilon, 1978–1999, hat viele eigenhändig ausgeführte Passagen in außergewöhnlicher Qualität sowie Spuren letzter Feinarbeit ans Licht gebracht: etwa das Gold auf dem Gewand des Judas und an anderen Stellen, der violette Lack auf dem Kragen des Matthäus, die Weißhöhungen im Faltenwurf und bei den Stilleben. Trotz des fragmentarischen Erhaltungszustands bestätigen sie, daß Leonardo für diese Malerei verantwortlich zeichnete. Das Wandgemälde wird in den Zeitraum zwischen 1494 und 1498 datiert, da es Luca Pacioli am 9. Februar 1498 für vollendet erklärte.

19. Blätter- und Fruchtgirlanden
als Umrahmung von vier (ehemals fünf) Lünetten mit den Wappen der Sforza
Tempera und Öl sowie Pinselzeichnung auf Verputz, Breite zwischen 225 cm und 335 cm (Mittellünette); (Abb. S. 223–225)
Mailand, Santa Maria delle Grazie, Refektorium.
Die Malerei wurde 1854 entdeckt. Von der Forschung als Arbeit Leonardos lange nicht erkannt, wurde sie von Bertelli (1983) und Marani (1990) in der Zuschreibung bestätigt. Datiert wird sie um 1494–1497 und vermutlich 1506–1508, mit späteren Übermalungen.

20. Bildnisse der herzoglichen Familie von Mailand
Pinsel- und Griffelzeichnung mit Pigmentspuren auf Verputz, Breite an der Basis jeweils etwa 90 cm
Mailand, Santa Maria delle Grazie, Refektorium: Wand mit der *Kreuzigung* von Giovanni Donato, genannt Il Montorfano.
Von Vasari, Lomazzo und Pater Gattico Leonardo zugeschrieben; in der heutigen Forschung von Pedretti, Bertelli und Marani bestätigt. Die Bildnisse werden nach 1495 (Datierung des Montorfano-Freskos) und vor 1498 datiert.

21. Baumstämme mit Ästen, Wurzeln und Felsen
Pinselzeichnung auf Verputz, Fragmente (Abb. S. 248–250)
Mailand, Castello Sforzesco, Sala delle Asse.
Die zwei Fragmente wurden Ende des 19. Jahrhunderts entdeckt, doch blieben sie unbeachtet, weil man sie nicht für ein Werk Leonardos hielt. Erst 1957 wurden sie erneut »wiederentdeckt« und einhellig als die einzigen Überreste der Dekoration von Leonardos Hand anerkannt. Sie werden um 1497–1498 datiert.

22. *Bildnis der Isabella d'Este*
Kohle, Rötel und gelbe Pastellkreide auf Papier, 63 x 46 cm (Abb. S. 174)
Paris, Musée du Louvre, Cabinet des Dessins, Inv. Nr. 753.
Provenienz: Sammlung Vallardi; seit 1860 im Louvre in Paris.
Nach früheren Zuschreibungen an Boltraffio wird das Portrait heute fast ausnahmslos Leonardo zugewiesen. Man datiert es in die Zeit zwischen Ende 1499 und Anfang 1500, als Leonardo sich in Mantua aufhielt.

23. *Madonna mit der Spindel*
Öl auf Holz, 48,3 x 36,9 cm
Drumlaring Castle, Sammlung des Herzogs von Buccleuch.
Pedretti und Kemp zählen das Gemälde seit kurzem zu den Werken, die in Teilen eigenhändig sind: von Leonardo sollen die Felsen im Vordergrund und die Köpfe Marias und des Jesuskindes stammen. Vielleicht ist es eines der Werke seiner Schüler, an die Leonardo letzte Hand angelegt hat. Florimond Robertet hatte ein Bild mit diesem Motiv bei Leonardo in Auftrag gegeben, der im April 1501 daran arbeitete. Siehe auch die folgende Nummer dieses Verzeichnisses.

24. *Madonna mit der Spindel*
Öl auf Holz, auf Leinwand übertragen und dann auf eine Holztafel aufgezogen, 50,2 x 36,4 cm
New York, Privatsammlung.
Provenienz: früher Sammlung Reford, Montreal.
Von Pedretti (1982) dem Werk Leonardos zugeordnet; nach Kemp (1992, 1994) soll Leonardo die Figuren ausgeführt haben.

25. *Hl. Anna Selbdritt* (»Burlington House-Karton«)
Schwarze Kreide, weiß gehöht, auf Papier, 141,5 x 104 cm (Abb. S. 263)
London, National Gallery, Inv. Nr. 6337.
Provenienz: bis 1721 in der Sammlung der Familie Arconati, Mailand; dann im Besitz der Familie Casnedi; von dieser der Familie Sagredo, Venedig, überlassen; 1763 an Robert Udny verkauft; gelangte von dort ins Burlington House; später in die Royal Academy, London. Seit 1966 National Gallery, London.
Die Zuschreibung des Kartons an Leonardo ist unbestritten. Über die Datierung herrscht dagegen keine Einigkeit: 1501(?) – etwa 1505 nach der italienischen Forschung; etwa 1506–1508 nach Pedretti und der angelsächsischen Forschung; lediglich Wasserman datiert ihn auf 1499.

26. *Madonna in der Felsengrotte* (zweite Fassung)
Öl auf Holz, 189,5 x 120 cm (Abb. S. 127)
London, National Gallery, Inv. Nr. 1093.
Provenienz: San Francesco Grande, Mailand; 1785 an Gavin Hamilton verkauft; danach Sammlung Lord Lansdowne; anschließend Sammlung Lord Suffolk; seit 1880 National Gallery, London.
Diese zweite Fassung der *Madonna in der Felsengrotte* – die erste befindet sich im Louvre – wird ganz oder teilweise Leonardos Werkstatt zugeschrieben. Zum großen Teil gilt sie als Werk von Leonardos Mitarbeitern, doch gelegentlich hat sicher Leonardo selbst eingegriffen: bei den Gesichtern von Maria und dem Engel und besonders an unvollendeten Stellen des Gemäldes deutlich zu erkennen. Die seitlichen Tafeln kamen später aus der Sammlung Melzi in Mailand hinzu. Das Gemälde wurde nach 1493 begonnen und war 1508 beinahe vollendet.

27. *Mona Lisa* oder *La Gioconda (Bildnis der Monna Lisa del Giocondo)*
Öl auf Holz, 77 x 53 cm (Abb. S. 189)
Paris, Musée du Louvre, Inv. Nr. 779 (1601).
Provenienz: 1517 (?) offensichtlich in Leonardos Atelier in Cloux (vgl. Dok. 94); Salaì erbte das Gemälde und nahm es mit nach Mailand. Seine Erben wiederum verkauften es im Jahr 1525. In einer Mailänder Archivalie wurde das Werk als »la Honda« (Gioconda) bezeichnet; nach Vasari (1568) in der Sammlung von Franz I. in Fontainebleau, wo Cassiano Dal Pozzo es 1625 sieht und auch erwähnt.
Es ist eines der wenigen Werke, die übereinstimmend als eigenhändig angesehen werden. Ob es allerdings bereits 1503–1504 begonnen wurde, ist noch ungeklärt. Aller Wahrscheinlichkeit nach hat Leonardo es in den Jahren um 1513–1514 vollendet.

28. *Mädchenkopf* (»La Scapiliata«)
Umbra, grünlicher Bernstein und Bleiweiß auf Holz, 24,6 x 21 cm
Parma, Pinacoteca Nazionale, Inv. Nr. 362.
Provenienz: möglicherweise im Besitz der Gonzaga in Mantua (dort anscheinend in den Inventaren von 1531 und von 1627 registriert). 1826 wurde es von den Erben des Malers Gaetano Callani der Accademia di Belle Arti in Parma angeboten; seit 1839 in der Galleria Palatina, Parma.
In der heutigen Forschung sind die Urheberschaft Leonardos und die Datierung um 1508 anerkannt.

29. *Johannes der Täufer*
Öl auf Holz, 69 x 57 cm (Abb. S. 317)
Paris, Musée du Louvre, Inv. Nr. 775 (1597).
Provenienz: 1517 befand es sich in Leonardos Atelier in Cloux (vgl. Dok. 94). Salaì brachte es nach Mailand, und nach 1525 müssen seine Erben es verkauft haben. Es gelangte in die Sammlung Everhard Jabachs, der es vor 1666 an Ludwig XIV. abtrat; aus dessen Sammlung kam es in den Louvre. Vielleicht wurde das Gemälde für Giovanni Benci (Villata, 1997) ausgeführt. Es wird in die Zeit des zweiten Aufenthalts Leonardos in Florenz datiert.

30. *Hl. Anna Selbdritt*
Öl auf Holz, 168 x 130 cm (Abb. S. 284)
Paris, Musée du Louvre, Inv. Nr. 776 (1598).
Provenienz: 1517 im Atelier Leonardos in Cloux erwähnt (vgl. Dok. 94); Salaì brachte das Gemälde nach Mailand; seine Schwestern verkauften es nach 1525; 1629 befand es sich in Casale Monferrato, wo es Kardinal Richelieu erwarb, der es 1636 Ludwig XIII. überließ.
Das stark beschädigte Gemälde muß Leonardo zugeschrieben werden; es wird um 1510–1513 datiert.

31. *Johannes der Täufer*, auch *Bacchus*
Tempera und Öl auf Holz, auf Leinwand übertragen, 177 x 115 cm (Abb. S. 331)
Paris, Musée du Louvre, Inv. Nr. 780 (1602).
Provenienz: Salaì erbte das Gemälde und nahm es mit zurück nach Mailand; nach 1525 wurde es verkauft; 1625 von Cassiano Dal Pozzo im Schloß Fontainebleau als »Johannes in der Wüste« vermerkt; 1695 wurde es als »Baccus dans un paisage« in den königlichen Sammlungen verzeichnet.
Das Bild gehört zu den umstrittensten Werken, doch dürfte es sich um ein Gemälde Leonardos aus den Jahren um 1510–1515 handeln, das später wesentlich verändert und übermalt wurde.

Verlorene Werke

1. *Drache*
Bemalter Rundschild, Jugendwerk
Vasari erwähnt einen Schild, den Ser Piero da Vinci an Florentiner Kaufleute verkauft haben soll, die ihn vermutlich an den Herzog von Mailand weiterveräußerten. In den erhaltenen Zeichnungen Leonardos finden sich keine Hinweise auf den Schild.

2. *Adam und Eva*
Karton für einen Wandteppich, Aquarell, Jugendwerk
Der Karton wird von Vasari und dem Anonymus Gaddiano eingehend beschrieben. Der Teppichentwurf war für den König von Portugal bestimmt, befand sich jedoch zu Vasaris Zeiten in der Sammlung von Ottaviano de' Medici. Eine Zeichnung von Francesco di Giorgio Martini, heute in Oxford, Christ Church College, zitiert vermutlich das Werk (Marani, 1989).

3. *Medusenhaupt*
Öl auf Holz, wahrscheinlich Jugendwerk
Sowohl der Anonymus Gaddiano (1540) als auch Vasari (1568) erwähnen das Werk. Im Jahr 1568 befand es sich in der *guardaroba* des Herzogs Cosimo de' Medici, später ging es verloren. Es wurde mit einem anderen Gemälde verwechselt, das sich im Besitz der Uffizien in Florenz befindet (Turner, 1983).

4. Altarbild für die Bernhardskapelle im Palazzo Vecchio, Florenz
Öl auf Holz
Am 10. Januar 1478 erhielt Leonardo den Auftrag für das Werk, das jedoch nie fertiggestellt wurde. Man kann annehmen, daß sich Leonardos originale Komposition unter einem Tafelbild von Filippino Lippi in den Uffizien in Florenz verbirgt.

5. *Salvator Mundi*
Wandmalerei, um 1495–1497 (?)
Pater V. M. Monti erwähnt das Werk, gemalt in einer Lünette über der Tür zwischen dem Kloster und der Kirche Santa Maria delle Grazie in Mailand. Wahrscheinlich im Jahr 1603 zerstört.

6. *Mariä Himmelfahrt mit den Heiligen Dominikus und Petrus von Verona sowie Ludovico il Moro und Beatrice d'Este*
Wandgemälde, um 1495–1497 (?)
Pater V. M. Monti und Pater Gattico erwähnen auch dieses Werk, als ausgeführt in einer Lünette über dem Hauptportal von Santa Maria delle Grazie, Mailand. Stark beschädigt, wurde es 1594 von Graziano Cossali übermalt.

7. *Die Schlacht von Anghiari*
Karton, Probegemälde auf Holz und Wandmalerei
Die Republik Florenz gab bei Leonardo das Wandgemälde für die Sala del Gran Consiglio im Palazzo Vecchio am 4. Mai 1504 in Auftrag. Der Karton und das Probegemälde auf Holz (durch einen Stich von Lorenzo Zacchia aus dem Jahr 1558 überliefert) sind verschollen. 1549 war das Wandgemälde noch zu sehen, ab 1563 wurde es von Vasari mit Fresken übermalt. Erhalten sind verschiedene eigenhändige Studien (Budapest, Szépmüvészeti Múzeum und Venedig, Gallerie dell'Accademia).

8. *Bacchus*
Gemälde
Am 1. April 1505 befand sich das Gemälde im Besitz von Anton Maria Pallavicini, denn mit diesem Datum forderte es der Herzog von Ferrara zurück. Bei dieser Gelegenheit erfährt man, daß es dem Kardinal von Rouen versprochen worden war. Es findet sich kein Hinweis in den überlieferten Zeichnungen Leonardos, doch einige Zeichnungen seiner Schüler bzw. seiner Nachfolge scheinen es aufzunehmen (siehe beispielweise eine Zeichnung von Boltraffio in den Uffizien in Florenz).

9. *Neptun*
Karton, um 1504–1505
Vasari beschreibt den Karton eingehend als ein Auftragswerk für Antonio Segni. Dessen Sohn schenkte es Giovanni Gaddi. Zwei Zeichnungen in Windsor geben einen Eindruck von dem Werk, ebenso eine, irrtümlich Michelangelo zugeschriebene, Zeichnung der Accademia Carrara in Bergamo.

10. *Leda*
Karton und Gemälde, um 1504–1508
Das Gemälde wird im Inventar von Salaìs Besitz nach dessen Tod (1525) als das wertvollste der von Leonardo geerbten Werke verzeichnet. Es befindet sich 1525 in Mailand, wird dort 1540 nochmals vom Anonymus Gaddiano und dann von Lomazzo (1584, 1587 und 1590) erwähnt. 1625 wird das Gemälde von Cassiano Dal Pozzo in Fontainebleau vermerkt. Es gibt zahlreiche Kopien von Leonardos Schülern, die jedoch auch nach dem Entwurfskarton entstanden sein können. Erhalten sind eigenhändige Studien Leonardos, die die Figur in aufrechter oder kniender Position zeigen.

11. *Engel der Verkündigung*
Gemälde, um 1510–1513 (?)
Vasari (1568) erwähnt das Gemälde im Palast des Herzogs Cosimo de' Medici. Überliefert ist es durch eine Reihe von Kopien (Basel, Sankt Petersburg) und durch Zeichnungen in Windsor und Venedig.

12. Weiblicher Halbakt (auch »Monna Vanna«, »Flora« oder »Colombina«)
Gemälde, 1513–1516
Das möglicherweise für Giuliano de' Medici ausgeführte Gemälde wird 1517 im Atelier Leonardos in Cloux erwähnt. Von dieser »nackten« Version der *Mona Lisa* entstand eine beachtliche Anzahl von Kopien; auf eine dieser Kopien, im Besitz von Salaì, bezieht sich ein Karton in Chantilly (siehe Brown und Oberhuber, 1978, S. 25–86).

Archivalien

zusammengestellt von Edoardo Villata

1. Archivio di Stato, Florenz, Notarile Antecosimiano P 389 (1391–1411), fol. 105 *verso*:
1452
Nachue vn mio nipote figliuolo di ser piero mio figliuolo adi 15 d'aprile. In sabato a ore 3 de notte. Ebbe nome lionardo batizollo prete piero di bartolomeo da uincj papino di nannj banttj meo di tonino piero di maluoltto nannj di uenzo arigho di giouannj todescho monna lisa di domenicho di brettone monna antonia di giuliano monna niccholosa del barna mona maria figliuola di nanni di uenzo monna pippa (*di nannj di uenzo*) di preuichone.

Bibliographie: E. Möller, 1939, S. 71–73.

2. Archivio di Stato, Florenz, Quartiere S. Spirito, Gonfalone Drago, filza 796, fol. 591 (weiteres Ex.: filza 795, fol. 502–503), 28. Februar 1457:
Una casa per mio abitare [Antonio da Vinci, Großvater Leonardos], posta nel popolo di S. Croce, comune di Vinci, contado di Firenze, nel borgo di detto castello, con orto apiccato con detta casa, di staiora 3 o circa ... Bocche: Antonio detto, d'anni 85; monna Lucia mia donna, d'anni 64; ser Piero mio figliuolo, d'anni 30; Francesco mio figliuolo, stassi in villa e non fa nulla, d'anni 22; Albiera donna di detto ser Piero d'anni 21; Lionardo figliuolo di detto ser Piero non legiptimo nato di lui et della Chaterina che al presente è donna d'Achattabriga di Piero del Vaccha da Vinci, d'anni 5.

Bibliographie: C. Amoretti, 1804, S. 7–9; G. Uzielli, 1896, Bd. I, S. 38–40.

3. Archivio di Stato, Florenz, Quartiere S. Spirito, Gonfalone Drago, filza 909, n. 239, fol. 498, 1469:
Figliuoli et redi di Antonio di ser piero di ser guido, quartiere santo Spirito. Gonfalone Drago. da vinci. Ser Piero da vinci sta al palagio ... Una casa per nostro habitare. Bocche: monna Lucia donna fu di detto Antonio di ser Piero di ser Guido d'età d'anni 74; ser Piero figluolo fu di detto Antonio d'età d'anni 40; Francesco figluolo fu di detto Antonio d'età d'anni 32; Franceschа donna di detto ser piero d'età d'anni 20; Allecsandra donna di detto Francescho d'età d'anni 26; Lionardo figluolo di detto ser Piero non legiptimo d'età d'anni 17.

Bibliographie: C. Amoretti, 1804, S. 14, Anm. 1; N. Smiraglia Scognamiglio, 1900, S. 135, Nr. V.

4. Florenz, Accademia di Belle Arti, Libro Rosso A, 1472–1520, fol. 93 *verso*:
Anno domini 1472.
Lyonardo di ser piero da vinci dipintore de'dare per tutto giugnio 1472 sol. sei per la gratia fatta d'ogni suo debito auessi choll'arte per insino a dì primo di luglio 1472 chome in questo a carte 2 .... soldi 6
e de'dare pella oferta del dì di Sancto Lucha a dì 18 d'ottobre 1472 sol. cinque e per ogni anno .... soldi 5
e de'dare pella souenzione e sosidio dell'arte per ogni anno sol. sedici pagando ogni mese sol. 1 den. 4 inchominciando a dì primo di luglio 1472 .... soldi 16
e de'dare per tutto nouembre 1472 sol. cinque per la sua posta fatta a dì 18 d'octobre 1472 .... soldi 5

Bibliographie: G. Uzielli, 1896, Bd. I, S. 45.

5. Archivio di Stato, Florenz, *Ufficiali di notte e monasteri, Deliberazioni*, parte II, fol. 41 *recto*:
Die viiij aprilis 1476
Tamburi infrascriptorum offitiali aperti sunt in presentia Tomasi de corsinis de Sancti Marci notarij actorum camere et mei notarij infrascripti et famulorum dicti offitij, in quibus reperte fuerunt infrascripte notificationes videlicet
Notifico a voi signori officiali come egli è cosa vera che Iacopo Saltarelli fratello carnale di Giovanni Saltarelli, sta con lui all'orafo in Vaccherеccia, dirimpetto al buco veste nero d'età d'anni 17 o circa el quale Iacopo va dietro a molte misserie et consente compiacere a quelle persone lo richieghono di simili tristizie et a questo modo à auuto a fare di molte cose cioè servito parecchie dozine di persone delle quali ne so buon date et al presente dico d'alchuno
Bartholomeo di Pasquino orafo sta in uacchereccia
Lionardo di ser piero dauinci sta con andrea deluerrochio
Baccino farsettaio sta in orsanmichele in quella uia che v'è due botteghe grandi di cimatori che ua alla loggia de' cierchi ha aperto bottega dinuouo di farsettaio
Lionardo tornabuoni dicto il teri veste nero
[Randbemerkung neben der Liste der Namen: *absoluti cum conditione ut retamburentur*]
Questi anno auuto a soddomitare decto Iacopo et così vi fo fede

6. *Ibidem*, fol. 51 *verso*:
mcccclxxvi die vii junij
Tamburi dictorum offitiali aperti sunt in presentia Tomasi de corsinis de sancti marcij notarij actorum camere et mei notarij infrascripti et famulorum dicti officij in quibus reperte fuerunt infrascripte notificationes videlicet
Iacobus de saltarellis facit se sogdomitare a pluribus maxime ab infrascriptis videlicet a
Leonardo pieri de vincio manet cun andrea del verrochio
Leonardo de tornabuonis alias el teri
Baccio farsettaio in orsanmichele
[am Rand hinzugefügt: *absoluti ut ret.*]

Bibliographie: N. Smiraglia Scognamiglio, 1896, S. 313–315.

7. Archivio di Stato, Florenz, *Deliberazioni dei Signori e Collegi, 1477–1478*, fol. 4:
1477 [i. e. 1478] die 10 mensis januarij
Non obstante quacumque alia locatione usque in hodiernum diem quomodocumque et qualitercumque et cuicumque facta locaverunt Leonardo ser pieri de vincio pictori ad pingendum et de nouo fabricandum tabulam altaris capelle Sancti Bernardi dicte Dominationis site in Palatio populi florentini cum ornamento qualitate modo et forma et pro pretio et aliis prout et sicut declarabitur per operarios dicti palatii pro tempore existentes quibus pertinet et spectat declaratio similium rerum.

8. *Ibidem*, fol. 26:
1477 [i. e. 1478] die 16 martij
Deliberauerunt quod camerarius Camere Armorum det et solvet Leonardo ser pieri de vincio pictori pro parte tabule altaris dicte Dominationis de nouo fabricande et pingende per dictum Leonardum florenos xxv largos.

Bibliographie: G. Milanesi, 1872, S. 227–228.

9. Archivio di Stato, Florenz, *Conventi soppressi, Convento di San Donato a Scopeto, Carte di S. Iacopo Sopr'Arno, Giornale e ricordi 1479–1482*, fol. 74:
[Juli 1481]
Lionardo di ser piero da vinci si à tolto a dipignere una nostra pala per l'altare magiore per infino di marzo 1480 la quale debba hauere compiuta infra mesi 24, uel al più infra mesi 30 et in caso non l'auessi compiuta perdessi quello n'auessi facto et fussi in nostra libertà di farne la volontà nostra per la quale de'hauere un terzo de una possessione in Valdelsa che fu di Simone padre di frate Francesco la quale lasciò con questo incarico: con questo che habino termine poi l'arà compiuta tre anni se noi la volessimo torre in noi per fiorini 300 di sugello et in questo predecto tempo non ne possa fare alcuno contracto et lui debba mettere di suo i colori l'oro et ogni altra spesa n'occorressi, e più debba pagare di suo tutto quello si spenderà per fare la dota di fior. 150 di sugello in sul Monte a la figliuola di Saluestro di Giovanni .... fior. 300
Anne avuto fior. Ventotto larghi a fare noi la sopradecta dota, perché lui disse non hauere il modo di farla, et il tempo passaua, et a noi ne veniua prejuidicio .... fior. 28 larghi
Et più de'dare per colori tolti per lui delli Iniesuati, che montò fior. Uno et mezzo larghi .... L. quattro sol. 3 den. 4
Fior. 1 fi, l. 4 s. 3 d. 4. A libro rosso c. 155.

10. *Ibidem*, fol. 75:
1481 luglio
M.o Lionardo dipintore per una soma di frasconi e una di legne grosse li mandamo in Firenze per dipintura fece de l'uriolo ...... l. I sol. 6

11. *Ibidem*, fol. 79:
1481 agosto 25
Lionardo da vinci dipintore de'dare a dì 25 detto l. 40 sol. 10 sono per una oncia di azurro di lire 4 l'oncia et per una oncia di giallolino comperamo agli Ingiesuati, come apare al Giornale segn. A c. 1 l. 4 s. 10 d.... Apare in questo c. 74

12. *Ibidem*, fol. 77 *verso*:
[zwischen 14. und 18. August 1481]
Lionardo di ser piero da vinci de'dare Moggia uno di grano, el quale gli portò el nostro vett[urino] adì detto a casa sua propria – st[aiora] 24 – grano – al libro rosso 154.

13. *Ibidem*, fol. 81 *verso*:
Septembre 1481 adì 28 M.o lionardo di ser piero da vinci de'dare a dì decto per uno barile di vino vermiglio ebbe qui a sancto donato ...

Bibliographie: G. Milanesi, 1872, S. 228–229; L. Beltrami, 1919, S. 7–9, nn. 16–19.

14. Archivio di Stato, Mailand, *Cimeli*, Cart. 1, fasc. 42.
Das Dokument, von dem eine Abschrift existiert, weist viele Lücken auf, weil sämtliche Blätter durch Feuchtigkeit beschädigt wurden, wodurch erhebliche Teile des Textes nicht mehr lesbar sind.
Die unleserlichen Teile sind hier durch Kursivierung gekennzeichnet, sie wurden nach der Ausgabe von Beltrami (1919) ergänzt, um den Lesefluß zu gewährleisten. Es muß allerdings bemerkt werden, daß der Text Beltramis seinerseits auf der Publikation von Biscaro (1910) beruht, er weicht von dem Dokument im Archivio di Stato ab und ist um einiges länger.
Indictione prima, die veneris vigesimo quinto mensis aprilis.
Nobiles et egregii Virii Domini Bartholomeus de Scharlionibus fq. D. Viviani, porte ticinensis par. S. Petri in caminadella M. prior capelle conceptionis beate Virginis Marie constructe in Ecclesia In nomine domini anno a nativitate eiusdem millesimo quadringentesimo octuagesimo tertio, Sancti Francisci M. ordinis minorum et una cum eo Nobiles domini Johannes *Antonius de Sancti Angelo fq. D. Bertolamei p. Vercelline par. S.* Johannis supra *murum, d. Lanzarotus de Incrosate* fq domini Johannis *p. tic. Par. S. Michaelis ad clusam, d.* Johannes de coyris fq *d. Azonis p. Verc. Par. S. Nicolai intus,* dominus Beltramus de *Platis fq. D. Antonii p. tic. Par. S. Viti, d. fra de Mantegatiis fq. d. Boschini p. tic. Par. S.* Ambrosij in solayrolo dominus *Luchinus de Palferris f. d.* Johannis pvps naboris et felicis *d. Simon de* barziis fq domini aluisij ptps laurentij *maioris* intus et dominus Jacobus de petrasancta *fq. d, Pauli* ptps vincentij in prato.
Omnes scollares et de consortio et uniuersitate aliorum dominorum scollarum dicte scolle suis nominibus proprijs et scollares et Item nomine et vice ac ad partem et utilitatem aliorum dominorum scollarium dicte scolle promisserunt habere ratum et non contrauenire etc. pro vna parte – Et dominus magister leonardus de vintijs filius domini petri florentinus *(Habitator in ciuitate mediolani)* pro una alia domini Euangelista et Johannes ambrosius fratres de prederijs domini leonardi ptps vincentij Inprato Intus pro una alia parte seu aliis pluribus et diuersis partibus et quilibet eorum In solidum Ita quod quilibet eorum In solidum teneatur et cum effectu conueniri possint cum renunciatione nouis constitutionibus ut infra.
Voluntarie sponte et ex certa animi scientia et non per aliquem errorem iuris nec facti et alias omnibus modo, iure, via, causa, et forma quibus magis et melius suis et dictis modis et nominibus quibus potuerint et possint.
Fecerunt et faciunt inter sese presentes et stipulantes suis et dictis modis et nominibus quibus supra, infrascripta pacta conuentiones *et acordia inviolabiliter attentenda et* obseruanda *inter dictas partes suis et dictis nominibus videlicet:*
Primo, quod prefati domini prior et scollares dicte scolle teneantur *et debeant ac obligati sint dare et* tradere anchonam *capelle suprascripte domine sancte Marie conceptionis constructe in dicta Ecclesia sancti Francisci M. dictis domino magistro* leonardo et dictis fratribus de prederijs *et cuilibet eorum ad fabricandum* per modum et formam Infrascripta

Predicti magister leonardus euangelista et Johannes ambrosius et quilibet eorum In solidum ut Infra teneantur et debeant ut promisserunt sub ob[ligatione] sui et omnium suorum bonorum ut infra et insolidum etc. sese fabricare dictam anchonam cum pactis modis et formis suprascriptis atendere obseruare adjnplere in omnibus et per omnia prout in dicta lista et quam Anchonam fabricatam modo et forma predictis predicti magister leonardus et dicti fratres de prederijs promisserunt dare dicte *scolle dictam anconam fornitam et fabricatam hinc ad festum conceptionis Beate Virginis Marie que erit die octavo mensis decembris proxime futuri, qua ancona fornita et fabricata ut supra et consignata ut supra prefati domini prior et scolares dicte scolle suis et dictis modis et nominibus quibus ut supra teneantur et debeant ac promisserunt et promittunt sub obligatione bonorum dicte scolle* pignori *dictis magistro* Leonardo *et* de *prederiis ibi presentibus, stipolantibus et recipientibus, dare, solvere et numerare pro* dicta fabrica-

tione *libras octocentum imp.[eriales] bone monete M.li currentis* et duos de scolaribus *dicte scolle qui eligantur per dictas partes post fabricationem* dicte Anchone quam Anchonam *predicti magister Leonardus et* dicti de prederijs teneantur *et debuant ac obligati sint facere et manutenere valoris et extimationis* ad dictum pretium librarum octocentum Imp. et melius laudatam per annos decem ad minus proxime futuros teneantur etc.
Pacto quod si accidet predictum magistrum leonardum recedere a presenti *civitate* mediolani ante fabricationem dicte anchone quod sit in ellectione *dictorum* dominorum prioris et scollarium dare et tradere dictam anchonam ad fabricandam alijs personis prout sibi videbitur absque eo quod dicti domini prior et scollares teneantur ad aliquid versus dictum magistrum leonardum nisi ad ratam illius operis quos reperietur fabricatum ut infra [?]
Item pacto quod predicti magister lecnardus et predicti de prederijs teneantur ac obligati sint accipere aurum pro fabricatione dicte anchone a prefatis dominis priore et scollaribus usque ad summam librarum trium et soldorum decem imp. Pro quolibet centenario auri et pro illo minore precio prout declarabitur et visum fuerit prefatis domini priori et scollaribus dicte scolle Ita quod prefati domini prior et scollares possint et valleant expendere in auro ad computum librarum trium et soldorum decem imp. pro quolibet centenario aurj.
Item pacto quod respectu dicti aurj quod dicti magister leonardus et fratres de prederijs in domo aliquibus eorum teneantur ponere in laborerio in dicto monasterio et respectu reliquorum possint facere et laborare ad eorum domum habitationis vel ubi voluerint et sibi placuerit.
Quas quidem libras octocentum imp. et ipsos quidem denarios prefati domini prior et scolares dicte scole promiserunt et promittunt obligando sese et omnia eorum ac dicte scolle bona mobilia et immobilia praesentia et futura pignori dicto magistro Leonardo et Evangelista et Johanni Ambrosio fratribus de Prederiis et cuilibet eorum ibi presentibus et stipulantibus et recipientibus ita quod ipsi debitores et quilibet eorum modis et formis predictis teneantur et debeant dare, solvere et numerare dictis magistro Leonardo et de Prederiis et cuilibet eorum in terminis et per terminos infrascriptos, videlicet libras centum imp. hinc ad calendas mensis *maii proxime futuri, libras quadraginta imp. omni* mense *post dictum mensem iulii exinde proxime futuri, donec sequuta erit integralis solutio de dictis libris* octocentum imp. *quo tempore* durante *prefati domini prior et scolares dicte scole* teneantur et debeant dare et *tradere seu dari et tradi facere aurum* de mense in mensem prout *accidet laborare quod quidem* pretium dicti auri computetur *et computare debeat in precio dictarum librarum* octocentum imp.
Solempniter presentes promisserunt attendere obseruare adimplere omnibus et per omnia et prout supra continetur.
Sub pena declaranda per venerabillem d. fratrem augustinum de ferrarijs guardianum dicti monasterij sancti francisci quem tenore presentis instrumenti eligerunt et deputauerunt ut supra.
Et extendatur in pactis executiuis etc.
Et presens Instrumentum pluries possit expleri etc.
Actum In monasterio sancti Francisci Mediolani in orto forasterie dicti monasterij presentibus donato et christophoro protonotariis.
Testes dominus daniel de coyris fq d Iohannis pvps nicholaj Intus et abondius de carabellis fq d Iohannis pvps petri Intus vineam M. notus augustinus de fondutis de crema filius d Johannis ptps maurellij M. omnes Idonei ciuitatis Mediolani

Jhesus

Lista de li hornamenti se ano a fare a lancona dela conceptione dela gloriosa vergene maria posta nela ghexia de sancto francesco in Milano.
I.o Vollemo che tuta lancona videlicet li capitolli deintaglie con li figure excepto li volti. ognia cossa sia posto adoro fino de pretio de libre iii. s. x per cent[enaro].
Item la *nostra dona nel mezo. sia la vesta. de sopra. brochato doro azurlo tramarino*
Item la *camora brocato doro de lacha fina in cremesi. a olio.*
Item la fodra *dela vesta brocato doro verdo a olio.*
Item li zarafini *posti da senaprio sgraffiati.*
Item lo deo. padre. la *vesta de sopra brocato doro azurro ultramarino.*
Item. li angelli sieno. hornati *de sopraoro. li camesi internisati in la fogia grecha a o[lio]*
Item. le montagne. esassi lauorati *a olio divisati de più collori.*
Item. li quadri. vodi sieno. angelli *iiii. per parte differentiati deluno quadro* e laltro vide-licet. Uno quadro che canteno *et l'altro che soneno.*
Item. in tucto. li altri capitolli doue. sia *la nostra. dona. sia ornata.* come. quella. de mezo. et li altre. figure grege. *hornati de diversi colori.* ala fogia. grega. o moderna. che sieno. in tucta perfectione *cossi li* caxamenti. montagne. suficte. Piani de dicti capitolli. et ognia cossa. facta ad olio. [mit anderer Tinte hinzugefügt:] et de reconzare lintagli che non stieno bene.
Item le sibillie hornati. li campi. facte. ad vna cuba. in forma de. caxamento. eli figure le veste. differentiate luna de laltra. tucte facte ad. olio.
Item. li cornixoni pilastrati capitelli et ognia intaglio. posto doro come. edicto de sopra. senza alchuno collore nel mezo.
Item. la tauolla de mezo facta. depenta in piano. la nostra dona. con lo suo fiollo. eli angolli. facta aolio in tucta. perfetione. con quelli doy. profecti vanno depenti piani. con li colori. fini come edicto de sopra.
Item. la bancheta. hornata. come li altri capitolli. de intorno.
Item tucti. li volti. elemane. ganbe. Che sono nude. sieno colorite. aolio. in tucta perfetione.
Item eLogo. Doue. eLo putino. sia messo doro lauorato. in guisa de gradiza.
Ego Bertolomeus scarlionus prior in testimonium ut supra subscripsi
Johannes antonius de sancto angello subscripsi.
Io lionardo da vincj in testimonio ut supra subscripsi.
Io Euangelista preya subscripsi.
Johanes ambrosius de predis subscripsi.

Bibliographie: G. Biscaro, 1910, S. 125–161; L. Beltrami, 1919, S. 12–20, nn. 23–24; J. Shell, in: *Zenale e Leonardo*, 1982, S. 67–69.

15. Archivio di Stato, Mailand, *Carteggio Sforzesco, Estero*, cart. 642: istruzioni del duca di Milano inviate tramite A. Terzago a Maffeo da Treviglio, ambasciatore presso Mattia Corvino.
... et perché hauemo inteso che la Sua Maestà se delecta multo de belle picture, presertim che habino in se qualche deuotione et trouandose de presente qua uno optimo pictore, al quale hauendo veduto experientia del ingenio suo non cognoscemo pare hauemo dato ordine cum epso pictore che ne facia una figura de Nostra Dona quanto bella excellente et diuota la sapia piu fare senza sparagno de spesa alcuna et se accinga ad lopera de presente, ne facia altro lauoro finche l'abia finita la quale poi mandaremo ad donare alla prefata Sua Maestà.
Datum Mediolani die xiij aprilis 1485
A. Terzagus

Bibliographie: Monumenta ..., 1877, S. 41.

16. Archivio di Stato, Florenz, *Archivio Mediceo avanti il Principato*, filza 50, n. 155:
Magnifico Laurentio de Medici maiori Florentie.
... El signor Lodovico è in animo di fare una degnia sepultura al padre et di già ha ordinato che Leonardo da Vinci ne facci il modello, cioè uno grandissimo cavallo di bronzo, suvi il duca Francesco armato: et perché Sua

Ex.tia vorrebbe fare una cosa in superlativo grado, m'a decto che per sua parte vi scriva che desiderrebbe voi gli mandassi uno maestro o dua, apti a tale opera: et per benché gli habbi commesso questa cosa in Leonardo da Vinci, non mi pare si consuli molto la sappi condurre ...
Raccomandandomivj. Papie xxii Julij 1489.
Petrus Alamannus Eques et orator.

Bibliographie: P. Müller-Walde, »Beiträge ...«, 1897, S. 92; L. Beltrami, 1919, S. 25, n. 36.

17. Mailand, Archivio Parrocchiale di Santa Maria presso San Satiro, *S. Satiro. Chiesa Fabbrica*, cart. 1, fasc. 1, n. 3:
1489 Adi ultimo dexembre

Debitori	in folio	lire
Maffeo da Valnexia	74	187.2.9
Andrea da Sellanova	74	5.0.0
Padoanino	78	61.12.0
Giovanpietro Raymondo Picapreda	78	42.3.0
Antonio da Brenna	78	18.0.0
d. Christoforo Vesconte	79	200.0.0
Antonio da Parma	79	7.11.0
Francesco da Cazinigha	79	234.18.0
m.ro Leonardo Fiorentino depinctore	79	58.13.0
Heredes quondam Antonio Biglia	79	13.0.0
Heredes quondam Giovanatonio da Lampugnano	80	16.0.0
Azurlo Fino	80	41.12.6
s. Aluiso da Cuxano	80	10.0.0
s. Piero da Crema	80	818.17.0
m.ro Antonio de Raymondi Pentore	81	6.0.0
Sacrastia	81	134.13.9
Heredes quondam Hector de Marchexi	81	12.0.0
Francesco da Brippio per l'ymagine d'argento	81	- -
Decima comprata	81	4.10.0.0
Petromartire da Ro	82	23.7.9
Antonio Pentore per lo Quadro	82	46.17.0
Filippino da Carbisagho	83	218.14.0
d. Giovanni de Bernardi a £ 10 per anno	84	29.16.0
Heredes quondam m. Ambrogio de Hectory	84	203.0.0
Heredes quondam Bonifatio de Castoldi	84	21.3.6
pr. Filippo de Porri Capelano de S.ta Barbara	85	30.10.0
Heredes quondam d. Angelo da Biragho	85	160.0.0
Heredes quondam Cristoforo da Biragho	86	4.0.0
Iacomino Vismara prestinaro	86	36.5.0
Scolari Madona S.ta Maria del Castelo	86	30.0
Heredes quondam Piero de Valnexia	86	14.0.0
Francesco da Meda	87	16.0.0
pr. Filippo de Capelli	87	27.0.0
Vincentio Gallina	88	13.11.0
Cristophoro et Cexaro de Ramberti	88	8.0.0
Ambrosio da	89	2.4.0
Bertholameo de Stramidi	89	3.18.0
Giovanantonio Amadeo picapreda	89	199.19.0
Antonio da Pandino	89	44.13.0
m. Bertholameo Brabantino depinctore	90	4.0.0
Ludovico e Fratelli de Mambretto	90	9.0.0
Aluise Dabia cimatore de Fustagni	90	12.11.0
pr. Cexare	91	13.0.0
Somma		3017.2.9

Bibliographie: G. B. Sannazzaro, 1993, S. 63–85.

18. Mailand, Archivio Parrocchiale di Santa Maria presso San Satiro, *S. Satiro, Chiesa Fabbrica*, cart. 1, fasc. 1, n. 3:
Adì ultimo dexembre 1490

Debitori	in folio	lire
...		
m.ro Leonardo Fiorentino depinctore	108	58.13.0
...		

Bibliographie: Annali della Fabbrica del Duomo ..., 1880, Bd. 3, S. 41; E. Verga, 1906, S. 35, n. 15; L. Beltrami, 1919, S. 23, n. 33.19. Archivio di Stato, Mailand, *Autografi*, cart. 102 n. 34:

19. [um 1491–1493]
Ill.mo et Ex. mo Signore. Alias li vostri fidelissimi seruitori Johanne Ambrosio preda et leonardo de vinci fiorentino se conueneno cum li Scolari della conceptione de sancto Francesco de Milano de farli una ancona de figure de releuo misa tuta de oro fino et vno quadro de una nostra dona depinta a olio et dui quadri cum dui Angeli grandi depinti similiter a olio: Cum che doueseno eligere ala extimatione de dicte opere dui de dicti Scolari et lo patre frate Augustino per lo tertio et facta dicta extimatione et montando dicte opere più de octocento libre de imperiali quale sono andate in spexe che dicti scolari fusseno obligati satisfare ali dicti supplicanti del suprapiù de dicte libre octocento supra secundo sarebe declarato per dicti tri. Et non obstante che dicte due opere siano de valore de ducati ccc: Como apare per una lista de dicti Supplicanti data a dicti scolari et che dicti supplicanti habiano instato cum li dicti commissarj vogliano fare la dicta extimatione cum lo suo sacramento Attamen non la voleno fare nisi de equitate volendo loro extimare la dicta nostra dona facta a olio per lo dicto florentino solum ducati xxv licet sia de valore de ducati cento, como apare per una lista de essi supplicanti et lo quale pretio de ducati Cento hano trouato da persone quale hano voluto comprare dicta nostra dona: ex quo sono astricti hauere recorso da V. S.
Supplicando humelmente ala prelibata V. S. che premissis attentis et che dicti Scolari non sono in talibus experti et quod cechus non iudicat de colore Se dignia prouedere senza più dilatione de tempo aut che dicti tri commissarij fazano secondu lo suo sacramento la extimatione de dicte due opere aut che siano electi dui extimatori in talibus experti videlicet uno per parte quali habiano ad extimare dicte due opere et che secundo la dicta extimatione sia statim per dicti Scolari satisfacto ali dicti Supplicanti aut che essi Scolari liasano ali dicti exponenti dicta nostra dona facta a olio, Conscierato che solum la dicta Ancona de releuo monta le dicte libre octocento imperiali quale hano hauto dicti suplicanti le quale sono andate in spexa ut supra como è juxto et conueniente et credono sia mente de V. Signoria alla quale se racomandano
[auf der Rückseite:] Supplicatio Johannis ambrosij de predis et Leonardij de vincijs florentini

Bibliographie: G. Biscaro, 1910, S. 155–156; L. Beltrami, 1919, S. 73–74, n. 120.

20. Archivio di Stato, Mailand, *Fondo Notarile*, not. Ippolito Montebretti, fol. 3525:

Die martis xxviiii mensis septembris [1495]. Magister Johannes Antonius de Como filius quondam domini nosentij pvps Martini ad corpus mediolani fecit et facit finem confessionem etc.
Magistro andree de carauazio filio magistri petri pnps Benedicti mediolani presenti et stippulanti ab omni et toto eo quod petere et consequi poterat potuisset et posset causa et occasione mercedis et operis pingendi quendam camerollum ipsi magistri andree extimatum librarum duodecim imperialium per magistros leonardum florentinum et franciscum de vaprio pictores quas extimationes ibidem dedit et restituit ipsi magistro andree
pro qua quidem fine et confessionem et liberationem contentus fuit et confessus recepisse et habuisse et ibidem presentialiter recepit et habuit eidem magister Johannes antonium a dicto magistro andrea libras tres et soldos quatordecim imperialium pro completa solutione dicti mercedis et operis pingendi ut supra
computatis etc. omnibus coloribus expensis cibariis et denariis datis etc. renuntiando etc.
promittens etc.
insuper mandauit et mandat dictus magister Johannes antonius magistro Johanni petro dela Turre depositario quatenus liber rellaxet ipsi magistro andree pignora eidem derobata ad instantiam suprascripti magistroi Johanni antonij mabdato domini vicarij prouixionis.
Actum in domo et apoteca suprascripti magister andree sita ut supra ...
Testes magister Johannes petrus de laturre fq domini gallasij notus. Johannes augustinus de sarretis de papia filius domini Bartolomei ambo pnps Benedicti mediolani et petrinus de bellonis de binascho filius stephani pnps stephani ad nusigiam mediolani omnes etc.

Bibliographie: J. Shell, 1993, S. 87–89.

21. Archivio di Stato, Mailand, *Autografi*, cart. 230, fasc. 7:
Ill.mo et Ex.mo s. mio. In executione de littere dela Ex.tia vostra ... Le gronde de Camerini de dreto de la Camera dela Torre se và dreto depingendo, et già glie dato el bixo et se farà alla similitudine de quello de rocha. La parete de fora via faro parendo alla ex.tia di depingere a quadranzini che farano bel vedere, vederò se in milano se atrouano le Collone per voltare el Transito dela piancheta et Atrouandoli non li mancaro de fare che la signoria v. lo atrouara alla venuta sua voltato et Coperto ...
Mediolani, die 14 nouembris 1495
fidelis sevus Ambrosius de Ferraris

Bibliographie: L. Beltrami, 1894, S. 491; L. Beltrami, 1919, S. 39, n. 67.

22a. Archivio di Stato, Mailand, *Autografi*, cart. 101, fasc. 16:
Mons.re. El pinctore quale pingeua li Camerini nostri hogi ha facto certo scandalo per el quale si è absentato: et hauendo noi adesso pensare ad altro pinctore per fornire l'opera e satisfare a quello de che si seruiuamo cum l'opera de questo chi è absentato intendendo che magistro Petro perusino si troua lì ce è parso darui cura de parlarli et intendere da luy s'el vole venire ad seruirci cum dirli che venendo li faremo condicione tale ch'el si potera bene accontentare. Ma in questo bisognira advertire ch'el non si trouasse obligato a quella Ill.ma Signoria perché in tale caso non intendemo farne parola anci s'el fosse qui lo vorriamo remandare lì: Et però risguardareti a questo et parlando ad epso magistro ce auisareti de quello ch'el ue respondera et sel vi parera si possa sperare de hauerlo.
Mediolani VIII Junij 1496
Ludovicus Maria Sfortia B. Calchus
Anglus Dux Mediolani etc

22b. Archivio di Stato, Mailand, *Autografi*, cart. 101, fasc. 16:
Mediol. 8 Junij 1496 D. Archiepiscopo mediolani.
El pinctore quale pingeua li Camerini nostri hogi ha facto certo scandalo per el quale si e absentato: et hauendo (*mo*) noi adesso pensare ad altro pinctore per fornire l'opera et satisfare a quello de che si (*han*) seruiuamo cum l'opera de questo chi e absentato (*ne e penso*) Intendendo che m.ro petro perusino si troua lì li ce e parso darui cura (*che vogliate*) de parlarli cum el dicto perusino et intendere da lui sel vole venir ad seruirci cum (*farli Intendere*) dirli che venendo li faremo condictione (*che*) tale chel si poterà ben accontentare. Ma in questo bisognarà (*ben*) aduertiate (*che che Intendemo questo torlo quando epso non*) ch'el non si trouasse obligato a quella Ill.ma Sig.a perche in tal caso non intendemo farne parola ad epso maestro ce auisereti de quello che ve respondera et sel vi parera (*possi*) si possa sperar de hauerlo.
Ludouicus maria Sfortia
Anglus Dux Mediolani.
B. Calchus

Bibliographie: G. D'Adda, 1875, S. 167–168; L. Beltrami, 1919, S. 40 n. 70.

23. Archivio di Stato, Mailand, *Autografi*, cart. 230 fasc. 17:
Ill.mo et Ex.mo s. mio
... Ali Camerini in capo del Zardino non li mancherò de solicitudine per fare che siano fornite ad Natale ...
ex Arce porte Jouis mediol. xij nouembris 1496
V.ro S.or Bernardinus de Curti Castellano

Bibliographie: P. Müller-Walde, 1897, S. 164; L. Beltrami, 1919, S. 41, n. 72.

24. Archivio di Stato, Mailand, *Registro delle missive*, 206bis:
Domino Marchesino Stange.
Noy ti hauemo dato la cura de mandare ed executione le cose che se contengono in la introclusa lista: et anchora che te ne habiamo facto commissione ad bocha nientedimeno per più satisfactione nostra hauemo voluto scriuere queste poche parole con dirte che si como hauemo hauemo summamente a core la expeditione de queste tali cosse cussì receueriamo singul.mo piacere da te quanto più presto ne farai vedere lo effecto per el quale te caricamo ad non volerli mancare de omne solicitudine et cosse necessarie perché habiamo ad restare satisfacti. Mediolani penultimo junij 1497.
Ludovicus M.a Sf.
B.C.
Memoria delle cose che ad fare M. Marchesino.
P.° de fare mettere el ducale de marmoro facto con le sue littere ad porta Ludouica poso el quale Ducale siano poste dieci medalie de bronzo con la testa del S. Duca.
Item de solicitare le prete quale vano alli edificij del stato et ad Mombrayo excepte quelle vanno nel Castello de Milano: de le quale ne ha cura m. Bernardino da corte et poso ciascaduna desse pietre siano poste dece medalie.
Item de vedere sel Gobbo oltra la sepultura potesse fare parte de laltare in l'anno presente per el quale se intenda se tutti li marmori li sono et se ne mancasse parte se mandino ad tore de presente a Venezia o carrara.
Item perch' la sepultura sia finita tutta in uno tempo se soliciti el gobbo ad lauorare el coperchio et ad attendere ad tutte le altre cose li vano. In modo che quando sera finito el Navello sij fornito el resto della sepultura.
Item de solicitare Leonardo fior.no perché finischa lopera del Refittorio delle Gratie principiata per attendere poi ad altra Fazada desso Refitto-

rio, et se faciano con luj li capituli sottoscripti de mane sua che lo obligano ad finirlo in quello tempo se conuenera con luj.
Item de sollicitare che se fornischa el portico de s.to Ambrosio al quale sono deputati li 200 ducati.
Item de sollicitare la medietate de laltro portico uts. Per il quale el S.r Duca li ha assignati 300 ducati.
Item de hauere tutti li più periti se trouino ne la architettura per examinare et fare fare uno modello per la fazada de S.ta maria da le gratie hauendo rispecto ad lalteza in la quale se ha ad ridurre la ecclesia proportionata alla capella grande.
Item la strata da corte el S. Duca ha dicto volerla vedere.
Item de fare far la testa della quondam m.na Duchessa per metterla in Medaya insieme con quella del S.
Item de fare aprire la porta che responde ad s.to marco et se intituli la porta Beatrice et se li facia mettere uno Ducale simile ad quello de porta ludouica Facendoli le littere al proposito per la p.ta Duchessa.
Item de fare solicitare el Broleto nouo ad cio sij fornito ad Calende de augusto prox.
Item de fare le littere adorate in marmoro negro che vano alli retrati della capella.
Mediolani penult.° junij 1497
Ludovicus Ma. Sf.
B.[artolomeo] C.[alco]

Bibliographie: F. Malaguzzi Valeri, II, 1915, S. 182; L. Beltrami, 1919, S. 43–44, n. 76.

25. Già *Libro del Capomastro ducale*, fol. 8–9:
1497. Item per lavori facti in lo refettorio, dove depinge Leonardo li Apostoli, con una finestra ....
....L. 37.16.5

Bibliographie: D. Pino, 1796, S. 15; L. Beltrami, 1919, S. 45, n. 77.

26. Archivio di Stato, Mailand, *Autografi*, cart. 102 fasc. 34:
Alo Ill.mo et Vn.co S.re mio lo ex.mo S.re Duca de Mediol.
Ill.mo et Ex.mo S.re mio.
Non hauendo Cosa alcuna necesaria de lauiso ala Ex.V. non gli tacero che li Ill.mi Figliolini soy tuti stano benissimo. Così lo R.mo Cardinal e che ali lauorerii de le gratie non si perde tempo alcuno per modo che Credo: atenderano li magistri ale promesse facte ...
Et a la bona gratia de la Ex. V. mi raccomando.
Mediolani 22 martij 1498.
De V. Ill.ma S.ria servullo Gualtero.

Bibliographie: P. Müller-Walde, 1897, S. 168; L. Beltrami, 1919, S. 49, n. 84.

27. Archivio di Stato, Mailand, *Autografi*, cart. 102, fasc. 34:
Ill.mo et Ex.mo S.re mio
Questa matina ritrouai lo magn.° oratore de ferara al qual fezi Intendere quanto la Excel.ia V.a mi Comisse: per la Imprestanza de li 50 homini de lo Ill.mo S.e don alfonso et la paga de li 150 ringratia la Ex.tia V.a.
A la Saleta negra se è facto quanto la Comisse: non solo ficto sul muro la Corona ma metutogli quella o vero parte se è remutata tuta de misura d'acordio messer Ambrosio con mag.ro leonardo per modo che la stae bene et non di perdera tempo afinirla ...
Datum Mediolani xx aprilis 1498. servul.lo Gualtero.
A lo Ill.mo et Unico S.r mio lo Ex.mo Sig. Duca de Milano etc.

Bibliographie: G. L. Calvi, *Architetti* ..., Teil III, 1869, S. 92; L. Beltrami, 1919, S. 49–50, n. 85.

28. Archivio di Stato, Mailand, *Autografi*, cart. 102, fasc. 34:
Ill.mo et Ex.mo S.re mio.
... A la saleta negra non si perde tempo. Lunedi si desarmara la Camera grande da le asse: Coe da la tore. M.ro Leonardo promete: finirla per tuto Septembre et che per questo si potra etiam goldere: perche li ponti chel fara (*fara*) lasarano vacuo de soto per tuto.
Domani se gli mandarano le littere se hanno aponere in la saletta con la forma de la petra: Jn duy modi per far quello che più piacera ala E.a V.a et credo sarà bene potendo a breuiare le lettere perché la tauola non potrà esser mancho de quella che è a le gratie del putino che pure è grande ...
Mediolani 21 aprilis 1498
Serul.lo Gualtero
[auf der Rückseite:] A lo Ill.mo et Unico S.r mio lo Exc.mo Sig. de Milano

Bibliographie: G. L. Calvi, *Architetti* ..., Teil III, 1869, S. 94.

29. Archivio di Stato, Mailand, *Autografi*, cart. 102, fasc. 34:
Ill.mo et Ex.mo S.re mio.
Per exeguire quanto me Comete la Ex. V. parlaro Con lo canzelere de marchese dal final ... per la Reductione De li fanti ad minor n. almancho sino a 25. Li Ill.mi Figliuolini soy stanno bene: messer lo texorero sta meglio ma molto stracho. Messer Bergonzo con la sua febbre alquanto in lizientia. La Camera granda da le asse è disconza et alo Camarino non si perde tempo et a la bona gratia de la Ex. V. mi racomando.
Mediolani 23 aprilis 1498.
De V.ra Ill.ma S. Servullo Gualtero.

Bibliographie: P. Müller-Walde, 1898, S. 19–20; L. Beltrami, 1919, S. 50, n. 87.

30. Archivio di Stato, Mantua, *Archivio Gonzaga*, Bd. II, 9, busta 2992, copialettere 9. N. 169. F. 54:
[26. April 1498]
Essendone hogi accaduto vedere certi belli retracti de man de Zoanne bellino siamo venute in ragionamento de le opere de Leonardo cum desiderio de vederle al parangone di queste hauemo et ricordandone che 'l v'ha retracta voi dal naturale vi pregamo che per il presente cauallaro quale mandiamo a posta per questo ne vogliati mandare esso retracto perche altra ultra che 'l ne satisfara al parangone vederemo anche voluntieri il vostro volto et subito facta la comparatione vi lo rimetteremo ...

Bibliographie: A. Luzio, 1887, S. 181; ders., 1888, S. 45; L. Beltrami, 1919, S. 51, n. 88.

31. Archivio di Stato, Mantua *Archivio Gonzaga*, serie E, XLIX, 2, busta 1615:
Ill.ma et Ex.ma D.na mea hon.ma Ho visto quanto la S.a V.a me ha scripto circa ad hauer caro de vedere el ritratto mio qual mando a quella et piu voluntiera lo mandaria quanto assomigliasse a me: et non creda gia la S.a V.a che proceda per difecto del maestro che in vero credo non se truoua allui un paro ma solo è per esser fatto esso ritratto in eta si imperfecta che io ho poi cambiata tutta quella effigie talmente che vedere epso et me tutto insieme non è alchuno che giudica esser fatto per me. Tuttauolta la S.a

V.a prego ad hauer caro el mio bon vollere che non solo el ritratto ma io sono aparechiata ad fare magior cosa per compiacere a quella alla quale sono deditissima schiaua et infinite volte me le reccomando.
Ex mediolano die 29 aprilis 1498
De la Ex. a V.a Serua
Scicilia Bergamini Visconta.

Bibliographie: A. Luzio, 1888, S. 45; L. Beltrami, 1919, S. 51, n. 89.

32a. Archivio di Stato, Mailand, *Autografi*, cart. 102, fol. 34:
Dux Mediolani etc. Leonardi Guincij Florentini pictoris celeberrimi virtutem nulli veterum pictorum tum nostro cum etiam peritissimorum judicio profecto cedentem ijs plane testantibus: que multifariam (*ac*) jussu nostro opera agressus est (*Longa testatura longo*) mirum artificis ingenium si (*opera*) consumauerit longe vberius testatura. Nos (*ade*) usque adeo promeruisse non inficiabimur: ut (*agnoscamus*) nisi eum aliquo muner ornauerimus parum nobis ipsis satisfacere posse censeamus: Igitur ut etiam sedis et mansionis apud nos sue quam nobis hactenus gratam gratiorem etiam futuram in dies confidimus initium faciamus. Tenore presentium (*ibidem*) ex certa scientia motu proprio et de potestatis nostre plenitudine omnibusque alias modo jure via causa et forma quibus validius et efficatius fieri potest eidem Leonardo ratione benemeritorum de nobis suorum et ad rarissime virtutis ornatum pro se ejusque filijs et discendentibus ac eius heredibus (*naturalis*) in infinitum et quibus dederit quouismodo damus concedimus et donamus titulo pure mere et irreuocabilis donationis inter viuos perticas numero sexdecim soli seu fundi eius vinee quam ab Abbatia seu monasterio sancti Victoris in suburbano porte vercelline huius inclite urbis Mediolani canonica et apostolica dispensatione intercedente proxime aquisiuimus ut in eo spatio soli pro eius arbitrio edificare colere hortos et etiam quidquid ei vel posteris eius vel quibus dederit ut supra libuerit facere et disponere possit de quibus perticis sexdecim Terre ita concessis terminos et circonstantias coherentes alteris nostris aperte declarabimus. Transferentes in ipsum Leonardum omnia jura omnesque actiones reales pesonales mixtas et ipothecarias utiles et directas nobis et camere nostre quomodocumque spectantes et pertinentes ac spectantia et pertinentia in dicto solo seu fundo vinee sibi ut supra concesso ac ipsum Leonardum procuratorem in rem propriam constituentes ipsumque ponentes ac ponimus in locum jus et statum nostrum pro dictis bonis ut dictum est donatis. Constituentesque nos eius nomine ipsorum bonorum possessionem tenere donec ipse eam corporaliter apprehendiderit cuius accipiende liberam ei ex nunc potestatem facimus. Et apprehensa possessione de ipso spatio vti frui gaudere et in eo coli facere et disponere pro ut sibi libuerit tamquam de re propria et pro ut nos possemus si presentem donationem non fecissimus supplentes omnem defectum (*tam juris quam fac*) cuiuslibet solemnitates tam juris quam facti que in premissis interuenire debuisset. Mandantes magistris Intratarum nostrarum utriusque Camere et ceteris omnibus officialibus Magistratibus et subditis nostris presentibus et futuris quibus spectet quatenus ipsum Leonardum ipsarum sexdecim perticarum terre vinee supradicte possessione ponantur et ipsum eiusque filios et descendentes et eius successores et quibus dederit sic libere disponere possit ut de re propria ut dictum est conseruet et has nostras concessionis et donationis litteras obseruent et faciant inuiolantes obseruari. In quorum fidem etc. Datum Mediolani die xxvj aprilis 1499.
Subscriptum Lodouicus Maria Sfortia et signatum Jo Ja. Ferufinus cum sigillo ducati in cera alba soluto.

32b. Archivio di Stato, Mailand, *Registro Panigarola* 15, fol. 182 *verso*–183 *recto*:
Littere donationis m.ri Leonardi Guintij Florentini
Ludouicus M.a sfortia anglus Dux mediolani etc: Papie anglerieque Comes ac Genue et Cremone Dominus. Leonardi Guintij Florentini pictoris celeberrimi virtute nulli veterum pictorum tum nostro cum etiam peritissimorum Juditio profecto cedentem ijs plane testantibus que multifariam Jussu nostro opera egressus est mirum artificis Ingenium si consumauerit longe vberius testatura: nos usque adeo promeruisse non Inficiabimus ut nisi eo aliquo munere ornauerimus parum nobis ipsis satisfacere posse censeamus. Igitur ut etiam sedis et mansionis apud nos sue quam nobis hactenus gratam gratiorem etiam futuram Indies confidimus Initium faciamus. Tenore presentium ex certa scientia motu proprio, et de potestatis nostre plenitudine, omnibusque alias modo Jure via causa et forma quibusque validius et efficacius fieri potest eidem Leonardo ratione benemeritorum de nobis suorum et ad rarissime virtutis ornatum. pro se eiusque filijs et descendentibus ac eius heredibus in futurum, et quibus dederit quouismodo damus concedimus et donamus titulo pure mere et Jnreuocabilis donationis Inter viuos perticas numero sexdecim soli seu fundi eius vinee quam ab Abbatia seu monastero S.i Victoris In suburbano porte vercelline huius Inclyte (*Ciuis* [?]) vrbis nostre mediolani. Canonica et apostolica dispensatione Intercedente proxime acquisiuimus, ut in eo spatio soli pro eius arbitrio edificare colere hortos, et quicquid ei vel posteris eius vel quibus dederit ut supra libuerit facere et disponere possit. Quibus perticis xvj terre ita concessis terminos et circumstantias coherentes alteris nostre aperte declarabimus. Transferentes in ipsum Leonardum omnia iura omnesque actiones reales personales mixtas et Ipotecarias vtiles et directas nobis et Camere nostre quomodo cumque spectantes et pertinentes ac spectantia et pertinentia in dicto solo seu fundo vinee sibi ut supra concesso: ac ipsum Leonardum procuratorem in rem propriam constituentes ipsumque ponentes et ponimus in locum Jus et statum nostrum pro dictis bonis ut dictum est donatis. Constituentesque nos eius nomine ipsorum bonorum possessionem tenere donec ipse eam corporaliter aprehenderit eius accipiende liberam ei ex nunc facimus potestatem: et aprehensa possessione de ipso spatio vti frui gaudere et in eo edificare et disponere prout sibi libuerit, tanquam de re propria, et prout nos possemus si presentem donationem non fecissemus: Supplentes omnem defectum cuiuslibet solemnitatis tam Iure quam facti. que In premissis Interuenire debuisset. Mandantes Magistris Intratarum nostrarum vtriusque Camere et ceteris omnibusque offitialibus magistratibus et subditis nostris presentis et futuris, quibus spectat: quatenus ipsum Leonardum in ipsarum xvi perticarum terre vinee predicte possessione ponant et ipsum eiusque filios et descendentes et eius successores et quibus dederit sic libere disponere possit ut de re propria, ut dictum est: et contratis [?] has nostras concessionis et donationis litteras obseuent et faciant Inuiolabiliter conseruari: In quorum fidem presentes fieri Jussimus et registrari nostrique sigilli Impressione muniri. Datum mediolani. Die xxvj aprilis 1499. Subscripta Ludouicus Maria sfortia. Et signata Jo. Ja. Ferufinus. Cum sigillo ducali. In Cera alba soluto.

Bibliographie: C. Amoretti, 1804, S. 85 Anm. 1; G. L. Calvi, *Architetti ...*, Teil III, 1869, S. 94; L. Beltrami, 1919, S. 58–59, n. 95.

33. Archivio di Stato, Mailand, *Fondo di Religione*, cart. 1865:
Ludouicus maria sfortia anglus. Dux mediolani et papie Anglerieque Comes. Ac genue et Cremone dominus. Peculiari affectione et observantia religionem fratrum observantie. Sancti Dominici semper proscenti sumus: ob quam causam etiam monasterium sororum ordinis sancte catherine de senis de obseruantia conseruare ... per presentes donamus Concedimus et donamus presente Reverendo domino fratre Vincentio de Ca-

stronouo. Acceptante predictam donationem. nomine predicti monasterij de sororum [sic]: Transferrentes in ipsum monasterium et in pro eo agentes omnes actiones potestatem et Jure, que in ipsis Viginti quinque perticis terre sitis insit viam que est pennes fossatum Ciuitatis mediolani ab vna parte: et monasterium sancti victoris ex alia et partem eiusdem vinee quam donauimus Leonardo florentino pictori. ... Datum mediolani die duodecima Julij. Millesimo quadragintesimo nonagesimo nono. subscripta Ludouicus Sfortia et B. Calcus. Sigillata sigillo ducale in cera alba more solito.

Bibliographie: A. Osimo, 1983, S. 92 n. 7.

34. Archivio di Stato, Mantua, *Archivio Gonzaga*, serie E, XLV, busta 1439, fol. 55:
[Brief von Lorenzo Gusnasco da Pavia an Isabella d'Este, 13. März 1500]
E lè a Venecia Lionardo vinci el quale ma mostrato uno retrato de la S.a V.a che è molto naturale a quela sta tanto ben fato non è possibile melio.

Bibliographie: L. Beltrami, 1919, S. 63, n. 103.

35. Archivio di Stato, Mantua, *Archivio Gonzaga*, serie F II 9, busta 2993, copialettere 12, n. 80, fol. 28:
[Brief von Isabella d'Este] R.me Se leonardo fiorentino pictore se ritroua lì in Fiorenza pregamo la R. P. V. voglia informarse che vita è la sua cioè se là dato principio ad alcuna opera como ne è stato referto hauer facto et che opera è quella et se la crede che il debba fermarse qualche tempo lì tastandolo poi V. R. como sa lei sel pigliaria impresa de farne uno quadro nel nostro studio che quando se ne contentasse remetteressimo le inuentione et il tempo in arbitrio suo ma quando la lo ritrouasse renitente vedi almancho de indurlo a farne uno quadretto de la Madonna deuoto e dolce como è il suo naturale.
Apresso lo pregarà ad volerne mandare uno altro schizo del retracto nostro perocchè lo Ill.o S.e nostro consorte ha donato via quello chel ce lassò qua chel tutto haueremo non mancho grato de la R. V. che da esso Leonardo offerendome ...
Mantue xxvij martij 1501.

Bibliographie: L. Beltrami, 1919, S. 65, n. 106.

36. Archivio di Stato, Mantua, *Archivio Gonzaga*, serie E, XXVIII, 3, busta 1103:
Ill.ma et exc.ma domina d. nostra sing[u]lar. Hora ho hauuta vna di vostra exc.cia Et faro cum omni celerita et diligentia quanto quella me scriue. Ma per quanto me occorre. La uita di Leonardo e uaria et indeterminata forte siche pare uiuere a gornata. A facto solo dopoi che e ad firenci vno schizo in vno Cartone: finge vno christo bambino de eta cerca vno anno che vscindo quasi de bracci ad la mamma piglia vno agnello et pare che lo stringa. La mamma quasi leuandose de grembo ad s.ta Anna piglia el bambino per spicarlo dalo agnellino (animale immolatile) che significa la passione. S.ta Anna alquanto leuandose da sedere pare che uoglia retenere la figliola che non spica el bambino da lo agnellino. Che forsi uole figurare la chiesa che non uorebbe fussi impedita la passione di christo. Et sono queste figure grande al naturale ma stano in picolo cartone perche Tutte o sedeno o stano curue et una stae alquanto dinanti ad laltra uerso la man sinistra. Et questo schizo ancora non e finito. Altro non ha facto senon che dui suoi garzoni fano retrati et lui ale uolte in alcuno mette mano. Da opra forte ad la geometria Impacientissimo al pennello. Questo scriuo solo per che v. ex.cia sapia chio ho hauute le sue. Faro lopra et presto daro aduiso ad v. ex. ad la quale mi racomando. et prego dio la Conserui in la sua gra.tia
Florentie 3 aprillis M. D. i
V. Ex. D.

Seruus Fr. Petrus Noualar.
Obs. Carm.e vic. G.

[auf der Rückseite:] Ill.me et Exc.me D. dne
Isabelle Marchion.
Mantue domine et
benefactrici Singular.

Bibliographie: A. Luzio, 1887, S. 32–33; L. Beltrami, 1919, S. 65–66, n. 107.

37. New York, Privatsammlung (ehemals Archivio di San Fedele a Milano):
Ill.ma et ex. D. domina nostra Sing. Questa septimana s.ta ho inteso la intentione de Leonardo pictore per mezo de Salai suo discipulo et de alcuni altri suoi affectionati li quali per farmila piu nota melo menorno el merchordi s.to. Insumma li suoi experimenti Mathematici lhano distracto tanto dal dipingere, che non puo patire el pennello. Pur me asegurai di farli intendere cum destreza el parere di V. ex. Prima como da me poi vedendolo molto disposto al uolere gratificare v. ex. per la humanita gli monstroe a Mantua, (*e se resolti*) gli disse el tutto liberamente. Rimase in questa Conclusione se si potea spiccare da la maesta del Re de Franza senza sua disgratia Como speraua ala piu longa fra meso vno: che seruirebbe piu presto v. ex. che persona del mondo. Mah che ad ogni modo fornito chegli hauesse vn quadretino che fa a uno Roberteto fauorito del Re de Franza, farebbe subito el retrato elo mandarebbe a v. ex.. Gli lasso dui boni sollicitadori. El quadretino che fa e vna Madona che sede como se volesse inaspare fusi, el Bambino posto el piede nel Canestrino dei fusi e ha preso laspo e mira atentamente que quattro raggi che sono in forma di Croce. E Como desideroso dessa Croce ride et tienla salda non la uolendo cedere ala Mama che pare gela uolia torre. Questo e quanto ho potuto fare cum lui. Heri forni la predica mia, dio voglia che faza tanto fructo quanto e stata Copiosamente udita. Son certificato de quanto altre uolte disse del frate a v. ex. Ala quale me recomando.
Florentie die 14 Aprilis 1501
V. Ex.

ser. Frater Petrus de
Nuuolaria Car.ne
Gen.

[auf der Rückseite:] Illustrissimae et Excellentissimae
dominae Isabella de Gonzaga, Marchionissa Mantue
domina et benefactrix singularis. Mantue.

Bibliographie: G. L. Calvi, *Architetti ...*, Teil III, 1869, S. 97; L. Beltrami, 1919, S. 66–67, n. 108.

38. Archivio di Stato, Mantua, *Archivio Gonzaga*, serie E, XXVIII, 3, busta 1103:
Ill.ma et Ex.ma D.na d. obseru.ma
La littera ad Leonardo firentino che a questi dì mindrizo la S.a V.a affine che fidatamente li desse bon recapito li consignai in man propria sua facendogli intendere sel volea respondere che dandomi le letterere le mandaria a saluamento a prefata S.a V.a: cusì mi rispose che faria lecto che lui hauesse epsa sua littera e finaliter soprastando al respondere mandai un mio a lui per intendere quel volea fare. Fecime rispondere che per hora

non li accadeua fare altra risposta a la S.a V.a se non ch'io la aduisasse che epso hauea dato principio ad fare quello che desideraua epsa S.a V.a da lui. Questo insoma è quanto io ho potuto retrare da decto Leonardo: se altro occore ch'io possa seruire la S.a V.a quella mi comande come a suo fidel seruitore a la qualle di continuo mi racomando. Quae foelix ac diu beneualeat.
Florentie ultimo julij 1501
Ill. D. V. seruit.
Manfredus de manfredis
ducalis orator.

Bibliographie: A. Luzio, 1888, S. 182; L. Beltrami, 1919, S. 67–68, n. 110.

39. Archivio di Stato, Modena, *Cancelleria ducale estense*, dispacci degli ambasciatori a Milano, busta 19, Minute ducali a Giovanni Valla:
[Brief von Ercole I. d'Este an seinen Gesandten in Mailand, Giovanni Valla]
M. Zoanne. Hauendo nui ordinato chel se facesse la forma de terra per potere zetare uno cauallo de metallo da ponere suso la piaza qui de terra noua è accaduto chel maestro quale ge haueua dato principio è stato morto per modo che non vedemo come potiamo fare questa opera per non gli essere qui alcuno che sappia continuarla né finirla. Et essendo nui molto desiderosi de questo effecto et ricordandose che lì a Milano se ritroua facta la forma de uno Cauallo il quale il S.r Ludouico haueua in animo di fare zetare, la quale forma fu facta per uno M.ro Leonardo quale è bono maestro in simile cosa: hauemo pensato che non se adoperando epsa forma là oltre la seria bona et apta per zetare questo nostro Cauallo: per tanto volemo che subito siati cum el R.mo et Ill.mo Cardinale Rohano et che factoli intendere questo nostro bisogno pregiati sua S.a R.ma che quando lei non ne habia bisogno voglia esser contenta di farne dare dicta forma cum la quale noi faremo zetare dicto nostro cauallo quando sua S.a R.ma non ne habia bisogno perche non voressemo incomodarla de cosa alcuna de la quale la aprehendesse piacere se ben se persuademo che epsa non pensi molto a tale opera. Cum subiungerli che tale cosa mi sara summamente grata per li rispecti antedicti et lo ascriueremo a singulare piacere et contenteza. Ricordandoue che dicta forma quale è lie a Milano come hauemo dicto ognidie se va guastando perche non se ne ha cura: et quando il prefato R.mo Mons.r sia contento de farme questo al piacere come speremo che sara contenta sua S.a R.ma vui subito ce ne darete aduiso perche nui manderemo persona a posta che hauera cura de fare condure in qua dicta forma cum quella dextreza et bon modo che se conuiene perche la non se guasti: et non manchati di fare circa ciò ogni bono officio perche siamo compiaciuti de sua R.ma S.a ala quale ne offerireti et raccomandereti. Ferrarie 19 septembris 1501.

Bibliographie: G. Campori, 1865, S. 5–7; L. Beltrami, 1919, S. 68–69 n. 111.

40. Archivio di Stato, Modena, *Cancelleria Ducale estense*, dispacci degli ambasciatori a Milano, busta 19:
[Antwort von Giovanni Valla an Ercole I., 24. September 1501]
Oggi ho facto lambassata al R.mo Mons.re Roano per il fatto de quella forma del cauallo che fece fare el S.re Ludouico et in effecto sua S.ria dice che quanto a lei le contentissima che la V.a S.a lhabia: ma che hauendolo veduto la M.ta del Re che la non si atentarebe daruelo se la non dicesse una parola al Re. Io confortarei la V.a S.a scriuesse a Bart.io de Caualeris che ne parlasse al Re che suno certo che la sua Maesta sara contenta.

Bibliographie: G. Campori, 1865, S. 8; L. Beltrami, 1919, S. 69, n. 112.

41. Archivio di Stato, Mantua, *Archivio Gonzaga*, serie F, II, 9, busta 2993, copialettere 13, n. 195, fol. 69 *verso*:
[Brief von Isabella d'Este an Francesco Malatesta, 3. Mai 1502]
Haueressimo piacere che li facesti vedere a qualche persona che ne auesse juditio como Lionardo depintore quale staseua a Milano che è nostro amico sel se ritroua adesso a Fiorenza aut altro che te parera intendendo el parere suo cossi circa la bellezza como il pretio.

Bibliographie: A. Luzio, 1888, S. 132; L. Beltrami, 1919, S. 70, n. 115.

42. Archivio di Stato, Mantua, *Archivio Gonzaga*, serie E, XXVIII, 3, busta 1104:
Ill.ma Madona mia.
Per Alberto chaualaro mando a la S.a V.a li disegni de li vasi che quella me ha scripto per la sua de 2 del presente disegnati per iusta misura et choloriti de li proprij cholori ma non con el proprio lustro perche questo è imposibile a li depintori a saperlo fare. Et perche la S.a V.a possa ellegere quello che piu li piacera me parso mandar li disegni de tutti quattro li vasi: Li ho facti vedere a Leonardo vinci depintore si come la S.a V.a me scriue: esso li lauda molto tutti ma specialmente quello di christallo perche è tutto de un pezo integro e molto netto dal piede e coperchio in fora che è de argento sopra indorato et dice el prefato Leonardo che mai vide el mazor pezo. Quello do agata anchora li piace perche è cosa rara et è gran pezo et è uno pezo solo excepto el piede e coperchio che è pur dargento indorato ma è rotto si come la S.a V.a potra vedere per le virgule signate in el corpo di esso vaso.
Quello de diaspis simplice e uno pezo netto et integro et ha el piede come ho ditto de sopra de argento sopra dorato.
Quello de amatista ouuero diaspis si come Leonardo lo bateza che è di varie misture di cholorieti è trasparente ha el piede de oro masizo et ha tante perle et rubini intorno che sono indichate di presio de 150 duc. Questo molto piace a Leonardo per esser chosa noua et per la diuersita de cholori mirabile. Tutti hanno intagliato nel corpo del vaso littere majuschule che dimostrano el nome de Laurenzo Medice.
Circha a li precij de li vasi io non li posso far chalare piu di quello che ho scripto perche li venditori dichono che a loro li furono dati in pagamento per quello precio et che non ne vogliono perdere uno dinaro per rehauere el credito suo integro ...
Florentie 12 maij 1502.
Ill.ma D. V.
Seruitor Franciscus de malatestis

El vaso de christallo	duc. 350
El vaso de diaspis con perle e piede doro e rubini	duc. 240
El vaso de diaspis semplice	duc. 150
El vaso de agata	duc. 200

Bibliographie: A. Luzio, 1888, S. 182; L. Beltrami, 1919, S. 70–71, n. 116.

43. Archivio di Stato, Mailand, *Cimeli*, cart. 1, fasc. 42, n.3:
Imbreuiatura meij baptiste de Capitanis filius D. Anto. prps nicolaij Intus notari publici mediolani
In nomine Domini Anno a Natiuitate eiusdem millesimo quingentesimo tertio Indictione sexta die veneris xxiij mensis Junij
Cum sit quod alias per et Inter dominos priorem et scolares scole cenceptionis beate Virginis marie constructe in ecclesia sancti francisci mediolani suis nominibus proprijs ut scolares dicte scole pro quibus promisserunt de rato videlicet parte vna seu pluribus per d. magistrum leonardum de vinzijs de florentia florentinum parte vna alia et dominos

Euangelistam et Jo. Ambrosium frares de praderijs parte vna alia seu pluribus. Fecerunt Inter se se suis et dictis nominibus pacta et conuentiones Inuiolabiliter atendenda et obseruanda per et Inter dictas partes In quibus Inter cetera apparet sicut prefati domini prior et scolares dicte scole tenerentur et obligati essent dare et tradere dictis magistro leonardo Euangeliste et Jo. Ambrosio ad fabricandum ornandum et pingendum anchonam altaris seu capelle dicte scole conceptionis Iusta et secundum listam tenoris Infrascriptam in dicto Instrumento conuentionis et pactorum pro pretio librarum octocentum Imperialium et plurium pro ut declaratur per venerabilem D. fratrem augustinum de ferrarijs et duos ex scolaribus dicte scole elligendos per dictas partes vel prout in eo Instrumento pactorum reliquis rogatorum per D. Antonium de Capitaneis notarium mediolani die vigesimo quinto aprilis anni 1483 proximi preteriti seu anno et die in eo instrumento

Cumque sit quod prefati magistri leonardus et fratres de praderijs dictam anchonam fabricauerunt et ornauerunt Informa prout perspici possit, et ipsam anchonam Iam pluribus annis preteritis consignauerunt prefati D. priori et scolaribus Informa proans. prout Ibidem Infrascriptus ambrosius nomine ut Infra ad petitionem meij notari Infrascripti supp. ut dixit etc.

Cumque dictus Euangelista decesserit relicto dicto Jo. Ambrosio eius fratre legiptimo ac pariter relicto leonardo eius filio legiptimo et herede Insolidis.

Cumque abinde citra dictus magister leonardus florentinus se absentauit a presenti ciuitate et dominio mediolani, qua de causa ad supplicationem dicti D. Jo Ambrosij de prederijs absente fruetur [?] litere regie et duc. directis magnifico D. potestati mediolani effectus et continen. Subsequentis: In Nomine Domini amen millesimo quingentesimo tertio Indictione sexta die martis vigesimo octauo mensis martij in vesperis hora debita causarum coram vobis magnifico et generoso viro domino melchione pellera – honoratam potestatem ... ducat. mediolani, in hac parte commissario delegato per regias literas Inter partes Infrasciptas preclario sapient. et egregio legum doctore domino Baldesare de Insula eius vicario e locumtenente ac subdelegato prefati domini potestatis delega. per prefatoris litera sregias Inter partes Infrascriptas et vtroque eorum pro tribunali sedem. Super eorum solito bancho Iuridicho postato supra pallatio magno broleti noui communis mediolani vbi per vos more solito Iura redduntur per vestrum expertum officium. Comparuit et se presentauit personaliter Dominus Jo Ambrosius de praderijs et Ibidem coram prefatis dominis potestate et vicario commissarijs delegatis et subdelegatis videlicet et cum requestis [?] et sine preiuditio quorumcumque Iurarum suorum, et maxime omnium aliarum suarum prodiur.[?], produxit presentauit et exhibuit et producit presentat et exhibet Infrascriptas originales literas regias cum supplicationibus allegatis tenoris Infrascripti datum et signatum ut Infra ac sigillatum videlicet et solito regali sigillo in cera rubea more solito non rasas viciatas abolitas nec in aliqua sui parte suspectas sed prorsus omni vicio et suspecti carentur et obtentur ad supplicationem prefati domini Jo. Ambrosij per hoc in illis solis parte et partibus passibus punctis et articulis faciantur pro dicto domino Jo. Ambrosio tant. et non vltra, et petijt [?] et cum Infrascriptum requixiuit et petit et requirit a vobis prefatis domino potestate et vicario commissarijs delegatis et subdelegatis utsupra execut. Prefatarum litterarum regalium, et quod debuit [?] et debeant ipsas Infrascriptas litteras regias cum contentis [?] in eis extentis exequi et executionem mandare et jus facere et ministrare secundum formam et tenorem ipsarum Infrascriptarum litterarum regiarum et alia facere que in *(o eis)* juris libris fieri requirentur. Qui prefati domini potestas et vicarij commissarij delegati et subdelegati utsupra pro tribunali sedentur videlicet [?] cum omni debita reuerentia receptis et prolectis dictis Infrascriptis literis regalibus et supplicationis allegata quem obtulemur de Iustitiam faciendo et ministrando secundum formam et tenorem ipsarum Infrascriptarum literarum regiarum et faciendo eaque qui [sic] serenissimis rege et duce municipj [?] mediolani comissa sunt ut Infra et nomina positas [?] in Infrascripti s litteris et supplicatione nominarum seu agendis po eis quamuis singul s diebus et horis debitis donantis Infrascriptarum literarum regiarum Instrumentum sunt et comparunt coram prefatis dominis potestate et vicario commissarijs delegatis et subdelegatis videlicet ad videndum et audiendum prouedi in eam prefatarum litterarum regiarum et Jus partibus ministrare quarumquidem litterarum regiarum et suplicationis tenorem sequuntur ut Infra:

ludouicus dey gratia franchorum neapolis et Jerusalem rex, Dux mediolani etc. Dilecto nostro pretori mediolani salutem. Intelleximus per supplicationem anexam Jo. Ambrosij de prederijs pictoris mediolanensis cuius tenore considerato eam ac vos mitendam duximus et volumus ac sumarie cognoscatis de pactis Init s inter supplicantem et fratres scole sancte marie in supplicatione memorate, et satisfieri faciatis ipsis supplicantibus Iusta conuenta Inter eos, Dat. mediolani die nono martij 1503 regni nostro anno quinto per regem ducem mediolani ad rellationem consilij signat. Tristanus calchus, atergo Semphorianus et sigillat. vero et solito regali sigilo in cera rubea more solito.

Serenissime Rex. Usque de anno 1483: Inita fuerunt pacta Inter dominos scolares scole sancte marie conceptionis in ecclesia sancti francisci mediolani ex vna et euangelistam et Jo. Ambrosium de prederijs et leonardum de vinzijs florentino ex altera, continen. Quod dicti de prederijs teneantur fabricare et ornare anchonam ad altare prefate conceptionis Iusta listam in Instrumento dictorum pactorum, Instrumentum in quo Inter cetera continetur quod teneantur facere Imaginem beatissime virginis in tabula lignea plana depincta ad oleum cum omnimoda perfectione et quod pro predictis continentijs prefati domini scolares teneantur pro pretio et merchato et mercede numerare predictis de prederijs et mag.ro leonardo libras octocentum Imper. et illud plus quod declaratum foret per dominum fratrem Augustinum de ferrarijs profassum in dicta ecclesia sancti Francisci ac duos arbitros elligendos ex dictis scolaribus de quibus plenius constat in dicto Instrumento pactorum quod M[aiestati] v.[estre] exhibetur. verum ex parte dictorum de prederijs opus perfectum est nec superest nisi ut ab arbitros elligendos id ipsum extimetur et postmodum Iusta conuenta fiat satisfactio ipsis operarijs sed licet pluries hoc ipsum requxiuerunt ipsi de prederijs videlicet ut opus extimaretur ad effectum ut satisfactionem recipere possent atamen nunquam potuerant dictos scolares Inducere et conuenta seruare quia Imo quantum respectu tabule de quasupra reperto emptore sublata est omnis dificultas extimationis cum Jure cautum sit et tantum valet quantum vendi possit atamen adhuc negarunt alternatum facere vel pretium *(facere)* soluere vel tabulam pictori reddere extimantes ipsi pretium esse mercedem mercenarij diue virgini vacare ex equidem Iniquam et ab omni honestate alienum est. Qua propter supplicat R. M. V. Idem Jo. Ambrosius ad predicta Insolidum obligatus et qui opus perfecit utsupra quibus dignetur ad se euocari facere dictos scolares siue eorum procuratorem et sindicos et auditis eadem partibus prouidere quod Inter ipsas partes conuenta seruentur et quod predicti scolares alterum de duobus fatiant vel tabulam de qua supra restituant vel pretium ab emptoribus oblatum soluant aliter indebite dicti supplicantes priuati remanebunt mercede sua quod non creditur fore mentis R. M. V. cui se comitit etc.

Cumque sit ad Instantiam dicti D. Jo. Ambrosij de prederijs presentate fuentur prefate littere regie coram prefato domino potestate in quo ex initio [?] agen. Predictis D. priore et scolaribus dicte scole preposite fieri exequi quas prefatas litteras regias allegantes absentiam dicti magistri leonardi de venzijs et alijs deductis et oppositis in dictis exceptionibus et prout in actis prefatis d. potestatis apparet.

Modo in presentia mey notari et testimoniorum Infrascriptorum ad hoc specialiter vocatorum et rogatorum, Ambrosius de gaffurijs fq d. bellini

pnps victoris ad quadraginta martires mediolani. Sindichus et procurator et procuratoris nomine predictorum virorum [?] dominorum prioris et scolariorum scole conceptionis beate virgini marie constructe in ecclesia sancti francisci mediolani adfer [?] et alia speciali constitutione per Instrumentum Sindicorum rogatum per me notarium Infrascriptum notarium [sic] mediolani die vigesimo mensis nouembris anni 1496 et presenti anno et die medesimo [?] , Ibidem ad legiptimarj [?] persone siue in publico et autent., pro diut. cum oblatis copie ut ad effectum ne idem ambrosio dictis nominibus seu dictis dominis principalibus suis ullo unquam futuro tempore Imputari possit de aliqua culpa mora vel negligentia et ne Infrascriptus Mag.r leonardus de venzijs de florentia cui denuntiatur ut Infra prethendere possit aliquam Ignorantiam vel excusationem vel se aliqualiter excusare valeat seu queat, volens et Intendens dictus ambrosius dictis nominibus uti et gaudere benefficio statutorum comunis mediolani et alias omnibus modo iure via causa et forma quibus magis et melius dictis nominibus seu dictis dominis principalibus suis in aliquo nocere nec prejudicare possit.
Accessit ad domum solite habitationis dicti magistri leonardi de venzijs de florentia sita in curia arenghi mediolani videlicet in prps andree ad murum ruptum mediolani ubi tempore recessus dicti magistri leonardi habitabat nullis repertis personis sed repertahabitatione vachua.
Deinde accessit ad scallas pallatij broleti noui comunis mediolani et ad offitium gubernatorum statutorum comunis mediolani repertis et presentibus de notarijs dicti offitij gubernatorum deinde e...tibus et [?] de militibus [?] quod dictam scallam audientie et Intelligentur ... omniam formam et dispenxarum [?] futurarum comunis mediolani supra disponentibus et Ibidem in predictis locis et presentibus singularibus et debite refferebant repertis et presentibus ac audiuntur et Intelliguntur utsupra et utsupra et progura rellatis habita predictis ambobus de gaffurijs sindichus et procurator dictis nominibus. Duxit denuntiauit Inthimauit et notificauit per dictam denuntiam Inthimari et notificari predicto magistro lionardo et in predictis locis et partibus singularibus et debitis refferendo utsupra et utsupra prefatas litteras regias vna cum supplica anexa ac obtione [?] ad supplicam datam prefati ambrosij de prederijs qua prefatos dominos priorem et scolares dicte scole conceptionis utsupra prec.rio [?] exhibitur eandem litteram ac supplicam propositas post presentationem prefatarum litterarum regiarum cum regimino [?] legiptimarj personas prefatorum dominorum prioris et scolarorum scole et omnia et singula exinde secuta [?] cum contentis in eis cum quanta potuit et potest Instantia requixiuit et requiri a predicto magistro lionardo cui fit presens utsupra et in dictis locis et partibus singularibus et debite refferendo utsupra quatenus eundem ambrosium sindichum et procuratorem utsupra seu prefatos dominos principales suos av dicte scole releuare Indempnem et eius dictis nominibus ac dictis principalibus suis nomine quosupra bona Indempnia prestare a dicto Iohanne ambrosio et a predictis litteris et supplicatione ac secutis exinde et deinde comparire coram prefato domino potestate comissario delegato utsupra seu eius vicario ac locum tenentem et coram quocumque alio Jus anent. [?] et Judice ac comissario consultare et omnia quo et vbi expediuit ac necesse sit ac cum ... Infrascriptis procuratoribus adlocutis et Juribus de denarijs prolintataribus [?] et omnibus alijs et singulis ad similia opportunis et necessarijs ad excusandum releuandum Indempnem et Indempnia prestancum et conseruandum dicto ambrosio dictis nominibus ac dictos dominos principales suos a dicta lite mossa utsupra ac litteris regalibus et supplica ac plenitus exinde et ab aliis et singulis in eis quantis ac degnandum [?] connexis et eundem igitur [?] ... et que sequi possunt exinde et ad suscipiendum quod suscipiat in se et super se eius proprijs expensis dampnis et Interesse dicti magistri leonardi causa prefatarum litterarum regalium de contentis et constitutis [?] in eis ac emergentibus et dependentis exinde et hoc omnibus dicti magistri leonardi cui denuntiatur utsupra alioquin ipso omnibus dictis nominibus protestatur contra dicti magistri leonardi [sic] cui fit presens denuntia ut supra de alijs expensis dampnis et Interesse et quod non Intendit dictus ambrosius dictis nominibus nec dictos principales fare obligatum in aliquo versus dictum magistrum leonardum ... in prefatis litteris et supplica ... et proponendo [?] ... in alijs denuntijs videlicet vltima mora; offerens facere adempllere gerere et exercere mandare eaque ad ... tenetur et protestatur dictus ambrosius dictis nominibus proper eum non stat quamuis fienda fiant ut adimpleantur.
Et ad faciendum fidem de predictis et ad omnem bonum finem et effectum et alias omnibus utsupra et utsupra et impegnatis et siue perultio [?] quorumcumque Im. principalium dictis ambobus et max. omnium aliorum suarum pro dictis ipse ambrosius dictis nominibus produxit prestauit et exhibuit exhibitur prefatarum litterarum regiarum cum prefatis litteris Infrascriptis ac supplicis in ut supra Infrascripta cum ... in eis ac totum processum agitatum in causa prefatarum litterarum regiarum et hoc solum quod in illis presente et partibus passibus ... omnibus causis in qua quibus et Inquantis fuit et sanam [?] et esse et facere possunt per dictum ambrosium dictis nominibus ac dictos dominos principales suos Insuper ad vltra et de quibus quidem ... scripturis et processibus ac dictum Infrascriptum sindacatum de qua sit ... cum ... in eis dictus ambrosius dictis nominibus obtabit et offert fieri facere copiam predicto magistro lionardo cui denunciatur utsupra ...

Bibliographie: L. Beltrami, 1918; ders., 1919, S. 74–78, nn. 121–122.

44. Archivio di Stato, Florenz, *Signori e Collegi*, deliberazioni in forza d'ordinaria autorità, 105, fol. 106 *recto*:
[24. Oktober 1503]
Item dicti domini simul adunatj in senatis [?] deliberauerunt et preceperunt presenti (*mag.o*) massario eorum camera armorum quatenus tendat claues sale pape et aliarum habitationum an. d.cani Salonj leonardo ser pierj de vincio pro tempore quo videbitur dominationi predicte licite et ...

Bibliographie: G. Milanesi, in G. Vasari, IV, 1888, S. 43 nota; L. Beltrami, 1919, S. 81, n. 130.

45. Aus Niccolò Machiavelli, *Opere*, Bd. III, hrsg. von F. Gaeta, Turin 1984, S. 173–174:
Spectabili viro Nicholao de Machiavellis, secretario et mandatario florentino. Romae.

Ihesus, a dì 11 di novembre 1503.
Compare carissimo. Profitio! e veramente mona Marietta vostra non v'à ingannato, ché tutto sputato vi somiglia: Lionardo da Vinci non l'arebbe ritratto meglio ...
Compare, a voi mi racomando. E degnateci. Vostrissimo
Luca Ugolini, capitano.

Bibliographie: Niccolò Machiavelli, Bd. III, Ausgabe 1984, S. 173–174.

46. Archivio di Stato, Florenz, *Signori e Collegi*, Deliberazioni in forza d'ordinaria autorità, 107, fol. 3 *verso*:
1503 [1504] die viij januarij
... Item dicti dimini simul adunati in senatis deliberauerunt precipi Operariis opere sancte marie floris de florentia quatenus uisa presenti deliberatione Commodent eorum dominationi infrascripta lignamina expedentia ad conficiendum in Sala pape de florentia certum circa picturarum fiendarum per leonardum de uincio pro palatio dictorum dominorum:

et sint dicta lignamina illius qualitatis prout requisiti fuerint ex eorum parte per benedictum de buchis ad id ab eis deputatum et ad omnem eius requisitionem: Et de ipsis lignaminibus retineatur Computum per ipsos operarios ad hoc ut finita dicta pictura huiusmodi Commodatio legittime appareat: Que lignamina hec sunt videlicet.
Quattro piane: Quattro Correnti lunghi
Dieci pezi dimposte da impanchare
et Qualche pezo de spranghe da finestre

Bibliographie: G. Milanesi, in G. Vasari, IV, 1888, S. 43–44, Anm.; L. Beltrami, 1919, S. 82–83, n. 134.

47. Archivio dell'Opera di Santa Maria del Fiore, *Deliberazioni degli Operai*, 1496–1507, fol. 186 *recto*:
MDIII [1504] die xxv mensis januarij
Prefati operarij Viso qualiter statua vel seu dauid est quasi finita: et desiderantes eam locare et eidem dare locum commodum et congruum et tale locum tempore quo debet micti et mictenda est in tali loco esse debere locum solidum et resolidatum ex relatu michelangeli magistri dicti gigantis et Consulum artis lane: et desiderantes tale consilium mitti ad effectum et modum predictum: omni modo deliberauerunt conuocari et coadunari ad hoc ut eligatur dictus (*locus*) infrascriptos homines et architectores quorum nomina sunt ista et vulgariter notata et eorum dicta adnotaui de verbo ad verbum.

Andrea della robbia	Lorenzo della golpaja
betto buglioni	bonaccorso di bartoluccio
giouanni cornuola	saluestro gioiellieri
vante miniatore	michelangelo orafo
laraldo di palazzo	cosimo roselli
giouanni piffero	chimenti del tasso
francesco dandrea granaccio	sandro di botticello pittore
biagio pittore	giouanni alias vero giuliano et ant.° de s.to Gallo
piero di cosimo pittore	
guasparre orafo	andrea da monte a s. sauino [am Rand: è a genoua]
ludouico orafo e maestro di gietti	
El riccio orafo	lionardo da vinci
gallieno ricamatore	pietro perugino inpinti pittore
dauid dipintore	lorenzo di credi pittore
simon del pollajuolo	Bernardo della ciecha legnajolo
Philippo de philippo dipintore	

Comparuerunt dicti omnes supranominati in audientia dicte Opere et tanquam moniti ed aduocati a dictis operariis ad perihendum et deponendum dictum et voluntatem et locum dandum ubi et in quo ponenda est dicta statua: et a primo narranda de verbo ad verbum que retulerunt ex ore proprio vulgariter.
[Stellungnahme Leonardos:] Io confermo che stia nella loggia doue à detto giuliano in su el muricciuolo doue sappichano le spalliere allato el muro chon ornamento decente et in modo non guasti le cerimonie delli uffici.

Bibliographie: G. Gaye, II, 1840, S. 455–463; L. Beltrami, 1919, S. 83–84, n. 135.

48. Archivio di Stato, Florenz, *Operai di Palazzo*, fol. 59 *verso*–61 *verso*:
[28. Februar 1504]
A Giouandomenico di filippo cartolajo l. 26 s. 10 per una lisima et quaderni 18 di fogli a s. 12 et s. 11 el qiaderno ebbe lionardo dauincio per fare el cartone della sala e per quadratura et apianatura di decti fogli.
A Francesco et pulinari del garbo spetiali l. 40 s. 19 d. 9 per libbre 39. oncie 4 di cera bianca per inpannare finestre al palagio del podesta et della Sala del consiglio et per la finestra de frati et della Sala de Signori et tralle camere et a Dieci et altroue et trementina biacha spugna et altro et dato a lionardo dauincio.
A Meo del fontana cartolajo l. 4 s. 2 per 8 quaderni di fogli reali dati a lionardo dauinci per incartare finestre saluatiche a sancta maria nouella doue dipigne elcartone a s. 4 d. 10 el quaderno.
A Francesco et Lorenzo ruspoli linaiuoli l. xxj s. iiij d. 8 per braccia 8 fi di tela per impannare finestre in palagio de Signori et nella Sala del papa per fare lopera commessa allionardo dauincio et per uno lenzuolo et 3 teli dato a dcto lionardo per crlare el cartone.
A piero di zanobi funaiolo l. 25 s. 9 d. 8 per pezi 70 dasse dabeto per chiudere le finestre della sala del papa et per 100 bullecte dallanberchiare et auti el canapo dati a lionardo dauinci per fare el ponte al detto cartone.
a Bernardo dilucha buchi lignaiuolo l. 212 s. 15 per sej sportegli fatti nelle finestre della Sala del consiglio montaronno [?] l. 38 s. 16 et per puntellare el cartone di S. ma n.[ovell]a l. 29 et per fare el ponte Conlaschala et con tucti glingegnj necessarj et sue apartenenze fatto allion. dauinci nella Sala del papa per disegnare el cartone.
a Tano di domen.o lignaiuolo l. 13 s. 11 den. 6 per piu lignami dicto benedicto buchi per fare el punte et la schala allion. dauinci come apare il dicto giornale L. 13 s. 11 d.6
a Benedicto tornaquinci d. 3 s. 10 per vno legno dolmo et per fare uno subbio al ponte nella sala del papa a lion. dauinci come apare al detto Gior. L G. L. 3 d. 10
a M.ro Antonio di Giouannj muratore lire 16 s. 10 per opera di piu al suo per hauere rachoncio tutti e tecti di S.ta Ma Noua cioe della Sala etc. et per fare uno uscio alla Camera di lion. cha ua al dicto Cartone s. 18.
Lion. di Ser piero dauinci dipintore lire 140 per parte di sua opera per conto aperto al dicto ciorno Sto Luc. L. 140 s. –

Bibliographie: G. Gaye, II, 1840, S. 88; L. Beltrami, 1919, S. 84–85, nn. 136–137.

49. Archivio di Stato, Florenz, *Signori e Collegi*, Deliberazioni in forza d'ordinaria autorità, 106, fol. 40 *verso*–41 *recto*:
1504 die iiij mensis Maij
Pro Leonardo de vincio.
Item dicti domini ... deliberauerunt etc. infrascriptam deliberationem infra uulgari sermone descriptam videlicet
Atteso e magnifici et excelsi Signorj Priorj di Liberta et Gonfaloniere di giustizia del popolo fiorentino Come hauendo piu mesi fa Lionardo di Ser piero da uinci cittadino fiorentino tolto adipignere uno quadro della Sala del consiglio grande Et sendoci de gia per detto Lionardo cominciata tal pictura in sur un Cartone Et hauendo etiam per tal Cagione presi ff xxxv lar. doro in oro: Et desiderando eprefati magnifici Signori che tale opera si conducha quanto piu presto sipuo al suo Desiderato fine et che a detto Leonardo si paghi per tal conto di tempo in tempo qualche somma do denarj: Pero eprefati magnifici Signorj seruatis [?] deliberorono etc. che il detto l.do da uinci debba hauere interamente finito di dipignere el detto cartone et rechatolo alla sua intera perfetione per insino atutto el mese di febbraio proxime futuro 1504 ogni exceptione et gauillatione rimossa: Et che al detto l.do si dia et paghi ff xv lar. doro in oro per ciascuno mese a buon conto Intendendosi cominciato el primo mese addi xx del mese daprile proximo passato: Et in caso che el detto l.do non habbia fra detto tempo finito detto Cartone allora eprefati magnifici S.rj lo possino constringere per qualunche modo opp.no alla intera restitutione di tutti quelli danari hauessj hauutj per conto di

tale opera insino a detto di: Et debba detto Lionardo quel tanto di cartone fusse facto rilasciarlo adettj magnifici Signori libero: Et che fra detto tempo che detto l.do si obbligha hauere fornito il disegno di detto Cartone: Et potrebbe essere che adetto Ldo uenissi bene cominciare adipignere et colorire nel muro della Sala detta quella parte che lui hauessi disegnata et fornita in detto Cartone pero sono contenti, quandi questo achaggia e prefati magnifici Signori darli quel salario ciascuno mese che sara conueniente per fare tale dipintura Et quello di che allora saranno d'accordo con detto l.do: Et cosi spendendo detto Lionardo tempo in dipignere insul muro detto, sono Contentj detti magnifici Signori prorogarli et allungharlj el tempo soprascripto fra il quale detto lionardo si obbligha affornire il cartone in quel modo et infine a quel termine che allora saranno d'accordo detti magnifici Signori et detto l.do fra quello tempo che lui ha preso a fornire el cartone, non hauessi occasione di dipignere in detto muro: ma seguitassj di finire tal Cartone secondo lobligo soprascripto allora son contentj dettj magnificj Signorj non potere tal cartone cosi disegnato et fornito: alloghare adipignere auno altro non alienarlo in alcuno modo da detto L.do, sanza espresso consenso suo ma lasciare fornire tal dipintur a L.do detto quando sia in termine da poterlo fare et dargliene a dipignere in sul muro per quella subuentione ciascuno mese che allora seranno dachordo et che sara Conueniente: Questo non dimeno sempre dichiarato che dettj fiorini xxxv lar. doro in oro riceuutj per detto L.do et tutto quello che per lo aduenire risceuera come di sopra sidice debba per contratto confessato hauere presi et promettere pigliarli per lo aduenire per conto et prezo della dicta pictura abuon conto di quello che sara dichiarato altra volta pe detti magnifici Signori pe tmpi existenti il detto L.do douere risceuere per prezo di detta pictura etc.
Qui Leonardus in continentj Constitutus in presentia mej notarij infrascripti et infrascriptorum testium Audito et intellecto et eidem verbo aduerbum per me notarium infrascriptum Vulgariter lecta suprascripta Deliberatione et omnibus in ea contentis, et volens tenerj ad predicta et infrascripta. Ideo sponte et ex certa scientia et omni meliorj modo per se et suos heredes etc. fuit confessus etc. recepisse suprascriptam quantitatem flor. xxxv lar. aurj in auro: Et promisit etc. dictis magnificis Dominis licet abentibus [?] et mihi eorum notario infrascripto ut pub. persen. Pro eis manjs [?] omne id quod in futurum recipiet vigore suprascripte Deliberationis recipere occasione et suo computo et modis et formis in suprascripta deliberatione contentis Et insuper etiam promisit dictis magnificis d. licet abentibus [?] et sibi eorum notis infrascriptis ad pub. sen. Pro ut recepisse abigentur [?] et ad deliberatione Contenta etc.
Actum in palatio dictorum magnificorum dominorum presentibus nicolao domini bernardi de machiauellis cancellario dictorum Dominorum et Marco ser Joannis de romena ciue florentino testibus etc.

Bibliographie: G. Milanesi, 1858, II, S. 137; L. Beltrami, 1919, S. 87–89, n. 140.

50. Archivio di Stato, Mantua, *Archivio Gonzaga*, serie F II, 9, busta 2994, copialettere 17, n. 55, fol. 19 *verso*:
D.no Angelo Tobalie.
M. Angelo. Per lettere vostre scripte in Ferrara haureti inteso che siamo contente chel Perugino facci la istoria nostra doppo chel ce promette finirle fra dui mesi e mezo si che ve pregamo ad non mancarli de diligentia. Apresso desyderando noi summamente hauer qualche cosa de Leonardo Vincio il quale et per fama et per presentia conoscemo per ex.mo pictore gli scriuemo per la alligata chel voglj farmi una figura de uno Christo giouenetto de anni dodece: non vi rincresca presentarli la lettera et cum giunta quelle parole vi piaceranno col proposito confortarlo ad seruirne chel serra da noi ben premiato. Sel se scusasse che per lopera che l'ha principiata a quella Ex.ma S.ria non haueria tempo poteti responderli che questo serra un pigliare recreatione et exaltatione quando da la historia sara fastidito pigliando il tempo cum suo piacere et commodo: le vero che quanto piu presto ce lo dara finito et tanto maggior obligo gli haueremo: et alli piaceri vostri ce offerimo. Mant. MIIIJ maij MDIIIJ

Bibliographie: A. Luzio, 1888, S. 186; L. Beltrami, 1919, S. 89–90, n. 141.

51. *Ibidem*, n. 56, fol. 20 *recto*:
D.no Leonardo Vincio pictori.
M. Leonarde. Intendendo che seti fermato in Fiorenza siamo intrate in speranza de poter consequire quel che tanto hauemo desiderato de hauere qualche cosa de vostra mano: quando fusti in questa terra et che ne retrasti de carbono ne promettesti farni ogni mo una volta di colore. Ma perche questo saria quasi impossibile non hauendo vui comodita di trasferirui in quà vi pregamo che volendo satisfare a lobligo de la fede che haueti cum noi voliati conuertire el retratto nostro in un altra figura che ne sara anchor piu grata cioe farni uno Christo giouenetto de anni circa duodeci che seria de quella eta che lhaueua quando disputo nel tempio et facto cum quella dulceza et suauita de aiere che haueti per arte peculiare in excellentia. Se serrimo da voi compiaciuti de questo nostro summo desyderio sapiati che ultra el pagamento che vuy medesimo voreti vi restarimo obligati che non pensarimo in altro che in farui cosa grata et ex nunc ne offerimo ad ogni comodo et piacere vostro expectando da voi votiua resposta et ali piaceri vostri ce offerimo.
Mantue xiiij maij 1504.

Bibliographie: A. Luzio, 1888, S. 186; A. Venturi, 1888, S. 45–46; L. Beltrami, 1919, S. 90, n. 142.

52. Archivio di Stato, Mantua, *Archivio Gonzaga*, serie E, LXI, I, busta 1890:
[Brief von Angelo del Tovaglia an Isabella d'Este, 27. Mai 1504]
Io hebbi le lettere de V.a S.a insieme con quella de Leonardo da vinci al quale la presentai et lo persuadei et confortai con efficace ragioni a douere per ogni modo compiacere la Ex.a V.a di quella figura de Christo piccolino secondo la domanda sua. Lui troppo me ha promesso di farlo ad certe ore et tempi che li soprauanzeranno ad una opera tolta a fare qui da questa Signoria. Io non manchero de solecitare et esso Leonardo et etiam lo perugino de quella altra: luno et laltro mi promette bene et pare habbino desiderio grande de seruire la S.a V.a tamen me dubito forte non habbino a fare insieme ad gara de tarditate: non so chi in questo superera latro: tengho per certo Lionardo habbi a essere vincitore tuttauia dal canto mio con ambedui faro estrema diligentia.

Bibliographie: A. Luzio, 1888, S. 186; L. Beltrami, 1919, S. 90–91, n. 143.

53. Archivio di Stato, Florenz, *Operai di Palazzo*, Stanziamenti 10, fol. 62 *recto* und *verso*, 64 *verso*:
1504 30 junij ...
A Benedecto diluca buchi legnaiuolo l. cento trentanoue sol. xv per piu lauori facti da di 11 di marzo 1503 a tutto di 29 di giugno presente L. 15 et per uno uscio facto a Lionardo dauinci ...
A Giouanni di landino fornaio l. vij s. v per libre 88 di farina stacciata bianca data a lionardo dauinci in dua volte per rinpastare el cartone ...

A Lionardo di Ser piero dauinci dipintore fiorini 45 larghi doro in oro per sua prouisione di mesi tre ad ragione di fiorini 15 larghi in oro el mese cominciati adi p° daprile 1504 et finiti per tucto di 30 di giugno 1504 pagati sopra el cartone et dipintura a affare come al dicto giornale c. 47; in tutto lire 315 s. –

Bibliographie: G. Gaye, II, 1840, S. 89; L. Beltrami, 1919, S. 91–92, n. 145.

54. *Ibidem*, fol. 65 *verso*, 67 *recto* und *verso*:
1504 30 augusti [...]
a Pietro di zanobi funaiuolo l. quarantacinque s. xv per libre 60 di ferro a sol. 1° d. 8 la libra et libre 16 dacciajo a s. 3 d. 8 la libra per raconciare la campana grossa et per piu fune et canapi per il ponte di leonardo dauinci et per piu auti et di piu sorte ...
A Filippo dantonio fabro l. xxj s. v d. iiij per anelle x di libre 25 per la ruota doue sattigne laqua in palagio et per auti per confichare dette anelle et per biette di ferro per il carro di leonardo dauinci etc ...
a Benedicto di lucha buchi legnaiuolo s. 130 et d. 3 per Lauori fatti inpalagio impiu luoghi coe in campanela piu usa et in camera del Gonfalone et di madona cenbarberia [?] e alla grasire ... e a S.a m.a nouella alion.° dauincj ...
a Francesco et pulinari spetiali l. 10 sono per libre 28 di biacha Alexandrina a s. 6 la libra et per libre 36 di bianchetta soda a s. 12 la libra et libre 2 di gesso ebbe lion.° dauincio per dipignere.

Bibliographie: G. Gaye, II, 1840, S. 89; L. Beltrami, 1919, S. 92, n. 146, S. 94, n. 151.

55. Archivio di Stato, Mantua, *Archivio Gonzaga*, serie F II, 9, busta 2994, copialettere 17, n. 128, fol. 44 *recto*:
[Brief von Isabella d'Este an Leonardo]
Leonardo Vincio pictori.
M.r Leonardo. Li mesi passati ve scriuessimo che desyderauimo hauere uno Christo giouine de anni circa duodeci de mane vostra: mi facesti respondere per m. Angelo toualia che di bona voglia el faresti ma per le molte allegate opere che haueti ale mani dubitamo non vi raccordati de la nostra, perho ne parso farui questi pochi versi pregandoui che quando seti fastidito de la historia fiorentina vogliate per recreatione metterui a fare questa figuretta (*de Christo piccolino*) che ce fareti cosa grat.ma et a vui utile. Bene valete.
Mantue vltimo octobris MDIIIJ

Bibliographie: A. Luzio, 1888, S. 186; L. Beltrami, 1919, S. 94, n. 152.

56. Archivio di Stato, Florenz, *Operai di Palazzo*, Stanziamenti 10, fol. 69:
1504 xxxj octobris ...
A Lion.° di ser piero dauinci dipintore lire 210 per sua prouisione de mesi dua, coe gugno et lulio 1504 come apare al dto gior. S. le L. s. 210

Bibliographie: E. Verga, 1913, S. 132, n. 64; L. Beltrami, 1919, S. 95, n. 153.

57. Archivio di Stato, Florenz, *Operai di Palazzo*, Stanziamenti 10, fol. 72 *recto* und *verso*:
1504 xxxj decembris ...
a Francesco et pulinari di simone di salamone del garbo spetiali per libre x di cera biancha e spugne etrementine per incerare finestre et per il cartone di michelagnolo et a lion.° dauinci per insino a tutto di 3 del presente lire 10 s. 6
a rede di marcho del forese ecompagnj merciaj per piu bullecte enastri per impannare la finestra doue lauora lion.° dauinci lire 3 s. 11.8

Bibliographie: G. Gaye, II, 1840, S. 92; L. Beltrami, 1919, S. 95, n. 154.

58. Archivio di Stato, Mantua, *Archivio Gonzaga*, serie F II, 9, busta 2994, copialettere 17, n. 128, fol. 44 *recto*:
Illma et Ex. Madama. Hoggi lo R.do Abbate fiesulano et io siamo stati vno pezo col perugino et dictoli el parere nostro sopra lopera lo hauemmo persuaso con enfinite rasone a darli presta et bona perfectione. Tanto chel ne ha promisso de usare ogni sua arte diligentia et sollicitudine per satisfare alhonore et debito suo et al desiderio de V. Ex. Certificandola che hauendoli io mandato vno aleuo de Leonardo vinci zouane per la sua eta assai valente nominato salai ha laudato molto la fantasia et ha corretto alquanto alchune cosette chel p.to R.do Abbate et io haueuamo dicte al perusino. Cossi non mancheremo de fare ogni cosa perche V. Ill.ma S.ria habia el contento suo. Esso salai haueria gran desiderio di fare qualche cosa galante per V. Ex. et pero hauendo quella volunta di qualche quadreto o altra cosa me ne po dare aduiso et del pretio me sforzaro hauerne apiacere.
Florentie 22 jan. 1505.
Seruitor Aloysius Ciocha
Ill.me et Ex.me D.ne mee unice
S.ne Isabelle Exten. Marchionisse Mantue dignissime

Bibliographie: W. Braghirolli, 1873, S. 246; L. Beltrami, 1919, S. 96–97, n. 157.

59. Archivio di Stato, Florenz, *Operai di Palazzo*, Stanziamenti 10, fol. 74 *recto*–75 *verso*:
1504 [1505] 28 februarij ...
al Nuntiati dipintore per 4 ruote per fare il carro a lion.° dauincio ouuero eponte come al d. giornale l. 7 ...
a Giuliano dilapo ferraiuolo per libre 8 dauti (*aguti*) a s. 4.8 la libra et per libre 93 di ferro dato a giouanni piffero per il ponte di lion.° dauinci a s. 1 d. 8 la libra l. 10 s. 14 ...
Giouanni dandrea piffero per hauere fatto fare elponte a lion.° dauinci lire 79 s. 11.

Bibliographie: G. Gaye, II, 1840, S. 89; L. Beltrami, 1919, S. 97, n. 159.

60. Archivio di Stato, Florenz, *Signori e Collegi*, Deliberazioni in forza d'ordinaria autorità, 107, fol. 25 *verso*:
1504 [1505] die xiiij martij ...
Item dicti domini ... deliberauerunt quod principiatur operariis opere sancte marie floris quatenus commodent ligna et assides ex quibus confectus est pons, vel pro conficiendo ponte pro pictura leonardi de vincio fienda in Sala magna consilii et de omnibus teneant Computum et conficiant scripturas adeo quod finita pictura predicta dictus pons ligna et assides reponantur et restituantur ad dictam operam.

Bibliographie: K. Frey, 1909, S. 133; L. Beltrami, 1919, S. 98, n. 160.

61. Archivio di Stato, Florenz, *Operai di Palazzo*, Stanziamenti 10, fol. 76 *verso*–80 *recto*:
30 aprilis 1505

A Lorenzo di marcho manouale per opere 3 e fi nella Sala del consiglio alla pictura fa lion.° dauinci s s. 9 eldi L. 1 s. 2.6 ...
A Betto di lucha buchi legnaiuolo per uno paio di capre a lion.° dauinci insul palchetto in tutto l. 141. S. 6
a pietro di zanobi funaiuolo per 1200 auti *(aguti)* di bargha per gli armari e contignoli dati a M.° domenico et per fune per le campane et per 40 pezi dasse per il ponte a lion.° da vincio e per l. 26 dauti a s. 4.8 la libra et per piu tozetti l. 27 s. 7 d. 8 ...
A Francesco et ser piero pinadoro spetiali per lib. 260 di gesso da murare et per lib. 89 on. 8 di pece gracha per la pictura a s. 3 la libra et per lib. 343 di gesso volterrano a d. 5 la libra et lib. 11 on. 4 dolio di lino seme a s. 4 la libra et per lib. 20 di biacha alexandrina a s. 4 d. 8 la libra et per libre 2 on. 10 fi di spugna vinitiana a s. 25 la libra: ebbe ogni cosa lion.° dauinci per decta pictura.
A Lionardo di Ser piero dauinci paghati per lui a mariotto ghalilei cmerlengo in dogana per ghabella duno suo fardello di sue veste fatto venire da roma l. 18 s. 9 d. 8 ...
A reda di lorenzo peri cartolai per 3 quaderni di fogli bolognesi reali per la pictura dati alion.° dauinci a s. 11 el quaderno.
A raffaello dantonio di biagio dipintore per opere 14 lauoro alla pittura di lion. dauinci nella sala del Consiglio a s. 2 eldi – l. 14 ...
A Lucha di simone funaiuolo per cento tegholini et per uno catino di terra et una mezzina per uso di lion.° dauincio insul palchetto alla pictura l. 2 s. 11 ...
alla pictura della sala grande per piu colori et vaselle comprati a lion.° dauinci et ff. 5 doro paghati a ferramdo spagnolo dipintore et a thomaso di giouanni che macina ecolori dati sopra da giouanni piffero – l. 59 s. 13 d. 8 ...
A Lion.° di ser piero dauincie dipintore ff. 50 lar. per parte di sua faticha per far la pictura – l. 350

Bibliographie: G. Gaye, II, 1840, S. 89–90; L. Beltrami, 1919, S. 99–100, n. 165.

62. *Ibidem*, fol. 80 *verso* – 81 *recto*:
31 augustj 1505 ...
a Ferrando spagnolo dipintore per dipignere con lion.° dauinci nella Sala del Consiglio ff 5 larghi e a tomaso di giouanni masini suo garzone per macinare i colori ff 1 in oro l. 142 ...
A Francesco nuti per libre 8 dolio di lino seme ebbe lion.° dauinci per la pictura a l. 18 il centenaro l. 1 s. 8 d.8

Bibliographie: G. Gaye, II, 1840, S. 90; L. Beltrami, 1919, S. 100, n. 165.

63. *Ibidem*, fol. 83 *recto*:
31 octobris 1505 ...
A Francesco et Lorenzo ruspoli linaiuoli per braccia 27 di tela grossa per fare spalliere alponte di lion.° dauinci nella sala del Consiglio a s. 12 la canna l. 19 s. 8 ...
a Pullinari di simone del gharbo spetiale per on. 11 dolio di noce dato alion.° dauinci a s. 1 loncia et per on. 10 di biaccha et per libr. 4 on. 6 di cera biancha per incesare le dicte finestre impannate te per lib. 60 di gesso da murare l. 5 s. 14.

Bibliographie: G. Gaye, II, 1840, S. 90; L. Beltrami, 1919, S. 100, n. 166.

64. Archivio di Stato, Mailand. *Cimeli*, cart. 1, fasc. 42:
1506 Indictione nona
die sabbati quarto mensis Aprilis hora vigesima tertia vel circa.
Reverendus D. farter Augustinus de Ferrarijs frater et guardianus ecclesie seu monasterij Sti Francisci mediolani et habitans in dicto monasterio qui prius habuit licentiam a superiore suo etc. et spectabilis dominus Cesar de Cremona fq Magnifici D. ... pvps petri Intus vineam vnus ex scolaribus et prior scole capelle gloriosissime virginis Marie nuncupate de la Conceptione constructe in dicta ecclesia Sti Francisci ambo deputati seu electi vna cum d. Paulo de sto Nazario similiter ex scolaribus dicte scole ad declarandum pretium Anchone dicte Capelle iuxta formam instrumenti superinde confecti rogati per d. Antonium de capitaneis notarium mediolani etc.
Ad forma quibus melius potuerunt et possunt
Dixerunt et protestati fuerunt et Dicunt et protestantur quod ipsi domini frater Augustinus et Cesar deputati seu electi utsupra Conuenerunt et seu reperuerunt se se in capitulo dicte ecclesie Sti Francisci pro expediendo dictam declarationem juxta formam eorum commissionis et quod parati fuerunt et sunt per multum spatium temporis spectando suprascriptum dominum Paulum qui monitus erat et pro deueniendo ad dictam expeditionem in dicto capitolo dicto die hodie in vesperis et non comparuit seu non venit et quod per eos non stent nec stant quin deueniant ad dictam expeditionem et quod fiant fienda et expeditionis et exequtionis et expedienda et exequenda per eos utsupra ad suis nominibus et scolares dicte scole capelle conceptionis constructe in ecclesia Sancti Francisci Mediolani et Item nominibus et vice et ad partem et vtilitatem aliorum dominorum scholarum dicte scole.
Renuntiando etc.
Et de omnibus etc.
Actum in parlatorio suprascripti Monasterij Sti Francisci. Interfuerunt ibi Testes dominus Bartolomeus de pardis fq d. Jo. petri pr mediolani ps Joannis ad fontes dominus Bartholomeus de Canibus fq d. Maynini habit. Ripalte diocesis Terdonensis et dominus Nicolaus de gafurris fq d Belini pt mediolani ps victoris ad putheum omnes noti idonei etc.
Die suprascripto paulo post suprascriptum instrumentum pritestationis factum etc.
spectabilis d. Cesaris de Cremona fq d. Caroli
suis nominibus ut scolares dicte scole capelle Conceptionis constructe in ecclesia Sti Francisci mediolani et item nominibus et vice et ad partem et vtilitatem aliorum dominorum scholarium dicte scole pro quibus promittunt de rato habendo et non contrauenendo etc. Renuntiando nouis constitutionibus etc. pignori infrascripto domino Jo. Ambrosio suo et infrascriptis nominibus stippolanti parte vna et d. Jo. Ambrosius de prederijs fq d ... pv mediolani ps Marie pedonis suo nomine proprio et item nominibus et vice et ad partem et vtilitatem dominorum fratrum de prederijs fq d Euangeliste pt mediolani ps ... nepotum suorum et magistri Leonardi de vinzijs florentini fq d ... nunc absentis a ceuitate et ducatu mediolani pro quibus omnibus etiam promittit de rato etc. et de non contraueniendo etc. Renuntiando nouis constitutionibus pignori suprascriptis dominis scolaribus suis et dictis nominibus stipulantibus parte altera
Voluntarie etc.
Et alijs nominibus modo etc.
Prorogauerunt et prorogant terminum tempus et instantie declarandi pro pretio Ancone dicte capelle Conceptionis iuxta formam instrumenti rogati prout dixerunt per d. Antonium Augustinum de ferrarijs et spectabilibus d. d. Cesari de Cremona et Paulo de sto nazario ex scolaribus dicte scole per et inter dictas partes et hoc a die hodie in antea vsque ad kalendas mensis maij prout eisdem dd. Comissarijs possint quolibet die et qualibet hora hinc ad dictas kalendas mensis maij prout eisdem dd. Comissarijs melius placuerit facere dictam eorum declarationem non expectato fine dicte prorogationis et etiam cum declaratione de voluntate dictarum partium utsupra quod prehemptoria emanata proinde valeant et teneant ac eundem sortiantur effectum prout si emanata essent proessendo

illid die et hora quibus fiet dicta declaratio etc.
Renuntiando etc.
Promittentes etc.
suis et dictis nominibus utsupra. Et de predictis etc.
Actum utsupra. d. Jacobus de petrasanta d. Jo. ambrosius balbus d. Bernardino de petrasancta d. philippus guaschonus d. Franciscus de zerbis et d. Jo. angelus de gallis.

Bibliographie: L. Beltrami, 1915, S. 99; ders., 1919, S. 102–103, n. 169.

65. Archivio di Stato, Mailand, *Notarile*, filza 6212 (notaio Ambrogio Gaffuri, »quaternus« dell'anno 1506):
Die sabbati quarto mensis aprilis.
Venerabilis dominus frater Augustinus de ferrarijs guardianus monasterij sti francisci mediolani nec non spectabilis dominus Cesar de fabis grossis de cremona fq d. Caroli pvps petri Intus Inter vineam mediolani arbitri et comisarij electi Inter spectabiles viros dominos scollares scolle conceptionis beate virginis Marie constructe in ecclesia sti francisci mediolani et Jo. Ambrosium de predis leonardum florentinum et heredes quondam Euangeliste de predis diuersis et patibus vna cum d. Paulo de sto nazario electo pro parte dictorum de predis et consortis et qui Paulus ut dixerunt domini arbitri monitus fuit ut veniret ad fatiendum infrascriptam electionem de qua infra voluntarie etc.
et alias omnibus modis etc. elegerunt et eligunt
Baptistam de rippa
notarium mediolanensem etc. in notarium ad acta et ad declarationem fiendam incluxiue per ipsos dominos commissarios inter dictas partes. Et de predictis etc.
Que omnia fecit prefatus guardianus in presentia Rdi sacre theologie professoris d. magistri Johannis de mapello ordinis minorum ministri prouincie sti francisci mediolani pro dictis omnibus et singulis dantis et prestantis licentiam dicto d. guardiano et vlterius dantis et prestantis licentiam dicto d. guardiano et ulterius etiam dantis eydem licentiam quod possit deuenire ad dictam declarationem de qua supra.
Actum in claustro paruo dicti monasterij sti francisci mediolani. Testes d. Ambrosius de Yspera fq d. christophori pvps Bartolomei parui notus d. Alysius de tibaldis de bononia fq magnifici domini thome pvps petri in caminadella et Jeronimus de bellotis fq d. leonardi pvps Marie pedonis omnes idonei etc.

Bibliographie: G. Sironi, 1981, S. 20–21, n. III.

66. Archivio di Stato, Mailand, *Cimeli*, cart. 1, fasc. 42, n. V:
In nomine domini Anno a Natiuitate Eiusdem Millesimo quingentesimo sexto Indictione nona die lune vigesimo septimo mensis Aprilis in vesperis. Cum alias factum fuerit instrumentum pactorum et conuentionum per et Inter dominos tunc priorem et scolares capelle seu scole conceptionis beate Virginis Marie constructe in ecclesia sti Francisci mediolani etc. ex vna et Magistrum leonardum de vincijs florentinum fq d. petri ex vna alia et dominos Euangelistam et Jo. Ambrosium fratres de prederijs fq domini leonardi ex vna alia seu alijs pluribus continentie in effectu quod prefati d. tunc prior et scolares tenerentur et deberent dare anchonam suprascripte ad fabricandam suprascriptis dominis leonardo euangeliste et Jo. Ambrosio per modum et formam prout latius in instrumento superinde confecto continetur, Et Quamquidem Anconam etc. predicti Mag.r leonardus: Euangelista et Jo. Ambrosius et quilibet eorum Insolidum cum renuntiatione nouarum Constitutionum obligati erant fabricare ac attendere et obseruare et dare et consignare fornitam dictis dominis priori et scolaribus etc. Inde ad festum conceptionis Gloriosissime Virginis quod fuit die octauo mensis decembris anni 1483 prox. preteriti, Et quod fornita et consignata dicta ancona utsupra prefati domini Prior et scolares obligati essent sub obligatione bonorum dicte scole dare et soluere dictis Magistro leonardo et d. Euangeliste et Jo. Ambrosio libras octocentum imperialium et illud plus quod declararetur per venerabilem dominum fratrem Augustinum de ferrarijs ex dominis fratribus dicti Monasterij et duos ex scolaribus dicte scole eligendis per dictas partes post fabricationem dicte Ancone Et quam Anconam dictus Magister leonardus et dicti de prederijs obligati essent facere et manutenere valoris et extimationis librarum octocentum imper. et melius per annos x.em [i. e. decem] tunc prox. futuros ad minus et etiam cum pacto quod si accideret quod dictus Magister leonardus recederet a ciuitate Mediolani ante favricationem dicte Ancone quod esset in electione dictorum domini prioris et scoalrium dare dictam Anconam ad fabricandum alijs personis prout eis dominis priori et scolaribus melius videbitur et quod arctari non possent ad aliquid versus dictum Magistrum leonardum nisi ad ratam pro rata illius operis quod reperirietur fabricatum per dictum Magistrum leonardum etc. prout latius in eo instrumento pactorum continetur, traditum et rogatum per dominum Antonium de capitaneis notarium mediolani die xxv Aprilis dicti anni 1483 prox. preteriti seu anno Indictione et die in eo contentis. Cumque dicti domini fratres de prederijs suis et nomine dicti magistri leonardi etc. libras septem centum triginta imper. occasione et seu pro parte solutionis predictorum Ancone et utsupra prout latius apparet per instrumentum confessionis superinde confectum rogatum per petrum de pegijs notarium mediolani die –
Cumque etiam dicti de prederijs seu alter eorum in alia parte receperint a dictis dominis Priore et scolaribus seu agentibus pro eis alias libras Centum imperialium pro et occasione solutionis predicte Ancone et tabule prout ad libros prefate scole apparet: Cumque etiam sit quod dicta Ancona non fuerit finita in predicto tempore nec etiam de presenti sit finita etc: Cumque etiam sit quod dictus Magister leonardus recesserit a dicta ciuitate Mediolani jam pluribus annis prox. preteritis non finitis dictis laborerijs. Cumque etiam sit quod decesserit dictus dominus Euangelista relicto leonardo eius filio legitimo et herede: Cumque etiam sit quod occasione predictorum etc. versa sit lis et contentio per et inter dominos Priorem et scolares dicte scole ex vna et dictum dominum Jo. Ambrosium de prederijs ex vna alia occasione predictorum ancone etc. ac numerationis seu solutionis predictorum denariorum utsupra et etiam abinde dependentibus etc. et proinde etiam supplicatum fuerit Serenissimo Regi Francie et duci mediolani etc. per vtramque partem seu agentes pro eis et facta fuerit commissio spectabili J. V. Doctori domino Bernardino de busti de collegio dominorum Jurisperitorum mediolani per modum et formam prout latius in ea Commissione continetur: Cumque nouiter facta fuerit et fit electio de Spectabilibus dominis Cesare de Cremona et Paulo de S.to Nazario ex scolaribus dicte scole per et Inter dominos Priorem et scolares dicte scole ex vna et dictum Jo. Ambrosium de prederijs suo et nominibus dicti Magistri leonardi de vintijs et dicti filij et heredis quondam domini euangeliste ex alia pro declaratione fienda vna cum prefato domino fratre Augustino de ferrarijs de et pro predictis: Cumque etiam sit quod prefatus D. frater Augustinus de ferrarijs habuerit licentiam a superiore suo acceptandi predictam electionem et procedendi ad expedictionem etc. prout apparet per instrumentum rogatum ut dixerunt per Ambrosium de gafurris notarium mediolani anno presenti et die in eo contentis: Cumque etiam sit quod prefati D. frater Augustinus Cesar et Paulus viderint et diligenter considerauerint dictam Anconam [zwischen den Zeilen eingefügt: et tabulam] et aloquti fuerint cum dictis partibus aliquando simul aliquando separatim et etiam cum pluribus in simili arte peritis etc. et etiam viderint et Audiuerint quicquid proinde dicere et hostendere voluerunt predicte partes etc.

Cumque emanatum fuerit perhemptorie Mandato prefatorum dominorum fratris Augustini Cesaris et Pauli utsupra dicto domino Jo. Ambrosio et alijs etc. ad Instantiam dictorum dominorum prioris et scolarium dicte scole pro expeditione eorum declarationis etc.
Modo prefati Domini frater Augustinus de ferrarijs ordinis fratrum minorum S.ti Francisci habitans in dicto Monasterio S.ti Francisci Mediolani dominus Cesare [sic] de Cremona fq Magnifici domini Caroli pv mediolani ps petri Intus vineam et dominus paulus de S.to Nazario fq domini Jo damiani habit. In loco de sidriano plebis corbete ducatus mediolani ambo ex scolaribus prefate scole et omnes electi utsupra et quilibet eorum pro tribunali sedentes super quodam bancho posito in capitulo magno dicti Monasterij S.ti Francisci mediolani quod banchum et quem locum in hac parte prefati electi elegerunt et eligunt pro eorum loco bancho et tribunali Idoneis pro infrascriptis omnibus et singulis spetialiter peragendis omnibus modo Jure via causa et forma quibus melius potuerunt et possunt declarauerunt et declarant dictos Magistrum leonardum et Jo. Ambrosium suo et dictis nominibus teneri et obligatos fore ad finiendum seu finiri faciendum bene et diligenter predictam tabulam seu anconam super qua depicta est figura gloriosissime Virginis Marie. Et hoc in termino duorum annorum prox. futurorum per manum dicti magistri leonardi dummodo dictus Magister leonardus veniat ad hanc ciuitatem mediolani in dicto termino et non aliter. Et dictos dominos priorem et scolares citra tamen obligatione ipsorum dominorum scolarium et bonorum suorum teneri et obligatos esse ad dandum et soluendum ex bonis dicte scole dictis domiis Jo. Ambrosio et consortibus pro omni et toto eo quod ipsi D. Jo. Ambrosio et Consortibus petere et consequi possent a prefatis D. scolaribus seu super bonis ipsius scole libras ducentum imperialium pro resto eorum dominorum Jo. Ambrosij et consortum dicte Ancone [zwischen den Zeilen eingefügt: et etiam tabule] super qua depincta est dicta imago gloriosissime Virginis Marie cum filio et S.to Joanne Baptista. Et hoc in tot bonis Immobilibus dicte scole sitis in territorio de casorate aut in denarijs in termino duorum annorum prox. futurorum videlicet libras centum imp. singulo anno. Ab alijs autem vicissim petitis per dictas partes liberauerunt et liberant dictas partes et eorum bona.
Et de predictis rogatum fuit per me baptistam de rippa notarium infrascriptum et in hac parte notarium predictorum dominorum electorum publicum confici debere instrumentum vnum et plura vnius et ejusdem tenoris.
Actum in suprascripto capitulo sito utsupra Interfuerunt ibi Testes dominus petrus de Cliuate fq d Thadei pv mediolani ps petri Intus vineam dominus Michael de machachanis fq d. gabrielis pt mediolani ps petri in caminadella ambo noti et Thadeus de guancijs de Chignolo fq zanini pt mediolani ps petri in caminadella omnes idoney vocati et Rogati.

Bibliographie: L. Beltrami, 1915, S. 99 ff.; ders., 1919, S. 104–107, n. 170.

67. Archivio di Stato, Mantua, *Archivio Gonzaga*, serie E, xxviii, 3, busta 1105:
Ill.ma Madonna mia obser.ma ...
Ritrouandomi qui in Firenze sono ogni hora procuratore di V.a Ex.a con Lionardo da vinci mio nipote et non resto con ogni studio dinstare apresso lui si disponga a satisfare al desyderio di V.a Ex.a circa la figura domandata da voi et da lui promessa gia piu mesi sono come costi per sua lettera a me mostrai alla prefata Ex.a V.a et lui al tutto me ha promesso comincera in breue lopera per satisfare al desiderio di V.a S.a alla cui gratia assai si racomanda. Et se infin sero qui in Firenze mi dignificherete hauer appetito piu duna figura che duna altra curero che Lionardo satisfaccia allo appetito di quella alla qual sopra ogni altro mio desyderio penso di gratificare.
Visitando la illustre Madonna Augustina con sommo piacere intese da me V.a S.a essere arriuata a Mantoua con prosperita: et io soggiunsi che la Ex.a V.a si racomandaua et offeriua a Sua Signoria il che li fu molto grato et parse a quella scriuere alla S.a V.a la introclusa. Ne altro al presente mi ocorre. Idio sempre feliciti la Ex.a V.a alla qual humilmente mi racomando.
Florentie iij Maij MDVJ
seruitor
Alexander de amadoribus

Bibliographie: A. Luzio, 1888, S. 183; L. Beltrami, 1919, S. 109, n. 173.

68. Archivio di Stato, Mantua, *Archivio Gonzaga*, serie F II, 9, busta 2998, copialettere 160, n. 746, fol. 150 *verso*:
D.no Alex.ro de amadoribus.
M. Alex.ro. Mi e stato grato per la lettera vostra de iii instanti intendere che habiati facto le visitationi nostre alla S.ra Confalonera come per vna di sua Sig.ria siamo anche certificate: ne manco ci piace la dextreza che vsati cum Leonardo vincio per dispornelo ad satisfarmi di quelle figure che gli hauimo rechieste: che dil tutto vi ringratiamo exhortandoui ad continuare et di nouo r.mi alla S.ra Confaloniera. Bene valete.
Sachette xij maij 1506
Capilupus

Bibliographie: A. Luzio, 1888, S. 183; L. Beltrami, 1919, S. 109–110, n. 174.

69. Archivio di Stato, Florenz, *Notarile*, n. 61, Protocollo di Niccolò Nelli dal 1497 al 1520, fol. 45 *verso*:
[30. Mai 1506]
... leonardus ser petri de vincio pictor egregius et ciuis florentinus omni modo etc. promisit etc. se personaliter presentare Florentie coram magnificis et excelsis dominis florentie hinc ad tres menses proximos futuros et casu quo se non presentauerit utsupra infra dictum tempus promisit etc. soluere vel solui facere dictis magnificis et excelsis dominis d. florentie pro communi florentie recipientibus etc. et litibus absentibus et mihi pro eo recipienti etc. ff. 150 aurj et in auro largos etc. Et eius precibus et mandato Rdus. Vir d. Leonardus Johannes bonefidei ciuis florentinus hospitalarius sancte Marie noue de florentia sciens ad predicta non teneri sed volens se efficaciter oblighari promisit etc. et extitit fideiussor etc. Que omnia etc. promiserunt etc. attendere etc. sub pena dupli etc. ...

Bibliographie: G. Milanesi, in G. Vasari, IV, 1888, S. 45, Anm.; L. Beltrami, 1919, S. 110, n. 176.

70. Archivio di Stato, Florenz, *Signori*, Responsive originali, filza 29, fol. 169 *recto*:
Excelsi Dom.ni Honorandi. Perche hauemo bisogno ancora de m.ro Leonardo per fornir certa opera che li habiamo facto principiare ne fara gran piacere le ex.e v.re et cosi le pregamo fare de prolungare lo tempo che hano dato ad esso m.ro Leonardo per doi [mesi] non obstante la promessa per lui facta afin chel possa dimorare ad milano et in dicto tempo fornire certa nostra opera. Alle quali me ricomando etc.
datum Mediolani 18 augustj 1506
le tout v.re d'Amboyze
Regius citra montes locumtenens generalis magnus Mag.r
et Mareschallus Francie

Bibliographie: G. Gaye, II, 1840, S. 87; L. Beltrami, 1919, S. 110–111, n. 177.

71. Archivio di Stato, Florenz, *Signori*, Responsive originali, filza 29, fol. 106 *recto* (cfr. anche la minuta in *Signori*, Missive, I Cancelleria, filza 55, fol. 161 *recto*):
Excelsi dom.ni honorandi. Hauendo facto intendere a lo Ill.mo mons.re el Gran maestro et locumtenente regio generale de qua li monti, maestro leonardo fiorentino v.ro esserli per ogne modo necessario Se ne vada al presente de le Ex.tie V. per debito ha a quelle como loro subdito et vltra questo per satisfactione del Juramento et cautione in li quali se e obligato: El prefato Ill. mons.re el quale per certo pocho tempo ha bisogno delopera de esso maestro leonardo et molto desidera li sia concesso al mancho per tuto el proximo meso de Septembre: vi scriue sopra queste le lettere quale vederano le V. Ex.tie per alligate. Et pregha quelle li voglano in questo compiacere. Et cognoscendo io laffectione ha el prefato Ill.mo mon.re in questa cosa: mie parso anchora volerne scriuere qualche poco a le prefate Ex.tie V. Significandoli che in questo farano cossa gratissima al prefato mons.re Ill.mo De la quale gle ne hauera obligo grandissimo. Concedendo chel prefato maestro leonardo possa stare in queste parte per el dicto tempo Et che per questo non Incorra pena alcuna a la quale sia obligato. Et subito passato dicto termine Se trouara senza fallo alcuno da le V.e Ex.tie per satisfare a quelle in ogne cosa como è debito et conueniente. Valeant le prefate V.e Ex.tie a le quale me ricomando et offerisco ad ogni loro piacere. Ex Mediolano die xviiij Augusti 1506.
Se degnano V.e S.rie dare subito resposta al prefato Ill.mo mons.re et a me et ne farano piacere singularissimo.
deditissimus
Jafredus Karoli.

Bibliographie: G. Gaye, II, 1840, S. 87; L. Beltrami, 1919, S. 111–112, n. 178.

72. Archivio di Stato, Florenz, *Signori*, Missive, I cancelleria, filza 55. F. 161r (minuta):
Domino de Ciamonte et Domino Jafredo Karoli vicecancellario mediolani eiusdem exempli die 28 aug. 1506
Ill.me Dom. etc. Heri riceuemo vna di V.a Excell.a et visto el desiderio suo hauendo in animo compiacerla sempre in quello che ci sara possibile siamo contenti che m. lionardo possa soprastare tutto il mese di septembre proximo con buona gratia nostra adcio V.a S.a se ne possa valere in quello li occorre et volendo ancora stare di costa piu tempo ogni volta ci renda indrieto li denari presi per lopera quale none altro non ha incominciato saremo contenti lo facci et di cio ce ne rimettiamo a lui.

Bibliographie: G. Milanesi, in G. Vasari, IV, 1888, S. 45, Anm.; L. Beltrami, 1919, S. 112, n. 179.

73. Archivio di Stato, Florenz, *Signori*, Missive minutari, filza 19, fol. 124 *verso* (ex 108 *verso*):
Jafredo Carolo epo parisiensi ...
Anchora ci scusa la S.a V.a in concordare un di L.do da vinci Il quale non si e portato come doueua con questa republica: perche ha preso buona somma de denaro et dato uno piccolo principio a una opera grande doueua fare, et per amore della S.a V.a si e comportato gia due dilationj desideriamo non esser ricerchi di piu perche lopera ha ad satisfare allo uniuersale, et noi non possiamo sanza nostro caricho farla piu sostenere ... alla S.a V.a
9 octob. 1506

Bibliographie: G. Gaye, II, 1840, S. 91; L. Beltrami, 1919, S. 112, n. 180.

74. Archivio di Stato, Florenz, *Responsive originali*, filza 29, fol. 169 *recto*:
Magnifici et Excelsi viri tamquam fratres honorandi. Le opere egregie quale ha lassato in Italia et maxime in questa citta magistro Leonardo de vinci vostro concittadino hanno portato inclinatione a tutti che le hanno ueduto de amarlo singularmente ancora che non lhauessino mai ueduto. Et noi volemo confessare essere nel numero de quelli che lamauemo prima che mai per presentia Lo cognoscessemo. Ma doppoi che qua lhauemo manegiato et cum experientia prouato le virtute sue uedemo ueramente che el nome suo celebrato per pictura è obscuro, à quello che meritaria essere laudato in le piu altre parte che sono in lui de grandissime virtute, et volemo confessare che in le proue facte de lui de qualche cosa che li hauemo domandato, de desegni et architectura, et altre cose pertinente alla condictione nostra ha satisfacto cum tale modo che non solo siamo restati satisfacti de lui me ne hauemo preheso admiratione, per il che essendo stato el piacere vostro de lassarcelo questi dì passati per gratificazione nostra, Quando non vi ringraciassimo, venendo lui in la patria ce pareria non satisfare à animo grato. Et pero vi ne ringratiamo quanto piu possemo. Et se vno homo de tanta virtute conuene ricommendarlo alli suoi, ve lo ricommendiamo quanto piu possemo. Et ve certificamo che mai da voi gli potera essere facta cosa ò in augumento de Li beni et commodi suoi, ò de lo honore suo che insieme cum lui non siamo per hauerne singularissimo apiacere et ancora alle Mag.tie V. obligo, alle quali se offerimo de bon core ne Li apiaceri suoi, recommen. alle sue bone gratie.
Mediolani die xvj xbris 1506.
D'Amboyze

Bibliographie: G. Gaye, II, 1840, S. 94–95; L. Beltrami, 1919, S. 113, n. 181.

75. Archivio di Stato, Florenz, *Signori*, Responsive originali, filza 29, fol. 6 *recto*:
Ali Mag. Et ex.si Domini Dominationis. Io ho scripto alla giornata et al presente scriuo a S. X [Dieci] di tutte Le occurrentie secondo il consueto: Et pero per questa altro non ne diro: Et La presente solo per fare intendere alle ex.se S. V. Come essendo stamattina alla presentia del Chr.mo Sua M.ta [Maestà] michiamo, dicendo: Ebisogna che euri. [= e'vostri] S. miscriuino. Scriuete loro, che io desidero seruirmj di maestro Lionardo loro pictore, quale sitroua a Milano, desiderando che mifacci alchune cose: Et uedete che quelli S.i lo grauino et licomandino che mi serua subito: Et che non siparta de Milano fino al mio venire. Lui è bon Maestro: et io desidero hauere alchune cose di mano sua: Et scriuete in modo afirenze che sortisca questo effecto: Et lofate subito mandandomi la lettera: quale sara Lapresente che comparira peruia dimilano. Io resposi asua M.ta: benche essendo in Casa sua, lei medesima non lipotrebbe manco comandare di quelle: Et che essendo (*In questa Isola*) el ritornato costà, Le S. V. liele manderebbono amilano adomni sua richiesta: Sua Mta non potrebbe piu desiderarlo: Et tutto questo è nato da vn piccol quadro suto condocto vltimamente di qua di mano suo, Quale è suto tenuto cosa molto excellente. Io nel parlare domandaj sua M.ta: che opere desideraua da lui: Et mirespose: Certe tauolette di nostra donna, Et altro secondo che mi uerra alla fantasia. Et forse anche lifaro ritrarre me medesimo. Io nel parlare cum sua M.ta per piu scharicho di V. S. in omni euento, discorrendo seco Laperfectione di Lionardo insiemi cum le altre Qualita sue: Sua M.ta subiungendomi che ne haueua notitia midomando se Lo conosceuo: Et respondendoli io che mi era amicissimo: mi subiunse. Scriueteli uoi subito un verso che non parta da Milano in tanto che V. S. liscriuino de firenze. Et per questa causa Io ho facto un verso alsopradicto Lionardo faccendoli intendere il buono animo di questa M.ta Et confortandolo ad esser sauio che Le S. V. per satisfare al gran desiderio di questa M.ta si sforzeranno che detto effecto segua et io al presente faro sanza altro di-

re raccomandandomi sempre alle [Lücke] di quelle ex. Ex Blesjs, Die xij Januarij M. D. VJ [1507]
S.or Fran. Pand.[olfini]
Mag.cis et ex.sis Dominis D. Prioribus libertatis et X justitie perpetue populi flo. Dominis suis etc. Florentie

Bibliographie: G. Gaye, II, 1840, S. 95–96; L. Beltrami, 1919, S. 114–115, n. 183.

76. Archivio di Stato, Florenz, *Diplomatico*, Riformazioni, atti pubblici, 14 gennaio 1507:
A noz tres chers et grans amys alliez et confederez les prieures et Gonfalonier perpetuel de la Seugnerie de Florence.
Loys par la grace de Dieu Roy de France duc de Mellan Seigneur de Gennes etc.
Tres chers et grans amys: pour ceque nous auons neccessairement abesongnes de Maistre Leonard a vince paintre de votre cité de Fleurance, et que entendons de luy faire fer quelque ouuraige de sa main incontinent que nous serons a Millan qui sera in brief Dieu aidant, Nous vous prions tant et si affectueusement que faire pouons que vous vueillez estre contents que le di Maistre Leonard besongne pour Nous pour ung temps quil aura acheue louuraige que Nous entendons luy faire fer. Et incontinent ces lettres que vous receues liy escripuez que insynes a notre venue a Millan, il ne bouge de dela: et en Nous actendant Luy ferons dire et deuiser louuraige que nous entendons quil face, maiz escripuez Luy de sorte quil ne se parte de ladite ville infines a notre venue ainsi que Jay dit a votre ambassadeur pour la votre escripue: et vous nous ferez tres grant plaisir en ce faisant. Tres chers et grans amys, notre Seigneur vous ait en sa garde.
Escript a Bloys le xiiijeme jour de Januier.
Loys.

Bibliographie: J. Delecluze, 1844, S. 127; L. Beltrami, 1919, S. 115–116, n. 184.

77. Archivio di Stato, Florenz, *Signori*, Missive, I cancelleria, filza 55, fol. 173 *recto* (minuta):
Franc. Pandulfino }
Die 22 Januarij } 1506

Questo di habbiamo receuuto per homo ad posta una lettera della M.ta del Re de 14 et una tua de'12 del presente circa el desiderio che quella ha che Lionardo dauinci non parta da Milano fino alla uenuta sua in Italia: diche immediate ci siamo resoluti secondo lintentione sua: et pero tuli farai intender che noi non possiamo hauere maggior'piacere che farli cosa grata: et che non solo Lionardo predicto, ma ogni altro nostro homo la serua nedesiderj et bisogni sua et cosi per questo medesimo Corriere se'scripto ad Mila° et secondo il giudicio nostro douerne sanza dubio seguirne lo effecto.

Bibliographie: G. Milanesi, in G. Vasari, IV, 1888, S. 45, Anm.; L. Beltrami, 1919, S. 117, n. 186.

78. *Ibidem*:
Leonardo Vincio
Die qua supra 1506
La M.ta del X.mo Re et lo ambasciatore nostro che sitruoua appresso quella ci scriuono desiderare che tu soprastia costi sino alla uenuta sua in Italia: sopra di che ad noi non occorre dirti altro senonche ci sara sempre gratissimo che tu serua Quella M.ta in tutti i bisogni et desiderij suoi: perche crediamo habbia ad riuscirtene et commodo et honore e noi desideriamo compiacerli in ciascunaltra cosa, Habbiamoti uolontieri significato lo aduiso et la ricerca che cene suta facta da quello Christianissimo Re.

Bibliographie: G. Milanesi, in G. Vasari, IV, 1888, S. 45 nota; L. Beltrami, 1919, S. 116, n. 185.

79. Archivio di Stato, Florenz, *Diplomatico*, Riformazioni, Atti pubblici, 26 luglio 1507:
A noz tres chers et grans amys alliez et confederez le Gonfalonnier perpetuel et Seigneurerie de Fleurence
Loys par la grace de Dieu Roy de France Duc de Millan Seigneur de Gennes.
Treschiers et grans amys. Nous auons esté aduertiz que nostre chier et bien amé Leonard de vincy nostre paintre et ingenieur ordinaire a quelque differend et proces pendant a Fleurence a lencontre de ses freres pour raison de quelques heritaiges: et pour ce quil ne pouroit bonnement vacquer à la poursuicte du dit proces pour lochupation continuelle quil a pres et alentour de nostre personne: aussi que nous desirons singulierement que fin soit mise audit proces en la meilleure et plus brefue expedition de justice que faire se pourra: à ceste cause nous en auons bien voulu vous escripre et vous prions que icelui proces et differend vous veuillez faire vuyder en la meilleure et plus briefue expedition de justice que faire se pourra: et vous nous ferez plaisir tres agreable en ce faisant. Tres chiers et grans amys notre Seigneur vous ait en sa garde.
Escript a Millan le xxvjme jour de Juillet
Loys
Robertet

Bibliographie: G. Delecluze, 1844, S. 128; L. Beltrami, 1919, S. 119, n. 189.

80. Archivio di Stato, Mailand, *Cimeli*, cart.1, fasc. 42, n. 10 (già notaio Marco Formenti, filza 7110):
In nomine domini anno a Natiuitate eiusdem Millesimo quingentesimo septimo Indictione decima die martis tertio mensis augusti
D Jo ambrosius de predis fq domini Leonardi pcps Johannis ad quattuor facies mediolani parte vna
Et m. leonardus de vincijs fq d petri phps Babille Intus mediolani parte altera
Voluntarie etc.
Et omnibus modo etc.
Sese Comisserunt et Compromisserunt etc.
arbitrio preceptis et arbitramentis etc.
Reverendi viri d fratris Johannis de pagnanis ordinis predicatorum absentis tanquam presentis
et in eum tamquam in arbitrum et arbitratorem etc.
Nominatiue et generaliter de omnibus et singulis littibus questionibus discordijs debatis differentijs et controuersijs vertentibus et existentibus et que verti et esse possent per et Inter ipsas partes qualibus causa et occasionis et tam per cartham etc.quam sine etc.
Ita quod presens Compromissum sit largum et generale et generalissimum et Speciale et Specialissimum etc.
et quod quicquid declaratum fuerit per prefatum d. arbitrum etc.
Intelligatur deductum in presente Compromisso
Dandum arbitrium etc.
facienda arbitramenta etc.
quolibet die etiam feriato etc.
in vna duabus et pluribus vicibus etc.

ipsis presentibus et non citatis etc.
et procedendi de Jure et de facto etc.
alte base etc.
Et accipiendi de bonis rebus et iuribus vnius prefatarum partium pro dando alteri et e conuerso in parua magna et maxima quantitate et in totum etc.
Duraturum hinc ad mensem vnum proxime futurum et quod possint fieri arbitramenta non expectato fine dicti mensis si predicto arbitro videbitur et etiam cum baylia prorogandi etc.
Et ex nunc etc. ipse partes prorogauerunt etc.
totiens quotiens etc.
Quare etc.
atendere etc. etiam precepta arbitria et arbitramenta etc.
etiam Sub penna ducatorum decem
dandorum etc.
Qua penna etc.
Nihilominus etc.
Renuntiando etc.
Item Renuntiando quod non possint dicere precepta etc. esse Inqua etc.
reducenda arbitrio boni viri etc.
Cum pactis exeunturis etc.
Insuper Iurauerunt etc. habere ratum etc. et non Contrafacere etc. sub refectione etc.
Et de predictis etc.
actum in domo habitationis d. Lenfortis et modesti fratrum de sanctis sita in pnps Johannis ad quattuor faties mediolani Coram Galeaz de Scancijs filio d. augustini ptps marie ad portam mediolani et ambrosio de vermetio filio domini Jacobi phps Stephani in brolio foris mediolani notarijs etc. Testes d Leufortis Sanctus fq d Gasparis pnps Johannis ad quattuor facies mediolani notus, m. Donatus de lonate fq Jacobi ptps vincentij maioris foris mediolani d. Sanctinus de cremaschis fq d leonoli pnps Johannis ad quattuor facies mediolani omnes etc.

Bibliographie: G. Sironi, 1981, S. 22–23.

81. Archivio di Stato, Florenz, *Signori*, Responsive originali, filza 30, fol. 164 *recto*:
Ex: Dni. Vene li m.ro Leonardo vinci pittore del X.mo Re: al quale cum grandissima dificulta hauemo dato Licentia per essere obligato fare una tauola ad essa m.ta X.ma volendo determinare certe sue differentie vertiscano tra luy, et certi soi fr.li per vna heredita gli ha lassato uno suo zio: Perilche adcio possa presto ritornare ad finire limpresa comenzata esso M.ro Lionardo, pregamo Le V. Ex. voliano expedirlo presto et che essa sua causa sia expedita, prestandoli omne adiuto et fauore justo: et le Ex. V.re farano piacere alla M.ta X.ma et ad noi alle quale se ricomm.°
Datum Mediolani, 15 augusti 1507

Le tout vostre
d'Amboyze
Regius citramont. locumt. Generalis
Mag.s mgr. et marescallus Francie

Bibliographie: G. Gaye, II, 1840, S. 97; L. Beltrami, 1919, S. 120, n. 191.

82. Archivio di Stato, Mailand, *Cimeli*, cart. 1, fasc. 42, n. 12 (nella rubrica del notaio Paolo Carcani):
[20. August 1507]
Procura spetialis domini Leonardi de vinzijs

Bibliographie: G. Sironi, 1981, S. 23.

83. Archivio di Stato, Mailand, *Cimeli*, cart. 1, fasc. 42:
In Nomine domini Anno anatiuitate eiusdem millesimo quingentesimo septimo Indictione decima die jouis vigessimo sexto mensis augusti. fiat naratiua de Instrumento uno sententie seu declarationis facte per venerabilem dominum fratrem augustinum de ferrarijs ac Spectabiles dominos Cesarem de cremona et Paulum de Sancto nazario electos per et Inter Infrascriptos de predis ac leonardum de vincijs florentinum et Spectabiles dominos priorem et scollares scolle conceptionis b. V. marie constructe in ecclesia sancti francisci mediolani diuersis ex partibus Et hoc in executione cujusdam Instrumenti pactorum facti inter ipsas partes rogat. per dominum antonium de capitaneis notar. mediolani etc. In qua sententia seu declaratione Inter cetera dclarauerunt dictos dominos priorem et scollares dicte scolle teneri et obligatos esse ad dandum et soluendum eisdem de predis et magistro Leonardo libras ducentum Imperialium In terminis in ea limitatis pro omni et toto eo quod ipsi de predijs et de vintijs petere possent versus ipsos dominos scollares et bona dicte scolle occaxione vel prout in dicta declaratione continetur rogatur ut dixerunt per baptistam de rippa notar. mediolan. die –
Modo suprascriptus dominus Jo. Ambrosius de predis fq d. leonardi pcps Johanis ad quatuor faties mediolani suo nomine proprio et Item tamquam procurator et procuratorio nomine leonardi de predis fq domini euangeliste ac domini bernardini de predis eius fratris ad hec et alia solempniter constitutus, prout patet Instrumento procure rogat. ut dixit per petrum martirem de pusterlla notar. mediolan. etc. Et etiam nomine et vice et ad partem et vtilitatem dicti magistri leonardi de vinzijs florentini et pro quibus et quilibet eorum sub obligatione et ypoteca bonorum suorum promixit et promittit de rato habendo et quod presens Instrumentum et omnia et singula in eo contenta habebit ratum etc. ac ratificabit si opus fuerit etc. etiam sub reffectione omnium expensarum etc. Etiam Renuntiando duabus nouis constitutionibus etc pignori Infrascripto domino ... stippulanti cum reseruationibus et sine preiuditio iurium suorum et dicte scolle etc. et non aliter etc. cum aliter etc.
Ad Instantiam spectab.dominorum cessaris de cremona fqd caroli procuratoris dicte scolle et Jo. ambrosij de balbis fq d antonij amborum pvps petri Intus vineam mediolani
Ibi presentium ey stipulantium suis nominibus proprijs et Item nomine et vice et ad partem et vtilitatem aliorum dominorum scollarium dicte scolle et dicte scholle et pro eis prius ratifficando et approbando dictam sententiam seu declarationem et omnia et singula in ea contenta etc. habita prius ut dixit ad petitionem etc. de ea plena notitia et scientia etc. contentus et confessus fuit et confitetur ac dixit et protestatur se suo et dictis nominibus recepisse et habuisse et quod ibidem presentialiter etc. recepit et habuit a dictis dom. scollaribus utsupra ibi presentibus et hanc confessionem stipulantibus ac dantibus et numerantibus ibidem presentialiter utsupra suis et nominibus quibus supra cum reseruationibus tamen semper utsupra et non aliter etc. cum aliter etc. libras Centum Imperialium bone monete etc. et qui denarij numerati fuerunt per dictum dominum Jo. ambrosium etiam nomine dicte scolle pro parte solutionis illarum librarum ducentum Imper. de quibus in dicta sententia seu declaratione utsupra narrata fit mentio rogat. utsupra.
Renuntiando etc.
Promittens etc.
Et pro predictis per dictum dominum Jo. ambrosium suo et dictis nominibus quibus supra atendendis obseruandis adimplendis et executioni mandandis et eius precibus instantia et rogatu extitit fideiussor dominus Jo. Stephanus de laude fq d. viscontij pcps carpofori Intus confitentem quod se constituit principalem debitorem atenditorem etc. omnium et singulorum prodictorum etiam Insolidum ita quos Insolidum teneatur etc. cum renuntijs nouarum constitutionum etc. obligando etc. pignori prefatis d. scollaribus dicte scolle ibi presentibus etc. cum reseruationibus semper utsupra.

Insuper dicti domini Joh. Ambrosius de predis suo et dictis modis et nominibus et d. Jo. Steffanus fideiussor et uterque eorum iurauerunt etc. habere ratum etc. et non contrauenire etc.
Actum in domo habitationis prefati d. Joh. ambrosij sita utsupra presentibus Jo. petro de septara f. d. erasmi ptps petri in caminadela et petro francesco de orombellis f. d. maffioli pvps Marie ad portam pro notarijs. Testes d. thomoteus de lomazio fq d. magistri petri ptps marie ad circulum Intus d. bernardus de balbis fq d. michaelis habitans in loco castrinoui diocesis terdonensis et aloysius de carimate fq d. antonij pcps protasij in campo foris omnes idoney etc.

Bibliographie: L. Beltrami, 1919, S. 121–123, n. 192.

84. Archivio di Stato, Modena, *Cancelleria estense*, B 4:
[Brief an Ippolito d'Este]
Ill.me ac R.me D. ne mi hn. Comen. Etc.
Pochi giorni sono chio venni da Milano et trouando che uno mio fratello maggiore non mi vuol seruare unc [te]stamento: facto da 3 anni in qua che è morto nostro padre: ancor che la ragione sia per me: non di meno per non mancare a me medesmo in una cosa che io stimo assai non ho voluto ommettere di richiedere la R.ma S. V. di una littera commendatizia et di fauore qui a el S.or Raphaello Iheronymo che è al presente uno de n.ri excelsi Sig.ri ne quali questa mia causa si agita et particularmente è suta dal Ex.tia del gonfaloniere rimessa nel pren.to S.or Raphaello et S.ia la ha a decidere, et terminare prima vengha la festa di tutti e santi. Et pero Mons.or mio io prego quanto piu so e posso V. R. S. che scriua una littera qui al decto S.or Raph. In quel dextro et affectuoso modo che lei sapra Raccomandandoli leonardo Vincio suisceratis.mo Ser.re suo come mi appello et sempre voglio essere: ricercandolo e grauandolo mi voglia fare non solo ragione ma expeditione fauoreuole et io non dubito puncto per molte relationi mi son facte: chr sendo el S.or Raphaello a V. S.affectionat.mo la cosa mi succedera ad votum. Il che attribuiro ala littera di V. S. R. ala quale iterum mi racomando. Et bene valeat.
Florentie xviij 7bris 1507 E. V. R. D.
S.tor Humil.
Leonardus Vincius pictor

Bibliographie: G. Campori, 1866, S. 49; L. Beltrami, 1919, S. 123, n. 193.

85. Archivio di Stato, Mailand, *Cimeli*, cart. 1, fasc. 42, n. 13 (già notaio Marco Formenti, filza 7111):
In Nomine domini anno a Natiuitate Eiusdem millesimo quinquagesimo octauo Indictione vndecima die veneris decimo octauo mensis augusti d Leonardus de vincijs fq domini petri phps Babille foris mediolani voluntarie etc.
Et omnibus modo etc.
fecit etc.
d Jo: ambrosius de predis fq d leonardi pcps Joh. ad quattuor facies mediolani Ibi presentem et onus huius mandati suscipientem eius procuratorem etc.
Specialiter etc. ad liberandum scholares scole conceptionis Beate domine S.te Marie site in ecclesia Sancti francisci mediolani et ipsam scholam ab omni et toto eo quod ipse d Constitutus petere etc. poterat etc. Causa et occasione ymaginis beate virginis marie cum filio Sancto Johanne et angelo cum conditionibus tamen et legibus de quibus Infra videlicet quod ipsi Scolares teneantur et debeant cum effectu deponere dictam ymaginem in vna Camera (*dicti*) Conuentus dicte ecclesie Sancti francisci aut in vna capella dicte ecclesie, et eam ibi dimittere saltem per quattuor menses, ad finem vt ipse d Leonardus vna cum suis possitretrahere et seu transumere dictam ymaginem Intra dictum tempu, ita tamen quod diebus solemnibus posset reponi ad locum suum et deinde reportari ad dictam Cameram seu Capellam ita quod expensa elleuandi dictam Imaginem a loco suo et eam reportandi ad dictum locum soluatur per dictum d. Jo: ambrosium (*quam y*) que Imago debeat reponi utsupra ad omnem requisitionem p.ti domini Leonardi seu agentium pro eo ad (*eundem*) dictum effectum Et casu quo dicti scolares (*fac*) recusarent aut negligerent facere et adimplere utsupra quod eo in Casu quecunque liberatio que facta repperietur nomine quosupra nulla sit nulliusque valoris efficatie et momenti ymo eo in Casu salua sint quecumque Jura dicti d Leonardi (*pro nunc*) prout nunc sunt etc. quia aliter nullam liberationem facere nec fieri Intendit (*et ita tamen quod diebus solemnibus posset ipsa Imago reponi in presentem locum suum et deinde debeat reportari et dimitti in Cameram seu Capellam utsupra perfectam utsupra*)
Et generaliter etc.
Dans etc.
promittens etc.
Et de predictis etc.
actum vt Infra presentibus pro not[ariis] et testibus vt Infra
Die suprascripto
dictus d Leonardus parte vna et dictus d Jo: ambrosius parte altera Inuicem Conuenerunt vt Infta videlicet
Quod sortientibus effectum contentis in premisso Instrumento procure de quosupra etc.
Ipse d Jo: ambrosius teneatur suis sumptibus et Laboribus retrahere et seu transumere prout ei ordinabit p.tus d Leonardus vnam Imaginem dicte virginis marie cum filio angelo et Sancto Joh[anne] et de ipsa Imagine retracta quicquid pretij percipi poterit ex dicta Imagine diuidatur equaliter Inter ipsum d Leonardum parte vna eet dictum d Jo ambrosium parte altera bona fide et sine fraude.
Item quod sortientibus effectum utsupra eo in Casu ex nunc dicte partes sese vicisim liberauerunt etc. et earum bona (*dictus d Jo[hann]i ambr[osii] ex omne liberatur etc. prefatum d leonardum et sua bona*) etc. ab omni et toto quod petere etc. poterant etc. (*Eligere*) vicisim etc. qualibet causa etc. ita quod presens liberatio sit generalis etc. et se extendat etiam ad Incognita etc. ab hodie retro Saluo a contentis in presenti Instrumento
Quare etc.
promisserunt etc.
attendere etc.
etiam sub penna ducatorum quinquaginta auri etc. soluendorum per partem non attendentem parti attendenti Qua pena etc. Nihilominus etc.
Renuntiando etc.
Cum pactis exeuntibus etc.
Et de predictis etc.
actum in domo habitationis (*mey notarii Infrascripti siue*) dominorum Leufortis et Modesti fratrum de sanctis sita in pnps Joh[annis] ad quattuor facies mediolano [sic] presentipus suprascripto domino Leuforte Sancto fq Gassperis suprascriptarum proxime porte et parochie et Mafeo de Cribellis filio d Gabr[ielis] (*phps*) ptps alexandri in Zebedia mediolani #
(*Mateo de franceto [?] de Bergamo fq d Zanetti pnps prothasij ad monacos mediolani notariis etc.*)
mediolani notariis etc.
Testes venerabilis d presbiter Dominicus de Casteno fq d Stephani rector ecclesie Sancti babille porte horientalis mediolani habitans in domibus dicte ecclesie dominus venturinus de zanellis de vertua fq d jacobi phps raphaelis mediolani et d franciscus de la Canali fq d ser Nicolai pnps prothasij ad monacos mediolani. omnes noti ydonei vocati et rogati.

Bibliographie: G. Sironi, 1981, S. 23–25.

86. Archivio di Stato, Mailand, *Cimeli*, cart.1, fasc. 42, n. 14 (già notaio Marco Formenti, filza 7111):
In Nomine domini anno a Natiuitate Eiusdem Millesimo quingentesimo octauo Indictione duodecima die Jouis duodecimo mensis octobris.
D Leonardus de vincijs filius quondam domini petri phps Babille foris mediolani
voluntarie etc.
Et omnibus modo etc.
fecit etc.
D Jo: ambrosium de predis fq domini leonardi pcps Joh[annis] ad quattuor facies mediolani Ibi presentem et onus huius mandati Suscipientem eius procuratorem etc.
Specialiter etc.
ad liberandumscolares scolle conceptionis Beate domine Sancte marie site in ecclesia Sancti francisci mediolani et ipsam scolam ab omni et toto eo quos ipse d Constituens petere etc. potest etc. Causa et occasione Imaginis Beate virginis Marie cum filio Sancto Johanne et angelo factarum ipsis scolaribus et scolle ab eis Scola et scolaribus ijs modo et forma prout sint eidem procuratori suo videbitur et placuerit
Et generaliter etc.
Dans etc.
Promittens etc.
Et de predictis etc.
actum in domo habitationis p.ti domini leonardi sita utsupra presentibus ambrosio de vermetio filio d jacobi phps Stephani foris mediolani et Jo: ambrosio de legnano fq d herasmi pnps prothasij ad monacos mediolani (*not*) ambobus mediolani notarijs et pronotarijs
Testes m. Gianninus de triuiolo fq d Georgio [sic] et Bertholameus de horta fq antonij Petrus de Confanonerijs fq johannis et Laurentius de biondis fq D. Jo: francisci notus omnes phps Babille foris mediolani testes ydonei vocati et rogati.

Bibliographie: G. Sironi, 1981, S. 25–26.

87. Archivio di Stato, Mailand, *Cimeli*, cart. 1, fasc. 42, n. 7:
Millesimo Quingentesimo octauo Indictione xija die lune xxiij mensis octobris
Fiat narratiua de Instrumento uno sententia seu declaratione etc.
[am Rand hinzugefügt:] Ponatur narratiua prout est in alia confessione rogat. per me notarium die xxvj augusti 1507
Modo prefatus d. Jo. ambrosius de predis fq d leonardi pcps Johannis (*super faties mediolani*) ad quatuor faties mediolani suo nomine proprio et Item tamquam procurator et procuratorio nomine leonardi d epredis fq d. (*leonardi*) Euangeliste ac d. Bernardi de predis eius fratris per Instrumentum procure rogatum ut dixit per petrum martirem de pusterla et etiam tamquam procurator et procuratorio nomine leonardi de vinzijs per Instrumentum procure rogatum ut dixit per ... notarium mediolanensem etc. Et pro quibus promixit de rato habendo et ratificari fatiendo etc: videlicet quod dictus dominus Leonardus Intra octo dies proxime futuros ratificabit presens instrumentum sub pena ducatorum decem auri in auro etc.
fecit confessionem domino Cessari de fabis grossis de cremona fqd caroli priori infrascripte scolle nec non d. Jo. ambrosio de balbis fq d. Antonij habitantibus ambobus pvps petri Inter vineam mediolani scollaribus suprascripte scolle Conceptionis beatissime virginis marie constructe in ecclesia sancti francisci mediolani ibi presentibus et stipulantibus suis nominibus proprijs et scollarium dicte scolle et pro eis numeratos ibidem presentialiter per prefatum d. Jo. Ambrosium et hoc utsupra
Libras centum Imperialium
Pro completa solutione et pro omni et toto eo quod dicti de predis et magister leonardus de vinzijs eisdem domino priori et scollaribus dicte scolle et super bonis dicte scolle petere poterant etc. causa et occasione suprascripti Instrumenti pactorum de quo supra et defendentium ab eo etc. et etiam occaxione dicte declarationis de qua supra ac etiam qualibet alia causa et occaxione etc.
Dicens etc.
Computatis in presenti confessione libris centum Imperialium numeratis eidem domino Jo. ambrosio prout apparet Instrumento confessionis rogat. per me notarium die xxvj augusti 1507 et alijs solutionibus et confessionibus.
Renuntiando etc.
Promitens etc. Actum in domo habitationis prefati domini Jo. ambrosij de balbis sita utsupra presentibus Jo. petro septara f domini erasmi ptps petri in gaminadella et aluysio de raude fd Johannis phps steffani in brolo Intus pronotarijs
domino Bertola de Tantijs de Cassiano fq d donati pvps naborris et felicis Intus dominus Jacobus de bripio fq d a[ntonii] ptps marie ad circulum et Zanetus de ferrarijs fq m. franceschini pvps petri Intus vineam mediolani omnes idoney etc.
Die suprascripto
Fiat mentio de suprascripto Instrumento confessionis utsupra.
Modo suprascripto magister leonardus de vinzijs fqd petri phps babille foris voluntarie etc.
Et omnibus modis etc.
Etiam ad Instantiam mei notarij stipulantis nomine prefatorum prioris et scollarium dicte scolle et pro eis.
Ratificat et aprobat dictum Instrumentum confessionis utsupra rogatum per me notarium utsupra in omnibus et per omnia prout iacet et ubi expediat simile Instrumentum fecit et facit prout factum extitit per dictum dominum Jo. ambrosium
Renuntiando etc.
Promitens etc.
Actum in domo habitationis dicti magistri leonardi utsupra presentibus suprascriptis Jo. petro septara et aluysio de raude pro notarijs
Teste d. bernardinus de mutina fq andree pcps bartholamey Intus d. petrus franciscus de restis fd Jo. antonij ptps Vincentij in Prato Intus dominus dionisius de ello fq d. ambrosij ptps marie beltradis intus omnes idoney etc.

Bibliographie: L. Beltrami, 1915, S. 99; ders., 1919, S. 125–127, n. 199.

88. Archivio della Fabbrica del Duomo di Milano (da *Annali della Venerabile Fabbrica del Duomo*):
[Montag, 21. Oktober 1510]
Facto verbo de stadiis fiendis in ecclesia majori, ordinatum est quod vocentur infrascripti, videlicet dom. Jacobus Rabia, Marcus Antonius Dugnanus, Franciscus Coyrus, alias ex deputatis prefatae fabricae et super dictis stadiis fiendis electi, nec non magistri Johannes Antonius Homodeus, Andreas de Fusina prepos. Fabricae ingenierii, ac magister Leonardus Florentinus et Christophorus Gobbus, quatenus accedant ad cameram prefatae fabricae die jovis proxime futuri hora debita consilii.

Bibliographie: G. L. Calvi, *Architetti* ..., Teil III, 1869, S. 108; L. Beltrami, 1919, S. 131, n. 205.

89. Verbleib unbekannt, zitiert nach L. Beltrami, 1919:
[1510–1511]
IIIIe XXXVI. A M.e Leonnard painctre iiijc livres; Estat de Millan pour l'année finissant mil V° dix.

A M.e Leonnard Vincy. florentin iiijc livres t[ournoises] Estat de Millan mil V° onze

Bibliographie: *Chroniques* ..., 1891, Bd. II. S. 386; L. Beltrami, 1919, S. 131–132, n. 206.

90. Archivio di Stato, Florenz, *Operai di Palazzo*, Stanziamenti, n. 15, fol. 4 *recto*:
1513 [1514] die xxvj februarij ...
A franc.° di Chappello legnaiuolo lire 8.s. 12 per br. 43 dasse di 0/3 dalbero leuo Rinieri lotti disse per armare intorno le fighure dipinte nella sala grande della guardia di mano di Lionardo da Vinci per difenderle che le non sieno guaste asse 4 il br al so. 5 – s. r. 12 –

Bibliographie: G. Gaye, II, 1840, S. 90; L. Beltrami, 1919, S. 136–137, n. 216.

91. Vatikanstadt, Archivio della Fabbrica di San Pietro, *Libretto de ricordi 1513–A*, fol. 22, 28, 31, 33, 36:
Qui apie si fara richordo di tutti e lauori fatti fare da M. Giuliano Lenno in palazzo e altroue veduti questo di p° di dicembre 1513 per m. Rinieri da Pissa et per Bartolomeo Marinai et per me Francesco Magaloti ...
Cose sanno affare a beluedere nelle stanze di me. Lionardo d. vinci

n. 134. Uno tramezzo di tauole dabeto lungo pal. 20 et alto pal. 20 sono canne 4 vagliono a k.[arlini] 20	d. 8
n. 135. El solaro lungo pal. 20 et largo pal. 10 sono canne 2 vagliono a k. 20	d. 4
n. 136 per tramutare una finestra e alzarla	d. 2 b.
n. 137 Amattonare sopradetto solare et farre 1 finestr[a] che lunga pal. 35 et lar. pal 20 cioe amattonar sono canne 7 vagliono a k. 10	d. 7
n. 138 Uno tramezzo nell[a] cucina di tauole dabeto et 1 armario lungo pal. 20 et alto pal. 10 sono canne 2 vagliono a k. 20	d. 4
[n. 139] per 5 finestre	d. 10 b.
n. 140 per 4 tauole dalbucco da mangiare con trespoli *(sono canne)* vagliono	d. 6 b.
n. 141 per 3 palchetti	d. 1 b.
n. 142 per 1 cassone	d. 1 b.
n. 143 per 8 schabelli	d. 4 b.
144 per 3 panche da sedere	d. 3 b.
n. 145 per uno cerrignol[o]	d. 1 b.
n. 146 per uno tramezzo facto dasse lungo pal. 56 et alto pal. 23 vale	d. 25 b. 52
n. 147 per uno bancho da macinare colori	d. 1 b. 1

... Nota di lauori fatti per Giuliano Leno equali sono stati stimati per m.° Rinieri di pisa e Bartolomeo marianri et Franc.° magalottj come di vede in questo di 22 ...

n. 134 per 1 tramezzo	d. 8
136 per tramutare una finestra	d. 2
n. 138 per 1 tramezzo	d. 4
139 per 5 finestre	d. 10
n. 140 per 4 tauole dalbucco	d. 6
n. 141 per 3 palchetti	d. 1
n. 142 per uno cassone in la st. di lionardo d. vinci	d. 3
n. 144 per 3 panche da sedere	d. 3
n. 145 per 1 cerrignolo	d. 1
n. 146 per 1 tramezzo	d. 25.52
n. 147 per uno bancho da macinare	d. 1 [...]

n. 135 can. 2 pal. 2 v[aglion]o	d. 4
137 can. 7 pal. v.o	d. 7 [...]

Et piu d. 72.8 b. per d. 94 b. 14 per piu legniami facti alle stanze di lionardo d. vinci in q.° 28 a n.i 134. 135. 136. 137. 138. 139. 140. 141. 142. 143. 144. 145. 146	d. 72 86

Bibliographie: L. von Pastor, Bd. 4, 1908, S. 512; L. Beltrami, 1919, S. 137–138, n. 218.

92. Rom, Archivio di San Giovanni dei Fiorentini:
[8. Oktober 1514]
Novizzo
Leonardo da vinci depintore e scultore andaua apartito a desco e vinse oer 3 faue nere epoi andaua necorpo della conpagnia e vinse oer 41 faue nere e 2 bianche oer condotto per maestro Gaiacquo medico e per lui promese lentrata.
E anchora in detto el nostro padre gouernatore e sue consiglieri propose de mettere Leonardo da vinci dipintore nel buondi perche nouaueua pagato lentrata in tempo detto e mandarnalo in partiti in desco e vinse per tre faue nere.

Bibliographie: C. L. Frommel, 1964, S. 369–373.

93. Archivio di Stato, Florenz, *Carte Strozziane*, serie II, filza 10, fol. 160:
[1515]
Spese fatte per M.r Pagholo vittori maiordomo dello Ill.mo S. nellandata da Bolognia e in bolongja ealtroue.

Nota delle prouisione adapagare perme innome del nostro ill.mo S. bernardo binj echompagnja diroma eprima della ill.ma sua chonsorte ognj mese	d 800 –
A L.do dauincj per sua prouisione d. xxxiij e piu d. vij al detto per la prouisione dj giorgio tedescho che sono intt° [i. e. in tutto]	d 40 –
A franc.° seruidore dipolito per sua prouisione d dua epiu d uno per lalt° seruidore e k otto per Qvello che gouerna elsuo muletto intt° d 3 ek 8 equalj pagerete per ognj mese aciascuno dj loro	d 3 K 8 –
A bernardo eyerolimo cancellierj del S. ill. d sette fi per loro prouisione ognj mese	d 7–1/2 –
A messer piero ardingerlj per laprouisione disua seruidorj ognj mese d s	d 6 –
A giannicholo guardaroba per luj eperlj suoj dua seruidorj cioe dua ragazzj eper lizibettj intt	d 11 –
A giriberto ealgiangia.° eagirardino sonatorj aciascheduno diloro d sej doro dic.a [i. e. di camera] perloro ogni mese che sono intt.°	d 18 –
A frate iustino per sua prouisione	d 4 –
Montano intt° leprouisione disopra chome distintamente siue de d 890 e gj 1 etantj aciasceduno per ognj mese auete apagare sono intt°	d 890 Gi 1 –

Bibliographie: J. P. Richter, 1883, Ausgabe 1970, II, S. 407; L. Beltrami, 1919, S. 141, n. 224.

94. Neapel, Biblioteca Nazionale Vittorio Emanuele III, Ms. X, F 28, *Itinerario di Monsignor R.mo et Ill.mo Cardinale de Aragonia per me dom. Antonio de Beatis* (zitiert nach L. von Pastor, 1905):
[10. Oktober 1517]
Da Turso dove si dimorò per tucte le nove del mese, dopoi pranzo se andò ad Amboys distante VII leghe, quale si bene è poca villa, è allegra et ben posta: lei è in piano, ma ha un Castello in un pogetto, che si non è di forteza, si stantie è commodo et ha bellissima prospectiva. Lì il roy Carlo che fu in Napoli stava molto volentieri, roy Luysi il patre in Turso, et lo roy Ludovico successore in Bles. In uno deli borghi el signore con noi altri andò ad videre messer Lunardo Vinci firentino, vecchio de più di LXX anj pictore in la età nostra excellentissimo, quale mostrò ad sua s. Ill.ma tre quatri, uno di certa donnafirentina facto di naturale ad instantia del quondam Mag.co Juliano de Medici: laltrodi san Johanne Baptista giovane et uno de la Madonna et del figliolo che stan posti in gremmo de s.ta Anna: tucti perfectissimi. Ben vero che da lui per esserli venuta certa paralesi ne la dextra non se ne può expectare più cosa bona. Ha ben facto un creato milanese chi lavora assai bene et benché il prefato messer Lunardo non possa colorire con quella dulceza che solea pur serve ad fare disegni et insignare ad altri. Questo gentilhuomo ha composto de notomia tanto particularmente cun la demostrazione de la pictura sì de membri come de muscoli, nervi, vene, giunture dintestini et di quanto si può ragionare tanto di corpi di huomini come di donne, de modo non è stato mai anchora facto da altra persona. Il che habbiamo visto oculatamente et già lui disse haver facta notomia de più de xxx corpi tra mascoli et femine de ogni età. Ha anche composto de la natura de l'acque, de diverse machine et d'altre cose, secondo ha referito lui, infinità de volumi, et tucti in lingua volgare, quali se vengono in luce, saranno profigui et molto delectevoli. Esso ultra le spese et stantie da re di Franza ha 1000 scuti l'anno di pensione et lo creato trecento.

[*Ibidem*, 11. Oktober 1517:]
Vi era ancho [nel castello reale di Blois] un quatro dove è pintata ad oglio una certa signura di Lombardia di naturale assai bella, ma al mio iuditio non tanto come la signora Gualanda [aggiunto a margine:] s.ra Isabella Gualanda

[*Ibidem*, 20.–30. Dezember 1517:]
In lo monasterio di Santa Maria de le Gratie, quale fo facto dal signor Ludovico Sforza, assai bello et bene acteso, fo visto nel refectorio de frati chi sonno del ordine di san Dominico de observantia, una cena picta al muro da messer Lunardo Vinci, qual trovaimo in Amboys, che è excellentissima, benché incomincia ad guastarse non so si per la humidità che rende il muro o per altra [in]advertentia. Li personaggi di quella son de naturale retracti de più persone de la corte et de Milanesi di quel tempo, di vera statura.

Bibliographie: L. Volpicella, 1876, S. 106–117; L. Beltrami, 1919, S. 149–150, nn. 238–239.

95. *Codex Atlanticus* fol. 476 *recto* (ex 174 rb-vc):
A mons.r le contrerolleur des cheuauchers de lescuyerie du Roy en court pour les bailler faytement ou enuoyer a M.r Lyonard florentin paintre du Roy pour les affe.[r]s du dit S.r. A Amboyse.

Bibliographie: L. Beltrami, 1919, S. 151, n. 241.

96. Paris, Archives Nationales, dossier KK 289:
A maistre Lyenard de Vince paintre ytalien la somme de 2000 ecus soleil pour sa pension dicelles deux années [1517–1518]
A mes. Francisque de Melze ytalien gentilhomme qui se tient auec le dit M.e Lyenard 800 ecus (pour deux ans).
A Salay seruiteur de M.e Lyenard de Vince paintre du Roy pour ses seruices cent ecus dor.

Bibliographie: L. Beltrami, 1919, S. 150–151, n. 241.

97. Mailand, Biblioteca Melzi (es handelt sich um die Kopie von Venanzio de Pagave, hier zit. nach L. Beltrami, 1919; das Original ist unauffindbar):

Testamento

Sia manifesto ad ciascheduna persona presente et advenire, che nella Corte del Re nostro Signore in Ambosya avantia d noy personalmente constituito Messer leonardo de Vince pictore del Re al presente comorante nello locho dicto du Cloux appresso de Ambosya, el qual considerando la certezza de la morte et l'incertezza del hora di quella, ha cognosciuto et confessato nela dicta corte, nanzi de noy, nela quale se sommesso et somette circa ciò havere facto et ordinato, per tenore dela presente, il suo testamento et ordinanza de ultima volontà, nel modo qual se sèguita. Primeramente el raccomanda l'anima sua ad nostro Signore Messer Domine Dio, alla gloriosa Virgine Maria, a Monsignore Sancto Michele, e atutti li beati Angeli e Santi del Paradiso.
Item el dicto Testatore vole essere seppellito drento la giesia de sancto Florentino de Ambosya, el suo corpo essere portato lì per li capelani de quella.
Item che il suo corpo sia accompagnato dal dicto locho fin nela gesia de sancto Florentino per il colegio de dicta giesia cioè dal rectore et Priore, o vero dalli Vicarii soy et Capellani della giesia de sancto Dionisio d'Ambosya, etiam li Frati minori del dicto locho, et avante de essere portato il suo corpo nela dicta giesia, esso Testatore vole siano celebrate ne la dicta chiesia de Sancto Florentino tre grande messe con diacono et sottodiacono, et il dì che se diranno tre grande messe che se dicano anchora trenta messe basse de Sancto Gregorio.
Item ne la dicta chiesia de Sancto Dionisio simil servitio sia celebrato como di sopra.
Item nela Chiesia de dicti Frati et religiosi minori simile servitio.
Item el prefato Testatore dona et concede ad Messer Francesco de Melzo, Gentilomo de Milano, per remuneratione de'servitii ad epso gratia lui facti per il passato, tutti et ciaschaduno li libri che el dicto Testatore ha de presente, et altri Instrumenti et Portracti circa l'arte sua et industria de Pictori.
Item epso Testatore dona et concede a sempre mai perpetuaente a Battista de Vilanis suo servitore la metà zoè medietà de uno iardino che ha fora a le mura de Milano, et l'altra metà de epso iardino ad Salay suo servitore nel qual iardino il prefato Salay ha edificata et constructa una casa, la qual sarà e resterà similmente a sempremai perpetudine al dicto Salai, soi heredi, et successori, et ciò in remuneratione di boni et grati servitii, che dicti de Vilanis et salay suoi servitori hanno facto de qui inanzi.
Item epso Testatore dona a Maturina sua fantescha una veste de bon pano negro foderata de pelle: una socha de panno et doy ducati per una volta solamente pagati: et ciò in remuneratione similmente de boni servitii ha lui facta epsa Maturina de qui inanzi.
Item vole che ale sue exequie siano sexanta torchie le quale saranno portate per sexanta poveri ali quali saranno dati denari per portarle a discretione del dicto Melzo, le quali torze seranno divise nele quatro chiesie sopradicte.
Item el dicto Testatore dona al ciascheduna de dicte Chiesie sopradicte dieci libre cera in candele grosse che seranno messe nele dicte chiesie per servire al dì che se celebreranno dicti servitii.

Item che sia dato ali poveri del ospedale di Dio alli poveri de Sancto Lazaro de Ambosya, et per ciò fare sia dato et pagato alli Tesorieri depsa confraternita la summa et quantità de soysante dece soldi tornesi.
Item epso Testatore dona et concede al dicto messer Francesco Melce presente et acceptante il resto della sua pensione et summa de'danari qual a lui sono debiti del passato fino al dì della sua morte per il recevoir ovvero Tesaurario general M. Johan Sapin, et tutte et ciaschaduna summa de'danari che ha receputo dal p.° Sapin de la dicta sua pensione, et in caxo chel decede inanzi al prefato Melzo, e non altramente, li quali danari sono al presente nella possessione del dicto Testatore nel dicto loco de Cloux como el dice. Et similmente el dona et concede al dicto de Melze tucti et ciascheduni suoi vestimenti quali ha al presente ne lo dicto loco de Cloux tam per remuneratione de boni et grati servitii, a lui facti d aqui inanzi, che per li suoi salari vacationi et fatiche chel potrà avere circa la executione del presente Testamento, il tutto però al spese del dicto Testatore.
Ordina et vole che la summa de quattrocento scudi del Sole che ha in deposito in man del Camerlingo de Sancta Maria de Nove nella città de Fiorenza siano dati alli soy fratelli carnali residenti in Fiorenza con el profitto et emolumento che ne po esser debito fino al presente de prefati Camerlinghi al prefato Testatore per casone de dicti scudi quattrocento de poi el dì che furono per el prefato Testatore dati et consignati alli dicti Camerlinghi.
Item vole et ordina dicto Testatore che dicto Messer Francisco de Melzo sia et remane solo et in sol per il tutto executore del Testamento del prefato Testatore, et che questo dicto Testamento sortisca suo pleno et integro effecto, et circa ciò che è narrato et decto havere tenere guardare et observare epso messer Leonardo de Vince testatore constituto ha obligato et obbliga per le presente epsi soy heredi et successori con ognisoy beni mobili et immobili presenti et advenire et ha renunciato et renuncia per le presente expressamente ad tucte et ciaschaduna le cose ad ciò contrarie.
Datum ne lo dicto loco de Cloux ne le presencie de magistro Spirito Fleri Vicario nella chiesia de Sancto Dionicio de Ambosya, M. Guilelmo Croysant prete et capellani, Magistro Cipriane Fulchin, Fratre Francesco de Corton et Francesco da Milano, religioso del convento de frati minori de Ambosya, testimonii ad ciò ciamati et vocati ad tenire per il judicio de la dicta Corte, in presentia del prefato M. Francesco de Melze acceptante et consentiente, il quale ha promesso per fede et sacramento del corpo suo per lui dati corporalmente ne le mane nostre di non mai fare venire dire ne andare in contrario. Et sigillato a sua requesta dal sigillo regale statuito a li contracti legali d'Amboysia, et in segno de verità. Dat. a dì XXIII de Aprile MDVIII avanti la Pasqua [i. e. 1519]
Et a dì XXIII depso mese se Aprile MDXVIII ne la presentia di M. Guilelmo Borian notaio regio ne la Corte de Baliagio d'Amboysia il prefato m. Leonardo de Vince ha donato et concesso per il suo testamento et ordinanza de ultima voluntà supra dicta al dicto M. Baptista de Vilanis presente et acceptante il dritto de laqua che q.dam bone memorie Re Ludovico XII ultimo defuncto ha alias donato a epso de Vince suxo lo fiume del naviglio di Sancto Cristoforo ne lo Ducato de Milano, per gauderlo per epso De Vilanis a sempre mai in tal modo et [n]orma che el dicto Signore ne ha facto dono in presentia de M. Francesco de Melzo Gentilhomo de Milano et io.
Et a dì prefato nel dicto mese de Aprile ne lo dicto anno MDVIII epso m. Leonardo de Vinci per il suo testamento et ordinanza de ultima volontà sopradecta ha donato al prefato m. Baptista de Vilanis presente et receptante tutti et ciaschaduni mobili et utensili de caxa soy de presente ne lo dicto loco du Cloux, in caxo però che el dicto de Vilanis surviva al prefato m. Leonardo de Vince; in presentia del prefato m. Francesco de Melzo et io Notaio ecc. Boreau.

Bibliographie: C. Amoretti, 1804, S. 113; L. Beltrami, 1919, S. 152–154, n. 244.

98. Original verloren, zitiert nach L. Beltrami, 1919:
Ser Giuliano e fratelli suoi honorandi.
Credo siate certificati della morte di maestro Lionardo fratello vostro, e mio quanto ottimo padre, per la cui morte sarebbe impossibile che io potesse esprimere il dolore che io ho preso: e in mentre che queste mie membra si sosterranno insieme, io possederò una perpetua infelicità, e meritamente perché sviscerato et ardentissimo amoremi portava giornalmente. È dolto ad ognuno la perdita di tal uomo, quale non è più in potestà della natura. Adesso Iddio onnipotente gli conceda eterna quiete. Esso passò dalla presente vita alli 2 di Maggio con tutti li ordini della Santa Madre Chiesa e ben disposto. E perché esso aveva lettera del Cristianissimo Re, che potesse testare, e lasciare il suo a chi li paresse: e sento quod Eredes supplicantis sint rignicolae: senza la qual lettera non potea testare che valesse, che ogni cosa sarbbe stato perso, essendo così qua costume, cioè di quanto s'appartiene di qua detto maestro Lionardo fece testamento il quale vi avrei mandato se avessi avuto fidata persona. Io aspetto un mio zio quale vienmi a vedere trasferendo sé stesso di poi costì a Milano. Io glielo darò, et esso farà buono ricapito non trovando altro in questo mezzo. Di quanto si contiene circa alle parti vostre in esso testamento non v'è se non che detto maestro Lionardo ha in Santa Maria nuova nelle mani del Camarlingo segnato, e numerate le carte, 400 scudi di Sole, li quali sono a 5 per 100 e alli 16 d'ottobre prossimo saranno 6 anni passati, e similmente un podere a Fiesole, quali vuole sia distribuito infra voi. Altro non contiene circa alle parti vostre nec plura, se non che vi offero quello vaglio e posso, prontissimo e paratissimo alle voglie vostre e di continuo raccomandandomi.
Dato in Ambriosa, die primo Junij 1519
Datemene risposta per i Gondi.

Tamquam fratri vestro
Franciscus Meltius.

Bibliographie: C. Amoretti, 1804, S. 121; L. Beltrami, 1919, S. 155, n. 245.

99. Amboise, Regesten des Kapitels von Kloster Saint-Florentin (zitiert nach L. Beltrami, 1919):
Fut inhumé dans le cloistre de cette eglise M.e Lionard de Vincy noble millanois I.er peinctre et ingénieur et architecte du Roy, meschanischien d'estat et anchien directeur de peincture du Duc de Milan.
Ce fut faict le douc.mr jour d'aoust 1519.

Bibliographie: M. Harduin, 1863, n. 26; L. Beltrami, 1919, S. 156, Anm. 156.

100. Archivio di Stato, Mailand, *Fondo Notarile*, notaio Pietro Paolo Crevenna, filza 8136:
In nomine domini anno a Natiuitate eiusedem millesimo quingentesimo vigessimo quinto Indictione tertiadecima die veneris primo mensis aprilis Cum decesserit morte violenta nunc quondam Johannes Jacobus de caprotis de oppreno sictus Salay pictor vsque die xviiij januarij 1523 [1524] relictis post se dominabus Angelina et Laurentiola sororibus de caprotis de oppreno eius sororibus legiptimis et heredibus equis portionibus ac etiam relicta domina Blancha de anono eius vxore legiptima cuy ante eius obitum dotem constituerat librarum mille septemcentum Imp. cum promissionem eam dotem restituendi casu adueniente cum omnibus expensis dampnis et interesse prout plenius et latius dicitur constare instrumento superinde confecto rogato per d. Johannem petrum de carchano mediolani notarium anno et die in eo contentis.
Cumque causa ey occaxione hereditatis predicte multe et varie differentie orte sint inter dictas sorores et pro eis agentes maxime m. thomam

mapellum maritum dicte d. laurentiole et pro ipsa d. laurentiola ex vna et Joh. antonium de pergamo ac Joh. mariam eius fratrem minorem ambo filios dicte d. angeline et pro ipsa d. angelina ex alia occaxione diuixionum fiendarum inter dictas soreres et pro eis agentes de bonis relictis pe d. nunc appellatum Salay earum sororum fratrem in eius hereditate et bonis.
Tandem precibus amucorum interuenientibus precipue medio et laudabili opera infrascripti d. petri martiris boroni placuit dictis et Infrascriptis partibus debite refferendo a dictis littibus discedere ac deuenire prout deueniunt ad Infrascripta pacta conuentiones transactiones diuisiones et alia de quibus Infra inuiolabiliter attendenda obseruanda adimplenda et executioni mandanda ut infra videlicet prefata d. angela de caprotis de opreno fq d. petri et relicta quondam d. baptiste de pergamo et predicta d. laurentiola similiter de caprotis de opreno eius soror similiter fq dicti d. petri et vxor m. thome de mapello ex alia ambe prps satiri mediolani modis etiam quibus infra.
Voluntarie sponte deliberate et ex certa earum et utriusque earum scientia et non per aliquem errorem Iuris nec facti ducte et alias omnibus modo Iure via causa et forma quibus melius potuerint et possunt.
Inprimis conuenerunt et conueniunt per spetialem clausolam in exequtione presentis diuixionis quod omnia bona mobilia et inmobilia res et Iura ac credita et Iura relicta utsupra inter alia reperat Ibidem describantur ad effectus infrascriptos et que sunt hec videlicet.

Diamanti n. 2 de pretio extimati .... sc. 50 l. 252 s. 10 d. –
Smeraldo n. j extimato .... sc. 50 l. 252 s. 10 d. –
Jacinto n. extimato .... sc. 15 l. 75 s. 15 d. –
Agate n. j extimata .... sc. 25 l. 126 s. 5 d. –
Smeraldo pizinino n. j .... sc. – l. – s. – d. –
Agate de quatro teste n. j .... sc. 25 l. 126 s. 5 d. –
Agate de tre teste n. j .... sc. – l. 60 s.– d. –
Camaino ligano [i. e. legato] innorro n. j .... sc. – l. 60 s. – d. –
Camaino pizinino n. j extimato .... sc. 4 l. 20 s. 4 d. –
Camaino n. j extimato .... sc. 10 l. 50 s. 10 d. –
...
Quadro dicto vna ledde n j .... sc. 200 l. 1010 s. – d. –
Quadro de S.ta anna n. j .... sc. 100 l. 505 s. – d. –
Quadro de vna dona aretrata n. 1 .... l. – s. – d. –
[zwischen den Zeilen eingefügt:] dicto la
Joconda .... sc. 100 d. 505 s. – d. –
Quadro (*dicto la honda C°*) (*cum vno*
Sto Joh.G°) n j

Quadro cum vno (*SA Johanne*) Sto
(*Jeronimo*) Johanne g.° [i. e. grando] .... sc. 80 d. 404 s. d. –
Quadro cum vno Sto hieronimo
grando no j .... sc. 40 l. 202 s. – d. –
Quadro cum vna meza nuda n j .... sc. 25 l. 126 s. 5 d. –
Quadro cum vno S.to hieronimo mezo
nudo n. j .... sc. 25 l. 126 s. 5 d. –
Quadro cun vno Sto Johanne piz.
zoueno n j .... [sc.] 25 l. 126 s. 5 d. –
vno Christo in modo de vno dio padre .... sc. 25 l. 126 s. 5 d. –
Madona cum vno filiolo in brazo .... sc. 20 l. 121 s. – d. –
vno Christo ala colona sie [?] non fornido .... [sc.] 5 l. 25 s. 5 d. –
...

Item vno sedimine de caxa situato fora de porta horientale de milano cum soij edifitij terminata e choerentiata como apare instrumento de compra rogato per il publico notaro per il prefato nunc quondam salay vale per rispecto alutile dominio et naturale possessione et melioramenti livre mille cento Imperiali
...

Bibliographie: J. Shell und G. Sironi, 1991, S. 95–108.

101. *Ibidem* (Auszug):
...
n°j quadro dicto vna ledday .... sc. 200 l 1010 s
n°j quadro de S.ta anna .... sc. 100 l. 505 s. d.
n°j quadro de vna dona aretrata .... l. s. d.
n°j quadro dicto la honda C .... sc. 100 l. 505 s. d.
n°j quadro cum vno S.to Johanne g[rand]o.................... sc. 80 l. 404 s. d.
n°j quadro cum vno S.to hieronimo g .... sc. 40 l. 202 s. d.
n°j quadro cum vna meza nuda .... sc. 25 l. 126 s. 5 d.
n°j quadro cum vno Sto hieronimo
mezonu .... sc. 25 l. 120 s. 5 d.
n°j cum vno Sto Joanne piz. zoueno .... sc. 25 l. 120 s. 5 d.
n°j christo in modo de vno dio patre .... sc. 25 l. 126 s. 5 d.
n°j madona cum vno filiolo in brazo .... sc. 20 l. 101 s. d.
n°j christo ala cologna non fornido.................................. sc. 5 l. 25 s. 5 d.
...

Bibliographie: Cfr. n. 100.

Bibliographie

HANDSCHRIFTEN

Leonardo da Vinci, *Trattato della pittura*, Rom, Biblioteca Apostolica Vaticana, Codex Urbinas Lat. 1270.
Pirro Ligorio, *Descrittione della superba et magnificentissima Villa Hadriana*, Paris, Bibliothèque Nationale, Fonds it. 625.
Pirro Ligorio, *Trattato delle Antiquità di Tivoli et della Villa Hadriana fatto da Pyrrho Ligorio Patricio Napoletano et dedicato all'Ill.mo Cardinal di Ferrara*, Rom, Biblioteca Apostolica Vaticana, Codex Vaticanus Lat. 5295.

IM DRUCK
ERSCHIENENE WERKE

1493
B. Bellincioni, *Rime*, Florenz und Mailand (Nachdruck, hrsg. von P. Fanfani, Florenz 1876).

1521
Vitruvius, *De architectura*, Zweites Buch, Como.

1550
Giorgio Vasari, *Le vite de' più eccellenti architetti, pittori, et scultori italiani, da Cimabue insino a' tempi nostri*, Florenz (zweite, veränderte Ausgabe Florenz 1568, hrsg. von P. Barocchi und R. Bettarini, Florenz 1976). Deutsche Übersetzung: *Leben der ausgezeichnetsten Maler, Bildhauer und Baumeister*, Stuttgart und Tübingen 1832–1849, neu hrsg. von Julian Kliemann, Worms 1983.

1556
U. Aldovrandi, *Delle statue antiche che per tutta Roma in diversi luoghi e case si veggono*, Venedig.

1642
P. Dan, *Trésor des merveilles de Fontainebleau*, Paris.

1672
P. Bosca, *De origine et statu Bibliothecae Ambrosianae*, Mailand.

1752–1755
B. F. Lepicié, *Catalogue raisonné des tableaux du Roi*, Paris.

1796
D. Pino, *Storia genuina del Cenacolo insigne dipinto da Leonardo da Vinci nel refettorio di Santa Maria delle Grazie di Milano*, Mailand.

1804
C. Amoretti, *Memorie storiche su la vita, gli studj e le opere di Lionardo da Vinci*, Mailand.

1810
G. Bossi, *Del Cenacolo di Leonardo Libri Quattro*, Mailand.

1840
G. Gaye, *Carteggio inedito d'artisti dei secoli XIV, XV e XVI*, Florenz.

1843–1860
J. Ruskin, *Modern Painters*, London (zit. nach der Ausgabe London 1909).

1844
J. Delecluze, *Saggio intorno a Leonardo da Vinci*, Siena.

1848
S. Bulgarini, *Notizie intorno a Tivoli*, Rom.

1858
G. Milanesi, »Deliberazione della Signoria di Firenze sopra il cartone allogato a fare a Leonardo da Vinci per la Sala del Consiglio Grande«, in: *Giornale storico degli Archivi toscani* II, S. 137–139.

1865
G. Campori, »Nuovi documenti per la vita di Leonardo da Vinci«, Auszug aus: *Atti e memorie della R. Deputazione di Storia Patria di Modena*, S. 6–7.

1866
G. Campori, *Lettere artistiche inedite*, Modena.

1869
G. L. Calvi, *Architetti, scultori e pittori che fiorirono in Milano durante il governo de' Visconti e degli Sforza*, Teil III, *Leonardo da Vinci (con nuovi documenti)*, Mailand (Reprint Bologna o. J.).

1872
G. D'Adda, *Leonardo da Vinci e la sua libreria*, Mailand.
G. Milanesi, »Documenti inediti riguardanti Lionardo da Vinci«, in: *Archivio Storico Italiano* XVI, S. 227–228.

1873
W. Braghirolli, »Notizie e documenti inediti intorno a Pietro Vannucci detto il Perugino«, in: *Giornale d'Erudizione Artistica* II, S. 246.
W. Pater, *Studies in the History of the Renaissance*, London.
J. Ruskin, *Ariadne Florentina*, London (zit. nach der Ausgabe London 1907)

1875
A. Dupré, »Recherches historiques sur Romorantin«, in: *Société Archéologique et historique d'Orléans* XIV, S. 3–64.

1876
L. Volpicella, »Il viaggio del cardinale d'Aragona«, in: *Archivio Storico per le Provincie Napoletane* I, S. 106–117.

1877
Monumenta Hungariae Historica, Budapest.

1880
G. Mongeri, *Le rovine di Roma al principio del secolo XVI. Studi del Bramantino*, Mailand.

1881
G. Manzoni, *Studi di bibliografia analitica. Studio primo*, Bologna.

1883
J. P. Richter, *The Literary Works of Leonardo da Vinci*, Oxford (London 1939², London 1970³).

1887
A. Luzio, *I precettori d'Isabella d'Este*, Ancona.

1888
A. Luzio, »Nuovi documenti su Leonardo da Vinci«, in: *Archivio Storico dell'Arte*, I, 1, S. 45.
A. Venturi, »Nuovi documenti su Leonardo da Vinci«, in: *Archivio Storico dell'Arte* I, 1, S. 45–46.

1889
P. Müller-Walde, *Leonardo da Vinci. Lebensskizze und Forschungen über sein Verhältnis zur Florentiner Kunst und zu Rafael*, München.

1890
I. Lermolieff (eigentlich G. Morelli), *Kunstkritische Studien über Italienische Malerei. Die Galerien Borghese und Doria Pamphili in Rom*, Leipzig.
G. Uzielli, *Leonardo da Vinci e tre gentildonne milanesi del secolo XV*, Pinerolo.

1890–1934
L. von Pastor, *Storia dei papi dalla fine del Medioevo*, Rom, 22 Bde.

1891
Chroniques de Louis XII par Jean d'Auton, hrsg. von R. Maulde de la Clavière, Paris, Bd. II.

1894
L. Beltrami, *Il Castello di Milano*, Mailand.

1896
R. Sabbadini, *La scuola e gli studi di Guarino Guarini Veronese*, Catania.
N. Smiraglia Scognamiglio, »Nuovi documenti su Leonardo da Vinci«, in: *Archivio Storico dell'Arte* II, S. 313–315.
G. Uzielli, *Richerche intorno a Leonardo da Vinci*, Turin.

1897
P. Müller-Walde, »Beiträge zur Kenntnis des Leonardo da Vinci. Ein neues Dokument zur Geschichte des Reiterdenkmals für Francesco Sforza«, in: *Jahrbuch der Königlich Preußischen Kunstsammlungen* Heft 2/3, Bd. XVIII, S. 1–78.

1898
P. Müller-Walde, »Beiträge zur Kenntnis des Leonardo da Vinci«, in: *Jahrbuch der Königlich Preußischen Kunstsammlungen* Heft 2, Bd. XIX, S. 19–20.
A. Rosenberg, *Leonardo da Vinci*, Bielefeld und Leipzig.

1899
E. Müntz, *Léonard de Vinci: l'artiste, le penseur, le savant*, Paris.
E. Müntz, *Leonardo da Vinci. Artist, Thinker, and Man of Science*, Boston.

1900
J. Boloz Antoniewicz, »Portret Cecylii Gallerani przez Lionarda da Vinci w Muzeum Ksiazat Czartoryskisc w Krakowie«, in: *Pamietnik III Zjazdu Historykow Polskich w Krakowie*, Sekcya IV.
J. Boloz Antoniewicz, *Swiatynia zagadkowa Lionarda da Vinci*, Lwów.
N. Smiraglia Scognamiglio, *Nuovi documenti sulla giovinezza di Leonardo da Vinci*, Neapel, S. 135, Nr.V.

1901
C. Loeser, »Un'opera di Ambrogio de' Predis«, in: *Rassegna d'arte* I, Nr. 5, Mai, S. 65–67.

1902
O. Granberg, *Keisar Rudolf IIs Konstkammare och dess Svenska oden och om Uppkomsten af Drotting Kristinas tafvelgalleri i Rom och dess Skingrande*, Stockholm.

1903
W. von Bode, »Leonardos Bildnis der Ginevra dei Benci«, in: *Zeitschrift für bildende Kunst* XIV, S. 276.

1904
L. Beltrami, *Disegni di Leonardo e della sua scuola alla Biblioteca Ambrosiana*, Mailand.
W. Suida, »Die Jugendwerke des Bartolomeo Suardi«, in: *Jahrbuch der Kunstsammlungen des Allerhöchsten Kaiserhauses* XXV, S. 28.

1905
G. Carotti, *Le opere di Leonardo, Bramante e Raffaello*, Mailand.
L. von Pastor, *Die Reise des Kardinals Luigi d'Aragona durch Deutschland, die Niederlande, Frankreich und Oberitalien, 1517–1518*, Freiburg i. B.

1906
L. Beltrami, »Il ›Musicista‹ di Leonardo da Vinci«, in: *Raccolta Vinciana* Fasz. II, S. 75–80.

1907
B. Berenson, *North Italian Painters of the Renaissance*, London.

1908
P. G. Hubner, Rezension in: *Revue Archéologique* 12, S. 359.
E. Solmi, »Le fonti dei manoscritti di Leonardo da Vinci«, in: *Giornale storico della letteratura italiana*, Beiheft.

1909
K. Frey, »Studien zu Michelangelo und zur Kunst seiner Zeit, III, Die Sala del Consiglio Grande im Palazzo della Signoria zu Florenz«, in: *Jahrbuch der Königlich Preußischen Kunstsammlungen* Bd. XXX, S. 128–129.
W. von Seidlitz, *Leonardo da Vinci. Der Wendepunkt der Renaissance*, Berlin.

1910
G. Biscaro, »La commissione della ›Vergine delle Roccie‹ a Leonardo da Vinci secondo i documenti originali (25 aprile 1483)«, in: *Archivio Storico Lombardo*, s. IV, XIII, a. XXXVII, S. 125–161.
G. Pauli, Stichwort *Boltraffio*, in: *Allgemeines Lexikon der bildenden Künstler*, hrsg. von U. Thieme und F. Becker, Bd. IV, Leipzig, S. 256.

1911
Museo Nazionale di Napoli. Guida illustrata, hrsg. von A. Ruesch, Neapel.

1912
G. Gronau, »Ein Jugendwerk des Leonardo da Vinci«, in: *Zeitschrift für bildende Kunst* 47, S. 252–259.

1913
C. Hulsen und H. Egger, *Die römischen Skizzenbücher von Maarten van Heemskerck*, Bd. I, Berlin.
E. Verga, »Regesti Vinciani. Terza serie«, in: *Raccolta Vinciana* Fasz. VIII (1912–1913), S. 109–151.

1914
R. Longhi, »Le due Lise«, in: *La Voce* 1, S. 21–25, wiederabgedruckt in: *Opere complete di Roberto Longhi*, Bd. I, Teil I: *Scritti giovanili 1912–1922*, Florenz 1961, S. 129–132.
J. Thiis, *Leonardo da Vinci. The Florentine Years of Leonardo and Verrocchio*, London.

1914–1915
E. Voigtländer, »Ein Beitrag zu dem Bildnis der Sammlung Czartoryski«, in: *Kunstchronik* N. F., XXVI, 39, S. 473.

1915
L. Beltrami, »La ›Vergine delle rocce‹ di Londra è dipinto originale di Leonardo da Vinci. Nuovi documenti vinciani (1506–1508)«, in: *Rassegna d'Arte*, Mai, S. 99.
W. von Bode, »Leonardos Bildnis der jungen Dame mit dem Hermelin aus dem Czartoryski Museum in Krakau und die Jugendbilder des Künstlers« in: *Jahrbuch der Königlich Preußischen Kunstsammlungen* Bd. XXXVI, Heft 4, S. 189–207.
F. Malaguzzi Valeri, *La corte di Ludovico il Moro*, Bd. II: *Bramante e Leonardo*, Mailand.
H. W. Singer, »Ausstellung von Werken aus der Sammlung Czartoryski in Dresden«, in: *Der Cicerone. Halbmonatsschrift für die Interessen des Kunstforschers und Sammlers* 7. Jg., Heft 7/8, April, S. 131–140.
A. Venturi, *Storia dell'arte italiana*, Bd. VII, Teil IV, Mailand.

1916
B. Berenson, *The Study and Criticism of Italian Art*, London.
F. Bock, »Leonardofragen«, in: *Repertorium für Kunstwissenschaft* Bd. XXXIX, Heft 3/4, S. 153–165.
C. Hulsen und H. Egger, *Die römischen Skizzenbücher von Maarten van Heemskerck*, Bd. II, Berlin.
E. Möller, »Leonardos Bildnis der Cecilia Gallerani in der Galerie des Fürsten Czartoryski in Krakau«, in: *Monatshefte für Kunstwissenschaft* IX, S. 313–326.
W. von Seidlitz, »Leonardo da Vinci und die Dame mit dem Hermelin«, in: *Preußische Jahrbücher*, S. 164, 501 und 508.
O. Sirén, *Leonardo da Vinci*, New Haven (Connecticut).

1917
F. Bock, »Leonardofragen«, in: *Repertorium für Kunstwissenschaft* Bd. XXXIX, Heft 5/6, S. 218–230.
F. Malaguzzi Valeri, *La corte di Ludovico il Moro*, Bd. III, Mailand.

1918
L. Beltrami, *Documenti inediti per la storia della »Vergine delle Rocce« di Leonardo da Vinci*, Mailand.

1919
L. Beltrami, *Documenti e memorie riguardanti la vita e le opere di Leonardo da Vinci*, Mailand.
L. Beltrami, *Leonardo e i disfattisti suoi*, Mailand.
G. Calvi, »L'Adorazione dei Magi di Leonardo da Vinci«, in: *Raccolta Vinciana* Fasz. X, S. 1–44.
H. D'Ochenkowski, »La ›Donna coll' ermellino‹ è una composizione di Leonardo da Vinci«, in: *Raccolta Vinciana* Fasz. X, S. 65–111.
Le memorie di Don Ambrogio Mazenta ripubblicate da D. L. Gramatica, Mailand.
L. Venturi, *La critica e l'arte di Leonardo da Vinci*, Rom.

1920
R. Bonfiglietti, »Raffaello a Villa Adriana ed a Tivoli«, in: *Bullettino Storico Archeologico di Tivoli* 20, S. 4.
L. Venturi, *Leonardo pittore*, Bologna.

1921
A. Schiapparelli, *Leonardo ritrattista*, Mailand.

1923
C. Holmes, *The National Gallery*, Bd. I, *Italian Schools*, London.

1925
G. Calvi, *I manoscritti di Leonardo dal punto di vista cronologico, storico e biografico*, Bologna.
A. Venturi, *Storia dell' arte italiana*, Bd. IX, Teil I, Mailand.

1926
A. De Rinaldis, *Storia dell' opera pittorica di Leonardo da Vinci*, Bologna.

1929
R. Longhi, »Quesiti caravaggeschi. I precedenti«, in: *Pinacotheca* 5–6, S. 258–320, wiederabgedruckt in: *Opere complete di Roberto Longhi*, Bd. IV: *›Me pinxit‹ e Quesiti caravaggeschi. 1928–1934*, Florenz 1968 (Nachdr. 1985, S. 97–143).
W. Suida, *Leonardo und sein Kreis*, München.

1930
W. R. Valentiner, »Leonardo as Verrocchio's co-worker«, in: *The Art Bulletin*, XII, S. 43–89.

1931
H. Bodmer, *Leonardo. Des Meisters Gemälde und Zeichnungen*, Stuttgart.

1935
C. Horst, »L' Ultima Cena di Leonardo nel riflesso delle copie e delle imitazioni«, in: *Raccolta Vinciana* Fasz. XIV–XV, S. 118–200.

1938
B. Berenson, *The Drawings of Florentine Painters*, 2. erw. Aufl., Chicago.

1939
K. Clark, *Leonardo da Vinci. An Account*

of His Development as an Artist, Cambridge (weitere Aufl. Cambridge 1952 London 1959, 1967, 1988 und 1989, die letzten beiden mit einem Vorwort von M. Kemp), zit. nach der Aufl. 1988.
G. Galbiati, *Dizionario leonardesco. Repertorio generale delle voci e delle cose contenute nel Codice Atlantico …*, Mailand.
E. Möller, »Der Geburtstag des Lionardo da Vinci«, in: *Jahrbuch der Königlich Preußischen Kunstsammlungen* Bd. LX, S. 71–73.
J. P. Richter, *The Literary Works of Leonardo da Vinci*, London.

1942
A. Venturi, *Leonardo e la sua scuola*, Novara.

1943
L. H. Heydenreich, *Leonardo*, Berlin (weitere Aufl. Basel 1953).
A. S. Weller, *Francesco di Giorgio 1439–1500*, Chicago.

1946
A. E. Popham, *The Drawings of Leonardo da Vinci*, London (revid. Aufl. mit einer Einl. von M. Kemp, London 1994).

1949
K. Clark, *Landscape into Art*, London.

1952
A. M. Brizio, *Scritti scelti di Leonardo da Vinci*, Turin (weitere Aufl. Turin 1968).
G. Fumagalli, *Eros di Leonardo*, Florenz.
R. Longhi, »Difficoltà di Leonardo«, in: *Paragone* 29, Mai, S. 10–12, wiederabgedruckt in: R. Longhi, *Cinquecento classico e Cinquecento manieristico. 1951–1970*, Florenz 1976, S. 1–3.

1953
C. Pedretti, *Documenti e memorie riguardanti Leonardo da Vinci a Bologna e in Emilia*, Bologna.
W. Suida, *Bramante pittore e il Bramantino*, Mailand.
F. Zeri, »Il Maestro dell'Annunciazione Gardner«, in: *Bollettino d'arte* XXXVIII, Nr. 2, S. 125–139 und Nr. 3, S. 233–249.

1954
E. H. Gombrich, »Leonardo's Grotesque Heads. Prolegomena to their Study«, in: *Leonardo. Saggi e ricerche*, Rom, S. 197–220.
M. Hours, »Étude analytique des tableaux de Léonard de Vinci au Laboratoire du Musée du Louvre«, in: *Leonardo. Saggi e ricerche*, Rom, S. 14–26.
Leonardo. Saggi e ricerche, hrsg. vom Comitato Nazionale per le onoranze a Leonardo da Vinci nel quinto centenario della nascita (1452–1952), Rom.
E. Möller, *La Gentildonna dalle belle mani di Leonardo da Vinci*, Bologna.
C. Pedretti, »La macchina idraulica costruita da Leonardo per conto di Bernardo Rucellai e i primi contatori d'acqua«, in: *Raccolta Vinciana* Fasz. XVII, S. 177–216.
A. E. Popham, »The Dragon-Fight«, in: *Leonardo. Saggi e ricerche*, Rom, S. 221–227.
C. L. Ragghianti, »Inizio di Leonardo«, in: *Critica d'arte* Nr. 2 (März), S. 102–118, und Nr. 4 (Juli), S. 302–329.
Rezension zu *Hommage à Léonard de Vinci* (1952), in: *L'Arte*, Januar/Dezember, a. LIIII, XVIII, S. 77–78.
P. Sanpaolesi, »I dipinti di Leonardo agli Uffizi«, in: *Leonardo. Saggi e ricerche*, Rom, S. 27–46.
W. Suida, »Leonardo's activity as a Painter: a sketch«, in: *Leonardo. Saggi e ricerche*, Rom, S. 313–329.
F. Wittgens, »Il restauro del Cenacolo«, in: *Leonardo. Saggi e ricerche*, Rom, S. 1–12.

1955
K. Kwiatkowski, »*La Dame à l'hermine*« *de Leonardo da Vinci. Étude technologique*, Wroclaw.

1956
M. Wegner, *Hadrian, Plotina, Marciana, Matidia, Sabina*, Berlin.

1957
A. Blanco, *Museo del Prado. Catalogo de la Escultura*, Madrid.
A. Chastel, *Art et Humanisme à Florence au temp de Laurent le Magnifique*, Paris.
C. Pedretti, *Studi Vinciani. Documenti, analisi e inediti leonardeschi.* Im Anhang: *Saggio di una cronologia dei fogli del Codice Atlantico*, Genf.

1958
K. T. Steinitz, *Leonardo da Vinci's »Trattato della Pittura«. A Bibliography of the Printed Editions 1651–1956*, Kopenhagen.

1959
E. Camesasca, *Tutta la pittura del Perugino*, Mailand.
L. Goldschneider, *Leonardo da Vinci*, London.

1960
G. Castelfranco, »Le due versioni della Vergine delle Rocce«, in: *Raccolta Vinciana* Fasz. XVIII, S. 185–187.
W. R. Valentiner, *Studies of Italian Renaissance Sculpture*, London, S. 113–177.
V. P. Zoubov, »Léon Battista Alberti et Léonard de Vinci«, in: *Raccolta Vinciana* Fasz. XVIII, S. 1–14.

1963
P. Murray, »Leonardo and Bramante. Leonardo's Approach to Anatomy and Its Effects on Bramante«, in: *Architectural Review* CXXXIV, S. 346–351.
J. Pope-Hennessy, *The Portrait in the Renaissance*, New York.

1964
C. L. Frommel, »Leonardo fratello della Confraternita della Pietà dei Fiorentini a Roma«, in: *Raccolta Vinciana* Fasz. XX, S. 369–373.
C. Pedretti, *Leonardo da Vinci on Painting. A Lost Book (Libro A)*, Berkeley und Los Angeles.
J. Pope-Hennessy, *Catalogue of Italian Sculpture in the Victoria and Albert Museum*, London.

1965
L. Vertova, *I Cenacoli fiorentini*, Florenz.
L. Reti, »Tracce dei progetti perduti di Filippo Brunelleschi nel Codice Atlantico di Leonardo«, *IV Lettura Vinciana* (1964), Florenz.

1966
G. Dalli Regoli, *Lorenzo di Credi*, Pisa.
Leon Battista Alberti. De re aedificatoria, hrsg. von G. Orlandi und P. Portoghesi, Mailand.

1967
Francesco di Giorgio Martini. Trattati di architettura, ingegneria e arte militare, hrsg. von C. Maltese, Mailand.
A. Ottino della Chiesa, *L'opera completa di Leonardo pittore*, Mailand.
J. Shearman, »Raphael … ›fa il Bramante‹«, in: *Studies in Renaissance and Baroque Art presented to Anthony Blunt*, London, S. 12 ff.

1968
A. M. Brizio, *Scritti scelti di Leonardo da Vinci*, Turin.
C. Pedretti, *Leonardo inedito. Tre saggi*, Florenz.
L. Reti, »The Two Unpublished Manuscripts of Leonardo da Vinci in the Biblioteca Nacional of Madrid«, in: *The Burlington Magazine* CX, I, Januar, S. 10–22 und II, Februar, S. 81–89.
G. Traversari, *Museo Archeologico di Venezia. I ritratti*, Rom.

1968–1969
K. Clark, *The Drawings of Leonardo da Vinci in the Collection of Her Majesty the Queen at Windsor Castle* (1935), zweite, unter Mitarbeit von C. Pedretti revidierte Ausgabe, London.

1969
T. Brachert, »A Distinctive Aspect in the Painting Technique of the Ginevra de' Benci and of Leonardo's Early Works«, in: *Reports and Studies in the History of Art*, S. 85–104.
C. Brown, »Little Known and Unpublished Documents concerning … Leonardo da Vinci«, in: *L'Arte* 7–8, S. 188–191.
A. Bruschi, *Bramante architetto*, Bari.
K. Clark, »Leonardo and the Antique«, in: *Leonardo's Legacy. An International Symposium*. Berkeley und Los Angeles, S. 1–34.
A. Falchetti, *La Pinacoteca Ambrosiana*, Vicenza (zitiert nach der Auflage 1986).
E. H. Gombrich, »The Form of Movement in Water and Air«, in: *Leonardo's Legacy. An International Symposium*, hrsg. von C. D. O'Malley, Berkeley und Los Angeles, S. 131–204, wiederabgedruckt in: *The Heritage of Apelles. Studies in the Art of the Renaissance*, Oxford 1976.
Leonardo's Legacy. An International Symposium, hrsg. von C. D. O'Malley, Berkeley und Los Angeles.
G. Passavant, *Verrocchio. Sculture, pitture e disegni*, Venedig.

1970
J. P. Richter, *The Literary Works of Leonardo da Vinci*, London.

1971
F. L. Finger, *Catalogue of the Incunabula in the Elmer Belt Library of Vinciana*, Los Angeles.
W. Stedman Sheard, *The Tomb of Doge Andrea Vendramin in Venice by Tullio Lombardo*, Phil. Diss., Yale University, Yale.

K. M. Turr, *Eine Musengruppe hadrianischer Zeit. Die sogenannten Thespiaden*, Berlin.

1972
Antonio Averlino detto il Filarete. Trattato di architettura, hrsg. von A. M. Finoli und L. Grassi, Mailand.
P. Barocchi, *Scritti d'arte del Cinquecento*, Bd. I, S. 18–23, Mailand und Neapel.
S. Clercx-Lejeune, »Fortuna Josquini. A proposito di un ritratto di Josquin des Prez«, in: *Nuova Rivista Musicale Italiana* VI, 3, S. 1–25.
L. Ettlinger, »Hercules Florentinus«, in: *Mitteilungen des Kunsthistorischen Instituts in Florenz* XVI, 1972, S. 119–142.
E. Garin, »La città in Leonardo«, *XI Lettura Vinciana,* Florenz.
V. Hoffmann, »Leonardos Ausmalung der Sala delle Asse im Castello Sforzesco«, in: *Mitteilungen des Kunsthistorischen Instituts in Florenz* XVI, S. 51–62.
G. Melzi d'Eril, »Federico Borromeo e Cesare Monti collezionisti milanesi«, in: *Storia dell'arte* Nr. 15–16, S. 293–306.
C. Pedretti, *Leonardo da Vinci. The Royal Palace at Romorantin*, Cambridge (Massachusetts).
L. Puppi, »Per Tullio Lombardo«, in: *Arte lombarda*, Nr. 36, S. 100–103.
F. Valsecchi, *Incunaboli dell' Ambrosiana*, Venedig.

1973
G. Melzi d'Eril, *La Galleria Melzi e il collezionismo milanese del tardo Settecento*, Mailand.
C. Pedretti, *Leonardo. A Study in Chronology and Style*, London.
A. E. Popham, *The Drawings of Leonardo da Vinci*, London.
L. Steinberg, »Leonardo's Last Supper«, in: *The Art Quarterly* XXXVI, 4, S. 297–410.

1973–1974
Giovan Paolo Lomazzo. Scritti sulle arti, hrsg. von R. P. Ciardi, Pisa.

1974
A. H. Allison, »Antique Sources of Leonardo's Leda«, in: *The Art Bulletin* LVI, 3, S. 375–384.
A. M. Brizio, »Leonardo pittore«, in: *Leonardo*, Mailand, S. 20–55.
D. A. Brown und C. Seymour, »Further Observations on a Project for a Standard by Verrocchio and Leonardo«, in: *Master Drawings* XII, Nr. 2, S. 127–133.
M. V. Brugnoli, »Il Monumento Sforza«, in: *Leonardo*, Mailand, S. 86–108.
A. Chastel, »Il Trattato della pittura«, in: *Leonardo*, Mailand, S. 216–239.
A. Marinoni, *Il Codice Atlantico della Biblioteca Ambrosiana: Trascrizione diplomatica e critica*, Bd. VII, Florenz.
Leonardo da Vinci letto e commentato da ..., hrsg. von P. Galluzzi, Florenz.
Leonardo, hrsg. von L. Reti, Mailand.
A. Marinoni, »L'essere del nulla«, (*I Lettura Vinciana* 1960), in: *Leonardo da Vinci letto e commentato da ...*, hrsg. von P. Galluzzi, Florenz, S. 7–28.
A. Marinoni, *Leonardo da Vinci. Scritti letterari*, Mailand.
L. Ragghianti Collobi, *Il Libro de' Disegni del Vasari*, Florenz.
S. Ray, *Raffaello architetto*, Bari.
L. Reti, *Leonardo da Vinci. I Codici di Madrid*, Florenz.
K. T. Steinitz, »Leonardo architetto teatrale e organizzatore di feste«, in: *Leonardo da Vinci letto e commentato da ...*, hrsg. von P. Galluzzi, Florenz, S. 251–253.
K. Weil Garris Posner, *Leonardo and Central Italian Art: 1500–1515*, New York.

1975
V. Andò, *Luciano critico d'arte*, Palermo.
C. Gould, *Leonardo. The Artist and the non-Artist*, Boston.
Leon Battista Alberti. De pictura, hrsg. von C. Grayson, Bari.
H. Ost, *Leonardo-Studien*, Berlin und New York.
C. Pedretti, *I disegni di Leonardo nella Biblioteca Reale di Torino*, Florenz.
C. Pedretti, »Leonardo da Vinci: 13 marzo 1500«, in: *Ateneo Veneto*, n. s., XIII, S. 121–134.
J. Wasserman, *Leonardo*, New York.

1975–1980
A. Marinoni, *Il Codice Atlantico della Biblioteca Ambrosiana: Trascrizione diplomatica e critica*, 12 Bde., Florenz.

1976
Giorgio Vasari. Le Vite de' più eccellenti pittori scultori e architettori nelle redazioni del 1550 e 1568, Text hrsg. von R. Bettarini, mustergültig kommentiert von P. Barocchi, Bd. IV, Florenz.
C. M. Brown, »›Lo insaciabile desiderio nostro de cose antique‹: New Documents on Isabella d'Este's Collection of Antiquities«, in: *Cultural Aspects of the Italian Renaissance. Essays in Honour of Paul Oskar Kristeller*, hrsg. von C. H. Clough, Manchester und New York, S. 324–353.
E. H. Gombrich, *Light, Form and Texture in Fifteenth Century North and South of the Alps,* London 1964, wiederabgedruckt in: *The Heritage of Apelles: Studies in the Art of the Renaissance,* Oxford.
M. M. L. Netto-Bol, *The so-called Marten de Vos Sketchbook of Drawings after the Antique*, Rom und Den Haag.

1977
N. De Toni, »Il libro dell' Amadio e la Bella Camilla«, in: *Notiziario Vinciano* Nr. 1, Brescia, S. 5–10.
H. Glasser, *Artist's Contracts of Early Renaissance*, (Phil. Diss. 1965, Columbia University), New York und London.
M. Levi d'Ancona, *The Garden in the Renaissance. Botanical Symbolism in Italian Painting*, Florenz.
C. Pedretti, *The Literary Works of Leonardo da Vinci. A Commentary to J. P. Richter's Anthology*, London.
C. Pedretti und J. Roberts, »Drawings by Leonardo da Vinci at Windsor newly revealed by Ultra-Violet Light«, in: *The Burlington Magazine* CXIX S. 396–408.

1978
D. A. Brown, »The London Madonna of the Rocks in Light of two Milanese Adaptations«, in: *Collaboration in Italian Renaissance Art*, hrsg. von W. Stedman Sheard und J. T. Paoletti, New Haven und London, S. 167–177.
C. Morschek, *Relief Sculpture for the Facade of the Certosa di Pavia, 1473–1499*, New York und London.
K. Oberhuber und D. A. Brown, »Monna Vanna and Fornarina: Leonardo and Raphael in Rome«, in: *Essays presented to Myron P. Gilmore*, hrsg. von S. Bertelli und G. Ramakus, Florenz, Bd. II, S. 25–86.
K. Oberhuber, »Le problème des premières œuvres de Verrocchio«, in: *Revue de l'art*, 42, S. 63–76.
C. Pedretti, *The Codex Atlanticus of Leonardo da Vinci. A Catalogue of Its Newly Restored Sheets, Part One*, Bde I–VI, New York.
M. Rosci, *The Hidden Leonardo*, Oxford.
Scritti rinascimentali di architettura, hrsg. von A. Bruschi, C. Maltese, M. Tafuri und R. Bonelli, Mailand.
Gli Sforza a Milano, Ausstellungskatalog, Mailand.
G. Sironi, »Gli affreschi di Donato d'Angelo detto il Bramante alla Pinacoteca di Brera a Milano: chi ne fu il committente?«, in: *Archivio Storico Lombardo* CIV, S. 199–207.
W. Stedman Sheard, »›Asa Adorna‹: The Prehistory of the Vendramin Tomb«, in: *Jahrbuch der Berliner Museen*, N. F. XX, S. 117–156.
M. Tafuri, »Cesare Cesariano e gli studi vitruviani nel Quattrocento«, in: *Scritti rinascimentali di architettura*, Mailand, S. 387–458.
S. Wilk, *The Sculpture of Tullio Lombardo*, New York.

1978–1980
Leonardo da Vinci. Corpus of the Anatomical Studies in the Collection of Her Majesty the Queen at Windsor Castle, hrsg. von K. D. Keele und C. Pedretti, New York.

1979
N. Dacos, »Arte italiana e arte antica«, in: *Storia dell'arte italiana*, Teil 1, Bd. 3: *L'esperienza dell'antico, dell'Europa, della religiosità*, Turin, S. 5–68.
C. Pedretti, *The Codex Atlanticus of Leonardo da Vinci. A Catalogue of Its Newly Restored Sheets*, Teil 2, Bde VII–XII, New York.
D. Pincus, »Tullio Lombardo as a Restorer of Antiquities: An Aspect of Fifteenth Century Venetian Antiquarianism«, in: *Arte Veneta* XXXIII, S. 29–42.
F. Rusk Shapley, *Catalogue of Italian Paintings. National Gallery of Art*, Washington.
C. H. Smyth, »Venice and the Emergence of High Renaissance in Florence: Observations and Questions«, in: *Florence and Venice: Comparisons and Relations*, hrsg. von G. Ramakus und S. Bertelli, Bd. I, *Quattrocento*, Florenz, S. 209–249.
W. Stedman Sheard, »Giorgione and Tullio Lombardo«, in: *Giorgione. Atti del convegno internazionale di studio per il V centenario della nascita*, Castelfranco Veneto, S. 201–202.

1980
E. Borsook, *The Mural Painters of Tuscany from Cimabue to Andrea del Sarto*, Oxford.
L. Cogliati Arano, *Disegni di Leonardo e della sua cerchia alle Gallerie dell'Accademia*, Mailand.
C. H. Ericsson, »Roman Architecture expressed in Sketches by Francesco di

Giorgio Martini«, in: *Commentationes Humanarum Litterarum* LXVI, Helsinki.
D. D. Fienga, *The »Antiquarie prospettiche romane« composte per Prospettivo Melanese Depinctore: A document for the Study of the Relationship between Bramante and Leonardo da Vinci*, Ann Arbor (Michigan).
E. H. Gombrich, *The Sense of Order. A Study of Psychology of Decorative Art*, Oxford.
A. Grote, »La formazione e le vicende del tesoro mediceo nel Quattrocento«, in: *Il tesoro di Lorenzo il Magnifico. Repertorio delle gemme e dei vasi*, Florenz, S. 124–218.
M. Kemp und A. Smart, »Leonardo's Leda and the Belvedere River Gods«, in: *Art History* III, S. 182–193.
P. C. Marani, »Leonardo, Rubens e Poussin a confronto«, in: *Almanacco italiano* Bd. LXXXI, S. 136–141.
Museo Poldi Pezzoli. I dipinti, Mailand.
Palazzo Vecchio: committenza e collezionismo mediceo, Florenz.
E. Pogàny Balàs, *The Influence of Rome's Antique Monumental Sculptures on the Great Masters of the Renaissance*, Budapest.
La raccolta leonardesca della Contessa de Béhague, Ausstellungskatalog, hrsg. von A. Vezzosi, Florenz.
Il Tesoro di Lorenzo il Magnifico. Repertorio delle gemme e dei vasi, Florenz.

1980–1985
Leonardo da Vinci. Corpus degli studi anatomici nella collezione di Sua Maestà la regina Elisabetta II nel Castello di Windsor, hrsg. von K. D. Keele und C. Pedretti, Florenz.

1981
C. Gould, »The Newly Discovered Documents concerning Leonardo's Vergin of the Rocks and their bearing on the Problem of the Two Versions«, in: *Artibus et Historiae* 3, S. 73–76.
M. Kemp, *Leonardo da Vinci. The Marvellous Works of Nature and Man*, London und Toronto.
P. C. Marani, »›La Vergine delle Rocce‹ di Leonardo. Nuovi documenti e ipotesi«, in: *Società Esposizione Permanente Belle Arti* Nr. 7, S. 1–2.
B. M. Pattison, *A Letter from Guglielmo Della Porta to Bartolomeo Ammannati,* (Phil. Diss. University of California), Los Angeles.
D. Pincus, »An Antique Fragment as workshop model; classicism in the Andrea Vendramin Tomb«, in: *The Burlington Magazine* CXXIII, Juni, S. 42–46.
G. Romano, »Verso la maniera moderna: da Mantegna a Raffaello«, in: *Storia dell'arte italiana*, Bd. VI, Teil II, Buch I, Turin, S. 5–85.
G. Sironi, *Nuovi documenti riguardanti la »Vergine delle Rocce« di Leonardo da Vinci*, Florenz.

1982
J. Bean, *15th and 16th Century Italian Drawings in the Metropolitan Museum of Art*, New York.
A. Chastel, »Les Limits du savoir scientifique chez Léonard de Vinci«, in: *Leonardo e l'età della ragione*, hrsg. von E. Bellone und P. Rossi, Mailand, S. 7–12.
L. Cogliati Arano, »Il Musico«, in: A. Marinoni und L. Cogliati Arano, *Leonardo all'Ambrosiana*, Mailand, S. 88–90.
P. L. De Vecchi, »Iconografia e devozione dell'Immacolata in Lombardia«, in: *Zenale e Leonardo. Tradizione e rinnovamento della pittura lombarda*, Ausstellungskatalog, Mailand, S. 254–258.
P. L. De Vecchi, »La Vergine delle Rocce«, in: *Leonardo a Milano*, Mailand, S. 41–60.
L. H. Heydenreich, *Invito a Leonardo. L'Ultima Cena* (1974), Mailand.
M. Kemp, »The Crisis of Received Wisdom in Leonardo's Late Thought«, in: *Leonardo e l'età della ragione*, Mailand, S. 27–42.
Leonardo a Milano, hrsg. von G. A. Dell'Acqua, Mailand.
Leonardo dopo Milano. La Madonna dei fusi (1501), Ausstellungskatalog, hrsg. von A. Vezzosi, Florenz.
Leonardo e l'età della ragione, hrsg. von E. Bellone und P. Rossi, Mailand.
Luca Pacioli. *De Divina Proportione*, Vicenza.
P. C. Marani, Rezension zu: M. Kemp, *Leonardo da Vinci. The Marvellous Works of Nature and Man*, in: *Annali dell'Istituto e Museo di Storia della Scienza* Bd. VII, S. 126–131.
P. C. Marani, »Tre disegni d'architettura militare di Leonardo dal Codice Atlantico«, in: *Arte lombarda* 62, S. 66–80.
A. Marinoni und L. Cogliati Arano, *Leonardo all'Ambrosiana*, Mailand. C. Pedretti, *The Drawings and Miscellaneous Papers of Leonardo da Vinci in the Collection of Her Majesty the Queen at Windsor Castle*, Bd. I, *Landscapes, Plants and Water Studies*, London und New York.
J. Snow-Smith, *The Salvator Mundi of Leonardo da Vinci*, Seattle.
Zenale e Leonardo. Tradizione e rinnovamento della pittura lombarda, Ausstellungskatalog, Mailand.

1983
S. Béguin, *Léonard de Vinci au Louvre*, Paris.
D. A. Brown, »Leonardo and the Idealized Portrait in Milan«, in: *Arte lombarda* 67, S. 102–116.
D. A. Brown, »Raphael's Small Cowper Madonna and Madonna of the Meadow: Their Technique and Leonardo's Sources«, in: *Artibus et Historiae* 8, S. 9–26.
J. K. Cadogan, »Linen Draperies Studies by Verrocchio, Leonardo and Ghirlandaio«, in: *Zeitschrift für Kunstgeschichte* 46, I, S. 27–62.
J. K. Cadogan, »Reconsidering some aspects of Ghirlandaio's Drawings«, in: *The Art Bulletin*, Juni, S. 274–290.
L. Castelfranchi Vegas, »›Retracto del naturale‹: considerazioni sulla ritrattistica lombarda degli anni fra Quattrocento e Cinquecento«, in: *Paragone* 401–403, S. 64–71.
M. Granieri Phillips, »Nuove ricerche sul codice ambrosiano sulle rovine di Roma«, in: *Arte lombarda* 64, S. 5–14.
Il Francescanesimo in Lombardia. Storia e arte, Cinisello Balsamo.
E. Knabb, E. Mitsch und K. Oberhuber, *Raffaelo. I disegni,* hrsg. v. P. Dal Poggetto, Florenz.
A. Osimo, »Bramante, Leonardo e gli altri«, in: *Ludovico il Moro. La sua città e la sua corte (1480–1499)*, Archivio di Stato di Milano, Ausstellungskatalog, Mailand.
C. Pedretti, »›Le Magne opere romane‹«, in: *Leonardo e il leonardismo a Napoli e a Roma*, hrsg. von A. Vezzosi, Florenz, S. 191–198.
C. Pedretti, *Leonardo. Studi per il Cenacolo dalla Biblioteca nel Castello di Windsor*, Ausstellungskatalog, Mailand.
Raphael in der Alten Pinakothek, Ausstellungskatalog, München.
Leonardo e il leonardismo a Napoli e a Roma, hrsg. von A. Vezzosi, Florenz.

1984
G. Agosti und V. Farinella, »Calore del marmo. Pratica e tipologia delle deduzioni iconografiche«, in: *Memoria dell'antico nell'arte italiana*, hrsg. von S. Settis, Bd. I, Turin, S. 382–386.
C. Alberici und M. Chirico de Biasi, *Leonardo e l'incisione. Stampe derivate da Bramante e Leonardo dal XV al XIX secolo*, Mailand.
S. Aurigemma, *Villa Adriana* (1962), Rom.
D. A. Brown, »A Leonardesque Madonna in Cleveland«, in: *Scritti di storia dell'arte in onore di Federico Zeri*, hrsg. von M. Natale, Mailand, S. 291–302.
G. Cantino Wataghin, »Archeologia e ›archeologie‹. Il rapporto con l'antico fra mito, arte e ricerca«, in: *Memoria dell'antico nell'arte italiana*, hrsg. von S. Settis, Bd. I, Turin, S. 197 und S. 204–205.
C. Franzoni, »›Rimembranze d'infinite cose‹. Le collezioni rinascimentali di antichità«, in: *Memoria dell'antico nell'arte italiana*, hrsg. von S. Settis, Bd. I, Turin, S. 339.
C. L. Frommel, »Villa Madama«, in: *Raffaello architetto*, hrsg. von C. L. Frommel, S. Ray und M. Tafuri, Mailand, S. 315.
F. Ghedini, »Un torsetto femminile ellenistico e l'iconografia di Leda«, in: *Marco Mantova Bonavides: Atti della Giornata di studio*, Padua, S. 59–91.
F. Haskell und N. Penny, *L'antico nella storia del gusto. La seduzione della scultura classica*, Turin.
P. C. Marani, *L'architettura fortificata negli studi di Leonardo da Vinci. Con il catalogo completo dei disegni*, Florenz.
P. C. Marani, »Leonardo dalla scienza all'arte: un cambiamento di stile, gli antefatti, una cronologia«, in: *Fra Rinascimento, Manierismo e Realtà. Scritti di Storia dell'arte in memoria di Anna Maria Brizio*, hrsg. von P. C. Marani, Florenz, S. 41–52.
Niccolò Machiavelli. Opere, Bd. III, hrsg. von F. Gaeta, Turin, S. 173–174.
J. Rowlands, *Master Drawings and Watercolours in the British Museum*, London.
R. Salvini, *Banchieri fiorentini e pittori di Fiandra*, Modena.
P. Scarpellini, *Perugino*, Mailand.

1984–1986
Memoria dell'antico nell'arte italiana, hrsg. von S. Settis, 3 Bde, Turin.

1985
P. C. Marani, »›Circulo dentato ortogonialmente‹ (Ms. Madrid 8937, f. 117 r). Leonardo, gli ingegneri e alcune mac-

chine lombarde«, *XXV Lettura Vinciana* (13. April 1985), Florenz.

L. Berti, »Il Battesimo di Cristo«, in: *Leonardo. La pittura*, Florenz, S. 16–22.

A. M. Brizio, »Il Cenacolo«, in: *Leonardo. La pittura*, Florenz, S. 137–153.

G. Dalli Regoli, *I disegni di Leonardo da Vinci e della sua cerchia nel Gabinetto Disegni e Stampe della Galleria degli Uffizi a Firenze,* Florenz.

M. M. Donato, »Gli eroi romani tra storia ed exemplum. I primi cicli umanistici di Uomini Famosi«, in: *Memoria dell'antico nell'arte italiana*, hrsg. von S. Settis, Bd. II., Turin, S. 100.

K. Fittschen, »Sul ruolo del ritratto antico nell'arte italiana«, in: *Memoria dell'antico nell'arte italiana*, hrsg. von S. Settis, Bd. II, Turin.

C. Gould, »La Vergine delle Rocce«, in: *Leonardo. La pittura*, Florenz, S. 81–92.

C. Gould, »Post scriptum« (1984), in: *Leonardo. La pittura*, Florenz.

M. Gregori, »Caravaggio oggi«, in: *Caravaggio e il suo tempo*, Ausstellungskatalog, Mailand, S. 28–47.

Leonardo. La pittura, neue, erw. Aufl. hrsg. von P. C. Marani, Florenz.

C. Pedretti, »La data della ›Madonna del gatto‹«, in: G. Dalli Regoli, *I disegni di Leonardo da Vinci e della sua cerchia nel Gabinetto Disegni e Stampe della Galleria degli Uffizi a Firenze*, Florenz, S. 99.

C. Pedretti, »La Scapiliata«, in: *Leonardo. La pittura*, neue, erw. Aufl. hrsg. von P. C. Marani Florenz, S. 104–105.

F. Russoli, »Ritratto di Musico«, in: ebda, Florenz, S. 63–65.

R. Signorini, *Opus hoc tenue. La camera dipinta di Andrea Mantegna*, Mantua.

M. Tafuri, *Venezia e il rinascimento. Religione, scienza, architettura*, Turin.

1986

R. Chevallier, »Quelques observations sur Léonard et l'antique«, in: *Studi Vinciani in memoria di Nando de Toni*, hrsg. von C. Pedretti, Brescia, S. 183–184.

M. Davies, *National Gallery Catalogues. The Earlier Italien Schools* (1961), London.

Disegni lombardi del Cinque e Seicento della Pinacoteca di Brera e dell'Arcivescovado di Milano, Ausstellungskatalog, Mailand.

Il Manoscritto H, Trascrizione diplomatica e critica di A. Marinoni, Florenz.

P. C. Marani, »I documenti del 1496 e 1499 per le commissioni al Lippi e al Perugino«, in: *Perugino, Lippi e la bottega di San Marco alla Certosa di Pavia, 1495–1511*, Florenz, S. 33–35.

P. C. Marani, *Il Cenacolo di Leonardo*, Mailand.

P. C. Marani, »Le fonti del ›bestiario‹ di Leonardo«, in: *Il Manoscritto H*, Trascrizione diplomatica e critica di A. Marinoni, Florenz, S. 141–153.

Perugino, Lippi e la bottega di San Marco alla Certosa di Pavia, 1495–1511, Ausstellungskatalog hrsg. von B. Fabjab, Florenz.

A. Quint Platt, *Cardinal Federico Borromeo as a Patron and a Critic of the Arts and his Musaeum of 1625*, New York.

O. Rossi Pinelli, »Chirurgia della memoria: scultura antica e restauri storici«, in: *Memoria dell'antico nell'arte italiana*, hrsg. von S. Settis, Bd. III, Turin, S. 208–209.

S. Settis, »Continuità, distanza, conoscenza. Tre usi dell'antico«, in: ebda, S. 426–428.

F. Sricchia Santoro, *Antonello e l'Europa*, Mailand.

1987

G. Bora, *Due tavole leonardesche. Nuovi indagini sul Musico e sul San Giovanni dell'Ambrosiana*, Vicenza.

Disegni e dipinti leonardeschi dalle collezioni milanesi, Ausstellungskatalog, Mailand.

J. Inan, »Thronende Isis von Perge, Festschrift Akurgal«, in: *Anadolu* Bd. XXI (1978–1980), Ankara, S. 1–8.

C. Pedretti, *The Codex Hammer of Leonardo da Vinci. Translated into English and Annotated*, Los Angeles.

La pittura in Italia. Il Quattrocento, hrsg. von G. Briganti, Bd. II, Mailand.

M. Taliaferro Boatwright, *Hadrian and the City of Rome*, Princeton (New Jersey).

1988

B. Andreae, *Laokoon und die Gründung Roms*, Mainz am Rhein.

A. Chastel, *L' illustre incomprise. Mona Lisa*, Paris.

Collezioni di antichità a Venezia nei secoli della Repubblica, Ausstellungskatalog hrsg. von M. Zorzi, Rom.

J. Cunnally, »Leonardo and the Horses of Nero«, in: *The Burlington Magazine* Bd. CXXX, S. 689–690.

M. Kemp, »Leonardo e lo spazio dello scultore, *XXVII Lettura Vinciana* (20. April 1987), Florenz.

A. Natali, »Re, cavalieri e barbari. Le ›Adorazioni dei Magi‹ di Leonardo e Filippino Lippi«, in: *Gli Uffizi. Studi e ricerche* 5, S. 73–84.

C. Pedretti, *Leonardo architetto*, Mailand (1978).

Pirro Ligorio: Artist and Antiquarian, hrsg. von R. W. Gaston, Florenz.

Da Pisanello alla nascita dei Musei Capitolini. L'antico a Roma alla vigilia del Rinascimento, hrsg. von A. Cavallaro und E. Parlato, Mailand und Rom.

M. Rossi und A. Rovetta, »Il Cenacolo di Leonardo. Cultura domenicana, iconografia eucaristica e tradizione lombarda«, in: *Quaderni del restauro* 5.

J. Shell, D. A. Brown und P. Brambilla Barcilon, »Giampietrino e una copia cinquecentesca dell'Ultima Cena di Leonardo«, in: *Quaderni del restauro* 4.

P. Baldessarri, »L'opera grafica di Agostino Penna sulla Villa Adriana (Ms. Lanciani 138)«, in: *Rivista dell'Istituto Nazionale d'Archeologia e Storia dell'Arte*, s. III, 11. Jg., S. 123–138.

1989

J. Fletcher, »Bernardo Bembo and Leonardo's Portrait of Ginevra de' Benci«, in: *The Burlington Magazine* CXXXI, S. 811–816.

M. Kemp und J. Roberts, *Leonardo da Vinci*, London.

D. Kiang, »Gasparo Visconti's Pasitea and the Sala delle Asse«, in: *Achademia Leonardi Vinci. Journal of Leonardo Studies and Bibliography of Vinciana* Bd. II, S. 101–109.

Leonardo on Painting. An Anthology of Writings by Leonardo da Vinci with a selection of documents relating to his career as an artist, selected and translated by M. Kemp und M. Walker, New Haven und London.

P. C. Marani, *Leonardo. Catalogo completo*, Florenz.

J. Moffit, »Leonardo's ›sfumato‹ and Apelles' ›atramentum‹«, in: *Paragone* 473, Juli, S. 88–94.

A. Parronchi, »Nuove proposte per Leonardo scultore«, in: *Achademia Leonardi Vinci. Journal of Leonardo Studies and Bibliography of Vinciana* Bd. II, S. 40–67.

C. Pedretti, »›Gleanings 10‹: Stefano Iligi«, in: *Achademia Leonardi Vinci Journal of Leonardo Studies and Bibliography of Vinciana* Bd. II, S. 156.

C. Pedretti, »A Proem to Sculpture« in: ebda, S. 11–39.

Pinacoteca di Brera. Scuole lombarda, ligure e piemontese. 1535–1796, coordinamento scientifico di F. Zeri, Mailand.

J. Shell und G. Sironi, »Documents for copies of the Cenacolo and the Virgin of the Rocks by Bramantino, Marco d'Oggiono, Bernardino de' Conti and Cesare Magni, in: *Raccolta Vinciana* Fasz. XXIII, S. 103–117.

J. Shell und G. Sironi, »The Berlin Resurrection of Christ with SS. Leonardo and Lucy«, in: *Raccolta Vinciana* Fasz. XXIII, S. 119–154.

F. Viatte, *Léonard de Vinci. Les Etudes de Draperies*, Paris.
(Deutsche Ausgabe: F. Viatte, *Leonardo da Vinci. Die Gewandstudien.* München 1990)

1989–1990

A. Lanciani, *Storia degli scavi di Roma e notizie intorno le collezioni romane di antichità,* 2 Bde (1902–1904), Rom.

1990

G. Agosti, *Bambaja e il classicismo lombardo*, Turin.

L. Bellosi, »Andrea del Verrocchio«, in: *Pittura di luce. Giovanni di Francesco e l'arte fiorentina di metà Quattrocento*, Florenz, S. 177–183.

P. Brambilla Barcilon und P. C. Marani, *Le lunette di Leonardo nel Refettorio delle Grazie*, Mailand.

D. A. Brown, »Leonardo and the Ladies with the Ermine and the Book«, in: *Artibus et Historiae* 22, S. 47–61.

C. Caneva, *Botticelli. Catalogo completo*, Florenz.

K. Christiansen, »Leonardo's Drapery Studies«, in: *The Burlington Magazine* CXXXII, S. 572–573.

G. Ferri Piccaluga, »Le ›dispute‹ teologiche nell'iconografia devozionale di Raffaello«, in: *Raffaello e l'Europa: Atti del Corso Internazionale di Alta Cultura*, hrsg. von M. Fagiolo und M. L. Madonna (Rom 1984), Rom, S. 105–128.

E. Filippi, *Maarten van Heemskerck. Inventio Urbis*, Mailand.

C. Pedretti, »La ›Dama con l'ermellino‹ come allegoria politica«, in: *Studi politici in onore di Luigi Firpo*, hrsg. von S. Rota Ghibaudi und F. Barcia, Bd. I, Mailand, S. 161–181.

D. Scrase, »Paris and Lille. Leonardo: Italian Drawings«, in: *The Burlington Magazine* CXXXII, S. 151–152.

1991

P. Adorno, *Il Verrocchio*, Florenz.

L. Berti und U. Baldini, *Filippino Lippi*, Florenz.
F. Caroli, *Leonardo. Studi di fisiognomica*, Mailand.
G. Dalli Regoli, »Mito e scienza nella ›Leda‹ di Leonardo«, *XXX Lettura Vinciana* (1990), Florenz.
M. De Franceschini, *Villa Adriana. Mosaici, pavimenti, edifici*, Rom.
R. Harprath, »Il disegno di Raffaello con ›Amore e Psiche‹ e la statua della Sabina nella Biblioteca Reale di Torino«, in: *Nuove ricerche in margine alla mostra: da Leonardo a Rembrand, disegni della Biblioteca Reale di Torino*, Atti del Convegno Internazionale di Studi, hrsg. von G. C. Sciolla, Turin, S. 63–65.
I leonardeschi a Milano. Fortuna e collezionismo, Atti del Convegno Internazionale (Mailand, 25.–26. September 1990), hrsg. von M. T. Fiorio und P. C. Marani, Mailand.
Leonardo da Vinci (1452–1519). Lady with an ermine from the Czartoryski Collection, National Museum, Cracow, Katalog hrsg. von J. Grabski und J. Walek, Wien und Krakau.
Nine Lectures on Leonardo da Vinci, hrsg. von F. Ames Lewis und A. Bednarek, University of London, London.
P. C. Marani, »Francesco di Giorgio a Milano e a Pavia: conseguenze ed ipotesi«, in: *Prima di Leonardo. Cultura delle macchine a Siena nel Rinascimento*, hrsg. von P. Galluzzi, Mailand, S. 93–104.
P. C. Marani, »Una Vergine delle Rocce dimenticata«, in: *I leonardeschi a Milano. Fortuna e collezionismo*, Atti del Convegno Internazionale (Mailand, 25.–26. September 1990), Mailand, S. 52–70.
J. Moffit, »The Evidentia of Curling Waters and Whirling Winds: Leonardo's Ekphraseis of the Latin Weathermen«, in: *Achademia Leonardi Vinci. Journal of Leonardo Studies and Bibliography of Vinciana* Bd. IV, S. 11–33.
A. Morandotti, »Il ›revival‹ leonardesco nell'età di Federico Borromeo«, in: *I leonardeschi a Milano. Fortuna e collezionismo*, Atti del Convegno Internazionale (Mailand, 25.–26. September 1990), Mailand, S. 166–182.
F. Moro, »Spunti sulla diffusione di un tema leonardesco tra Italia e Fiandra sino a Lanino«, in: *ebda*, Mailand, S. 166–182.
C. Pedretti, »›Gleanings 10‹: Stefano Iligi«, in: *Achademia Leonardi Vinci. Journal of Leonardo Studies and Bibliography of Vinciana* Bd. IV, S. 252–253.
C. Pedretti, »Leonardo and the Antique«, in: ebda, S. 214–243.
C. Pedretti, »The Angel in the Flesh«, in: ebda, S. 34–48.
P. Pray Bober und R. Rubinstein, *Renaissance Artists and Antique Sculpture* (1986), New York.
Prima di Leonardo. Cultura delle macchine a Siena nel Rinascimento, hrsg. von P. Galluzi, Mailand.
P. Rubin, »What Man saw. Vasari's Life of Leonardo«, in: *Nine Lectures on Leonardo da Vinci*, hrsg. von F. Ames Lewis und A. Bednarek, University of London, London.
J. Shell und G. Sironi, »The ›Gioconda‹ in Milan«, in: *I leonardeschi a Milano. Fortuna e collezionismo*, Atti del Convegno Internazionale (Mailand, 25.–26. September 1990), Mailand.
G. Sironi und J. Shell, »Salaì and Leonardo's Legacy«, in: *The Burlington Magazine* CXXXIII, Februar, S. 95–108.

1992
M. G. Albertini Ottolenghi, La scultura, in: *Museo della Certosa di Pavia. Catalogo generale*, hrsg. von B. Fabjan und P. C. Marani, Florenz, S. 51–125.
G. C. Argan, »Michelangelo 1492«, in: *Circa 1492: Art in the Age of Exploration*, Washington, S. 113–114.
U. Baldini, *Un Leonardo inedito*, Florenz.
D. Bull, »Two Portraits by Leonardo: Ginevra de' Benci and the Lady with an Ermine«, in: *Artibus et Historiae* 25, S. 67–83.
Circa 1492: Art in the Age of Exploration, Ausstellungskatalog hrsg. von J. A. Levenson, Washington.
L. Cogliati Arano, »Profili classici«, in: *Leonardo & Venezia*, Ausstellungskatalog hrsg. von G. Nepi Sciré und P. C. Marani, Mailand, S. 286–291.
A. Costantini, »Calliope«, in: *La Collezione Boncompagni Ludovisi. Algardi, Bernini e la fortuna dell'antico*, hrsg. von A. Giuliano, Venedig.
Il disegno fiorentino del tempo di Lorenzo il Magnifico, Ausstellungskatalog hrsg. von A. Petrioli Tofani, Florenz.
L. Dolcini, *Il Maestro di Leonardo. Il restauro dell'Incredulità di san Tommaso di Andrea del Verrocchio*, Florenz.
C. Elam, »Il Giardino delle sculture di Lorenzo de' Medici«, in: *Il Giardino di San Marco. Maestri e compagni del giovane Michelangelo*, Ausstellungskatalog hrsg. von P. Barocchi, Florenz, S. 159–164.
V. Farinella, *Archeologia e pittura a Roma tra Quattrocento e Cinquecento. Il caso di Jacopo Ripanda*, Turin.
M. T. Fiorio, »Tra Milano e Venezia: il ruolo della scultura«, in: *Leonardo & Venezia*, Ausstellungskatalog hrsg. von G. Nepi Sciré und P. C. Marani, Mailand, S. 137–154.
L. Fusco und G. Corti, »Lorenzo de' Medici on the Sforza Monument«, in: *Achademia Leonardi Vinci. Journal of Leonardo Studies and Bibliography of Vinciana* Bd. V, S. 11–32.
Il Giardino di San Marco. Maestri e compagni del giovane Michelangelo, Ausstellungskatalog hrsg. von P. Barocchi, Florenz.
I. Jenkins, »›Pars pro toto‹: A Muse from the Paper Museum«, in: *Cassiano del Pozzo's Paper Museum*, Bd. I, in: *Quaderni Puteani* 2, S. 53.
Leonardo & Venezia, Ausstellungskatalog hrsg. von G. Nepi Sciré und P. C. Marani, Mailand.
Leonardo, Michelangelo and Raphael in Renaissance Florence from 1500 to 1508, hrsg. von S. Hager, Vorwort von A. Petrioli Tofani, Washington.
Maestri e botteghe. Pittura a Firenze alla fine del Quattrocento, Ausstellungskatalog hrsg. von M. Gregori, A. Paolucci und C. Acidini Luchinat, Florenz.
P. C. Marani, »Disegno e prospettiva in alcuni dipinti di Bramantino«, in: *Arte lombarda* 100, S. 70–88.
P. C. Marani, »I dipinti di Leonardo, 1500–1507: per una cronologia«, in: *Leonardo, Michelangelo and Raphael in Renaissance Florence from 1500 to 1508*, Washington, S. 1–28.
P. C. Marani, »La Crocefissione di Bramantino: storia e restauro«, in: *Quaderni di Brera* Nr. 7, Florenz.
P. C. Marani, »Leonardo a Venezia e nel Veneto: documenti e testimonianze«, in: *Leonardo & Venezia*, Ausstellungskatalog hrsg. von G. Nepi Sciré und P. C. Marani, Mailand, S. 23–36.
P. C. Marani, »Tracce ed elementi verrocchieschi nella tarda produzione grafica e pittorica di Leonardo«, in: *Verrocchio and Late Quattrocento Italian Sculpture*, hrsg. von S. Bule, A. Phipps Darr und F. Superbi Gioffredi, Florenz, S. 141–152.
Michelangelo. The Genius of the Sculptor in Michelangelo's Work, hrsg. von P. C. Marani, Ausstellungskatalog, Montreal.
A. Padoa Rizzo, »Dipinti a più mani«, in: *Maestri e botteghe. Pittura a Firenze alla fine del Quattrocento*, Florenz, S. 34–47.
C. Pedretti, »Paolo di Leonardo«, in: *Achademia Leonardi Vinci. Journal of Leonardo Studies and Bibliography of Vinciana* Bd. V, S. 120–121.
G. Scaglia, *Francesco di Giorgio. Checklist and History of Manuscripts and Drawings in Autographs and Copies from ca. 1470 to 1687 and Renewed Copies (1764–1839)*, Bethlehem, London und Toronto.
R. Schofield, »Avoiding Rome: an Introduction to Lombard Sculptors and the Antique«, in: *Arte lombarda* 100, S. 29–44.
J. Shell und G. Sironi, »Cecilia Gallerani: Leonardo's Lady with an Ermine«, in: *Artibus at Historiae* 25, S. 47–66.
J. Shell, *Leonardo*, London und Paris.
W. Stedman Sheard, »Tullio e Antonio Lombardo nelle loro relazioni a Leonardo«, Vortrag im Rahmen der Tagung *Leonardo & Venezia*, Venedig, Istituto Veneto di Scienze, Lettere ed Arti, Palazzo Loredan, 18.–19. Mai.
W. Stedman Sheard, »Verrocchio's Medici Tomb and the language of Materials«, in: *Verrocchio and Late Quattrocento Italian Sculpture*, hrsg. von S. Bule, A. Phipps Darr und F. Superbi Gioffredi, Florenz, S. 63–90.
A. Tempestini, *Giovanni Bellini. Catalogo completo*, Florenz.
Verrocchio and Late Quattrocento Italian Sculpture, hrsg. von S. Bule, A. Phipps Darr und F. Superbi Gioffredi, Florenz.
K. Weil Garris Brandt, »›The Nurse of Settignano‹. Michelangelo's Beginnings as a Sculptor«, in: *Michelangelo. The Genius of the Sculptor in Michelangelo's Work*, hrsg. von P. C. Marani, Ausstellungskatalog, Montreal, S. 21–35.

1993
G. Agosti, »Su Mantegna, 2«, in: *Prospettiva* 72, S. 71–81.
L. Arbace, *Antonello da Messina. Catalogo completo dei dipinti*, Florenz.
G. Berra, »La storia dei canoni proporzionali del corpo umano e gli sviluppi in area lombarda alla fine del Cinquecento«, in: *Raccolta Vinciana* Fasz. XXV, S. 159–310.
H. Burns, »I disegni di Francesco di Giorgio agli Uffizi di Firenze«, in: *Francesco di Giorgio architetto*, hrsg.

von F. P. Fiore und M. Tafuri, Mailand, S. 330–357.

F. Caglioti, »Due ›restauratori‹ per le antichità dei primi Medici: Mino da Fiesole, Andrea del Verrocchio e il ›Marsia rosso‹ degli Uffizi, I.«, in: *Prospettiva* 72, S. 17–42.

I disegni di Leonardo da Vinci e della sua cerchia nella Biblioteca Reale di Torino, ordinati e presentati da C. Pedretti, Florenz 1993.

Francesco di Giorgio architetto, hrsg. von F. P. Fiore und M. Tafuri, Mailand.

Giovanni Antonio Amadeo. Scultura e architettura del suo tempo, Atti del convegno, hrsg. von J. Shell und L. Castelfranchi, Mailand.

P. C. Marani, »›Nei fondi delle istorie‹. Paesaggio e territorio nella pittura lombarda del Quattrocento«, in: *La pittura in Lombardia. Il Quattrocento*, Mailand S. 369–396.

A. Natali, »Il Tempio e la radice«, in: *L'artista*, S. 8–19.

C. Pedretti, »A. D. 1493«, in: *Achademia Leonardi Vinci. Journal of Leonardo Studies and Bibliography of Vinciana* Bd. VI, S. 131–141.

C. Robertson, »Bramantino: ›Prospectivo Melanese Depictore‹«, in: *Giovanni Antonio Amadeo. Scultura e architettura del suo tempo*, Mailand, S. 378–391.

M. Rosci, *Giulio Cesare Procaccini*, Soncino.

G. B. Sannazzaro, »Per S. Maria presso S. Satiro e Leonardo: nuovi documenti«, in: *Raccolta Vinciana* Fasz. XXV, S. 63–85.

J. Shell und G. Sironi, »An unpublished document for Leonardo da Vinci«, in: ebda, S. 87–89.

P. Venturoli, »L'Ancona dell'Immacolata Concezione in San Francesco Grande a Milano«, in: *Giovanni Antonio Amadeo. Scultura e architettura del suo tempo*, Mailand, S. 421–437.

1994

D. A. Brown, »Leonardo's ›Head of an Old Man‹ in Turin: Portrait or Self-Portrait?«, in: *Scritti di Storia dell'arte in onore di Mina Gregori*, hrsg. von M. Boskovits, Cinisello Balsamo, S. 75–78.

D. A. Brown, »Verrocchio and Leonardo: Studies for the Giostra«, in: *Florentine Drawings at the Time of Lorenzo the Magnificent*, edited with an Introduction by E. Copper, Bologna, S. 99–109.

S. Del Migliore, *Tra Hermes e Prometeo. Il mito di Leonardo nel decadentismo europeo*, Florenz.

G. Ferri Piccaluga, »Sojia«, in: *Achademia Leonardi Vinci. Journal of Leonardo Studies and Bibliography of Vinciana* Bd. VII, S. 13–21.

Florentine Drawings at the Time of Lorenzo the Magnificent, edited with an Introduction by E. Copper, Bologna.

R. Huttel, *Spiegelungen einer Ruine. Leonardos Abendmahl im 19. und 20. Jahrhundert*, Marburg.

M. K. Kwakkelstein, *Leonardo da Vinci as a Physiognomist. Theory and Drawing Practice*, Leiden.

P. C. Marani, »Leonardo pittore a Milano 1482–1499«, in: *La pittura in Lombardia. Il Quattrocento*, Mailand, S. 329–344.

P. C. Marani, *Leonardo*, Mailand.

P. C. Marani, Rezension zu: G. Scaglia, *Francesco di Giorgio. Checklist and History of Manuscripts and Drawings in Autographs and Copies from ca. 1470 to 1687 and Renewed Copies (1764–1839)*, in: *The Burlington Magazine* CXXXVI, Dezember, S. 845–846.

A. Natali, »Il Tempio e la Radice«, in: *Florentine Drawings at the Time of Lorenzo the Magnificent*, edited with an Introduction by E. Copper, Bologna, S. 147–156.

Le Palais Farnèse, vol. III, 3: L'inventaire du Palais et des propriétés Farnèse à Rome en 1644, hrsg. von B. Jestaz, Rom.

Scritti di Storia dell'arte in onore di Mina Gregori, Hrsg. M. Boskovits, Cinisello Balsamo.

Le stanze del Cardinale Monti 1635–1650. La collezione ricomposta, Ausstellungskatalog, Mailand.

A. R. Turner, *Inventing Leonardo*, Berkeley und Los Angeles.

A. R. Turner und C. Pedretti, *The Leonardo da Vinci Codex Hammer*, Christie's, New York, Katalog zur Auktion vom 11. November.

F. Viatte, »Verrocchio et Leonardo da Vinci: à propos des ›têtes idéales‹«, in: *Florentine Drawings at the Time of Lorenzo the Magnificent*, edited with an Introduction by E. Copper, Bologna, S. 45–54.

J. Walek, *Female Portraits by Leonardo da Vinci*, Krakau.

1995

J. Anderson, »Leonardo and Giorgione in the Grimani Collection«, in: *Achademia Leonardi Vinci. Journal of Leonardo Studies and Bibliography of Vinciana* Bd. VIII, S. 226–227.

Antonello da Messina. Un capolavoro per la Pinacoteca del Castello Sforzesco, Mailand.

M. G. Balzarini, *Vincenzo Foppa. La formazione e l'attività giovanile*, Florenz.

M. T. Fiorio, »Antonello perduto, Antonello ritrovato«, in: *Antonello da Messina. Un capolavoro per la Pinacoteca del Castello Sforzesco*, Mailand, S. 15–23.

M. Gregori, »Riflessioni sulle origini della natura morta. Da Leonardo a Caravaggio«, in: *La natura morta al tempo di Caravaggio*, Ausstellungskatalog, Neapel, S. 15–25.

Leonardo da Vinci. Libro di pittura. Codice Urbinate lat. 1270 nella Biblioteca Apostolica Vaticana, hrsg. von C. Pedretti, kritische Transkription von C. Vecce, Florenz.

A. Luchs, *Tullio Lombardo and Ideal Portrait Sculpture in Renaissance Venice, 1490–1530*, Cambridge.

P. C. Marani, »Leonardo urbanista e l'antico: riflessioni ed ipotesi«, in: *Raccolta Vinciana* Fasz. XXVI, S. 3–41.

P. C. Marani, »Risarcimento di Tanzio da Varallo«, in: *Paragone* 541, S. 65–68.

P. C. Marani, »Tivoli, Adrian and Antinous: New Evidence of Leonardo's Relation to the Antique«, in: *Achademia Leonardi Vinci. Journal of Leonardo Studies and Bibliography of Vinciana* Bd. VIII, S. 207–225.

P. C. Marani, »Una ›natura morta‹ di Leonardo nella Milano della fine del Cinquecento«, in: *La natura morta al tempo di Caravaggio*, Ausstellungskatalog, Neapel, S. 26–34.

K. Moczulska, »The most graceful Gallerani and the most exquisite Galé in the Portrait of Leonardo da Vinci«, in: *Folia Historiae Artium*, n. s., Bd. 1, S. 55–86.

Il Santuario della Beata Vergine dei Miracoli di Saronno, hrsg. von M. L. Gatti Perer, Mailand.

W. Stedman Sheard, »Bernardo e Pietro Bembo, Pietro, Tullio e Antonio Lombardo: metamorfosi delle tematiche cortigiane nelle tendenze classicistiche della scultura veneziana«, in: *Tiziano. Amor sacro e Amor profano*, Ausstellungskatalog hrsg. von M. G. Bernardini, Mailand, S. 118–132.

F. Zöllner, »L'Uomo Vitruviano di Leonardo da Vinci, Rudolf Wittkower e l'Angelus Novus di Walter Benjamin«, in: *Raccolta Vinciana* Fasz. XXVI, S. 329–358.

1996

J. Anderson, *Giorgione. Peintre de la »brièveté poétique«*, Paris.

S. B. Butters, *The Triumph of Vulcan. Sculptors' Tools, Porphyry, and the Prince in Ducal Florence*, Florenz.

A. Cecchi, »Niccolò Machiavelli o Marcello Virgilio Adriani? Sul programma e l'assetto compositivo delle ›Battaglie‹ di Leonardo e Michelangelo per la Sala del Magior Consiglio in Palazzo Vecchio«, in: *Prospettiva* 83–84, S. 102–115.

M. Clayton, *Leonardo da Vinci. A curious Vision*, London.

D. Degrassi, *L'economia artigiana nell'Italia medievale*, Rom.

Gemäldegalerie Berlin. Gesamtverzeichnis, Berlin.

Gli ingegneri del Rinascimento da Brunelleschi a Leonardo da Vinci, Ausstellungskatalog hrsg. von P. Galluzzi, Florenz.

P. Joannides, *Michelangelo and His Influence. Drawings from Windsor Castle*, Washington und London.

M. Kemp, Stichwort »Leonardo da Vinci«, in: *The Dictionary of Art*, hrsg. von J. Turner, Bd. 19, London, S. 180–199.

P. C. Marani, *La Madonna del gatto di Leonardo in un dipinto della Pinacoteca di Brera. Nuove indagini e restauri*, Mailand.

P. C. Marani, »Nota su Tanzio da Varallo e su alcune sue possibili fonti lombarde«, in: *Il Seicento lombardo. Giornata di studi*, hrsg. von M. Gregori, M. Rosci, Mailand, S.6.

A. Padoa Rizzo, »Ancora sulla Madonna di Piazza«, in: F. Falletti, *I Medici, il Verrocchio e Pistoia. Storia e restauro di due capolavori nella Cattedrale di S. Zeno: Il monumento al Cardinale Niccolò Forteguerri. La Madonna di Piazza*, Livorno, S. 66–73.

O. Raggio und A. M. Wilmering, *The Liberal Arts Studiolo from the Ducal Palace at Gubbio*, New York.

G. C. Sciolla, »Leonardo e Pavia«, *XXXV Lettura Vinciana* (1995), Florenz, S. 14–17.

J. Shell, *Pittori in Bottega. Rinascimento a Milano*, Turin.

L. Syson, »Zanetto Bugatto, Court Portraitist in Sforza Milan«, in: *The Burlington Magazine* CXXXVIII, S. 300–308.

P. Venturelli, *Gioielli e gioiellieri milanesi. Storia, arte, moda (1450–1630)*, Mailand.

1996–1997
E. Villata, *Il San Giovanni Battista di Leonardo: Storia, fortuna, iconografia, con un'appendice sul »San Giovanni-Bacco«*, Phil. Diss., Università Cattolica del Sacro Cuore, Mailand.

1997
G. Agosti und B. Agosti, *Le tavole del Lomazzo (per i settant'anni di Paola Barocchi)*, Brescia.
D. Arasse, *Léonard de Vinci. Le rythme du monde*, Paris.
M. G. Balzarini, *Vincenzo Foppa*, Mailand.
A. Burnett und R. Schofield, »The Medallions of the Basamento of the Certosa di Pavia: Sources and Influence«, in: *Arte lombarda* 120, S. 5–27.
A. Butterfield, *The Sculptures of Andrea del Verrocchio*, New Haven u. London.
I. Favaretto, »›Per la memoria delle cose antiche ...‹ La nascita delle collezioni e la formazione dello Statuario Pubblico della Serenissima«, in: *Lo Statuario Pubblico della Serenissima. Due secoli di collezionismo di antichità, 1596–1797*, hrsg. von I. Favaretto und G. L. Ravagnan, Cittadella, S. 38–44.
F. Fehrenbach, »Licht und Wasser. Zur Dynamik naturphilosophischer Leitbilder im Werk Leonardo da Vincis«, in: *Tübinger Studien zur Archäologie und Kunstgeschichte* Bd. 16, Tübingen, S. 291–331.
G. R. Goldner und C. C. Bambach, *The Drawings of Filippino Lippi and His Circle*, New York.
Jan van Eyck (1390 c.–1441). Opere a confronto, Turin.
P. M. Jones, *Federico Borromeo e l'Ambrosiana. Arte e Riforma cattolica nel XVII secolo a Milano*, Mailand (Originalausgabe Cambridge 1993).
P. C. Marani, »Dalla natura al simbolo: osservazione della natura, imitazione dell'antico e visualizzazione del moto nell'opera di Leonardo«, in: *Raccolta Vinciana* Fasz. XXVII, S. 155–185.
Museo d'arte antica del Castello Sforzesco, coordinamento scientifico di M. T. Fiorio, Mailand.
C. Pedretti, »Il disegno di Oporto«, in: *Raccolta Vinciana* Fasz. XXVII, S. 3–11.
A. C. Pizzorusso, »Leonardo's Geology: A key to identifying the Works of Boltraffio, d'Oggiono and other Artists«, in: *Raccolta Vinciana* Fasz. XXVII, S. 357–372.
M. Rossi und A. Rovetta, *La Pinacoteca Ambrosiana*, Mailand.
Lo Statuario Pubblico della Serenissima. Due secoli di collezionismo di antichità. 1596–1797, Ausstellungskatalog hrsg. von I. Favaretto und G. L. Ravagnan, Cittadella.
E. Villata, »Il San Giovanni Battista di Leonardo: un'ipotesi per la cronologia e la committenza«, in: *Raccolta Vinciana* Fasz. XXVII, S. 187–236.

1998
G. Agosti, »Scrittori che parlano di artisti, tra Quattrocento e Cinquecento in Lombardia«, in: *Quattro pezzi lombardi* (per Maria Teresa Binaghi) Brescia, S. 41–93
Ambrigio Bergognone: un pittore per la Certosa, Ausstellungskatalog hrsg. von G. C. Sciolla, Mailand.
L'anima e il volto. Ritratto e fisiognomica da Leonardo a Bacon, Ausstellungskatalog hrsg. von F. Caroli, Mailand.
Art Treasures of England. The Regional Collections, London.
M. Bettini, *Nascere. Storie di donne, donnole, madri ed eroi*, Turin.
M. Boskovits und G. Fossaluzza, *La Collezione Cagnola. I dipinti*, Busto Arsizio.
D. A. Brown, *Leonardo da Vinci. Origins of a Genius*, London.
C. A. Bucci, »La vera storia di Cecilia ›Dama‹ di Leonardo«, in: *L'Unità*, Beilage vom 12. Oktober, S. 1.
G. Eichholz, *Das Abendmahl Leonardo da Vincis. Eine systematische Bildmonographie*, München.
G. Ferri Piccaluga, »Una nuova copia della Vergine delle Rocce«, in: *»Tutte le opere non son per istancarmi«. Raccolta di scritti per i settant'anni di Carlo Pedretti*, hrsg. von F. Frosini, Rom, S. 113–127.
Leonardo. La Dama con l'ermellino, hrsg. von B. Fabjan und P. C. Marani, Cinisello Balsamo.
I leonardeschi. L'eredità di Leonardo in Lombardia, Mailand.
Lorenzo Lotto. Il genio inquieto del Rinascimento, Ausstellungskatalog (Washington, Bergamo, Paris) hrsg. von D. A. Brown, M. Lucco und P. Humphrey, Mailand.
P. C. Marani, M. Rossi und A. Rovetta, *L'Ambrosiana e Leonardo*, Novara.
P. C. Marani, »Il Cenacolo di Leonardo e i suoi restauri nella Milano fra il XV e il XX secolo fra arte e fede, propaganda politica e magnificenza civile«, in: *I Tatti Studies. Essays in the Renaissance* Bd. VII (1997), S. 191–229.
P. C. Marani, »Il problema della ›bottega‹ di Leonardo: la ›pratica‹ e la trasmissione delle idee di Leonardo sull'arte e la pittura«, in: *I leonardeschi. L'eredità di Leonardo in Lombardia*, Mailand, S. 9–37.
P. C. Marani, »La Dama con l'ermellino e il ritratto milanese tra Quattro e Cinquecento«, in: *Leonardo. La Dama con l'ermellino*, Cinisello Balsamo, S. 31–49.
P. C. Marani, »Un disegno inedito d'ambito verrocchiesco«, in: *»Tutte le opere non son per istancarmi«. Raccolta di scritti per i settant'anni di Carlo Pedretti*, hrsg. von F. Frosini, Rom, S. 237–241.
C. Pedretti, »Leonardo. Il ritratto«, in: *Art Dossier* 138, Oktober.
C. Pedretti, »Un angelo di Leonardo giovane«, in: *Il Sole 24 ore*, 19. April, S. 28.
Pittura a Milano. Rinascimento e Manierismo, hrsg. von M. Gregori, Mailand.
J. Shell, »Ambrogio de' Predis«, in: *I leonardeschi. L'eredità di Leonardo in Lombardia*, Mailand, S. 123–130.
J. Shell, »Cecilia Gallerani: una biografia«, in: *Leonardo. La Dama con l'ermellino*, Cinisello Balsamo, S. 51–65.
»Tutte le opere non son per istancarmi«. Raccolta di scritti per i settant'anni di Carlo Pedretti, hrsg. von F. Frosini, Rom.
C. Vecce, *Leonardo*, Rom.
E. Villata, »Presenze non lombarde alla Certosa tra la fine del Quattrocento e gli inizi del Cinquecento«, in: *Ambrogio Bergognone: un pittore per la Certosa*, Mailand, S. 233–238.
F. Zöllner, »La Battaglia d'Anghiari di Leonardo da Vinci fra mitologia e politica«, *XXXVII Lettura Vinciana* (1997), Florenz.

1999
P. Brambilla Barcilon und P. C. Marani, *Il Cenacolo di Leonardo da Vinci*, Mailand.

Für weiterführende bibliographische Angaben wird auf die Bibliographien der oben genannten Texte verwiesen (hier ist nur die im vorliegenden Band direkt erwähnte Literatur verzeichnet) sowie auf die gesammelten Bibliographien in den 27 Heften der *Raccolta Vinciana* (Mailand, 1905–1997), in den zehn Bänden der *Achademia Leonardi Vinci. Journal of Leonardo Studies and Bibliography of Vinciana*, hrsg. von C. Pedretti (Florenz und Los Angeles 1988–1997), und in M. Guerrini, *Bibliotheca Leonardiana. 1489–1989*, 3 Bde, Mailand 1990.

Namensregister

Orts- und Werkregister

Bildnachweis

Agenzia Fotografica Scala, Antella, Florenz
Agenzia Luisa Ricciarini, Mailand
Archivio Electa, Mailand
Archivio Fotografico Musei Vaticani, Vatikanstadt
Archivio Fotografico della Soprintendenza per i Beni Artistici e Storici di Milano, Mailand
Archivio Fotografico della Soprintendenza per i Beni Artistici e Storici di Venezia, Venedig
Artothek, München
Biblioteca Nacional, Madrid
Biblioteca Reale, Turin
Bildarchiv Preußischer Kulturbesitz, Berlin
Bulloz photographie d'œuvres d'art, Paris
Cameraphoto, Venedig
Collection Frits Lugt, Institut Néerlandais, Paris
Ecole nationale supérieure des Beaux-Arts, Paris
Eremitage, Sankt Petersburg
Fotostudio Herbert Boswank, Dresden
Graphische Sammlung Albertina, Wien
Istituto Nazionale per la Grafica, Rom
Kunsthistorisches Institut in Florenz
Laboratoire de Recherche des Musées de France, Paris
Metropolitan Museum of Art, New York
Diego Motto, Mailand
Museen der Stadt Köln
Museum Boymans-van Beuningen, Rotterdam
National Gallery of Art, Washington
National Gallery, London
Nicolò Orsi Battaglini, Florenz
Pinacoteca Ambrosiana, Mailand
Pinacoteca di Brera, Mailand
Réunion des Musées Nationaux, Paris
Rheinisches Bildarchiv, Köln
Royal Collection Enterprises, Windsor
Staatliche Museen zu Berlin
Studio Fotografico Quattrone, Florenz
Studio Saporetti, Mailand
Szépművészeti Múzeum, Budapest
The British Museum, London
Elke Walford, Hamburg
Wallraf-Richartz Museum, Köln

Unser Dank gilt folgenden Personen und Institutionen, die uns bereitwillig unterstützt haben: Professor Erich Schleier von den Staatlichen Museen zu Berlin; Dr. Vladimir Matveyev von der Eremitage in Sankt Petersburg; Frau Dipinto vom Archivio Fotografico dei Monumenti, Musei e Gallerie Pontificie; der Direzione del Cenacolo Vinciano, Refettorio di Santa Maria delle Grazie di Milano in Mailand; dem Musée Bonnat, Bayonne; dem Musée du Louvre, Paris; der Hamburger Kunsthalle; der Soprintendenza per i Beni Artistici e Storici di Venezia in Venedig; Frau Dr. Grazia Visintainer vom Kunsthistorischen Institut in Florenz; dem Ministero per i Beni e le Attività Culturali di Torino in Turin; dem Ministero per i Beni e le Attività Culturali di Roma in Rom; Don Luciano Tempestini, Direktor des Ufficio Beni Culturali della Diocesi di Pistoia; der Soprintendenza per i Beni Artistici e Storici delle Provincie di Firenze, Pistoia e Prato; der Galleria degli Uffizi und dem Gabinetto dei Disegni e Stampe degli Uffizi, Florenz; der Bibliothèque de l'Institut de France, Paris; dem Kupferstichkabinett der Staatlichen Kunstsammlungen, Dresden; den Bayerischen Staatsgemäldesammlungen, München; dem Museo di San Marco, Florenz; Costantino Ferrone vom Archivio Fotografico del Castello Sforzesco, Mailand; dem Museo d'Arte Antica del Castello Sforzesco, Mailand; dem Museo del Bargello, Florenz; dem Kunstmuseum in Basel; dem Christ Church College, Oxford; dem Muzeum Narodowe, Sammlung Czartoryski, Krakau; seiner Hochwürden, dem Pfarrer der Ognissanti-Kirche in Florenz; den Gallerie dell'Accademia, Venedig; dem Duke of Devonshire und der Devonshire Collection in Chatsworth; der Direktion der Musées de France, Paris; der Galleria Palatina, Palazzo Pitti, Florenz.

Leonardos Zeichnungen in der Royal Library, Windsor Castle, wurden reproduziert mit der freundlichen Genehmigung Ihrer Majestät der Königin, Elisabeth II.